suhrkamp taschenbuch
wissenschaft 348

Lange Zeit wurden verinnerlichte Verhaltens- und Rollennormen als wichtigste subjektive Voraussetzung sozialer Handlungsfähigkeit angesehen. Doch in den letzten zwanzig Jahren hat sich die Forschung zunehmend den *kognitiven* Aspekten und Voraussetzungen sozialen Handelns zugewandt. Diese Entwicklung steht zweifellos in einem Zusammenhang mit der allgemeinen, besonders an der Piaget-Rezeption ablesbaren kognitiven Wende in der Psychologie und Sozialisationsforschung. Sie wird aber auch wesentlich bestimmt durch eine vor allem von George Herbert Mead theoretisch formulierte Eigentümlichkeit unserer kognitiven Orientierung gegenüber anderen Subjekten: wir gewinnen dadurch Zugang zum Verständnis der anderen und ihrer Intentionen, daß wir uns virtuell an ihre Stelle und ihre Rolle in einem Handlungszusammenhang versetzen, daß wir ihre Perspektive einnehmen. Dieses Paradigma entwickelt sich gegenwärtig immer mehr zum Kristallisationspunkt einer Theorie des sozialen Handelns und der ontogenetischen Entwicklung.

Der vorliegende Band faßt erstmalig die wohl wichtigsten amerikanischen Untersuchungen sowie einige Originalbeiträge aus der europäischen Forschung zur sozial-kognitiven Entwicklung zusammen, wobei nicht nur die Entfaltung des Ansatzes selbst in theoretischen und empirischen Untersuchungen bis hin zu komplexen entwicklungslogischen Modellen dokumentiert wird; in mehreren Beiträgen sind auch die Querverbindungen zu anderen Forschungsbereichen, zum Beispiel zu Kommunikationsfähigkeit und Moralität, sowie die Sozialisationsbedingungen thematisiert.

Perspektivenübernahme und soziales Handeln

Texte zur sozial-kognitiven Entwicklung

Herausgegeben von
Dieter Geulen

Suhrkamp

suhrkamp taschenbuch wissenschaft 348
Erste Auflage 1982

Satz und Druck: Georg Wagner, Nördlingen
Printed in Germany
Umschlag nach Entwürfen von
Willy Fleckhaus und Rolf Staudt

CIP-Kurztitelaufnahme der Deutschen Bibliothek
Perspektivenübernahme und soziales Handeln :
Texte zur sozial-kognitiven Entwicklung / hrsg.
von Dieter Geulen. – 1. Aufl. – Frankfurt am
Main : Suhrkamp, 1982.
(Suhrkamp-Taschenbuch Wissenschaft ; 348)
ISBN 3-518-27948-3
NE: Geulen, Dieter [Hrsg.]; GT

Inhalt

1. Einführung

Zu diesem Band

> Wenn wir unsere Arbeit so täten, wie wir meinen, daß sie richtig ist, würden Sie einen Schreck bekommen. Deshalb tun wir unsere Arbeit so, wie wir meinen, daß Sie glauben, daß sie richtig sei – obwohl wir annehmen, daß Sie ahnen, daß wir wissen, daß Sie im Bilde sind, was wir falsch machen –, um Sie im Glauben zu belassen, daß wir es nach Ihrer Vorstellung richtig machen.
>
> *Wandspruch in einer studentischen Cafeteria*

Wenn Sie, verehrter Leser, sich durch diese Zeilen durchgedacht haben, so haben Sie mehrmals eine geistige Operation vollzogen, die uns aus alltäglichem Umgang mit anderen geläufig ist: In einer gegebenen Situation versetzen wir uns virtuell in die Position eines anderen, um *seine* Perspektive von dieser Situation oder von einer bestimmten Sache, auf die auch wir intentional gerichtet sind, zu erkennen. Man kann noch einen Schritt weiter gehen und *in einem* unsere Perspektive und die des anderen von einem dritten, übergeordneten Standpunkt aus betrachten. Mit dieser Operation ist das Bewußtsein verbunden, daß die uns zunächst gegebene Ansicht nicht die einzig mögliche, die Ansicht schlechthin ist, sondern daß es auch andere Ansichten von derselben Sache gibt, im konkret-anschaulichen wie im übertragenen Sinne. Hier geht es darum, daß wir auf der Grundlage unserer Kenntnis von der Position, vom Verhältnis eines anderen zu der Sache, in begründeter Unterstellung imaginieren können, wie *ihm* die Sache erscheint, welches seine Perspektive ist, und daraus wiederum Schlüsse ziehen können, wie er voraussichtlich handeln wird. Dies hat dann wiederum Konsequenzen für die Planung unseres eigenen Handelns. So etwa läßt sich vorläufig umschreiben, was in der neueren Forschung als *role-taking* oder *perspective-taking* bezeichnet und hier »Perspektivenübernahme« genannt wird.

Die Übersetzung ist offensichtlich schwierig. Unser Terminus ist, obwohl sicher nicht besonders elegant, eindeutiger als der zunächst eingeführte Ausdruck »Rollenübernahme« (Köstlin-Gloger bei der Übersetzung von Flavell 1975), der eine Nähe zum soziologischen Begriff der Rolle und der realen Rollenzuweisung suggeriert, die nicht gemeint ist. Und gegenüber dem Ausdruck »Perspektivenwechsel« ist er insofern korrekter, als es nicht um einen Wechsel, sondern um ein Hereinnehmen der anderen Perspektive und ihre Koordination mit der eigenen geht. Der Ausdruck »Perspektivenübernahme« scheint sich durchzusetzen (vgl. Eckensberger u. Silbereisen 1980).

Wir haben es dabei mit Prozessen zu tun, die im Alltagsbewußtsein als »Verstehen« anderer und ihrer Handlungen bekannt sind. Tatsächlich stellt die Forschung zur Perspektivenübernahme gegenwärtig den vielleicht wichtigsten Ansatz zur empirischen Analyse interpersonalen Verstehens dar, dessen Bedeutung für viele Bereiche des sozialen Handelns – etwa Wahrnehmung der Intentionen anderer, Selbstwahrnehmung, Kommunikation, Moralität, taktisches Handeln u. a. – bereits gut belegt ist. Der Charme dieses Ansatzes, wenn ich so sagen darf, liegt darin, daß er einerseits im Gegensatz zu heteronom-deterministischen Theorien die Menschen als Subjekte anerkennt, die ihre Beziehungen auf gegenseitige Einsicht gründen, und daß er andererseits in einer präzisen, analytischen Begrifflichkeit formulierbar und für empirische Überprüfung und Weiterentwicklung offen ist. Es liegt die Annahme auf der Hand, daß Perspektivenübernahme als ein zentrales Stück einer Theorie *sozialen Handelns* angesehen werden kann, auch wenn dieser Bogen bisher noch kaum geschlagen wurde (vgl. hierzu den folgenden Beitrag); der Titel »Perspektivenübernahme und soziales Handeln« bringt insofern eher ein Programm als einen bereits gesicherten Bestand zum Ausdruck.

Die Problemstruktur, die der Ansatz der Perspektivenübernahme im einzelnen zu klären versucht, läßt sich durch folgende Punkte umreißen:

1. Wie kann die Operation der Perspektivenübernahme genauer beschrieben werden? Welche situativen Bedingungen sind relevant und welche Phasen im aktualgenetischen Prozeß sind zu unterscheiden? Wie wirkt sie sich schließlich im beobachtbaren Verhalten, und in welchen Verhaltensbereichen, aus?
2. Welches sind die subjektiven Bedingungen für den Vollzug von Perspektivenübernahme? Auf welche dimensionale Struktur lassen sie sich zurückführen? Wie hängen sie mit anderen Dispositionen bzw. Begriffen und Variablen zusammen?
3. Muß das Konstrukt der Perspektivenübernahme differenziert werden, etwa nach verschiedenen Bereichen? Welche Bereiche wären dabei zu unterscheiden (z. B. räumlich-visueller, affekti-

ver und Informationsbereich, Bereich der intentionalen Handlungsorientierung) und gibt es zwischen ihnen einen theoretischen Zusammenhang?

4. Lassen sich verschiedene Strukturniveaus, Stufen unterschiedlich komplexer und/oder genereller Perspektivenübernahme ausmachen? Und – wenn ja – besteht zwischen diesen ein bestimmter ontogenetischer Zusammenhang etwa logisch-implikativer Art?
5. Welche Mechanismen liegen der ontogenetischen Entwicklung zugrunde? Durch welche theoretischen Annahmen sind sie angemessen zu fassen? Insbesondere: Welches sind relevante und/oder entscheidende Umweltbedingungen?
6. Wie können die zentralen Begriffe der Theorie, besonders der Begriff der Perspektivenübernahme selbst, operationalisiert werden? Und wie können die grundlegenden Annahmen empirisch gesichert und weiterführende Hypothesen überprüft werden?

Wir werden sehen, daß die Forschung in der Klärung dieser Probleme unterschiedlich weit fortgeschritten, allerdings von einer abschließenden Antwort etwa im Sinne einer ausformulierten Theorie noch durchaus entfernt ist. Ziel des vorliegenden Sammelbandes ist es, die zumeist in amerikanischen Fachzeitschriften verstreuten Forschungsergebnisse zur Perspektivenübernahme in einigen ihrer wichtigsten Beiträge erstmals zusammenfassend zu dokumentieren und gemeinsam mit einigen einschlägigen Arbeiten europäischer Autoren dem deutschsprachigen Publikum im Original zugänglich zu machen. Dies geschieht in der Überzeugung, daß die Rezeption dieser Forschung gegenwärtig auf vielen Gebieten nicht nur der Handlungstheorie und der Entwicklungspsychologie, sondern z. B. auch der pädagogischen und therapeutischen Praxis fruchtbare Anregungen vermitteln kann.

Zur Einordnung des Ansatzes in die Forschungslandschaft mag ein kurzer Rückblick auf seine Entstehung und einige Verzweigungen nützlich sein. Es ist wohl nicht falsch, in Hegel, insbesondere in seiner Dialektik von Ich und Anderem (vgl. Kap. IV der Phänomenologie des Geistes, 1807), eine wichtige Quelle zu sehen, zumal Hegel auch von großem Einfluß auf die folgenden Autoren gewesen ist.

Edmund Husserl, in dessen nachgelassener dreibändiger Phänomenologie der Intersubjektivität sich eine Fülle von Gedanken zum Thema findet, kommt um 1915 zu Formulierungen, die dem Modell der Perspektivenübernahme sehr nahekommen. Die folgende Stelle zeigt dies exemplarisch:

Das »wäre ich dort und würde von dort aus mich sehen, so hätte ich diese Ansicht« ist eine widersprechende Vorstellung. Sie hat aber den guten Sinn: daß eine »Verdoppelung« des Ich möglich ist, so wie eine Verdoppelung eines sonstigen Realen, d. h. es wird in dieser widersprechenden Vorstellung klar die Möglichkeit zweier Subjekte mit zwei Körpern. Wäre ich dort (gleichwertig: würde ich mich dorthin bewegt haben u. dgl.), nun dann fände ich mich dort mit den und den Selbstwahrnehmungen und zu dem Ort gehörigen Wahrnehmungen äußerer Gegenstände (äußeren Erscheinungen). Und wäre ich zugleich hier, nun so hätte ich die Selbstwahrnehmung, die zu diesem Ort gehört, wie ich sie jetzt wirklich habe. Ich würde von dort aus »mich« sehen können in dem und dem Aspekt. Mein Körper konstituiert als Körper, obschon im Hier in der Innenerscheinung (Nullerscheinung), ist, wenn er an seiner Stelle bleibt und ich mich fortrücke, Objekt einer äußeren Erscheinung, eben vermöge seiner Gleichartigkeit mit jedem Körper. Also entspricht der Innenerscheinung mit Beziehung auf das »sich hinausrückende« Subjekt eine äußere Erscheinung, aber in einer Appräsentation, die auf die Hinausrückung hindeutet. *Diese widerspruchsvolle Vorstellung wird einstimmig, wenn ich eben die Verdoppelung als Verdoppelung nehme. Ich kann nicht zugleich hier und dort sein. Aber hier und dort kann ein Gleiches sein.*

Wenn ich nun in dieser Weise schon vor dem wirklichen Haben eines anderen Subjektes, eine mögliche Vorstellung davon gewinne, so ist damit vorgezeichnet, wie diese Vorstellung sich ausweisen müßte, wie ein anderes Subjekt gegeben sein könnte. Das äußerlich vergegenwärtigend erscheinende Ich ist äußerlich gegeben, wenn ich einen Körper sehe, der durch seine Ähnlichkeit mit dem meinen die Apperzeption als fremdes Ich fordert, d. i. als ein Ich wie ich. Und das sagt, die Apperzeption ist genau eine solche, wie wenn ich im Sinn jener widersprechenden und einstimmig gemachten Vorstellung nicht eine bloße äußere Leibeserscheinung habe, sondern eine solche, die auf eine Innenerscheinung zurückweist, auf eine gleiche, die ich haben würde, wenn ich mich dorthin bewegte, oder wenn ich dort wäre (Husserl 1973, S. 268 f).

Husserl ist bedeutsam auch durch seinen Einfluß auf Alfred Schütz, und dieser hat seinerseits den phänomenologischen Ansatz in der Soziologie bestimmt (Schütz 1932; Schütz u. Luckmann 1975), von dem auch gegenwärtig zahlreiche Impulse zu einer Theorie des sozialen Handelns ausgehen. Die Weiterentwicklung der Thematik in der Philosophie (hierzu Theunissen 1965) hatte dagegen für die empirische psychologische Forschung keine besonderen Auswirkungen.

Von größerer Wirkung vor allem in der amerikanischen und soziologischen Literatur – und von vielen geradezu als der Begründer des Ansatzes der Perspektivenübernahme angesehen – ist *George Herbert Mead*, der nachweislich direkt von Hegel beeinflußt ist (vgl. Joas 1980, S. 59 ff). Da neben seinem posthum erschienenen Hauptwerk (1934) jetzt auch seine früheren Aufsätze zugänglich sind (Mead 1980), läßt sich die Entwicklung seines Denkens genauer rekonstruieren. Mead geht von einer Analyse kommunikativer Akte aus und findet, daß menschliche Kommunikation, im Unterschied zur bloßen Reaktion auf äußere Gesten beim Tier, auf Symbolen mit einer von beiden Partnern geteilten Bedeutung beruht. Dies ist dadurch zu erklären, daß der Sprecher gleichzeitig Hörer seiner eigenen Äußerung ist und diese daher auf ihn ebenso wirkt wie auf den Partner; der Sprecher nimmt sozusagen die »Rolle« des Hörers ein. Diesen grundlegenden Gedanken hat Mead, wenn ich recht sehe, bereits 1913 ausgesprochen; er verweist hier auf die »Tatsache, daß gerade die Laute und Gebärden, insbesondere aber die Lautgebärden, die der Mensch hervorbringt, wenn er sich an andere wendet, bei ihm selbst Reaktionen hervorrufen oder hervorrufen können. Er kann sich selbst nicht sprechen hören, ohne in gewisser Weise die Haltung einzunehmen, die er eingenommen hätte, wenn andere sich mit denselben Worten an ihn gewandt hätten«. »Bemerkenswert ist . . ., daß diese Reaktion auf das soziale Verhalten der Identität in der Rolle eines Anderen vor sich gehen kann« (Mead 1980, S. 245). Die von ihm später als »taking the attitude bzw. role of the other« bezeichnete Operation ist Grundlage seiner Theorie der Interaktion; sie erklärt, daß wir die Sichtweise und Erwartungen anderer antizipieren, Erwartungen an ihr Verhalten hegen und außerdem annehmen, daß die anderen sich ihrerseits genauso an uns orientieren.

Von besonderer Bedeutung ist, daß Mead auch eine höhere Stufe dieser Operation sieht. Wir können nicht nur die Perspektive konkreter anderer, sondern die der Gruppe als ganzer einnehmen (generalized other), womit Mead eigentlich den die einzelnen verbindenden Kooperationszusammenhang meint.

Ich verwies darauf, daß es bei der vollständigen Entwicklung der Identität zwei allgemeine Stadien gibt. Im ersten bildet sich die Identität des Einzelnen einfach durch eine Organisation der besonderen Haltungen der anderen ihm selbst gegenüber und zueinander in den spezifischen gesellschaftlichen Handlungen, an denen er mit diesen teilhat. Im zweiten Stadium dagegen wird die Identität des Einzelnen nicht nur durch eine Organisation dieser besonderen individuellen Haltungen gebildet, sondern auch durch eine Organisation der gesellschaftlichen Haltungen des verallgemeinerten Anderen oder der gesellschaftlichen Gruppe als Ganzer ... Der Einzelne erarbeitet sie sich, indem er die Haltungen bestimmter anderer Individuen im Hinblick auf ihre organisierten gesellschaftlichen Auswirkungen und Implikationen weiter organisiert und dann verallgemeinert. So entwickelt sich die Identität, indem sie diese individuellen Haltungen anderer in die organisierte gesellschaftliche oder Gruppenhaltung hereinbringt und damit zu einer individuellen Spiegelung der allgemeinen, systematischen Muster des gesellschaftlichen oder Gruppenverhaltens wird, in die sie und die anderen Identitäten eingeschlossen sind – ein Muster, das als Ganzes in die Erfahrung des Einzelnen eintritt nach Maßgabe dieser organisierten Gruppenhaltungen, die er, durch den Mechanismus seines Zentralnervensystems, genauso gegenüber sich selbst einnimmt, wie er die individuellen Haltungen anderer einnimmt (Mead 1934 [1968, S. 200 f]).

Die zitierte Stelle läßt anklingen, daß es Mead mit seiner Theorie der Perspektivenübernahme letztlich nicht nur um die Erklärung von sozialer Kognition, Kommunikation oder Kooperation geht, sondern um nichts geringeres als den sozialen Ursprung des Subjekts und seiner Identität selber (vgl. auch Mead 1934 [1968, S. 182, 214, 216 und passim]). Dies hervorzuheben ist deshalb wichtig, weil daran einerseits deutlich wird, welche theoretischen Implikationen im Paradigma der Perspektivenübernahme stekken, und andererseits damit der Punkt bezeichnet ist, von dem ab die spätere empirische Forschung zur Perspektivenübernahme Mead *nicht* mehr gefolgt ist (ein Versuch in diese Richtung ist Leahy u. Huard 1976*). Es ist zu vermuten, daß dies tatsächlich eher an der Radikalität der Meadschen Position als an ihrer wenig systematisierten und empirisch schwer überprüfbaren Darstellungsweise liegt.

Ein dritter, und der für die neuere Forschung einflußreichste, Entwicklungsstrang geht von *Piaget* aus, und zwar von verschiedenen Stellen seines Werkes. Zum ersten legt Piaget seiner frühen Arbeit über Sprechen und Denken des Kindes (1923) die Gegenbegriffe des »egozentrischen« und »sozialisierten« Sprechens zugrunde, die eben die Operation der Perspektivenübernahme betreffen. So charakterisiert er die Kommunikation Erwachsener dadurch, daß »jeder [der Kommunikationspartner] zwischen seinem eigenen Gesichtswinkel und dem des anderen unterscheidet. Die eigene Äußerung hängt davon ab, was der andere entweder nicht weiß oder schon weiß; wir versetzen uns also an seine Stelle ...« (Piaget 1923 [1959, S. 261]; in der deutschen Ausgabe von 1972 ist das letzte Kapitel, aus dem hier zitiert wird, nicht enthalten). Und er gibt die theoretische Interpretation: »Mit anderen Worten bedeutet dies, daß an eine soziale Situation oder an eine bestimmte physische Umgebung sich anzupassen darin besteht, eine Gruppe von Relationen zu konstruieren und durch eine Operation von Koordination, die ihrerseits eine Anpassung und Reziprozität der Gesichtspunkte beinhaltet, sich selbst eine Stelle in dieser Gruppe zuzuweisen« (a. a. O. S. 277).

Ein zweiter Weg, auf dem Piaget zum Begriff der Perspektivenübernahme gelangt, sind seine Untersuchungen zur kindlichen Vorstellung vom Raum und besonders von der Perspektivität. Im Anschluß an den berühmten Drei-Berge-Versuch (1937; 1947; in diesem Band) geht er der Frage nach, welche Vorstellung von einem räumlichen Arrangement ein Kind von verschiedenen gedachten Standpunkten aus konstruiert, und kommt über eine Analyse der Fehler, die Kinder bei dieser Aufgabe machen, bereits zu differenzierten Annahmen über Entwicklungsstadien der räumlichen Perspektivenübernahme.

Man sieht bei aller Ähnlichkeit in den Annahmen über die Operation der Perspektivenübernahme auch den wesentlichen Unterschied zu Mead. Für letzteren ist die Übernahme der Perspektive eines anderen die fundamentale Bedingung für die Konstitution der Struktur des Subjekts. Bei Piaget ist die Fähigkeit zur Perspektivenübernahme, dem Begriff des Egozentrismus entgegengesetzt, *Ergebnis* der allgemeinen kognitiven *Entwicklung* eines Individuums, das relevant ist als Bedingung für sein soziales (kommunikatives und moralisches) Verhalten, darüber hinaus auch für sein Erkennen dinghafter, z. B. räumlicher Strukturen.

Diese Fragestellung und die forschungsnähere Darstellung Piagets, aber auch wiederum die Berührung mit der Mead-Tradition, mögen die Gründe dafür sein, daß im Zusammenhang mit der Wiederentdeckung Piagets und der Krise des Behaviorismus die empirische Forschung zur Perspektivenübernahme seit Beginn der sechziger Jahre in den Vereinigten Staaten in Gang kam. Das ist auch der Grund dafür, daß sie von Anfang an sowohl *aktualgenetisch*, auf Klärung der Prozesse der Perspektivenübernahme selbst, als auch *ontogenetisch*, auf Erfassen von Entwicklungsverläufen, ausgerichtet ist; das macht sie zweifellos besonders interessant. Gegenüber dem späteren Piaget und seiner monologischen Theorie der Konstituierung der Sachenwelt hat sie sich dann zu einem eigenständigen Paradigma sozial-kognitiver Prozesse entwickelt. Ihre Wirkung erstreckt sich über die entwicklungspsychologische und handlungstheoretische Fragestellung hinaus auch auf andere Gebiete, insbesondere auf die psychiatrische Interaktionsforschung (exemplarisch Laing et al. 1966, vgl. auch Laing 1970).

Im deutschsprachigen Raum beginnt die Rezeption des Paradigmas der Perspektivenübernahme, abgesehen von der Einbeziehung als Variable in der Untersuchung von Bertram u. Bertram (1974), im wesentlichen mit der Übersetzung des Buches von Flavell und Mitarbeitern (1968 [1975]), der Darstellung eines größeren Forschungsprojektes zur Entwicklung der Fähigkeit zur Perspektivenübernahme besonders im Bereich der Kommunikation und des spieltaktischen Verhaltens in der mittleren Kindheit und im Jugendalter. Das flüssig geschriebene Buch ist vor allem wegen seiner originellen Erhebungstechniken interessant, allerdings gibt es keinen Gesamtüberblick über die Forschung. Einen solchen Überblick bis zu Beginn der siebziger Jahre vermittelt, mit einem sozialisatorisch-genetischen Akzent, das Buch von M. Keller (1976). Laufende Arbeiten aus dem entwicklungspsychologischen Arbeitskreis ›Soziale Kognitionen und Moralisches Urteil‹, darunter auch solche zur Perspektivenübernahme, sind in den von R. K. Silbereisen herausgegebenen Newsletters Soziale Kognition (1977 ff) und in Eckensberger u. Silbereisen (1980) veröffentlicht. Das zweite Jahrbuch für Entwicklungspsychologie (Waller 1980) steht unter dem Thema ›Soziale Entwicklung im Kindesalter‹ und enthält einschlägige Sammelreferate von Keller und Zébergs. Die wichtigsten Originalarbeiten waren jedoch bisher weder in einer übersichtlichen Zusammenstellung noch in deutscher Sprache zugänglich. Für eine angemessene Rezeption ist aber der Rückgang auf diese notwendig, da viele besonders forschungsmethodische Details in der Sekundärliteratur üblicherweise untergehen. Das vorliegende Buch soll diesem Mangel abhelfen.

Die Gliederung des Bandes folgt einer leicht durchschaubaren Systematik. Doch ist zu bedenken, daß viele Beiträge sich nicht nur unter einem Gesichtspunkt rubrizieren lassen und daß es zahlreiche implizite Querverbindungen über die hier vorgenommenen Abgrenzungen hinweg gibt.

Der folgende erste Aufsatz *(Geulen)* skizziert den handlungstheoretischen Rahmen, in den sich das Paradigma der Perspektivenübernahme einordnen ließe und der seine Relevanz genauer bestimmt. Er kann als eine problemorientierte Fortführung der Einleitung, aber auch als unabhängiger Diskussionsbeitrag verstanden werden.

Im 2. Teil werden Konzept und Theorie der Perspektivenübernahme entfaltet. Abschnitt 2.1 demonstriert diese Operation zunächst in begrenzten Bereichen. Er beginnt mit der räumlich-visuellen Wahrnehmung und enthält den klassischen Drei-Berge-Versuch *Piagets* sowie eine Weiterentwicklung durch *Coie und Mitarbeiter*, die eine methodisch genauere Analyse der kindlichen Fehler vornehmen. Es folgen zwei Untersuchungen von *Borke* und von *Rothenberg* über Empathie im emotionalen Bereich. Diese Studien lassen sich nur mit Einschränkungen dem Paradigma der Perspektivenübernahme im engeren Sinne zuordnen (vgl. Chandler 1972a); sie wurden in den Band vor allem deshalb aufgenommen, weil an ihnen die Möglichkeit einer Perspektivenübernahme im emotionalen Bereich diskutiert werden kann. Ein dritter, besonders wichtiger Bereich von Perspektivenübernahme ist der Informations- bzw. Wissensstand eines anderen. Er ist an dieser Stelle durch die Studie von *Mossler et al.* repräsentiert, wird im übrigen aber auch in anderen Beiträgen angesprochen. Für den in der amerikanischen Literatur eingeführten, meines Erachtens etwas irreführenden Ausdruck »conceptual perspective taking« wird hier der Ausdruck »informationsbezogene Perspektivenübernahme« verwendet.

Abschnitt 2.2 enthält Arbeiten, die die ontogenetische Entwicklung der Fähigkeit zur Perspektivenübernahme thematisieren und dabei zu entwicklungslogischen, d. h. auf einer implikativen Beziehung von Entwicklungsstufen beruhenden Modellen gelangen, die gleichzeitig eine zunehmende Differenzierung des Konzepts der Perspektivenübernahme selbst vornehmen und insofern auch für die Analyse der Aktualgenese der Perspektivenübernahme von Bedeutung sind. Mit diesen Modellen erreicht das Paradigma seine theoretische Höhe. Allerdings stehen gegenwärtig verschiedene Vorschläge nebeneinander. *Miller et al.* untersuchen die zunehmende Verschachtelung (Rekursivität) der Perspektivenübernahme, die eine Voraussetzung jeder Intersubjektivität ist. (Vgl. hierzu auch De Vries in diesem Band.) *Urberg* und *Docherty* gehen vom Modell einer Guttman-Skala aus, das sie auf verschiedene Aufgaben bzw. die entsprechenden Fähigkeiten anwenden. Mit einem ähnlichen Ansatz, doch auf der Grundlage einer differenzierteren sachlogischen Aufgabenanalyse, arbeiten *Edelstein*, *Keller* und *Wahlen*. Die darauf folgenden Beiträge gewinnen eine Entwicklungssequenz durch eine theoretische Analyse komplexer Formen der Perspektivenübernahme selbst. So stellen *Feffer* und *Gourevitch* in ihrer frühen, bahnbrechenden Studie ein auf den Dimensionen der situativen Konsistenz und der Sicht »von außen« bzw. »von innen« beruhendes Entwicklungsmodell auf. Das gegenwärtig vielleicht am weitesten ausgearbeitete Modell von *Selman* nimmt eine zunehmende Einsicht in die Tatsache der Perspektivität, ihren wechselseitigen Bezug und ihre Abstraktion zum Standpunkt eines Dritten und schließlich zu einem generalisierten Normensystem an. Im vorliegenden Aufsatz arbeitet Selman auch den Zusammenhang mit dem moralischen Bewußtsein und die Möglichkeit einer sozialpädagogischen Anwendung des sozial-kognitiven Ansatzes heraus.

In Abschnitt 2.3 werden einige Probleme offengelegt, in die der bisherige Verlauf der empirischen Forschung zur Perspektivenübernahme mit ihren Methoden wie auch mit ihrer Begrifflichkeit geführt hat. *Rubin* untersucht korrelationsstatistisch die (konvergente und diskriminante) Validität einiger häufig benutzter Instrumente und kommt zu ernüchternden Ergebnissen. *Valtin* diskutiert eine Reihe von Problemen der Operationalisierung und von Gründen dafür, daß manche Instrumente bisher nicht immer zu befriedigenden Resultaten geführt haben. *Oppenheimer* macht anhand eines Modells und verschiedener empirischer Befunde deutlich, daß auch die dimensionale Struktur des Gegenstandes »Perspektivenübernahme« komplexer ist, als häufig angenommen wurde.

Im 3. Teil werden Untersuchungen vorgestellt, die systematisch den Zusammenhängen zwischen Perspektivenübernahme und anderen Variablen sowie overtem Verhalten nachgehen. In dieser Fragestellung zeigt sich die explanative Bedeutung des Konzepts der Perspektivenübernahme und die Möglichkeit seiner Weiterentwicklung in Richtung auf eine allgemeine Theorie der subjektiven Bedingungen sozialer Handlungsfähigkeit.

Der im Abschnitt 3.1 angesprochene Bereich der Kommunikationsfähigkeit spielt schon in der Entstehung des Paradigmas bei Mead und Piaget eine hervorragende Rolle (s. o.); er ist hier durch drei Untersuchungen über dyadische Kommunikation vertreten. *Glucksberg* und *Krauss* stellen dar, wie sich die Fähigkeit entwickelt, einen nicht eindeutig benennbaren Gegenstand für einen Kommunikationspartner zu verbalisieren. *Ratner* und *Rice* untersuchen in einem alltagsnäheren Handlungskontext (Wegbeschreibung), in welchen Merkmalen der Sprecher sein Verhalten in Abhängigkeit vom dem Hörer unterstellten Informationsstand variiert. An dem Beitrag von *Feffer* und *Suchotliff* ist vor allem interessant, daß er Perspektivenübernahme auf dem Gebiet der Wortsemantik, als Eingehen auf die Assoziationsstruktur des Partners, thematisiert.

In Abschnitt 3.2 wird der Zusammenhang zwischen Perspektivenübernahme und Moralität beleuchtet, ein Zusammenhang, der besonders im Hinblick auf die in der Piaget-Kohlbergschen Tradition entwickelte Theorie des moralischen Bewußtseins naheliegend und von besonderer Aktualität in der gegenwärtigen Diskussion ist. Zu dieser Frage, die auch in dem Aufsatz von Selman angeschnitten wird, legt *Moir* eine Reihe von Korrelationen zwischen verschiedenen Maßen für Perspektivenübernahme und moralischem Urteilsniveau vor. *Rubin* und *Schneider* beziehen außerdem das tatsächliche Verhalten in einer experimentellen, moralisch relevanten Situation mit ein und kommen ebenfalls zu positiven Ergebnissen.

Abschnitt 3.3 enthält Untersuchungen zu verschiedenen anderen Aspekten. Die beiden ersten Studien betrachten Perspektivenübernahme als Bedingung für taktisches Verhalten in einer konflikthaften Situation. *Clark* und *Delia* untersuchen verbale Überzeugungsstrategien, durch die ein Sprecher ein Ziel zu erreichen versucht, und ihre qualitative Entwicklung. Bei *De Vries* geht es um Täuschungsstrategien gegenüber einem Gegner in einer Spielsituation und ihre Entwicklung; außerdem wird der Einfluß der Intelligenz untersucht. Die Studie von *Leahy* und *Huard* schließlich ist im Unterschied zu den vorangehenden Beiträgen eine der ganz wenigen Untersuchungen, die sich direkt auf die Meadsche These beziehen, daß Perspektivenübernahme eine Bedingung für die Entstehung der Struktur des Subjekts selbst – das hier durch die Kategorie des »Selbstbildes« operationalisiert wird – sei.

Der 4. Teil widmet sich dem Problem, welche äußeren Bedingungen der Entwicklung der Fähigkeit zur Perspektivenübernahme zugrunde liegen. Dieses Problem ist nicht nur als Frage nach den Entwicklungsmechanismen theoretisch relevant, sondern es ist offensichtlich im Hinblick auf Sozialisation und therapeutische Intervention von der Kindheit bis ins Jugendalter auch von eminentem praktischen Interesse. *Hollos* und *Cowan* legen eine Untersuchung über den Einfluß verschiedener ökologisch-sozialer Milieus vor, in der für die Entwicklung der Perspektivenübernahme relevante Sozialisationsbedingungen, abgegrenzt von Bedingungen der allgemein-kognitiven Entwicklung, identifiziert werden. *Bearison* und *Cassel* untersuchen Perspektivenübernahme im Kommunikationsverhalten von Kindern in Abhängigkeit von der Erziehungseinstellung ihrer Mütter. *Chandler* schildert ein experimentelles sozialpädagogisches Interventionsprogramm für straffällig gewordene Jugendliche, das auf eine Förderung ihrer Fähigkeit zur Perspektivenübernahme hinzielte (vgl. in diesem Zusammenhang auch den Beitrag von Selman). *Silbereisen* berichtet Forschungsergebnisse zur Funktion kognitiver Konflikte aus der Problemstellung heraus, welches die für die sozialkognitive Entwicklung wichtigen Momente in der Interaktion mit Erwachsenen und Gleichaltrigen sind.

Was die Kriterien für die Auswahl der Beiträge betrifft, so sollten Studien aufgenommen werden, die entweder unter theoretisch-konzeptionellen Gesichtspunkten als neu und weiterführend anzusehen oder die methodisch, in der Operationalisierung von Perspektivenübernahme, originell sind; technische Perfektion stand dagegen nicht im Vordergrund. Es wurde außerdem auf eine gewisse Repräsentativität für die gegenwärtige Diskussion geachtet, doch ist klar, daß es weit mehr relevante Veröffentlichungen zum Thema gibt, als hier berücksichtigt werden konnten. Die genannten Kriterien schienen sinnvoll unter der Zielsetzung, daß der Band nicht nur einen Überblick über fertige Ergebnisse bieten, sondern die gedankliche Rezeption des Paradigmas selbst und die eigene Forschung hierzu im deutschsprachigen Raum anregen soll. Aus diesem Grunde wurden übrigens in den empirischen Artikeln die der Darstellung des methodischen Vorgehens gewidmeten Abschnitte im Unterschied zum amerikanischen Brauch nicht in petit gesetzt.

So sind durchaus verschiedenartige Beiträge zusammengekommen, teils mehr konzeptionelle und argumentative Artikel, teils mehr empirisch ausgerichtete Studien, und unter letzteren wiederum solche, die besonders ausgereift erscheinen, neben anderen, bei denen noch die Differenz zwischen Theorie und Technik offensichtlich ist oder die eher einen Blick in die Forschungswerkstatt öffnen.

Zum Schluß noch ein Wort zur Übersetzung. Hier war die Richtschnur unbedingte Genauigkeit der begrifflichen Rekonstruktion sowie möglichst flüssige Lesbarkeit, weniger das Nachzeichnen stilistischer Eigentümlichkeiten. Alle Übersetzungen wurden vom Herausgeber überarbeitet, um Einheitlichkeit der Terminologie und eine gewisse Homogenität der Diktion herzustellen. Wenn das Ergebnis dennoch nicht immer zufriedenstellt, sei der Leser gebeten, sich mit Verständnis die Situation auch aus der Perspektive eines Übersetzers und Herausgebers zu vergegenwärtigen.

Dieter Geulen

Die im Text mit einem * gekennzeichneten Titel sind in diesem Band enthalten. Durch kleine Buchstaben bezeichnete Anmerkungen sind – wenn nichts anderes angegeben ist – solche des Herausgebers.

Dieter Geulen

Soziales Handeln und Perspektivenübernahme

1. *Einleitung*

In den letzten Jahren ist ein rapides Anwachsen der Literatur zur Theorie menschlichen Handelns aus unterschiedlichen wissenschaftlichen Richtungen zu beobachten. Am explizitesten scheinen besonders Beiträge aus der Philosophie (Goldmann 1970; Thalberg 1972; Ritsert 1975; Brand und Walton 1976; Beckermann 1977; Meggle 1977; Tuomela 1977; Lenk 1978, 1979, 1980; Davis 1979; Whittemore 1979; Brenner 1980) und aus der Psychologie (Laucken 1974; Volpert 1974, 1980; Thomas 1976; Werbik 1976, 1978; Weinberg 1978; Cranach 1980) auf das Ziel einer Handlungstheorie ausgerichtet zu sein. Offensichtlich geht die Diskussion zu diesem Thema jedoch weit darüber hinaus, und viele relevante Ansätze sind in anderen Disziplinen entstanden (vgl. Lenk 1977), insbesondere in der Soziologie und Linguistik, aber auch in Ökonomie und Politologie und nicht zuletzt in der Biologie und allgemeinen Systemtheorie.

Es kann auch im Hinblick auf neuere Veröffentlichungen jedoch keine Rede davon sein, daß die historischen Grenzen fachspezifischer Bornierungen bereits gefallen seien und eine befriedigende, einigermaßen umfassende Theorie des menschlichen Handelns in Sicht wäre. Manche Titel suggerieren dies durchaus zu Unrecht, wie sich herausstellt, wenn man die entsprechenden Beiträge mit der ganzen Problemlage konfrontiert. Auf der anderen Seite wird deutlich, daß das Problem einer Theorie des Handelns ein Fokus ist, in dem sich viele implizite Forschungsinteressen treffen. Handlungstheorie bietet offenbar einen Rahmen, innerhalb dessen bisher nebeneinander und verstreut entstandene Ansätze und Beiträge in einen Diskussionszusammenhang zu bringen und gegebenenfalls zu integrieren wären. Handeln ist das interdisziplinäre Forschungsfeld par excellence.

Das Problem ist nicht neu, kann doch auf eine lange Tradition der philosophischen Ethik, in der es um die Frage nach dem rechten Handeln geht, ebenso verwiesen werden wie auf die großen human- und sozialwissenschaftlichen Theorie-Entwürfe, in denen Handeln immer wenigstens beiläufig zum Thema wird. Man fragt sich daher, wie es zu der plötzlichen Aktualität des Themas kommt. Es scheint, daß diese Aktualität weder ein sachlogisch zwingender Schritt in der Entfaltung der Wissenschaft als solcher noch eine bloße Mode ist. Sie entspringt offenbar einer säkularen Entwicklung der gesellschaftlichen Realität selbst, in der wir uns handeln-müssend befinden. Eine Reihe widersprüchlicher Tendenzen – die immer raschere Entstehung und Veränderung einer immer komplexeren Wirklichkeit, die zunehmende Brüchigkeit überkommener normativer Handlungsmuster, die Ausweitung formal-rechtlicher und politischer, vor allem aber technischer Handlungsmöglichkeiten, die aufdämmernde Erfahrung tatsächlicher Ohnmacht gegenüber der Eigendynamik des Ganzen –, diese Entwicklung hat anscheinend einen Punkt erreicht, an dem »Handeln« als solches zum Problem werden muß. Damit ist die Annahme verbunden, daß wir unsere Handlungskompetenz vergrößern, daß wir lernen müssen, mit der gegebenen Situation adäquat umzugehen. Vor diesem, hier nur anzudeutenden Hintergrund wird klar, daß eine Theorie des Handelns ein Unternehmen ist, das eine komplexe Problemlage aufzunehmen hat.

Es gibt sicher eine Reihe von Postulaten, die eine umfassende Handlungstheorie erfüllen müßte. So ist beispielsweise zu fordern, daß sie von einem Bild des Menschen ausgehen sollte, das ihn als prinzipiell autonomes und verantwortliches Subjekt zur Geltung kommen läßt (vgl. auch Harré u. Secord 1972). Daran ließe sich das methodische Postulat anschließen, daß eine Handlungstheorie mit einer Explikation des Selbstverständnisses handelnder Subjekte, wie es sich etwa im Alltagsbewußtsein ausbildet, beginnen und auf dieses bezogen bleiben müsse (vgl. etwa Schütz 1932; Laucken 1974; Cranach 1980). Dieses Postulat könnte auch gewährleisten, daß nicht wesentliche Teile des Problembestandes vorzeitig dem Fetisch der Formalisierung zum Opfer gebracht werden. Auf der anderen Seite bleibt unbestritten, daß die Begrifflichkeit einer Theorie, die als erfahrungswissenschaftliche verstanden und dem Prinzip kontrollierter empirischer Überprüfung unterworfen wird, sowohl in der Analyse der Feinstruktur ihres Gegenstandes wie in der Erhellung seiner übergreifenden Zusammenhänge das Alltagsverständnis transzendieren wird, ja ihren praktischen Sinn vielleicht gerade in der kritischen Gegenüberstellung zu jenem erfüllt. Was das Verhältnis von Theorie und empirischen Daten betrifft, so finde ich Heiders Formulierung sympathisch: »Diese Ausführungen sollen nicht den Eindruck erwecken, als könne man grundsätzlich ohne Experimente auskommen. Unsere Ansicht ist lediglich, daß jedem wirklichen wissenschaftlichen Fortschritt eine theoretische Analyse und begriffliche Klärung vorangehen muß. Nach unserer Meinung gibt es im Bereich der zwischenmenschlichen Beziehungen bereits eine große Menge empirischen Wissens, und man könnte sehr viel schneller zu einem systematischen Verständnis und zu entscheidenden Experimenten kommen, wenn man versuchen würde, die Theorie zu klären« (Heider 1958 [1977, S. 13]).

An dieser Stelle soll besonders der Aspekt herausgearbeitet werden, daß menschliches Handeln, besonders in unserer gegenwärtigen historischen Situation, zum allergrößten Teil *Handeln in einem gesellschaftlichen Feld, d. h. soziales Handeln ist.* Daß Robinson eben eine Fiktion ist, beweist es. Das meiste, das wir tagtäglich tun, bezieht sich intentional auf andere, sei es ein Partner, sei es in der Familie, Nachbarschaft oder in anderen Primärgruppen, sei es in Arbeitszusammenhängen mit Kollegen, sei es in anonymen Institutionen oder in einer bestimmten Öffentlichkeit. Mit dem Begriff des sozialen Handelns ist dabei *nicht* der Sachverhalt gemeint, daß die Bedingungen unseres Handelns gesellschaftlicher Art sind bzw. gesellschaftliche Ursachen haben. Denn schon unsere subjektiven Handlungsbedingungen, z. B. Wert- oder Zielvorstellungen, Motive, Handlungsdispositionen usw. sind ja wenigstens zum Teil Ergebnis eines Sozialisationsprozesses, in den verschiedene gesellschaftliche Bedingungen eingehen. Aber die Tatsache, daß z. B. ein Motiv in der frühen Kindheit unter bestimmten Umständen in der Familie verinnerlicht wurde, macht ein entsprechendes Handeln nicht eo ipso zu sozialem Handeln. Die Konfusion dieser beiden Begriffe ist der große Irrtum der soziologischen Handlungstheorie T. Parsons'. Auch die konkreten Gegenstände der Realität, ohne die unser Handeln gar nicht möglich wäre, sind zumindest in ihrer Bedeutung zwar gesellschaftlich definiert, meist sogar produziert. Doch folgt auch daraus nicht, daß ein auf sie gerichtetes Handeln schon deshalb »soziales Handeln« genannt werden müßte. Vielmehr ist es sinnvoll, von sozialem Handeln erst dann zu sprechen, wenn es ein *Handeln ist, das sich intentional in bestimmter Weise auf andere Subjekte bezieht*, in der bekannten Definition Max Webers (1921 [1956, S. 1]): wenn es »seinem von dem oder den Handelnden gemeinten Sinn nach auf das Verhalten anderer bezogen wird und daran in seinem Ablauf orientiert ist«.

Keineswegs soll geleugnet werden, daß es auch Handeln gibt, das *nicht* an anderen orientiert ist. Ein solcher Handlungstypus ist die »einsame Auseinandersetzung mit der Natur«, z. B. das Besteigen eines Berges oder die Verrichtung einer Arbeit nur für mich; auch das vielzitierte Einschlagen eines Nagels in die Wand ist als solches nicht soziales Handeln. Aber schon, wenn ich auf der Bergtour weiß, daß andere mich zu einer bestimmten Zeit zurückerwarten, oder wenn ich vorhabe, anderen das Ergebnis meiner Arbeit mitzuteilen, oder wenn ich beim Einschlagen des Nagels weiß, daß es den Nachbarn stört, ist es wenigstens teilweise soziales Handeln. Offenbar können wir nur bei gewissen elementaren Handlungen – die als solche aber gerade nicht der Grund unseres wissenschaftlichen Interesses an Handeln überhaupt sind – und nur in gezwungener Abstraktion davon absehen, daß der gesamte Kontext unserer Handlungsorientierung im Grunde durch die Orientierung an anderen mitbestimmt ist.

Daher ist der soziale Charakter unseres Handelns nicht als irgendein Zusatz aufzufassen, der sich an einer schon festgelegten Handlungstheorie nachträglich und sozusagen zur Vervollständigung noch anbringen ließe. Da er ein integraler, ja konstitutiver Bestandteil unserer Handlungsorientierung ist, muß er auch als solcher systematisch in die Handlungstheorie eingearbeitet sein: *Eine allgemeine Theorie des menschlichen Handelns muß daher von vornherein als eine Theorie des sozialen Handelns konzipiert werden.* Ein Ansatz, der den sozialen Aspekt im Handeln ausblendet, erfaßt bestenfalls einen Zipfel des Problems, und die Relevanz eines handlungstheoretischen Ansatzes ist daran zu messen, wie er den sozialen Aspekt im einzelnen darstellt.

Diese Tatsache stellt die Handlungstheorie vor Probleme. So erhebt sich zunächst die Frage, in welchen Begriffen zu fassen ist, was wir bisher pauschal den sozialen Aspekt genannt haben. Welche Bedeutung und Relevanz haben überlieferte Begriffe wie z. B. »Norm« und »Rolle«? Lassen sie sich als Grundkategorien sozialer Handlungsorientierung ansehen, beschreiben sie diese überhaupt adäquat und auf allen Ebenen, von einem konkreten, individuellen Interaktionspartner über soziale Systeme und Institutionen von überschaubarer Ausdehnung bis hin zur politischen Orientierung gegenüber dem Ganzen? Was für Annahmen hinsichtlich anderer Subjekte, ihrer Orientierung und ihres Handelns sowie unseres Verhältnisses zu ihnen sind in bestimmten Begriffen impliziert, und sind diese Annahmen akzeptabel?

Das Hauptproblem einer Theorie sozialen Handelns, auf das unten noch näher einzugehen ist, scheint mir in folgendem zu liegen (vgl. hierzu Geulen 1977, S. 171 ff, 252 ff): Handeln ist allgemein – und darüber herrscht in der handlungstheoretischen Literatur weitgehende und auch durch das Alltagsverständnis belegte Übereinstimmung – als zielgerichtete Tätigkeit, als *intentionale und tätige Verwirklichung von Zielen durch Einsetzen von Mitteln in einer wahrgenommenen Situation* zu bestimmen. Diese Abgrenzung ist sinnvoll, auch wenn sie offensichtlich nicht alle Formen menschlicher Aktivität umfaßt (sie schließt einerseits nicht-intentionale, z. B. unbewußte, reflexartige oder habituelle Bewegungen aus, andererseits das Tun, dessen Ziel in ihm selbst liegt). Die Bestandteile der Handlungsorientierung in diesem Sinne haben den Charakter von »Gegenständen«, die ich entweder als Gegebenheiten wahrnehme, als Ziel erreichen bzw. verändern will oder als Mittel benutzen kann. Betrachten wir nun die Art und Weise, wie *andere Subjekte* in unserer Handlungsorientierung auftreten, so zeigt sich, daß sie sich in diesem Schema nicht ungezwungen unterbringen lassen. Andere lassen sich nicht zureichend als bloß wahrnehmbare Gegebenheiten, als Mittel oder Ziele, überhaupt als Objekte begreifen, sie sind vielmehr unabweisbar selber Subjekte, die ihrerseits handeln; sie sind in dieser Hinsicht also *meinesgleichen*.

Innerhalb unserer Handlungsorientierung schon bei jeder konkreten Handlung sind also zwei Ebenen analytisch zu unterscheiden, die der Welt der Gegenstände unseres Handelns und der Welt der anderen Subjekte entsprechen. Das theoretische Problem besteht darin, das Verhältnis dieser beiden nicht aufeinander reduzierbaren Ebenen im einzelnen zu klären und eine Begrifflichkeit zu entwickeln, die ihren Zusammenhang angemessen darstellt.

Sichtet man vor diesem Problemhorizont die vorliegende handlungstheoretische Literatur auch der jüngsten Zeit, so ergibt sich die befremdliche Feststellung, daß in einem großen Teil insbesondere der philosophischen Beiträge die soziale Ebene der Handlungsorientierung entweder gar nicht oder nur implizit thematisiert wird und daß in solchen Ansätzen, die diesem Aspekt erklärt oder gar programmatisch Rechnung tragen, dies nur in einer systematisch verkürzten Begrifflichkeit geschieht, die Wesentliches nicht erfaßt. Im folgenden werde ich zunächst diese Feststellungen an einigen vielzitierten Ansätzen belegen und danach zu zeigen versuchen, daß das Paradigma der Perspektivenübernahme gewisse Möglichkeiten bietet, bisherige Defizite in der Konzeptualisierung der sozialen Ebene zu überwinden und einen angemesseneren Begriff von sozialem Handeln zu entwickeln.

2. *Defizite vorliegender handlungstheoretischer Ansätze*

Angesichts der großen Zahl und Heterogenität der vorliegenden handlungstheoretischen Beiträge ist an dieser Stelle sowohl eine exemplarische Auswahl als auch eine idealtypische Stilisierung unvermeidlich. Beides ist sicher problematisch, daher ist das Folgende eher als eine Weiterführung der Problemexposition, nicht als abschließende Würdigung der Literatur zu nehmen. Abgesehen von der neueren Handlungsphilosophie scheinen vor allem vier Paradigmen von größerem Einfluß in der gegenwärtigen Diskussion zu sein (Überblick bei Graumann 1972; Piontkowski 1976), die hier als Modell der Strukturanalyse instrumenteller Handlungsorientierung, als behavioristischer Ansatz bes. in der Austausch-Theorie, als ökonomischer bzw. spieltheoretischer Ansatz und als rollentheoretischer Ansatz bezeichnet seien.

2.1 Die neuere Philosophie des Handelns

Die umfangreiche Literatur zum Thema aus dem Umkreis der angelsächsischen Philosophie (vgl. die Sammelbände von Ritsert 1975; Brand u. Walton 1976; Beckermann 1977; Meggle 1977; Lenk 1978, 1979, 1980; Whittemore 1979 und die systematischen Versuche etwa von Goldmann 1970; Thalberg 1972; Tuomela 1977; Davis 1979) ist für unsere Problemstellung nur mittelbar von Bedeutung. Teilweise an Probleme aus der philosophiegeschichtlichen Tradition anknüpfend, behandelt sie z. B. Fragen der Abgrenzung des Handlungsbegriffs, der Struktur einer einzelnen Handlung, der Handlungslogik, der Bedeutung von Kausalität und Finalität, der Willensfreiheit und Verantwortung usw. Der Philosophie des Handelns geht es vorrangig um die Klärung von Phänomenen und die Explikation von Begriffen als solchen, ihr Ziel liegt erkennbar nicht in der Richtung einer umfassenden erfahrungswissenschaftlichen Theorie sozialen Handelns oder gar – was die besondere Fragerichtung der Psychologie wäre – der innerpsychischen Bedingungen sozialen Handelns. Insofern liegt hier ein anderes Forschungsinteresse vor. Das schließt allerdings keineswegs aus, daß die Philosophie des Handelns fruchtbare heuristische Anregungen für eine Psychologie der Handlungsfähigkeit liefern könnte.

Kritisch ist jedoch festzustellen, daß in der ganzen Handlungsphilosophie der soziale Charakter der Handlungsorientierung bisher nicht zur Sprache kommt, weder auf der Ebene der Deskription noch auf der der Analyse. In keinem der oben genannten Bände findet sich auch nur ein einziger Beitrag, dessen Überschrift auf dieses Thema hinwiese. Und so weit sie einen Index enthalten, wird in keinem einzigen Fall auf ein relevantes Stichwort verwiesen (geprüft für die Stichwörter »other«, »role taking«, »empathy«, »interaction«, »role«). Es kann daher gesagt werden, daß die bisher vorliegenden handlungsphilosophischen Beiträge, die immerhin mit dem nicht unbescheidenen Titel einer »theory of action« schlechthin auftreten, thematisch wesentlich beschränkt sind und deshalb bei unseren folgenden Überlegungen außer Betracht bleiben können.

2.2 Die Strukturanalyse der instrumentellen Handlungsorientierung

Als Strukturanalyse der instrumentellen Handlungsorientierung kann ein Ansatz bezeichnet werden, der, angeregt wohl durch Chomskys Theorie der generativen Grammatik, von Miller, Galanter und Pribram (1960) dargestellt und von Hacker (1973) an Arbeitstätigkeiten konkretisiert und in etwas anderer Terminologie weiter ausgebaut worden ist (vgl. auch Volpert 1974; Weinberg 1978). Dieses handlungstheoretische Modell bezieht sich auf innerpsychische Prozesse, die zielgerichtetem Handeln vorhergehen und es begleiten.

Der grundlegende Begriff ist der des Handlungsplanes, ein

inneres, vom Handelnden gebildetes und ihm gegenwärtiges Programm dafür, welche einzelnen Tätigkeiten in welcher Reihenfolge ausgeführt werden müssen, wenn ein bestimmtes vorgestelltes Ziel erreicht werden soll. Eine entscheidende Einsicht ist nun, daß ein Handlungsplan nicht als eine einfache Kette der elementaren Tätigkeiten in ihrer zeitlichen Reihenfolge entworfen wird, sondern nach sachlogischen Gesichtspunkten auf einer zunächst relativ hohen Abstraktionsebene, von der dann die konkreten Einzeltätigkeiten, wie sie schließlich etwa einem Beobachter erscheinen, über mehrere Zwischenebenen abgeleitet werden. Ein Handlungsplan hat also gleichzeitig eine sequenzielle und eine hierarchische Struktur. Ein Beispiel ist die Planung eines Tagesablaufs (nach Hacker 1973, S. 100): Auf der abstraktesten Ebene haben wir zunächst z. B. die Aufgaben »Praktikumsbericht durcharbeiten« – »Vorlesung vorbereiten« – »Post erledigen« – »Besprechung vorbereiten«. Der Punkt »Vorlesung vorbereiten« zum Beispiel wird nun auf der nächstunteren Ebene durch »Manuskript lesen« und »neue Literatur ermitteln« konkretisiert, letzteres wiederum durch »Kartei durchsehen« und »Exzerpte heraussuchen« usw.

Dieses Modell wird in verschiedener Weise verfeinert, etwa durch Berücksichtigen der Tatsache, daß im Alltagshandeln typischerweise mehrere Pläne zu koordinieren sind, oder durch differentialpsychologische Untersuchungen des Planungsverhaltens. Darauf muß hier nicht näher eingegangen werden. Doch ist noch auf einen anderen wichtigen Sachverhalt hinzuweisen, den dieser Ansatz hervorgehoben hat. Unsere Handlungsorientierung enthält ein Moment von Reflexivität in dem Sinne, daß wir uns des wirklichen Erfolges unseres Handelns versichern; d. h. ein Handlungsplan enthält auf allen Ebenen Rückkopplungsschleifen, über die der wirkliche Erfolg zurückgemeldet und mit dem geplanten Ziel bzw. Teilziel verglichen wird, was dann Anlaß für eine entsprechende Änderung des Planes bzw. des Handelns ist.

Das strukturanalytische Modell der instrumentellen Handlungsorientierung ist in verschiedener Hinsicht attraktiv. Es hat – gemessen am Alltagsverständnis – eine hohe Plausibilität und bietet die Möglichkeit, auch komplexe Handlungsstrukturen aus den gleichen Annahmen zu konstruieren. Insbesondere stellt es ein Modell innerpsychischer Handlungsbedingungen dar, das zur

Erklärung menschlichen Handelns sicher angemessener ist als etwa behavioristische Modelle, und es steht dabei einem Menschenbild näher, das den Menschen als Subjekt seines Handelns begreift. Allerdings meine ich, daß es den Entscheidungsprozessen bei alternativen Handlungsmöglichkeiten bisher zu wenig Beachtung gewidmet hat.

Der Haupteinwand muß sich jedoch dagegen richten, daß auch in diesem Ansatz bisher die interpersonale Ebene der Handlungsorientierung nicht thematisiert oder gar ausgearbeitet worden ist, was ebenfalls an den genannten Texten unschwer zu belegen wäre. Im Mittelpunkt der Betrachtung steht das einsame Handlungssubjekt mit seinen Plänen, die sich auf Handlungen gegenüber der Sachenwelt, vornehmlich der materiellen Realität, beziehen und sich nur an sachlichen Zusammenhängen orientieren. Der tatsächlich soziale Kontext des Handelns, der notwendige Bezug auf andere Subjekte, wird nicht thematisiert, obwohl bereits an den verwendeten Beispielen (so in Hackers Beispiel »Vorlesung bzw. Besprechung vorbereiten«) deutlich werden sollte, daß davon gar nicht abstrahiert werden kann. Daher ist, nebenbei bemerkt, auch die Selbstkategorisierung dieses Ansatzes als »historisch-materialistisch«, die bei einigen Autoren anklingt, unzutreffend; für den Historischen Materialismus sind bekanntlich gerade historisch entstandene soziale Beziehungen (Produktionsverhältnisse) wesentlich eine Determinante und in politischer Hinsicht auch Gegenstand des Handelns (vgl. Buhr und Klaus 1972, S. 686).

In den Kategorien des Ansatzes, wie er bisher entwickelt wurde, lassen sich andere Subjekte als solche nicht subsumieren, vielmehr wäre eine Erweiterung der Begrifflichkeit selbst erforderlich: Es wäre zu thematisieren, was es für unsere Handlungsplanung bedeutet, daß sich in unserem Handlungsfeld auch andere Subjekte bewegen, welches die Bedingungen und Konsequenzen gemeinsamer Handlungspläne oder umgekehrt divergierender Handlungsziele der Beteiligten sind usw. Der Ansatz der Strukturanalyse von subjektiven Handlungsplänen könnte durchaus einen wichtigen Platz einnehmen, aber nur innerhalb einer weiter gefaßten begrifflichen Grundlegung zu einer Theorie des sozialen Handelns.

2.3 Der behavioristische Ansatz, insbesondere die Austausch-Theorie

Ein anderer, vielzitierter Ansatz ist das Modell der sozialen Interaktion als »Austausch« (Homans 1958, 1961; Thibaut u. Kelley 1959; Jones u. Gerard 1967; Opp 1972). In diesem Ansatz, der von Begriffen und Befunden der behavioristischen Lernpsychologie ausgeht und daneben auch Begriffe aus der Ökonomie heranzieht, wird zunächst angenommen, daß die Häufigkeit bzw. Wahrscheinlichkeit bestimmter Verhaltensweisen bedingt ist durch die vorangegangenen Bekräftigungen in ähnlichen Situationen. Dieser Zusammenhang zwischen Verhalten des Individuums und Bekräftigung seitens der Umwelt wird nun auf die Interaktion zwischen zwei Individuen übertragen; in der Version Homans' lauten die entsprechenden Postulate: »Je öfter eine Person innerhalb einer gewissen Zeitperiode die Aktivität einer anderen Person belohnt, desto öfter wird jene sich dieser Aktivität zuwenden«. »Je wertvoller für eine Person eine Aktivitätseinheit ist, die sie von einer anderen Person erhält, desto häufiger wird sie sich Aktivitäten zuwenden, die von der anderen Person mit dieser Aktivität belohnt werden« (Homans 1961 [1972, S. 46 u. 47]). Da diese Bedingungen für jeden Interaktionspartner gelten – d. h. auch das Verhalten Alters davon abhängig ist, ob für ihn das Verhalten Egos eine Bekräftigung ist –, findet eine Interaktion im Prinzip nur statt, wenn und so lange für beide Partner das Verhalten des jeweils anderen eine Bekräftigung darstellt.

Dieses Grundmodell läßt sich in verschiedenen Punkten ausbauen. So haben Jones u. Gerard (1967) den Aspekt der Stimuli als Verhaltensauslöser hervorgehoben und ein sequenzielles Interaktionsmodell wechselseitiger Stimulierung vorgeschlagen. Es kann auch angenommen werden, daß sich die früheren Bekräftigungen subjektiv als entsprechende »Erwartungen« an die Situation bzw. an den Interaktionspartner interpretieren lassen. Homans nimmt ferner an, daß das Individuum auch negative Verstärker (Strafen) und entgangene positive Bekräftigungen anderer Verhaltensalternativen als »Kosten« berücksichtigt und sie mit der positiven Bekräftigung zu einem »Gewinn« verrechnet; dieser und seine »gerechte« Verteilung auf die beiden Partner sind dann die Bedingung für die Aufrechterhaltung einer

Interaktion. Die Theorie stützt sich hier auf eine ökonomische Terminologie und Begründung (Nutzen-Kosten-Bilanz u. a.), was besonders deutlich in der Weiterentwicklung zu einer Interaktion-Gewinn-Matrix bei Thibaut u. Kelley (1959) zutagetritt. In dieser Version unterscheidet sie sich kaum mehr systematisch vom Ansatz der Spieltheorie, der untersucht, welche Handlungen eines oder mehrerer Subjekte unter bestimmten Bedingungen von Interessen, Informiertheit und einschränkenden Spielregeln bei angenommener Rationalität optimal sind (s. u.).

Man sieht, daß innerhalb der Austausch-Theorie ein Wechsel zwischen zwei Paradigmen vorgenommen wird. Da das sowohl für die Ableitung von Hypothesen als auch für eine Kritik von Bedeutung ist, wollen wir beide Paradigmen der Reihe nach betrachten. Zum ersten stützt sich die Austausch-Theorie auf die behavioristische Lerntheorie, insbesondere auf den Begriff der Bekräftigung im Sinne Skinners. Das ist insofern für sie vorteilhaft, als sie an der empirischen Evidenz partizipieren kann, die die Lernforschung angesammelt hat; so bezieht sich z. B. Homans immer wieder auf Skinners Tauben-Experimente. Dieser Vorteil impliziert jedoch auf der anderen Seite, daß sie auch von einer Kritik an der behavioristischen Lerntheorie und ihrer Anwendung auf Humansubjekte mitbetroffen wird. Die Diskussion um das behavioristische Menschenbild kann an dieser Stelle nicht aufgerollt werden (vgl. Reese u. Overton 1970). Auch sei auf immanente Schwierigkeiten des Ansatzes, insbesondere einer nicht tautologischen Bestimmung, Präzisierung und Operationalisierung des zentralen Begriffs der Bekräftigung, nur hingewiesen.

Jedoch ist für unsere Problemstellung wichtig, wie in diesem Modell der Handlungsbegriff und damit zusammenhängend die interpersonale Ebene gefaßt wird. Im behavioristischen Paradigma erscheint Handeln im Prinzip als beobachtbare motorische Reaktion auf einen äußeren Reiz, die durch positive Bekräftigungen in früheren und ähnlichen Situationen etabliert wurde. Eine Handlung erscheint demnach als ein Ereignis in einer deterministischen Kausalkette, die von einem Umweltstimulus bis zu einer Einwirkung wiederum auf die Umwelt reicht und in der das, was wir Subjekt nennen, nur ein Zwischenglied in der Vermittlung des Kausalablaufs ist. Die Bedingungen des Geschehens sind zum einen der aktuell auftretende Umweltreiz, zum anderen die in der

Vergangenheit aufgetretenen Bekräftigungen, die ebenfalls von der Umwelt ausgehen. Das bedeutet erstens, daß Handeln prinzipiell an die vergangenen und aktuellen Gegebenheiten der Realität gebunden bliebe und nicht über sie hinausgreifen, sie zum Beispiel umgestalten könnte. Daher kann Handeln nicht im vollen Sinne des oben vorgeschlagenen Minimalkonsenses als intentionale und tätige Verwirklichung von *Zielen*, die als solche ja noch nicht realisiert sind, gefaßt werden. Damit hängt zweitens zusammen, daß das Subjekt nicht als mögliche *eigene*, nicht auf kontingente Umweltgegebenheiten reduzierbare Bedingung einer Handlung gesehen und in Rechnung gestellt wird. Das aber bedeutet, daß die behavioristische Handlungstheorie einen Subjektbegriff, wie wir ihn postuliert haben, geradezu ausschließt.

Diese Defizite hängen wohl damit zusammen, daß die behavioristische Psychologie ihrem ursprünglichen wissenschaftstheoretischen Programm gemäß die innersubjektiven Prozesse aus ihrem Gegenstandsbereich ausgeklammert hat. Subjektivität läßt sich aber nicht dadurch, sondern nur umgekehrt durch wissenschaftliche Thematisierung aus der Metaphysik herunterholen. Im Neo-Behaviorismus, der diese Notwendigkeit eingesehen und Modelle subjektiver Prozesse vorgeschlagen hat, ist zu beobachten, daß bei der Realisierung dieses Programms zentrale Begriffe des ursprünglichen Paradigmas – z. B. die Begriffe des Reizes und der Bekräftigung – umdefiniert und in ihrem Stellenwert zurückgedrängt werden und daß man zu begrifflichen Anleihen bei anderen Paradigmen, z. B. bei der kognitiven Psychologie, genötigt ist, damit aber den ursprünglichen Ansatz faktisch aufgibt.

Die Austausch-Theorie ist eine Theorie der sozialen Interaktion, bezieht also explizit den sozialen Aspekt des Handelns ein – allerdings in systematisch eingeschränkter Weise. Andere werden in diesem Ansatz begriffen als verhaltensauslösende Reize bzw. als Quelle von Bekräftigungen. Der kritische Punkt dieser Festsetzung ist, daß mit den Kategorien der Theorie nicht systematisch unterschieden werden kann zwischen anderen Subjekten als Interaktionspartnern und beliebigen Umweltgegebenheiten, die Reize bzw. Bekräftigungen aussenden. Zum Beispiel läßt sich mit den Mitteln der Theorie nicht angeben, welcher Unterschied zwischen einem anderen Menschen und einem Spielautomaten etwa vom »Flipper«-Typ besteht und ob hier überhaupt ein Unterschied vorliegt. Es geht nur das overte »Verhalten« des anderen, nicht jedoch irgendeine von ihm intendierte Bedeutung oder seine Subjektivität in das Modell ein; der konsequente Behaviorist kommt gar nicht auf den Gedanken, sich zu fragen, was sein Interaktionspartner will, denkt, vorhat usw. Die Theorie klammert also auch in bezug auf andere die Subjektivität aus.

Gegen diese Position sei hier nur der schlichte Einwand gesetzt, daß es sich zumindest im Alltagshandeln durchaus nicht so verhält, sondern daß wir uns im allgemeinen sehr wohl an Annahmen über die subjektive Orientierung unserer Interaktionspartner ausrichten, und vor allem: daß diese Annahmen unser Handeln unter Umständen weit stärker bestimmen, als das overte Verhalten des anderen es könnte. Man sieht hier, daß die Subjektivität sogar in zweifacher Weise das soziale Handeln bestimmt, nämlich als die eigene und als die angenommene Subjektivität des anderen. Diese erhebliche Varianz bleibt im behavioristischen Ansatz von vornherein unerklärt.

Aus den gegebenen Gründen kann der Ansatz auch Intersubjektivität nicht thematisieren, den Konsens mehrerer Subjekte, der durch Kommunikation hergestellt und/oder bestätigt wird und schon Voraussetzung sozialer Interaktion auf der Ebene des ökonomischen Tausches selbst ist (Parsons 1937). Wie vor allem G. H. Mead (1934 [1968], 1980) gesehen und herausgearbeitet hat, liegt gerade hier der Unterschied zwischen tierischem Verhalten, das immer nur Reaktion auf overte Bewegungen (»Gesten«) anderer Individuen bleibt, und menschlicher Interaktion, die im Prinzip auf einer Gemeinsamkeit des Verständnisses beruht.

2.4 Der ökonomische und spieltheoretische Ansatz

Wir hatten oben festgestellt, daß die Austausch-Theorie zwischen zwei verschiedenen Paradigmen wechselt, was übrigens nicht unbedingt für sie spricht. Neben dem behavioristischen Bekräftigungsmodell stützt sie sich auf Annahmen, die der klassischen ökonomischen Theorie des Verhaltens am Markt und deren Weiterentwicklung in der Theorie der Spiele entnommen sind oder ihr nahestehen. Homans gibt dies unumwunden zu: »Es ist ganz offensichtlich, daß wir bei unseren Ausführungen der elementaren Nationalökonomie viel verdanken« (Homans 1961 [1972, S. 58]). Die ökonomische Theorie geht von der Annahme arbeitsteilig unterschiedener Individuen aus, die auf einem Markt Tauschbeziehungen frei eingehen und dabei konsequent am Prinzip der Gewinnmaximierung orientiert sind. Insofern können wir dieses Paradigma utilitaristisch nennen. Es impliziert einen Handlungsbegriff, der im Unterschied zum behavioristischen Modell sowohl das Moment der subjektiven Orientierung an einem Ziel als auch – und zwar im systematischen Zusammenhang damit – die an anderen Subjekten bzw. ihrer Zielorientierung erfaßt. Damit sind zwei unserer allgemeinen Postulate erfüllt. Darüber hinaus scheint der Ansatz auch attraktiv zu sein, weil er programmatisch die Annahme einer gewissen Rationalität enthält.

Die Theorie der Spiele (Neumann u. Morgenstern 1944), die man als Erweiterung des klassischen Ansatzes ansehen kann, hebt das Moment der Rationalität sogar besonders hervor. Sie untersucht auf logischem Wege das Problem, welche Entscheidung unter mehreren Alternativen, die ihrerseits von den »Zügen« eines oder mehrerer Partner bzw. Gegner abhängen, für den Handelnden optimal im Sinne einer relativen Nutzenmaximierung ist. Es werden bestimmte Annahmen und Spielregeln gesetzt; z. B. wird unterstellt, daß ein Spieler über alle Entscheidungsmöglichkeiten informiert ist, wozu auch Annahmen über das Verhalten des Gegners gehören, daß er tatsächlich ein optimales Ergebnis im Sinne eines für ihn geltenden »Nutzens« anstrebt usw. Es werden verschiedene Typen von Spielen unterschieden. Am weitesten untersucht sind die sogenannten Zwei-Personen-Nullsummenspiele, eine kompetitive Situation, bei der ein Gewinn des einen Spielers stets einen Verlust für den anderen Spieler impliziert. Es gibt aber auch kooperative Spiele, in denen beide Spieler durch Kooperation ein besseres Ergebnis erzielen können, sowie Mehr-Personen-Spiele, die verschiedene Möglichkeiten der Koalitionsbildung bieten.

Jedoch enthält auch der ökonomische und spieltheoretische Ansatz gravierende Beschränkungen. Es mag empirisch zutreffen, daß das Handeln von Individuen häufig an einem unmittelbaren »Gewinn« oder »Nutzen« für eben diese Individuen ausgerichtet ist, aber dies gilt keineswegs für alles Handeln. Selbst wenn man eine der Theorie bereits inhärente Unschärfe des Nutzenbegriffs in Rechnung stellt, ist offensichtlich, daß Subjekte auch solche Handlungsziele leidenschaftlich verfolgen können, die für sie als

Individuen nicht unbedingt von »Nutzen«, sondern unter Umständen sogar abträglich sind, deren Bedeutung für sie aber z. B. in dem Bezug auf andere Menschen, auf ein politisches Problem im weitesten Sinne oder auf universelle moralische Prinzipien liegt. Schon eine so alltägliche Interaktion wie die, daß ich einem Fremden, der mich nach dem Weg fragt, Auskunft gebe, ist mit diesem Ansatz nicht plausibel zu erklären. Wie vor allem die von L. Kohlberg festgestellte Skala menschlicher Handlungsgründe zeigt, hat die utilitaristische Orientierung tatsächlich nur einen sehr begrenzten Stellenwert.

Eine zweite Beschränkung liegt im Begriff vom anderen und in der Art des Zuganges zu seiner Subjektivität. Nach dem Ansatz der ökonomischen Theorie geht das Subjekt davon aus, daß auch der Tauschpartner an seiner individuellen Nutzenmaximierung orientiert ist und sich in diesem Sinne unbedingt rational verhält. Das heißt aber, daß der Handelnde sich nicht an einem konkreten Individuum, das ihm gegenübersteht, orientiert, sondern an einer bestimmten *Idealisierung*, die als empirisch zutreffend *a priori* unterstellt wird. Unabhängig vom situativen Kontext und von den individuellen Merkmalen des konkreten Interaktionspartners wird immer angenommen, daß dessen Handlungsorientierung ausschließlich utilitaristisch-zweckrational sei.

Nun ist die Annahme der Rationalität in bezug auf Humansubjekte ja nicht abwegig. Man könnte spekulieren, daß Rationalität, in einem emphatischen Sinne und als menschliches Gattungsmerkmal gesehen, auch Basis des intersubjektiven Verstehens zwischen Individuen dieser Gattung ist. Tatsächlich geht es an dieser Stelle aber gar nicht um Rationalität in diesem Sinne, sondern um *Zweck*rationalität in bezug auf beliebige, d. h. selber nicht rational begründete Ziele. Als solche können sie aber einem anderen auf der Grundlage von Rationalität alleine nicht mehr bekannt sein. Außerdem haben wir gesehen, daß die Annahme der utilitaristischen Orientierung schon für den Handelnden selber unter Alltagsbedingungen nicht durchgängig zutrifft; analog gilt dies selbstverständlich auch für den anderen. Aus diesen Gründen ist die Handlungsorientierung eines konkreten anderen *tatsächlich* zunächst völlig ungewiß.

Die ökonomische Theorie sieht aber keine besondere Erklärung darüber vor, wie das Subjekt Kenntnis von der Handlungsorientierung des anderen erhält, denn eine solche Erklärung, die die

Gestalt einer Theorie der sozialen Wahrnehmung haben müßte, ist für sie nicht nötig, da sie ja unterstellt, daß alle Humansubjekte eine rationale Orientierung hätten. Selbst wenn man dieser Annahme *im emphatischen Sinne* zustimmt, wäre die Argumentation des Ansatzes logisch falsch, weil – wie wir sahen – die *utilitaristische* Orientierung nur *teilweise* rational ist und konkrete Individuen überdies nicht unbedingt einer utilitaristischen Handlungsorientierung folgen. Das Problem bleibt also offen, wie ein Subjekt Kenntnis von der konkreten Handlungsweise eines anderen erhält.

In der Spieltheorie wird gelegentlich sogar die Annahme fallengelassen, daß der Gegner sich rational verhält; der Spieler rechnet dann mit allen Möglichkeiten (vgl. Neumann u. Morgenstern 1944 [1961, S. 32]). Obwohl also die Spieltheorie an der Annahme einer subjektiven Orientierung des anderen als solcher festhält, verzichtet sie dann völlig auf inhaltliche Annahmen über diese. Das Problem des Zugangs zur empirischen Subjektivität des anderen und die daran anschließende Frage der Intersubjektivität wird auch in der Spieltheorie nicht angesprochen, was in diesem Fall damit zusammenhängt, daß sich der Spieler nur ex post an den Zügen des Gegners, also an dessen overtem Verhalten, orientiert.

Das utilitaristische Paradigma impliziert im Unterschied zum behavioristischen zwar immerhin einen Handlungsbegriff und erkennt Subjektivität als solche und eine Orientierung an der Subjektivität des anderen an, doch wird diese Orientierung auf der Ebene einer abstrakten und generellen Idealisierung belassen, die nicht auf die konkrete Individualität eines anderen eingeht und insofern fiktiv, empirisch unverbindlich bleibt. Aus diesem Grunde erscheinen das utilitaristische Paradigma und seine Derivate als psychologisches Modell für Prozesse interpersonaler Orientierung unter gewissen Umständen vielleich heuristisch brauchbar, aber nicht als Grundlegung zureichend.

2.5 Der rollentheoretische Ansatz

Ein anderes Paradigma sozialen Handelns, das von großem Einfluß auch in der psychologischen Literatur zum Thema ist, stellt die Begriffe der Norm (Regel, Konvention) bzw. Rolle in den Mittelpunkt. Dieses im folgenden kurz als rollentheoretischer Ansatz bezeichnete Paradigma geht auf E. Durkheim und S. Freud, auch Max Weber und G. H. Mead zurück und ist insbesondere von Talcott Parsons (1937; 1950) theoretisch ausformuliert worden; es bildet den Kern der in der ersten Jahrhunderthälfte entstandenen soziologischen Handlungstheorie. In den wesentlichen Zügen läßt sich der rollentheoretische Ansatz etwa so charakterisieren: Soziales Handeln findet immer in bestimmten Situationen und in bezug auf bestimmte Interaktionspartner statt. Es ist festgelegt durch Normen, die jedem Beteiligten vorschreiben, wie er sich in dieser Situation zu verhalten habe. Das Bündel von Normen, die jeweils für einen Akteur verbindlich sind, ist seine Rolle. Die Rollen aller Beteiligten bzw. die entsprechenden Normen sind in ihrer Definition reziprok, d. h. sie sind so aufeinander abgestimmt, daß ihnen gemäßes Handeln eine funktionierende Interaktion ergibt. Darüber hinaus wird angenommen, daß sie auch intersubjektiv sind in dem Sinne, daß ein Akteur nicht nur die für ihn selbst geltenden Normen kennt, sondern auch die Normen, die für seine Rollenpartner verbindlich sind; daher kann er von ihnen ein entsprechendes Verhalten erwarten.

Der rollentheoretische Ansatz enthält offensichtlich sowohl einen Handlungsbegriff als auch die Momente der Orientierung an anderen und der Intersubjektivität, und sogar in systematischem Zusammenhang. Insofern erfüllt er unsere Postulate. Problematisch ist jedoch, *wie* diese Begriffe im Hinblick auf den Phänomenbestand gefaßt werden und wie ihr Verhältnis zueinander bestimmt wird. Der Begriff des Handelns ist – so besonders deutlich bei Parsons – auf zweifache Weise festgelegt; zum einen orientiert sich Handeln an Zielen und Mitteln durchaus im Sinne des oben vorgeschlagenen allgemeinen Handlungsbegriffs, zum anderen wird Handeln als durch soziale Normen bestimmtes Rollenhandeln definiert. Diese zweifache Bestimmung impliziert jedoch, daß die Rollenanforderungen an einen Akteur genau das ausmachen, was wir seine Ziele, Motive, Wahrnehmung, Konzeption der Mittel usw., kurz: seine Handlungsorientierung nennen, bzw. daß diese identisch ist mit den sozialen Normen, durch die die von ihm eingenommenen Rollen definiert sind. Letztlich wird dabei der Begriff der Persönlichkeit selbst durch Rollen bzw. Rollenelemente definiert.

Wie die kritische Diskussion um die Rollentheorie deutlich

gezeigt hat (vgl. Habermas 1968; Joas 1973), sind diese Annahmen jedoch unzutreffend. Keines der Momente der subjektiven Handlungsorientierung, weder Zielvorstellungen, Konzeption der entsprechenden Mittel und Wahrnehmung der gegebenen Situation, noch die Wahrnehmung der anderen Subjekte selbst kann restlos auf das zurückgeführt werden, was hier »Rollenerwartungen« bzw. »soziale Normen« genannt wird. Ein eindeutiger Beleg gegen die Annahmen der Rollentheorie ist schon, daß das overte Verhalten von Individuen den geltenden Rollennormen nie ganz genau entspricht. Der Grund dafür ist besonders für die motivationale Seite und daran gezeigt worden, daß zwischen Rollenerwartungen und Bedürfnissen bestimmte Diskrepanzen bestehen können (Wrong 1961). Noch eindeutiger ist auf der kognitiven Ebene eine systematische Differenz zwischen Rollenerwartungen und Handlungsorientierung aufweisbar. Zum einen bezieht sich unsere Handlungsorientierung in der Situation der »einsamen Auseinandersetzung mit der Natur« auf Sachverhalte, die per Definition nicht Gegenstand einer sozialen Normierung sind. Zum zweiten sind Rollennormen ihrerseits nur Gegenstände neben anderen in unserer Handlungsorientierung, damit können sie aber nicht mehr als identisch mit dieser oder als konstitutive Bedingung für sie aufgefaßt werden. Normen haben vielmehr innerhalb der Handlungsorientierung nur den Charakter von »Daten«, die sich auf eine bestimmte soziale Situation beziehen. Ihre Funktion besteht nicht darin, das Handeln der Beteiligten zu determinieren, sondern die Situation intersubjektiv in bezug auf bestimmte Handlungsmöglichkeiten vorzustrukturieren (vgl. Geulen 1977, S. 254 ff). Bekanntlich können solche normativen Vorgaben zum Gegenstand eines Aushandelns und bei Konsens ohne weiteres fallengelassen werden (Piaget 1932), und häufig ist dies von der sachlichen Zielsetzung der Interaktion her geradezu notwendig.

Phänomene dieser Art sind das bevorzugte Feld des *symbolischen Interaktionismus* bzw. der Ethnomethodologie (vgl. Rose 1962; Manis u. Meltzer 1967). Allerdings ist dieser Ansatz mehr an einer detaillierten Beschreibung der Subtilitäten sozialen Handelns als an einer systematischen Handlungstheorie interessiert. Der konsequente Schritt zu einer psychologischen Analyse dessen, was eben im Subjekt der normativen Seite gegenübersteht, wird nicht getan, so daß auch der symbolische Interaktionismus die Implikation einer sozialen Reduktion des Subjekts faktisch nicht überwindet.

Aus alldem folgt, daß der Begriff der sozialen Norm bzw. Rolle nicht ausreicht, um die allgemeine Handlungsorientierung (Ziel-Mittel-Struktur) als solche zu beschreiben bzw. um eine Theorie des Handelns zu konstruieren. Nun ist die Reduktion der Handlungsorientierung auf soziale Normen keineswegs zwingend; denkbar wäre auch, beide Ebenen – die Orientierung an Zielen bzw. Mitteln und die soziale Orientierung – *nebeneinander* anzusetzen. Diesen Weg schlagen Cranach und Mitarbeiter (1980) ein. Allerdings widmen sie der Zielorientierung weit mehr Aufmerksamkeit und fassen die soziale Ebene nur in der Kategorie der »Konventionen« bzw. »Normen« (a. a. O. S. 92). Diese Kategorie reicht jedoch, wie wir gleich sehen werden, nicht aus.

Gegen die rollentheoretische Auffassung vom anderen und vom Zugang zu seiner Subjektivität sind ebenfalls Einwände geltend zu machen. Der andere erscheint hier als Akteur einer bestimmten, nämlich zusammen mit der gegebenen Situation und in genauer Komplementarität zu der meinen definierten Rolle. Seine Subjektivität wäre demnach nichts anderes als die Gesamtheit der für ihn in dieser Situation verbindlichen sozialen Verhaltensnormen. Daß ich diese Normen ebenfalls kenne, weil ich sie verinnerlicht habe, macht im rollentheoretischen Ansatz schon die Intersubjektivität aus.

Nun ist zunächst anzuerkennen, daß der rollentheoretische Ansatz im Vergleich zu den vorangehenden Paradigmen ein notwendiges Moment sozialer Interaktion, nämlich die wechselseitige Orientierung an Normen, heraushebt und soziales Handeln insofern angemessener beschreibt. Dies gilt auch für seine Idealisierung des anderen, die das Moment der Normorientierung zutreffend enthält und im Unterschied zur Idealisierung, die das utilitaristische Paradigma vornimmt, über die jeweiligen Rollennormen einen systematischen Bezug auf Ego und über die Gemeinsamkeit dieser Normen auch die Möglichkeit der Intersubjektivität vorsieht.

Dennoch stimmen die Annahmen des rollentheoretischen Paradigmas auch hier nur teilweise mit der Realität überein und lassen wesentliche Momente außer Betracht. Tatsächlich nehmen wir im Alltagshandeln andere Menschen nie bloß als »Rollen« mit beliebig austauschbaren Individuen wahr, sondern immer als *Personen*, die gegebenenfalls eine bestimmte Rolle »spielen«; wir unterscheiden also zwischen Rolle im Sinne der idealisierten Verhaltensvorschriften und der konkreten Person. Diese Unterscheidung hat sich übrigens in der Weiterentwicklung der Rollentheorie selbst unter dem Einfluß des symbolischen Interaktionismus als notwendig herausgestellt, weil nur so Phänomene wie Rollendistanz und Identität erklärt werden können. Ob man diese noch – wie z. B. Goffman – auf die jeweils anderen Rollen des Individuums, auf das Verhältnis zur eigenen, unverwechselbaren Biographie, die persönliche Identität (vgl. hierzu Reck 1981) oder aber auf seine spezifische Ziel-Mittel-Orientierung zurückführt: immer sind sowohl wir selbst als auch unsere Interaktionspartner mehr als bloß ein Bündel von Verhaltensnormen, und dieses »Mehr« ist für unsere Handlungsorientierung durchaus wichtig. Im allgemeinen suchen wir nämlich die Handlungsorientierung des anderen auch jenseits seiner aktuellen Rolle zu verstehen, nicht zuletzt deshalb, weil dies wiederum zum Verständnis seines aktuellen Verhaltens in bezug auf uns beiträgt. Die Subjektivität des anderen und die Prozesse ihrer Erschließung sind jedoch mit Kategorien wie Norm, Regel, Rolle oder entsprechenden Erwartungen ebensowenig faßbar wie unsere eigene Handlungsorientierung (s. o.), der rollentheoretische Ansatz blendet sie aus. Daher läßt sich sagen, daß die Idealisierung vom anderen Subjekt, die dieser Ansatz vornimmt, im Vergleich zu der generellen Idealisierung im utilitaristischen Paradigma zwar konkreter, weil situationsbezogen, ist, aber gegenüber der Realität des sozialen Alltagshandeln ist sie immer noch zu abstrakt und vor allem einseitig.

Ein Grund für die Beschränkung des rollentheoretischen Ansatzes liegt wohl darin, daß er sich – so zumindest in seiner klassischen Formulierung – mit einer bestimmten Theorie der Ontogenese verbunden hat. Es wird angenommen, daß die Normen im individuellen Sozialisationsprozeß in einer Weise verinnerlicht wurden, daß sie sich später subjektiv als unbedingte Handlungsimperative bzw. als motivationale Bedürfnisse äußern und so ein entsprechendes Verhalten zureichend motivieren. Hier greift der Ansatz hauptsächlich auf Annahmen der Psychoanalyse, besonders auf die Theorie des Über-Ichs, zurück. Die damit etablierte Auffassung, daß die Aneignung der Rollennormen auf die frühe Kindheit zu datieren und daß Normen als Motive in einem affektiven Sinne wirksam seien, schließt von vornherein die Möglichkeit aus, die Orientierung an Normen als sozial*kognitiven* Prozeß zu interpretieren und ihre Ontogenese auch in späteren Entwicklungsstadien zu verfolgen. Tatsächlich jedoch wird, wie besonders die Forschungen L. Kohlbergs gezeigt haben, unser Verständnis von sozialen Normen wesentlich durch eine kognitive Entwicklung mitbestimmt, die bis ins Erwachsenenalter reicht, und viele Rollen erlernen wir überhaupt erst als Erwachsene. Waller (1978) hat dieser Tatsache neuerdings durch ein kognitiv-lerntheoretisches Erklärungsmodell Rechnung zu tragen versucht, wenn er auch im übrigen mit der Annahme von »Verhaltenserwartungen« als abhängiger Variablen trotz einer verbalen Abgrenzung in der Begrifflichkeit der Rollentheorie verbleibt.

Eine genauere Analyse der Ontogenese wie auch der aktualgenetischen Prozesse könnte zu dem Ergebnis führen, daß die psychologische Grundlage der Orientierung an anderen gar nicht »Normen« sind, sondern komplexe *sozialkognitive Operationen* von der Art der Perspektivenübernahme, und daß Normen bzw. entsprechende Erwartungen erst aus diesen *abgeleitete* Phänomene oder sogar nur – wie ich glaube – eine vereinfachende, reifizierende Metapher für diese Operationen sind. Zur Ontogenese der Perspektivenübernahme auch im frühen Kindesalter liegen schon jetzt differenziertere Befunde vor (vgl. Teil 2.1, 2.2 und 4 in diesem Band), als etwa das klassische Paradigma der Normverinnerlichung sie beigebracht hat.

Die vorangehenden Abschnitte haben gezeigt, daß in den Ansätzen zu einer Theorie sozialen Handelns, die in der gegenwärtigen Diskussion eine größere Rolle spielen, entweder ein unvollständiger Begriff des Handelns selbst und/oder eine unvollständige Konzeptualisierung der sozialen Ebene, also des anderen Subjektes, unseres Zugangs zu seiner Subjektivität und der Intersubjektivität vorliegt. Sofern diese Ebene nicht ganz ausgeblendet wird, wie in der zeitgenössischen Handlungsphilosophie und in der Strukturanalyse des instrumentellen Handelns, erscheint das andere Subjekt in grob vereinfachten Idealisierungen, sei es noch als nichtpersonale Stimuli bzw. Bekräftigungsinstanz (behavioristisches Interaktionsmodell), als stets nur auf den eigenen, individuellen Nutzen zweckrational ausgerichtetes Wirtschaftssubjekt (utilitaristisches Modell der ökonomischen und der Spieltheorie) oder als verinnerlichten Verhaltensnormen folgender Akteur in Rollen (soziologische Rollen- bzw. Handlungstheorie). Diese Idealisierungen sind – abgesehen von ihrer Einseitigkeit und zweifelhaften empirischen Triftigkeit – insofern zu abstrakt, als sie nicht den Charakter einer Wahrnehmung des *je konkreten*, uns gegenüberstehenden anderen haben, sondern den einer Unterstellung, die von vornherein an *alle* anderen Subjekte herangetragen wird. Daher thematisiert keiner der Ansätze das Problem, wie wir denn Zugang zur Subjektivität unserer konkreten Interaktionspartner gewinnen.

Von einer Theorie des sozialen Handelns wäre zu fordern, daß sie eine Erklärung dieses Tatbestandes und einen angemessenen Begriff von der Subjektivität des anderen, also der sozialen Ebene unserer Handlungsorientierung bietet. Darüber hinaus muß sie aber als Theorie auch den *Zusammenhang* zwischen dieser Ebene und der Ebene explizieren, die durch den allgemeinen Begriff von Handeln als intentionale und tätige Verwirklichung von Zielen durch Einsetzen von Mitteln in einer wahrgenommenen Situation konstituiert wird, wobei keine dieser beiden Ebenen auf die andere reduzierbar ist. Ich möchte im folgenden eine systematische Skizze zu einer solchen Theorie der allgemeinen Handlungsorientierung vorstellen, die, nach Darstellung der Ebene der allgemeinen Handlungsorientierung und der Ebene unserer Orientierung an anderen Subjekten, im wesentlichen in der Entfaltung einer neuen, vermittelnden Ebene der Begrifflichkeit besteht und in der das Konzept der Perspektivenübernahme eine zentrale Rolle spielt. Die vollständige Ausarbeitung der Theorie muß einem späteren Zeitpunkt vorbehalten bleiben (vgl. hierzu auch Geulen 1977, Zweiter Teil).

3. Grundlinien einer Theorie des sozialen Handelns

Die Theorie des sozialen Handelns geht methodisch, wie schon oben (S. 25) angemerkt, in ihrer Begriffsbildung zunächst von einer Explikation des Selbstverständnisses handelnder Subjekte aus. Ihr empirischer Gegenstand ist also in erster Linie die subjektive Seite eines Handelnden als solchen bzw. – wie wir sagen – seine *Handlungsorientierung*. Dem entspricht die Annahme, daß Subjekte als Autoren bzw. ihre Handlungsorientierung als unabhängige Variable ihres beobachtbaren Verhaltens aufzufassen sind. Die subjektive Handlungsorientierung ist zweifellos die einflußreichste und außerdem eine sehr komplexe Bedingung; schon dies macht sie notwendig zum bevorzugten Gegenstand einer Handlungstheorie, ohne den eine solche jedenfalls irrelevant wäre. Insofern die äußeren, situativen Bedingungen des Handelns z. B. über Prozesse der Wahrnehmung, der Rückmeldung und des Lernens ja in die Handlungsorientierung eingehen, lassen auch sie sich auf dieser Ebene erfassen. Kommt dem Begriff der Handlungsorientierung aber grundlegende Bedeutung zu, so sind die im Programm einer Handlungstheorie implizierten Probleme der Operationalisierung, auf die ich an dieser Stelle nicht eingehen kann, dem Gegenstand dieser Theorie selbst immanent und sind nicht etwa einem willkürlichen Mentalismus des Ansatzes anzukreiden. Dennoch behalten wir das Ziel im Auge, daß die Begriffe unserer Analyse sinnvoll als Begriffe einer erfahrungswissenschaftlichen Psychologie interpretierbar bzw. übersetzbar sein sollten, auch wenn dieser Schritt hier noch nicht vollzogen wird.

3.1 Die allgemeine Struktur der Handlungsorientierung

Beginnen wir die Explikation der Handlungsorientierung mit dem Befund, daß Handeln immer auf die Erreichung bzw. Verwirklichung eines *»Zieles«* ausgerichtet ist. Damit meinen wir einen von uns gewünschten Zustand der Realität im weitesten Sinne, der gegenwärtig noch nicht erreicht, aber prinzipiell durch eine bestimmte Tätigkeit unsererseits erreichbar erscheint und so von uns antizipiert wird. Da hier zunächst nur einige Kategorien vorgestellt werden sollen, gehen wir nicht der Frage nach, woher die Zieldefinitionen eines Subjekts stammen. Tatsächlich sind sie zum Teil auch Ergebnis sozialen Handelns, insbesondere von Kommunikationsprozessen.

Die Frage, wie diese Spanne überbrückt und das Ziel tatsächlich erreicht werden kann, führt im nächsten Schritt zum Begriff der *»Mittel«* bzw. des Mitteleinsatzes. Es sind dies die in realen Sachzusammenhängen begründeten Bedingungen, die durch entsprechende Tätigkeit zuerst hergestellt werden müssen, damit das

Ziel erreicht wird. Das Verhältnis von Zielen und Mitteln ist ein Topos in vielen handlungstheoretischen Entwürfen und ist durchaus schon differenziert bearbeitet worden (vgl. z. B. den oben zitierten Ansatz der Strukturanalyse instrumentellen Handelns sowie Laucken 1973; Cranach 1980), daher sei hier nur kurz an einige Probleme erinnert. Erstens greift die Zielorientierung im allgemeinen so weit voraus, daß mehrere Bedingungen *nacheinander* erfüllt werden müssen bzw. das Ziel erst in mehreren Schritten, die auch als Realisieren von Zwischenzielen aufgefaßt werden können, erreichbar ist. Die Handlungsorientierung bzw. -planung gewinnt hierdurch eine sequenzielle Struktur. Zweitens müssen häufig mehrere Bedingungen *simultan* erfüllt bzw. hergestellt sein; entsprechend sind mehrere Handlungsketten nebeneinander und koordiniert zu planen. Das dritte Problem ergibt sich aus der Tatsache, daß es häufig *alternative* Bedingungsketten gibt, die sich in relevanten Merkmalen, z. B. in Aufwand bzw. Effektivität, Zeitdauer, Wahrscheinlichkeit des erwarteten Ablaufs oder in den Nebenfolgen unterscheiden und zwischen denen gewählt werden muß. Das Problem der mit bestimmten Bedingungen unvermeidlich verknüpften *Nebenfolgen* hat dabei herausragende Bedeutung insofern, als diese im Gegensatz zum Hauptziel oder zu anderen Zielen des Subjekts stehen können. Das führt gegebenenfalls dazu, daß zur Vermeidung nicht akzeptabler Nebenfolgen das Hauptziel selber aufgegeben oder modifiziert werden muß. Eine ähnliche Struktur hat schließlich das Problem, daß ein Handelnder meist *mehrere* Ziele nebeneinander verfolgt. Hier können einerseits Unvereinbarkeiten der Ziele und/oder der entsprechenden Bedingungsketten auftreten, andererseits können eventuell aber auch gleiche Bedingungen zur Erreichung verschiedener Ziele benutzt werden.

Einen besonderen Akzent möchte ich auf ein drittes Moment der allgemeinen Handlungsorientierung legen, das in vorliegenden Theorien häufig zu kurz behandelt wird – die *Wahrnehmung* der gegebenen Realität. Dabei kann zwischen einerseits dem Vorverständnis der Realität insgesamt und besonders der gegebenen Situation und andererseits den einzelnen Wahrnehmungsakten, die sich auf jeweils bestimmte Gegebenheiten richten, unterschieden werden. Das Vorverständnis ist ein mehr oder weniger aktuelles, jedoch im Prinzip kontinuierliches Wissen und bildet sowohl Hintergrund wie Material für die Handlungsplanung. Die aktuelle Wahrnehmung hat dagegen die Funktion, das Vorverständnis auf Realitätsangemessenheit zu prüfen, in Einzelheiten zu vertiefen und insgesamt zu erweitern. Die Wahrnehmung der Realität in diesem Sinne ist eine notwendige Voraussetzung bzw. Komponente auch der Ziel-Mittel-Orientierung, denn erstens kann schon der Begriff eines Zieles als eines noch nicht erreichten Zustandes der Realität offensichtlich nur mit inhaltlichem Bezug auf diese, wenn auch im Modus der Entgegensetzung zu ihrem gegenwärtigen Zustand, gebildet werden, und zweitens ist Wahl und Einsatz von Mitteln nicht ohne entsprechende Kenntnis und Wahrnehmung der Ansatzpunkte in der aktuellen Situation möglich.

3.2 Andere Subjekte und die Operation der Perspektivenübernahme

Die Beschreibung der Wahrnehmung bietet die Gelegenheit, nun zur zweiten, der sozialen Ebene der Handlungsorientierung überzugehen, die durch unsere *Orientierung an anderen Subjekten* konstituiert wird. Die Rede von einer »Ebene« bedeutet lediglich, daß wir es hier mit Phänomenen zu tun haben, deren angemessene Darstellung eine andere Begrifflichkeit erfordert als oben. Es ist zweckmäßig, die Analyse der sozialen Orientierung an der Modellsituation zweier konkreter interagierender Subjekte zu beginnen. Dies entspricht nicht nur dem Alltagsverständnis, sondern bildete auch in der Entwicklung der Theorien sozialen Handelns z. B. bei Mead und Parsons methodisch den Ausgangspunkt.

Die Analyse zeigt zunächst, daß wir uns nicht nur oder nur hauptsächlich am overten Verhalten des anderen orientieren, sondern schon an seinem geplanten Verhalten, allgemeiner *an seiner Handlungsorientierung*. Ich mache mir ein Bild davon, was der andere will, welche Absichten er hat, wie er zu meinem Verhalten steht, wie er mich sieht usw. Gleichzeitig weiß ich, daß der andere im Prinzip das gleiche in bezug auf *mich* tut, sich also fragt, was ich will, wie ich sein Verhalten bzw. ihn sehe usw. Dieses »Wissen« vom jeweils anderen ist freilich nicht gesichert und absolut, es hat vielmehr den Charakter einer begründeten Annahme, die im Alltagshandeln jedoch typischerweise unproblematisiert bleibt.

Das Verhältnis interagierender Subjekte ist in diesem Sinne formal reziprok. Es kommt hinzu, daß sie eben dies wissen, d. h. ich weiß, daß der andere weiß, daß ich weiß usw. und umgekehrt. Dieses Phänomen kann als *Intersubjektivität* bezeichnet werden. In dem Maße, in dem ihr Wissen auch inhaltlich übereinstimmt bzw. ihre wechselseitigen Annahmen zutreffen, können wir schon von einem *Konsens* sprechen. Ein Konsens in zumindest diesem minimalen Sinne ist eine Voraussetzung jeder sozialen Interaktion.

Aus diesen quasi empirischen Befunden folgt nun eine Reihe von Konsequenzen. Zum einen läßt sich daraus folgern, was auch ein ethisches und politisches Postulat wäre: daß nämlich andere in unserer Handlungsorientierung eine ausgezeichnete und von allen »Gegenständen« unseres Handelns unterschiedene Stellung einnehmen (vgl. auch Mischel 1974, S. X). Sie sind unseresgleichen – wenn auch in ihrer Identität von uns verschieden –, sind *Subjekte, die eine eigene Handlungsorientierung unterhalten und in ihrem Handeln verfolgen, und sie lassen sich nicht widerstandslos zu Objekten unseres Handelns machen.* Verschiedene Studien haben gezeigt, daß auch im Urteil über andere solche Dimensionen überwiegen, die sich auf ihr Handeln beziehen (Verantwortlichkeit, Bewertung ihres Handelns, relative Macht) (Heider 1958; Pepitone 1958; Jones u. Davis 1965). Umgekehrt gibt es kein Objekt, das die Eigenschaften eines Subjektes hätte. Diese Verschiedenheit zwischen anderen Subjekten und den Objekten unseres Handelns ist als ein grundlegender Tatbestand festzuhalten, von dem jede Theorie des sozialen Handelns ausgehen muß.

Zum zweiten folgt aus dem Befund, daß wir offenbar in der Lage sind, die subjektive Handlungsorientierung eines anderen zumindest in einer für unsere Orientierung und Interaktion mit ihm relevanten und gültigen Weise zu *erkennen.* Tatsächlich ist dies sogar eine notwendige Bedingung allen sozialen Handelns, wenn wir annehmen, daß das Handeln gegenüber einem anderen vom *Verhältnis* der Handlungsorientierung des anderen zu der meinen abhängt, also eine Wahrnehmung dieser voraussetzt. Da der andere sich im selben Feld handelnd bewegt, also Ziele zu verwirklichen und insofern Realität zu verändern sucht, muß dies unmittelbar meine Handlungsorientierung berühren, und zwar schon gegenüber den objekthaften Gegebenheiten in diesem Feld, darüber hinaus aber auch gegenüber dem anderen selbst und gegenüber allen übrigen Subjekten, so weit diese in einem Verhältnis zu mir und/oder zu dem anderen stehen.

Dieser Prozeß kann nicht als »Wahrnehmung« in dem gleichen Sinne aufgefaßt werden, wie wir von der Wahrnehmung äußerer Gegenstände vermittels der Sinnesorgane sprechen, denn die subjektive Handlungsorientierung eines anderen ist ein Gegenstand, der einer direkten Wahrnehmung ja gar nicht zugänglich ist. Es muß sich also um eine besondere Art der Kognition handeln, die auch durch eine eigene Theorie erklärt werden muß. Schon hier sei vorweggenommen, daß die bisher in der Psychologie hauptsächlich vertretenen Theorien der Empathie bzw. des Ausdrucksverstehens und der Person-Wahrnehmung aus unterschiedlichen Gründen diesem Problem nicht gerecht werden (zur Diskussion vgl. auch Geulen 1977, S. 270 ff). Dagegen bietet die Theorie der Perspektivenübernahme einen aussichtsreichen Ansatz zur Lösung des Problems. Die Fragestellung ist offenbar das alte philosophische Problem des Fremdverstehens in einem spezifischen Zuschnitt:

Erstens soll der andere als Subjekt, genauer: *seine Subjektivität bzw. Handlungsorientierung* als solche wahrgenommen werden. Daher scheiden von vornherein sozialpsychologische Erklärungsansätze zur Person-Wahrnehmung aus, die nur die Frage thematisieren, welche dimensionale Struktur unsere Urteile über andere aufweisen. Denn dabei wird zum einen die wahrgenommene Person nur als Objekt einer egozentrischen Projektion von »Merkmalen« angenommen, die *ihrer* Subjektivität aber völlig äußerlich bleiben, zum anderen wird nur nach den subjektiven Bedingungen auf der Seite des *Wahrnehmenden* (Emotionen, Vorurteile, implizite Persönlichkeitstheorien usw.) gefragt, die in das Urteil eingehen und es verfälschen. Eine zutreffende Wahrnehmung der Handlungsorientierung anderer wird dabei im Grunde verneint. Die Theorie der Perspektivenübernahme nimmt dagegen den anderen als Subjekt an, dessen eigene Perspektive erkannt werden kann.

Zweitens soll Subjektivität des anderen in der *kategorialen Form der Ziel-Mittel-Wahrnehmung-Orientierung* erfaßt werden. Diese ist eine überwiegend *kognitive* und inhaltlich konkrete Struktur von relativ langer Erstreckungsdauer. Zur Erklärung sind daher solche Ansätze ungeeignet, die, wie z. B. alle Theorien der

Einfühlung oder Empathie, sich nur auf das Verständnis aktueller und einzelner Emotionen beschränken. Die Theorie der Perspektivenübernahme wiederum nimmt als Explikandum von vornherein kognitive Strukturen an und kann auf den Bereich der Handlungsorientierung im obigen Sinne ausgedehnt werden (s. u.).

Drittens geht es vor allem um die Orientierung des anderen in *einem gemeinsamen Handlungsfeld* und gegenüber mir als ebenfalls Handelndem, nicht so sehr darum, den anderen in seinem abstrakten »Für-sich-sein« zu erfassen. Diese Abgrenzung ist freilich nicht exklusiv, da für die korrekte Wahrnehmung der Handlungsorientierung des anderen seine Orientierung in weiteren Handlungsfeldern (z. B. in anderen sozialen Rollen) durchaus relevant sein kann. Das vorliegende Postulat bringt eine gewisse Entlastung vom Anspruch auf totales Verstehen, einem Anspruch, der nach unserem Stand der Reflexion ohnehin nicht einlösbar ist. Andererseits erhebt sich jedoch die Forderung, daß die Wahrnehmung der Handlungsorientierung des anderen in ihrer *Situationsspezifität* erklärt werden muß. Damit scheiden alle Ansätze aus, die auf die Wahrnehmung oder Zuschreibung von »Persönlichkeitsmerkmalen« ausgerichtet sind, denn diese sind als solche gerade situations*invariant*. Die Theorie der Perspektivenübernahme bietet auch hier den Vorteil, daß sie sich von vornherein auf Verstehen in einer bestimmten, und zwar gemeinsamen Situation bezieht. Innerhalb dieses Rahmens könnte dem Ansatz der sozialpsychologischen Forschung zur Person-Wahrnehmung allerdings eine ergänzende Bedeutung insofern zukommen, als sich Individuen in ihrer Handlungsorientierung auch aufgrund von Persönlichkeitsmerkmalen unterscheiden, die Berücksichtigung dieser also Teil des Prozesses der Perspektivenübernahme werden kann.

Viertens ist die Handlungsorientierung eines anderen ein Modus von Subjektivität, der nicht nur als solcher gar nicht direkt wahrnehmbar ist, sondern der sich auch *nicht zureichend aus dem overten Verhalten des Betreffenden ablesen läßt.* Zwar bietet sein sichtbares Verhalten wichtige Hinweise auf seine Orientierung, auch in dem Sinne, daß wir Vermutungen darüber an seinem Verhalten überprüfen können, aber es ist aus prinzipiellen Gründen keine zureichende Basis etwa induktiver Art für eine Erkenntnis seiner Handlungsorientierung. Das beruht vor allem darauf, daß sich die Handlungsorientierung ja wesentlich auf *zukünftige*, also noch nicht realisierte und daher auch nicht wahrnehmbare Handlungen richtet. Außerdem kann es im Falle eines Konfliktes geradezu notwendig sein, die eigene Handlungsorientierung möglichst zu *verbergen* oder gar eine andere Orientierung vorzutäuschen. Nicht zuletzt gibt es kulturspezifische Normen, die die Expressivität als solche einschränken oder eine bestimmte, für die tatsächliche Orientierung aber nicht mehr repräsentative Expressivität (»Höflichkeit«) vorschreiben.

Hier liegt offenbar das größte Problem für eine Theorie des Fremdverstehens: Wie sollen wir etwas über die »Innenseite« des anderen erfahren, wenn er selber nur wenig davon zeigt und selbst dieses noch nicht einmal zuverlässig ist? Es ist deutlich, daß alle Theorien, die den aktualgenetischen Zugang zur Subjektivität des anderen sensualistisch über eine Wahrnehmung seines overten Verhaltens – seien es auch nichtintendierte Signale oder Symptome – suchen, auf dem falschen Wege sind. Vielmehr muß eine Theorie der sozialen Wahrnehmung davon ausgehen, daß wir unseren Zugang zur Handlungsorientierung über Prozesse von der Art einer *Inferenz* oder Zuschreibung finden, daß, wo wir die Handlungsorientierung des anderen gar nicht im engeren Sinne wahrnehmen können, *sie tatsächlich aufgrund verschiedener gegebener Informationen konstruieren und ihm zuschreiben* müssen. Dies würde übrigens bedeuten, daß ihre Gültigkeit immer mit einer gewissen Unsicherheit behaftet ist. Der Ansatz der Attributionstheorie (Heider 1958; Jones et al. 1971) geht ebenfalls von dieser Sicht des Problems aus; allerdings befaßt er sich mehr damit, wie anderen im Alltagshandeln konstante, globale Persönlichkeitszüge zugeschrieben werden, nicht dagegen mit unserer Frage, wie wir ihre situationsspezifische Handlungsorientierung erkennen.

Wir sehen, daß die herausragenden Teilprobleme im Verstehen der Handlungsorientierung eines anderen – nämlich sein Subjektcharakter, die kognitive Struktur der subjektiven Ziel-Mittel-Orientierung, ihre Situationsspezifität einschließlich der Ausrichtung auf Ego sowie die Tatsache, daß das overte Verhalten des anderen als Informationsbasis zu ihrer Erschließung nicht zureicht bzw. sogar irreführend ist – von gängigen Theorien sozialer Kognition nicht gelöst werden können, insofern diese Verstehen nur als verfälschtes annehmen oder nur in der emotionalen Dimension thematisieren, als Gegenstand des Verstehens situationsinvariante Persönlichkeitsmerkmale ansetzen oder den aktualgenetischen Prozeß sensualistisch als Wahrnehmung im engeren Sinne oder als egozentrische Projektion mißdeuten.

Dagegen ist die Theorie der Perspektivenübernahme sowohl gegenüber sensualistischen als auch attributionstheoretischen Ansätzen stark, weil sie Verstehen des anderen von vornherein als *Rekonstruieren seiner Perspektive* von der Situation faßt, das außer Informationen aus seinem overten Verhalten besonders – und darin liegt der Pfiff dieses Ansatzes – *Informationen über die gemeinsame Situation und die Stellung der Beteiligten in dieser* verarbeitet, Informationen, *die aber ohne die grundsätzlichen Probleme der obengenannten Art zugänglich sind.* Die Theorie nimmt als grundlegenden Prozeß an, daß ein Subjekt (Ego) innerhalb einer gegebenen Situation bzw. eines Bezugssystems, in dem es mit einem anderen Subjekt (Alter) bzw. mit mehreren Subjekten steht, sich virtuell in die Position des bzw. der anderen versetzen und die dieser Position entsprechende spezifische Perspektive von der Situation einschließlich von ihm selbst rekonstruiert.

Insoweit nun die Struktur Wahrnehmung-Ziele-Mittel sich aus dem Verständnis der Situation speist und perspektivisch auf letztere bezogen ist, kann Ego also auch die *Handlungsorientierung* des anderen in den Kategorien dieser Struktur rekonstruieren. Alfred Schütz, der diesen Schritt von der Perspektivenübernahme zum Handlungsverstehen explizit gemacht hat, drückt dies so aus, daß wir »gewissermaßen eine Personenvertauschung« vornehmen, darauf »das fremde Handlungsziel als Ziel unseres eigenen Handelns entwerfen« und dann »den Hergang unseres an diesem Entwurf orientierten Handelns phantasieren« (Schütz 1932 [1974, S. 158 f]).

Der Sachverhalt sei an folgendem einfachen Beispiel verdeutlicht. Ich bin im Begriff, durch eine Glastür in ein Gebäude zu gehen, und sehe, daß auf der anderen Seite ein Mensch, der mit beiden Händen ein offensichtlich schweres Paket trägt, auf die gleiche Tür zugeht. Der Prozeß läuft nun etwa so ab: Meine Handlungsorientierung ist, durch die Tür in das Gebäude zu gelangen; innerhalb meines Handlungsfeldes nehme ich die andere Person wahr. Objektiv befinden sich beide Personen in einer gemeinsamen Situation, folgen verschiedenen Zielen (Betreten bzw. Verlassen des Gebäudes) und haben eine zunächst unvereinbare Mittelwahl (zum selben Zeitpunkt kann nur einer durch die Türe gehen). Ich versetze mich virtuell in die Position des anderen und stelle fest, (1) daß er nach draußen, und zwar durch die gleiche Tür gehen will (Erkennen seiner Handlungsorientierung), (2) daß er die Tür nicht öffnen kann, ohne die Last abzusetzen; dies würde ihn einige Mühe kosten. Auf das Verhältnis zu meiner Handlungsorientierung bezogen stelle ich fest, (3) daß es zu einem Zusammenstoß mit für beide unangenehmen Folgen kommen kann und (4) daß es mir in meiner Position ein leichtes wäre, die Tür zu öffnen. Aus alldem ergibt sich die nichttriviale Einsicht, daß es am besten wäre, wenn ich die Tür öffne, aber dem anderen den Vortritt lasse.

Der Prozeß der Perspektivenübernahme kann auf höheren Stufen iteriert werden (vgl. bes. Teil 2.2 dieses Bandes), doch bietet bereits die Explikation auf dieser Stufe im Prinzip eine Erklärung des Zugangs zur situationsspezifischen Handlungsorientierung eines anderen. Sie beruht wesentlich auf drei Annahmen. Die erste, vergleichsweise unproblematische Annahme ist, daß das Subjekt die ganze Situation wahrnimmt bzw. »kennt«, also über entsprechende Informationen und ihren systematischen Zusammenhang verfügt.

Die zweite, zentrale Annahme ist, daß menschliche Subjekte eine mentale Operation vollziehen können, durch die *die zunächst gegebene Wahrnehmung der Situation bzw. die gegebenen Informationen so umstrukturiert werden, daß sie der Perspektive von genau der Position entsprechen, die ein bestimmtes anderes Subjekt einnimmt.* Hier liegt übrigens die dieser Theorie entsprechende Idealisierung vom anderen; sie ist die Perspektive, die ein *beliebiges* Subjekt von *der* Position aus hat, die der *konkrete andere* einnimmt. Wir sehen, daß diese Idealisierung weitaus konkreter ist als die Idealisierungen der anderen Handlungstheorien.

In unserer Formulierung scheint die Annahme auf den ersten Blick ziemlich spekulativ zu sein. Glücklicherweise ist aber zu sagen, daß die bisher vorliegende Forschung, wie sie auch in diesem Band dokumentiert ist, so viele Belege erbracht hat, daß sie als empirisch zutreffend gelten muß.

Die dritte Annahme schließlich ist, daß sich aus der Rekonstruktion der Perspektive des anderen von der Situation seine

Handlungsorientierung in dieser ableiten läßt. Diese Annahme ist zweifellos in vielen Fällen zutreffend und ausreichend. Es kann sich jedoch das Problem ergeben, daß die Perspektive oder »Interpretation« des anderen von der aktuellen Situation durch Gegebenheiten mitbestimmt wird, die außerhalb ihrer selbst liegen und daher von Ego nicht unmittelbar berücksichtigt werden können. So wäre in unserem obigen Beispiel denkbar, daß die auf die Tür zugehende Person ihr Paket unmittelbar vor der Tür absetzen, also gar nicht nach draußen gehen will, etwa weil das Paket dort von jemand anderem abgeholt werden soll. Man sieht daran übrigens wieder, daß das overte Verhalten des anderen zwar ein Hinweis auf seine Handlungsorientierung sein kann, aber als solcher nicht eindeutig ist.

Dies läßt sich auch so formulieren, daß die Perspektive, die ein Subjekt von einer partikularen Situation hat, auch von seiner Position in einem *allgemeineren und umfassenderen Bezugssystem*, letztlich in der historisch gegebenen Wirklichkeit selbst, abhängt. Die Erschließung dieser Position ist aber nun prinzipiell durch die gleiche Operation der Perspektivenübernahme möglich wie im einfachen Fall. Hätten wir im obigen Beispiel das umfassendere Kooperationssystem des anderen gekannt, so hätten wir ihm entsprechend die andere Handlungsorientierung zugeschrieben und uns anders verhalten. Das Problem besteht lediglich darin, daß Ego ausreichende Informationen über das betreffende Bezugssystem haben bzw. erlangen muß. Im Alltagshandeln wird dieses Problem häufig dadurch gelöst, daß man dem Interaktionspartner in direkter Kommunikation »die eigene Situation darlegt«.

Die spezifische Leistung dieser Theorie des Fremdverstehens liegt darin, daß sie dieses faßt als Konstruktion der Handlungsorientierung des anderen durch das verstehende Subjekt selbst auf der Grundlage von Daten, die der objektiven Situation entnommen sind und deren Gewinnung durch Wahrnehmung vergleichsweise unproblematisch ist. Sie verknüpft so verbindlich die Gegenstandsebene mit der subjektiven Ebene und der Intersubjektivität. Auf diese Weise vermeidet sie die unlösbare Problemstellung, an der alle sensualistischen Theorien des Fremdverstehens scheitern, wie wir denn in das Bewußtsein des anderen hineinschauen können, erkennt jedoch gleichzeitig die Subjektivität des anderen im Prinzip voll an. Außerdem eröffnet sie eine

Möglichkeit, zu erklären, wie Konsens und Individualität vereinbar sind. Diese Lösung beruht auf der Annahme einer bestimmten Art mentaler – um nicht zu sagen: logischer – Operation der Umstrukturierung gegebener Daten, der Perspektivenübernahme.

3.3 Die Hauptmomente sozialen Handelns

Nachdem wir die besondere Qualität unserer Orientierung an anderen Subjekten herausgearbeitet und in diesem Zusammenhang die Bedeutung der Theorie der Perspektivenübernahme dargelegt haben, können wir nun der Frage nachgehen, was denn soziales, d. h. intentional auf Ziele *und* auf andere bezogenes Handeln selbst ist. Wir knüpfen dazu an die bereits erwähnte Annahme an, daß das soziale Handeln zwischen mehreren Subjekten davon abhängt, in welchem *Verhältnis* ihre Handlungsorientierungen zueinander stehen (s. S. 49). Formal lassen sich dabei drei Möglichkeiten unterscheiden. (1) Sowohl die Zielsetzung wie der Mitteleinsatz des anderen berührt sich gar nicht mit meiner Handlungsorientierung; das Verhältnis ist also *indifferent* und für eine Interaktion der Beteiligten nicht weiter relevant. (2) Hinsichtlich der Wahrnehmung der Realität, der Ziel- und der Mittelorientierung besteht eine wenigstens teilweise Kongruenz. Damit eröffnet sich die Möglichkeit einer *Kooperation* der Handlungssubjekte. (3) Bekanntlich können jedoch die Handlungsorientierungen verschiedener Subjekte auch unvereinbar miteinander sein, wir sprechen dann von einem *Konflikt*. Die Tatsache eines Konfliktes berührt die Handlungsorientierungen beider Parteien, und im typischen Fall führt er auch zu einer spezifischen Art der Interaktion zwischen ihnen. Daher ist auch die Austragung eines Konfliktes soziales Handeln.

Selbstverständlich kann die Analyse dieser Verhältnisse weiter differenziert werden, insbesondere danach, ob es sich um Kongruenz bzw. Konflikt in der Zielsetzung, der Mittelwahl oder der Wahrnehmung der Realität handelt. Auch muß zwischen den verschiedenen Ebenen der hierarchischen Handlungsorientierung – von der grundsätzlichen Orientierung bis zu der in konkreten Situationen – unterschieden werden. Abgesehen davon, daß diese Momente auch interdependent sind, ist klar, daß zum Beispiel ein Konsens der Zielorientierung bei Differenz in der Mittelwahl zu einem anderen Ablauf der Interaktion führt als etwa ein Konsens in der Wahrnehmung bei Dissens in der Zielvorstellung usw. Auch spielt eine Rolle, wie groß die Bereitschaft der Beteiligten ist, ihre Handlungsorientierung zu modifizieren. Auf diese Fragen soll hier nicht näher eingegangen werden.

Vielmehr wollen wir uns dem Problem zuwenden, in welchen Begriffen das von dem gegebenen Verhältnis der Handlungsorientierungen ja erst ausgehende soziale Handeln zwischen den Subjekten gefaßt werden kann. Es geht dabei um eine Begrifflichkeit, die den Zusammenhang zwischen den beiden Ebenen der Ziel-Mittel-Orientierung und der Orientierung an anderen als Subjekten stiften kann, oder anders gefragt: *Welche Momente konstituieren eine Interaktion zwischen Subjekten, die in einem tätige Verwirklichung ihrer Ziele ist?*

Ich unterscheide zunächst zwischen den Momenten, die eher als Bedingungen für eine Interaktion im engeren Sinne aufzufassen sind, und dieser Interaktion selbst, die für die Beteiligten dann zu einem bestimmten Ergebnis in bezug auf ihre Zielorientierung führt. Zu den ersten gehört (1) die konsensuelle Definition der Situation sowie (2) Kommunikation. (3) Interaktion (i.e.S.) wird auf zwei idealtypische Grundformen zurückgeführt, die auch gemischt auftreten können, nämlich Kooperation und Austragung eines Konfliktes; diese lassen sich beliebig weiter ausdifferenzieren und kombinieren. Es wird angenommen, daß diese Momente analytisch voneinander unabhängig, wenn auch empirisch interdependent sind, und daß sich soziales Handeln angemessen durch sie beschreiben läßt. Im folgenden sollen sie

Die Hauptmomente sozialen Handelns

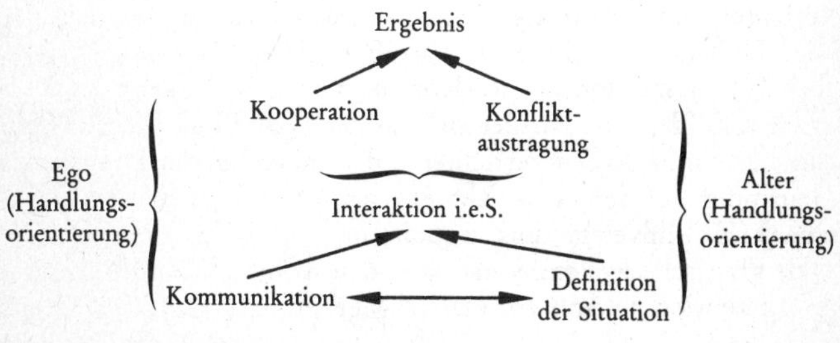

ausführlicher dargestellt werden; das Schema diene als Überblick.

3.3.1 Die Definition der Situation

Als »Definition der Situation« wird hier das Sinnverständnis der Beteiligten von den relevanten aktuellen Gegebenheiten, insbesondere von sich selbst und den anderen bzw. von ihren Rollen sowie von der Art ihrer zu entwickelnden Interaktion bezeichnet. Die Situationsdefinition ist nicht bereits durch die jeweiligen objektiven, z. B. physikalischen Gegebenheiten (äußere Situation) festgelegt, obwohl diese für sie in jeweils bestimmter Weise relevant sind. Vielmehr sind innerhalb des gegebenen äußeren Rahmens typischerweise verschiedene Rollen- bzw. Interaktionssysteme möglich. Für letztere habe ich an anderer Stelle den Ausdruck *»Interaktionsspiele«* vorgeschlagen (Geulen 1977, S. 255 ff); relativ allgemeine Typen von Interaktionsspielen sind z. B. »Zusammen eine Arbeit verrichten« oder »Öffentliche Diskussion«, konkretere Typen sind z. B. »Kauf«, »Über etwas verhandeln«, »Jemanden auf den Arm nehmen« usw. Ein wesentlicher Bestandteil der Situationsdefinition sind die jeweils als relevant bzw. geltend angesehenen Verhaltensnormen; die Kategorie der sozialen Norm, die im soziologischen Ansatz der Rollentheorie im Mittelpunkt steht (s. o.), hat hier also ihren systematischen Platz.

Es muß angenommen werden, daß eine notwendige Voraussetzung einer funktionierenden Interaktion der intersubjektive *Konsens* zwischen den Beteiligten über die Situationsdefinition ist, denn erst dann können sie sich über die zu spielenden Rollen im klaren sein und aus der sonst beliebigen Vielfalt möglichen Verhaltens eine relativ kleine Auswahl als relevant und in Gestalt begründeter gegenseitiger Erwartungen herausheben. Das gilt auch für Interaktionen vom Konflikttypus. Im anderen Falle – wenn z. B. der eine Partner sich an der Definition »Zusammen eine bestimmte Arbeit verrichten«, der andere an der Definition »Jemanden auf den Arm nehmen« orientiert – herrschten typischerweise Mißverständnis, Enttäuschung und Unsicherheit.

Die klassische Rollentheorie hatte den Konsens über die Situationsdefinition als von vornherein gegeben unterstellt, was wiederum mit ihrer Annahme zusammenhängt, daß Rollen im Sozialisationsprozeß schon früh verinnerlicht worden seien. Unter bestimmten gesellschaftlichen und historischen Bedingungen, wie sie vor allem in traditionalen Gesellschaftssystemen herrschen, mag diese Unterstellung zutreffen. Im gegenwärtigen Stadium zumindest der hochzivilisierten Gesellschaften, das durch Verfall tradierter Normen und durch Veränderung und Erweiterung der Möglichkeiten sozialer Interaktion gekennzeichnet ist, reicht die Annahme zur Erklärung jedoch nicht mehr aus. Vielmehr müssen wir davon ausgehen, daß der Konsens über die Situationsdefinition erst ad hoc von den Beteiligten selber geschaffen, »ausgehandelt« werden muß, und erst dabei stellt sich genauer heraus, welche Art von Interaktion möglich ist und welche Bedeutung diese für die Zielorientierung der Beteiligten hat. Die Thematisierung dieses Sachverhalts verdanken wir vor allem dem symbolischen Interaktionismus (s. o.).

Für eine moderne Theorie des sozialen Handelns bedeutet dies, daß sie die Kategorie der Situationsdefinition explizit aufnehmen und die Prozesse erklären muß, durch die handelnde Subjekte zu ihrem Konsens über die Situationsdefinition kommen. Wir nehmen an, daß hierzu hauptsächlich Kommunikation erforderlich ist, außerdem und im Zusammenhang damit aber auch die Fähigkeit, die zunächst ja von meiner Situationsdefinition abweichende Situationsdefinition des anderen zu *verstehen* und zu meiner in Beziehung zu setzen, was wiederum Voraussetzung einer Konsensbildung ist.

Dieser Verstehensprozeß hat die Struktur der Perspektivenübernahme, wie sich an dem folgenden kleinen Beispiel ablesen läßt. Ich gehe in einer mir fremden Stadt auf der Straße und werde von einem Menschen nach dem Weg zum Bahnhof gefragt (den ich nicht kenne). Ich antworte: »Es tut mir leid, ich kenne den Weg dahin nicht. Ich bin selber fremd hier«. Hier liegen zunächst unterschiedliche Situationsdefinitionen, und zwar in bezug auf meine Rolle vor. Der andere unterstellt, daß ich ein Bewohner der Stadt und daher ortskundig sei. Diese Situationsdefinition ist tatsächlich jedoch falsch bzw. stimmt nicht mit meiner überein. Dennoch kann ich sie verstehend nachvollziehen, wenn ich mich an die Stelle des anderen versetze. Da ich mich in der Stadt befinde und in den äußerlich sichtbaren Merkmalen von den Bewohnern der Stadt nicht unterscheide, muß er annehmen, daß ich ein Bewohner der Stadt bin; ich selber würde an seiner Stelle dasselbe annehmen. In meiner Antwort werde ich ihn, wenn ich ihn nicht als Subjekt ignorieren will, über den Grund aufklären, weshalb ich die gewünschte Auskunft nicht geben kann, nämlich daß eine entsprechende Voraussetzung in seiner Situationsdefinition nicht erfüllt ist. Ich teile ihm also meine von ihm abweichende Situationsdefinition mit, die er wiederum verstehend nachvollziehen kann, zumal er ja ebenfalls fremd in der Stadt ist. Wir erreichen so einen intersubjektiven Konsens, d. h. die gleiche Situationsdefinition, nämlich: daß er den Weg zum Bahnhof erfahren möchte, wir aber beide den Weg nicht kennen. Im vorliegenden Beispiel führt dies inhaltlich wohl zu der Konsequenz, die Interaktion abzubrechen. In einer anderen Variante des Beispiels – etwa wenn ich ebenfalls den Bahnhof suche – wäre aber auch eine kooperative Fortsetzung der Interaktion (gemeinsames Suchen) auf der Grundlage der neuen Situationsdefinition denkbar.

3.3.2 Kommunikation

Das zweite Moment im sozialen Handeln ist Kommunikation. Damit sei hier die in einem weiten Sinne sprachliche Mitteilung von Sachverhalten und Intentionen zwischen Subjekten gemeint. Kommunikation ist ebenfalls eine Bedingung für Interaktion in dem systematischen Sinne, daß sie – wie wir eben sahen – schon zur Herstellung eines Konsenses über eine konkrete Situationsdefinition, darüber hinaus und hauptsächlich über Inhalte von Handlungsorientierungen (Tatsachen, Ziele, Mittel, Möglichkeiten, Absichten, Handlungen usw.) als ein *Mittel zur Realisierung, Gestaltung und Lenkung der Interaktion selbst* notwendig ist. Eine Interaktion ohne wenigstens ein Minimum an Kommunikation ist kaum vorstellbar. Dennoch sollten beide Begriffe analytisch auseinandergehalten werden, da sie offenbar nicht identisch sind, sondern eine unterschiedliche Struktur aufweisen (vgl. Graumann 1972).

Die komplexe Struktur von Kommunikation und ihrer psychologischen Bedingungen läßt sich freilich nicht in Kürze explizieren. Ich kann hier nur einige Akzente setzen (eine ausführliche Darstellung in einem handlungstheoretischen Kontext sowie entsprechende Literaturangaben finden sich in Geulen 1977,

S. 302 ff, bes. S. 349 ff u. S. 550 f; vgl. auch Habermas 1981, Kap. 3). Die Analyse kann von der Tatsache ausgehen, daß Kommunikation eine sprachlich vermittelte Relation zwischen zwei Subjekten und einem gemeinten Sachverhalt ist: Ego teilt Alter etwas mit. Ein Hauptproblem entsteht nun dadurch, daß die Beziehung zwischen gemeintem Sachverhalt und dem sprachlichen Medium, dessen wir uns notwendig bedienen müssen, *nicht eindeutig* ist.

Dies läßt sich schon auf der Ebene der Bedeutung einzelner Wörter (Semantik) zeigen, die z. B. aufgrund ihrer Stellung in der lexikalischen und semantischen Struktur der betreffenden Sprache konnotative Bedeutungen mit sich führen, die im konkreten Fall gar nicht gemeint waren. Wichtiger noch ist der besonders von der Pragmalinguistik untersuchte Tatbestand, daß die Bedeutung einer Äußerung, wie sie die Beteiligten verstehen, vom *situativen Kontext* abhängig ist; eine sprachlich identische Äußerung kann in unterschiedlichen Kontexten etwas völlig Verschiedenes, ja Gegenteiliges bedeuten (vgl. Geulen 1977, S. 316 ff). Daher ist übrigens ein Konsens über die Situationsdefinition auch eine notwendige Vorbedingung für Kommunikation. Auch der *biographische Kontext* jedes Beteiligten, z. B. Informationsstand und spezielle Erfahrungen, bestimmt in erheblichem Ausmaß sein Vorverständnis von dem thematisierten Sachverhalt und insofern wiederum sein Verständnis eines darauf bezogenen sprachlichen Ausdrucks.

Für das Gelingen von Kommunikation, d. h. die möglichst getreue Übermittlung des gemeinten Sachverhalts bzw. der Intention, ist es also im Prinzip erforderlich, daß einerseits der Sprecher den bedeutungsbestimmenden Kontext des Hörers im vorhinein *»berücksichtigt«* und seine Äußerung so abfaßt, daß der Hörer sie in seinem Kontext in der intendierten Weise versteht. Andererseits gilt auch reziprok, daß der Hörer bei seiner Interpretation der Äußerung den Kontext des Sprechers aus dessen Sicht berücksichtigen muß. Dieses notwendige Eingehen auf den Kommunikationspartner fängt schon damit an, daß ich darauf achte, daß der andere mich überhaupt hören kann, daß er meine Sprache spricht, daß er zuhört usw. Auch individuelle Merkmale, die seine Fähigkeit zu kommunizieren einschränken (z. B. Schwerhörigkeit), sind selbstverständlich relevant. Vor allem bezieht es sich auf die Inhalte meiner Rede und den Kontext der sozialen Situationsdefinition und, so weit möglich, seinen biographischen Kontext. Wenn ich dem anderen beispielsweise ein Lob oder eine Kritik aussprechen möchte, so werde ich die sprachliche Form meiner Äußerung auch davon abhängig machen, wie der andere wohl unser Verhältnis sieht bzw. wie wir es konsensuell definiert haben. Oder wenn ich dem anderen einen Sachverhalt berichten möchte, so werde ich berücksichtigen, was er davon schon weiß, über welche besonderen Kenntnisse er verfügt, was ihn besonders interessiert usw.

Es dürfte klargeworden sein, daß die Operation, die wir hier vollziehen und die für das Gelingen von Kommunikation eine notwendige Bedingung ist, wiederum eine Perspektivenübernahme ist. Es erübrigt sich, dies mit Beispielen weiter zu erläutern, da bereits eine Reihe gelungener Untersuchungen zur Perspektivenübernahme im Kommunikationsprozeß vorliegen (vgl. Flavell et al. 1968 sowie Teil 3.1 in diesem Band).

3.3.3 Interaktion im engeren Sinne: Kooperation und Konfliktaustragung

Situationsdefinition und Kommunikation waren als Momente bezeichnet worden, die Interaktion im engeren Sinne erst ermöglichen. Diese Abgrenzung ist in folgendem Sinne zu verstehen. Sicher sind das Aushandeln einer Situationsdefinition oder Kommunikation auch »Interaktion« in einem weiteren Sinne. Doch ist ebenso sicher, daß soziales Handeln sich nicht damit erschöpft, nur Situationen zu definieren oder zu reden. Vielmehr ist es im wesentlichen eben auch *tätige Verwirklichung von Zielen, die als solche außerhalb des gegebenen Interaktionssystems der Subjekte selbst liegen.* Es ist Handeln in einem konkret-materiellen Sinne, ist Inter-*Aktion*, und hat die Struktur der Orientierung an Zielen und Mitteln usw., nicht die von »Kommunikation«. Diese Struktur ist unabhängig vom Gegenstandsbereich; sie tritt zwar besonders deutlich im Bereich der materiellen Realität hervor (z. B. »Gemeinsames Transportieren eines schweren Gegenstandes«), gilt aber auch im gesellschaftlichen Feld selbst (z. B. »eine Mehrheit von einem bestimmten Projekt überzeugen«) oder im Ideellen (z. B. »Lösen eines intellektuellen Problems«). Interaktion im engeren Sinne ist hier also zu verstehen als soziales Handeln mehrerer Subjekte, das auf Ziele gerichtet ist, die nicht in der Interaktion der Subjekte selbst liegen. Ich glaube, daß diese These gegen die Position im Recht ist, die soziales Handeln überhaupt auf sprachliche Kommunikation (etwa in Gestalt der Sprechakttheorie) zurückzuführen versucht (vgl. Geulen 1977, S. 329 ff).

Ausgehend von den logischen Möglichkeiten der Kongruenz bzw. der Unvereinbarkeit im Verhältnis der Handlungsorientierungen der Beteiligten gibt es zwei idealtypische Grundformen der Interaktion, die im Alltagshandeln oft gemischt oder nebeneinander auftreten: Kooperation und Konfliktaustragung.

Kooperation kann als Handeln mehrerer Subjekte unter einer gemeinsamen (konsensuellen) Handlungsorientierung bezeichnet werden. Dazu ist nicht erforderlich, daß ihre gesamten individuellen Handlungsorientierungen identisch sein müßten, sondern nur, daß sie in wenigstens einem Ziel – das für die einzelnen nur ein Zwischenziel zu sein braucht – und der Strategie des entsprechenden Mitteleinsatzes konsensuell übereinstimmen. Dies wäre dann der Kern ihrer Situationsdefinition im oben bezeichneten Sinne. Kooperation bedeutet nicht, daß mehrere Subjekte für sich einfach nur das gleiche tun. Das Spezifikum und die anthropologische Bedeutung der Kooperation liegt vielmehr darin, daß sie die Möglichkeit bietet, Handlungsziele bzw. Handlungsabläufe zu realisieren, die so umfangreich oder komplex sind, daß einzelne Subjekte für sich sie gar nicht bewältigen könnten; durch Kooperation wird also der Bereich der Handlungsmöglichkeiten enorm erweitert.

Die Eigenart kooperativer Handlungsorientierung ergibt sich aus folgender Struktur. Ist ein bestimmtes Ziel konsensuell gesetzt, so ist damit auf Grund sachlogischer Bedingungsverhältnisse eine bestimmte Struktur des Mitteleinsatzes objektiv vorgegeben. Zur kooperativen Realisierung des Zieles ist es dann notwendig, daß alle »Stellen« dieser Struktur, an denen Handlungen ausgeführt werden müssen, mit kompetenten und willigen Akteuren besetzt sind bzw. daß die beteiligten Subjekte sich auf die von der Ziel-Mittel-Struktur sachlich vorgegebenen Stellen so verteilen und handeln, wie diese es erforderlich macht. Formal lassen sich dabei drei Typen von Strukturen bzw. Strukturelementen unterscheiden, nämlich (1) eine kumulative Struktur, bei der das Ziel durch Kumulierung mehrerer gleichartiger Einzelhandlungen erreicht wird (z. B. Sammeln eines Spendenbetrages),

(2) eine sequenzielle Struktur, bei der eine Einzelhandlung an eine andere, vorhergehende anknüpft und ihrerseits Voraussetzung einer anschließenden Handlung ist (z. B. eine Stafette), und (3) eine multikonditionale Struktur, bei der qualitativ verschiedene Beiträge gleichzeitig vorliegen müssen (z. B. Montage eines Automobils). Wirkliche Kooperationszusammenhänge enthalten alle diese Komponenten in mehr oder weniger komplexen Verbindungen.

Ein notwendig zu lösendes Problem jeder Kooperation ist der möglichst genaue Anschluß der Einzelhandlungen der Beteiligten aneinander in bezug auf zeitliche und räumliche (genauer Zeitpunkt und Ort des Einsatzes) sowie qualitative (Art der Ausführung) und quantitative (Dosierung) Momente. Man vergegenwärtige sich die Präzision im Zusammenspiel etwa einer Yachtmannschaft, eines Operationsteams oder eines Streichquartetts! Diese Genauigkeit beruht darauf, daß nicht nur jeder Beteiligte seinen eigenen Part beherrscht, sondern daß er ihn auch mit Bezug auf einerseits den Gesamtzusammenhang der Ziel-Mittel- bzw. Kooperationsstruktur, andererseits die konkreten Beiträge der anderen vergegenwärtigt und im Hinblick darauf seinen Einsatz antizipieren kann. In vielen Fällen muß er mit seiner Handlung bereits anfangen, bevor die vorangehende ganz abgeschlossen ist, damit sie in der richtigen Phase an diese anschließt bzw. mit parallelen Handlungen genau zusammentrifft. Diese Operation ist – wie schon G. H. Mead in seinen Ausführungen über kooperative Spiele gezeigt hat (1934 [1968, S. 193 ff]) – durch eine Perspektivenübernahme mit den anderen Beteiligten im Kontext des jeweiligen Kooperationssystems weit angemessener zu erklären als beispielsweise durch das behavioristische S-R-Schema.

Die zweite idealtypische Form der Interaktion – sie entspricht dem Fall, daß die Handlungsorientierungen der Beteiligten im selben Feld miteinander unvereinbar sind – ist die *Konfliktaustragung*. Ein Konflikt liegt insbesondere dann vor, wenn die Zielorientierungen der Beteiligten unvereinbar, d. h. eine Zielverwirklichung des einen nur auf Kosten der Zielverwirklichung des anderen möglich ist. Analog wäre auch bei unvereinbaren Konzeptionen des Mitteleinsatzes von einem Konflikt zu sprechen, doch ist der Fall weniger gravierend, weil hier auf die relativ eindeutige Entscheidungsinstanz der Zweckrationalität rekurriert werden kann.

Wir unterscheiden zunächst den Fall, daß die Beteiligten ihre ursprüngliche Handlungsorientierung so modifizieren, daß der Konflikt nicht mehr besteht; wir sprechen dann von einer *Beilegung* des Konfliktes. Sie kann erstens dadurch herbeigeführt werden, daß beide ihre Zielorientierungen so weit voneinander entfernen, daß sie sich nicht mehr widersprechen, aber ein Teil der ursprünglichen Zieldefinition dennoch festgehalten werden kann *(Kompromiß)*. Unter Umständen ist sogar umgekehrt eine Annäherung der Zielorientierungen möglich, so daß eine Kooperation entstehen kann (z. B. wenn zwei Parteien sich um ein Taxi streiten und – vorausgesetzt, ihre Ziele liegen in derselben Richtung – schließlich gemeinsam fahren). Eine weitere Möglichkeit wäre, daß wenigstens einer der Beteiligten seine Zielorientierung aufgibt.

Bleiben die Beteiligten bei ihrer Handlungsorientierung und kommen die genannten Möglichkeiten nicht in Betracht, so nimmt die Interaktion im Prinzip die Form des *Kampfes* an. Handlungstheoretisch kann Kampf definiert werden als ein soziales Handeln, das darauf gerichtet ist, die eigene Handlungsorientierung gegenüber der des Gegners durchzusetzen bzw. ihre Realisierungschancen im Vergleich zu der des Gegners zu erhöhen. Unter der Annahme der Reziprozität der Situationsdefinition bei beiden Beteiligten impliziert Kampf sowohl offensives wie defensives Handeln, d. h. beide Beteiligten versuchen einerseits, eine Realisierung der Handlungsorientierung des Gegners zu verhindern, andererseits müssen sie sich dagegen wehren, daß der Gegner eine Realisierung ihrer Handlungsorientierung zu verhindern trachtet.

Ich habe an anderer Stelle den Versuch unternommen, unter Ausschluß des Falles der Gewaltanwendung taktische Handlungsweisen dieser Art näher zu analysieren und auf elementare Schemata zurückzuführen. Es lassen sich mindestens drei Arten taktischer Handlungsschemata unterscheiden (ausführlicher in Geulen 1977, S. 449 ff):

(1) Durch *Informationspolitik* – d. h. durch Geben von Informationen, Vorenthalten von Informationen, Geben falscher Informationen und Entwerten von Informationen über die Realität und besonders über die eigene Handlungsorientierung – läßt sich direkt die Handlungsorientierung eines anderen zumindest auf der kognitiven Ebene beeinflussen. (2) Durch Etablieren oder

Beeinflussen der konkreten sozialen Situationsdefinition können die jeweils zu spielenden Rollen der Beteiligten definiert werden *(Rollenmanöver)*. Damit wird über die in jeder sozialen Situations- bzw. Rollendefinition implizierten Verhaltensnormen indirekt ihr Handeln festgelegt, zumindest bestimmte Handlungsmöglichkeiten ausgeschlossen. Eben dies kann taktisch zur Durchsetzung der eigenen Handlungsorientierung eingesetzt werden. (3) Ein weiteres Schema taktischen Handelns ist schließlich die *Einbeziehung Dritter*, sei es als »Publikum« zur Stützung der eigenen Situationsdefinition, oder sei es als nicht eingeweihte Erfüllungsgehilfen oder als geheime oder offene Koalitionspartner zur Verstärkung der eigenen Position.

Es bedarf wohl kaum eines besonderen Beleges, daß auch die konfliktuöse Form der Interaktion notwendig die Fähigkeit zur Perspektivenübernahme voraussetzt, vielleicht sogar in höherem Maße. Denn in kaum einer anderen Situation setzt man sich so gründlich mit der Orientierung eines anderen Subjekts auseinander und versucht, sein Handeln zu antizipieren, wie in einem Konflikt, und vielleicht sind manche dabei nur deshalb erfolgreicher, weil sie die Operation der Perspektivenübernahme weitergehend und differenzierter beherrschen (vgl. hierzu etwa Flavell et al. 1968 [1975, S. 84 ff, 179 ff, 192 ff]; De Vries 1970*, Clark u. Delia 1976*).

Als kognitive Operation zur Erfassung der Handlungsorientierung anderer leistet Perspektivenübernahme darüber hinaus noch etwas, das keine andere Art der sozialen Wahrnehmung bieten kann, nämlich die Entdeckung und Analyse *latenter Kooperationsmöglichkeiten und Konflikte*. Damit sind Vereinbarkeiten bzw. Unvereinbarkeiten der Handlungsorientierungen mehrerer Subjekte gemeint, die sich in deren manifestem Verhalten noch gar nicht niedergeschlagen haben, die ihnen womöglich noch gar nicht bewußt geworden sind oder die sie in ihrem Selbstverständnis fälschlich an eine andere Stelle des Systems verlegt haben. Die Übernahme der Perspektive aller Beteiligten in ihrem Kontext kann zu Einsichten über das Verhältnis ihrer Handlungsorientierungen führen, die aus der Perspektive nur einer Position gar nicht möglich wären. Dies sei durch folgendes Beispiel illustriert (nach Geulen 1977, S. 296 f):

In einer bestimmten Organisation sieht die formelle Kompetenzverteilung vor, daß der Abteilungsleiter L Entscheidungen erst nach Rücksprache mit den Mitgliedern M trifft. Der Neuling N stellt nun fest, daß L keine Rücksprache mit M nimmt und unverständliche Entscheidungen trifft, die er außerdem innerhalb kurzer Zeit mehrfach umstößt. N macht sein Recht, gehört zu werden, gegenüber L deutlich, gerät deshalb in einen Konflikt mit L und wird von den übrigen M isoliert.

Es stellt sich heraus, daß L dem starken Einfluß der formell untergeordneten Grauen Eminenz E unterliegt; diese Beziehung beruht darauf, daß E, der noch an einem anderen System partizipiert, einerseits dem L sonst nicht zugängliche Informationen gibt und andererseits von diesem bestimmte Entscheidungen verlangt, die für E in dem anderen System wichtig sind, aber den Interessen der M im ersten System widersprechen.

Die Analyse der Handlungsorientierungen in ihrem Zusammenhang zeigt, daß der wirkliche Konflikt nicht zwischen N und L bzw. den übrigen M besteht, sondern zwischen M und E, und daß zwischen N und M tatsächlich eine Kooperationsmöglichkeit, speziell gegenüber E, gegeben ist.

3.3.4 Zur systematischen Stellung der Moralität

An dieser Stelle ist eine Anmerkung über die systematische Stellung der Moralität in der Theorie des sozialen Handelns erforderlich. Dieses Verhältnis ist – wie schon der Begriff der Moralität selbst – kompliziert und nicht eindeutig. Wie ein Rückblick auf die oben diskutierten Ansätze zu einer Theorie des sozialen Handelns zeigt (s. o.), können bestimmte Arten moralischer Orientierung als Bestandteil sozialen Handelns aufgefaßt werden. So wird im ökonomischen und spieltheoretischen Ansatz eine utilitaristische Orientierung der Subjekte vorausgesetzt. Und im rollentheoretischen Ansatz wird angenommen, daß die Subjekte vorgegebene soziale Normen befolgen; bei den Stammvätern dieses Ansatzes, Durkheim und Freud, wird das System der gesellschaftlichen Normen geradezu mit dem Begriff der Moral schlechthin gleichgesetzt.

Spätestens seit der im wesentlichen über L. Kohlberg (1969) vermittelten Rezeption philosophischer Moraltheorien aus dem Umkreis des Deutschen Idealismus in den Humanwissenschaften (vgl. hierzu auch Portele 1978; Eckensberger u. Silbereisen 1980) ist jedoch deutlich geworden, daß die obengenannten Arten moralischer Orientierung keineswegs alle Möglichkeiten von Moralität erschöpfen. Schon auf der vierten Kohlbergschen Stufe der Moralentwicklung, der Orientierung an Aufrechterhaltung von Autorität und sozialer Ordnung als solchen, geht Moralität in ihrer Begründung über das Befolgen einzelner Normen hinaus, dies gilt a fortiori für die darauf folgenden, postkonventionellen Stufen der Moralität. Damit ist aber das Verhältnis der Moralität zum sozialen Handeln wieder offen.

Nun ist einerseits unbestreitbar, daß die Moral eines Menschen von eminenter Bedeutung für sein Handeln gerade in bezug auf andere ist. Dies beruht nicht zuletzt darauf, daß sie ontogenetisch als das generalisierte und systematisierte Ergebnis der subjektiven Verarbeitung der Erfahrungen in sozialen Interaktionen aufgefaßt werden kann, die ein Subjekt im Laufe seines Lebens macht (vgl. hierzu auch die Studien zum Zusammenhang von Moralität und Perspektivenübernahme von Rubin u. Schneider 1973*; Moir 1974*; Selman 1976*; sowie Kurdek 1978). Andererseits könnte man aber keineswegs behaupten, daß zumindest die höheren Stufen von Moralität eine notwendige Voraussetzung für soziales Handeln als solches wären. Wie die empirische Forschung zu Kohlberg gezeigt hat, bestehen erhebliche Unterschiede in der moralischen Orientierung zwischen verschiedenen Individuen in ein und derselben Gesellschaft. Das bedeutet aber, daß weder intersubjektiver Konsens noch auch nur faktische Übereinstimmung hinsichtlich der Moralität notwendige Bedingungen sozialer Interaktion sind; durchaus können Individuen verschiedener moralischer Orientierung in eine funktionierende Interaktion eintreten, und dies entspricht auch unserer Alltagserfahrung.

Man könnte vielleicht annehmen, daß nur eine bestimmte Ausprägung von Moralität bzw. eine bestimmte Mindeststufe im Kohlbergschen Entwicklungsschema für soziale Interaktion erforderlich sei. Dieses Minimum ist jedoch nicht eindeutig bestimmbar, sondern hängt von dem historisch gegebenen sozialen System ab, in dem die Interaktion stattfindet. Interaktion ist bereits auf der ersten Stufe des Kohlbergschen Entwicklungsschemas, der Orientierung an Bestrafung und Gehorsam, möglich, und wie die reale Möglichkeit einer blindwütigen Schlägerei zeigt, gibt es sogar den Grenzfall einer Interaktion ohne Moral. Im allgemeinen dürfte es sich so verhalten, daß Interaktionspartner tendenziell auf der gesellschaftlich normierten Stufe von Moralität agieren. Wo sich ihre Moralität unterscheidet, werden sie nach Möglichkeit die moralische Orientierung des jeweils anderen zum Gegenstand einer Perspektivenübernahme oder auch Kommunikation machen, um so ihr Verständnis von der Handlungsorientierung des anderen zu vergrößern. Dies ist freilich nur in bezug auf die gleiche oder auf niedrigere Stufen möglich.

Wenn aber Intersubjektivität oder auch nur faktische Übereinstimmung in der Art der Moralität keine notwendige Bedingung für das Zustandekommen von sozialem Handeln und Interaktion ist, dann kann Moralität nicht zu den konstitutiven Hauptmomenten sozialen Handelns gezählt werden. Die Kategorie der Moralität bezieht sich offenbar nicht primär auf soziales Handeln als solches, sondern auf das Bewußtsein eines individuellen Subjekts von Grundsätzen des Handelns allgemein, *die es selbst für verbindlich hält*. Daher ist Moralität zwar für die Handlungsorientierung eines Individuums relevant, aber kann seine soziale Orientierung, in die ja auch andere Subjekte eingehen, nur zum Teil bestimmen. Die Durchsetzung der eigenen Moral gegenüber anderen würde ihnen Gewalt antun. Die Wechselbeziehungen zwischen sozialem Handeln und Moralität bedürfen aber weiterer Aufklärung auch durch empirische Forschung.

4. *Schluß*

Fassen wir zusammen! Ausgehend von der Feststellung, daß Handeln zumeist auf andere bezogen ist, eine Handlungstheorie daher von vornherein als Theorie des sozialen Handelns konzipiert werden muß, stießen wir auf den Tatbestand, daß unsere Handlungsorientierung zwei nicht aufeinander reduzierbare Ebenen enthält, die Orientierung an Zielen und Mitteln und die Orientierung an anderen Subjekten. Dabei ergibt sich das theoretische Problem, in welcher Begrifflichkeit der Zusammenhang dieser Ebenen im sozialen Handeln angemessen dargestellt werden kann.

Es stellte sich heraus, daß vorliegende und in der gegenwärtigen Diskussion prominente handlungstheoretische Ansätze gegenüber dem Problemstand spezifische Defizite aufweisen. So wird in der neueren angelsächsischen Philosophie des Handelns und auch in der Strukturanalyse der instrumentellen Handlungsorientierung die soziale Ebene überhaupt nicht thematisiert. Andere Ansätze greifen entweder schon beim allgemeinen Handlungsbegriff oder/und in ihrer Auffassung von anderen, unserem Zugang zu ihrer Handlungsorientierung oder von Intersubjektivität zu kurz. So faßt der behavioristische Ansatz Handeln nur als Reaktion auf Reize und andere nur als Quelle von Reizen bzw. Bekräftigungen. Der ökonomische und spieltheoretische Ansatz geht von der empirisch fragwürdigen Idealisierung aus, daß Handlungssubjekte immer an einer individuellen Nutzenmaximierung orientiert seien, sich entsprechend zweckrational verhielten und genau dies auch von allen Interaktionspartnern annehmen. Der rollentheoretische Ansatz faßt Handeln fälschlich nur als Befolgen sozialer Normen und andere nur in der Idealisierung von »Rollen«. Während in der vorliegenden Literatur die Ebene der Ziel-Mittel-Orientierung durchaus entfaltet wird, entwickelt keiner der genannten Ansätze einen zumindest dem Alltagsbewußtsein angemessenen Begriff vom anderen oder eine Theorie unseres Zuganges zu seiner Subjektivität und der Intersubjektivität; das Problem der theoretischen Vermittlung der beiden Ebenen konnte deshalb schon nicht gestellt werden.

Unsere Skizze einer Theorie des sozialen Handelns stellte zunächst die beiden grundlegenden Ebenen der Orientierung dar. Die Ebene der allgemeinen Handlungsorientierung hat eine Struktur, die durch den Begriff von Handeln als intentionale und tätige Verwirklichung von Zielen durch Einsetzen von Mitteln in einer wahrgenommenen Situation bestimmt ist. Die zweite Ebene ist unsere Orientierung an anderen Subjekten; wir nehmen sie als Handlungssubjekte wahr, die unseresgleichen und nicht wie die Objekte unserer allgemeinen Handlungsorientierung sind.

Aus der Annahme, daß unser Handeln in bezug auf den anderen vom Verhältnis der beiden Handlungsorientierungen abhängt, ergab sich die Notwendigkeit, die Handlungsorientierung anderer zu erkennen. Den spezifischen Teilproblemen dieser Fragestellung – nämlich der Subjektcharakter des anderen, die kategoriale Form seiner Handlungsorientierung als Ziel-Mittel-Struktur, ihre Situationsspezifität und die Ungewißheit, sie aus seinem Verhalten abzulesen – werden die gängigen Ansätze zur sozialen Wahrnehmung nicht gerecht, sofern sie im Verstehen nur die subjektiven Bedingungen des Wahrnehmenden thematisieren oder nur nach der emotionalen Dimension oder nach situationsinvarianten Persönlichkeitsmerkmalen des anderen fragen. Ihr Scheitern beruht hauptsächlich darauf, daß sie den aktualgenetischen Prozeß der sozialen Kognition sensualistisch als »Wahrnehmung« im engeren Sinne oder als egozentrische Projektion mißdeuten. Wir sahen dagegen, daß die Theorie der Perspektivenübernahme diesen Problemen durchaus angemessen ist. Sie nimmt an, daß wir die Handlungsorientierung eines anderen aus seiner Position in der betreffenden Situation heraus konstruieren und ihm zuschreiben. Die spezifische Leistung dieser Theorie liegt vor allem darin, daß sie auf Daten rekurriert, die der objektiven Situation entnommen, also vergleichsweise unproblematisch sind, aber gleichzeitig Subjektivität und Individualität des anderen anerkennt.

Die Frage nach der Vermittlung zwischen den beiden Ebenen unserer Orientierung wurde durch Einführen einer begrifflichen Ebene beantwortet, die die Momente enthält, durch die soziales, d. h. gleichzeitig an Zielen und an anderen orientiertes Handeln beschrieben werden kann. Wir unterschieden zwischen den Momenten der konsensuellen Situationsdefinition und der Kommunikation, die eher als Bedingungen für Interaktion im engeren Sinne, deren Ziele außerhalb ihrer selbst liegen, aufzufassen sind. Aus den beiden Möglichkeiten des Verhältnisses der Handlungsorientierungen folgen die idealtypischen Grundformen der Kooperation und der Konfliktaustragung.

Es zeigte sich, daß in allen diesen Momenten des sozialen Handelns Perspektivenübernahme eine notwendige Bedingung ist. Dies ist nicht verwunderlich, geht es doch in allen Fällen darum, die Handlungsorientierung eines anderen bzw. ihre jeweils relevanten Komponenten zu erkennen. Hervorzuheben ist, daß soziale Kognition in diesem Sinne also kein eigenes und von den anderen abgegrenztes Moment ist, sondern ein konstitutiver Bestandteil *aller* Momente bis hin zur konfliktuösen Interaktion. Ja sie erlaubt darüber hinaus sogar die Analyse latenter Handlungsmöglichkeiten. Entsprechendes Gewicht kommt der Perspektivenübernahme daher auch im Rahmen einer Handlungstheorie zu.

Unsere Überlegungen waren überwiegend theoretischer Art. Das war erforderlich, weil bisher die Forschung sowohl zur Handlungstheorie als auch zur Perspektivenübernahme diesen engen, ja notwendigen Zusammenhang kaum realisiert hat. Dies muß auch gegenüber der Literatur zur Perspektivenübernahme kritisch angemerkt werden. Zwar werden bei der Wahl von Variablen und in der Diskussion eine Reihe von Punkten im Konzept des sozialen Handelns berührt, und es erscheint sogar der Nachweis möglich, daß das Interesse der meisten Forscher zur Perspektivenübernahme zumindest implizit handlungstheoretischer Natur ist. Aber bisher ist dieser Zusammenhang zu wenig herausgearbeitet worden.

Ein zweites Problem, das mit dem ebengenannten zusammen in Angriff genommen werden könnte, sind gewisse Schwierigkeiten innerhalb des Paradigmas der Perspektivenübernahme selbst. So ist der Status des Konstrukts »Perspektivenübernahme« bisher ungeklärt; die vorliegenden Befunde über Bereichspezifität, Korrelate und dimensionale Struktur ergeben ein zunehmend komplexes Bild (vgl. Teil 3 dieses Bandes). Auch sind die Differenzen zwischen den verschiedenen Entwicklungsmodellen der Perspektivenübernahme sowie ihr Zusammenhang mit Entwicklungsverläufen in anderen Bereichen (z. B. Intelligenz, moralisches Urteil) theoretisch keineswegs aufgeklärt.

Ich bin jedoch überzeugt, daß diese Probleme angesichts der Vorzüge, die das Paradigma der Perspektivenübernahme für eine Theorie des sozialen Handelns zweifellos aufweist, für die weitere Forschung eher stimulierend als hemmend wirken und so der Entwicklung einer umfassenden Theorie menschlichen Handelns selbst zugute kommen werden.

2. Dimensionen und Strukturen der Fähigkeit zur Perspektivenübernahme

2.1 Räumlich-visuelle, emotionale und informationsbezogene Perspektivenübernahme

Jean Piaget
Das In-Beziehung-Setzen der Perspektiven

[Bei dem folgenden Text handelt es sich um den Anfang des 8. Kapitels aus Piaget, J. u. Inhelder, B., Die Entwicklung des räumlichen Denkens beim Kinde, Stuttgart (Klett) 1971, S. 249-254; zuerst frz. 1947.]

Wir hatten festgestellt, daß die Perspektiven erst recht spät konstruiert werden. Das Experiment bestätigt übrigens in diesem Punkt lediglich das, was durch die direkte Beobachtung der Kinderzeichnung seit langem bekannt war. Nach Luquet löst der »visuelle Realismus« tatsächlich erst im Alter von durchschnittlich 9 Jahren den »intellektuellen Realismus« ab, das heißt, erst dann zeichnet das Kind die Gegenstände so, wie es sie sieht, in seiner Beobachterperspektive. Obwohl diese Tatsache hinreichend bekannt ist, ist sie deshalb nicht minder überraschend, und das sogar in doppelter Weise.

Erstens sind die projektiven Relationen geometrisch komplexer als die topologischen, und ihre theoretische Konstruktion setzt ein Zusammenspiel von Axiomen voraus, die denen der euklidischen Geometrie gleichwertig sind. Man könnte daher erwarten, daß genetisch die Operationen, die zu ihrer Erarbeitung führen, sich früher herausbilden, da sie eben von der visuellen Anschauung der Perspektive geleitet werden. Aber das Gegenteil ist der Fall: Die genetische Aufeinanderfolge entspricht der Reihenfolge der theoretischen Konstruktion, und die Perspektive selbst tritt im geometrischen Verhalten des Kindes relativ spät auf: Höchst interessanterweise wird sie erst auf der Stufe herausgebildet, auf der auch die Koordinatensysteme erarbeitet werden, so als sei sie viel mehr von einer operatorischen Gesamtkonstruktion abhängig als von den nicht weiter schwierigen Tatsachen der Anschauung und der Erfahrung.

Zweitens, und das ist noch paradoxer, spielen die der Perspektive innewohnenden Relationen schon bei der unmittelbaren

Wahrnehmung eine Rolle und scheinen daher auf die direkteste Weise den eigenen Blickwinkel der Person zum Ausdruck zu bringen. Nun ist aber die ganze ursprüngliche kognitive Haltung des Kindes egozentrisch und verwandelt das, was sich tatsächlich auf die eigene Aktivität und Wahrnehmung bezieht, in ein falsches Absolutum. Warum also erobert die Person erst so spät und erst dann, wenn sie die verschiedenen möglichen Blickpunkte zueinander in Beziehung zu setzen gelernt hat, die Relationen, die bei der elementaren Perspektive im Spiel sind? Die Antwort lautet: Die Perspektive setzt die Herstellung einer Beziehung zwischen dem Gegenstand und dem Blickwinkel der Person, die sich dieses Blickwinkels bewußt geworden ist, voraus, und hier wie anderswo besteht das Erkennen des eigenen Blickwinkels im Differenzieren desselben von den übrigen und folglich in seiner Koordinierung mit ihnen. Nun verstehen wir, warum zur Erarbeitung der Perspektiven eine Gesamtkonstruktion notwendig ist; diese Konstruktion führt gleichzeitig zur Herstellung einer Beziehung zwischen den Gegenständen nach einem Koordinatensystem und zur Herstellung einer Beziehung zwischen den Blickwinkeln nach einer Koordinierung der projektiven Relationen, die den verschiedenen möglichen Beobachtern entsprechen.

Mit der folgenden Untersuchung verfolgen wir zwei Ziele: Erstens wollen wir die Konstruktion eines Gesamtsystems erforschen, das die verschiedenen Perspektiven zueinander in Beziehung setzt, und zweitens wollen wir die Beziehungen untersuchen, die die Vp zwischen ihrem eigenen Blickwinkel und dem anderer Beobachter herstellt. Die Untersuchung betrifft komplexe Perspektiven, wie etwa die, die man sich angesichts eines von verschiedenen Standorten her betrachteten Bergmassivs vorstellen kann. Die in den vorigen Kapiteln verwendete Methode betrachtete die Perspektive oder die Projektionen als Funktion der aufeinanderfolgenden Positionen eines einzigen Gegenstandes (ob er vom Kind gesehen wurde oder von einem fiktiven Beobachter, der die Antizipation erleichtern sollte); jetzt hingegen geht es um die Vorstellung der Perspektiven als Funktion der aufeinanderfolgenden Standorte einer Person (oder der gleichzeitigen Standorte mehrerer Personen) bezüglich einer Menge von Gegenständen. Daraus folgt: Die Frage, die wir jetzt untersuchen wollen, bezieht sich nicht mehr ausschließlich auf die scheinbaren

Form- und Dimensionsänderungen der betrachteten Gegenstände, sondern außerdem auch auf die relativen Positionen der Gegenstände zueinander sowie zu den verschiedenen Beobachtern (beziehungsweise zu den verschiedenen Standorten eines und desselben Beobachters).

Wir werden also im wesentlichen die Relationen vorn-hinten und links-rechts untersuchen, das heißt die Relationen der Reihenfolge nach zwei der drei Dimensionen, die bei den betrachteten Perspektiven auftreten. Aber obwohl diese Relationen sich auf die in Kapitel III untersuchten Relationen der Reihenfolge topologischer Natur stützen, unterscheiden sie sich natürlich von diesen dadurch, daß der Blickwinkel der Person im Spiel ist: Im System der topologischen Relationen können die Ausdrücke »links« und »rechts« nur zur Bezeichnung der beiden möglichen Verlaufsrichtungen einer (einfachen oder zyklischen) linearen Folge verwendet werden und bleiben also zweideutig, was den Standort der Person anbetrifft (das zeigt sich besonders deutlich bei manchen kleinen Kindern, die eine lineare Folge »spiegelverkehrt«, aber in der richtigen Aufeinanderfolge wiedergeben). Die projektive »linke« und »rechte« Seite dagegen beziehen sich auf den Blickwinkel der Person. Es handelt sich also zugleich um mehrere Gegenstände und um mehrere Personen; wir sehen, in welchem Maße das von den Perspektiven eines Bergmassivs aufgeworfene Problem einem Gesamtsystem zugehörig ist, das auf dem Gebiet der Projektion die gleiche Rolle spielt wie auf euklidischem Gebiet die Koordinatensysteme bei der Konstruktion einer Karte oder eines Planes.

Wir benutzten ein Modell aus Pappmaché mit einer Basis von 1 m^2. Es stellt drei 12-30 cm hohe Berge dar. Von dem Standort, den es normalerweise vor dem Modell innehat (Standort A), sieht das Kind im Vordergrund leicht nach rechts gerückt, einen grünen Berg mit einem Häuschen darauf; dann auf der linken Seite etwas weiter hinten einen braunen Berg, der höher als der grüne und, außer an seiner Farbe, an einem roten Kreuz auf dem Gipfel zu erkennen ist.

Im Hintergrund befindet sich der höchste der drei Berge: eine graue Pyramide, deren Gipfel mit Schnee bedeckt ist. Vom Standort C aus (gegenüber dem Standort A, der zu Beginn der Befragung eingenommen wird) sieht man an der Seite des grünen

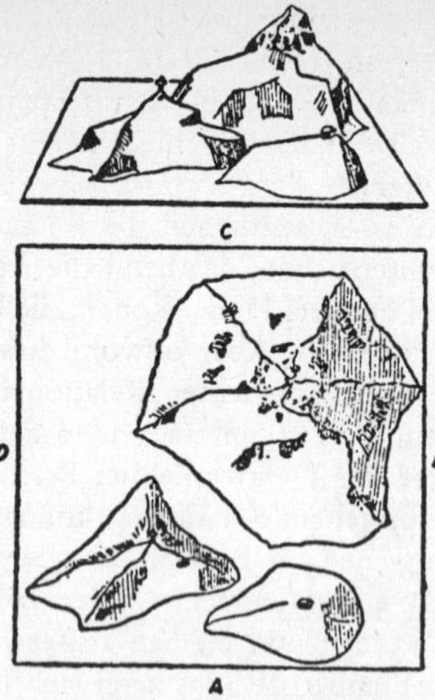

Die drei Berge

Berges einen Zickzackweg. Vom Standort B aus (rechte Seite des Modells, von A aus gesehen) sieht man vom braunen Berg einen Bach herabfließen. Jeder Berg hat einen einheitlichen Farbton (abgesehen vom Weiß auf dem Gipfel des grauen Berges); die einzigen Anhaltspunkte sind die, die wir soeben beschrieben haben.

Zweitens zeigten wir den Vpn zehn verschiedene 20 × 28 cm große Bilder. Sie stellen die gleichen Berge von verschiedenen Blickwinkeln aus gesehen dar. Die Formen sind leicht erkennbar und die Ausmaße so groß, daß die Unterscheidungsmerkmale (Kreuz, Häuschen, weißer Gipfel usw.) gut zu sehen sind (die Farbtöne sind identisch mit denen des Modells). Ebenso verwendeten wir drei bewegliche Pappstücke; sie sind in der gleichen Form zugeschnitten und mit den gleichen Farbtönen versehen wie die Berge auf dem Modell. Diese Pappstücke, die die Berge darstellen, kann das Kind handhaben und so das Aussehen des Massivs nach dieser oder jener Perspektive nachbilden.

Außerdem gehört zum verwendeten Material eine 2-3 cm hohe Holzpuppe. Ihr Kopf ist eine einfache Kugel ohne Gesicht (damit das Kind nicht die Blickrichtung der Puppe berücksichtigt, sondern lediglich ihren Standort betrachtet). Die Puppe wird nacheinander an verschiedene Stellen gebracht, und das Kind soll herausfinden, welcher Standort der Puppe welcher Perspektive auf die drei Berge entspricht. Das Kind geht also nicht selbst um das Massiv herum (außer wenn es seine Antworten kontrollieren soll), sondern es wird angenommen, die Puppe gehe spazieren, und das Kind soll sich die Änderungen der Perspektive, die diesen Platzwechseln entsprechen, beziehungsweise die aufeinanderfolgenden Standorte der Puppe, die den verschiedenen Perspektiven entsprechen, vorstellen und sie durch Überlegung rekonstruieren.

Zu diesem Zweck verwendeten wir drei unterschiedliche, einander ergänzende Befragungsverfahren. Beim ersten gibt man dem Kind drei Pappstücke in Form von Bergen. Sie entsprechen nach Form und Farbe den drei Bergen des Modells. Das Kind wird aufgefordert, die »Photographie«, die man vom Standort A aus vom ganzen Massiv machen könnte, zu rekonstruieren, indem es diese Pappberge entsprechend auf den Tisch stellt. Dann stellt man die Puppe nach C und fordert das Kind auf, die Photographie darzustellen, die die Puppe machen könnte oder die es selbst von C aus machen würde. Ebenso macht man es mit den Standorten B und D. Dann bittet man das Kind, sich nach B (oder C oder D) zu setzen, und läßt es aus den gleichen drei Pappstükken die »Photographie« rekonstruieren, die es von diesem Platz aus machen könnte. Außerdem fordert man es auf, das von A oder von den Standorten aus, die es innegehabt hat, aufgenommene Photo zu rekonstruieren. Natürlich kann man bei älteren Kindern die Puppe auch an komplizierteren Plätzen aufstellen und damit die Perspektiven noch mehr differenzieren beziehungsweise, bei jüngeren Kindern, das ganze Gewicht auf die Standortwechsel des Kindes selbst und auf die Koordinierung seiner aufeinanderfolgenden eigenen Perspektiven verlegen.

Beim zweiten Verfahren verlangt man nicht mehr vom Kind, daß es selbst die mögliche Photographie vom Massiv nachbildet, sondern man zeigt ihm die zehn bereits fertigen Bilder und fordert es auf, dasjenige auszuwählen, das dem Standort der Person entspricht. Prinzipiell zeigt man die zehn Bilder gleichzeitig, aber selbstverständlich befragt man nur über vier bis fünf deutlich unterschiedene Standorte, um Ermüdung oder automatische Reaktionen zu vermeiden.

Das dritte Verfahren schließlich ist die Umkehrung des zweiten:

Anstatt zu einem festgelegten Standort der Puppe das entsprechende Bild zu finden, soll das Kind ein aus der Menge ausgewähltes Bild betrachten und erkennen, welchen Standort die Puppe innehat, damit das Bild der Photographie entspricht, die sie von dort aus machen könnte.

Wir haben hundert Vpn untersucht; 21 im Alter von 4-6½ Jahren, 30 im Alter von 6;7 bis 8 Jahren, 33 im Alter von 8 bis 9 Jahren und 16 im Alter von 9;6 bis 12 Jahren. Die Antworten lassen sich folgendermaßen klassifizieren; wir numerieren die Stadien entsprechend denen der vorigen Kapitel[1]. Während des gesamten Stadiums II wird der Blickwinkel der Vp überhaupt nicht oder nur mangelhaft von dem der übrigen Beobachter (die von der Puppe an ihren verschiedenen Standorten dargestellt werden) differenziert. So verhält sich das Kind während eines Teilstadiums II A folgendermaßen: Es beginnt zwar bei jedem Standortwechsel der Puppe (Verfahren 1) mit einer neuen Darstellung des Massivs mittels der drei Pappstücke, so als handle es sich um eine Photographie, die vom neuen Standort des möglichen Beobachters aus aufgenommen würde, aber jede dieser Reproduktionen führt zum gleichen Ergebnis: In Wirklichkeit bringt das Kind seine eigene Perspektive zum Ausdruck, so als könnten die Berge überhaupt nur unter seinem Blickwinkel gesehen werden. Während eines Teilstadiums II B versucht das Kind zu differenzieren, fällt aber in die egozentrische Konstruktion (die der Stufe II A) zurück. Ebenso führt das Verfahren (2) während des gesamten Stadiums II entweder zur Wahl eines Bildes, das den eigenen Blickwinkel der Vp darstellt, oder zu einer mehrdeutigen Wahl, in der die Auffassung des Kindes deutlich wird, jedes Bild passe zu jedem Blickwinkel, wenn es nur die drei Berge zusammen darstellt. Umgekehrt verdeutlicht Verfahren (3) die mangelnde Differenzierung der Standorte der Puppe bezüglich der Bilder: Die Puppe wird an einen beliebigen Platz gestellt oder ein für allemal an der gleichen Stelle gelassen, denn das Kind nimmt an, sie sehe die drei Berge von überallher, unabhängig von jeglicher Perspektive. Während des Teilstadiums II B erleben wir bei den Verfahren (2) und (3) fruchtlose Versuche einer Dissoziierung der Blickwinkel; diese Versuche scheitern, weil noch keine adäquaten Beziehungen hergestellt werden.

Das Stadium III hingegen (von 7-8 bis zu 11-12 Jahren) bezeichnet die wachsende Differenzierung und Koordinierung der Perspektiven. Auf Stufe III A (durchschnittlich von 7-8 bis zu 9 Jahren) werden gewisse Relationen je nach dem Standortwechsel des Beobachters differenziert, aber die Blickwinkel werden noch nicht im ganzen koordiniert. Diese Gesamtkoordinierung erreicht das Kind mit ca. 9-10 Jahren auf Stufe III B, das heißt in dem Alter, in dem auch das Verständnis der einfachen Perspektiven seine Vollendung erfährt und in dem die Perspektive in der Zeichnung selbst erscheint (visueller Realismus).

[Dem interessierten Leser wird empfohlen, auch den Schluß des Kapitels (a. a. O., S. 254-290) zu lesen, der von Piaget und seinen Mitarbeitern in seiner »klinischen« Methode erhobene Daten und darauf fußende theoretische Interpretationen bietet.

Die folgende Stelle, die sich auf den gleichen Versuch bezieht, ist entnommen aus: Piaget, J., Der Aufbau der Wirklichkeit beim Kinde, Stuttgart (Klett) 1974, S. 351-354; zuerst frz. 1937.].

Das Kind ist weit davon entfernt, sich die verschiedenen Bilder, die die Puppe je nach ihren Standorten betrachtet, vorzustellen. Es betrachtet vielmehr seine eigene Perspektive in jedem Augenblick als absolut und schreibt sie der Puppe zu, ohne diese Verwechslung zu ahnen. Mit anderen Worten, wenn man das Kind fragt, was die Puppe in einer bestimmten örtlichen Position sieht, beschreibt es, was es selbst von seinem Platz aus wahrnimmt ohne Berücksichtigung der Hindernisse, die der Puppe dieselbe Ansicht verwehren. Wenn man ihm mehrere Zeichnungen zeigt, zwischen denen es diejenige, die mit der Perspektive der Puppe übereinstimmt, wählen kann, zeigt es auf die Zeichnung, die seine eigene Perspektive darstellt. Wenn es schließlich mit den Kartons die Photographie rekonstituieren soll, die die Puppe an seiner Stelle aufnehmen könnte, dann reproduziert das Kind wieder seine eigene Ansicht von den Dingen.

Später, wenn das Kind sich von diesem anfänglichen Egozentrismus freimacht, um die in diesem Problem vorhandenen Beziehungen »geistig« zu erobern, können wir mehrere Übergangsphasen feststellen. Entweder bildet das Kind – das ja nun zu verstehen beginnt, daß sich die Perspektive je nach der Position der Puppe unterscheidet – verschiedene Mischungen zwischen diesen Perspektiven und der seinen (»Vor-Beziehungen«), oder es berücksichtigt nur eine Beziehung auf einmal (links-rechts oder vorn-hinten usw.), und die Multiplikation dieser Beziehungen untereinander gelingt ihm nicht. Diese Übergänge entsprechen also den begrenzten Gruppen von Verlagerungen des vierten sensomotorischen Stadiums. Schließlich wird die vollständige Relativität erreicht, was den Stadien V und VI derselben Serie entspricht.

Welche Erklärung gibt es also für diese Verschiebung und diese Rückkehr zu den Phasen, die schon auf der sensomotorischen Ebene des Raumes überwunden waren? Um im Raum handeln zu können, muß das Kind einfach nach und nach begreifen, daß die Dinge, die es umgeben, einen von ihm unabhängigen Weg gehen, und daß sich so ihre Verlagerungen in »objektiven« Systemen »gruppieren«. Unter rein praktischem Gesichtspunkt ist das Kind also schon dabei, den anfänglichen Egozentrismus zu verlassen, während dem die Dinge nach seiner Meinung ja einzig von der eigenen Aktivität abhängen. Es begreift nun eine Relativität zwischen den sukzessiv wahrgenommenen Verlagerungen oder zwischen bestimmten, wahrgenommenen Bewegungen und anderen, einfach vorgestellten. Aber der Egozentrismus und die objektive Relativität, um die es hier geht, betreffen nur die Verhältnisse zwischen dem Kind und den Objekten. Im sensomotorischen Handeln wird das Kind noch durch nichts zum Verlassen dieses engen Gebietes gezwungen. Solange das Kind nämlich nicht vor dem Problem steht, sich die Realität an sich vorzustellen, sondern sie einfach in seinen Handlungen zu verwenden oder einen Einfluß auf sie auszuüben, solange braucht es das System der Beziehungen zwischen ihm und den Objekten oder zwischen den Objekten und dem Feld der eigenen Perspektiven einfach nicht zu überschreiten. Die Annahme der Existenz anderer Perspektiven und die Annahme von Beziehungen zwischen diesen unter Einbeziehung der Perspektive des Subjektes ist also unnötig. Es stimmt zwar, daß die Handlung, durch die man den Verlagerungen der Dinge Gegenständlichkeit verleiht, schon eine Erweiterung der anfänglichen egozentrischen Perspektive impliziert. In diesem Sinne konnten wir auch bei der Behandlung des fünften und sechsten sensomotorischen Stadiums von einer Veränderung der Perspektive und der Eroberung des Universums sprechen, in das sich das Ich nun einordnete und sich nicht mehr der Illusion hingab, das Universum einfach zu sich zu holen. Aber hier war nur die erste Etappe, und selbst in diesem praktischen und objektiven Universum ist alles noch auf ein und dasselbe Bezugssystem ausgerichtet, d. h. auf das des Subjektes und nicht auf jenes der anderen möglichen Subjekte. In diesem Universum gibt es also sowohl Objektivität als auch Relativität, jedoch nur innerhalb der Grenzen einer immer noch als absolut geltenden Domäne, weil noch keine zwingenden Gründe für ihr Überschreiten existieren. Wenn ein etwas gewagter Vergleich erlaubt ist, dann könnte man sagen: Die Vollendung des objektiven praktischen Universums hat Ähnlichkeit mit den Eroberungen Newtons im Verhältnis zum Egozentrismus der aristotelischen Physik, aber die absolute Zeit und der absolute Raum des Newtonismus bleiben ihrerseits egozentrisch in Anbetracht der Einsteinschen Relativität, weil sie das Universum nur unter einer Perspektive von anderen, ebenfalls möglichen und vorhandenen sehen. Sobald das Kind jedoch nicht mehr nur durch Handlung auf die Dinge einzuwirken versucht, sondern sich die Dinge an sich unabhängig von der unmittelbaren Handlung vorstellen will, dann genügt diese einzelne Perspektive nicht mehr, auch wenn es nur mit ihrer Hilfe die Objektivität und Relativität einführen konnte. Sie muß von nun an mit den anderen koordiniert werden.

Dies hat zwei Gründe: Der eine Grund hat etwas zu tun mit der Absicht des Subjektes in seinen Bemühungen um Vorstellung, der andere steht zu den Voraussetzungen zu letzterer in Beziehung. Weshalb möchte sich das Subjekt eigentlich an einem bestimmten Punkt seiner geistigen Evolution die räumlichen Beziehungen vorstellen, anstatt einfach handelnd auf sie einzuwirken? Allem Anschein nach, um mit jemand anderem zu kommunizieren oder um von einer anderen Person eine Auskunft über eine Realität bezüglich des Raumes zu erhalten. Außer diesem sozialen Bezug ist kein anderer Grund ersichtlich, aus dem die reine Vorstellung auf die Handlung folgen sollte. In den Bemühungen des Kindes, sich den Raum vorzustellen, finden sich also schon verschiedene, zu den einzelnen Individuen gehörige Perspektiven impliziert. Und andererseits bedeutet die Vorstellung vom Raum oder von den Objekten im Raum notwendigerweise, daß die verschiedenen, für die Wirklichkeit möglichen Perspektiven in einer einzigen Handlung vereint werden und daß das Kind sie nicht mehr nur sukzessiv annehmen muß: Man stelle sich zum Beispiel eine Büchse oder irgendein Objekt vor, auf das das Kind einwirkt. Am

Ende seiner sensomotorischen Entwicklung wird es ganz imstande sein, die Büchse in allen Richtungen zu drehen, sich also ihre Rückseite wie auch die sichtbaren Seiten vorzustellen, ebenso auch ihren Inhalt wie ihr Äußeres. Aber genügen diese Vorstellungen, die an die praktische Aktivität, an das »praktisch handelnde Verhalten« wie Gelb und Goldstein in ihren schönen Studien über den Raum sagten, genügen diese Vorstellungen zur totalen Repräsentation von der Büchse, d. h. zu einem »theoretisch schauenden Verhalten«? Sicherlich ganz und gar nicht, denn, um dahin zu gelangen, muß das Kind die Büchse von allen Seiten gleichzeitig gesehen haben, d. h. sie in ein System von Perspektiven einordnen können, in dem die Vorstellung von der Büchse von jedem beliebigen Punkt aus möglich ist und das ohne praktisches Handeln. Wenn man aber sich selbst an verschiedenen Stellen gleichzeitig vorstellen kann, dann stellt man sich in Wirklichkeit die Perspektive einer anderen Person vor, und das Kind löst in der konkreten Realität ein solches Problem wahrscheinlich, indem es die fremde Perspektive mit der eigenen verbindet. In diesem Sinne kann man behaupten, daß die reine und von der eigenen Aktivität losgelöste Vorstellung die Adaptation an eine andere Person und die soziale Koordination voraussetzt.

Von nun an wird verständlich, weshalb das Kind bei dem hierfür typischen Problem der Berge, noch im Alter von 4 bis 6 Jahren einen Egozentrismus zeigt, der an die Anfänge der sensomotorischen Intelligenz und an die ganz elementaren »subjektiven Gruppen« erinnert: Es zeigt ihn deshalb, weil das Subjekt auf der reinen Vorstellungsebene – auf die sich ja diese Aufgabe bezieht – verschiedene Gesichtspunkte mit dem seinen vergleichen muß, es jedoch für diese Operation nicht vorbereitet ist. Auch die eigentlich schon vergessenen Attitüden in den Beziehungen zwischen den Dingen und seiner Person erscheinen dann wieder, wenn mit einer anderen Person Beziehungen aufgenommen werden. Der soziale Egozentrismus folgt auf den sensomotorischen Egozentrismus und bringt wieder die gleichen Phasen hervor, aber da das Soziale und das Vorstellungsmäßige interdependent sind, meint man eine Regression vor sich zu haben. In Wirklichkeit schlägt der Geist nur die gleichen Schlachten auf einer neuen Ebene und kommt schließlich zu neuen Eroberungen . . .

Anmerkung

1 Die im Stadium I befindlichen Vpn verstehen die Frage nicht. Es ist daher zwecklos, sie zu befragen und ihre Reaktionen hier zu zitieren.

John D. Coie, Philip R. Costanzo und Douglas Farnhill

Spezifische Entwicklungsschritte der räumlichen Perspektivenübernahme[1]

Der Weg vom egozentrischen räumlichen Denken zum Perspektivismus ist gekennzeichnet durch die sequentielle Bewältigung bestimmter Arten von Veränderungen in den Beziehungen zwischen Objekten und Wahrnehmungsfeld, die als Perspektivenwechsel aufgefaßt werden können. Probanden im Alter von 5 bis 11 Jahren wurden mit zwei – in Anlehnung an Piaget entwickelten – Aufgaben zur räumlichen Perspektivenübernahme untersucht. Es fand sich ein Zusammenhang zwischen der jeweils vorherrschenden Fehlerkategorie (Interposition, Ansicht, Entfernung, rechts/links) und dem Lebensalter sowie der Gesamtleistung. Die Bedeutung dieser Entwicklungssequenz und die Methode der Fehleranalyse werden im Hinblick auf die früheren Arbeiten von Piaget und Inhelder diskutiert.

In ihrem Buch »Die Entwicklung des räumlichen Denkens beim Kinde« haben Piaget und Inhelder (1956)* eine interessante Versuchsanordnung vorgestellt, mit der die Fähigkeit von Kindern, die räumliche Perspektive eines anderen Menschen gedanklich zu erschließen, untersucht werden kann. Ein Kind sitzt vor dem dreidimensionalen Modell einer Gebirgslandschaft. Ihm werden eine Reihe von Fotos vorgelegt, die von verschiedenen Standorten von dem Modell gemacht worden sind. Das Kind soll das Foto auswählen, das am besten mit der Ansicht übereinstimmt, die eine Puppe von dem Modell hat, wobei die Puppe eine andere Position zu dem Modell einnimmt als das Kind. Vom Ausmaß des Erfolges bei dieser Aufgabe und vom Niveau der Erklärung, die das Kind für die Wahl eines Fotos gibt, läßt sich ablesen, inwiefern sich seine Vorstellung des Raumes von einem topologischen System räumlicher Repräsentation zu einer projektiven räumlichen Vorstellung entwickelt hat.

Piaget und Inhelder befaßten sich vor allem mit dem relativen Egozentrismus in der Auseinandersetzung der Kinder mit dieser Aufgabe. Sie prüften, wieweit die eigene Ansicht des Kindes von der Gebirgslandschaft fälschlicherweise in sein Erschließen einer anderen räumlichen Perspektive einfloß. Aufgrund ihrer Untersuchungen kamen Piaget und Inhelder zu einem Vierstufen-Modell der Entwicklung der räumlichen Perspektivenübernahme.

Auf der ersten Stufe erkennt das Kind nicht, daß ein Betrachter aus einer anderen räumlichen Position überhaupt eine andere Perspektive als das Kind selbst hat (reiner Egozentrismus). Auf der nächsten Stufe erkennt das Kind zwar die Unterschiedlichkeit der Perspektiven, aber es ist in seiner eigenen Perspektive noch so stark verankert, daß es die eines anderen Menschen nicht exakt erschließen kann. Auf der dritten Stufe erkennt das Kind nicht nur die Unterschiedlichkeit der Perspektiven, es ist auch weniger stark in seiner eigenen verankert. Es fehlt jedoch noch die kognitive Fähigkeit, die Ansicht eines anderen exakt zu erschließen. Auf der letzten Stufe kann das Kind die Sichtweise eines anderen sowohl erkennen als auch beschreiben.

Laurendeau und Pinard (1970), die ähnliche Versuchsanordnungen wie Piaget und Inhelder benutzten, konnten diese Stufensequenz bestätigen. Dagegen fand Flavell (1968) keine Ergebnisse, die das Vierstufen-Modell stützen. Seine Befunde führten ihn zu dem Schluß, daß die Aufgabenlösungen der Kinder zuverlässig nur als entweder vollständig egozentrisch (d. h. das Kind verwechselt seine eigene Perspektive mit der eines anderen Menschen) oder als nicht egozentrisch eingestuft werden können. Innerhalb der zweiten Kategorie fand Flavell einen quantitativen Leistungsanstieg bei steigendem Alter. Er war jedoch nicht in der Lage, qualitative (oder stufenartige) Unterschiede zwischen mehr oder weniger korrekten, nicht-egozentrischen Aufgabenlösungen festzustellen.

Aus Flavells Erkenntnissen läßt sich eine wichtige Frage ableiten: Können die nicht-egozentrischen Leistungen als eine Reihe von qualitativen Entwicklungsschritten des räumlichen Denkens charakterisiert werden oder lassen sie sich lediglich quantitativ[a] als Rückgang der absoluten Fehlerzahl beschreiben? Ein zweiter Aspekt betrifft die Möglichkeit, qualitative Fortschritte in Begriffen des Egozentrismus zu beschreiben.

Die hier vorgestellte Untersuchung sollte prüfen, ob zunehmende Korrektheit der Leistung bei einer Aufgabe zur räumlichen Perspektivenübernahme einhergeht mit dem systematischen Rückgang bestimmter Arten von Fehlern. Es wurde eine Aufgabe benutzt, die der von Piaget entwickelten ähnlich ist. Zwar wurde auch die Gesamtleistung jedes Probanden gemessen, im Mittelpunkt des Interesses standen jedoch die nicht-egozentrischen Fehler von Kindern mit unterschiedlicher Gesamtleistung. Die

Untersuchung beruht auf der Annahme, daß in der Entwicklung zur reifen und korrekten Perspektivenübernahme wenigstens zwei Prozesse beteiligt sind. Um die Perspektive eines anderen richtig zu erschließen, muß ein Kind nicht nur die Existenz verschiedener Perspektiven erkennen, sondern auch die Fähigkeit haben, die Elemente des Stimulusfeldes gedanklich so zu rekonstruieren, wie ein anderer sie sieht. Es erscheint plausibel, daß einige dieser Rekonstruktionen leichter als andere sind und daher innerhalb einer Entwicklungssequenz früher erworben werden. Ein Anstieg in der Gesamtleistung sollte daher mit dem Gelingen zunehmend schwieriger Rekonstruktionen zusammenhängen. Das heißt, wenn ein Kind zunehmend verschiedene Rekonstruktionen meistert, dann könnte der von Flavell gefundene quantitative Rückgang der nicht-egozentrischen Fehler auf qualitativen Unterschieden zwischen den Fehlerarten von Kindern mit unterschiedlicher Gesamtleistung beruhen.

Die Untersuchungen von Piaget und Inhelder lassen diese Vermutungen plausibel erscheinen. Zwar interessierten sie sich vor allem für das Ausmaß egozentrischen Denkens der Kinder bei ihrer Aufgabe zur räumlichen Perspektivenübernahme, aber sie berücksichtigten auch die Art der Rekonstruktionsfehler, die Kinder unterschiedlicher Fähigkeit machten. So fanden sie, daß Kinder die »Davor-dahinter«-Relation der Berge in der Modell-Landschaft eher rekonstruieren können als die »Rechts-davon/links-davon«-Relation. Falls dies so ist, dann mußte ein Kind, das zwar die »Davor-dahinter«-Relation, nicht aber die »Rechts-links«-Relation beherrscht, insgesamt weniger Fehler machen als ein Kind, das keine dieser Relationen beherrscht. Der Rückgang der Gesamtfehlerzahl des ersten Kindes ließe sich vor allem durch den Wegfall der »Davor-dahinter«-Fehler erklären. Beide Kinder würden aber etwa gleich viele »Rechts-links«-Fehler machen. Das Registrieren der Gesamtfehlerzahl würde lediglich einen quantitativen Leistungsunterschied zwischen den beiden Kindern ergeben.

In der vorliegenden Untersuchung versuchten wir, das Stimulusfeld (etwa vergleichbar mit der Drei-Berge-Aufgabe) so zu konstruieren, daß die unterschiedlichen Fehlertypen der gedanklichen Rekonstruktion erfaßt werden konnten. In Anlehnung an Piaget und Inhelder wurden sowohl »Davor-dahinter«- als auch »Rechts-links«-Fehler untersucht. »Davor-dahinter«-Fehler wurden in zwei Kategorien unterteilt. Die erste heißt im folgenden »*Interposition*« [interposition]. Ein Interpositionsfehler liegt vor, wenn ein Kind nicht bemerkt, daß bestimmte Teile des Stimulusfeldes vollständig oder teilweise durch andere Objekte so verdeckt werden, daß sie aus der Perspektive einer anderen Person nicht zu sehen sind. Die zweite Art der »Davor-dahinter«-Fehler heißt »*Entfernungsfehler*« [distance error]. Diese bezeichnen alle Verzerrungen der Entfernungsrelationen zwischen den Objekten des Stimulusfeldes und einem anderen Betrachter. Die dritte Fehlerquelle betrifft die falsche Rekonstruktion von »Rechts-links«-Relationen zwischen den Objekten beim Erschließen anderer Perspektiven. Eine vierte Fehlerquelle, die in den Untersuchungen von Piaget und Inhelder nicht gesondert erwähnt ist, wurde in unserer Studie untersucht. Diese Kategorie heißt »*Ansichtsfehler*« [aspect error] und bezeichnet die Fälle, in denen das Kind nicht erkennt, daß Objekte eine andere Gestalt und Ausrichtung zeigen, wenn man sie von verschiedenen Perspektiven aus betrachtet.

Um die Rolle dieser vier Fehlertypen des räumlichen Denkens bei Kindern zu untersuchen, wurden zwei aufeinander bezogene Experimente durchgeführt. Das erste hatte deskriptive Funktion. Die Ziele waren hier: zu prüfen, (a) ob die Leistungen des nicht-egozentrischen räumlichen Denkens tatsächlich in Begriffen der oben genannten Fehlertypen (d. h. Interposition, Ansicht, Entfernung, Rechts-links-Orientierung) kategorisierbar sind und (b) ob die Häufigkeit einer bestimmten Fehlerart mit dem Entwicklungsniveau des Kindes zusammenhängt. Die zweite Untersuchung bestand aus einer Reihe von Versuchsdurchgängen, die eine systematischere Variation der Fehlerquellen bei Kindern unterschiedlicher Altersgruppen erlaubte. Es sollte der Zusammenhang zwischen dem Entwicklungsniveau und dem Anteil jeweils einer Fehlerquelle (z. B. Ansichtsfehler) an der Gesamtfehlerzahl untersucht werden. Fünf- bis zehnjährige Probanden wurden auf drei Altersgruppen verteilt. Es gab verschiedene Gruppen von Versuchsdurchgängen, wobei jede Gruppe der Untersuchung einer Fehlerquelle galt. Die Fehlerzahl der Kinder wurde in jedem Durchgang erfaßt und einer Varianzanalyse (Alter × Fehlertyp) unterzogen.

Erste Untersuchung

Methode

Probanden

Die Probanden waren 90 Jungen und Mädchen (Weiße, Mittelschicht) einer Grundschule in Durham. Aus jeder der Klassen 2, 3 und 4 wurden jeweils 15 Jungen und 15 Mädchen zufällig ausgewählt. Das Durchschnittsalter der männlichen Zweitkläßler war 96 Monate, der Drittkläßler 111 Monate und der Viertkläßler 121 Monate. Das jeweilige Durchschnittsalter der Mädchen war 96 Monate, 106 Monate und 120 Monate.

Vorgehen

Den Probanden wurde einzeln eine in Anlehnung an Piaget und Inhelder entwickelte Aufgabe zur räumlichen Perspektivenübernahme vorgelegt. Das Kind saß vor einem Brett, auf dem drei Häuser unterschiedlicher Größe und Farbe aufgestellt waren (s. Abb. 1). Nachdem es um das Brett herumgegangen war und das Stimulusfeld einmal von allen Seiten gesehen hatte, nahm es wieder seinen Platz ein. Es wurde aufgefordert, aus einer Reihe von 12 Fotos das auszuwählen, das die Häusergruppe so zeigte, wie das Kind selbst sie zur Zeit sah. Abbildung 2 zeigt einige dieser Ansichten. Die Fotos wurden zwischen das Kind und das Brett mit den Häusern gelegt. Der Versuchsleiter saß rechts hinter dem Kind. Bei diesem Arrangement brauchte das Kind seine Orientierung gegenüber der Häusergruppe während des Versuchs nicht zu verändern.

Nach diesem Orientierungsdurchgang wurde direkt vor das Kind eine Puppe gesetzt, die in Richtung Häusergruppe schaute. Das Kind sollte nun das Foto auswählen, das mit der Perspektive der Puppe übereinstimmte. Kinder, die beim ersten Durchgang einen Fehler gemacht hatten (nur ein Kind), wurden bei der Auswahl des richtigen Bildes unterstützt. Alle Kinder wählten das richtige Foto aus, das die Perspektive der Puppe zeigte. Bei den folgenden Durchgängen wurde die Puppe in verschiedene Positionen am Rande des Brettes gebracht (s. die Zahlen 3 bis 10 in Abb. 1). Das Kind sollte jeweils das Foto auswählen, das mit der Perspektive der Puppe übereinstimmte. Die 12 Fotos bestanden aus 8 möglichen Ansichten der Häusergruppe (darunter auch die Perspektive des Kindes) und aus 4 nicht möglichen Ansichten, die durch spiegelbildliche Umkehrung wirklicher Ansichten zustande gekommen waren. Der letzte der acht bewerteten

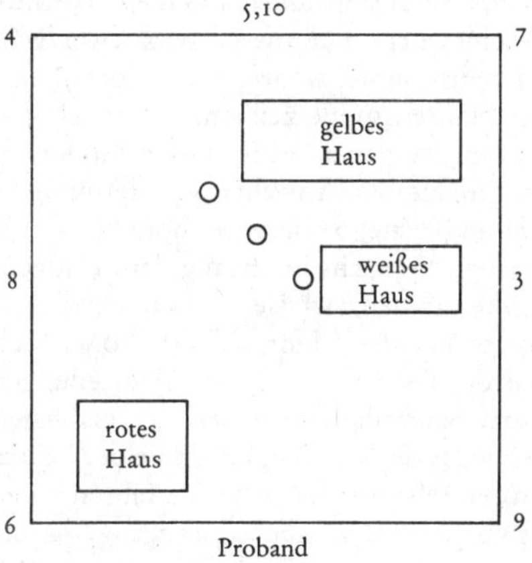

Abb. 1. Schematische Darstellung der Versuchsanordnung mit Positionen der Häuser und der Puppe, Platz des Probanden (die Kreise zeigen die Positionen der Pfennige aus der zweiten Untersuchung)

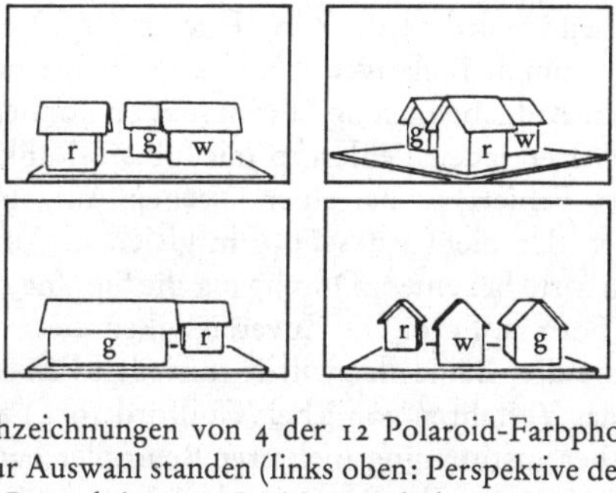

Abb. 2. Strichzeichnungen von 4 der 12 Polaroid-Farbphotos, die dem Probanden zur Auswahl standen (links oben: Perspektive des Probanden; rechts oben: Perspektive aus Position 6; links unten: Perspektive aus Position 5; rechts unten: Perspektive aus Position 3)

Durchgänge war eine Wiederholung des fünften Durchgangs und diente als Maß für die Stabilität der Aufgabenlösungen.

Beurteilung der Fehlerquellen und Scoren der Aufgabenlösungen

Jeder Proband wurde bei allen acht Durchgängen aufgefordert, von den 12 Fotos das auszuwählen, das die Perspektive der Puppe zeigte, wobei eines der 12 Fotos mit der jeweiligen Perspektive der Puppe übereinstimmte, während die anderen 11 Fotos andere Ansichten der Häusergruppe zeigten.

Um die falschen Aufgabenlösungen der Kinder nach den Fehlertypen »Interposition«, »Ansicht«, »Entfernung« und »Rechts-links-Orientierung« kategorisieren zu können, war es notwendig, zunächst für jeden Versuchsdurchgang den relativen Anteil jeder Fehlermöglichkeit in den 11 falschen Fotos zu bestimmen. Diese Feststellung war bei der Mehrzahl der Fotos recht eindeutig. Trotzdem wurde die Reliabilität der Beurteilungen durch den Einsatz von drei Beurteilern gemessen, die unabhängig voneinander den Anteil jedes der vier möglichen Fehler bei der Wahl eines falschen Fotos einschätzten[2]. Dieses Verfahren wurde für alle 11 falschen Lösungen pro Versuchsdurchgang durchgeführt. Die Beurteiler gingen dabei in drei Schritten vor:

1. Jedes falsche Foto wurde mit dem für diesen Durchgang richtigen verglichen. Die vier Fehlertypen brachte man – nach ihrem Anteil beim Entstehen der fehlerhaften Wahl – in eine Rangreihe. (Rangplatzteilungen waren erlaubt).

2. Anschließend wurde jede Rangreihe in eine Verhältnisskala transformiert, um den relativen Anteil jeder Fehlermöglichkeit an einer falschen Aufgabenlösung bestimmen zu können. Die Beurteiler gewichteten jeden Fehlertyp mit 0 bis 6 Punkten, um den Anteil dieses Fehlertyps bei einer falschen Aufgabenlösung zu kennzeichnen. Da nicht jedes Foto in gleichem Ausmaß fehlerhaft war, variierte bei einem Durchgang die Summe der Fehlergewichte von Foto zu Foto. Die Zuverlässigkeit dieser Gewichtungen durch die drei Beurteiler wurde für jeden Fehlertyp berechnet, wobei das Verfahren von Ebel (Guilford 1954) zur Einschätzung der Übereinstimmung mehrerer Beurteiler benutzt wurde. Die Übereinstimmung der Beurteiler betrug 0.93 für die Interpositionsfehler, 0.88 für die Ansichtsfehler, 0.87 für die Entfer-

nungsfehler und 0.90 für die Rechts-links-Fehler. Die 12 Produkt-Moment-Korrelationen der Übereinstimmung zwischen je zwei Beurteilern bei jedem Fehlertyp streuten zwischen 0.64 und 0.98. Die Koeffizienten zeigen, daß die Fehlergewichtungen der falschen Aufgabenlösungen zuverlässig sind.

3. Im letzten Schritt wurden dann die Gewichtungen in Prozentanteile eines Fehlertyps bei jeder der insgesamt 88 falschen Aufgabenlösungen umgewandelt. Diese Prozentsätze ergaben sich aus dem Verhältnis des Gewichts eines Fehlertyps zur Summe der Gewichte aller vier Fehlertypen bei einem bestimmten Foto. Wenn die Gewichtungen der drei Beurteiler nicht übereinstimmten, wurde der Mittelwert der drei Gewichtungen genommen. Die Umwandlung der Gewichtungen in Prozentsätze ermöglichte es, den Anteil eines Fehlertyps bei allen Aufgabenlösungen eines Kindes zu bestimmen, wobei jede falsche Lösung das gleiche Gewicht erhielt. Jedem Kind konnte also für jeden Fehlertyp ein Gesamtwert zugewiesen werden, indem der durchschnittliche Prozentsatz berechnet wurde.

Das Verfahren soll anhand des folgenden Beispiels verdeutlicht werden: Im dritten Versuchsdurchgang, dem ersten bewerteten Durchgang, befand sich die Puppe in Position 3 (s. Abb. 1). Die richtige Aufgabenlösung war die Wahl des Fotos, das in Abbildung 2 unten rechts skizziert ist. Beurteiler A brachte die Fehlertypen gemäß ihrem Anteil bei der (falschen) Wahl des Bildes rechts oben (Abb. 2) in folgende Rangreihe: Interposition, Entfernung, Ansicht, Rechts-links-Orientierung. Er ordnete den vier Fehlertypen für diese falsche Aufgabenlösung folgende Gewichte zu: Interposition 5, Entfernung 5, Ansicht 4 und Rechts-links-Orientierung 2. Die Prozentanteile jedes Fehlertyps am Gesamtfehler waren also: Interposition 31%, Entfernung 31%, Ansicht 25% und Rechts-links-Orientierung 13%. Die bei der Berechnung der Fehlerzahlen gültigen Mittelwerte der Prozentsätze der drei Beurteiler waren beim dritten Durchgang: Interposition 31%, Entfernung 27%, Ansicht 30% und Rechts-links-Orientierung 12%.

Zum Vergleich sei die schließlich gefundene Verteilung der Fehlerprozentsätze für die egozentrische Wahl der eigenen Perspektive (s. Abb. 2, oben links) in diesem Durchgang angegeben: Interposition 27%, Entfernung 44%, Ansicht 26% und Rechts-links-Orientierung 3%.

Analyse der Daten

In der ersten Untersuchung wurden vor allem X^2-Tests gerechnet. Der potentielle Beitrag jedes Fehlertyps am Gesamtfehler wurde über alle 88 fehlerhaften Lösungen summiert. Dabei ergab sich, daß 36% auf Interpositionsfehler entfielen, 24% auf Ansichtsfehler, 18% auf Entfernungsfehler und 22% auf Rechts-links-Fehler. Um die erwartete Häufigkeit der Fehlertypen in den Altersklassen bestimmen zu können, wurde die Gesamtfehlerzahl jeder Altersklasse mit dem Prozentanteil jedes Fehlertyps bei allen Bildern multipliziert.

χ^2-Werte wurden durch den Vergleich der erwarteten Häufigkeiten mit den beobachteten Häufigkeiten jeder Gruppe für jeden Fehlertyp berechnet. Dieser Analyse lag der Gedanke zugrunde, daß bei Zufallsabhängigkeit der Fehler die beobachteten Fehlerhäufigkeiten jeder Gruppe nicht von den erwarteten abweichen dürften. Zufallsabhängigkeit der Fehlertypen müßte also angenommen werden, wenn eine Gruppe 36% Interpositionsfehler aufwiese, 24% Ansichtsfehler, 18% Entfernungsfehler und 22% Rechts-links-Fehler.

Ergebnisse

Aufgabenerfolg und Art der Fehler

Die Produkt-Moment-Korrelation zwischen Alter und Leistung bei räumlicher Perspektivenübernahme betrug 0.29. Die Häufigkeiten der Fehlertypen in den Altersgruppen sind Tabelle 1 zu entnehmen. Da es das Ziel dieser ersten Untersuchung war, eine Entwicklungssequenz in der Vermeidung bestimmter Arten von Fehlern im räumlichen Denken aufzuzeigen, mußten Vergleichsgruppen nicht allein nach Altersunterschieden, sondern auch nach Leistungsunterschieden gebildet werden. Aufgrund ihrer Leistungswerte in allen acht Durchgängen wurden die Kinder in vier Gruppen aufgeteilt. Die Trennwerte, die die Stichprobe in annähernd 4 gleich starke Untergruppen aufteilten, waren: 0 bis 1 richtige Lösung; 2 richtige; 3 bis 4 richtige; 5 bis 7 richtige Lösungen[3].

Tabelle 2 zeigt die erwarteten und die beobachteten Häufigkei-

Tab. 1. Durchschnittliche Häufigkeiten der vier Fehlertypen und ihr Prozentanteil an der Gesamtfehlerzahl in drei Klassenstufen bzw. Altersklassen

Fehlertyp	Klassenstufe					
	2.		3.		4.	
	$\bar{x}_f$	%	$\bar{x}_f$	%	$\bar{x}_f$	%
Interposition	52.4	29	51.1	30	33.6	25
Ansicht	42.0	23	34.4	20	25.9	19
Entfernung	30.2	17	27.9	16	18.9	14
Rechts-links	54.5	30	56.0	33	54.8	41

ten der Fehlertypen in den vier Leistungsgruppen. Die χ^2-Werte der vier Gruppen sind ebenfalls in Tabelle 2 aufgeführt. Wie man sieht, entspricht die Fehlerverteilung nur in der untersten Leistungsgruppe (0 bis 1 richtige Lösung) einer Zufallsverteilung. Die übrigen drei Leistungsgruppen weichen dagegen zunehmend signifikant von einer Zufallsverteilung der Fehlertypen ab.

Die Betrachtung der Häufigkeiten jedes Fehlertyps über alle Leistungsgruppen (s. Tabelle 2) bringt ein differenzierteres Bild. Der Anteil der zunächst vorherrschenden Interpositionsfehler ging ab der dritten Leistungsgruppe stark zurück. Ansichtsfehler nahmen erst bei der vierten und besten Leistungsgruppe deutlich ab. Der Anteil der Rechts-links-Fehler lag bei allen Gruppen (außer der niedrigsten) deutlich über dem Zufallsniveau. Die Abweichungen des Anteils der Entfernungsfehler von einer Zufallsverteilung ähnelt den Abweichungen bei den Interpositions- und Ansichtsfehlern, trägt aber insgesamt weniger zur χ^2-Signifikanz bei als die anderen drei Fehlertypen. Offensichtlich hat die beste Leistungsgruppe die gedankliche Rekonstruktion räumlicher Beziehungen in bezug auf Interposition, Ansicht und Entfernung gemeistert; jedoch unterlaufen ihr noch viele Fehler, die auf einer Rechts-links-Verwechslung beruhen.

Rechts-links-Fehler bei wiederholten Aufgaben

Unter den acht bewerteten Durchgängen hatten die Durchgänge 5 und 10 identische Aufgaben. Diese beiden geben einen Hinweis auf die Stabilität der Aufgabenlösungen eines Probanden. Tat-

Tab. 2. Beobachtete und erwartete Fehlerhäufigkeiten nach Fehlertypen und Leistungsgruppen

Fehlertyp	Leistungsgruppe											
	0-1[a]			2[b]			3-4[c]			5-7[d]		
	b	e	bp	b	e	bp	b	e	bp	b	e	bp
Interposition	55,55	59,87	0,34	48,84	60,98	0,29	21,84	36,04	0,22	9,90	15,36	0,23
Ansicht	39,08	39,91	0,23	36,40	40,66	0,21	20,16	24,03	0,20	5,04	10,24	0,12
Entfernung	29,99	29,93	0,18	28,28	30,49	0,17	14,14	18,02	0,14	4,86	7,68	0,11
Rechts/links	41,58	36,58	0,23	54,88	37,26	0,33	43,99	22,03	0,44	22,86	9,39	0,54

Anmerkung: Der beobachtete Prozentanteil jedes Fehlertyps an der Gesamtfehlerzahl ist ebenfalls eingetragen. Die erwarteten Prozentanteile jedes Fehlertyps sind: Interposition = 0,36; Ansicht = 0,24; Entfernung = 0,18; Rechts/links = 0,22. Wegen der Art der Gewichtung der Fehlerquellen ergeben die beobachteten Fehlerhäufigkeiten keine ganzen Zahlen. b = beobachtete Häufigkeit, e = erwartete Häufigkeit, bp = beobachteter Prozentanteil am Gesamtfehler. Es folgen die χ^2-Werte der einzelnen Leistungsgruppen:

a) für Gruppe 0-1, n=22, $\chi^2 = 0.76$, ns.
b) für Gruppe 2, n=28, $\chi^2 = 10.98$, $p < 0.01$
c) für Gruppe 3-4, n=22, $\chi^2 = 27.94$, $p < 0.001$
d) für Gruppe 5-7, n=18, $\chi^2 = 24.94$, $p < 0.001$

sächlich erbrachten die Lösungen bei diesen beiden Durchgängen eine überzeugende Bestätigung der oben beschriebenen Fehlerkonstellationen.

Betrachten wir zunächst die Hinweisreize, die bei dieser wiederholten Aufgabe relevant sind. Die Puppe wurde hierbei in die dem Kind genau gegenüberliegende Position gebracht. Von dieser Position aus waren drei der vier für die Rekonstruktion relevanten Hinweisreize (Interposition, Entfernung und Rechts-links) für die Puppe genau anders herum angeordnet wie für das Kind. Nur die für die Ansicht (Form) relevanten Reize waren ähnlich. Unter den wählbaren Fotos war eines, das nach unserer Erwartung dem richtigen Foto am nächsten lag; es handelte sich um die Spiegelbildversion des richtigen Fotos, entsprach also einem reinen Rechts-links-Fehler.

Von den 90 Probanden wählten 70 entweder das richtige Bild oder die Spiegelbildversion bei wenigstens einem der beiden Durchgänge. Von diesen 70 Kindern wählten 53 (= 76%) bei beiden Durchgängen das gleiche Bild, also entweder zweimal das richtige oder zweimal das Spiegelbild. Über zwei Drittel aller Kinder hatten also eine annähernd zutreffende Vorstellung von der Perspektive der Puppe, wurden aber durch die Rechts-links-Verwechslung verwirrt. Von diesen Probanden hatten drei Viertel ihre Wahlen bei beiden Durchgängen auf Bilder beschränkt, die die richtige Rekonstruktion der Aspekte »Interposition« und »Entfernung« deutlich machten.

Die aufgezeigte Tendenz wird durch die Analyse der Lösungen in den einzelnen Leistungsgruppen noch deutlicher. Die Kinder der untersten Leistungsgruppe wählten das richtige Foto oder sein Spiegelbild nur selten. Nur 8 von 23 Kindern aus dieser Gruppe wählten eines der beiden Bilder, und 3 von diesen 8 (38%) wählten bei beiden Durchgängen das gleiche Bild. Von den 28 Probanden der nächsten Leistungsgruppe (2 richtige Lösungen) wählten 23 eines der beiden Bilder zumindest einmal, und 17 von diesen 23 (74%) wählten bei beiden Durchgängen das gleiche Bild. Von der nächsten Leistungsgruppe (3 bis 4 richtige Lösungen) wählten alle 21 Kinder zumindest einmal das richtige Bild oder die Spiegelbildversion, und 15 von ihnen (71%) wählten in beiden Durchgängen das gleiche Bild. Alle 18 Kinder der besten Leistungsgruppe wählten bei beiden Durchgängen das gleiche Foto, allerdings wählte nur die Hälfte von ihnen das richtige.

Diese Zahlen machen deutlich, daß bei ansteigender Gesamtleistung der räumlichen Perspektivenübernahme sich die Fehler immer mehr auf die Rechts-links-Verwechslungen beschränken.

Egozentrische Lösungen

Eine Zusammenfassung der Daten über egozentrische Aufgabenlösungen gibt Aufschluß über den Anteil der ausschließlich egozentrischen Lösungen an allen fehlerhaften Lösungen.

Zunächst sei darauf hingewiesen, daß nur 80 von insgesamt 476 Fehlern aller Probanden egozentrische Fehler waren. Die Verteilung der egozentrischen Fehler ist in Tabelle 3 dargestellt. Der prozentuale Anteil dieser Fehler an allen Fehlern der einzelnen Leistungsgruppen ist in der zweiten Zeile der Tabelle 3 angegeben. Der Anteil egozentrischer Lösungen, der bei zufälliger Verteilung zu erwarten gewesen wäre, ist 8%. Bei den beiden unteren Leistungsgruppen liegt der Anteil dieses Fehlertyps über dem Zufallsniveau; nur die höchste Leistungsgruppe hatte weniger egozentrische Fehler aufzuweisen, als bei zufälliger Verteilung zu erwarten gewesen wäre.

Tab. 3. Häufigkeiten egozentrischer Fehler und Prozentanteile am Gesamtfehler nach Leistungsgruppen

Maß	Leistungsgruppe 0-1 (n=22)	2 (n=28)	3-4 (n=22)	5-7 (n=18)
Häufigkeit	35	28	16	1
Prozentanteil am Gesamtfehler	0,20	0,12	0,09	0,01

Zweite Untersuchung

Die in den deskriptiven Daten der ersten Studie gefundenen Tendenzen veranlaßten uns zu einer systematischeren Untersuchung darüber, welche Rolle die verschiedenen Fehlertypen bei der Entwicklung des räumlichen Denkens spielen. Es wurde dasselbe Versuchsmaterial wie in der ersten Untersuchung benutzt, allerdings mit folgenden Veränderungen: (a) Weil schon die Auswahl eines richtigen Fotos aus 12 Bildern für Kinder dieses Alters eine verwirrende Aufgabe ist, wurde die Zahl der Auswahlalternativen auf drei oder vier Bilder begrenzt. (b) In jedem Durchgang wurden die Alternativbilder so gewählt, daß die Rolle einzelner Fehlertypen (Interposition, Ansicht, Rechts-links) bestimmt werden konnte. (c) Für jeden Fehlertyp wurden drei Durchgänge vorgesehen. (d) Entfernungsfehler wurden nicht mehr berücksichtigt, da es schwierig war, aus den 12 Fotos der ersten Studie diejenigen auszuwählen, bei denen »Entfernung« die vorherrschende Fehlerquelle war. (e) Obwohl es zahlreiche Bilder gab, bei denen Interpositionsfehler vorherrschten, wurden die Fehlertypen »Interposition« und »Entfernung« immer konfundiert. Daher wurde eine neue Aufgabe eingeführt, die sich stärker auf Interpositionsfehler bezog.

Die Aufgaben waren außerdem so angelegt, daß sie für jüngere Kinder wesentlich leichter waren. Dadurch wurde es möglich, auch mit jüngeren Kindern zu arbeiten und zwischen den Leistungen dieser Kinder noch zu differenzieren. Aufgrund der in der ersten Studie gefundenen Tendenzen wurde vermutet, daß die drei Altersgruppen der zweiten Studie verschiedene Fehlerkonstellationen bei den drei Aufgabentypen zeigen würden. Insbesondere vermuteten wir, daß die jüngsten Probanden nicht in der Lage sein würden, die Ansichtsaufgaben besser zu lösen als die Rechts-links-Aufgaben; recht gute Leistungen wurden dagegen in den Interpositionsaufgaben erwartet. Die älteste Gruppe würde vermutlich nur bei den Rechts-links-Aufgaben Schwierigkeiten haben, während sie die Ansichts- und die Interpositionsaufgaben gleich gut lösen würde.

Methode

Probanden

Je 30 Jungen der drei Altersgruppen Kindergarten, zweites und viertes Schuljahr wurden nach dem Zufallsprinzip aus einer Grundschule und drei privaten Kindergärten in Durham ausgewählt; es mußte auf die Kindergärten zurückgegriffen werden, weil an keiner der Schulen ein Kindergartenprogramm lief. Nach Daten der Volkszählung stammten alle Jungen aus weißen Mittelschichtfamilien. Die Probanden aus den Kindergärten waren durchschnittlich 70 Monate alt, die Zweitkläßler 99 Monate und die Viertkläßler 124 Monate.

Vorgehen

Der Proband saß wie in der ersten Untersuchung vor dem Stimulusfeld mit der Häusergruppe. Er durfte auch wieder um das Brett herumgehen, um das Feld einmal von allen Seiten zu betrachten. Bei den ersten drei Durchgängen, den Interpositionsaufgaben, lagen drei Pfennigstücke so auf dem Brett, wie es in Abbildung 1 dargestellt ist. Das Kind wurde gefragt, wie viele Pfennigstücke es von seinem Platz aus sehen könne. Die Antwort wurde nicht gewertet, sondern sollte nur dazu dienen, die Kinder ausfindig zu machen, die noch nicht zählen konnten; es konnten jedoch alle Kinder zählen. Anschließend wurde die Puppe nacheinander in die Positionen 5, 3 und 8 gebracht (s. Abb. 1). Das Kind sollte jeweils sagen, wie viele Pfennigstücke die Puppe aus ihrer Position sehen könne (richtige Lösungsfolge: einen Pfennig, zwei Pfennige, drei Pfennige).

Bei den Ansichtsaufgaben wurden die Pfennige wieder entfernt. Das Kind sollte jeweils aus drei Bildern das auswählen, das die Perspektive der Puppe zeigte. (»Wähle das Bild aus, auf dem die Häuser so aussehen, wie die Puppe von da, wo sie jetzt steht, sie sieht!«) Die Puppe befand sich nacheinander in den Positionen 5, 8 und 9, und jedesmal wurden drei andere Bilder zur Auswahl gegeben. Die Bilder waren immer so zusammengestellt, daß vor allem Ansichtsfehler geprüft werden konnten.

Die nächsten drei Durchgänge dienten der Untersuchung der Rechts-links-Fehler. Die Puppe war in den Positionen 3, 4 und 5, und zur Auswahl standen jeweils vier Bilder, anhand derer Rechts-links-Verwechslungen zu prüfen waren.

Ergebnisse

Die falschen Aufgabenlösungen wurden nach Altersgruppen und Aufgabentypen (Interposition, Ansicht, Rechts-links) analysiert. Die Ergebnisse der Varianzanalyse sind in Tabelle 4 dargestellt. Sowohl bei den Altersgruppen als auch beim Aufgabentyp waren

Tab. 4. Ergebnis der Varianzanalyse (3 Fehlertypen × 3 Altersgruppen)

Quelle	*MQ*	*df*	*F*
Alter (A)	26,25	2	97,22
Fehler zw.	0,27	87	
Fehlertyp (B)	70,23	2	108,05
A x B	2,89	4	4,45
Fehler inn.	0,65	174	

die Haupteffekte signifikant, ebenso der Interaktionseffekt. Bei insgesamt 9 Durchgängen machten die Jungen aus den Kindergärten durchschnittlich 5,00 Fehler, die Zweitkläßler 3,20 und die Viertkläßler 1,71 Fehler. Die Unterschiede zwischen diesen drei Mittelwerten sind alle signifikant[4] ($p < 0.01$).

Die durchschnittliche Anzahl der Fehler eines Probanden war bei den einzelnen Aufgabentypen: Rechts-links 1,99; Ansicht 1,11; Interposition 0,22. Die Unterschiede zwischen diesen drei Mittelwerten waren alle signifikant[4] ($p< 0.01$).

Das interessanteste Ergebnis war wohl der Interaktionseffekt zwischen »Alter« und »Fehlertyp«; dies führt uns zurück zu den Hypothesen über altersabhängige Tendenzen des räumlichen Denkens. Der Wechselwirkungseffekt ist in Abbildung 3 graphisch dargestellt. Jede Altersgruppe zeigt eine andere Fehlerkonstellation. Der Vergleich der nach Altersgruppe und Fehlertyp gebildeten Mittelwerte ergab folgendes: (a) Die Probanden aus den Kindergärten machten signifikant weniger Interpositionsfehler als Ansichts- oder Rechts-links-Fehler ($p < 0.05$). Der Unterschied zwischen der durchschnittlichen Anzahl der Ansichts- und der Rechts-links-Fehler war nicht signifikant. (b) Bei den Zweitkläßlern waren alle Unterschiede zwischen den Durchschnittswerten der Fehlertypen signifikant ($p < 0.05$). (c) Der Unterschied zwischen der Anzahl der Interpositions- und der Ansichtsfehler war bei den Viertkläßlern nicht signifikant. Viertkläßler machten jedoch signifikant mehr Rechts-links-Fehler als andere Fehler ($p < 0.05$). (d) Es gab keinen signifikanten Unterschied zwischen Zweit- und Viertkläßlern bei der Zahl der Interpositionsfehler, dagegen machten die Jungen aus dem Kindergarten signifikant mehr Interpositionsfehler als die beiden anderen Gruppen ($p < 0.05$). (f) Bei den Rechts-links-Aufgaben machten die Viertkläßler signifikant weniger Fehler als die beiden jüngeren Gruppen, letztere wiesen untereinander aber keine signifikanten Unterschiede auf. Zusammengefaßt bedeutet dies: Die in Abbildung 3 dargestellte Wechselwirkung und die Einzelvergleiche zeigen, daß es eine in einer Richtung verlaufende (unidirektionale) Entwicklungssequenz kognitiver Fertigkeiten bei räumlicher Perspektivenübernahme gibt. Diese Sequenz verläuft so, daß Kinder zuerst die Interpositionsbeziehung zwischen Objekten, dann die Veränderung der Ansicht/Form beim Wechsel der Perspektive und schließlich die Rechts-links-Beziehung der Objekte beherrschen. Die Analyse von Fehlerkonstellationen einzelner Probanden, die im folgenden Abschnitt beschrieben wird, bringt weitere Belege für diese Sequenz.

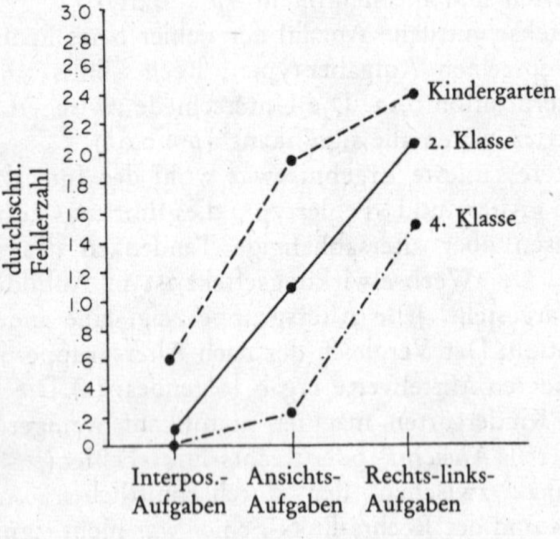

Abb. 3. Durchschnittliche Fehlerzahl in Abhängigkeit vom Aufgabentyp, getrennt nach Altersgruppen

Fehlerkonstellationen einzelner Versuchspersonen

Die beiden folgenden Aspekte einzelner Fehlerkonstellationen unterstreichen die Existenz der aufgrund der Gruppendaten postulierten Sequenz.

Erschließen einzelner räumlicher Beziehungen

Es wurde angenommen, daß Kinder, die bei einer Aufgabe, in der eine bestimmte räumliche Beziehung dargestellt war, fehlerfreie Leistungen erbrachten, die kognitive Rekonstruktion der entsprechenden räumlichen Beziehung beherrschten. Wenn die oben beschriebene Sequenz auch auf einzelnen Probanden zutrifft, so mußte das auch die Beherrschung einer räumlichen Beziehung einschließen, die dieser in der Sequenz vorhergeht, nicht unbedingt aber auch die Beherrschung der in der Sequenz folgenden räumlichen Beziehung. Dies war tatsächlich bei den meisten Probanden der Fall. Nur 6 der 90 Jungen zeigten fehlerfreie Leistungen bei den Rechts-links-Aufgaben. 5 dieser 6 Jungen waren ebenfalls fehlerfrei bei den Ansichtsaufgaben, und alle 6 waren fehlerfrei bei den Interpositionsaufgaben. 34 Kinder erzielten fehlerfreie Leistungen bei den Ansichtsaufgaben, von diesen waren wiederum 33 bei den Interpositionsaufgaben fehlerfrei. Dagegen machten 29 der 34 Probanden wenigstens *einen* Fehler bei den Rechts-links-Aufgaben. 49 der 74 Probanden, die die Interpositionsaufgaben fehlerfrei lösten, machten wenigstens *einen* Fehler bei den Ansichtsaufgaben.

Verstöße gegen die Sequenz

Die mittlere Fehlerhäufigkeit pro Aufgabentyp wurde oben bei der Darstellung der Varianzanalyse genannt. Wie beschrieben, machten die Probanden durchschnittlich mehr Rechts-links-Fehler als Ansichtsfehler und mehr Ansichtsfehler als Interpositionsfehler. Diese Reihenfolge der Fehlerhäufigkeiten scheint auch für den einzelnen Probanden zu gelten. Nur 6 der 90 Probanden machten mehr Interpositionsfehler als Ansichtsfehler. Nur 4 der 90 Probanden machten mehr Ansichtsfehler als Rechts-links-Fehler. Kein Kind hatte mehr Interpositionsfehler als Rechts-links-Fehler. Insgesamt stimmten 80 der 90 Probanden mit der aus der Varianzanalyse der Gruppendaten abgeleiteten Entwicklung überein.

Diskussion

Beide Untersuchungen liefern eine Reihe Belege für die These, daß bei der Bewältigung der Piaget'schen Aufgabe zur räumlichen Perspektivenübernahme wesentlich mehr Bedingungen eine Rolle spielen, als das Konzept des Egozentrismus vermuten ließe. Ein Kind kann zwar erkannt haben, daß Dinge aus einer anderen Perspektive anders aussehen als aus seiner eigenen, es hat damit aber noch nicht die Aufgabe gelöst, die zahlreichen Elemente des Stimulusfeldes gedanklich so zu rekonstruieren, wie es dem Unterschied der räumlichen Perspektive entspricht. Solche Rekonstruktionen können sich als recht komplex erweisen. Zweifellos spielen dabei oft mehr Dimensionen eine Rolle, als in diesen beiden Untersuchungen thematisiert werden konnten. Die erste Untersuchung zeigte, daß trotz der Komplexität der Aufgabe ihre Dimensionen von unabhängigen Beurteilern zuverlässig differenziert werden können. Es ist also möglich, die Rekonstruktionsaspekte der Aufgabe auf einer rein empirischen Basis zu analysieren. Wie bei Piaget stehen auch hier die Fehler der Kinder im Mittelpunkt, aber in diesem Fall ging es nicht um die egozentrischen Fehler im engeren Sinne. Daß die »nicht-egozentrischen« Fehler den größten Anteil der Gesamtfehler ausmachten – vor allem bei den älteren Kindern –, spricht für die Wichtigkeit dieser Art der Fehleranalyse.

In beiden Untersuchungen stand das Ausmaß des Gesamterfolges bei räumlicher Perspektivenübernahme im Zusammenhang mit einer Disposition zu bestimmten Fehlertypen. Die Ergebnisse zeigen, daß der Gesamterfolg der Kinder ansteigt, wenn sie bestimmte räumliche Beziehungen zwischen Objekten gedanklich rekonstruieren können. Zwar stellt die hier beschriebene Sequenz bestenfalls eine unvollständige, erste Annäherung zum Verständnis der Entwicklung des räumlichen Denkens dar, jedoch sind die Daten, die diese Sequenz stützen, recht konsistent.

Beide Untersuchungen zeigen, daß im Laufe der Entwicklung zuerst Interpositionsfehler vom Kind überwunden werden. Beim Erschließen der Perspektive eines anderen Menschen kann das Kind zuerst rekonstruieren, welche Objekte des Stimulusfeldes der andere sehen kann. Auch intuitiv erscheint dies als der erste Schritt bei der Perspektivenübernahme, da es den allgemeinsten Aspekt des Problems betrifft.

Die zweite Phase der Entwicklung betrifft offenbar das Ausschalten von Verwechslungen hinsichtlich der Form oder Ansicht von Objekten, wie sie aus einer anderen Perspektive erscheinen.

Als Ansichtsfehler galt, wenn ein Kind nicht rekonstruieren konnte, ob ein anderer Mensch ein Haus beispielsweise von vorn, von der Seite oder schräg sah. Die Ergebnisse beider Untersuchungen zeigen, daß dies die zweite Fehlerart ist, die vom Kind im Laufe der Entwicklungssequenz überwunden wird.

Die gedankliche Rekonstruktion der Rechts-links-Relation zwischen Objekten, wie sie aus einer anderen Perspektive gesehen werden, ist die zuletzt erworbene Fähigkeit, die in den vorliegenden beiden Studien untersucht wurde. Aus den Ergebnissen beider Untersuchungen geht hervor, daß Kinder, die keine Interpositions- und Ansichtsfehler mehr machen, weiterhin in erheblichem Ausmaß Fehler machen können, die auf einer falschen Rechts-links-Organisation beruhen. Das ist wohl das erstaunlichste Ergebnis beider Studien. Mit steigender Gesamtleistung bei der Perspektivenübernahme nimmt der relative Anteil der Rechts-links-Verwechslungen an der Gesamtfehlerzahl zu. Die höchste Anforderung beim räumlichen Denken scheint also darin zu bestehen, zu entscheiden, welche Objekte aus der Sicht eines anderen auf der rechten Seite liegen und welche auf der linken Seite.

Zusammenfassend läßt sich die Sequenz der Bewältigung dieser Anforderungen wie folgt charakterisieren: Zunächst wird erschlossen, *was* der andere sieht (die Sichtbarkeit der Objekte), dann *wie* er die Objekte sieht (die Form und Ausrichtung der Objekte) und schließlich *wo* er sie sieht (auf der rechten oder linken Seite des Stimulusfeldes). Eine noch differenziertere Sequenz der Entwicklung des räumlichen Denkens könnte sicherlich entdeckt werden, wenn außer Interposition, Ansicht und Rechts-links-Orientierung weitere Arten der räumlichen Rekonstruktion untersucht würden. So erfordert die Rekonstruktion der Entfernungsrelation zwischen Objekten eine vollständigere Analyse, als es in diesen Experimenten möglich war. Hier konnte lediglich ein mäßiger Rückgang der Zahl der Entfernungsfehler bei steigender Gesamtleistung festgestellt werden. Vermutlich lag es am Versuchsmaterial, wenn hier die Rolle der Entfernung beim räumlichen Denken nicht exakt bestimmt werden konnte. Bei den Bildern, die den Probanden zur Wahl standen, spielten Entfernungsfehler nur eine untergeordnete Rolle.

Unsere vorliegenden Untersuchungen grenzen sich von den

Arbeiten Piagets und Inhelders vor allem hinsichtlich des Stellenwertes, der dem Egozentrismus-Begriff beigelegt wird, ab. In den hier dargestellten Studien ging es ausschließlich um Fehler des räumlichen Denkens, die keine reinen egozentrischen Fehler sind. Das Beurteilungsverfahren zur Gewichtung der Fotos nach Fehlertypen war deshalb so kompliziert, weil es mit der Absicht durchgeführt wurde, diese Fehler gerade nicht in der Terminologie des Egozentrismus zu beschreiben. Damit soll die Wichtigkeit des Konzepts »Egozentrismus« beim Verständnis der Entwicklung des räumlichen Denkens nicht geleugnet, sondern die Rolle des Egozentrismus dabei genauer bestimmbar werden. Es ist ganz offensichtlich – das zeigen die Daten der oben zitierten Arbeiten und unserer beiden Untersuchungen –, daß Kinder ihre eigene räumliche Perspektive mit der anderer Menschen konfundieren.

Man könnte argumentieren, daß die hier beschriebene Sequenz der Entwicklungsschritte räumlichen Denkens in Begriffen des kindlichen Egozentrismus erklärt werden könne, auch wenn die Ergebnisse in einer anderen Terminologie dargestellt wurden. Auf diese Art erklärten Piaget und Inhelder (1956) die Tendenz von Kindern, lange nach der Bewältigung der »Davor-dahinter«-Relation immer noch Rechts-links-Fehler zu machen:

> Der Grund ist klar: Vom eigenen Blickwinkel zu abstrahieren (das heißt sich seiner bewußt zu werden), ist bei der Tiefe viel leichter als bei links und rechts, denn es besteht ein größerer Anschauungsunterschied (das heißt egozentrischer Unterschied) zwischen einem Hintergrund, der sich dem unmittelbaren Handeln entzieht, und einem für dieses Handeln verfügbaren Vordergrund als zwischen einer linken und einer rechten Seite, die beide nahe sind. (S. 235 [deutsche Ausgabe 1971, S. 278])

Die Versuchung, über Piagets Argumentation zu diskutieren, wird gedämpft durch Forschungsergebnisse, die zwar in anderem Zusammenhang erarbeitet wurden, aber auch für dieses Thema relevant sind. Daß junge Kinder spiegelbildliche Formen leicht verwechseln, wurde häufig dokumentiert (Davidson 1935; Gibson, Gibson, Pick u. Osser 1962; Rudel u. Teuber 1963). Gibson und ihre Mitarbeiter präsentierten eine buchstabenähnliche Standardfigur neben Figuren, die 45° –, 90° – bzw. 180°-Drehungen oder Rechts-links- bzw. Oben-unten-Spiegelungen dieser Standardfigur darstellten. Die Kinder verwechselten die Standardfigur mit ihren Transformationen mit steigendem Alter (4 bis 8 Jahre) immer seltener, die Spiegelbilder führten aber auch bei den älteren Kindern noch häufig zu Verwechslungen. Die Übereinstimmung dieser Ergebnisse mit denen der hier dargestellten Untersuchungen ist offensichtlich. Da in Gibsons Ansatz Perspektivenübernahme keine Rolle spielte, können ihre Ergebnisse kaum in Begriffen des Egozentrismus interpretiert werden. Umgekehrt könnte es nützlich sein, für die Entwicklung der räumlichen Perspektivenübernahme andere Prozesse verantwortlich zu machen als nur den Rückgang des egozentrischen Denkens. Während Piaget und Inhelder zwar die Fähigkeit der Kinder zur Koordination und Umorganisation spezifischer räumlicher Beziehungen zwischen den Objekten eines sichtbaren Feldes als wichtig erkannten, gehen die hier vorgestellten Untersuchungen einen Schritt weiter, der möglicherweise zu einem besseren Verständnis der kognitiven Prozesse bei der Entwicklung der Fähigkeiten des räumlichen Denkens führt. Die wichtigste Folgerung, die aus diesen Untersuchungen zu ziehen ist, lautet: Der Weg des Kindes von einem eher topologisch organisierten räumlichen System zum Perspektivismus einer projektiven Vorstellung des Raumes ist gekennzeichnet durch eine Reihe kleinerer und unauffälligerer Entwicklungsschritte bei der kognitiven Bewältigung verschiedener Aspekte der sichtbaren Umwelt.

Übersetzt von Hans-Josef Küting

Anmerkungen

1 Die Autoren danken dem Leiter der Hope-Valley-Schule, Ralph Vincent, und dem Leiter der Hillandale-Schule, William McCauley, die zusammen mit den Lehrern dieser Schulen außerordentlich kooperativ bei der Durchführung des Projekts mitgewirkt haben. Dank gilt außerdem Judy Grumet, Lisa Spencer, Hendey Buckley und Annette White für ihre Unterstützung bei der Sammlung und Kodierung der Daten. Dank gilt insbesondere Lise Wallach und George Robinson für ihre hilfreiche und fundierte Kommentierung des Manuskripts.

2 Beurteiler waren die beiden erstgenannten Autoren und eine Forschungsassistentin.

3 Wie bereits an anderer Stelle (Coie und Dorval 1973) berichtet, waren die Leistungen der Jungen höher als die der Mädchen; in den unteren Leistungsgruppen waren also mehr Mädchen als in den oberen.

Jungen und Mädchen mit gleichem Leistungsniveau zeigten jedoch in bezug auf die vier Dimensionen dieselbe Fehlerkonstellation. Trotz unterschiedlicher Gesamtleistungen ergaben sich also keine unterschiedlichen Entwicklungssequenzen. Daher wurden die Daten der Jungen und Mädchen hier nicht getrennt.

4 Die Vergleiche wurden nach dem Verfahren von Newman-Keuls (Winer 1962) gerechnet.

a) Im Original steht auch hier der Ausdruck »qualitatively«, was nach dem Sinn des Satzes offenbar ein Versehen ist. [Anm. d. Übers.]

Helene Borke

Interpersonelle Wahrnehmung bei kleinen Kindern: Egozentrismus oder Empathie?[1]

Kindern zwischen 3 und 8 Jahren wurde eine Reihe von kleinen Geschichten vorgelegt. Sie sollten angeben, wie dem in den verschiedenen Situationen jeweils dargestellten Kind zumute war, indem sie ein »glückliches« [happy], »trauriges« [sad], »ängstliches« [afraid] oder »ärgerliches« [angry] Gesicht auswählten, um das jeder Geschichte beigefügte Bild zu vervollständigen. Diese Aufgabe lag im Bereich der Beantwortungsmöglichkeiten von sehr kleinen Kindern, da sie eher eine Verhaltens- als eine verbale Reaktion erforderte. Die Ergebnisse dieser Untersuchung bestätigen Piagets Beobachtung, daß soziale Sensibilität mit dem Alter wächst, aber sie stellen seinen Standpunkt, daß Kinder egozentrisch und unfähig seien, die Sichtweise eines anderen zu verstehen, in Frage. Schon im Alter von 3 Jahren zeigten Kinder, daß sie sich der Gefühle anderer bewußt waren, und konnten die spezifischen Situationen, die bestimmte affektive Reaktionen hervorrufen, identifizieren. Das läßt vermuten, daß Kleinkinder nicht völlig egozentrisch sind, sondern eine gewisse Fähigkeit haben, empathisch auf die Perspektive und die Sichtweise anderer Personen einzugehen.

Empathie wird zunehmend als der primäre Prozeß menschlicher Interaktion und Kommunikation erkannt. Sie scheint genauso zentral für die interpersonelle Entwicklung zu sein wie Intelligenz für die kognitive Entwicklung. Piaget hat aus seinen Beobachtungen über spontanes Sprechen bei kleinen Kindern, ihr Verhalten in kollektiven Spielen und ihre Reaktionen auf kognitive Aufgaben geschlossen, daß soziale Sensibilität sich wie Kognition in einer Abfolge von hierarchischen Stufen entwickelt. Nach Piaget (1967) ist ein Kind im Alter zwischen 18 Monaten und 7 Jahren vorwiegend egozentrisch. Es bleibt »unbewußt auf sich selbst zentriert« und ist unfähig, die Sichtweise eines anderen einzunehmen. Erst in der späteren Kindheit, im Alter von 7 – 12 Jahren, ist das Kind fähig, sich von seinem eigenen Standpunkt zu lösen und ihn mit der Sichtweise anderer zu koordinieren.

Die relativ wenigen systematischen Untersuchungen, die sich mit der Entwicklung von Empathie bei kleinen Kindern beschäftigen, stützen im allgemeinen Piagets Beobachtung, daß soziale

Sensibilität mit dem Alter wächst (Dimitrovsky 1964; Hughes u. Raabe 1952; Feshbach u. Roe 1968; Gates 1923; Kellogg u. Eagleson 1931; Rothenberg 1970; Walton 1936). Burns und Cavey (1957), Gollin (1958) und Flapan (1968) haben speziell Piagets Hypothesen über Egozentrismus untersucht.

Die bisherige Forschung zeigt, daß Kinder, wenn sie älter werden und sich mehr Erfahrungen in interpersonellen Beziehungen aneignen, immer mehr Kenntnisse über Gedanken, Gefühle und Motive anderer Menschen gewinnen. Daraus folgt jedoch nicht notwendig, daß sehr kleine Kinder egozentrisch und unfähig sind, die Perspektive einer anderen Person zu verstehen. Beobachtungen an Kindern in Interaktionen legen nahe, daß Vorschulkinder nicht nur wahrnehmen, daß andere Menschen Gefühle haben, sondern auch aktiv versuchen, die Gefühle, die sie beobachten, zu verstehen. Das Zweieinhalbjährige, das sein Spielzeug einem weinenden Kind hinstreckt, zeigt offensichtlich ein Bewußtsein davon, daß das andere Kind gerade unglücklich ist.

Wenn naturalistische Beobachtungen an Kleinkindern darauf hinweisen, daß sie durchaus wahrnehmen, daß andere Leute die Welt anders als sie selber sehen – warum haben dann systematische Untersuchungen wie die von Piaget, Burns und Cavey und Flapan konsistent herausgefunden, daß Kleinkinder in erster Linie egozentrisch sind? Eine mögliche Erklärung für die im allgemeinen negativen Ergebnisse ist, daß die Aufgaben, die gestellt wurden, um die Fähigkeit des Kindes, die Perspektive anderer zu übernehmen, zu messen, außerhalb des Erfahrungshorizontes und der kognitiven Fähigkeiten sehr kleiner Kinder lagen (z. B. Piagets Drei-Berge-Experiment in Piaget u. Inhelder 1956). Durch Verwendung einer Aufgabe, die im Rahmen der Reaktionsmöglichkeiten von Probanden im niedrigen Alter von 3 Jahren liegt, versuchen wir die Hypothese zu prüfen, daß das kleine Kind tatsächlich die Gefühle anderer wahrnimmt, obwohl es noch nicht so gewandt sein mag, diese Wahrnehmung mitzuteilen.

Methode

Probanden

Die Kinder, die an dieser Studie teilnahmen, waren 200 weiße Kinder aus der oberen Mittelschicht im Alter zwischen 3 und 8 Jahren. Alle besuchten entweder Vor- oder Grundschule. Die Kinder wurden nach Halbjahrintervallen in Gruppen von je 25 Probanden eingeteilt, in denen Jungen und Mädchen ungefähr gleich verteilt waren; die Sieben- bis Achtjährigen wurden als eine einzige Gruppe getestet (siehe Tabelle 1). Für diese Studie wurden Mittelschichtkinder ausgewählt, weil Kinder aus einem deprivierteren Milieu möglicherweise nicht über die für die Aufgabenlösung erforderlichen Fertigkeiten verbaler Kommunikation verfügen.

Vorgehen

Die Aufgabe, die benutzt wurde, um interpersonelle Sensibilität [awareness] zu messen, bestand aus zwei Teilen. In Teil I wurden den Kindern zuerst Zeichnungen von vier Gesichtern gezeigt, die die emotionalen Reaktionen »glücklich« [happy], »traurig« [sad], »ängstlich« [afraid] und »ärgerlich« [angry] darstellten; die Kinder sollten sie identifizieren. Wenn ein Kind Schwierigkeiten hatte, eine Miene zu erkennen, tat dies der Versuchsleiter an seiner Stelle. Dann wurden den Kindern Geschichten erzählt, in denen ein Kind eindeutig als glücklich, traurig, ängstlich oder ärgerlich wahrgenommen werden konnte (z. B. aß es eine Lieblingsspeise, verlor ein Spielzeug, verirrte sich nachts im Wald, wurde gezwungen, ins Bett zu gehen usw.).[2] Jeder Geschichte war ein Bild beigefügt, auf dem ein Kind mit einem freigelassenen Gesicht mit der jeweils beschriebenen Aktivität beschäftigt war. Nach jeder Geschichte nannte der Versuchsleiter nochmals die Gefühle, die jedes der vier Gesichter darstellte, und bat den Probanden, das Bild durch Auswählen des Gesichtes zu vervollständigen, das am besten zeigt, wie dem Kind in der Geschichte zumute ist. In Teil II wurden die Probanden mit acht weiteren Geschichten konfrontiert, in denen sie selber geschildert wurden, wie sie sich einem anderen Kind gegenüber verhalten, und zwar auf solche Weise, daß das andere Kind sich glücklich, traurig oder ärgerlich fühlt (z. B. indem sie Süßigkeiten teilten, ablehnten, mit

Tab 1 Probanden nach Alter und Geschlecht

	Altersgruppen								
	3-3½	3½-4	4-4½	4½-5	5-5½	5½-6	6-6½	7-8	insgesamt
Mädchen	14	13	12	11	13	12	14	13	102
Jungen	11	12	13	14	12	13	11	12	98
insgesamt	25	25	25	25	25	25	25	25	200

ihm zu spielen, es vom Fahrrad stießen usw.). Diesmal wurden dem Probanden drei Gesichter gezeigt (glücklich, traurig und ärgerlich), und er sollte auf dasjenige zeigen, das am besten angab, wie dem anderen Kind in der betreffenden Situation zumute war.

Ergebnisse

Die Fähigkeit der Kinder, die emotionalen Reaktionen anderer Menschen in verschiedenen Situationen zu identifizieren, variiert signifikant ($p < .01$ oder $< .001$) mit dem Alter bei sechs der sieben Geschichten aus Teil I des Tests, aber nur bei drei der acht Geschichten aus Teil II (siehe Tabelle 2 und 3). Bei den signifikanten Geschichten ging der allgemeine Trend dahin, daß soziale Sensibilität mit dem Alter zunimmt. Bei der »ängstlichen« Geschichte in Teil I war der Anstieg fast linear (s. Abb. 1). Der Anstieg bei den »glücklichen« Geschichten war nicht so stark, weil die meisten Kinder schon im Alter von 3-3½ Jahren erkannten, daß eine andere Person sich in jeder der »glücklichen« Situationen glücklich fühlen könnte (s. Abb. 1). Ältere Kinder reagierten auf die beiden »traurigen« Geschichten auf einer empathischen Grundlage signifikant stärker als jüngere Kinder (s. Abb. 1). Keine der »traurigen« Geschichten von Teil II zeigte irgendeine signifikante Veränderung mit dem Alter. Die eine »ärgerliche« Geschichte von Teil I und die beiden »ärgerlichen« Geschichten von Teil II, die signifikant waren, zeigten einen Anstieg mit dem Alter. Doch gab es besonders in Teil II einige Umkehrungen bei den älteren Kindern (s. Abb. 1). Auch gab es keine signifikanten Unterschiede zwischen Mädchen und Jungen in der Fähigkeit, die Gefühle anderer zu identifizieren (s. Tabelle 2 und 3).

Tab. 2. Varianzanalyse der Antworten zu emotionalen Situationen, Teil I

		Geschichten													
	df	(1) glücklich		(2) ärgerlich		(3) traurig		(4) ängstlich		(5) traurig		(6) ärgerlich		(7) glücklich	
		MQ	*F*	*MQ*	*F*	*MQ*	*F*	*MQ*	*F*	*MQ*	*F*	*MQ*	*F*	*MQ*	*F*
Altersgruppen (A)	7	.16	3.20**	.11	.44	1.22	5.81**	.31	2.07*	.74	4.11**	.83	3.77**	.24	4.00**
Geschlecht (B)	1	.02	.40	.01	.04	.20	.95	.08	.53	.01	.06	.14	.64	0	0
A X B	7	.02	.40	.24	.96	.12	.57	.11	.73	.13	.72	.17	.77	.04	.67

* $p < .01$
** $p < .001$

Tab. 3. Varianzanalyse der Antworten zu emotionalen Situationen mit anderen Kindern, Teil II

		Geschichten															
	df	(1) glücklich		(2) ärgerlich		(3) traurig		(4) ärgerlich		(5) ärgerlich		(6) traurig		(7) traurig		(8) glücklich	
		MQ	*F*	*MQ*	*F*	*MQ*	*F*	*MQ*	*F*	*MQ*	*F*	*MQ*	*F*	*MQ*	*F*	*MQ*	*F*
Altersgruppen (A)	7	.21	3.50*	.65	2.83*	.19	.83	.72	3.00*	.35	1.4	.21	.84	.32	1.39	.09	1.5
Geschlecht (B)	1	.02	.33	.03	.13	.25	1.09	.44	1.83	0	0	.15	.60	.01	.04	.14	2.33
A X B	7	.02	.33	.25	1.09	.26	1.13	.09	.38	.22	.88	.37	1.48	.41	1.78	.01	.17

* $p <. 001$

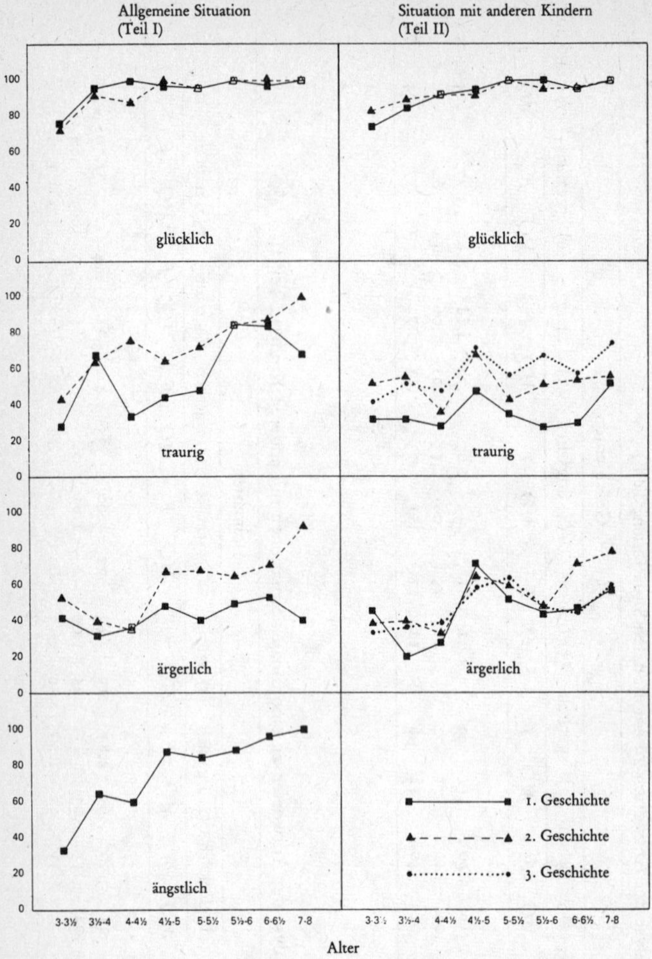

Abb. 1. Anteil der Kinder (in Prozent) jeder Altersgruppe, die die den Geschichten jeweils entsprechenden Emotionen zutreffend angaben.

Das Alter, in dem Kinder signifikant über der Zufallswahrscheinlichkeit korrekt auf die Gefühle anderer empathisch reagierten, variierte mit der Art der Emotion, die das Kind zu identifizieren hatte. Die Kinder hatten am wenigsten Schwierigkeiten, auf »glückliche« Situationen empathisch zu reagieren. 15 von 25 bzw. 60% der Kinder aus der $3\text{-}3^1/_2$-jährigen Gruppe gaben richtige Lösungen für beide »glücklichen« Geschichten aus Teil I des Tests. Da jedes Kind vier mögliche Wahlen hatte (glücklich, traurig, ängstlich und ärgerlich), hätten nach einem binomialen Wahrscheinlichkeitsmodell nur ungefähr 1,6 Kinder durchschnittlich richtig auf beide Geschichten antworten müssen, wenn sie geraten hätten (s. Tab. 4). 15 der $3\text{-}3^1/_2$-jährigen Kinder haben ebenfalls richtige Lösungen für beide »glücklichen« Geschichten von Teil II gegeben. Dieses Mal hatte jedes Kind drei Wahlen (glücklich, traurig, ängstlich), so daß nach dem Zufall im Durchschnitt 2,8 Kinder die richtige Antwort gegeben hätten (s. Tab. 4). Die Zahl der Kinder, die beide »glücklichen« Geschichten richtig identifizierten, war mindestens fünfmal so groß wie die durchschnittliche Zahl von Kindern, die allein nach dem Zufall richtig geantwortet hätten. Der Schluß scheint daher sinnvoll, daß Kinder auch schon im Alter von 3 Jahren auf einer empathischen Grundlage signifikant öfter reagieren, als nach dem Zufall wahrscheinlich, wenn sie glückliche Reaktionen anderer Menschen identifizieren sollen. Im Alter von $3^1/_2\text{-}4$ Jahren identifizierten 23 von 25 Kindern beide »glücklichen« Geschichten aus Teil I und 20 von 25 Kindern beide Geschichten aus Teil II des Tests richtig (s. Tab. 4).

Kinder zwischen 3 und $3^1/_2$ Jahren wählten das ängstliche Gesicht ungefähr mit der Zufallswahrscheinlichkeit aus, wenn ihnen eine Geschichte erzählt wurde, in der ein anderes Kind voraussichtlich mit Angst reagieren würde. Im Alter von $3^1/_2\text{-} 4$ Jahren lag die Zahl der Kinder, die das entsprechende Gesicht für diese Geschichte aussuchten, signifikant über dem Zufall auf dem .001-Niveau. 22 von 25 Kindern nahmen im Alter von $4^1/_2\text{-}5$ Jahren wahr, daß eine andere Person in dieser Situation ängstlich sein würde (s. Tab. 4).

Schon im Alter von $3\text{-}3^1/_2$ Jahren waren Kinder sensibel dafür, daß eine Person sich in einer traurigen Situation traurig fühlt, wobei der entsprechende Anteil signifikant über dem Zufall lag. Die Zahl der Kinder, die richtig geantwortet hatten, war dreimal

Tab. 4. Vergleich zwischen der tatsächlichen und der auf Grundlage der Binomialverteilung berechneten zufälligen Zahl der Kinder jeder Altersgruppe, die in jeder Emotionskategorie bei *allen* Geschichten zutreffende Antworten gaben.

	Emotionskategorie						
	glücklich		ängstlich	traurig		ärgerlich	
Alter	Teil I (2 Geschichten)	Teil II (2 Geschichten)	Teil I (1 Geschichte)	Teil I (2 Geschichten)	Teil II (3 Geschichten)	Teil I (2 Geschichten)	Teil II (3 Geschichten)
3-3 1/2	15	15	8	7	5	6	5
3 1/2-4	23	20	16	12	5	3	2
4-4 1/2	22	23	15	8	1	7	3
4 1/2-5	24	22	22	9	6	12	8
5-5 1/2	24	24	23	9	5	6	7
5 1/2-6	25	23	21	19	4	11	5
6-6 1/2	24	24	24	19	6	11	6
7-8	25	25	25	17	5	9	8
Zufallserwartung	1.6	2.8	6.3	1.6	.9	1.6	.9

so hoch wie die durchschnittliche Zahl der Menschen, die erwartungsgemäß »traurig« als Antwort auf beide Geschichten in Teil I angeben würden, und fünfmal so hoch wie der Zufall in Teil II. Im Alter von $5^1/_2$-6 Jahren gaben 19 von 25 Kindern »traurig« als Antwort auf beide Geschichten aus Teil I an, aber es war kein signifikanter Anstieg mit dem Alter beim Herausfinden der drei »traurigen« Geschichten von Teil II zu erkennen, wie aus Tabelle 4 ersichtlich.

Ebenfalls nahmen Kinder zwischen 3 und $3^1/_2$ Jahren in »ärgerlichen« Geschichten andere Menschen überzufällig häufig als ärgerlich empfindend wahr. Die Zahl der Kinder, die mit »ärgerlich« auf die beiden »ärgerlichen« Geschichten antworteten, lag in Teil I dreimal und in Teil II fünfmal über der erwarteten Zufallswahrscheinlichkeit (s. Tab. 4). Die Zahl der Kinder, die die »ärgerlichen« Geschichten richtig wahrnahmen, fiel für die $3^1/_2$-4jährigen Kinder sowohl in Teil I als auch in Teil II in der Nähe der Zufallswahrscheinlichkeit. Mit 4-$4^1/_2$ Jahren lag die Zahl der Kinder, die auf beide »ärgerlichen« Geschichten aus Teil I und alle drei Geschichten aus Teil II empathisch reagierten, wieder deutlich über dem Zufallsniveau. Jedoch identifizierten nicht mehr als 9 von 25 der ältesten Kinder die beiden »ärgerlichen« Geschichten« aus dem ersten Teil des Tests richtig. Wie bei den »traurigen« Geschichten gab es keine erkennbaren Altersunterschiede beim Erkennen der drei »ärgerlichen« Geschichten aus Teil II (s. Tab. 4).

Von besonderem methodischen Interesse war der Unterschied im Verhalten der Kinder, wenn ihnen ein Bild mit einem lächelnden Gesicht zum Identifizieren vorgelegt wurde und wenn sie ein Gesicht aus einer Gruppe von vier Gesichtern nach dem Anhören einer »glücklichen« Geschichte auswählen sollten. Nur 44% der 3-$3^1/_2$jährigen und 69% der 3 $^1/_2$-4jährigen Kinder gaben spontan die verbale Antwort »glücklich«, wenn ihnen das Bild mit dem lächelnden Gesicht gezeigt wurde. Jedoch wählten 60% bzw. 92% derselben Kinder das lächelnde Gesicht richtig bei den beiden »glücklichen« Geschichten aus. Die erste Aufgabe erforderte eine verbale Antwort, während die zweite, obwohl kognitiv schwieriger, dem Kind erlaubte, seine Reaktion im Verhalten mitzuteilen. Diese Ergebnisse stützen die Hypothese, daß die Aufgabe zur Messung interpersoneller Wahrnehmung, die benutzt wurde, besonders bei sehr kleinen Kindern die

Fähigkeit des Kindes, seine Wahrnehmung von Gefühlen anderer Menschen mitzuteilen, signifikant beeinflußt.

Diskussion

Der allgemeine Trend, daß soziale Sensibilität mit dem Alter ansteigt, stimmt sowohl mit Piagets Beobachtungen als auch mit Ergebnissen anderer Forscher überein. Die Daten zeigen aber auch, daß die Fähigkeit, auf einer empathischen Grundlage zu reagieren, stark von der zu identifizierenden Emotion abhängt. Wahrnehmung von »glücklichen« Reaktionen bei anderen Menschen ist offensichtlich schon im Alter von 3-3½ Jahren gut ausgebildet. Da relativ wenige Kinder dieser Altersstufe »glücklich« als Antwort auf traurige, ärgerliche oder ängstliche Geschichten gaben, scheint es, daß die erste Differenzierung, die Kinder entwickeln, die zwischen generalisierten angenehmen und generalisierten unangenehmen Reaktionen ist.

Lediglich bei den Angstreaktionen lag das Verhalten der 3-3½jährigen nicht über der Zufallserwartung. Im Alter von 3½-4 Jahren galt das schon nicht mehr, und im Alter von 4½-5 hatte die große Mehrheit der Kinder keine Schwierigkeiten, Situationen zu erkennen, in denen eine andere Person Angst empfindet. Die am nächsten liegende Erklärung ist, daß Angst zu haben im alltäglichen Leben von Kindern unter 3 Jahren nicht so häufig vorkommt wie glücklich, traurig oder ärgerlich zu sein. Zwischen 3 und 4 Jahren erfahren Kinder durch Bücher, Fernsehen und eigene Erfahrungen, was Angst ist. Sobald Kinder Furcht als eine emotionale Reaktion wahrnehmen, haben sie offensichtlich wenig Schwierigkeit, sie bei anderen Menschen zu erkennen.

Empathische Reaktionen auf Gefühle von Traurigkeit oder Ärger zeigten die am wenigsten konsistenten Alterstrends. Da oft sowohl Traurigkeit als auch Ärger eine angemessene Reaktion auf dieselbe Situation sein kann, ist es möglich, daß die Geschichten selber zweideutig waren und nicht genügend zwischen Situationen, die vorwiegend traurige oder aber ärgerliche Reaktionen hervorriefen, trennten. Eine andere Möglichkeit ist, daß in unserer Gesellschaft sich traurig oder ärgerlich zu fühlen einen größeren Konflikt widerspiegelt, als wenn man sich glücklich oder ängstlich fühlt. Die größere Schwierigkeit der Kinder mit den traurigen und ärgerlichen Geschichten in Teil II im Vergleich zu Teil I könnte aus dem Konflikt entstanden sein, in den die Kinder gerieten, wenn sie etwas tun sollten, das ein anderes Kind traurig oder ärgerlich machen konnte, denn solch ein Verhalten ist sozial nicht akzeptabel. Noch eine dritte Möglichkeit ist, daß der Mangel an Übereinstimmung darüber, ob eine Situation jemanden traurig oder ärgerlich machen könnte, tatsächlich individuelle Unterschiede bei der Reaktion auf Frustrationen widerspiegelt. Während einige Individuen auf den Urheber der Frustration reagieren und sich ärgern, reagieren andere in erster Linie auf die aus der Frustration erfolgende Deprivation und sind traurig. Was immer der Grund oder die Verbindung von Gründen sein mag, die Ergebnisse stimmen mit der Beobachtung überein, daß die Fähigkeit, auf Gefühle von Traurigkeit und Angst bei einer anderen Person empathisch einzugehen, offensichtlich ein viel komplexerer Prozeß ist als sowohl die Differenzierung zwischen angenehmen und unangenehmen Gefühlen wie auch das Erkennen von Angstreaktionen bei anderen.

Das Fehlen von Unterschieden in emotionaler Sensibilität zwischen den Geschlechtern widerspricht unseren kulturellen Erwartungen, daß Frauen größeres soziales Verständnis und empathische Fähigkeiten als Männer haben. Eine mögliche Erklärung dafür ist, daß die vorkommenden Unterschiede vorwiegend das Ergebnis von Sozialisation sind. Während in der Vergangenheit die Erziehung für Mädchen soziale Wahrnehmung und für Jungen Aggressivität betonte, scheinen Eltern immer mehr für beide Geschlechter soziale Sensibilität als wünschenswertes Merkmal und Aggressivität als unerwünscht anzusehen. Folglich kann die Diskrepanz in den Ergebnissen, die von verschiedenen Forschern berichtet wurde (z. B. Dimitrovsky 1964; Feshbach 1968; Gollin 1958; Rothenberg 1970; Walton 1936) von der Population abhängen, aus der die Probanden stammten. Bei Kindern aus traditionsorientierten Elternhäusern sind Geschlechtsunterschiede in sozialer Sensibilität wahrscheinlich eher zu erwarten als bei Kindern, die in Familien aufwachsen, in denen die Erwartungen der Eltern für Mädchen und Jungen gleich sind.

Die vorliegenden Ergebnisse stellen Piagets Position in Frage, daß ein Kind im Alter zwischen 2 und 7 Jahren vorwiegend egozentrisch und unfähig sei, die Sichtweise einer anderen Person einzunehmen. Statt dessen legen die Daten nahe, daß Kinder schon im Alter von 3 Jahren wahrnehmen, daß andere Menschen Gefühle haben und daß diese Gefühle entsprechend der Situation, in der ein Individuum sich befindet, variieren.

Die spezielle Aufgabenstellung, die benutzt wurde, um Empathie zu messen, erscheint als ein entscheidender Faktor, wenn man bestimmen will, ob ein kleines Kind über die Fähigkeit der Empathie verfügt oder nicht. Die für die vorliegende Untersuchung entworfene Aufgabenstellung war empfindlicher als frühere Vorgehensweisen, weil sie auch innerhalb des Erfahrungshorizontes und der kognitiven Fähigkeiten des Kleinkindes lag. Außerdem minimiert sie eine Kommunikationsbarriere bei kleinen Kindern, da das Kind durch Handeln, statt verbal, reagieren konnte.

Übersetzt von Christine Geulen-Roth

Anmerkungen

1 Die Verfasserin möchte besonders Garlie A. Forehand für seine hilfreichen Kommentare danken. Ebenso dankt sie Ann Taylor, Director des Carnegie-Mellon Child Development Laboratory, Marjorie Mercer, Principal der Shadyside Presbyterian Church Nursery School, Esther Illson, Director der Morewood Nursery School und George Witkovich, Principal der Colfax Elementary School für ihre Mithilfe bei der Erhebung der Daten.

2 Kopien der Geschichten sind kostenlos von der Verfasserin (Psychology Department, Carnegie-Mellon-University, Pittsburgh, Pennsylvania 15213) oder gegen eine Gebühr als Document No. 01432 vom National Auxiliary Publications Service of the American Society for Information Science, c/o CCM Information Sciences, Inc., 909 3rd Avenue, New York, New York 10022 zu beziehen; für Fotokopien ist ein Scheck über $ 5,00, ausgestellt auf Research and Microfilms Publications, Inc. beizufügen.

Barbara B. Rothenberg

Soziale Sensibilität bei Kindern und ihr Zusammenhang mit interpersoneller Kompetenz, subjektivem Wohlbefinden und intellektuellem Niveau[1]

Unter Berücksichtigung einiger Mängel früherer Studien wird eine Methode zur Messung sozialer Sensibilität bei Kindern beschrieben und der Zusammenhang untersucht, der zwischen sozialer Sensibilität, bestimmten Variablen interpersoneller Kompetenz, subjektivem Wohlbefinden [intrapersonal comfort] und intellektuellem Niveau besteht, ein Zusammenhang, der als wichtig in der Entwicklung sozialer Sensibilität angenommen wird. Soziale Sensibilität, d. h. die Fähigkeit, Verhalten, Gefühle und Motive anderer Individuen genau wahrzunehmen und zu verstehen, wurde mit Hilfe einer Reihe von vier auf Tonband aufgenommenen Geschichten gemessen, in denen zwei Erwachsene in jeweils glücklichen [happy], ärgerlichen [angry], angstvollen [anxious] und traurigen [sad] Interaktionen dargestellt werden. Kinder der Klassenstufen 3 und 5 (n = 108) sollten die Gefühle und Motive der dargestellten Personen beschreiben. Es stellte sich heraus, daß Alter, Intelligenz und interpersonelle Angepaßtheit am stärksten zur Entwicklung sozialer Wahrnehmung beitragen. Erstaunlicherweise gab es keine signifikanten Auswirkungen von Geschlecht, Geschwisterposition oder Familiengröße auf soziale Sensibilität. Der Einfluß der zur Messung sozialer Sensibilität verwendeten Methoden, besonders die Art der Interaktionseffekte sowie die möglichen weiteren Forschungsrichtungen, werden diskutiert.

Soziale Sensibilität, definiert als die Fähigkeit, Verhalten, Gefühle und Motive anderer genau wahrzunehmen und zu verstehen, wird im allgemeinen von Persönlichkeitstheoretikern, Sozialpsychologen und Klinikern als eine psychologische Variable angesehen, die von großer Bedeutung für das Verständnis solcher Grundphänomene wie Entwicklung eines Selbstkonzepts, Rollenerwerb und Interaktion innerhalb und zwischen Gruppen ist. Sullivan (1940) stellte fest, daß Kinder im voradoleszenten Alter ab 9 Jahren bis in die Pubertät größere Bewußtheit und Anteilnahme für die Welt sozialer Beziehungen entwickeln. Wenn Kinder auch in der sie umgebenden Erwachsenenwelt die vorherrschenden Motive noch falsch deuten mögen, so werden doch diejenigen, die in der Voradoleszenz ihre soziale Sensibilität nicht entwickeln, im Erwachsenenalter kaum ein sozial angenehmes Leben haben.

Taft (1955) und Gompertz (1960) haben Sammelreferate über die Arbeiten auf diesem Gebiet vorgelegt. Durchgehend wurde ein Zusammenhang zwischen sozialer Sensibilität und sozialer Anpassung festgestellt (Bell u. Hall 1954; Dymond 1950; Dymond, Hughes u. Raabe 1952; Rose, Frankel und Kerr 1956), was vermuten läßt, daß sowohl das Verstehen der Gefühle anderer für einen selbst als auch die Gründe für diese Gefühle entscheidend für die Entwicklung guter interpersoneller Beziehungen ist. Darüber hinaus hat Horowitz (1962) gezeigt, daß Individuen mit einem guten Verhältnis zu anderen positiver über sich selbst denken als Individuen, die in ihren interpersonellen Beziehungen weniger erfolgreich sind. Es scheint also, daß die Ansicht über einen selbst, die Fähigkeit zu persönlichen Beziehungen und soziale Sensibilität eng zusammenhängen, obgleich der Zusammenhang wenig gesichert ist.

Neuere Forschungen (Sarason, Davidson, Lighthall, Waite u. Ruebush 1960) lassen vermuten, daß ein Kind, das Angst empfindet, durch den bedrängenden Charakter innerer angstauslösender Stimuli unfähig wird, auf äußere Zeichen zu achten, die für eine erfolgreiche Aufgabenbewältigung wichtig und notwendig sind. Wenn das geforderte Verhalten komplex ist, wird Angst also normalerweise mit dem Verhalten interferieren. Daher ist zu vermuten, daß Unterschiede in der sozialen Sensibilität auftreten werden, wenn man potentiell angsterregende mit angstfreien Stimuli vergleicht.

Frühere Studien haben auch einen positiven Zusammenhang zwischen Intelligenz und der Fähigkeit, andere zu beurteilen, herausgefunden (Gates 1923, 1927). Allport (1937) hat z. B. beobachtet, daß Verstehen anderer im Sinne einer Wahrnehmung der Zusammenhänge zwischen Ausdrucksverhalten und inneren Merkmalen weitgehend eine Frage der Intelligenz ist. Daher wird auch der Einfluß der Intelligenz als ein Faktor in der Entwicklung sozialer Sensibilität in Betracht gezogen.

Konsistente geschlechtsspezifische Unterschiede für soziale Sensibilität sind nicht festgestellt worden. Taft (1955) schloß daraus, daß allem Anschein nach keine geschlechtsspezifischen Unterschiede für die Fähigkeit, sich über andere ein Urteil zu bilden, bestehen. Immerhin fanden sowohl Gollin (1958) als auch Dimitrovsky (1964) bei Schulkindern eine signifikante Überlegenheit der Mädchen in sozialer Sensibilität heraus. Es sieht so aus, daß Mädchen in ihren Spielaktivitäten häufiger als Jungen Beschreibungen und Diskussionen der Gefühle und des Verhaltens anderer erfahren und daß deshalb ihre soziale Sensibilität größer als die der Jungen ist.

Die hier vorliegende Studie verfolgte eine zweifache Absicht. Erstens sollte ein Maß für soziale Sensibilität entwickelt werden, das auch einige Mängel vorangehender Studien, die in den folgenden Abschnitten diskutiert werden, zu berücksichtigen versucht. Die zweite Absicht war, Zusammenhänge zwischen sozialer Sensibilität und anderen Variablen zu erforschen, die für die Entwicklung dieser Fähigkeit theoretisch als wichtig angenommen werden.

Die speziell untersuchten Hypothesen waren folgende:
1. Soziale Sensibilität nimmt mit dem Alter während der Voradoleszenz zu.
2. Sozial sensible Kinder haben größere interpersonelle Kompetenz (gemessen durch Lehrerbeurteilung und Angaben der Klassenkameraden).
3. Sozial sensible Kinder zeigen höheres subjektives Wohlbefinden, was an günstigeren Selbstbildern abzulesen ist.
4. Potentiell angsterregende soziale Interaktionen sind schwerer zu durchschauen als Interaktionen, die keine Angst erzeugen.
5. Soziale Sensibilität nimmt zu mit höherer Intelligenz.
6. Mädchen sind sozial sensibler als Jungen.

Die Studie befaßt sich auch mit einigen Zusammenhängen zwischen den Maßen interpersoneller Kompetenz und den Maßen für subjektives Wohlbefinden.

Methode

Probanden

Probanden waren 108 Dritt- und Fünftkläßler einer öffentlichen Schule in einem weißen Mittelschicht-Vorort im pazifischen Nordwesten. Die 57 Drittkläßler der Studie (25 Mädchen und 32 Jungen) waren zwischen 7;6 und 9;6 Jahre alt mit einem Altersmedian von 8;9 Jahren. Die 51 Fünftkläßler (24 Mädchen und 27 Jungen) waren zwischen 10;2 und 11;7 Jahre alt mit einem

Altersmedian von 10; 8 Jahren. Insgesamt waren 59 Jungen und 49 Mädchen in der Stichprobe.

55% der Väter der Probanden fielen in die obersten zwei Berufskategorien der von Hollingshead (1957) beschriebenen Zwei-Faktoren-Skala. 35% der Väter fielen in die 3. und 4. Kategorie und 10% in die fünfte. Auf die beiden untersten Kategorien entfiel kein Vater. Die Zahl der Kinder in jeder Geschwisterposition war: erste Position 30 Kinder, zweite Position 31 Kinder, dritte Position 28 Kinder, vierte Position 14 Kinder, fünfte Position 2 Kinder und sechste Position 3 Kinder. Die Verteilung war auf den beiden Klassenstufen ähnlich.

Soziale Sensibilität

Planung der Erhebungssituation

Frühere Studien mit Kindern haben vorwiegend isolierte Teilstücke sozialer Situationen untersucht (Burns u. Cavey 1957; Dimitrovsky 1964; Gates 1923, 1927). Wenn sich eine Studie auf jeweils nur einen Aspekt expressiven Verhaltens, z. B. auf Gesichtsausdruck oder Ton der Stimme konzentriert, ist sie wesentlich begrenzt, weil auch in wirklicher sozialer Interaktion ein Kind wahrscheinlich nicht auf isolierte Elemente reagiert. Man kann wohl davon ausgehen, daß ein Kind sich desto weniger auf seine eigenen Projektionen stützen muß, um sein Verständnis der Situation zu vervollständigen, je vollständiger und realistischer der Stimulus ist. Ein anderer Mangel früherer Studien über Sensibilität war die Ähnlichkeit der Merkmale zwischen Beurteiler und Beurteiltem. Bronfenbrenner, Harding und Gallwey (1958) haben vorgeschlagen, daß ein Maß für interpersonelle Sensibilität mit wenig Ähnlichkeiten zwischen dem Beurteiler und der beurteilten Person entwickelt werden sollte. Das würde die Wahrscheinlichkeit vermindern, daß ein Beurteiler sozial sensibel erscheint, während er in Wirklichkeit anderen Merkmale zuschreibt, die tatsächlich Beschreibungen seiner selbst sind. Die Darbietung der Erwachseneninteraktionen sollte in die Richtung einer Verminderung dieser Beurteiler-Beurteilten-Ähnlichkeit gehen. Der dritte Mangel war das Scoren der erhaltenen Antworten. Viele Forscher haben nur grobe Unterscheidungen bei der

Erfassung von Antwortniveaus getroffen. Es bleibt die Notwendigkeit detaillierterer Scoring-Systeme.

Obwohl frühere Arbeiten der Verfasserin (Rothenberg 1965) zeigen, daß Tonfilm vielleicht das ideale Stimulus-Medium zur Messung sozialer Sensibilität ist, weil ja die natürlichsten sozialen Interaktionen gezeigt werden können, wurde in dieser Studie die praktikablere Alternative von Tonbandaufnahmen verwendet.

Es wurde eine Reihe kleiner Geschichten konzipiert, die ereignisreiche Interaktionen zwischen zwei Personen darstellten. Die Unterhaltungen zwischen einem Mann und einer Frau waren so angelegt, daß sie realistisch erschienen, aber nicht so alltäglich, daß die meisten Kinder schon Erfahrungen mit den gleichen Situationen gehabt hätten. In den Dialog wurden keine Kinder einbezogen, noch wurde auf sie Bezug genommen. Die Akteure waren den Probanden nicht bekannt.

Es wurden vier relativ häufige Emotionen (Davitz 1964) ausgewählt und zum Mittelpunkt je einer Geschichte gemacht: Glück [happiness], Ärger [anger], Traurigkeit [sadness] und Kummer [distress] oder Angst [anxiety]. Es wurde angenommen, daß Ärger, Traurigkeit und Kummer potentiell angsterregend sind, Glück dagegen nicht. Jede Geschichte bestand vorwiegend aus Dialog und overtem Handeln, die zu interpretieren waren. Die Kinder wurden aufgefordert, sich in jeder Geschichte hauptsächlich auf nur einen der Akteure zu konzentrieren, um jedem Kind den gleichen Einstieg beim Anhören der Interaktionen zu geben und um die Probleme bei der Beantwortung der Fragen zu erleichtern. Jede Geschichte zeigte einen Gefühlswandel beim Hauptdarsteller zwischen den ersten und den späteren Äußerungen. Nachdem ein Kind jede Aufnahme angehört hatte, wurde es gebeten, zu beschreiben, wie der Akteur sich fühlte und warum er sich so fühlte. Um die Möglichkeit von Übertragungseffekten zwischen Geschichten auszuschalten, kamen in zwei aufeinanderfolgenden Aufnahmen nie die gleichen Akteure vor.[2] Die Interviews mit den Probanden wurden einzeln durchgeführt. Die vier Tonbandaufnahmen sind in Tabelle 1 dargestellt.

Tab. 1. Transkript der vier Tonbandaufnahmen

Aufnahme 1 – Glücklichsein [happiness] (Frau)
M Gibt es heute abend eigentlich etwas Gutes im Fernsehen?

F Ich glaube, um 10 Uhr gibt es eine gute Sendung.

M Ach ja, was ich noch sagen wollte. Ich habe heute über unseren Urlaub nachgedacht, und ich finde, du hast recht. Zum Yellowstone zu fahren, ist wirklich am besten.

F Meinst du das ernst? (glücklich und erregt)

M Juchhuh.

F Oh, wie aufregend! Wann können wir denn losfahren?

M Wir könnten nächsten Freitag fahren.

F Herrlich! Ich werde noch genug Zeit haben, die Damen zum Bridge einzuladen; ich bin nämlich dran, weißt du. Und am Tag danach kann ich noch Einkäufe machen.

M Am Freitag wirst du also fertig sein?

F Ja. Es wird entzückend sein. Sonne und Seen und Berge.Ich werde mich die ganze Woche schon darauf freuen.

Aufnahme 2 – Ärger [anger] (Mann)

M Tag, Schatz. Ich bin hier; warst du schon draußen? Heute ist ein herrlicher Tag, mit leichter Brise, und nicht eine Wolke am Himmel.

F Bitte, das Wetter ist mir ganz egal. In meinem Kopf gehen zuviele andere Dinge herum.

M Ach wirklich! (Wird sehr ärgerlich.) Ich weiß nicht, warum ich überhaupt noch nach Hause kommen soll, wenn du mich so freundlich begrüßt.

F Du kümmerst dich nie darum, was bei anderen vor sich geht. Du kommst rein und nimmst überhaupt nicht wahr, was hier los ist.

M Ach nein! Denkst du denn, ich sei Gedankenleser?
Bring ich etwa meinen Ärger mit nach Hause? Ja?

F Darum geht es doch gar nicht.

M Nein, natürlich nicht. Was ich auch sage, darum geht es nicht. Nur du hast immer recht; sonst keiner.

Aufnahme 3 – Anxiety [Angst] (Frau)

F Was sollen wir heute abend machen, du hast doch frei heute. Können wir nicht ins Kino gehen?

M Ach, ich habe ganz vergessen, dir zu sagen, daß ich die Hansens und die Baums zum Abendessen herübergebeten habe.

F Heute abend! Nein! Wie sollen wir das denn machen?
Das schaffe ich nicht.

M Klar, das schaffst du. Zaubere irgend etwas zusammen. Sie sind nicht sehr pingelig.

F Aber ich muß doch noch die Wohnung aufräumen und einige Sachen einkaufen. Ich schaffe das nicht in zwei Stunden. Wie kannst du so etwas von mir verlangen?

M Komm schon. Es ist genug Zeit.

F O je! Ich weiß nicht einmal, wo ich anfangen soll.

Aufnahme 4 – Traurigkeit [sadness] (Mann)

M Wie wär's, wenn wir mal bei meiner Schwester vorbeifahren würden?

F Muß ich das wirklich?

M Natürlich nicht. (Klingt plötzlich traurig.) Ich dachte nur, du möchtest vielleicht.

F Wahrscheinlich mag ich gerade nicht das tun, was du gern tust.

M Bitte, sag doch nicht sowas.

F Na ja, mir kommt es so vor.

M Du glaubst nicht wirklich, daß wir eine gute Ehe führen könnten, nicht wahr?

F Um ehrlich zu sein, Robert, manchmal denke ich, daß wir zu verschieden sind.

M Ich habe befürchtet, daß du genau das sagen würdest.

Abkürzungen: M = Mann, F = Frau

Scoring-System

Beschreibung der Emotionen

Ein allgemeiner Abriß für das Scoring-System für jede der vier Geschichten wurde nach früheren Studien (Gollin 1958; Yarrow u. Campbell 1963) entwickelt. Der erste Teil des Systems behandelte die Genauigkeit, mit der das Kind die Gefühle des Akteurs beschreibt. Eine korrekte Feststellung der Gefühlsänderungen während der Episode erhielt die höchste Bewertung (2), die korrekte Äußerung eines der vom Akteur vermittelten Gefühle erhielt 1 Punkt, keine Erwähnung von Gefühlen erhielt keinen Punkt, und bei einer nicht korrekten Beschreibung wurden Punkte abgezogen (-1 oder -2).

Verstehen der Motive

Es wurde angenommen, daß die meisten Probanden zumindest in der Lage sein würden, eine einfache Begründung für die Frage: »Warum fühlte er (sie) so?« zu finden. Kinder, die die Frage nach den Motiven durch eine einfache, aber richtige Wiederholung der Geschichte beantworteten, erhielten die geringste Zahl an Pluspunkten (1). Die nächst höhere Punktzahl (2) wurde für Gründe gegeben, die in der Geschichte nicht angegeben wurden, aber aus dem Inhalt oder der Art der Interaktion logisch abgeleitet werden konnten. Die höchste Punktzahl (3) wurde für zwei Antworttypen gegeben: (a) eine Implikation, daß das Verhalten der Akteure untereinander bei einem von ihnen bestimmte Gefühle verursacht und (b) ein Hinweis auf einige Gedanken, die der Akteur in der betreffenden Situation gehabt haben könnte.

Mit 0 Punkten wurden Äußerungen beurteilt, die keine der Fragen beantworteten, Sätze aus der Geschichte, die lediglich wiederholt wurden ohne klare Antwort zu den Motiven des Akteurs sowie Folgerungen über Motive, die in dieser Situation unwahrscheinlich waren. Schließlich wurden bei einigen Antwortkategorien Punkte abgezogen (-1 oder -2). Das waren Mißdeutungen, Zusätze und Ersetzungen, die die wesentliche Bedeutung der Geschichte veränderten.

Es ist nicht möglich, einen maximalen Score für jede Geschichte anzugeben, weil die Kinder für jede relevante Antwort bewertet wurden und ermutigt worden waren, so viele Antworten wie möglich zu geben. Wenn der gleiche Gedanke von einem Kind auf verschiedene Weisen geäußert wurde, wurde dies nur einmal, und zwar nach der besten Antwort, bewertet. Die Scoring-Anweisungen für jede der vier Geschichten enthielten Beispiele für häufige Antworten[3].

Maße für interpersonelle Kompetenz

Lehrerbeurteilungen

Frühere Studien über Persönlichkeitsmerkmale (Bonney 1947; Northway 1944) haben auf relevante Dimensionen für persönliche Wirkung und Anpassung [adjustment] hingewiesen. Für sieben dieser Dimensionen wurden Skalen aus den Fels Child Behavior Skalen (Richards u. Simons 1941) und von Yarrows Beurteilungsskalen für Kinder ausgewählt. Die Beschreibungen und Kriterien wurden revidiert, damit sie besser auf Schulkinder statt auf Kindergartenkinder paßten, und wurden in der Art der Fels Child Behavior Rating Skalen dargeboten. Die Beschreibungen zu den sieben Dimensionen sind aus Tabelle 2 (siehe Fußnote 3) ersichtlich.

Für alle Probanden wurden die abgegebenen Beurteilungen so korrigiert, daß in jeder Dimension der Mittelwert jedes Lehrers gleich dem Mittelwert der ganzen Stichprobe war. Die Punktwerte der Probanden für die einzelnen Dimensionen wurden zu einem Mittel- oder Gesamtpunktwert der Lehrerbeurteilungen für interpersonelle Anpassung zusammengefaßt.

Tab. 2. Dimensionen der Beurteilung von interpersoneller Kompetenz durch den Lehrer

Merkmal	Definition
Führerschaft	Der Führer beeinflußt andere; seine Anweisungen und Vorschläge werden akzeptiert.
Geselligkeit	Dieses Merkmal betrifft hauptsächlich das Maß, in dem das Kind seine Interessen auf andere, die Gruppe usw. richtet, bzw. auf individuelle Aktivitäten, die nicht notwendig die Gruppe mit einbeziehen.
Grausamkeit	Dieses Merkmal beinhaltet eine Tendenz des Individuums zu verletzen, zu beleidigen, zu quälen, andere Lebewesen zu beeinträchtigen zum Zwecke der eigenen Befriedigung. Dies kann sich im kindlichen Verhalten über körperlichen Kontakt, Verbalisieren oder sozial durch Ignorieren oder Ausschließen ausdrücken.
Sensibilität	Allgemeine Einschätzung des zärtlichen Verhaltens eines Kindes und seiner Sensibilität für Gefühle, Probleme und Bedürfnisse anderer Kinder. An der gezeigten Rücksichtnahme eines Kindes auf seine Klassenkameraden sind drei Aspekte von Bedeutung: (a) die Aufgeschlossenheit für Gefühle, Probleme, Bedürfnisse usw. anderer Kinder, (b) das Maß seines Beteiligtseins und (c) die Manifestierung seiner Aufgeschlossenheit und seines Beteiligtseins im Verhalten.
Stimmung (fröhlich/niedergeschlagen)	Diese Dimension ist am »fröhlichen« Ende dadurch charakterisiert, daß das Kind lustig, lachend, eine Frohnatur ist, und am »deprimierten« Ende dadurch, daß es mürrisch, verdrießlich, unzufrieden, unglücklich und traurig ist; und zwar unabhängig davon, erstens, wie das Kind einem gefällt, zweitens davon, wie begeistert es mitmacht. Es soll darauf geachtet werden, wie dem Kind vermutlich selbst zumute ist.
freundlich/furchtsam	Ein freundliches Kind wird sich nach anderen umsehen und auf andere Kinder und Erwachsene positiv reagieren. Der Erfolg eines Kindes bei einem solchen Kontakt

ist ein gewisses Kriterium für Freundschaft. Freundlichkeit beinhaltet auch, daß ein Kind auf die Annäherungen anderer entgegenkommend reagiert. Soziale Furchtsamkeit oder Schüchternheit drückt sich in Zögern und ängstlichem Verhalten in sozialen Situationen aus.

Sinn für Humor — Ein Kind ist sensibel für das Unübliche, Bizarre, Barokke; lacht und lächelt häufig. Kann andere necken und verträgt, geneckt zu werden; kann sich über sich selbst lustig machen.

Angaben der Mitschüler

Die sieben Dimensionen, die für die Lehrerbeurteilungen benutzt wurden, wurden sprachlich an die Angaben der Mitschüler angeglichen (siehe Anm. 3) und in der »social analysis in the classroom« (Cunningham 1951) eingesetzt. Der Klasse wurden Wortbilder vorgelesen, die jedes Ende der sieben Dimensionen beschrieben; die Kinder sollten dann aus einem Sitzplan die drei Kinder auswählen, auf die jede Beschreibung am besten paßt. Zusätzlich sollten die Probanden am Anfang drei Kinder als Freunde und drei als Nicht-Freunde aussuchen. Diese Information lieferte ein Popularitätsmaß für jede Klasse.

Die Scores für die Angaben der Mitschüler ergaben sich dadurch, daß die Zahl der auf dem negativen Ende der Dimension genannten Mitschüler von der auf dem positiven Ende genannten abgezogen wurde. Diese Netto-Werte wurden dann durch die Gesamtzahl der Nennungen, die jede Klasse machte, geteilt, um den Prozentanteil der Nennungen für jeden Probanden auf dieser Dimension zu bestimmen. Schließlich wurde durch Zusammenfassen der Punktwerte aller Dimensionen ein mittlerer Wert berechnet, um einen allgemeinen Punktwert für die Angaben der Mitschüler zu erhalten.

Maße für subjektives Wohlbefinden [intrapersonal comfort]

Selbst-Konzept

Das Maß für das Selbst-Konzept, das in dieser Untersuchung benutzt wurde, wurde von Colvin (1964) übernommen. Den Probanden wurde ein langes Wandbild mit den Silhouetten von

Kinderköpfen gezeigt. (Das Wandbild wurde so arrangiert, daß die Zahl der Silhouetten der Anzahl der Kinder der entsprechenden Klasse entsprach). Jedem Probanden wurden dann zwei Beschreibungen vorgelesen, eine über die erste Figur in der Reihe und eine über die letzte Figur. Diese Beschreibungen stellten die beiden Enden jeder der sieben Dimensionen dar, die zur Codierung der Angaben der Mitschüler und der Lehrerbeurteilungen benutzt worden waren, und sie waren den betreffenden Beschreibungen sehr ähnlich. Der Proband wurde aufgefordert sich vorzustellen, daß alle Kinder seiner Klasse in einer Reihe aufgestellt seien, die mit demjenigen beginnt, der das betreffende Merkmal am stärksten hat, und mit demjenigen aufhört, bei dem es am wenigsten ausgeprägt ist. Von dieser Vorstellung aus sollte er dann die Stelle in der Reihe angeben, an der er selber zu stehen glaubte (siehe Anm. 3).

Der Roh-Score war die Zahl der von den Probanden für jede Dimension ausgewählten Silhouetten. Da die Zahl der Schüler in den vier Klassen differierte, wurden die Selbst-Konzept-Werte auf den Bereich von 1-100 neu skaliert. Außerdem wurden die neuen Werte über die sieben Dimensionen zusammengefaßt, um einen mittleren Gesamt-Score zu erhalten.

Skala der Abwehrneigung

Die Skala der Abwehrneigung für Kinder [Defensiveness Scale for Children (DSC)] wurde entwickelt, um herauszufinden, wie stark ein Kind dazu tendiert, verschiedenartige Erfahrungen und Reaktionen, z. B. Angst, Scham, Aggression, Unsicherheit zu verleugnen sowie sich mit sich selbst und mit seinen Beziehungen zu anderen zu beschäftigen (Sarason, Hill u. Zimbardo 1964). Sie wurde in die Untersuchung einbezogen, um die Beziehung zwischen Verleugnung von unangenehmen Gefühlen und der allgemeinen Aufgeschlossenheit für Gefühle und Motive anderer zu untersuchen. In ihrer überarbeiteten Form (d. h. ohne die Füll-Items) enthält die DSC 38 Aussagen, zu denen durch Einkreisen der Wörter »ja« oder »nein« auf einem Antwortblatt Stellung genommen werden soll. Je öfter das »Nein« eingekreist wird, desto größer ist das Ausmaß der Abwehrneigung.

Maße für das intellektuelle Niveau

Es wurden zwei Maße für das intellektuelle Niveau angewendet, ein verbales und ein nichtverbales. Der passive Wortschatz der Probanden wurde mit dem Peabody Picture Vocabulary Test (PPVT) Form A gemessen, da vermutet wurde, daß die soziale Sensibilität sich stark auf verbales Verständnis stützt. Der mittlere PPVT IQ für alle Probanden betrug 110,6, (S = 11,9). Es gab keine signifikanten Alters- und Geschlechtsunterschiede.

Die nichtverbale Intelligenz wurde mittels des Mosaik-Subtests der Wechsler Intelligence Scale for Children (WISC [dtsch. HAWIK]) gemessen, weil dieser von allen Subtests besonders hoch mit dem Handlungs-IQ des Wechsler-Tests korreliert und weil die entsprechende Aufgabe für die Mehrzahl der Grundschulkinder relativ neu ist. Der mittlere IQ [4] nach dem Mosaik-Subtest für alle Probanden betrug 109,7 (s = 18,4). Es lagen keine signifikanten Alters- und Geschlechtsunterschiede vor.

Auditives Unterscheidungsvermögen

Da unser Maß für soziale Sensibilität die Fähigkeiten der Kinder betont, zuzuhören, wurde ein Instrument zur Beurteilung der Fähigkeit der Kinder, ähnliche Laute voneinander zu unterscheiden, die Wepman Auditory Discrimination Technique (WADT), in die Untersuchung einbezogen. Es sollte festgestellt werden, ob Kinder, die zwischen Lauten gut unterscheiden können, auch sehr feine Unterscheidungen der emotionalen Färbung treffen können. Der WADT (Form II) wurde mittels einer Tonbandaufnahme gegeben. Der Fehler-Score eines Kindes war die Zahl der Fälle, in denen ein Kind paarweise dargebotene Laute als gleich bezeichnete, obwohl sie tatsächlich verschieden waren.

Vorgehen

Zuerst wurden den Lehrern der vier Klassen die Beurteilungs-Skalen für die Probanden ihrer Klasse zum Ausfüllen gegeben. Dann wurden in einer halbstündigen Sitzung für jede Klasse die Testangst-Skala für Kinder, der Zeichne-einen-Menschen-Test[5] und die Skala der Abwehrneigung vom Forschungsleiter vorgelegt.

Vom nächsten Tag an wurde jedes Kind aus dem Klassenzimmer herausgerufen und für eine 50-Minuten-Einzelsitzung in den Interview-Raum geholt. Am Anfang der Sitzung sollte der Proband den Beruf des Vaters sowie Geschlecht und Alter seiner Geschwister angeben; danach wurden die fünf Tests gegeben. Der Selbst-Konzept-Test wurde der Hälfte der Probanden zu Anfang, der anderen Hälfte zum Schluß vorgelegt. Anschließend wurden den Probanden die Tonbandaufnahmen, beginnend mit einem Beispiel, je zweimal vorgespielt. Nach dem ersten Abspielen wurde der Proband nach den Gefühlen des Spielers, nach dem zweiten nach seinen Motiven gefragt. Jeder Proband wurde ermuntert, vorläufige Antworten ausführlicher zu erläutern und an andere mögliche Gründe für die Gefühle der dargestellten Person zu denken, bis er sagte, ihm falle nichts mehr ein. Danach wurden der Peabody Picture Vocabulary Test, der Wepmany Auditory Discrimination Test und der Mosaik-Test vorgelegt. Die Aufgabe zur Beurteilung der Mitschüler wurde den Probanden in der jeweiligen Klasse zum Schluß in einer halbstündigen Sitzung vorgelegt.

Ergebnisse

Erhebung der sozialen Sensibilität

Übereinstimmung der Beurteiler. Die Beurteiler-Übereinstimmung wurde für jede Geschichte ermittelt, indem zwei Bewerter unabhängig voneinander unter Anwendung der vier Scoring-Anweisungen fünf vollständige Protokolle der Kinder beurteilten. Die Übereinstimmung für die erste Geschichte betrug r = .93, für die zweite r = .94, die dritte r = .96 und die vierte r = .86. Die gesamte Übereinstimmung war r = .91. Da die Übereinstimmungen recht hoch waren, wurde zum Scoren der Protokolle nur ein Beurteiler herangezogen.

Innere Konsistenz zwischen den vier Bandaufnahmen. Tabelle 3 zeigt die Korrelationen zwischen den Geschichten für die gesamte Stichprobe. Die Höhe dieser Korrelationen ist ähnlich, wenn man Geschlecht und Alter getrennt betrachtet. Sind die Korrelationen auch nicht so hoch, daß man schließen könnte, daß bei allen vier Bandaufnahmen genau dasselbe gemessen wird, sind sie

Tab. 3. Interkorrelationen zwischen den Scores für die Tonbandaufnahmen

Aufnahme Nr.	1	2	3	4
1	--			
2	.419**	--		
3	.474**	.329**	--	
4	.376**	.360**	.283*	--

* $p<.01$
** $p<.001$

doch hoch genug, daß es gerechtfertigt ist, sie zu einem Maß für soziale Sensibilität zusammenzufassen. Die Summe der bei den Aufnahmen 1, 2, 3 und 4 erreichten Scores, der Gesamt-Score, wurde als Maß für soziale Sensibilität genommen.

Effekte der Reihenfolge. Die Bandaufnahmen wurden der Hälfte der Probanden in der Reihenfolge 1, 2, 3, 4 und der anderen Hälfte in der Reihenfolge 4, 3, 2, 1 gegeben, um den Effekt der Reihenfolge zu verringern. Zwar war der mittlere Score für die 54 Kinder, die die erste Reihenfolge vorgespielt bekamen, etwas höher als der mittlere Score für die 54 Kinder mit der umgekehrten Reihenfolge, doch war die Differenz statistisch nicht signifikant. Es scheint also, daß die Reihenfolge der Vorführung wenig oder keinen Effekt hatte.

Soziale Sensibilität und Klassenstufe

Die erreichten Scores für jede Bandaufnahme und für alle Aufnahmen zusammen für die Dritt- und Fünftkläßler sind der Tabelle 4 zu entnehmen. Ein *t*-Test der Differenzen zwischen den jeweiligen Mittelwerten für soziale Sensibilität zeigt, daß die Kinder aus den 5. Klassen ein signifikant höheres Mittel als die Drittkläßler hatten ($t = 2.92$; $p < .01$). Die Kinder der beiden Klassenstufen unterscheiden sich auch im Hinblick auf die Art der gegebenen Antworten. Fünftkläßler beschrieben signifikant häufiger als Drittkläßler einen Wechsel in den Gefühlen der Akteure. Sie gaben auch signifikant häufiger Antworten, die zeigten, daß sie Motive auf der ersten und zweiten Stufe eher

Tab. 4. Scores für soziale Sensibilität nach Altersstufe

Altersstufe	Glück-lichsein		Ärger		Angst		Traurig-keit		Gesamt score	
	$\bar{x}$	s	$\bar{x}$	s	$\bar{x}$	s	$\bar{x}$	s	$\bar{x}$	s
Drittkläßler (n=57)	4.91	1.63	5.11	2.41	5.89	2.26	3.72	2.30	19.63	5.91
Fünftkläßler (n=51)	5.96	1.86	7.23	1.99	6.61	1.93	4.71	1.99	24.51	5.64

verstanden als die Drittkläßler. Auf der dritten Stufe waren keine Unterschiede festzustellen; das zeigt, daß im vorliegenden Altersbereich für Verstehens-Aufgaben dieser Art noch kein Ceiling-Effekt erreicht ist. Die Drittkläßler gaben signifikant häufiger Antworten auf der 0-Stufe als die Fünftkläßler. Unterschiede in sozialer Sensibilität beruhten jedoch nicht auf der Länge des Gesamtprotokolls; diese war annähernd gleich.

Soziale Sensibilität und interpersonelle Kompetenz
Angaben der Mitschüler

Die Korrelation zwischen sozialer Sensibilität und dem Durchschnitt über die Dimensionen der Angaben der Mitschüler für die Gesamtstichprobe war .254 ($p < .05$); das zeigt, daß die Probanden, die von ihren Mitschülern bezüglich interpersoneller Beziehungen hoch eingestuft wurden, eher sozial sensibel waren. Von den sieben Dimensionen des Maßes für die Angaben der Mitschüler hingen drei durchgängig enger als die anderen mit sozialer Sensibilität zusammen.

Am engsten war der Zusammenhang bei den Dimensionen Führerschaft, Geselligkeit und Freundlichkeit/soziale Ängstlichkeit, während die Dimension, die Sinn für Humor beschrieb, am wenigsten mit sozialer Sensibilität zusammenhing. Daß die Kinder etwas anderes als nur Beliebtheit beurteilt hatten, kann man sehen, wenn man die Korrelation zwischen Sensibilität und Angepaßtheit mit der Korrelation zwischen Sensibilität und Beliebtheit ($r = .171$) vergleicht. Die Spalten 1 und 2 in Tabelle 5 zeigen die Korrelationen zwischen den Dimensionen der Angaben der Mitschüler und sozialer Sensibilität. Im allgemeinen scheinen die Korrelationen zwischen dem Maß der Angaben der

Mitschüler und sozialer Sensibilität bei den Drittkläßlern enger zu sein als bei den Fünftkläßlern.

Weiterhin zeigten die Ergebnisse einer Varianzanalyse, daß Kinder, die von ihren Mitschülern niedrig in interpersoneller Angepaßtheit eingestuft worden waren, signifikant niedrigere Scores bei den Tonbandaufnahmen, die als belastender (Ärger, Traurigkeit, Angst) anzunehmen sind, erhielten als die gut angepaßten Kinder ($F = 3.55$; $df = 2/99$; $p < .05$), während dieser Unterschied bei einem Vergleich der Gruppen hinsichtlich der nicht-belastenden Aufnahme (Glück) nicht gefunden wurde ($F = 1.05$; $df = 2/99$, ns).

Lehrerbeurteilungen

Die Korrelation zwischen sozialer Sensibilität und dem Durchschnitt aus den Dimensionen der Lehrerbeurteilungen ($r = .254$; $p < .05$) ist ähnlich wie die zwischen den Angaben der Mitschüler und sozialer Sensibilität. Die Dimensionen der Lehrerbeurteilung, die die höchste Korrelation mit sozialer Sensibilität für die gesamte Stichprobe aufweisen, waren Führerschaft, Freundlichkeit/soziale Ängstlichkeit und Sensibilität für andere. Die ersten beiden dieser Dimensionen korrelierten auch nach den Angaben der Mitschüler signifikant mit sozialer Sensibilität. Die Korrelationen zwischen sozialer Sensibilität und Lehrerurteil für beide Klassenstufen und für beide Geschlechter sind aus den Spalten 5, 6, 7 und 8 der Tabelle 5 ersichtlich.

Es zeigt sich, daß die Korrelationen zwischen sozialer Sensibilität und Lehrerurteil für Drittkläßler höher waren als für Fünftkläßler und für Jungen höher als für Mädchen. Diese Differenz zwischen den Geschlechtern zeigte sich nicht in der Korrelation von sozialer Sensibilität mit den Dimensionen der Angaben der Mitschüler. Die Hypothese, daß sozial sensible Kinder eine größere interpersonelle Kompetenz, wie sie durch Lehrerbeurteilung gemessen war, haben, wird daher für Drittkläßler und Jungen gestützt. Wie im vorangehenden Abschnitt ergab die Varianzanalyse auch hier, daß Kinder, die von Lehrern in ihrer interpersonellen Anpassung niedrig beurteilt wurden, bei den mehr belastenden Tonbandaufnahmen schlechter abschnitten als gut angepaßte Kinder ($F = 3.68$; $df = 2/99$; $p < .05$). Diese Differenz zeigte sich nicht beim Vergleich der beiden Gruppen in

Tab. 5. Korrelationen zwischen sozialer Sensibilität und Angaben der Mitschüler, Selbst-Konzept sowie Lehrerbeurteilung in den einzelnen Dimensionen

Dimensionen	Soziale Sensibilität (Gesamtscore)							
	3. Klasse[1]	5. Klasse[2]	3. Klasse[1]	5. Klasse[2]	3. Klasse[1]	5. Klasse[2]	männlich n=59	weiblich n=49
	Angaben der Mitschüler		Selbst-Konzept		Lehrerbeurteilung			
Führerschaft	.320*	.308*	.222	.074	.315*	.162	.288*	.115
Geselligkeit	.320*	.284*	.128	.204	.339**	.107	.261*	.089
Grausamkeit[3]	–.325*	–.064	–.217	–.033	–.114	–.277*	–.329*	.084
Sensibilität	.293*	.112	.171	.174	.223	.303*	.322*	.065
Stimmung freundlich –furchtsam	.170	.041	.228	.299*	.350**	–.004	.125	.184
	.400*	.265	.159	.112	.452***	.085	.316*	.166
Sinn für Humor	.075	–.136	.260*	–.139	.231	.010	.073	.155
Durchschnitt	.366**	.187	.353**	.156	.389**	.176	.326*	.133

1 n=57
2 n=51
3 Bei unserer ersten Skalierung erscheint Grausamkeit am oberen Ende; für die Rechnung wurde die Skala umgekehrt.
* $p<.05$
** $p<.01$
*** $p<.001$

bezug auf die angstfreien Aufnahmen (F = 1.56; df = 2/99; ns).

Soziale Sensibilität und subjektives Wohlbefinden

Selbst-Konzept[6]

Es wurde vermutet, daß die sozial sensibleren Kinder ein günstigeres Selbst-Konzept haben. Wie aus den Spalten 4 und 5 der Tabelle 5 ersehen werden kann, wurde diese Hypothese allgemein für die Dritt-, aber nicht für die Fünftkläßler bestätigt. Auch für die gesamte Stichprobe wurde sie nicht bestätigt.

Abwehrneigung

Die Korrelation zwischen sozialer Sensibilität und Abwehrneigung zeigt für die gesamte Stichprobe (r = .281; $p < .01$), daß ein signifikanter negativer Zusammenhang zwischen sozialen Sensibilitäts-Scores und der Verleugnung unangenehmer Gefühle über sich oder andere besteht. Die Höhe der Korrelationen war für Jungen und Mädchen ähnlich, aber es gab Unterschiede zwischen beiden Klassenstufen. Bei den Drittkläßlern betrug die Korrelation zwischen sozialer Sensibilität und Abwehrneigung – .131 (ns), während bei den Fünftkläßlern die Korrelation – .288 ($p < .05$) betrug.

Tab. 6. Korrelation zwischen sozialer Sensibilität und Intelligenz

	Soziale Sensibilität (Gesamtscore)		
Intelligenz	Gesamtstichprobe (n=108)	3. Klasse (n=57)	5. Klasse (n=51)
Verbal IQ (Peabody Picture Vocabulary Test)	.235*	.167	.275*
Nonverbal IQ (Mosaik Test)	.282**	.317*	.185

* $p<.05$
** $p<.01$

Soziale Sensibilität und Intelligenz

Die Korrelationen zwischen den beiden Maßen für Intelligenz (verbale und nichtverbale) und sozialer Sensibilität, wie sie in Tabelle 6 zu sehen sind, stützen die Hypothese für die Gesamtstichprobe, daß soziale Sensibilität mit Intelligenz zunimmt. Allerdings bestanden zwischen den Altersstufen Unterschiede in der Art dieses Zusammenhangs; bei den Drittkläßlern hängt soziale Sensibilität stärker mit nichtverbaler, bei den Fünftkläßlern stärker mit verbaler Intelligenz zusammen.

Soziale Sensibilität und Geschlecht

Die Ergebnisse einer 2 × 2 Varianzanalyse zeigten keinen eindeutigen Effekt auf den Score sozialer Sensibilität, der dem Geschlecht des Kindes, dem Geschlecht des Akteurs in der Tonbandaufnahme oder der Interaktion zwischen diesen zugeschrieben werden könnte. So wurde die Hypothese, daß Mädchen höhere Scores in sozialer Sensibilität erreichen würden als Jungen, durch diese Ergebnisse nicht gestützt. Die jeder Tonbandaufnahme entsprechenden Scores und die Gesamt-Scores für Jungen und Mädchen können aus Tabelle 7 ersehen werden. Ferner wurden keine signifikanten Unterschiede festgestellt, wenn die Häufigkeit der verschiedenen Antwortniveaus nach Geschlecht aufgeschlüsselt wurden.

Sensibilität und auditives Unterscheidungsvermögen

Die Korrelation zwischen sozialer Sensibilität und auditivem Unterscheidungsvermögen ($r = -.096$) zeigte, daß Kinder mit

Tab. 7. Soziale Sensibilität nach Geschlecht

Geschlecht	Glücklichsein		Ärger		Angst		Traurigkeit		Gesamtscore	
	$\bar{x}$	s	$\bar{x}$	s	$\bar{x}$	s	$\bar{x}$	s	$\bar{x}$	s
Jungen (n=59)	5.31	2.00	6.07	2.54	6.46	2.11	3.92	2.39	21.75	6.58
Mädchen (n=49)	5.53	1.57	6.16	2.39	5.96	2.14	4.51	1.93	22.16	5.89

weniger Fehlern bei der auditiven Diskriminierung nicht signifikant höhere Scores für soziale Sensibilität erreichten. Dieses Ergebnis war ähnlich bei beiden Altersstufen. Es scheint also, als messe unser Instrument für soziale Sensibilität etwas anderes als bloß gutes Zuhören oder Diskriminierungsverhalten.

Soziale Sensibilität und Stellung in der Geschwisterreihe, Familiengröße und Beruf des Vaters

Es gab keine signifikanten Zusammenhänge zwischen sozialer Sensibilität und Geschwisterposition, Familiengröße oder Berufsniveau des Vaters.

Zusammenhänge zwischen Angaben der Mitschüler und Lehrerbeurteilung

Ein besonders interessantes Ergebnis war die Ähnlichkeit der Beurteilung derselben Kinder durch Mitschüler und Lehrer in bezug auf ähnliche Dimensionen interpersonellen Verhaltens. Tabelle 8 zeigt die Korrelationen zwischen den Angaben der Mitschüler und den Lehrerurteilen für jede Dimension für die gesamte Stichprobe. Es zeigten sich keine augenfälligen Unterschiede in der Höhe der Korrelationen, wenn sie nach Klassenstufen getrennt betrachtet wurden. Die Korrelationen zwischen den Wahrnehmungen der Mitschüler und der Lehrer waren allgemein beträchtlich. Die hohe Korrelation zwischen dem Durchschnittswert der Angaben der Mitschüler und der Lehrerbeurteilung ($r = .711$) zeigt ferner das Maß der Übereinstimmung im Gesamturteil von Mitschülern und Lehrern. Die Höhe der Korrelationen zwischen den beiden Beurteilungsreihen ist besonders aussagekräftig wegen der unterschiedlichen Struktur der beiden Instrumente.

Zusammenhänge zwischen den Dimensionen der Lehrerbeurteilung, der Angaben der Mitschüler und des Selbst-Konzepts

Die Korrelationen zwischen den Dimensionen der Lehrer-, Mitschüler- und Selbsteinschätzung sind in Tabelle 9 dargestellt. Es sind nur die Ergebnisse der gesamten Stichprobe angegeben,

Tab. 8. Korrelationen zwischen Angaben der Mitschüler und Lehrerbeurteilungen in den einzelnen Dimensionen

Lehrerbeurteilung	Angaben der Mitschüler							
	Führerschaft	Geselligkeit	Grausamkeit	Sensibilität	Stimmung	Freundlich–furchtsam	Sinn für Humor	Durchschnitt
Führerschaft	.559***	.534***	–.507***	.556***	.504***	.626***	.280**	.681***
Geselligkeit	.335***	.462***	–.149	.224*	.489***	.454***	.402***	.463***
Grausamkeit	–.323***	–.256**	.532***	–.543***	–.275**	–.290**	–.052	–.444***
Sensibilität	.477***	.516***	–.508***	.603***	.420***	.515***	.188	.626***
Stimmung	.353***	.441***	–.413***	.487***	.487***	.507***	.353***	.570***
Freundlich–furchtsam	.444***	.397***	–.331***	.332***	.383***	.500***	.250**	.498***
Sinn für Humor	.411***	.292**	–.347***	.373***	.387***	.408***	.343***	.485***
Durchschnitt	.550***	.544***	–.532***	.593***	.549***	.624***	.343***	.711***

Es sei erwähnt, daß bei den Angaben der Mitschüler über jedes Kind mindestens einige Angaben vorlagen.

* $p<.05$

** $p<.01$

*** $p<.001$

da sich keine Unterschiede in der Zahl der signifikanten Korrelationen zeigten, wenn die Stichprobe nach Klassenstufen getrennt betrachtet wurde. Aus Tabelle 9 ist zu ersehen, daß in 9 von 14 Vergleichen zwischen entweder Mitschüler- oder Lehrerbeurteilung in einer bestimmten Dimension und der Selbstbeurteilung des Kindes in der gleichen Dimension eine signifikante Korrelation mit $p < .05$ besteht. Jedoch sind die meisten der übrigen Korrelationen ziemlich gering und viel niedriger als die zwischen Mitschüler- und Lehrerbeurteilung. Die Korrelationen zwischen dem Durchschnitt für Selbst-Konzept und der Beurteilung der Mitschüler ($r = .278$; $p < .01$) und auch dem Durchschnitt des Lehrerurteils ($r = .257$; $p < .01$) für die gesamte Stichprobe bestätigen frühere Forschungsergebnisse, die gezeigt haben, daß ein Kind ein umso positiveres Selbst-Konzept hat, als je erfolgreicher es in seinen interpersonellen Beziehungen beurteilt wird.

Diskussion

Die Untersuchung über soziale Sensibilität bei Kindern beschäftigte sich sowohl mit inhaltlichen als auch mit methodischen Fragen. Eines der herausragenden Ergebnisse war der positive Zusammenhang zwischen sozialer Sensibilität und Alter bzw. Klassenstufe. Die meisten Fähigkeiten zeigen ja eine Zunahme mit dem Alter, unsere Daten geben den Theorien weiteren Rückhalt, die Voradoleszenz als einen Lebensabschnitt beschreiben, in dem die genaue Wahrnehmung von Gefühlen, Gedanken und Motiven anderer äußerst stark zunimmt. Erforderlich ist weitere Forschung, die Informationen über die frühe Kindheit bis hin zur Adoleszenz gewinnt, so daß die Bedeutung jeder Entwicklungsphase für die Entwicklung der sozialen Sensibilität bestimmt werden kann.

Ein zweites herausragendes Ergebnis war, daß für die Fähigkeit, das Verhalten anderer zu verstehen, eindeutig die Intelligenz eine Rolle spielt. Dieser positive Zusammenhang zwischen sozialer Sensibilität und Intelligenz bestätigt frühere Ergebnisse (Allport 1937; Taft 1955) und bekräftigt ebenfalls das häufige Ergebnis, daß intelligentere Kinder auch auf anderen wichtigen Gebieten größere Fähigkeiten aufweisen. Es sollte auch erwähnt werden,

Tab. 9. Korrelation zwischen Lehrer-, Mitschüler- und Selbstbeurteilungen in den einzelnen Dimensionen

Selbst-Konzept	Lehrerbeurteilung							Angaben der Mitschüler						
	Führerschaft	Geselligkeit	Grausamkeit	Sensibilität	Stimmung	Freundlich–furchtsam	Sinn für Humor	Führerschaft	Geselligkeit	Grausamkeit	Sensibilität	Stimmung	Freundlich–furchtsam	Sinn für Humor
Führerschaft	.277*	.196*	–.013	.134	.132	.229*	.189	.325***	.196*	–.213*	.125	.075	.159	.229*
Geselligkeit	.111	.031	–.082	.010	.099	.109	.058	.041	.239*	–.081	.022	.096	.161	.098
Grausamkeit	–.008	–.042	.067	.002	–.085	–.134	–.039	–.001	.039	.281**	–.199*	–.001	–.039	–.014
Sensibilität	.142	.174	–.059	.194*	.119*	.224*	.218*	.133	.168	–.172	.136	.199*	.139	.196*
Stimmung	.202*	.238*	–.105	.219*	.209	.244*	.163	.209*	.208*	–.229*	.159	.158	.213*	.205*
Freundlich–furchtsam	.154	.071	–.043	.126	.143	.271**	.021	.069	.013	.061	.014	.081	.242*	.049
Sinn für Humor	.024	.157	–.010	.029	.101	.116	.184	.011	.134	–.148	.016	.121	.103	.195*

* $p<.05$
** $p<.01$
*** $p<.001$

daß der Zuwachs an sozialer Sensibilität von der 3. zur 5. Klassenstufe möglicherweise allein auf eine intellektuelle und kognitive Entwicklung zurückzuführen ist.

Allgemein zeigten die Ergebnisse dieser Untersuchung auch einen positiven Zusammenhang zwischen sozialer Sensibilität und interpersoneller Anpassung, was Ergebnisse von Untersuchungen an älteren Jahrgängen bestätigt. Man kann aus der vorliegenden Untersuchung schließen, daß von den untersuchten Variablen besonders Alter, Intelligenz und soziale Anpassung zur Entwicklung einer angemessenen sozialen Sensibilität bei Kindern beitragen.

Bei der Feststellung, daß hoch sozial-sensible Kinder von Mitschülern und Lehrern in ihrer interpersonellen Anpassung positiver beurteilt wurden, bleibt das Problem der Bestimmung von Ursache und Wirkung. Die Daten liefern keinerlei Antwort auf diese Frage; das Problem könnte mit mehr Erfolg in der frühesten Kindheit untersucht werden. Sehr wahrscheinlich beruht aber die Beziehung zwischen sozialer Sensibilität und interpersoneller Anpassung auf einer ständigen Interaktion dieser Größen während der Entwicklung des Kindes.

Es zeigte sich, daß die Beurteilungen für soziale Anpassung etwas anderes als nur Beliebtheit messen. Ferner gab es zwei Dimensionen sowohl in der Lehrer- als auch in der Mitschülerbeurteilung, die in der gesamten Stichprobe einen sehr engen Zusammenhang zu sozialer Sensibilität aufwiesen: Führerschaft und Freundlichkeit. Das läßt vermuten, daß sich ein sozial sensibles Kind auf diesen beiden Gebieten interpersoneller Beziehungen am meisten auszeichnet.

Die Ergebnisse zeigten auch, daß schlecht angepaßte Kinder sich von anderen Kindern in bezug auf soziale Sensibilität stärker unterschieden, wenn sie mit einer belastenden – im Vergleich zu einer nicht belastenden – Emotion konfrontiert wurden. Eine unveröffentlichte Arbeit (Rothenberg 1967) zeigte bei einer kleinen Gruppe von Patienten einer psychiatrischen Kinderklinik, die in bezug auf Alter und Intelligenz mit der vorliegenden Schul-Stichprobe vergleichbar war, heraus, daß sie sich in ihren Äußerungen zu den belastenden Emotionen signifikant von der Stichprobe der Schulkinder unterschieden, nicht jedoch bei den nicht belastenden Emotionen. Das läßt vermuten, daß für das Verständnis bestimmter Verhaltensweisen Kinder mit weniger angemessener sozialer Anpassung größere Schwierigkeiten haben als andere.

Bei der Betrachtung des subjektiven Wohlbefindens zeigte sich eine niedrige Korrelation zwischen sozialer Sensibilität und Selbstkonzept, was vermuten läßt, daß, obwohl Lehrer-, Mitschüler- und Selbstbeurteilung von denselben Urteilsdimensionen ausgingen, in den Antworten zu den drei Maßen unterschiedliche Faktoren enthalten sind. Der Zusammenhang zwischen den drei Maßen zeigte deutlich, daß Mitschüler und Lehrer eine ziemlich ähnliche Auffassung über die interpersonelle Anpassung teilten, während die Selbsteinschätzung des Kindes auf derselben Dimension viel weniger mit den beiden anderen Maßen zusammenhing. Eine mögliche Erklärung dafür ist, daß, wenn Kinder einzeln über ihre persönlichen Gefühle Auskunft geben sollen, z. B. wie gut sie mit anderen auskommen, es für sie schwieriger sein könnte, ehrlich zu sein, als wenn sie über andere durch einen Papier-und-Bleistift-Test in einer anonymen Klassenraum-Situation ein Urteil abgeben sollen. Eine andere mögliche Erklärung für die niedrige Korrelation zwischen sozialer Sensibilität und Selbst-Konzept ist, daß sozial sensible Kinder vielleicht ein genaueres, aber nicht notwendig schmeichelhafteres Selbst-Konzept haben. Katz und Zigler (1967) haben ebenfalls gezeigt, daß bei Kindern mit zunehmendem Alter das Selbst-Konzept absinkt, da sie stärker die Anforderungen, Sitten und Werte der Gesellschaft verinnerlichen. So kann es also sein, daß auf der 3. Klassenstufe Kinder mit allgemein größerer sozialer Sensibilität und kognitiver Reife günstigere Selbst-Konzepte haben, während in der 5. Klassenstufe die sozial sensibleren und kognitiv reiferen Kinder kein sehr schmeichelhaftes Selbst-Konzept mehr haben.

Durchgängig treten in den Ergebnissen bestimmte Unterschiede in bezug auf Klassenstufe oder Alter zutage. Sie waren am deutlichsten in den Beziehungen zwischen sozialer Sensibilität und Lehrer-, Mitschüler- und Selbsteinschätzungen, und zwar für Drittkläßler stärker als für Fünftkläßler. Eine mögliche Erklärung ist, daß die verschiedenen Aspekte im Verhalten von Achtjährigen nicht so klar unterschieden werden können wie bei Zehnjährigen. Wenn einige der Dimensionen, die den durchschnittlichen Beurteilungen zugrunde lagen, nicht so relevant für soziale Sensibilität wie andere Dimensionen sind und dieser Unterschied in der Differenzierung besteht, könnten Drittkläßler die auffälligeren Kinder über alle Dimensionen öfter hoch oder niedrig eingestuft haben als Fünftkläßler. Die Drittkläßler würden dabei höhere Korrelationen zwischen den Durchschnitten dieser Maße und sozialer Sensibilität erreicht haben als ältere Kinder. Diese Möglichkeit wird durch die Korrelation zwischen Beliebtheit und sozialer Sensibilität – eine nur von den Mitschülern getroffene Beurteilung – unterstützt. Für die Achtjährigen betrug die Korrelation .232, während sie für die Zehnjährigen bei .163 lag.

Unter methodischen Gesichtspunkten war diese Untersuchung darauf angelegt, Sensibilität mit Instrumenten zu messen, die weniger Beschränkungen unterlagen, als man sie in bisherigen Studien vorfindet. Die Verwendung realistischer sozialer Situationen statt isolierter Bilder oder stimmlicher Äußerungen schien gegenüber früheren Untersuchungen eine Verbesserung zu sein, die erlaubt, den Ergebnissen einen höheren Aussagewert beizumessen. Jedoch scheint es erforderlich, in der weiteren Forschung zur sozialen Sensibilität Stimuli mit sowohl visuellen als auch auditiven Signalen anzubieten. Mit zunehmender Verbreitung der Videotechnik wird es möglich sein, Sequenzen zu entwickeln, die den Erfordernissen der Untersuchung genau entsprechen.

Der zukünftige Verlauf dieser Forschung sollte erstens die weitere Entwicklung eines Instruments für soziale Sensibilität einschließen, das vollständige und realistische Situationen darbietet. Zweitens sollte eine Verifikation der Ergebnisse dieser Untersuchung unternommen werden, die eine Erweiterung auf jüngere und ältere Altersstufen einschließt. Drittens ergibt sich mit der Entwicklung besserer Instrumente die Möglichkeit, eine größere Bandbreite von typischen und auch atypischen Kindern zu untersuchen. Dabei könnten verschiedene Stimuli, die die Art der Interaktion variieren (z. B. belastend/nicht belastend) verwendet werden, um herauszufinden, welche Art von störenden Interaktionseffekten bei Kindern mit unterschiedlichen Merkmalen zu Interpretationsproblemen führt. Viertens sollten Faktoren der häuslichen Situation untersucht werden, von denen anzunehmen ist, daß sie die emotionale Anpassung der Kinder und deshalb möglicherweise auch die Fähigkeit der Kinder, soziale Sensibilität zu entwickeln, beeinflussen. Schließlich ist Grundlagenforschung nötig, die Hinweise für die Entwicklung sozialer Sensibilität bei Kindern liefern würde. Denn eine wichtige Sache, die ein Kind außer seinem formalen Schulpensum ebenfalls lernen muß, ist es, Gefühle anderer zu interpretieren, zu verstehen und auf sie einzugehen.

Übersetzt von Christine Geulen-Roth

Anmerkungen

1 Dieser Artikel fußt auf einer Dissertation, die an der Fakultät der Graduate School of Cornell University in teilweiser Erfüllung der Erfordernisse für den PhD-Grad eingereicht wurde. Die Untersuchung wurde teilweise unterstützt von der Initiative 171 Funds of Research in Biology and Medicine des Staates Washington. Eine kürzere Version dieses Artikels wurde beim Zweijahrestreffen der Society for Research in Child Development, New York City, im März 1967 vorgelegt.

Die Verfasserin ist für die vielen hilfreichen Vorschläge ihres Beraters, Nathaniel N. Wagner, Univ. of Washington und John Doris, Cornell University, im Verlauf der Untersuchung, dankbar. Dank sei auch Walter Emmerich, Richard Melton, William Coffman und Sandra Cohen, alle vom Educational Testing Service, für ihre kritische Durchsicht einer früheren Fassung, die entstand, als die Verfasserin diesem Institut angehörte, ausgesprochen.

2 Die Verf. ist Jane Danielson, William Inglis und Robert Smith, Theaterstudenten der Univ. of Washington, wegen ihrer Darstellungen zu Dank verpflichtet.

3 Unterlagen mit den vier Bewertungsrichtlinien, den bewerteten Protokollen, den Lehrerbeurteilungen, dem Maß der Angaben der Mitschüler, dem Instrument für die Erfassung des Selbst-Konzepts und den Interkorrelationen zwischen den Dimensionen der Lehrer-, Mitschüler- und Selbstbeurteilung sind beim National Auxiliary Publications Service hinterlegt. Sie sind unter der Nr. 00849 beim National Auxiliary Publications Service of the American Society for Information Science, c/o CCM Information Sciences, Inc., 909 Third Avenue, New York, New York 10022, anzufordern. Vorauszahlung 3 $ für Fotokopien oder $ 1 für Mikrofilm, zahlbar an Research and Microfilm Publications, Inc. Die Unterlagen sind auch kostenlos unter RB 68 20 der Research Publications, Educational Testing Service, New Jersey 08540, erhältlich.

4 Da der IQ normalerweise aus 5 Subtests ermittelt wird, wurde hier der Score für den Mosaik-Test mit 5 multipliziert und der IQ aus der entsprechenden Tabelle des Testmanuals (Wechsler 1949) ermittelt.

5 Die Ergebnisse der Testangst-Skala und des Zeichne-einen-Menschen-Tests werden hier nicht dargestellt.

6 Obwohl es signifikante Unterschiede zwischen dem durchschnittlichen Selbst-Konzept der Probanden, die das Selbst-Konzept-Maß zuerst erhielten, verglichen mit denen, die es zuletzt bekamen, gab, wurden alle Probanden für die Auswertung zusammengefaßt. Dies war gerechtfertigt, da das Muster der Korrelationen mit den Variablen der Untersuchung für die beiden Gruppen ähnlich war.

Daniel G. Mossler, Robert S. Marvin und Mark T. Greenberg

Informationsbezogene Perspektivenübernahme bei 2- bis 6jährigen Kindern

Die vorliegende Literatur ist kontrovers und nicht eindeutig hinsichtlich der Frage, wann Kinder frühestens zu einem informationsbezogenen Perspektivenwechsel [conceptual perspective taking] – d. h. die Gedanken, Gefühle und den Wissensstand einer anderen Person zu erschließen – imstande sind (z. B. Borke 1971*; Chandler und Greenspan 1972). Die meisten Untersuchungen kamen zu dem Ergebnis, daß Kinder unter 7 Jahren hierzu nicht in der Lage sind. Flavell, Botkin, Fry, Wright und Jarvis (»Die Geschichte mit dem Apfel und dem Hund«, 1968) und Chandler und Greenspan (1972) benutzten Aufgaben, bei denen das Kind Zugang zu Informationen hatte, die der anderen Person nicht verfügbar waren. Vom Kind wurde dann eine Aussage über die in dieser Weise beschränkte Sichtweise des anderen verlangt. Beide Untersuchungen stellten fest, daß die meisten Kinder unter 9 Jahren zu einer echten Perspektivenübernahme noch nicht imstande sind.

Einige andere Studien, die weniger informationshaltige Stimuli verwendeten und geringere sprachliche Anforderungen an die Reaktionen der Probanden stellten, lieferten inhaltliche Belege für informationsbezogene Perspektivenübernahme schon bei 3- bis 4jährigen Kindern. Borke (1971)* ließ Kinder ein Bild auswählen, das dem Gefühlszustand eines in einer vorgetragenen Geschichte vorkommenden Kindes entsprach. Sie stellte fest, daß in bestimmten, einfachen Kontexten bereits Dreijährige die Gefühle eines anderen Kindes richtig erschließen können.

Die Bork'sche Untersuchung ist mit dem Argument kritisiert worden, daß ihre Aufgaben andere soziale Fähigkeiten als Perspektivenübernahme erfassen. Ein Kind kann durchaus richtig angeben, daß eine bestimmte Person bei einer Geburtstagsparty fröhlich [happy] ist; da es aber einem verbreiteten Alltagswissen entspricht, daß man auf einer Geburtstagsparty im allgemeinen fröhlich ist, muß das Kind in diesem Fall nicht unbedingt eine Perspektivenübernahme vollziehen, um die Gefühle anderer angeben zu können. Um sicherzustellen, daß für eine richtige

Antwort tatsächlich Perspektivenübernahme erforderlich ist, muß die Aufgabe so konstruiert sein, daß sich die Perspektive des Kindes in belegbarer Weise von der des anderen unterscheidet. Wie Chandler und Greenspan (1972) ausführen, »würde ohne diese wichtige Spezifikation egozentrisches und nicht-egozentrisches Denken zum gleichen Ergebnis führen und in der Messung hoffnungslos konfundiert werden« (a. a. O., S. 105).

Eingedenk dieser Kritik untersuchten wir die Fähigkeiten kleiner Kinder zur informationsbezogenen Perspektivenübernahme mittels einer vereinfachten Version einer Situation mit ungleicher Informationsverteilung, wie sie von Flavell u. a. (»Die Geschichte mit dem Apfel und dem Hund«, 1968) angegeben wurde. Um eine vertraute Atmosphäre zu schaffen, wurde die Aufgabe bei den Kindern zu Hause und mit der Mutter als Mitspieler gestellt.

Probanden waren 10 2jährige (Median=2;8 Jahre), 20 3jährige (Median=3;5 Jahre), 20 4jährige (Median=4;6 Jahre), 20 5jährige (Median=5;6 Jahre) und 10 6jährige (Median=6;4 Jahre). Alle Kinder stammten aus Mittelschichtfamilien.

Den Kindern wurden in Videoaufnahme zwei kurze Geschichten vorgeführt, und sie wurden gebeten, eine Ja/Nein-Aussage über die eingeschränkte Sicht eines anderen zu treffen. Die Geschichten handelten in allen Fällen von Kindern des gleichen Geschlechts wie der Proband. Bei der ersten Geschichte (die Großmutter-Geschichte) sah man ein 5jähriges Kind über einen Hinterhof und durch die Hintertür in ein Haus gehen. Der entsprechende Ton lautete: »Dieser Junge (dieses Mädchen) geht in das Haus seiner Großmutter.« Bei der anderen Geschichte (Kuchen-Geschichte) sah man, wie ein 5jähriges Kind am Küchentisch sitzt, dann aufsteht und zu seiner Mutter geht. Dazu hörte man das Kind fragen: »Mami, kann ich ein Stück Kuchen haben?« Die Mutter antwortet: »Sicher.« Die Reihenfolge der Darbietung dieser Geschichten wurde kontrolliert.

Der Versuchsleiter spielte zunächst etwa 20 bis 30 Minuten mit jedem Kind und zeigte ihm die Geräte. Dann sagte er, daß sie nun ein Fernsehspiel spielen würden. Die Mutter wurde gebeten, in einem anderen Raum zu warten. In Abwesenheit der Mutter wurde dem Kind dann eine Geschichte gezeigt und durch eine kurze Befragung sichergestellt, daß es die in ihr enhaltenen Informationen verstanden hatte.

Nachdem der Versuchsleiter die Mutter wieder hereingeholt hatte, sagte er: »Jetzt schaust du dir mit deiner Mami die Geschichte noch einmal an, aber diesmal drehe ich den Ton ab.« Er versicherte sich, daß das Kind zuschaute, wie er den Ton abdrehte, und die Geschichte wurde nunmehr ohne Ton noch einmal gezeigt. Dann wurde das Kind darüber befragt, was seine Mutter wohl über den Video- und den Tonteil der Geschichte wisse. Im Falle der Großmutter-Geschichte fragen wir: »Denkt deine Mami, daß der Junge (das Mädchen) in ein Haus geht?« Und »Weiß deine Mami, von wem das Haus ist, in das der Junge (das Mädchen) geht?« Darauf mußte das Kind seine Antwort begründen: »Woher weiß deine Mami das?« Oder: »Wie kommt es, daß sie das nicht weiß?« Im Falle der Kuchen-Geschichte wurde das Kind gefragt: »Denkt deine Mami, daß der Junge (das Mädchen) an dem Tisch gesessen hat?« Und: »Weiß deine Mami, was der Junge (das Mädchen) wollte?« Zur Begründung wurde gefragt: »Woher weiß deine Mami das?« Und: »Wie kommt es, daß sie das nicht weiß?«

Die jeweils ersten Fragen (»Denkt deine Mami, daß der Junge bzw. das Mädchen in das Haus ging?« und »Denkt deine Mami, daß der Junge bzw. das Mädchen an dem Tisch gesessen hat?«) wurden einbezogen, um einen möglichen negativen Antwort-Set der Kinder zu kontrollieren. Die Antworten auf die beiden kritischen Fragen (»Weiß deine Mami, von wem das Haus ist, in das der Junge bzw. das Mädchen geht?« und »Weiß deine Mami, was der Junge bzw. das Mädchen wollte?«) wurden als entweder egozentrisch oder nicht-egozentrisch codiert.

Ein Kind wurde als nicht-egozentrisch codiert, wenn es im Falle der Geschichte mit der Großmutter angab, daß seine Mutter nicht wisse, in wessen Haus der Junge bzw. das Mädchen ging. Im Falle der Geschichte mit dem Kuchen wurde ein Nicht-Egozentrismus-Code gegeben, wenn das Kind angab, daß seine Mutter nicht wisse, was der Junge bzw. das Mädchen wollte. Da alle außer 3 Kindern beide Fragen entweder egozentrisch oder nicht-egozentrisch beantworteten, wurde jedes Kind als entweder egozentrisch oder nicht-egozentrisch gescort. Die 3 Kinder, die in der einen Situation egozentrisch, in der anderen nicht-egozentrisch geantwortet hatten, wurden als egozentrisch eingestuft.

Die von den Kindern gegebenen Begründungen wurden als richtig gescort, wenn das Kind sagte, daß seine Mutter es deshalb nicht wisse, weil der Ton abgedreht war oder weil sie nicht im Raum war. Auch im Hinblick auf die Begründungen wurde jedes Kind als entweder richtig oder unrichtig gescort, da alle Kinder außer 7 beide Fragen in gleicher Weise beantworteten; die 7 Ausnahmen wurden als unrichtig eingestuft.

Sowohl für die Fragen zur Perspektivenübernahme wie für die Rechtfertigungen wurde eine 5 (Alter) × 2 (Antwort) χ^2-Analyse durchgeführt. In bezug auf die Fragen zur Perspektivenübernahme weist ein χ^2 von 46,80 ($df=4$; $p < .001$) darauf hin, daß Kinder verschiedener Altersstufen bei dieser Aufgabe unterschiedlich abschneiden. Von den 2jährigen konnten 6 (60%) nichts mit unseren Fragen zur Perspektivenübernahme anfangen; ihnen wurde dann auch nur eine Geschichte gezeigt. Gemäß ihrem Verhalten bei der einen Geschichte wurden sie alle als egozentrisch eingestuft. Keiner der 2jährigen und nur einer (5%) der 3jährigen konnte beide Fragen nicht-egozentrisch beantworten. Dagegen gaben 12 (60%) der 4jährigen und 17 (85%) der 5jährigen nicht-egozentrische Anworten. Von den 6jährigen antworteten alle nicht-egozentrisch.

Im Hinblick auf die Begründungen ergaben sich etwas andere Alterstrends. Ein χ^2 von 34,55 ($df=4$; $p < .001$) zeigt an, daß Kinder in Abhängigkeit von ihrem Alter unterschiedlich antworten. Bei den 2- und 3jährigen gab kein Kind eine korrekte Begründung. Bei den 4jährigen waren es 8 (40%), bei den 5jährigen 12 (60%) und bei den 6jährigen 9 (90%), die richtige Begründungen lieferten.

Abschließend läßt sich sagen, daß 4- und 5jährige Kinder in der Lage sind, eine echte informationsbezogene Perspektivenübernahme zu vollziehen. Außerdem scheint es, daß die Fähigkeit, eine richtige Aussage über die Sichtweise eines anderen zu machen, sich etwas früher entwickelt als die Fähigkeit, diese Aussage richtig zu begründen. Da die in unserer Untersuchung verwendete Aufgabe in belegbarer Weise verschiedene Perspektiven umfaßt, unterliegen unsere Folgerungen nicht der Kritik, die an anderen Studien mit ähnlichen Ergebnissen geübt worden ist.

Übersetzt von Dieter Geulen

2.2 Komplexere entwicklungslogische Modelle

Patricia H. Miller, Frank S. Kessel und John H. Flavell

Denken über Leute, die über Leute denken, die über Leute denken . . .: Eine Studie zur sozial-kognitiven Entwicklung

Diese Untersuchung widmet sich der Entwicklung im Verständnis des rekursiven bzw. selbsteinschließenden Charakters des Denkens (z. B. »er denkt, daß sie denkt, daß er denkt . . .«). Probanden aus der 1. bis 6. Klassenstufe hatten Strichzeichnungen, in denen Sprechen und Denken ähnlich wie in Comic strips dargestellt war, zu beschreiben. Sowohl die Gruppenleistung wie die Skalierung einzelner Probanden zeigen eine vierstufige Entwicklungssequenz: a) Denken an Personen als solche, b) Denken über Handeln (Sprechen), c) Denken über Denken, d) Denken über Denken über Denken. Die Leistung nahm mit der Altersstufe zu. Ergebnisse werden im Hinblick auf Unterschiede in der formalen Struktur der vier Entwicklungsstufen und der Entwicklung von Fähigkeiten zur Perspektivenübernahme diskutiert.

Bisher lagen relativ wenige Forschungsergebnisse zur Entwicklung der sozialen Kognition, d. h. zur Zunahme des Wissens über die spezifisch menschlichen Objekte und Ereignisse in der Umwelt beim Kind vor (Flavell 1976; Wallach 1963). Menschliche Subjekte können mit anderen Menschen oder mit nichtmenschlichen Objekten auf dreierlei Weise in Verbindung treten oder sie erfassen, nämlich durch motorische Tätigkeit, durch Wahrnehmungstätigkeit und durch vorstellende (symbolische, bildhafte, intellektuelle) Tätigkeit. Die vorstellende Tätigkeit unterscheidet sich von der motorischen und der wahrnehmungsmäßigen in einem grundlegenden und bedeutsamen Punkt, den wir gleich beschreiben. Das Ziel der vorliegenden Untersuchung war es, die Entwicklung im Erfassen dieses Unterschiedes beim Kinde zu erforschen.

Motorische Tätigkeit bezieht sich ausschließlich auf belebte oder unbelebte Objekte. Das grundlegende Paradigma besteht daher aus den drei Momenten Subjekt – Tätigkeit – Objekt(e) (z. B. ich berühre dich, ich greife nach dir, ich spreche zu dir usw.). Bei der Wahrnehmungstätigkeit ist das Anwendungsgebiet vielfältiger und läßt Paradigmen wie die folgenden zu: Subjekt – Tätigkeit – Objekt (z. B. ich nehme dich wahr); Subjekt – Tätigkeit – Tätigkeit (z. B. ich nehme Bewegung oder Sprechen wahr usw.); Subjekt – Tätigkeit – (Subjekt – Tätigkeit – Objekt) (z. B. ich nehme wahr, daß du ihn berührst, daß du zu ihm sprichst usw.). Jedoch ist weder motorische noch Wahrnehmungsfähigkeit jemals rekursiv in dem Sinne, daß sie ihr eigenes Anwendungsfeld konstituieren, daß sie sich auf sich selbst beziehen oder sich selbst als Objekt einbeziehen könnte. Mit anderen Worten ist das Selbsteinschließen [self-embedding] einer motorischen oder Wahrnehmungstätigkeit unmöglich. Während ich z. B. deine geschlossene Hand anfassen kann, kann ich nie im wörtlichen Sinne deine Tätigkeit des Fassens anfassen; ich kann deinen Blick beobachten, aber ich kann nicht deine Wahrnehmungstätigkeit sehen. Noch deutlicher: Ich kann motorische und Wahrnehmungsprozesse nicht in rekursiver Weise erweitern. Zum Beispiel kann ich nicht visuell wahrnehmen, wie du visuell wahrnimmst, was er visuell wahrnimmt. Die Struktur ist in diesem Falle notwendig kettenförmig (ich sehe dich, und du siehst ihn, und er sieht ...) und nicht hierarchisch oder verschachtelt.

Eine Vorstellung dagegen kann sich auf Objekte, motorische Tätigkeiten, Wahrnehmungstätigkeiten oder Kombinationen dieser beziehen. Außerdem kann sie sich selbst, einen beliebigen Vorstellungsakt oder auch eine unbegrenzt weit verschachtelte Reihe solcher Akte zum Objekt nehmen. Daher kann Vorstellungstätigkeit, aber nicht Wahrnehmungs- oder motorische Tätigkeit, zu rekursiven Strukturen wie der folgenden führen: Ich denke, daß (du denkst, daß [er denkt, daß (sie denkt, daß ...)]). Aufgrund ihres komplexen, hierarchischen Charakters werden rekursive Strukturen schwieriger zu verstehen sein als nichtrekursive. Daher wird sich die Erkenntnis, daß es ein Merkmal von Menschen ist, sich die Gedanken anderer Menschen vorstellen zu können, vermutlich später entwickeln als die Erkenntnis, daß Menschen sich soziale Objekte oder nicht-vorstellungsmäßige Tätigkeiten vorstellen können. Die vorwissenschaftliche Erfahrung läßt vermuten, daß erst Heranwachsende und Erwachsene häufiger bestimmte komplexe Schlüsse von der Art der Perspektivenübernahme über andere Leute vollziehen, die ein

Verständnis des rekursiven Charakters des Denkens implizieren (Flavell, Botkin, Fry, Weight u. Jarvis 1968, S. 49-55 [dtsch. 1975, S. 89-95]).

Ziel der vorliegenden Untersuchung war es, beim Kind das zunehmende Verständnis vom rekursiven Charakter des Denkens zu verfolgen. Es wurde hypothetisch vorausgesagt, daß diese Entwicklung die Beherrschung einer Abfolge von Schritten darstellt. Die hypothetisch behauptete Abfolge war:

(1) Denken an Personen (soziale Objekte) als solche, d. h. ohne einen Zusammenhang zwischen ihnen (Kontiguität);
(2) Denken über Handlungen zwischen Menschen (z. B. Sprechen);
(3) Denken über Denken (einschleifige Rekursion);
(4) Denken über Denken über Denken (zweischleifige Rekursion).

Als Daten wurden die von den Kindern gegebenen verbalen Beschreibungen von Strichzeichnungen dieser vier Strukturen herangezogen.

Methode

Probanden

Probanden waren 72 Kinder aus einer Vorstadtgrundschule, und zwar aus Klasse 1-6 jeweils 6 Jungen und 6 Mädchen.

Material

Das Material bestand aus 18 weißen Karten von etwa 28×35 cm Größe. Jede Karte zeigte eine teilweise kolorierte Strichzeichnung, die sie zum großen Teil ausfüllte. Aus Platzgründen wurden in den Beispielen von Abb. 1 die Gesichter und Denkblasen näher zusammengerückt und die Gesichter etwas stärker vereinfacht, als es bei den tatsächlich benutzten Zeichnungen der Fall war. Abb. 1 gibt ein Beispiel für jeden der vier Grundtypen von Items – Person als solche (Kontiguität), Tätigkeit (Sprechen), einschleifige Rekursion, zweischleifige Rekursion –, die sich in der Art der darin enthaltenen Operation unterscheiden. Dies war die Variable, die uns vor allem interessierte. In der Gruppe der

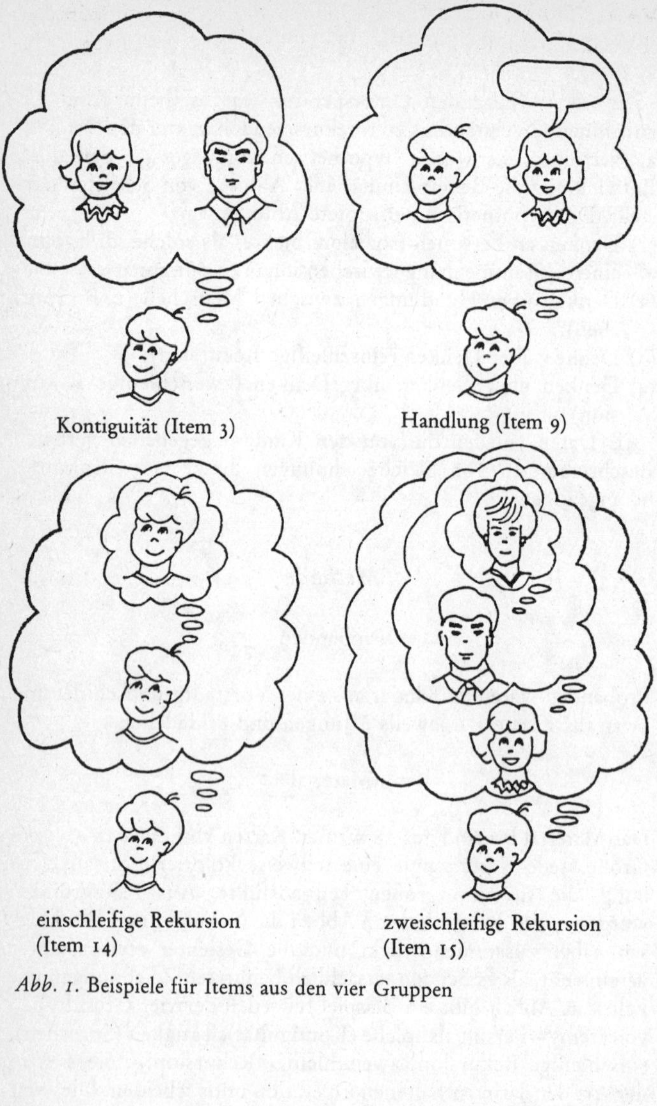

Abb. 1. Beispiele für Items aus den vier Gruppen

Kontiguitäts-Items denkt der in der Zeichnung gezeigte Junge an soziale Objekte, während er in der »Tätigkeit«-Gruppe an eine nicht-rekursive soziale Tätigkeit (Sprechen) denkt. Die beiden anderen Item-Gruppen beziehen sich im Sinne sozialrekursiver Tätigkeit auf Denken.

Tab. 1 enthält eine verbale Beschreibung der 18 Items, die die vier Grundtypen bildeten. Innerhalb jedes Grundtyps wurden drei Variablen von geringerer Bedeutung unterschieden. Zum ersten konnte der dargestellte Junge an einen, zwei oder drei Menschen denken. Zum zweiten konnten die Menschen, an die der Junge dachte, selber an den Jungen, der denkt, denken, und zwar entweder gar nicht oder einmal, zweimal oder dreimal. Drittens konnte, bei gleicher Zahl und Art der verwendeten Gesichter, die Anordnung der Gesichter innerhalb der Denkblasen variieren (vgl. Item 16 und 17). Es wurden nicht alle möglichen Kombinationen dieser drei Variablen innerhalb jedes Item-Typs einbezogen, zunächst wurden die Items eliminiert, die psychologisch oder logisch unmöglich waren (z. B. sind bei einer zweischleifigen Rekursion mindestens 3 Gesichter notwendig), dann wurde die Zahl der übrigen Items noch aus forschungsökonomischen Gründen verkleinert. Die schließlich ausgewählten 18 Items erlauben ein getrenntes Erfassen dieser drei weniger bedeutenden Variablen wie auch der Hauptvariablen (Art der Operation).

Vorgehen

Alle Probanden wurden einzeln getestet. Dem Probanden, der nahe beim Versuchsleiter an einem Tisch saß, wurde eine den Cartoons in Zeitschriften ähnliche Zeichnung gezeigt, die Sprechblasen (kenntlich an durchgezogenen Linien) und Denkblasen (kenntlich an gezackten Linien) enthielt. Der Versuchsleiter wies auf diese Unterschiede der Darstellung hin und erklärte dem Probanden ihre Bedeutung, wenn dieser mit einer solchen Darstellungsweise offensichtlich noch nicht vertraut war. Anschließend wurde der Proband gebeten, die beiden Arten der Blasen anhand der ihm vorgelegten Ausschnitte von verschiedener Größe zu identifizieren. Der Versuchsleiter hob hervor, daß der Junge in der Zeichnung beim Denken an alles denkt, was sich innerhalb der großen Denkblase befindet. Als nächstes hatte der

Tab. 1. Verwendete Items

Item-Gruppe	Item-Nummer u. Beschreibung
An andere Personen als solche denken (Kontiguität)	1. Der Junge denkt an das Mädchen.
	2. Der Junge denkt an sich selbst.
	3. Der Junge denkt an das Mädchen und den Vater.
	4. Der Junge denkt an sich selbst und das Mädchen.
	5. Der Junge denkt an das Mädchen, an den Vater und an die Mutter.
	6. Der Junge denkt an sich selbst, an das Mädchen und an den Vater.
An eine Handlung denken	7. Der Junge denkt, daß das Mädchen dem Vater etwas sagt.
	8. Der Junge denkt, daß er dem Mädchen etwas sagt.
	9. Der Junge denkt, daß das Mädchen etwas zu ihm sagt.
Einschleifige Rekursion	10. Der Junge denkt, daß das Mädchen an denVater denkt.
	11. Der Junge denkt, daß er an das Mädchen denkt.
	12. Der Junge denkt, daß das Mädchen an ihn denkt.
	13. Der Junge denkt, daß das Mädchen an sich denkt.
	14. Der Junge denkt, daß er an sich denkt.
Zweischleifige Rekursion	15. Der Junge denkt, daß das Mädchen denkt, daß der Vater an die Mutter denkt.
	16. Der Junge denkt, daß er denkt, daß das Mädchen an sich denkt.
	17. Der Junge denkt, daß das Mädchen denkt, daß er an sie denkt.
	18. Der Junge denkt, daß er denkt, daß er an sich denkt.

Proband noch die vier in der Aufgabe verwendeten Personen anhand verschiedener vorgelegter Darstellungen ihrer Gesichter zu benennen. Dabei wurde darauf hingewiesen, daß gleiche Gesichter zu ein- und derselben Person gehören (daß es sich also z. B. nicht um Zwillinge handelt). Nachdem der Versuchsleiter den Eindruck gewonnen hatte, daß der Proband die Darstellungen verstanden hatte, wurde dieser gebeten, zu beschreiben, wie ein Junge, der an einen Kürbis denkt, dargestellt werden müßte.

Nach diesem Vortraining wurden die 18 Zeichnungen einzeln der Reihe nach vor dem Probanden so auf den Tisch gelegt, daß er jeweils nur eine sehen konnte. Bei jeder vorgelegten Zeichnung fragte der Versuchsleiter »Was denkt der Junge gerade?« Bei den Items, die Sprechen enthielten, mußte eine weitere Frage gestellt werden, wenn der Proband eine Antwort der folgenden Art gegeben hatte: »Der Junge denkt über sich und das Mädchen nach, und das Mädchen sagt etwas.« Eine solche Antwort ist mehrdeutig im Hinblick darauf, ob sie auch etwas über den Gegenstand des Sprechens enthält und ob das Sprechen auch in den Denkakt aufgenommen wurde. In einem solchen Fall fragte der Versuchsleiter dann, ob das Mädchen etwas zu jemandem sagt und wenn ja, zu wem? Darauf wurde dann die Ausgangsfrage noch einmal wiederholt und die entsprechende Antwort gescort.

Die 18 Items wurden in drei verschiedenen Reihenfolgen je einem Drittel der Probanden jeder Altersstufe und jeden Geschlechts vorgelegt. Jede dieser Reihenfolgen war zufällig ermittelt worden, mit den Ausnahmen, daß Item 1 und 2 in jedem Fall den Anfang machten und daß keine zwei Items des gleichen Typs (Kontiguität, Handlung, einschleifige Rekursion, zweischleifige Rekursion) mehr als zweimal hintereinander vorkommen durften. Alle Gespräche wurden auf Tonband aufgenommen.

Bewertungsverfahren

Zunächst wurden die Antworten von den Tonbändern transkribiert. Als Indikator dafür, daß der Proband die Zeichnung richtig verstanden hat (s. Tab. 1), wurde die sprachlich-grammatische Struktur der Antwort benutzt. Als richtige Antworten zu Item 10 z. B. galten: »Der Junge denkt an das Mädchen, das an den Vater denkt« [the boy is thinking about the girl thinking about father], »der Junge denkt, daß das Mädchen an den Vater denkt« [the boy is thinking that the girl is thinking of father] usw. Es konnten also bei allen Items in einer als richtig bewerteten Antwort unterschiedliche Kombinationen von Konjunktionen (über, an, daß) vorkommen. Im Unterschied dazu wurden »der Junge denkt an das Mädchen und den Vater« und »der Junge denkt an das Mädchen, und das Mädchen denkt an den Vater« als falsche Antworten bewertet. Nachdem wir uns auf diese Kriterien geeinigt hatten, waren die Antworten leicht zu scoren und Fehler nach Kategorien einzuteilen. Zwei Beurteiler scorten je etwa die Hälfte der Probanden.

Ergebnisse

Skalierbarkeit der Item-Gruppen

Die vorrangige Frage unserer Untersuchung war, ob es eine invariante Sequenz in der Entwicklung des Verständnisses von rekursivem Denken gibt. Die hypothetisch angenommene Sequenz war: Denken an Personen als solche (Kontiguität), Denken an eine Handlung (Sprechen) zwischen Menschen, Denken über Denken (einschleifige Rekursion) und Denken über Denken, das sich wiederum auf Denken bezieht (zweischleifige Rekursion). Die in unserer Untersuchung verwendete Querschnittmethode lieferte verschiedene Befunde, die für diese Hypothese relevant sind. Das erste und augenfälligste Ergebnis ist, daß die vier Item-Gruppen in bezug auf die Altersstufen den hypothetisch vorausgesagten Schwierigkeitsgrad aufwiesen (vgl. Abb. 2). Die Aufgaben der ersten Item-Gruppe (Person als solche) wurden von allen Probanden richtig gelöst, unabhängig von der Anzahl der Figuren. In bezug auf die anderen drei Item-Gruppen zeigte sich ein annähernd parallel verlaufender Leistungsanstieg mit dem Alter, wobei die Entwicklung bei den Sechstkläßlern noch nicht abgeschlossen war. Innerhalb jeder Altersstufe waren alle Differenzen zwischen den Item-Gruppen Handeln, einschleifige Rekursion und zweischleifige Rekursion signifikant ($p<.05$ für alle t).

Noch überzeugendere Belege für eine Sequenz ergaben sich beim Prüfen der Skalierbarkeit der Item-Gruppen auf der Ebene der einzelnen Probanden. Wenn die vier Item-Gruppen tatsächlich eine Entwicklungssequenz bilden, dann müßte ein Proband im Idealfall entweder die erste Stufe erreichen, aber nicht die übrigen drei, oder die beiden ersten Stufen, aber nicht die

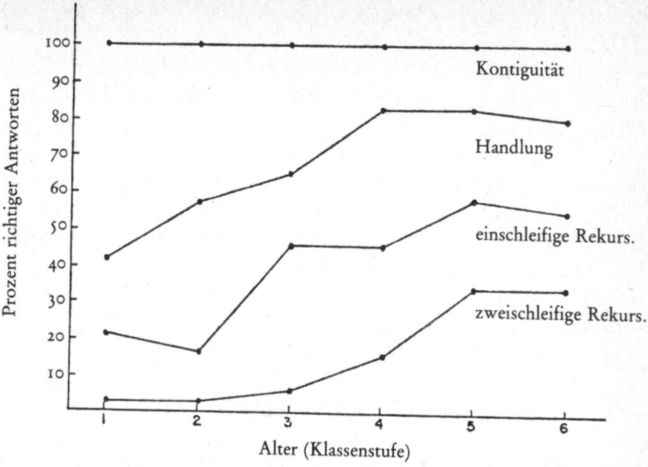

Abb. 2. Prozentanteil richtiger Antworten in jeder Item-Gruppe nach Alter

folgenden zwei, oder die ersten drei Stufen, aber nicht die letzte, oder alle vier. Jeder Proband, bei dem sich nicht eines dieser Muster zeigte, wäre ein Beleg gegen die Hypothese, vorausgesetzt, daß kein Meßfehler vorliegt. Da die Zahl der einzelnen Items in jeder der vier Item-Gruppen unterschiedlich war, wurde für jeden Probanden der Anteil der richtigen Items in jeder Gruppe berechnet. Anstelle eines willkürlichen Testkriteriums legten wir fest, daß Skalierbarkeit im Sinne der Hypothese bei einem Probanden dann anzunehmen war, wenn bei ihm der Anteil richtiger Antworten mit zunehmender Höhe des hypothetisch angesetzten Schwierigkeitsgrades der Item-Gruppe abnahm, d. h. daß Probanden, die Skalierbarkeit zeigen, einen höheren Anteil richtiger Antworten in der Kontiguitätsgruppe als in der Handlungsgruppe, einen höheren Anteil in der Handlungsgruppe als in der Gruppe der einschleifigen Rekursion, einen höheren Anteil in der Gruppe der einschleifigen Rekursion als in der der zweischleifigen Rekursion zeigen. 66 unserer 72 Probanden, also 91,7%, zeigten ein solches Muster. Die Tatsache, daß die vier Stufen tatsächlich für nahezu alle Probanden skalierbar waren, zeigt, daß diese Sequenz invariant ist; kurz gesagt: das Verständnis von rekursivem Denken entwickelt sich offenbar in einer geordneten, vorhersagbaren Weise.

Für bestimmte Items in der Gruppe der ein- und zweischleifigen Rekursion gab es kein Gegenstück in der Gruppe der Kontiguitäts- und Handlungsitems (vgl. Items 13, 14, 18); zum Beispiel gibt es kein Gegenstück zu Item 14 in der Kontiguitätsgruppe (ein solches würde lauten »Der Junge denkt an sich und denkt an sich«). Deshalb wurden die Antworten der Probanden nach Eliminieren der Items 13, 14 und 18 noch einmal auf Skalierbarkeit überprüft. Da sich auch bei diesem »gereinigten« Verfahren 68 von 72 Probanden skalieren ließen, ist die hohe Skalierbarkeit offensichtlich kein durch die genannten Items eingeführtes Artefakt.

Weitere Variablen

Der Einfluß der ersten Nebenvariablen, Zahl der Figuren (Länge des Items), kann in zweifacher Weise betrachtet werden. Zum ersten können innerhalb einer Item-Gruppe die Leistungen bei verschieden umfangreichen Items verglichen werden; dies gilt allerdings nur für die Kontiguitätsgruppe. Da jedoch alle Probanden alle Items in ihrer Gruppe richtig beantworteten, fiel hier die Grundlage für einen solchen Vergleich weg. Zum zweiten können Items gleichen Umfangs aus verschiedenen Gruppen miteinander verglichen werden. Abb. 2 zeigt, daß Items, die ein Denken an zwei verschiedene Personen erfordern, von der Kontiguitätsstruktur über die Handlungsstruktur bis zur einschleifigen Rekursionsstruktur zunehmend schwieriger werden. Ähnlich waren Kontiguitätsstrukturen mit drei Figuren wesentlich leichter zu lösen als zweischleifige Rekursionsstrukturen mit drei Figuren.

Die Zahl der Personen, an die gedacht wird, scheint also keine wichtige Variable zu sein.

Die beiden anderen Nebenvariablen waren zum ersten das Ausmaß, in dem eine Person in ihren eigenen Gedanken vorkommt, und zum zweiten die Anordnung der einzelnen Figuren innerhalb der Denkblasen bei gleicher Zahl und Art der Figuren. Ein möglicher Effekt dieser beiden Variablen müßte sich in unterschiedlicher Schwierigkeit der Items innerhalb jeder Item-Gruppe niederschlagen. Es zeigte sich, daß die zweite Variable keinen Effekt und die erste nur einen kleinen Effekt hatte. Bei Cochrans Q-Test ergaben sich keine signifikanten Unterschiede der Schwierigkeit innerhalb jeder Item-Gruppe mit Ausnahme der Gruppe der einschleifigen Rekursion bei den drei jüngsten Altersstufen ($Q=19.95$; $df=4$; $p<.001$). Dieser Unterschied scheint hauptsächlich darauf zurückzuführen zu sein, daß die Items 10, 11 und 12 leichter waren als die Items 13 und 14 (Sign test; $n=14$; $p<.001$). Da die Items 13 und 14 bei der zweiten, bereinigten Skalierbarkeit-Analyse ausgelassen worden waren, hatte dieser Unterschied der Schwierigkeit der Items bei den jüngeren Probanden keinen Einfluß auf die Skalierbarkeit. Wie man sehen kann, hängt der Unterschied zwischen diesen beiden Untergruppen von Items damit zusammen, ob die Figur in der Denkblase an sich selber denkt (Items 13 und 14) oder an einen anderen (Items 10, 11 und 12).

Analyse der Fehler

Die Kovariation zwischen Altersstufe (Klassen 1-3 gegen Klassen 4-6) und Art des Fehlers bei jeder Altersgruppe wurde mittels χ^2-Test geprüft. Für den Vergleich wurde jeder Proband nach dem bei ihm häufiger vorkommenden Fehler klassifiziert. Bei den Items für zweischleifige Rekursion zeigten die Fehler der höheren Altersstufen im allgemeinen ein höheres Maß von Reife als die der Probanden in den niedrigeren Altersstufen. Bei dieser Altersgruppe war eine mit dem Alter zunehmende Neigung zum Fehlertyp »Rekursion + Verkettung« (z. B. »der Junge denkt, daß das Mädchen an den Vater denkt, und der Vater denkt an die Mutter«, vgl. Item 15) mehr als zu anderen Fehlertypen zu beobachten ($\chi^2=5,64$; $df=1$; $p<.025$). Dieser Fehler könnte ein Ausdruck dafür sein, daß der Proband die einschleifige Rekursion beherrscht, aber noch nicht imstande ist, die Rekursionsregel so zu erweitern, daß er die gegebene doppelte Verschachtelung erfassen kann. Für diese Interpretation spricht die Tatsache, daß Probanden, bei denen der Anteil von Rekursions- plus Verkettungsfehlern über 50% betrug, bei den einschleifigen Rekursionsitems besser abschnitten als Probanden mit einem Anteil von weniger als 50% ($\chi^2=24,31$; $df=1$; $p<.001$). Bei den Items der zweischleifigen Rekursion zeigte sich mit dem Alter eine tendenzielle Abnahme von Kontiguitätsfehlern (z. B. »der Junge denkt an das Mädchen und an den Vater und an die Mutter«), weniger von anderen Fehlern ($\chi^2=5{,}42$; $df=1$; $p<.25$). In diesen Fällen scheinen die Probanden die der ersten Item-Gruppe entsprechenden Denkoperationen geradezu zu vergessen. Ein dritter Fehlertyp bei den Items zur zweischleifigen Rekursion war die Verkettung (z. B. »der Junge denkt an das Mädchen, das Mädchen denkt an den Vater, der Vater denkt an die Mutter«). In diesen Fällen verschachtelt der Proband nicht die Denkakte ineinander, sondern er reiht sie lediglich aneinander. Dies war der häufigste Fehler, und sein Anteil war in beiden Gruppen ungefähr gleich hoch. Innerhalb der Handlungsitems oder der Items zur einschleifigen Rekursion fanden sich keine signifikanten χ^2-Werte. Die meisten Fehler waren vom Kontiguitäts- oder Verkettungstyp.

Diskussion

Die hohe Skalierbarkeit der vier Item-Typen ist ein Beleg für eine geordnete, vorhersagbare Entwicklung des Verständnisses von rekursivem Denken. Beim Erlernen der Einsicht, daß Denken über Denken im Prinzip unbegrenzt fortgesetzt werden kann, scheint das Kind mindestens vier geordnete begriffliche Operationen zu bewältigen – Denken an eine Person als solche (Kontiguität), Denken an Handeln, einschleifige Rekursion und zweischleifige Rekursion. Es sind nun Unterschiede in der Struktur der vier Stufen zu diskutieren, die auch die unterschiedliche Schwierigkeit ihrer Bewältigung erklären können.

Was die erste Stufe betrifft, so gaben alle Probanden richtige Antworten; sie hatten also offenbar keine Schwierigkeiten mit den Materialien. Verstanden hatten sie »statische, wahrnehmbare Objekte, die in der Vorstellungstätigkeit gegeben sind«, wobei berücksichtigt wird, daß der in der Zeichnung dargestellte Junge beim Denken nicht jede beliebige Handlung oder Wahrnehmung der Menschen, an die er denkt, in Betracht zieht. Im Unterschied dazu muß der Proband auf Stufe 2, im Denken über Handlungen (Sprechen), die Struktur »eine wahrnehmbare interpersonale Handlung, die in der Vorstellungstätigkeit gegeben ist« verstehen. Hier finden wir zum ersten Mal eine Handlung in eine andere verschachtelt, und eine Person ist Gegenstand zweier

Handlungen, nämlich »denken an« und »sprechen mit«. Auf der dritten Stufe, der einschleifigen Rekursion bzw. dem Denken über Denken, liegt eine Vorstellungstätigkeit vor, die der gleichen Art von Vorstellungstätigkeit untergeordnet ist. Hier ist zum ersten Mal eine Tätigkeit mit sich selbst verschachtelt, d. h. sie ist rekursiv, und eine Person ist gleichzeitig Gegenstand zweier gleichartiger Handlungen (Denken). Zum Beispiel ist in Item 10 der Vater Gegenstand in den Gedanken sowohl des Jungen wie auch des Mädchens. Diese hierarchische Beziehung ähnelt einigen Klassifikationsbegriffen, die in der mittleren Kindheit erworben werden, zum Beispiel der primären Addition von Klassen, wie sie in Piagets erster Gruppierung dargestellt sind (Flavell 1963, S. 173-176). Im Unterschied dazu gleichen die Handlungsitems der zweiten Stufe den einfachen thematischen Gruppierungen (Bruner, Olver u. Greenfield 1966). Es ist möglich, daß die Entwicklung der Fähigkeiten zur Klassifikation zur Entwicklung der sozial-kognitiven Fähigkeiten beiträgt. Bemerkenswert ist, daß die Handlungsitems und die Items zur einschleifigen Rekursion die gleiche syntaktische Struktur aufweisen (»er denkt, daß er zu ihr spricht« und »er denkt, daß er an sie denkt«). Die Tatsache, daß diese beiden Stufen trotz dieser syntaktischen Ähnlichkeiten einen unterschiedlichen Schwierigkeitsgrad aufwiesen, zeigt, daß die syntaktische Struktur nicht oder kaum für die Skalierbarkeit der Items verantwortlich ist.

Die vierte Stufe, Denken über Denken über Denken, umfaßt eine Vorstellungstätigkeit innerhalb der gleichen Art von Vorstellungstätigkeit, wobei beide wiederum in der gleichen Art von Vorstellungstätigkeit verschachtelt sind. Diese Stufe verlangt mehr noch als die dritte die Erkenntnis der rekursiven Eigenschaft vorstellenden Denkens. Außerdem könnte jedoch dieser längere und komplexere Zusammenhang von Tätigkeiten bei der Enkodierung in Sprache zu Formulierungsschwierigkeiten führen, die auf den vorhergehenden Stufen noch keine Rolle spielen. Außerdem kommt die zweischleifige Rekursion bei der sozialen Wahrnehmung im Alltag wahrscheinlich seltener vor als die anderen Item-Gruppen, d. h. sie hat eine geringere Umweltplausibilität.

Die vorangehende Analyse geht davon aus, daß die Grundlage der Skalierbarkeit der vier Stufen in den Unterschieden ihrer begrifflichen Struktur liegt. Einige der Operationen (z. B. Denken über Objekte, zwischen denen Kontiguität, also kein Zusammenhang besteht) werden in der Entwicklung früher angeeignet als andere Operationen (z. B. Denken über Objekte, die durch einen Denkakt aufeinander bezogen sind). Freilich vermag unsere Untersuchung noch nicht zu klären, in welchem Ausmaß eine Stufe den Anstoß oder das Bindeglied für das Erreichen einer späteren Stufe darstellt. Dies ist eine Frage an zukünftige Forschung. Außerdem wäre auch denkbar, daß wir es mit mehr als den vier Stufen zu tun haben, die in der vorliegenden Studie betrachtet wurden.

Im Zusammenhang mit der verwendeten Aufgabe sollten noch zwei Probleme erwähnt werden. Erstens könnten die Zeichnungen der Handlungsitems realistischer gehalten werden, indem z. B. Hörer und Sprecher einander ansehen und indem die gesprochenen Worte in der Sprechblase erscheinen. Es ist möglich, daß trotz des Vortrainings der Schwierigkeitsgrad der Handlungsitems aufgrund des relativ geringen Realitätsgehaltes unnötig erhöht wurde. Zweitens führt der verbale Anteil in der Aufgabe vermutlich dazu, daß die Kompetenz der Probanden als zu niedrig eingeschätzt wird. Das heißt die Verwendung einer nicht-verbalen Verständnisaufgabe könnte zu dem Ergebnis führen, daß sich das Verständnis von rekursivem Denken früher entwickelt, als es nach der vorliegenden Untersuchung der Fall zu sein scheint.

Es überrascht nicht, daß das Verständnis vom rekursiven Denken mit der 6. Klassenstufe auch nicht annähernd abgeschlossen ist. Dieses Ergebnis stimmt im großen und ganzen mit einer früheren Untersuchung zur Perspektivenübernahme überein (Flavell u. a. 1968, S. 44-55 [dtsch. 1975, S. 84-95]), nach der Spielstrategien, die komplexe Schlußfolgerungen über rekursive interpersonale Gedanken erfordern, nicht vor der Adoleszenz verbreitet sind. Es könnte durchaus eine Voraussetzung für die in der Adoleszenz erreichten komplexen Schlußfolgerungen vom Typus der Perspektivenübernahme sein, daß der rekursive, verschachtelte Charakter des Denkens verstanden worden ist. Bekanntlich wird in der Voradoleszenz und Adoleszenz viel Aufmerksamkeit darauf verwendet, die Gedanken und Gefühle anderer, insbesondere zu einem selber, herauszufinden (vgl. Sullivan 1953). Es wäre kaum möglich, sich zu fragen, was er von mir denkt (was er denkt, das ich von ihm denke usw.), wenn man

Denken ähnlich wie Sprechen und Sehen lediglich als eine nicht-rekursive Operation ansehen würde. Und die Alltagserfahrung zeigt, daß Jugendliche eben viel mehr Talent als Erstkläßler für diese Art Fragen entwickeln, wenn auch oft mit schmerzlichen Folgen.

Übersetzt von Dieter Geulen

Anmerkung

Die Autoren danken Jacqueline Hales für ihre Hilfe bei der Anfertigung der Zeichnungen und John Hultmann, Direktor der Lexington Grundschule in Saint Paul, Minnesota, für die Vermittlung von Probanden.

Kathryn A. Urberg und Edward M. Docherty

Die Entwicklung von Fähigkeiten zur Perspektivenübernahme bei 3- bis 5jährigen Kindern

Es wurden 5 Aufgaben zur Perspektivenübernahme (3 aus der Literatur entnommene und 2 von den Autoren neu konstruierte) nach Inhalt und Struktur analysiert. Aufgrund dieser Analyse wurde die Hypothese aufgestellt, daß diese Aufgaben eine Hierarchie bilden in dem Sinne, daß die Fähigkeiten, die für frühere Aufgaben notwendig sind, logisch den Fähigkeiten vorangehen müssen, die für spätere Aufgaben erforderlich sind. Die Aufgaben wurden 3-, 4- und 5jährigen Kindern vorgelegt; die Daten wurden mit Skalogramm und Clusteranalyse ausgewertet. Die Resultate stützen die Hypothese und weisen auf eine grundlegende strukturelle Differenz – sequenzielle versus simultane Dezentrierung – hin. Der multidimensionale Charakter von Aufgaben zur Perspektivenübernahme wird diskutiert.

Das Konzept des kindlichen Egozentrismus ist zentral in Piagets Theorie der kindlichen Entwicklung. Für Piaget ist das egozentrische Kind in seiner eigenen Sichtweise verfangen: es erkennt nicht, daß seine Gedanken und Gefühle von denen anderer unterschiedlich sein können. Piaget glaubt, daß diese Form des sozialen Egozentrismus von der Geburt bis zum zwölften Lebensjahr in dem Maße abnimmt, in dem das Kind die Fähigkeit zur Dezentrierung, d. h. simultan mehr als einen Aspekt einer Situation zu berücksichtigen, entwickelt.

Eine allgemein anerkannte Definition von nichtegozentrischem d. h. dezentriertem sozialen Verhalten fehlt jedoch bislang. Häufig werden Aufgaben zur Perspektivenübernahme [role taking] als Standardmethode zur Messung von sozialem Egozentrismus verwendet. Aber auch hier herrscht Uneinigkeit darüber, welche Strukturen nichtegozentrischem Verhalten zugrunde liegen. In der Regel entwickelte jeder Forscher seine eigenen Aufgaben und nahm an, daß er damit das Wesen der Perspektivenübernahme erfasse. Dieses Problem wird deutlich in der kürzlich zwischen Borke (1971*, 1972) und Chandler und Greenspan (1972) geführten Diskussion.

Borke (1971)* entwickelte einen Satz von Aufgaben zur Perspektivenübernahme und wies nichtegozentrisches Verhalten bei Vorschulkindern nach. Chandler und Greenspan hingegen widersprechen Borkes Schlußfolgerungen und behaupten, daß die von ihr verwendeten Aufgaben keineswegs nichtegozentrisches Verhalten messen, sondern die kindliche Fähigkeit, stereotype soziale Urteile abzugeben. Mit ihren eigenen Aufgaben konnten Chandler und Greenspan kaum Hinweise auf Fähigkeiten zur Perspektivenübernahme bei 5jährigen Kindern feststellen. Erst ab dem 13. Lebensjahr lösten etwa 85% ihrer Versuchspersonen die Aufgaben.

In ihrer Antwort auf diese Kritik weist Borke (1972) darauf hin, daß bei der Erhebung die Fähigkeit eines Kindes, die Sichtweise eines anderen wahrzunehmen, leicht mit der kognitiven Komplexität der hierzu verwendeten Aufgabe konfundiert sein kann. Die grundlegendste Fähigkeit bei der Perspektivenübernahme, nämlich das Wissen darum, daß andere unabhängig vom eigenen Selbst existieren und eigene Sichtweisen haben, mag schon früh entwickelt sein. Dagegen dürfte die Fähigkeit, den aktuellen Bedeutungsgehalt der Sichtweise eines anderen zu erschließen, durch die kognitiven Fähigkeiten des Kindes begrenzt sein. Dies impliziert, daß sich die Fähigkeiten zur Perspektivenübernahme stufenweise entwickeln und an das allgemeine kognitive Entwicklungsniveau des Kindes gebunden sind.

Einige theoretische empirische Belege für eine stufenweise Entwicklung der Perspektivenübernahme finden sich in Feffers Arbeit (1970) über die Entwicklung der sozialen Dezentrierung. Feffer (1959) und Feffer und Gourevitch (1960)* verwendeten eine projektive Aufgabe, bei der das Kind eine Geschichte zu einem Bild aus den unterschiedlichen Perspektiven der handelnden Personen erzählen sollte. Es wurden drei Strukturniveaus von Perspektivenübernahme unterschieden. Beim ersten fehlt Dezentrierung noch völlig; dies ist charakteristisch für 6jährige. Es folgt dann im Alter von 7 bis 8 Jahren die sequenzielle Dezentrierung, wenn das Kind nacheinander die verschiedenen Aspekte oder Dimensionen der Geschichte berücksichtigen kann. Simultane Dezentrierung als drittes Niveau, das im Alter von 9 Jahren erreicht wird, ermöglicht die gleichzeitige Betrachtung bzw. Koordinierung von zwei oder mehr Aspekten der Situation. Die von Selman und Byrne (1974) gefundenen Niveaus der Perspektivenübernahme, die denen von Feffer (1970) ungefähr entsprechen, bildeten eine stabile Guttman-Skala, was auf eine invariante Entwicklungssequenz hinweist.

An dieser Stelle erscheint es wichtig, auf die grundlegende

Unterscheidung zwischen Struktur- und Inhaltskomponenten bei Aufgaben zur Perspektivenübernahme hinzuweisen. Die Struktur einer Aufgabe läßt sich mit den zur Lösung notwendigen kognitiven Operationen beschreiben, wie etwa die Anzahl der zu beachtenden Dimensionen oder Aspekte eines Problems oder auch, ob diese Aspekte nur nacheinander berücksichtigt werden können oder simultan koordiniert werden müssen. Wie Borke (1972)* geklärt hat, spielen bei der Bestimmung des Schwierigkeitsniveaus einer Aufgabe die inhaltlichen Aspekte eine wichtige Rolle. Unter Inhalt sind hier die Vorstellungen zu verstehen, auf die sich bei der Aufgabenlösung die Operationen richten. Soll zum Beispiel ein Kind eine bestimmte emotionale Reaktion erschließen (Strukturaspekt), so muß es sowohl über den Begriff dieser Emotion in seinem kognitiven Repertoire verfügen als auch eine Vorstellung davon haben, welche Situation gewöhnlich diese Emotion hervorruft (Inhaltsaspekt). Fehlt dem Kind diese Art von inhaltlichem Wissen, so wird es trotz seiner Fähigkeit, Situationen zu entschlüsseln, und trotz seines Bewußtseins, daß andere Menschen andere Sichtweisen haben, eine Aufgabe zur sozialen Perspektivenübernahme nicht lösen können.

Chandler und Greenspan sind der Meinung, daß sich die Aufgaben von Borke lediglich auf die Kenntnis von allgemeinen kulturellen Stereotypen beziehen. Diese Kenntnis jedoch ist der grundlegende Inhalt, der zur Perspektivenübernahme erforderlich ist. Dieses Wissen kann als Kontinuum gedacht werden, das von verbreiteten kulturellen Stereotypen bis zum differenzierten Wissen darüber reicht, auf welche besonderen Weisen Individuen durch eine Situation affiziert werden können. Parallel zu diesem Inhaltskontinuum läßt sich eine zweite Dimension vorstellen, die die strukturelle Komponente einer Aufgabe abbildet. Obwohl Chandler und Greenspan offensichtlich die Definition von Perspektivenübernahme auf die simultane Beachtung zweier Gesichtspunkte beschränkt wissen wollen, scheint uns die entscheidende Frage nicht darin zu bestehen, ob das Kind die Perspektive eines anderen übernehmen kann oder nicht, sondern darin, in welchem Ausmaß und unter welchen Umständen das Kind die Fähigkeit entwickelt hat, Gedanken, Gefühle und Einstellungen zu erkennen, die von seinen eigenen unterschiedlich sind. Die Beantwortung eben dieser Frage ist der Gegenstand der vorliegenden Untersuchung.

Sowohl Feffer (1970) als auch Selman und Byrne (1974) entwickelten ihre Modelle der Hierarchie von Perspektivenübernahme auf der Basis qualitativ kategorisierter Antworten bei einem einzigen Typ offener Aufgaben. Die Aufgaben von Borke (1971)* und Chandler und Greenspan (1972) sowie die von Burns und Cavey (1957) können in diese Hierarchie nur indirekt eingepaßt werden. Eine andere Möglichkeit, die Struktur der Perspektivenübernahme festzustellen, besteht darin, verschiedene Aufgaben zu benutzen, die jeweils ein bestimmtes Niveau der Perspektivenübernahme repräsentieren. In der vorliegenden Untersuchung wurden auf der Grundlage einer Analyse der von Borke (1971)*, Burns und Cavey (1957) sowie Chandler und Greenspan (1972) beschriebenen Aufgaben eine Hierarchie von Perspektivenübernahme aufgestellt und neue Aufgaben entwickelt, die alle denselben emotionalen Inhalt ansprechen.

Aufgabe 1 dieser Skala von Perspektivenübernahme entspricht Borke (1971)*. Dieser Aufgabentyp erfordert ein Urteil über das Gefühl einer anderen Person auf der Grundlage der Kenntnis kultureller Stereotype, z. B. daß ein Kind sich freut, wenn es ein Geschenk bekommt. Dies sehen wir als die grundlegendste Art interpersonaler Schlüsse an.

Aufgabe 2 wurde von den Autoren als Erweiterung der Borkeschen Aufgabe entwickelt; sie erfordert von dem Kind zwei verschiedene stereotype Schlüsse über zwei Personen, die in der Geschichte vorkommen. Diese Schlüsse können nacheinander vollzogen werden.

Aufgabe 3 entspricht Burns und Cavey (1957). Sie erfordert ebenfalls zwei unterschiedliche Schlüsse über die in der Geschichte handelnden Personen, jedoch ist nur einer stereotyp, während der andere Informationen einbeziehen muß, die einmalig und spezifisch für die in der Geschichte dargestellte Person sind.

Aufgabe 4 wurde von den Autoren entwickelt und verlangt die simultane Berücksichtigung konfligierender Rollen. Der Inhalt dieser Aufgabe bleibt einfach und auf dem Niveau kultureller Stereotype, z. B. daß ein wütender Hund einem Angst einjagt oder ein zutraulicher Hund einen freundlich stimmt.

Die Items von Chandler und Greenspan wurden für Aufgabe 5 verwandt. In dieser Aufgabe müssen nicht nur konfligierende Rollen simultan beachtet werden, sondern darüber hinaus wird die Aufgabe dadurch schwierig, daß das Kind sich von dem eigenen Verständnis der Geschichte lösen und die Perspektive einer nicht vollständig informierten dritten Person vergegenwärtigen muß. [Eine nähere Beschreibung dieser Aufgabe findet sich auch in dem Beitrag von Chandler in diesem Band – Anm. d. Hrg.]

Wir gingen von der Hypothese aus, daß diese 5 Aufgaben zur Perspektivenübernahme dadurch eine Hierarchie bilden, daß die Fähigkeiten, die für eine frühere Aufgabe erforderlich sind, logisch denen vorausgehen, die für spätere Aufgaben gebraucht werden. Wenn diese Hypothese zutrifft, sollten die Aufgaben eine Guttman-Skala bilden, und die Items jeder Aufgabe müßten bei einer Cluster-Analyse in verschiedenen Clustern erscheinen.

Methode

Probanden

Die Probandengruppe umfaßt 42 weiße Kinder. In jeder der folgenden Altersgruppen waren je 7 Mädchen und 7 Jungen: von 3;0 Jahren bis zu 3;11 Jahren (Durchschnittsalter 3;6 Jahre), von 4;0 Jahren bis 4;11 Jahren (Durchschnittsalter 4;6 Jahre) und von 5;0 Jahren bis 5;11 Jahren, (Durchschnittsalter 5;5 Jahre). Die Kinder waren aus drei Kindertagesstätten ausgesucht worden. Der sozio-ökonomische Status der Eltern war unterschiedlich, wobei die Zahl der Unter- und Mittelschichtfamilien ungefähr gleich war.

Versuchsmaterial

Im allgemeinen bestanden die Aufgaben aus Bildern und einer entsprechenden Geschichte, die eine Situation schildert, in der die Beteiligten unterschiedlich berührt sind. Das Kind wurde gebeten, die emotionale Befindlichkeit von bestimmten Personen zu beschreiben. Jede der 5 Aufgaben war durch drei ähnliche items repräsentiert. Um die Aufgabenschwierigkeit bezüglich des Inhaltsaspekts soweit wie möglich zu kontrollieren, wurden in die Aufgaben nur 4 Gefühlszustände einbezogen: glücklich, traurig, wütend und ängstlich. Glücklich und traurig waren in jeder Aufgabe Inhalt, während das dritte Item entweder den Aspekt ängstlich oder wütend umfaßte.

Die drei Items der Aufgabe 1 und die dazugehörigen Instruktionen wurden direkt von Borke (1971)* übernommen. Die Items der Aufgabe 2 bestanden jeweils aus zwei Bildern, die eine Situation mit zwei Hauptfiguren darstellten. Ein Bild z. B. zeigte zwei Kinder, die sich um ein Spielzeugauto streiten. Im zweiten Bild gibt eine Frau gerade das Spielzeugauto einem der beiden Kinder. Dem Kind in der Untersuchung wird gesagt: »Dies ist eine Geschichte über dich. Du und dein Freund, ihr wollt beide mit dem Spielzeugauto spielen. Dann kommt plötzlich der Lehrer vorbei und gibt dir das Spielzeugauto. Wie ist dir da zumute? Und wie ist deinem Freund zumute?« Das Material und die Instruktionen der Aufgabe 3 wurden nach Burns' und Caveys (1957) »entscheidenden« Bildern gestaltet. Dabei wurde das Beispiel verwendet, das in ihrem Artikel angegeben ist, und zusätzlich zwei von uns entwickelte Situationen. Die Items der Aufgabe 4 bestanden aus je 3 Bildern nach Flavell, Botkin, Fry, Wright und Jarvis (1968). Die Bilder 1 und 2 beschreiben eine Situation, in der der Gefühlszustand der wichtigsten Person sich nachhaltig ändert. In Bild 3 taucht eine neue Person auf, und dem Kind wird z. B. gesagt: »Dies ist eine Geschichte, die von dir handelt. Du bist draußen und siehst einen hübschen kleinen Hund. Du willst den Hund streicheln, aber er knurrt und rennt dir hinterher. Wie fühlst du dich da? Du rennst ins Haus und machst die Tür hinter dir zu. Dann kommt ein anderes Kind die Straße herunter und sieht den Hund. Wie fühlt sich das Kind?« Das Material und die Instruktionen zur Aufgabe 5 wurden Chandler und Greenspan (1972) entnommen, allerdings wurde die Anzahl der Bilder von 7 auf 5 reduziert.

Wenn das Kind den Gefühlszustand der Personen der Geschichte eindeutig beschreiben konnte, erhielt es den Score 2. Die Antwort wurde dann als richtig gewertet, wenn das Kind seine Meinung begründen und zwei deutlich verschiedene Gefühle logisch aus der Geschichte ableiten konnte. Eine Antwort wurde mit 0 bewertet, wenn das Kind den Gefühlszustand nicht benennen konnte. Eine 1 wurde als Score vermerkt, wenn das Kind nur korrekte Beschreibungen ohne angemessene Erklärung geben konnte.

Vorgehen

Die Probanden wurden einzeln in einem separaten Raum ihrer Kindertagesstätte von einer Studentin älteren Semesters untersucht. Die Testzeit betrug ungefähr 15 Minuten.

Die Aufeinanderfolge der Aufgaben und der in ihnen enthaltenen Items war randomisiert. Die allgemeine Einführung, die den Kindern vorgelesen wurde, lautete: »Ich zeige dir gleich ein paar Bilder und erzähle ein paar Geschichten. Ich möchte gerne wissen, wie die Leute sich fühlen – ob sie glücklich sind oder traurig oder ängstlich oder wütend. Deshalb möchte ich, daß du besonders darauf achtest, wie sich die Leute in den Geschichten fühlen.« Besondere Instruktionen für die Aufgaben zu jedem Niveau wurden wie beschrieben gegeben.

Auswertung

Zwei Beurteiler bewerteten unabhängig voneinander alle Protokolle. Die Übereinstimmung zwischen den Beurteilern für 15 Items betrug 97%. Jede Nichtübereinstimmung konnte durch gemeinsame Diskussion ausgeräumt werden. Zur Prüfung der Geschlechts- und Alterseffekte auf den Summenscore wurde ein 2 (Geschlecht) × 3 (Alter) varianzanalytisches Design gewählt.

Zur Durchführung der Skalogrammanalyse wurden die drei Werte jeder Aufgabe zu einem einfachen »gelöst« bzw. »nicht gelöst« – Score zusammengefaßt. Wenn ein Kind wenigstens 2 von 3 Items einer Aufgabe korrekt beantwortet hatte, wurde dies als Lösung bewertet. Die Skalogrammanalyse wurde sowohl für die gesamte Stichprobe als auch getrennt nach männlichen und weiblichen Probanden durchgeführt. Die Varianz der letzten Aufgabe war gleich 0, da kein Kind sie gelöst hatte. Deshalb wurde Aufgabe 5 bei der Skalogrammanalyse nicht berücksichtigt.

Für die Cluster-Analyse wurde, ausgehend von dem Anteil der Probanden, die bei einem Itempaar den gleichen Wert erzielten, für alle Paare der 15 Items die Ähnlichkeit berechnet. Die Analyse dieser Matrix erfolgte mit der Numerical Taxonomy Package (vgl. Baker, Anm. 1) und der Max Hierarchical Clustering Procedure.

Die Ergebnisse der Varianzanalyse zeigen einen signifikanten Haupteffekt des Alters $F(2, 36) = 13{,}11$, $p<.01$; der Faktor Geschlecht sowie die Interaktion der beiden unabhängigen Variablen sind dagegen nicht signifikant. Die Mittelwerte für die richtigen Lösungen betragen in den drei Altersgruppen 12,93 für die Dreijährigen, 19,07 für die Vierjährigen und 23,93 für die Fünfjährigen. Post-hoc-Vergleiche nach Tukey zeigten, daß die Fünfjährigen gegenüber den Dreijährigen signifikant besser abschnitten ($p<.01$); andere Vergleiche waren nicht signifikant.

In der Guttman-Analyse ergibt sich folgende Aufgabenreihung: Aufgabe 1, Aufgabe 3, Aufgabe 2, Aufgabe 4. Der Reproduzierbarkeitskoeffizient nach Loevinger beträgt .988 ($p<.01$). Nur bei zwei Personen erscheint ein mit der Skalierung unverträgliches Muster, beide Male finden sich Inkonsistenzen für die Aufgaben 2 und 3.

Die Scores für männliche und weibliche Versuchspersonen wurden getrennt skaliert, um mögliche Geschlechtsunterschiede festzustellen. Für Mädchen und Jungen wurden jedoch keine unterschiedlichen Skalierungen gefunden. Der Loevinger-Koeffi-

Tab. 1. Mittelwerte ($\bar{x}$) und Standardabweichungen (s) der Scores bei den Aufgaben für jede Altersstufe

Alter	Aufgabe 1	2	3	4	5	über alle Aufgaben
3 Jahre						
$\bar{x}$	4.85	2.78	3.73	1.40	.07	12.92
s	1.29	2.29	2.60	1.63	.26	7.03
4 Jahre						
$\bar{x}$	5.85	4.31	5.00	3.35	.57	19.07
s	.53	1.92	1.51	2.06	.75	5.37
5 Jahre						
$\bar{x}$	5.85	5.85	5.50	4.57	1.78	23.57
s	.53	.53	1.01	2.10	1.75	3.15
über alle Altersstufen						
$\bar{x}$	5.52	4.30	4.73	3.14	.86	
s	.96	2.14	1.98	2.29	1.14	

Tab. 2 Hierarchische Cluster-Bildung der Aufgaben zur Perspektivenübernahme

Ebene	Cluster ($\text{Aufgabe}_{\text{item}}$)	Anpassungsgüte
1	$(3_2,3_3)$	1.000
2	$(1_2,1_3), (3_2,3_3)$	1.000
3	$(1_2,1_3), (2_1,3_2,3_3)$	.980
4	$(1_1,1_2,1_3), (2_1,3_2,3_3)$	.976
5	$(1_1,1_2,1_3), (2_1,3_2,3_3), (4_1,4_3)$	.950
6	$(1_1,1_2,1_3,2_1,3_2,3_3), (4_1,4_3)$	.992
7	$(1_1,1_2,1_3,2_1,3_2,3_3), (2_2,2_3), (4_1,4_3)$	.989
8	$(1_1,1_2,1_3,2_1,3_2,3_3), (2_2,2_3), (4_1,4_3), (5_2,5_3)$	.981
9	$(1_1,1_2,1_3,2_1,3_2,3_3), (2_2,2_3), (4_1,4_2,4_3), (5_2,5_3)$	.968
10	$(1_1,1_2,1_3,2_1,3_2,3_3), (2_2,2_3), (4_1,4_2,4_3), (5_1,5_2,5_3)$	.949
11	$(1_1,1_2,1_3,2_1,3_2,3_3), (2_2,2_3,3_1), (4_1,4_2,4_3), (5_1,5_2,5_3)$	.924
12	$(1_1,1_2,1_3,2_1,2_2,2_3,3_1,3_2,3_3), (4_1,4_2,4_3), (5_1,5_2,5_3)$	.997
13	$(1_1,1_2,1_3,2_1,2_2,2_3,3_1,3_2,3_3,4_1,4_2,4_3), (5_1,5_2,5_3)$	.978
14	$(1_1,1_2,1_3,2_1,2_2,2_3,3_1,3_2,3_3,4_1,4_2,4_3,5_1,5_2,5_3)$	.944

zient beträgt für Jungen .984 ($p<.01$) und für Mädchen .988 ($p<.01$). Aufgabenmittelwerte und Standardabweichungen für jede Altersstufe sind in Tabelle 1 aufgeführt.

Die Ergebnisse der Cluster-Analyse sind der Tabelle 2 zu entnehmen. Da sowohl die Varianzanalyse als auch das Guttman-Verfahren keine Hinweise auf Geschlechtsunterschiede lieferten, wurde die Cluster-Analyse nur für die Gesamtstichprobe durchgeführt. Die Anpassungsgüte für die Gesamthierarchie beträgt .955 ($p<.01$). Auf der Ebene der einzelnen Cluster ist die Anpassungsgüte der Stufen 6 und 12 am besten, die sparsamste inhaltlich überzeugendste Interpretation läßt die Lösung auf Stufe 12 zu. Hier bilden die Aufgaben 1, 2 und 3 ein Cluster, die Items der Aufgabe 4 bilden ein zweites und die der Aufgabe 5 ein drittes Cluster.

Diskussion

Die Ergebnisse der Datenauswertung stützen die Hypothese eines hierarchischen Aufbaus der Fähigkeiten zur Perspektivenübernahme. Die Aufgaben passen sich gut einer Guttman-Skala an und bilden hinsichtlich des Aufgabentyps unterscheidbare Cluster. Die berichteten Ergebnisse weisen darauf hin, daß für die Lösung der in der vorliegenden Untersuchung benutzten Aufgaben unterschiedliche Fähigkeiten erforderlich sind.

Die Aufgaben wurden mit dem Ziel konstruiert, *strukturelle* Unterschiede voneinander abheben zu können. Der *Inhalt* der Aufgaben 1, 2, 3 und 4 kann als einigermaßen äquivalent und ziemlich einfach angesehen werden. Für diese Annahme gibt es zwei Gründe. Zum einen verstanden fast alle Kinder die Situationen, die in den Aufgaben 1 bis 4 vorgegeben worden sind. Der zweite Grund liegt darin, daß alle bis auf eine Versuchsperson die Aufgabe 1 lösten. Die Probanden konnten also den emotionalen Zustand, der in der Aufgabe beschrieben worden ist, entschlüsseln und Situationen, die gewöhnlich solche Emotionen hervorrufen, erkennen.

Es wurde die Hypothese aufgestellt, daß zwischen den ersten 3 Aufgaben strukturelle Unterschiede bestehen. Tatsächlich weist die Skalogramm-Analyse Unterschiede zwischen ihnen aus. Von besonderem Interesse ist die Tatsache, daß die Aufgaben 1, 2 und 3 in ein Cluster fallen. Das offensichtlich gemeinsame Charakteristikum besteht darin, daß zu ihrer Lösung sequenzielle Dezentrierung notwendig ist. Das bedeutet, daß die Kinder in der Untersuchung sich zunächst in die Lage einer der Personen versetzen und entscheiden können, welches Gefühl diese Situation in der Person hervorrufen würde. Sie können sich dann in die Lage der anderen Person versetzen und erneut entscheiden. Diese sequenzielle Strategie wird deswegen Erfolg haben, weil die beiden Standpunkte im wesentlichen voneinander unabhängige Dimensionen sind und keine Koordination notwendig ist.

Daß dieses Cluster als ein grundlegendes Strukturniveau von Perspektivenübernahme bezeichnet werden kann, bestätigt sich auch darin, daß die Items der Aufgabe 4 als getrennte Gruppe in ein Cluster fallen. Zwar sind die Inhalte der Aufgabe 4 denen der Aufgaben 1 bis 3 sehr ähnlich, aber zur Lösung der Aufgabe 4 ist simultane Dezentrierung notwendig. Wenn in diesem Falle die Kinder der Untersuchung die beiden Standpunkte isoliert voneinander betrachten, entgeht ihnen der wesentliche Aspekt, daß die eine Person Informationen hat, die der anderen unbekannt sind. Deshalb ist die simultane Betrachtung und Integration der beiden Standpunkte notwendig. Es liegt auf der Hand, daß der strukturelle Unterschied, der zwischen sequenzieller und simultaner Dezentrierung besteht, für die Trennung zwischen den Items 1 bis 9 und 10 bis 12 in verschiedene Cluster verantwortlich ist.

Allerdings bildet auch die Aufgabe 5 ein getrenntes Cluster, obwohl zu ihrer Lösung ebenso wie bei Aufgabe 4 simultane Dezentrierung notwendig ist. Im nachhinein läßt sich sagen, daß der Inhalt der Aufgabe 5 sehr viel schwieriger zu sein scheint als der der Aufgaben 1, 2, 3 und 4. Während der Datenerhebung beobachteten wir, daß die Kinder schon Schwierigkeiten hatten, die Situation zu verstehen, bevor ihnen Fragen zu den Standpunkten gestellt wurden. Wenn die Kinder die Situation selbst nicht verstehen, ist die Wahrscheinlichkeit gering, daß sie den Standpunkt einer der beteiligten Personen begreifen können. Allerdings verlangt die Lösung der Aufgabe 5 auch iteratives Denken. Die Untersuchungsergebnisse von Miller, Kessel und Flavell (1970)* und Selman und Byrne (1974) legen nahe, daß iteratives Denken ein weiteres strukturelles Niveau von Perspektivenübernahme darstellt, das in der Entwicklungsfolge wahrscheinlich über der simultanen Dezentrierung steht. In der vorliegenden Untersuchung sind der schwierige Inhalt und diese Überlegungen zur Struktur für die Lösung von Aufgabe 5 vollständig konfundiert, so daß keine eindeutige Aussage zur Position der Aufgabe in der Strukturhierarchie getroffen werden kann.

Unsere Untersuchung gibt daher Aufschluß über die drei folgenden Niveaus von Perspektivenübernahme:

Niveau 0: Keine Fähigkeiten zur Perspektivenübernahme. In diese Kategorie wurden Probanden eingeordnet, die keine der Aufgaben lösen konnten. Es gab bei ihnen keine Anzeichen dafür, daß sie sich in den Standpunkt einer anderen Person hineinversetzen konnten, wenn dieser von ihrem eigenen verschieden ist. 14,2% der Stichprobe lagen auf diesem Niveau. (Altersmedian = 3;5)

Niveau 1: Sequenzielle Dezentrierung. Diese Zuordnung erhielten die Probanden, die zwei der drei Items von Aufgabe 1, 2 und 3 lösten, aber Aufgabe 4 nicht bewältigen konnten. Es war ihnen möglich, den Standpunkt einer anderen Person zu erschließen, wenn sie sich nacheinander auf die Aspekte der Situation konzentrieren konnten. 50% der Stichprobe erreichten dieses Niveau. (Altersmedian = 4;5)

Niveau 2: Simultane Dezentrierung. Den Versuchspersonen, die Aufgabe 4 lösten (kein einziges Kind löste Aufgabe 5), wurde dieses Niveau zugeordnet. Sie können den Standpunkt einer anderen Person auch dann erschließen, wenn dazu simultan zwei Aspekte der Situation berücksichtigt werden müssen. 35,8% der Versuchspersonen erreichten dieses Niveau. (Altersmedian = 5;4)

In gewisser Hinsicht sind diese Niveaus den Niveaus 0, 1 und 2 von Selman und Byrne (1974) sehr ähnlich. Nach Selman und Byrne entsprechen ihre Niveaus ungefähr denen von Feffer (1970), doch erweiterten sie die Definitionsgrundlage über Feffers Kriterien von Dezentrierung hinaus, indem sie die Möglichkeiten reziproker und rekursiver Perspektivenübernahme sowie das Konzept der uninteressierten dritten Partei in die Definition der Niveaus einbezogen. Genau dies macht allerdings auch die Schwierigkeit der Niveaubeschreibung bei Selman und Byrne aus: Die potentiell trennbaren Dimensionen der Fähigkeit zur Perspektivenübernahme wurden vermischt. In der vorliegenden Untersuchung wurde im Gegensatz dazu versucht, nur einen Faktor, den Typ der Dezentrierung, zu variieren. Unsere Niveaubegriffe beziehen sich in erster Linie auf diese eine Variable. Unsere Altersdurchschnitte für jedes Niveau weichen erheblich von denen Selmans und Byrnes ab; sie liegen mehrere Jahre niedriger. Die naheliegendste Interpretation dafür ist, daß die meisten unserer Aufgaben in ihrem Inhalt so einfach wie möglich und für Kinder so interessant wie möglich gehalten waren. Sie waren so angelegt, daß die untere Grenze der Fähigkeit zur Perspektivenübernahme erfaßt werden konnte.

Zusammengefaßt: Perspektivenübernahme ist eine sich zunehmend entwickelnde Fähigkeit. Wenn in dem kognitiven Repertoire des Kindes die zu erschließenden Konzepte und die situativen Hinweise, die es braucht, um die interpersonalen Schlüsse zu vollziehen, vorhanden sind, scheint die Art der Dezentrierung der begrenzende Faktor in der Fähigkeit zur Perspektivenübernahme des Kindes zu sein. Wenn die Aufgabe auf dem Niveau der sequenziellen Dezentrierung gelöst werden kann und der Inhalt einfach ist, können schon 3jährige Kinder den Gesichtspunkt einer anderen Person erkennen, selbst wenn er von ihrem eigenen verschieden ist.

In der vorliegenden Untersuchung sind die Konzepte und die situativen Hinweise bewußt einfach gehalten worden. Der Typ der

Dezentrierung erwies sich als die Variable, die für die Clusterbildung 1 und 2 verantwortlich scheint. Sicher könnten andere Aufgaben entwickelt werden, in denen eine andere Variable, z. B. der zu erschließende Begriff, die Cluster oder Niveaus bestimmen. Wir vermuten, daß es möglich ist, eine fast unendliche Anzahl von Entwicklungsstufen der Fähigkeit zur Perspektivenübernahme zu definieren. Diese Annahme impliziert, daß die Suche nach *der* Entwicklungssequenz dieser Fähigkeit sinnlos ist. Die Fähigkeit zur Perspektivenübernahme sollte nicht mehr als globale, eindimensionale Fähigkeit betrachtet werden. Vielmehr sollten Variablen, von denen bekannt oder zu vermuten ist, daß sie den Prozeß der Perspektivenübernahme beeinflussen, untersucht, d. h. sowohl in ihrem Entwicklungsverlauf als auch hinsichtlich möglicher Interaktionen zwischen ihnen näher bestimmt werden.

Übersetzt von Petra Schuhler

Anmerkung

1 Baker, F. B. Numerical taxonomy package. Unveröffentlichtes Manuskript, University of Wisconsin, Madison 1972.

Wolfgang Edelstein, Monika Keller und Karl Wahlen

Entwicklung sozial-kognitiver Prozesse: Eine theoretische und empirische Rekonstruktion

Die Entwicklungspsychologie sozialer Kognition rekonstruiert den Entwicklungsverlauf des Erkennens der sozialen Welt. Gegenstand der Forschung ist, wie Personen (als Erkenntnissubjekte) zu unterschiedlichen Zeitpunkten ihrer Entwicklung soziale Situationen begreifen, wie sie diese begrifflich strukturieren und analysieren und welche Aspekte sie dabei thematisieren bzw. vernachlässigen.

Eine Übersicht über die gegenwärtige Forschungslage (vgl Shantz 1975; Chandler 1977; Waller 1978; Keller 1980) zeigt: Zwar liegt eine Vielfalt von Testverfahren bzw. Aufgaben vor, mittels derer altersspezifische Sichtweisen auf soziale Situationen untersucht werden können; eine systematische Analyse der Aufgabenanforderungen steht indessen noch aus und somit auch eine Analyse der Fähigkeiten, über die ein Proband verfügen muß, damit er verschiedene Aufgaben angemessen – im Sinne des Urteils eines »kompetenten Erkenntnissubjekts« – lösen kann. Als ein Beitrag zur Klärung dieser Fragen und damit zur Systematisierung der heterogenen Forschungsbefunde zur Entwicklung sozialer Kognition versteht sich diese Arbeit.

Die Erforschung sozial-kognitiver Fähigkeiten ist vornehmlich an Meads (1934 [dtsch. 1968]) Konzept des *role-taking* sowie an Piagets (1923 [dtsch. 1972]) Egozentrismus- bzw. Dezentrierungskonzept orientiert. »Role-taking« und »Dezentrierung« werden in ihrer Bedeutung häufig nicht unterschieden. Beide Ausdrücke beziehen sich dann gleichermaßen auf die Fähigkeit, die Perspektive eines anderen Subjektes einzunehmen und damit eine Situation (einschließlich der Stellung des erkennenden Subjekts darin) aus der Sicht des anderen zu rekonstruieren. Ursprünglich meinen beide Konzepte jedoch etwas Verschiedenes. Dies im Blick zu halten, ist für eine Analyse des Forschungsfeldes sinnvoll und notwendig.

Mead ist primär daran interessiert, wie das handelnde Subjekt über die Fähigkeit zum *role-taking* ein System von intersubjektiv validierten Bedeutungen *(shared meanings)* erwirbt. In Piagets

Theorie bezieht sich demgegenüber der Ausdruck »Dezentrierung« auf den in der Entwicklung relativ spät auftretenden Denkakt der Differenzierung eigener und fremder Erkenntnisperspektiven. Dieser Denkakt ist nach Ansicht Piagets konstitutiv für das Entwicklungsstadium der konkreten Operationen. Er impliziert eine erkenntniskritische Einstellung, das heißt ein Wissen um die Perspektivengebundenheit von Erfahrung. Überspitzt formuliert ist Piaget nicht an der Genese von Intersubjektivität im Sinne interpersonaler »Identität« interessiert, sondern an der Perspektivität von Erfahrungen, die gegebenenfalls auf einer Meta-Ebene als *shared meaning* verfügbar ist: als Wissen um die Unterschiedlichkeit von Perspektiven unter bestimmten situativen Bedingungen (Meta-Wissen) und als Wissen um die Möglichkeit zur wechselseitigen Perspektivenübernahme.

Den Unterschieden im Erkenntnisinteresse Piagets und Meads entsprechend lassen sich die in den bisherigen Forschungen zur sozialen Kognition verwendeten Meßverfahren nach *zwei paradigmatischen Typen* unterscheiden:

Die Aufgaben des *ersten Typs* entstammen vornehmlich der eher sozialpsychologisch orientierten Tradition der Forschungen zur Personenwahrnehmung und -beurteilung. Hierbei werden sozialkognitive Fähigkeiten in solchen Situationen untersucht, in denen keine expliziten Hinweise darauf vorliegen, daß sich die Perspektiven von Ego (als Subjekt der Erkenntnis) und Alter (als Erkenntnisobjekt) unterscheiden. Gegenstand der Forschung ist – im Sinne Meads – die Sinnauslegungskapazität der Subjekte, das heißt: die Genese sozialer Bedeutungen. Im weitesten Sinne werden Elemente einer naiven Verhaltenstheorie untersucht, die Personen als Erkenntnissubjekte zu verschiedenen Zeitpunkten der Entwicklung als *shared meaning* oder soziales Wissen an die soziale Welt herantragen.

Die Aufgaben, die dem Probanden gestellt werden, verlangen, anhand der unterschiedlichsten Materialien (Bilder, Bildsequenzen, Geschichten, Diastreifen und Filme) Handlungsfolgen und/oder subjektive Zustände einer oder mehrerer Personen (Erkenntnisobjekte) zu verstehen und, in komplexeren Aufgabenstellungen, kausal zu interpretieren.

Beispiele für solche Vorgehensweisen sind die Arbeiten von Borke (1971)* zur Diskriminierung von Gefühlslagen, von Breznitz und Kugelmass (1967) zum Verständnis von Intentionalität und von Whiteman (1967) zur Interpretation psychologischer Kausalität. In diesen Aufgaben interpretiert der Proband den Sinn von Ereignissen, indem er sein eigenes generelles und spezifisches Wissen über Situationen aktualisiert und anwendet.

Je nach der Art des sozial-kognitiven »Inhalts« (des Elements der naiven Verhaltenstheorie) und je nach der Art der Aufgabenstellung erweisen sich die in den jeweiligen Aufgaben geforderten Leistungen als unterschiedlich schwierig. So sind bestimmte Gefühlslagen leichter zu verstehen als andere (Borke 1971)*. Das Verständnis von Gefühlslagen (Benennen ohne Kausalerklärung) scheint generell weniger schwierig zu sein als zum Beispiel das Verständnis von Motiven und Intentionen (Flapan 1968; Hoffman 1976), welches immer eine Kausalanalyse und damit eine komplexere kognitive Operation erfordert (Youniss 1976). In Abhängigkeit von der Art der Aufgabenstellung fällt das Verständnis ein und desselben Inhalts leichter oder schwerer und tritt damit entwicklungsmäßig früher oder später auf (vgl. Brandt 1978). Borke (1971)* konnte nachweisen, daß die Zuordnung von bildlich dargestellten Gefühlslagen zu Situationen bereits in sehr frühem Alter möglich ist, während nach den Ergebnissen von Flapan (1968) die spontane Interpretation von Gefühlslagen des Helden in einer Filmsequenz erst zu einem weitaus späteren Zeitpunkt der Entwicklung auftritt.

Die Untersuchung von Inhalt und Struktur naiver Verhaltenstheorien im Entwicklungsverlauf muß also nicht nur die variierende Komplexität der Gegenstände solcher naiver Theorien systematisch in Rechnung stellen, sondern auch die Performanzbedingungen, unter denen diese Theorien auf die jeweiligen Erkenntnisobjekte angewandt werden.

Die Aufgaben des *zweiten Typs* entstammen der unmittelbar an Piaget orientierten Tradition. Soziale Kognition wird hier in solchen Situationen untersucht, in denen aufgrund »objektiver« Gegebenheiten der Situation (Chandler und Greenspan 1972; Flavell u. a. 1975) oder – subjektiver – Interpretationen (Feffer und Gourevitch 1960*; Selman 1976*) die Perspektiven zweier oder mehrerer Personen (Erkenntnissubjekte), die in einer sozialen Beziehung zueinander stehen, voneinander unterschieden sind. Damit wird eine Erkenntnissituation hergestellt, in der von vornherein unterschiedliche Perspektiven auf eine Situation gegeben sind. Der Proband muß damit eine *erkenntniskritische*

Haltung einnehmen und die in der Situation möglichen Erkenntnisperspektiven voneinander abheben. Voraussetzung für diese Dezentrierungsleistung ist die inhaltliche Rekonstruktion mindestens einer Perspektive, die als Folie für eine gelungene (adäquate) Dezentrierung dient. Wie im folgenden ausgeführt wird, lassen sich mindestens drei *Typen von Dezentrierung* unterscheiden, die nach den Forschungsbefunden eine Entwicklungssequenz bilden (vgl. Brandt 1978; Selman 1976*): (a) *Perspektivendifferenzierung*, d. i. das Wissen um die Differenz zweier Perspektiven, (b) *Perspektivenübernahme*[a)], d. i. die inhaltliche Ausgestaltung der fremden Perspektive und (c) *Perspektivenkoordinierung*, d. i. die auf einer Meta-Ebene vollzogene Integration inhaltlich unterschiedlicher Perspektiven.

Je nach der Art der gestellten Aufgabe können unterschiedliche Formen der Dezentrierung an jeweils unterschiedlichen Inhalten der sozialen Kognition diagnostiziert werden. Die Verfahren von Chandler und Greenspan (1972, vgl. unten S. 187) und Flavell u. a. (1975) erlauben theoretisch die Unterscheidung der Dezentrierungsleistung nach Perspektivendifferenzierung und Perspektivenübernahme. In beiden Verfahren wird für den Probanden zunächst eine Situation hergestellt, in der er über die Betrachtung einer Bildgeschichte die Erfahrungen der Hauptfigur zu verstehen und ihre Handlungen und Gefühle zu interpretieren versuchen soll.

Da unter dieser Bedingung keine Hinweise darauf vorliegen, daß seine eigene Perspektive auf die Situation von der Perspektive der Hauptfigur systematisch abweichen könnte, entspricht die bis dahin geforderte sozial-kognitive Leistung der in dem erstgenannten Typ von Aufgaben erfaßten Interpretationsfähigkeit. Auf verschiedene Weise wird nun eine zweite Person eingeführt, deren Wissen um die Situation von dem »privilegierten« Wissen abweicht, das der Proband durch seine Kenntnis der gesamten Bildgeschichte hat. In Chandlers Bilderserien taucht die zweite Figur *(bystander)* an späterer Stelle innerhalb der Sequenz der dargestellten Ereignisse auf; in Flavells Bildergeschichten wird durch die Entfernung von drei wesentlichen Bildern für einen zweiten Probanden (es handelt sich hier um einen »Verbündeten« des Untersuchers) eine veränderte Situation für die Deutung hergestellt. In beiden Aufgabentypen befindet sich damit die zweite Person aufgrund »objektiver« Bedingungen in einer

Erkenntnislage, die, verglichen mit der des Probanden, deutlich eingeschränkt ist.

Kriterium für eine erfolgreiche Dezentrierungsleistung ist die Unterschiedlichkeit der Situationsdeutungen, die der Proband aus seiner privilegierten Sicht und aus der informationsdifferenten (eingeschränkten) Sicht der anderen Person gibt. Als *egozentrisch* und nicht dezentriert werden Antworten des Probanden bezeichnet, in denen er der zweiten Person seine eigene, privilegierte Perspektive zuschreibt. Die sozial-kognitive Leistung der *Perspektivendifferenzierung* (a) liegt dann vor, wenn er in seiner Aussage zu verstehen gibt, daß die zweite Person nicht weiß, durch welche Gründe die Reaktion der Hauptfigur bewirkt wurde. Erst wenn der Proband eine *inhaltliche* Interpretation der informations-eingeschränkten Perspektive vornimmt, läßt sich diese Dezentrierungsleistung als *Perspektivenübernahme*[a)] (b) bezeichnen. Wie Befunde von Selman (1971) und Brandt (1978) zeigen, geht das Verständnis der Verschiedenheit von Perspektiven der Fähigkeit zur inhaltlichen Ausgestaltung der informationsdifferenten Perspektive in der Entwicklung voraus. Denn diese inhaltliche Ausgestaltung erfordert einen hypothetischen Denkakt, der dem erkenntnistheoretischen Realismus und Konkretismus jüngerer Kinder offenbar zuwiderläuft. Es läßt sich hierzu die Hypothese aufstellen, daß Aussagen, in denen ein Proband alternative Interpretationen anbietet und zugleich den hypothetisch-spekulativen Charakter dieser Interpretationen der zweiten Person zum Ausdruck bringt bzw. in ihrer Wahrscheinlichkeit abwägt, als Indikator für beginnendes formal-operatorisches Denken gelten können.

Der dritte Typ von Dezentrierung, *Perspektivenkoordinierung* (c), soll hier nur erwähnt werden, da er über den Rahmen unserer eigenen empirischen Arbeit hinausgeht. Er läßt sich mit dem von uns benutzten Verfahren nicht diagnostizieren. Beispielhaft sei hierfür auf die Verfahren von Selman (1976)* und Feffer und Gourevitch (1960)* verwiesen, die nicht nur die Ausformulierung inhaltlich unterschiedlicher Sichtweisen erlauben, sondern auch ihre Koordinierung auf der Meta-Ebene der Verständigungsmöglichkeiten (im Sinne wechselseitiger Perspektivenübernahme).

Fassen wir die Unterschiede zwischen den beiden Typen von Aufgaben noch einmal zusammen: Die Aufgaben des ersten Typs richten sich auf Inhalte der naiven Verhaltenstheorie der Subjekte. Egos Zugang zur Erfahrung von Alter ist dabei unmittelbar, das Wissen um die Perspektivität von Erfahrungen ist nicht notwendig vorausgesetzt. Im Gegensatz dazu ist der Zugang von Ego zu Alter im zweiten Typ von Aufgaben notwendig perspektivenabhängig. Die Inhalte der naiven Verhaltenstheorie bieten dabei lediglich das »Material«, an dem sich die Perspektivität der Einstellung (und damit die Qualität der epistemischen Haltung) nachweisen läßt. Die Inhalte der sozialen Kognition sind bei diesem Typ im Prinzip beliebig. Sie bilden lediglich die Folie, auf der sich die genannten Dezentrierungstypen aufweisen lassen.

Die Darstellung der Aufgabentypen und der kognitiven Leistungen, die durch sie abgerufen werden, verdeutlicht, daß eine Systematisierung der Forschungsbefunde unter mehreren Gesichtspunkten vorgenommen werden muß: (a) nach den *Inhalten*, das heißt den Elementen der naiven Verhaltenstheorie, die jeweiliger Gegenstand von Untersuchungen sind; (b) nach den *Operationen*, die für die Lösung unterschiedlicher Aufgaben notwendig sind und (c) den *Performanzbedingungen*, unter denen sozialkognitive Leistungen erbracht werden müssen. Diese Aspekte bleiben in bisherigen Versuchen, die Einheitlichkeit eines Konstrukts »soziale Kognition« korrelationsstatistisch, etwa in einer multitrait-multimethod-Matrix, zu prüfen (Kurdek 1979; Rubin 1973, 1978*) systematisch konfundiert. Die korrelativen Verfahren sind entwicklungstheoretisch unangemessen und führen im Ergebnis zu Trugschlüssen (Edelstein, Keller und Wahlen, 1980 a, 1980 b).

Vordringlich erscheinen gegenwärtig einerseits *sachlogische Analysen* des Anforderungsgehaltes der in der Forschungsliteratur beschriebenen Aufgaben und andererseits *entwicklungstheoretisch angemessene* Verfahren der Datenauswertung. Die nachfolgenden sachlogischen und empirischen Analysen versuchen, diesen Forderungen ansatzweise gerecht zu werden. Dafür kann auf verschiedene Vorarbeiten in der Forschung zurückgegriffen werden, in denen die Genese einiger sozial-kognitiver Fähigkeiten entwicklungstheoretisch angemessen untersucht wurde. Urberg und Docherty (1976)* postulierten auf der Basis einer theoretischen Analyse verschiedener Aufgaben zur sozialen Kognition eine hierarchische Sequenz in der Genese von sozialkognitiven Teilfähigkeiten (unterschiedlich komplexe Dezentrierungsformen bei »gleichen« inhaltlichen Gegenständen sozialer Kognition).

Anhand einer Skalogramm-Analyse der Daten einer Stichprobe von Kindern im Alter von drei bis fünf Jahren ließen sich ihre Annahmen relativ gut bestätigen. Zu vergleichbaren Ergebnissen kommt Oppenheimer (1978) in einer Replikation dieser Studie.

Die beiden Arbeiten zeigen, daß entwicklungstheoretisch angemessene Vorgehensweisen zugleich differenzierte und wohl interpretierbare Forschungsbefunde erzeugen. Systematische theoretische Vorüberlegungen führen nach einer solchen Vorgehensweise zum Postulat sachlogisch begründeter hierarchischer Sequenzen, die, wenn sie empirisch aufgefunden werden, zugleich begriffen sind. Diese sachlogische Analyse wird im Rahmen der vorliegenden Arbeit an zwei Aufgaben eines Aufgabentyps vorgeführt, der bereits oben beschrieben wurde. Es handelt sich dabei um zwei von Chandler und Greenspan entworfene Perspektivenübernahme-Aufgaben[b)]. Die theoretische Analyse der Aufgaben arbeitet zunächst unterschiedlich komplexe Teilprozesse heraus, die zur Lösung der Aufgaben ausgebildet sein müssen. In der Untersuchung wird sodann die Annahme geprüft, daß die Teilprozesse eines Aufgabentyps nach ihrer Komplexität und gemäß den Bedingungsverhältnissen, die zwischen ihnen erkennbar sind, sich auch empirisch in einer Hierarchie anordnen. Es wird erwartet, daß dabei der jeweils weniger komplexe Teilprozeß eine notwendige Bedingung für den jeweils komplexeren Teilprozeß darstellt. Nicht überprüfbar im Rahmen unserer Stichprobe Gleichaltriger ist die Vermutung, daß die Entwicklungslogik der entsprechenden Teilfähigkeiten dem sachlogischen Aufbau der Anforderungshierarchie entspricht. Diese Hypothese muß im Rahmen einer Längsschnittstudie geprüft werden.

Aufgabenanalyse: Explikation der Sachlogik von zwei Perspektivenübernahme-Aufgaben

Im folgenden wird zunächst die Bildabfolge der Geschichten von Chandler und Greenspan (1972)[b] beschrieben (a) und ihre Funktion im Kontext von zwei Perspektivenübernahme-Aufgaben dargestellt (b); schließlich werden Hypothesen darüber formuliert, welche kognitiven Anforderungen einerseits das Material und andererseits die Aufgabenstellung, in die es eingebettet ist, an die Probanden stellen und in welchen hierarchischen Strukturen sich diese Anforderungen organisieren (c).

Bildmaterial. Zwei verschiedene Cartoon-Serien enthalten je acht Bildszenen, in deren Mittelpunkt ein Junge steht. Dieser zeigt am Ende eine Reaktion, nach der wir die Geschichten »Aggressions-« bzw. »Trauergeschichte« nennen (im folgenden als A und T bezeichnet).

Die Bilder sind auf weißem Karton (DIN A5) mit schwarzer Tusche gezeichnet. Die auf ihnen dargestellten Personen, Objekte und Ereignisse sind nur mit den wichtigsten, für das Verständnis der Geschichte notwendigen Merkmalen versehen.

1. *Aggressionsgeschichte.* Die Cartoon-Serie zeigt einen Jungen, der (a) mit sichtlichem Eifer eine Sandburg baut; (b) mit Genugtuung und Stolz sein Werk betrachtet; (c) mit hochgeworfenen Armen und offenem Mund zusehen muß, wie die Sandburg von einem Mädchen zerstört wird, das mit seinem Dreirad durch sie hindurch fährt; (d) mit empörter Miene vor seinem Werk steht; (e) finsteren Blicks auf ein Haus zugeht; (f) dort auf einen kleinen Jungen trifft, der freudestrahlend auf ein von ihm offenbar gerade aufgebautes Kartenhaus zeigt; (g) mit wütendem Gesichtsausdruck dieses Kartenhaus umbläst; (h) sich grollend von dem kleinen Jungen abwendet, der verdutzt (und mit einem Fragezeichen über dem Kopf) zurückbleibt.

2. *Trauergeschichte.* Die Cartoons dieser Serie stellen einen Jungen dar, der (a) mit traurigem Blick einem Mann winkt, der zurückwinkend mit einem Koffer in der Hand auf ein Flugzeug zugeht; (b) betrübt den Start dieses Flugzeugs beobachtet; (c) auf einen Zaun am Rande des Flugfeldes geklettert ist und dem Flugzeug nachschaut; (d) mit trauriger Miene auf eine Haustürtreppe zugeht; (e) auf dieser Treppe sitzend einen Postboten auf sich zukommen sieht, der ihm ein Päckchen überreicht, das er mit dem Ausdruck der Überraschung entgegennimmt; (f) in Anwesenheit des Postboten das Päckchen öffnet; (g) mit dem Ausdruck von Entsetzen dem Päckchen ein Spielflugzeug entnimmt; (h) weinend neben dem Spielflugzeug sitzt. Daneben steht der Postbote, offenbar ratlos (mit einem Fragezeichen über dem Kopf).

Aufgabenpräsentation. Dem Probanden werden die Cartoons in der angegebenen Reihenfolge vorgelegt – zuerst die Bilder der Aggressionsgeschichte, dann die der Trauergeschichte.

Bei jeder Cartoonserie wird der Proband erstens aufgefordert, die auf den Bildern dargestellten Personen, Objekte und Ereignisse, insbesondere das Verhalten der Hauptfigur der Geschichte zu beschreiben (»Was geschieht hier?«, »Was macht X hier?«, »Und wie ist es hier?«). Zweitens soll der Proband für jede der dargestellten Situationen die emotionale Befindlichkeit der Hauptfigur beschreiben (»Wie fühlt sich X hier? Und hier?«). Drittens soll er die von ihm bereits beschriebene Gefühlslage der Hauptfigur erklären (A: »Warum ist X verärgert?«, T: »Warum ist X traurig?«). Viertens wird exploriert, ob der Proband zwischen dem im zweiten Teil der Geschichte dargestellten Verhalten der Hauptfigur und den im ersten Teil dargestellten Ereignissen einen sinnvollen Zusammenhang sieht. Um herauszufinden, *wie* der Proband diesen Zusammenhang begreift, wird er fünftens aufgefordert, das Verhalten der Hauptfigur im zweiten Teil der Geschichte naiv-verhaltenstheoretisch zu erklären, also entweder einen Grund oder eine Ursache für dieses Verhalten zu nennen (A: »Warum zerstört X das Kartenhaus?«, T: »Warum weint X?«). Schließlich wird der Proband sechstens gefragt, welche Erklärung der *bystander* für das Verhalten der Hauptfigur im zweiten Teil der Geschichte geben könnte (»Was denkt der kleine Junge, warum X ihm das Kartenhaus zerstört?« bzw. »Was denkt der Postbote, warum X weint?«).

Kognitiver Anforderungsgehalt der Aufgabenstellung

Mit den Fragen wird dem Probanden die Aufgabe gestellt, den Sinn der Bilderserien zu rekonstruieren. Die Fragen thematisieren sechs verschiedene Sinnebenen, von denen wir annehmen, daß sie für das vollständige Verstehen der Geschichte konstitutiv sind. Jemand, der die sechs Fragen korrekt beantwortet, hat definitionsgemäß den Sinn der Geschichte vollständig begriffen. Umgekehrt gilt jede nicht oder falsch beantwortete Frage als Beleg für ein hinsichtlich des betreffenden Aspekts unvollständiges Verständnis der Geschichte.

Die sechs Sinnaspekte, auf die sich die Fragen beziehen, stehen untereinander in einem hierarchischen Verhältnis. Mit dieser Aussage wird zweierlei postuliert: (1) Die Sinnebenen setzen unterschiedlich komplexe Verstehensakte bzw. unterschiedlich hohe Erkenntnisniveaus voraus. (2) Die Verstehensakte stehen zueinander in einem logischen Implikationsverhältnis. Dies soll im folgenden begründet werden. Zu diesem Zweck muß a) für jede der oben genannten sechs Teilaufgaben expliziert werden, welcher Typ von Verstehensleistung in ihr verlangt wird. Zudem muß b) nachgewiesen werden, daß nachgeordnete Teilaufgaben nur dann bewältigt werden können, wenn die in vorgeordneten Teilaufgaben verlangten Verstehensakte gelungen sind[1].

1. Teilaufgabe: Der Proband soll die auf den einzelnen Bildern dargestellten Personen, Objekte und Ereignisse benennen und hinsichtlich ihrer für das Verständnis der Geschichte relevanten Oberflächenmerkmale beschreiben. Jeder der beiden Geschichten läßt sich eine bestimmte Aussagenmenge zuordnen, deren Sinn dem Kriterium der Dekodierung von Sachverhalten genügt, die für das weitere Verständnis der Geschichte von Bedeutung sind. Prototypische Aussagen, die ausschließlich die mit der ersten Teilaufgabe intendierte unterste Sinnebene abbilden, sind etwa in der Trauergeschichte: »Da ist ein Mann und ein Junge. Die verabschieden sich. Der Mann geht zu einem Flugzeug. Das Flugzeug fliegt weg. Der Junge winkt hinterher. Der Junge geht weg. Jetzt sitzt er auf einer Treppe vor einem Haus. Ein Postbote kommt. Der gibt dem Jungen ein Paket. Der Junge öffnet das Paket. Er findet darin ein Flugzeug (Spielflugzeug). Jetzt hat der Junge das Flugzeug weggelegt und weint. Der Postbote steht daneben.«

2. Teilaufgabe: Der Proband soll erkennen und beschreiben, welche Gefühle die Hauptfigur der Geschichte in den wechselnden Situationen hat. Diese Gefühle müssen aus dem Ausdrucksverhalten der Hauptfigur im situativen Kontext erschlossen werden. Die Lösung dieser Aufgabe setzt zweierlei voraus: Der Proband muß a) über ein Vorwissen verfügen, welches bestimmte Ausdrucksphänomene und bestimmte situative Kontexte regelhaft mit bestimmten Gefühlslagen verknüpft. Er muß b) dieses Vorwissen auf die in den Bildern dargestellten konkreten Umstände anwenden. Es läßt sich zeigen, daß diese Anwendung die logische Form eines Syllogismus hat[2]. Probanden, die bei der Identifikation der Gefühle der Hauptfigur nur auf deren Ausdrucksverhalten achten, dürften nur zu unspezifischen Aussagen über deren Gefühle gelangen: »Der Junge fühlt sich schlecht« oder »er fühlt sich nicht gut« sind Beispiele dafür.

Die spezifische Qualität dieser negativen Gefühlslagen wird vermutlich nur dann erfaßt, wenn der Handlungskontext mit in Rechnung gestellt wird. Der Proband kann dieses Wissen bei seinen weiteren Überlegungen nur dann berücksichtigen, wenn er die erste Teilaufgabe gelöst hat. Damit ist nachgewiesen, daß die Lösung der zweiten Teilaufgabe die Lösung der ersten logisch impliziert. Für jede der beiden Geschichten lassen sich wiederum bestimmte prototypische Aussagen angeben, deren Sinn genau derjenigen Sinnebene entspricht, die mit der zweiten Teilaufgabe intendiert ist: A: »Der Junge ärgert sich; er ist wütend«. T: »Der Junge ist traurig; er ist niedergeschlagen; er hat Kummer.«

3. Teilaufgabe: Der Proband soll erklären, warum die Hauptfigur der Geschichte sich in der zuvor bestimmten Gefühlslage befindet, das heißt: er soll die Ursachen für diese Gefühle nennen. Wiederum impliziert dies einen Syllogismus.

Dafür benötigt der Proband einerseits die in Schritt 2 identifizierte Gefühlslage der Hauptfigur; andererseits den in Schritt 1 festgestellten situativen Kontext, wozu auch das Ereignis gehört, dem die Funktion einer Ursache für den Gefühlszustand zugeschrieben werden soll. Die Lösung der dritten Teilaufgabe setzt also die Lösung der Teilaufgaben 1 und 2 voraus. Der mit der dritten Teilaufgabe intendierten Sinnkomponente entsprechen die folgenden prototypischen Aussagen: A: »Der Junge ärgert sich deshalb, weil das Mädchen ihm die Sandburg zerstört hat.« T: »Der Junge ist traurig, weil der (Mann)[3] abgereist ist.«

4. Teilaufgabe. Jede der beiden Bildgeschichten gliedert sich in zwei deutlich unterscheidbare Episoden. Die erste Episode ist abgeschlossen, sobald die Hauptfigur der Geschichte den situativen Kontext verläßt, in dem jene Gefühlslage entstand, die der Proband im zweiten Aufgabenschritt beschreiben und im dritten erklären sollte. Die zweite Episode beginnt mit dem Auftreten des *bystander.* Die zwischen den Episoden liegende Situation ist durch ein Bild festgehalten, das allein die Hauptfigur darstellt, deren Ausdruck darauf schließen läßt, daß sie sich immer noch in dem zuvor entstandenen Gefühlszustand befindet. Der Proband muß jetzt erkennen, daß die Ereignisse des zweiten Teils mit denen des ersten Teils in einer sinnhaften Beziehung stehen. Die vierte Teilaufgabe kann nur dann gelöst werden, wenn die Ereignisse der ersten Episode in ihrer Bedeutung für den Gefühlszustand der Hauptfigur bereits dekodiert wurden. Aufgabe 4 setzt somit die Lösung der Aufgaben 2 und 3 notwendig voraus. Aussagen, welche die geforderte Koordinationsleistung zum Ausdruck bringen, müssen klar erkennen lassen, daß der

Proband in beiden Teilen der Geschichte dieselbe Hauptfigur meint und ihr dieselbe dominante Gefühlslage zuspricht (»Ärger« in A und »Traurigkeit« in T).

5. Teilaufgabe. Der Proband soll erklären, warum sich die Hauptfigur im zweiten Teil der Geschichte so verhält, wie sie es tut (A: »Warum zerstört der Junge das Kartenhaus?« T: »Warum weint der Junge?«). Die Voraussetzungen der Lösung dieser Aufgabe sollen genauer beschrieben werden. Die in der Geschichte genannten Gründe für das Verhalten können vom Probanden nur unter zwei Voraussetzungen rekonstruiert werden: Sein Wissensrepertoire muß a) ein psychologisch-kausales Schema enthalten, in dem die Konjunktion von mindestens zwei »Ursachen« (einer inneren und einer äußeren) konditional verknüpft ist mit einer bestimmten Verhaltensweise, die dann als Konsequenz der Verknüpfung der antezendenten Bedingungen interpretiert werden kann. Außerdem muß der Proband b) das Wissen um solche Gesetzmäßigkeiten auf den gegebenen konkreten Fall anwenden.

Dieser ist gekennzeichnet einerseits durch die äußeren Umstände bzw. Ereignisse, denen die Hauptfigur im zweiten Teil der Geschichte begegnet und andererseits durch ihre in der ersten Episode entstandene und in der zweiten andauernde Gefühlslage. Das Entstehen und Andauern dieses emotionalen Zustandes war Thema der Teilaufgaben 1 bis 4. Deren Lösung ist daher die logisch notwendige Voraussetzung der fünften Teilaufgabe.

Das Geflecht der Verursachungszusammenhänge – das sind die multiplen notwendigen, wenngleich nur in ihrer Koordination hinreichenden Bedingungen, die bei einer vollständigen Erklärung der in der zweiten Episode auftretenden Reaktion der Hauptfigur berücksichtigt werden müssen – ist im Schema 1 für A und im Schema 2 für T dargestellt. Zur Erklärung des aggressiven Akts der Hauptfigur in A muß der Proband eine naiv-verhaltenstheoretische Frustrations-Aggressions-Hypothese anwenden. Eine Erklärung, der die Anwendung dieses Schemas zugrunde liegt, müßte etwa folgendermaßen lauten: »Der Junge bläst das Kartenhaus deshalb um, weil man ihm vorher die Sandburg zerstört hat. Das hat ihn geärgert, und der Ärger dauert an. Und außerdem mag er nicht, daß ein anderer (der kleine Junge) etwas hat, das er selbst nicht (mehr) hat; deshalb läßt er seinen Ärger daran bzw. an dem kleinen Jungen aus.«

Schema 1: Ursache-Wirkungs-Verhältnisse in der Aggressionsgeschichte (Pfeile → bedeuten »bewirkt«; Doppelpfeile ↔ symbolisieren Äquivalenzrelationen)

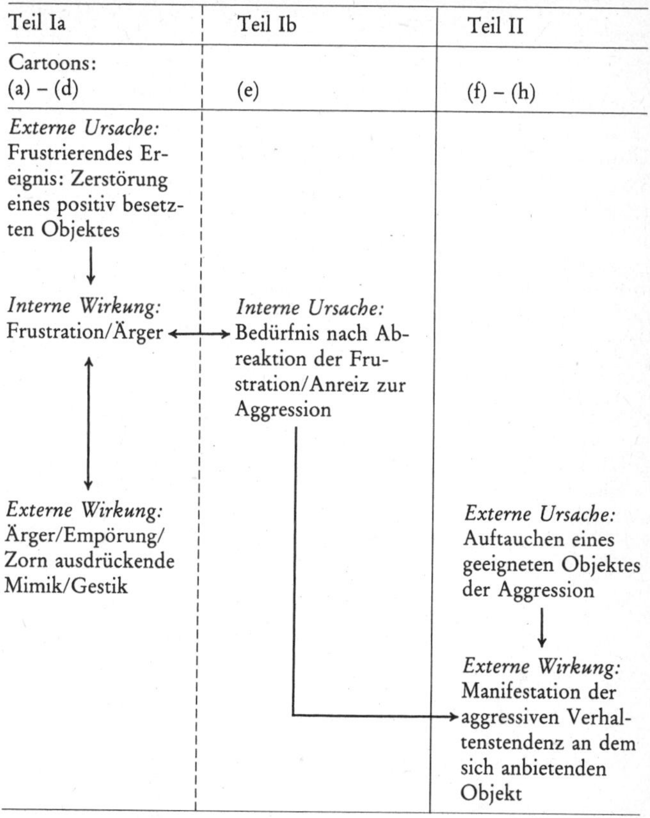

Die in T enthaltenen Verursachungszusammenhänge sind etwas komplizierter. Folgende Überlegungen sind für ein vollständiges Verstehen der Trauerreaktion des Jungen am Ende der Geschichte erforderlich: Kinder, denen man ein Spielzeug schenkt, reagieren darauf in der Regel nicht mit Weinen, sondern mit Freude. Für das erwartungswidrige Weinen des Jungen kann also das Geschenk selbst nicht die eigentliche Ursache sein; aber es muß

Schema 2: Ursache-Wirkungs-Verhältnisse in der Trauergeschichte (Pfeile → bedeuten »bewirkt«; Doppelpfeile ↔ symbolisieren Äquivalenzrelationen)

Teil Ia	Teil Ib	Teil II
Cartoons: (a) – (c)	(d)	(e) – (h)
Externe Ursache: Trennung von einer affektiv bedeutsamen Person ↓		
Interne Wirkung: Gefühl des Verlassenseins/Traurigkeit ↔	*Interne Ursache:* anhaltende latente Traurigkeit	
↕		
Externe Wirkung: Traurigkeit ausdrückende Gestik/Mimik		*Externe Ursache:* Eintritt eines Trennung symbolisierenden Ereignisses ↓
	→	*Interne Wirkung:* Erinnerung an das traumatisierende Ereignis: Aktualisierung der Traurigkeit ↓
		Externe Wirkung: Manifestes Trauerverhalten (Weinen)

dennoch etwas mit dieser Ursache zu tun haben. Die Erklärung lautet dann: Der Junge wird durch das Spielzeugflugzeug an die Trennung von seinem Vater erinnert, der vorher mit einem Flugzeug abgereist ist. Das ruft in ihm nicht Freude über das Geschenk, sondern die Traurigkeit hervor, die ursprünglich durch die Abreise des Vaters verursacht war. Eine Aussage, die diese Überlegungen erkennen läßt, ist die folgende: »Der Junge weint jetzt, weil er an seinen Vater denkt. Der Vater ist mit einem Flugzeug abgereist.«

6. *Teilaufgabe.* Der Proband soll erkennen, daß ein anderes Erkenntnissubjekt (der in der Bildgeschichte auftretende *bystander*) weniger Informationen über das Verhalten der Hauptfigur der Geschichte besitzt als der Proband selbst; und er soll daraus die Schlußfolgerung ziehen, daß die Erkenntnisperspektive des *bystander* zwangsläufig eine andere sein muß als die eigene Perspektive (Perspektivendifferenzierung). Der Proband muß die Frage »Was denkt der kleine Junge, warum ihm der große das Kartenhaus zerstört?« bzw. »Was denkt der Postbote, warum der Junge weint?« als Aufforderung verstehen, sich in die Erkenntnislage des *bystander* zu versetzen, der das Verhalten der Hauptfigur gar nicht oder nur unvollständig, jedenfalls aber nur »anders« erklären kann als der Proband. Die dem Probanden angesonnene Perspektivendifferenzierung kann indes nur gelingen, wenn er zunächst für sich selbst die »richtige« Perspektive gefunden hat. Denn erst mit dieser eigenen Perspektive hat er den Sinnhorizont etabliert, vor dem er dann die Perspektive des *bystander* als unzutreffend oder als anders charakterisieren kann. Die Konstruktion dieses Verständnishorizonts sollte in den Schritten 1 bis 5 geschehen. Diese sind daher notwendige Voraussetzungen für die Lösung der sechsten Teilaufgabe. Beispiele für Aussagen, die Perspektivendifferenzierung erkennen lassen, sind: (A) »Der kleine Junge weiß nicht, warum der große ihm das Kartenhaus umbläst.« »Er denkt, daß der große Junge wütend ist und deshalb etwas kaputt machen will.« »Er kann nicht wissen, warum der Große ihm das Kartenhaus zerstört, weil er nicht dabei war, als das Mädchen die Sandburg zerstört hat.« (T) »Der Postbote versteht nicht, warum der Junge weint.« »Er kann den Grund nicht wissen, weil er nicht weiß, daß der Vater abgereist ist.« »Der Postbote denkt, der Junge mag keine Flugzeuge.«

Die vorstehenden Analysen zeigen: Der intendierte Sinn jeder der beiden Geschichten läßt sich in sechs implikativ aufeinander bezogenen Sinnebenen dekomponieren, so daß für die Aggressionsgeschichte gilt:

$$A6 \supset A5 \supset A4 \supset A3 \supset A2 \supset A1$$

und für die Trauergeschichte entsprechend

$$T6 \supset T5 \supset T4 \supset T3 \supset T2 \supset T1.$$

(A1 bis A6 bzw. T1 bis T6 repräsentieren die in den Teilaufgaben 1 bis 6 thematisierten Sinnebenen der Aggressions- bzw. der Trauergeschichte; $\supset$ symbolisiert die Relation der logischen Implikation.)

Es ist ein Ziel der empirischen Untersuchung, zu überprüfen, ob und in welchem Maße es siebenjährigen Kindern gelingt, den mit den beiden Bildgeschichten intendierten Sinn zu rekonstruieren. Ferner soll geprüft werden, ob zwischen dem Verstehen der Trauergeschichte und der Aggressionsgeschichte ein inhaltlich interpretierbarer Zusammenhang besteht.

Stichprobe. Die Daten wurden an 121 Erstkläßlern (60 Jungen, 61 Mädchen; 7;7 Jahre, SD = 3 Monate) in einer mittelgroßen Stadt erhoben. Die Kinder gehören zu etwa gleichen Teilen sechs am Erhebungsort unterscheidbaren sozialen Schichten an.

Datenerhebung und -aufbereitung. Die Probanden wurden nach dem im Abschnitt »Aufgabenpräsentation« beschriebenen Muster individuell interviewt. Das Gespräch wurde auf Tonband mitgeschnitten, und die Auswertung der Interviews wurde vom Versuchsleiter mit Hilfe des Tonbandprotokolls vorgenommen. Für jede der sechs Teilaufgaben wurden die Antworten des Probanden unter dem Gesichtspunkt bewertet, ob sie ein Verstehen der jeweils intendierten Sinnkomponente erkennen lassen oder nicht. Entsprechend galt die betreffende Aufgabe als gelöst (1) bzw. nicht gelöst (0). Daraus ergeben sich für jeden Probanden bei zwei Geschichten mit je sechs Sinnkomponenten $2 \times 6 = 12$ verschiedene dichotome Kennwerte. Die Reliabilität dieser Kennwertzuweisung wurde an einer Zufallsauswahl der transkribierten Tonbandprotokolle ($n = 40$) von drei weiteren Beurteilern überprüft. Nennenswerte Diskrepanzen zwischen den ursprünglichen und den späteren Auswertungen traten nicht auf, so daß auf die Berechnung von Reliabilitätskoeffizienten verzichtet werden konnte.

Ergebnisse

Die Datenmatrix (12 Items $\times$ 121 Probanden) wurde unter zwei Gesichtspunkten analysiert:

1. Welche empirische Ordnung liegt zwischen den sechs Teilaufgaben *innerhalb* jeder der beiden Geschichten vor? Entspricht

diese Ordnung der dem intendierten Sinn der Geschichte entsprechenden Implikationenfolge?

2. Welche empirische Ordnung wird durch das Antwortverhalten der Probanden *zwischen* den beiden Geschichten bzw. ihren Sinnebenen hergestellt?[4]

Für alle in der Datenmatrix enthaltenen Aufgabenpaare wurde geprüft, ob das für sie charakteristische Antwortmuster einen der beiden folgenden Relationstypen empirisch etabliert:

a) Die Lösung einer Aufgabe A ist eine notwendige, aber nicht hinreichende Bedingung für die Lösung einer zweiten Aufgabe B, (A → B); b) die Lösung einer Aufgabe A ist eine notwendige und hinreichende Bedingung für die Lösung einer anderen Aufgabe C – und umgekehrt (A ↔ C). Die gefundenen Beziehungsmuster innerhalb und zwischen den beiden geschichtenspezifischen Aufgabenmengen sind in der Abbildung 1 graphisch dargestellt. Die Abbildung ordnet die Aufgaben nach ihrem empirischen Schwierigkeitsgrad von unten (leichte) nach oben (schwere Aufgaben) an. Die Skala der Schwierigkeitsgrade (p) ist über die Prozentwerte der richtigen Lösungen pro Aufgabe definiert. Alle abgebildeten Relationenfolgen sind vollständig transitiv. Wenn z. B. A → B → C → D gegeben ist, dann gilt auch: A → C, A → D und B → D; wenn A → B ↔ C → D gegeben ist, gilt auch A → C, A → D und B → D; und so weiter.

Diskussion

Die auf der linken Seite der Abbildung 1 dargestellten empirischen Relationen zwischen den Teilaufgaben der Aggressionsgeschichte sind im wesentlichen deckungsgleich mit der oben postulierten, für das Verständnis des intendierten Sinns der Geschichte maßgeblichen Implikationenfolge. Lediglich die Aufgabe A1 verhält sich erwartungswidrig. Obwohl die in ihr thematisierte Sinnebene allen anderen Sinnkomponenten der Geschichte vorgeordnet sein sollte, wird diese Aufgabe von den Probanden faktisch so behandelt, als sei der in ihr thematisierte Sinn mit dem Sinn der Aufgabe A3 äquivalent und als impliziere er zugleich den Sinn der Aufgabe A2. Offenbar begreifen die Probanden die äußeren Sachverhalte (A1) bereits in Abhängigkeit von ihrer Erkenntnis der inneren Befindlichkeit (A2) der Hauptfigur und der Gründe, die es für diesen Zustand gibt (A3). Sobald

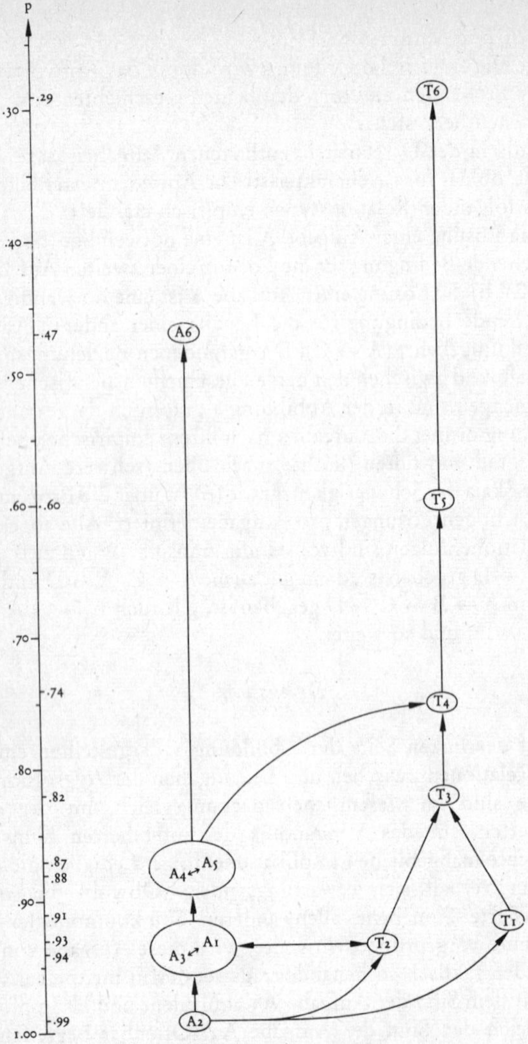

Abb. 1. Empirisch gefundene Voraussetzungsbeziehungen (→) und Äquivalenzrelationen (↔) zwischen den Sinnkomponenten der Aggressionsgeschichte (A1 bis A6) und der Trauergeschichte (T1 bis T6)

sie das verstanden haben, können die Probanden auch die für das Verständnis der Geschichte relevanten äußeren Sachverhalte benennen (A1). Anscheinend benötigen sie für die Lösung dieser Aufgabe ein (basales) Sinnkriterium; und das verschaffen sie sich, indem sie die Aufgaben A2 und A3 lösen bzw. die mit diesen Aufgaben intendierten Sinnkomponenten rekonstruieren. Die empirisch gefundene Abweichung von der logischen Hierarchie der Sinnkomponenten läßt sich möglicherweise als erfahrungsgeleitete Routine der Interpretation von Handlungskontexten begreifen, die logisch vorgeordnete Elemente (»äußere Umstände«, Oberflächenmerkmale) bereits im Horizont der relevanten »inneren« Sinnkomponente(n) (Gefühle, Befindlichkeiten) erschließt und vermutlich erst bei Widersprüchen zwischen der unter die logisch höheren Sinnebenen subsumierten ersten und den folgenden Sinnebenen (d. h. bei einer Prüfung problematischer Interpretationen) zur logischen Abfolge zurückkehrt.

Die Übereinstimmung der entwicklungslogischen Emergenz der Teilfähigkeiten mit der logischen Analyse der Hierarchie der Verstehensakte müßte in Längsschnittuntersuchungen an jüngeren Kindern überprüft werden, die noch nicht über Routinen der Kontextinterpretation verfügen. Wir vermuten, daß die Entwicklungslogik der Teilfähigkeiten der postulierten Relation (A3 $\supset$ A2 $\supset$ A1) folgt.

Anders als die empirischen Relationen von A1 zu A2 und zu A3 steht das empirisch gefundene Äquivalenzverhältnis zwischen A4 und A5 *nicht* im Widerspruch zu der postulierten Implikationenfolge. Denn in A4 $\leftrightarrow$ A5 ist das erwartete Voraussetzungsverhältnis A4 $\rightarrow$ A5 enthalten. Gleichzeitig gilt in unserer Stichprobe aber auch das umgekehrte Verhältnis A5 $\rightarrow$ A4. Das heißt, für die Probanden stehen die in den beiden Aufgaben thematisierten Sinnebenen in einem wechselseitigen Implikationsverhältnis: Sie beantworten die Frage nach den Ursachen des aggressiven Akts der Hauptfigur (A5) nicht, ohne zugleich die beiden Episoden der Geschichte zu einer sinnvollen Einheit zu integrieren (A4); und umgekehrt sind sie außerstande, diese Einheit zu konstruieren, ohne den aggressiven Akt der Hauptfigur zu erklären.

Auch die auf der rechten Seite der Abbildung 1 dargestellten empirischen Relationen zwischen den Teilaufgaben der Trauergeschichte entsprechen im wesentlichen der für das Verständnis des intendierten Sinns der Geschichte maßgeblichen Implikationenfolge. Nur die Aufgabe T1 nimmt (ähnlich wie A1) in diesem System eine erwartungswidrige Position ein. Ihre Lösung ist zwar eine notwendige Voraussetzung für die Lösung der Aufgabe T3, nicht jedoch für die Lösung von T2. Vielmehr fällt es den Probanden etwas leichter, eine richtige Lösung für T2 als für T1 zu finden. Andererseits kann die Lösung von T1 auch dann gelingen, wenn T2 nicht gelöst wurde. Daraus folgt: Ob ein Proband die Gefühle der Hauptfigur der Trauergeschichte versteht (T2), ist im allgemeinen unabhängig davon, ob er auch den situativen Kontext, in dem diese Gefühle entstehen, zu dekodieren versteht (T1). Offenbar können die Probanden allein aufgrund des Ausdruckverhaltens der Hauptfigur deren Gefühlszustand hinreichend exakt bestimmen. Die Erklärung hierfür dürfte, wie im Fall der »Aggressionsgeschichte«, auf Routinen des Verstehens kontextuierter fremd-psychischer Reaktionen verweisen.

Alle übrigen innerhalb der beiden Geschichten gefundenen Relationen stimmen mit den postulierten Verhältnissen überein. Sie sind folglich mit den oben dargelegten Überlegungen zum kognitiven Anforderungsgehalt der Aufgabenstellung hinreichend begründet (bzw. erklärt) und brauchen an dieser Stelle nicht mehr diskutiert zu werden.

Auffallend ist im Vergleich der beiden Strukturen der Unterschied zwischen der Äquivalenzrelation A4 ↔ A5 und der Voraussetzungsbeziehung T4 → T5. In der schwierigeren und komplexeren Trauergeschichte, in der der Sinn einer gleichsam erwartungswidrigen Reaktion (»Geschenk löst Trauer aus«) verstanden werden muß, stehen Ursachenerklärung für Traurigkeit (T5) und Integration der Geschichte zu einem Ganzen (T4) nicht mehr, wie in der Aggressionsgeschichte, in einer Äquivalenzrelation, sondern in der *a priori* postulierten logischen Folge. Das könnte für die Hypothese eines entwicklungslogisch späteren Auftretens der entsprechenden Teilfähigkeit sprechen.

Zur Erklärung der empirischen Relation *zwischen* den beiden geschichtenspezifischen Aufgabenmengen kann nicht auf schon formulierte Hypothesen zurückgegriffen werden. Sie müssen vielmehr – *ex post hoc* – erklärt werden: Zunächst fällt auf, daß die Interpretation der Gestimmtheit der Hauptfigur in der Aggressionsgeschichte (A2) nicht nur der Entzifferung der Oberflächenmerkmale in dieser Geschichte (A1), sondern sowohl der entsprechenden Leistung in der Trauergeschichte (T1) als auch dem Verstehen der Stimmung der Hauptfigur in dieser Geschichte (T2) notwendig vorausgeht. Dagegen stehen Dekodierung der Oberflächenmerkmale (A1) und Ursachenerklärung für Wut oder Ärger (A3) in der Aggressionsgeschichte in einer Äquivalenzrelation mit dem Verstehen von Traurigkeit (T2). Offensichtlich ist die Sinnauslegung der Trauergeschichte nicht nur schwieriger als die Interpretation des Sinns in der Aggressionsgeschichte. Vielmehr scheint das Verstehen der entsprechenden Gefühle (zumindest in dieser Stichprobe) einer Hierarchie zu gehorchen, in der das Verstehen von Traurigkeit das Verstehen von Wut oder Ärger voraussetzt. Man mag spekulieren, ob in den Daten unterschiedliche Schwierigkeiten oder gar Entwicklungsabfolgen des Verstehens von Verarbeitungsweisen affektiver Impulse nach »außen« oder nach »innen« abgebildet sind.

Auch die Integration der beiden Episoden über den Handlungszusammenhang – die Relation von Teil und Ganzem – folgt dieser Logik. In der Aggressionsgeschichte erschließt diese Integration (A4) einen sozial deutlich erkennbaren Handlungszusammenhang, dessen innere Klammer das Verhältnis von Frustration und Aggression ist (A5). Dies scheint der Integration von Sinneinheiten, die über handlungsfernere internale Zustände zu einer narrativen Einheit vermittelt sind (T4), notwendig vorauszugehen. Dem könnte ein Befund von Borke (1971)* entsprechen, nach dem die deutlich ausgedrückten Gefühle (Freude, Zorn), früher verstanden werden als Gefühle, die ein subtileres und differenzierteres Ausdrucksverhalten implizieren, wie Trauer und Angst. Ob diese Interpretation im Sinne einer Hierarchie der naiv-theoretischen Verständlichkeit unterschiedlich differenzierter oder auch »ich-naher« psychischer Ereignisse und Prozesse zutrifft, läßt sich freilich nur in Längsschnittuntersuchungen prüfen. Das in der (schwierigeren) Trauergeschichte aufgefundene Muster notwendiger Bedingungen dürfte der Entwicklungslogik der Teilfähigkeiten einer interpersonalen Sinnauslegungskapazität möglicherweise eher entsprechen als das von Äquivalenzrelationen teilweise bestimmte Muster der Aggressionsgeschichte, das nach unserer Interpretation bereits Routinen der Sinnauslegung abbildet, wie sie offenbar für die Trauergeschichte nicht im gleichen Maße ausgebildet sind.

Offenbar erfassen die hier analysierten Teilaufgaben genau jene prototypischen Formen sozial-kognitiver Leistungen, von denen eingangs in der theoretischen Strukturierung des Feldes die Rede war. Die typischen in der Forschung verwandten Verfahren lassen sich in den Teilaufgaben wiedererkennen. Mit anderen Worten: die sachlogische Analyse *einer* Aufgabe erzeugt eine Ordnung, in der die heterogenen Befunde zur Entwicklung sozialer Kognition einen systematischen Platz finden.

Die *erste* Teilaufgabe (Dekodieren von Oberflächenmerkmalen) setzt die basale Fähigkeit zur Entschlüsselung einer beobachtbaren Ereignisfolge voraus. Wie die Ergebnisse von Flapan (1968) zeigen, richten präoperationale Kinder ihre Aufmerksamkeit zunächst spontan auf faktisches Geschehen (auch wenn sie bereits über psychologische Kategorien verfügen). Der Lösung der *zweiten* Teilaufgabe (Erkennen bzw. Benennen von Gefühlen) liegen Prozesse zugrunde, die Gegenstand zahlreicher Untersuchungen zum affektiven oder empathischen Verstehen sind (vgl. Shantz 1975). Wie aus Borkes (1971)* Ergebnissen zu ersehen ist, handelt es sich hierbei ebenfalls um relativ basale Fähigkeiten, die bereits frühzeitig verfügbar sind. Allerdings impliziert die verbale Benennung der Gefühle eine im Vergleich zu Borkes Vorgehensweise kognitiv anspruchsvollere Leistung. Die *dritte* Teilaufgabe (kausale Erklärung eines Gefühlszustandes) findet sich in all den Aufgaben zur sozialen Kognition, in denen die Interpretation sozialen Geschehens Gegenstand der Untersuchung ist (vgl. Flapan 1968). Die *vierte* Teilaufgabe (Integration von Episoden zu einem sinnhaften Ganzen) ist in einer Vielzahl von Aufgaben implizit enthalten. Diese Verstehensleistung ist insbesondere unter dem Gesichtspunkt des Verstehens von Diskursen (Trabasso u. Nicholas 1977) bedeutsam, wo die kohärente Rekonstruktion einer Geschichte gefordert ist. Einem sehr interessanten Aufgabentyp der Forschung, der auch Leistungen des ersten und zweiten paradigmatischen Typs zu differenzieren ermöglicht, entspricht die *fünfte* Teilaufgabe (multiple Ursachenerklärung). Die hier geforderten Verstehensakte wurden von Whiteman (1967) und Chandler, Paget und Koch (1978) in Begriffen des Verständnisses von Abwehrprozessen oder der Attribution von Motiven untersucht: Die Reaktion einer Hauptfigur ist in ihrem psychologischen Gehalt nur im Rückgriff auf eine vorangegangene Erfahrung zu verstehen, die in der aktuellen Situation eine vergessene bzw. »verdrängte« Gefühlslage bewirkt. Sofern diese

Reaktion erwartungswidrig ausfällt (wie z. B. in der Trauergeschichte: Weinen beim Erhalt eines Geschenks), wurde die hier geforderte Verstehensleistung auch als *inappropriate affect-taking* bezeichnet (Greenspan, Barenboim und Chandler 1976). Sie wird definiert als Verständnis einer Gefühlslage, die dem situativen Kontext und damit der Erwartung eines »naiven« Beobachters nicht entspricht. Der Beobachter darf nicht sein unmittelbar verfügbares Alltagswissen an die Situation herantragen (sozial-kognitive Leistung des erstgenannten Typs, die in der dritten Teilaufgabe erforderlich ist), sondern muß in einem Akt der Dezentrierung die spezifische Situation der Hauptfigur berücksichtigen, die diese erwartungswidrige Reaktion bringt. Die in der dritten Teilaufgabe erfaßte sozial-kognitive Leistung wurde demgegenüber gelegentlich als *projective role-taking* bezeichnet. Es erscheint indessen angemessener, hier (im Sinne der von uns eingeführten theoretischen Unterscheidung) von Elementen einer naiven Verhaltens- bzw. Handlungstheorie zu sprechen, die als generelle Wissensschemata im Sinne von *shared meanings* an zu interpretierende Situationen herangetragen werden. Die multiple Ursachenerklärung beim sog. *inappropriate affect-taking* hätte dann die Einschränkung des Geltungsanspruchs der allgemeinen Interpretationsregel zur Voraussetzung (man freut sich über ein Geschenk, es sei denn, spezifische Bedingungen sprechen dagegen; vgl. dazu Keller 1980).

Die in der *sechsten* Teilaufgabe geforderte Leistung entspricht dem klassischen Typ von Dezentrierung, der als *perspective-taking* bezeichnet wird. Da die Erhebung unserer Daten an der Vorgehensweise von Chandler und Greenspan (1972) orientiert war, ließen die Antworten der Probanden eine Unterscheidung nach Perspektivendifferenzierung und -übernahme nicht zu. Es ist indessen sowohl nach unseren theoretischen Überlegungen wie nach den Ergebnissen von Brandt (1978) für eine entwicklungslogische Analyse verschiedener Dezentrierungsformen erstrebenswert, diese systematisch zu erfragen und zu kodieren, um die Systematik in der Genese sozial-kognitiver Dezentrierung vollständig abzubilden. Es wäre dann auch zu überprüfen, ob der oben (S. 185 f.) angedeutete hypothetisch-probabilistische Typ der Dezentrierung als entwicklungslogisch späteste Leistung das hier ausdifferenzierte System sozial-kognitiver Operationen vervollständigt.

Anmerkungen

1 Eine ausführliche Darstellung der jeweiligen Verstehensakte, ihrer materiellen Informationsbasis und ihrer logischen Implikationen findet sich in Edelstein, Keller, Wahlen (1980 c).

2 Auch alle weiteren Teilaufgaben enthalten einen solchen Anwendungs-Syllogismus. Aus Platzgründen konnten diese Syllogismen hier nicht dargestellt werden (vgl. Anmerkung 1).

3 Kaum ein Proband verwendet einen »neutralen« Ausdruck wie »Mann«. In der Regel deuten die Probanden diese Figur als den Vater des Jungen. Sie sind sich also (mindestens implizit) darüber im klaren, daß die Abreise einer beliebigen Person nicht ausreicht, um bei dem Zurückbleibenden Traurigkeit hervorzurufen. Offensichtlich setzen die Probanden als weitere Bedingung stillschweigend voraus, daß zwischen den Figuren der Geschichte eine affektive Bindung besteht. Wenn diese Überlegung zutrifft, ist in den Erklärungen, die vordergründig nur eine äußere Ursache (Abreise) benennen, immer auch eine »innere« Ursache gemeint: Das *Erlebnis* der Trennung von einer positiv besetzten Person. Für den Ärger der Hauptfigur in der Aggressionsgeschichte sind ähnliche Implikationen zu vermuten. Auch hier scheint mit der Angabe einer äußeren Ursache (Zerstörung der Sandburg) stillschweigend noch eine zweite, »innere« Ursache unterstellt: Der Junge hat die Sandburg (bzw. seine eigene Leistung) positiv besetzt. Die Zerstörung bedeutet daher für ihn den Verlust eines positiv besetzten Objektes.

4 Die zur Beantwortung dieser beiden Fragen erforderlichen Datenanalysen wurden mit Hilfe eines Algorithmus durchgeführt, der die *A*nalyse *m*ultipler *i*mplikativer *R*elationen innerhalb einer Menge dichotom definierter Items gestattet (Programm AMIR). Der Algorithmus ist beschrieben in Edelstein, Keller und Wahlen (1977). Für eine Beschreibung des FORTRAN-Programms siehe Wahlen und Grund (in Vorbereitung).

a) Die Autoren verwenden den Begriff der Perspektivenübernahme hier nicht nur als Oberbegriff im Sinne von ›role-taking‹, sondern auch für eine Teiloperation. [Anm. d. Hrg.]

b) Vgl. hierzu den Beitrag von Chandler in diesem Band. [Anm. d. Hrg.]

Melvin H. Feffer und Vivian Gourevitch

Kognitive Aspekte der Perspektivenübernahme bei Kindern[1]

Ausgehend vom entwicklungstheoretischen Rahmen Piagets wurde die Hypothese aufgestellt, daß das Strukturieren der physischen Welt und die Fähigkeit, verschiedene soziale Perspektiven einzunehmen, miteinander zusammenhängende kognitive Tätigkeiten sind und einen entwicklungsmäßigen Trend darstellen. Kindern verschiedener Altersstufen wurden eine Reihe nichtpersönlicher kognitiver Aufgaben, wie sie von Piaget und seinen Mitarbeitern entwickelt worden sind, und eine projektive Aufgabe zur Perspektivenübernahme (role-taking task–RTT), vorgelegt. Das Verhalten sowohl bei den Piaget-Aufgaben wie beim RTT wurde in Kategorien gleichgewichtiger Dezentrierung analysiert, d. h. der Fähigkeit, in einer flexiblen, gleichgewichtigen Art von einem Aspekt einer Situation zu einem anderen überzugehen. Wie vorausgesagt, bestand ein positiver Zusammenhang (a) zwischen den beiden unabhängigen Maßen für gleichgewichtige Dezentrierung und dem Alter sowie (b) zwischen den beiden genannten Maßen. Daraus wurde geschlossen, daß die Kriterien der Dezentrierung als eine Grundlage zur Erfassung kognitiver Reife mittels des RTT benutzt werden können. Es werden einige Implikationen dieser Ergebnisse im Hinblick auf den Prozeß der Anpassung im allgemeinen wie auch auf das speziellere Problem der sozialen Anpassung betrachtet.

Diese Untersuchung richtet sich auf die Analyse von zwei Bereichen kognitiver Tätigkeit; die Strukturierung der physikalischen Welt und die Fähigkeit, verschiedene soziale Perspektiven einzunehmen. Die ihr zugrunde liegende theoretische Position ist der entwicklungstheoretische Rahmen Piagets (1950), in dem kognitive Prozesse als Mittel zur Gewinnung und Organisation von Informationen über die Umwelt und über einen selbst in Beziehung zur Umwelt definiert werden. Es werden verschiedene Ebenen kognitiver Prozesse unterschieden und als Stufen in einer gesetzmäßigen Abfolge in der Entwicklung aufgefaßt. Dabei wird angenommen, daß in diesem Sinne kognitive Prozesse ein um so größeres Maß an Reife widerspiegeln, je stärker verinnerlichte abstrakte Schemata (begriffliches Denken) beim Strukturieren der Beziehungen zwischen Organismus und Umwelt die Vorherrschaft über unmittelbare Sinneseindrücke und Wahrnehmungen gewinnen. Die Vorherrschaft des begrifflichen Denkens hängt nach Piaget mit der Fähigkeit zusammen, in einer flexiblen, gleichgewichtigen Weise von einem Aspekt einer Situation auf einen anderen überzuwechseln bzw. zu dezentrieren.

In einer früheren Untersuchung (Feffer 1959) war der Begriff der Dezentrierung als Grundlage für die Entwicklung und Analyse einer projektiven Aufgabe zur Perspektivenübernahme [role-taking task–RTT] herangezogen worden. Diese Untersuchung sollte dazu dienen, die Angemessenheit des RTT zur Erfassung des kognitiven Entwicklungsniveaus im Sinne des Ausmaßes gleichgewichtiger Dezentrierung zu evaluieren. Zu diesem Zweck wurden in einer Stichprobe von normalen Erwachsenen unabhängige Beurteilungen des kognitiven Entwicklungsstandes vorgenommen. Die Schätzung beruhte auf einer formalen Analyse der Dezentrierung, wie sie sich in der Fähigkeit widerspiegelt, im RTT verschiedene Perspektiven einzunehmen; die andere Schätzung basierte auf formalen Eigenschaften der Organisation der Wahrnehmung (z. B. Differenzierung und Integration), wie sie sich aus dem Rorschach-Test ergeben (Phillips, Kaden u. Waldman 1959).

Wie vorausgesagt, bestand ein Zusammenhang zwischen den beiden Arten von Befunden, jedoch stützen die Ergebnisse dieser Untersuchung nur indirekt die Annahme, daß von Dezentrierungsverhalten auf kognitive Reife geschlossen werden kann. Zum ersten konnte kein altersgebundenes Kriterium kognitiver Reife verwendet werden, da die Probanden ja Erwachsene waren. Zum zweiten lagen den beiden Erhebungsarten nicht die gleichen theoretischen Kriterien zugrunde; während das Entwicklungsniveau, wie es aus der Perspektivenübernahme (RTT) abgeleitet wurde, in Begriffen von Gleichgewicht in der Dezentrierung differenziert war, ist es im Falle des Rorschach-Tests als Grad der Differenzierung und Integration bestimmt. Daher kamen wir zu der Auffassung, daß eine direkte Überprüfung der entwicklungsmäßigen Implikationen der Perspektivenübernahme erfordert, verschiedene Altersgruppen auf der Grundlage unabhängiger, aber auf dem gleichen Konstrukt basierender Erhebungen kognitiver Reife zu vergleichen. Entsprechend wurden in der vorliegenden Untersuchung Kindern verschiedener Altersstufen der RTT wie auch eine Reihe von nichtsozialen kognitiven Aufgaben vorgelegt, die Piaget und seine Mitarbeiter entwickelt haben und die direkt in Kategorien von gleichgewichtiger Dezentrierung interpretiert werden können. Unsere Voraussagen gingen dahin, daß ältere Kinder im Vergleich zu jüngeren ein höheres Maß an gleichgewichtiger Dezentrierung sowohl beim Strukturieren nichtsozialer kognitiver Aufgaben als auch bei der Perspektivenübernahme zeigen. Außerdem wurde eine Konkordanz zwischen den beiden unabhängigen Erhebungen gleichgewichtiger Dezentrierung, dem Verhalten bei den Piaget-Aufgaben und dem Verhalten beim RTT, vorausgesagt.

Methode

Probanden und Vorgehen

Die Stichprobe der vorliegenden Untersuchung bestand aus 68 Jungen aus zwei Gemeindezentren. Jeder Proband wurde individuell in einer einmaligen Sitzung getestet, und zwar in der Reihenfolge WISC-Wortschatztest, RTT und Piaget-Aufgaben. Die Verteilung der Probanden nach den verschiedenen Altersstufen ist aus Tabelle 1 ersichtlich. Das Verhalten bei allen Aufgaben wurde aufgenommen und vollständig transkribiert. Die Transkriptionen des RTT und der Piaget-Aufgaben wurden, nachdem sie zur Vermeidung wechselseitiger Einflüsse verschlüsselt worden waren, vom hauptverantwortlichen Autor [Feffer] analysiert.

Gleichgewichtige Dezentrierung gemäß dem Verhalten beim RTT

Der RTT[a)] ist eine projektive Aufgabe, die ursprünglich auf Schneidmans »Mache eine Bildgeschichte« (Make a Picture Story – MAPS) zurückgeht. Das aus dem MAPS ausgewählte Testmaterial besteht aus einer Reihe von Hintergrundszenen an verschiedenen Orten sowie aus verschiedenen Figuren von Männern, Frauen, Kindern und Tieren, die jeweils in eine Szene eingesetzt werden können. Der Proband wird gebeten, unter Verwendung dieses Materials für jede der beiden Hintergrundsituationen eine Geschichte zu erzählen und dabei mindestens drei Figuren zu verwenden. Nach Fertigstellung der beiden Geschichten werden ihm erneut die Hintergrundsituationen und die

Tab. 1. Alter und Anzahl der Probanden, denen der RTT, die Piaget-Aufgaben und der WISC-Wortschatz-Test vorgelegt wurden

Alter	RTT ($n = 68$)	Piaget-Aufgaben ($n = 61$)	WISC ($n = 61$)
6- 7	16	15	15
8- 9	20	17	16
10-11	20	19	19
12-13	12*	10	11

* einschließlich eines 14jährigen Jungen

jeweils von ihm ausgesuchten Akteure gezeigt, und jede Geschichte wird vom Versuchsleiter wiederholt, um den möglichen Eindruck zu zerstreuen, daß es sich um einen Gedächtnistest handelt. Darauf wird er aufgefordert, die Geschichte so wiederzuerzählen, wie sie vom Standpunkt jedes der Akteure erscheinen würde; er soll also die Rolle jedes Akteurs einnehmen. Die Anweisung lautet: »Jetzt tue so, als ob Du die Mutter, der Junge usw. in der Geschichte, die Du erfunden hast, seist. Erzähle die Geschichte noch einmal, als seist Du . . .«. In der vorliegenden Untersuchung haben wir weniger Wert darauf gelegt, die Anweisungen standardisiert zu halten, als vielmehr darauf, den Probanden die Besonderheit der Aufgabe durch verschiedene Erläuterungen nahezubringen.

Im Zusammenhang dieser Bedingungen wird der Proband feststellen, daß jede der aufeinanderfolgenden, von ihm eingenommenen Rollen die Komplexität der Gesamtsituation erhöht; dies impliziert entsprechend eine zunehmende Restriktion seines folgenden Verhaltens. So muß der Proband fortwährend seine Aufmerksamkeit von dem Eindruck früherer Perspektiven einschließlich seiner eigenen ersten Orientierung dezentrieren, um sich auf verschiedene Akteure einzustellen. Gleichzeitig muß so eine Refokussierung oder Dezentrierung konsistent sein – die Abänderung darf nicht so weit gehen, daß die Kontinuität mit dem, was in den vorangehenden Rollen gesagt worden ist, verloren geht. D. h. der Proband hat, will er die verschiedenen aufeinanderfolgenden Standpunkte erfolgreich einnehmen, die Aufgabe, eine Veränderung d. h. Dezentrierung zum Ausdruck zu bringen, während er gleichzeitig die neuen Strukturen, die jede Änderung impliziert, also Gleichgewicht beachten muß.

Dieses Konzept, das ausführlicher an anderer Stelle dargestellt ist (Feffer 1959), ist grundlegend für die besonderen Kriterien, nach denen gleichgewichtige Dezentrierung im RTT evaluiert wird. Die »Ebene der Beschreibung der Akteure« [level of actor-description], eine Hauptdimension in der Erwachsenenuntersuchung, wurde hier aus folgenden Gründen ausgelassen: (a) In der Erwachsenenstudie fand sich kein statistisch signifikanter Zusammenhang zwischen dieser Dimension und dem kognitiven Niveau im Sinne des Rorschach-Tests; (b) im Hinblick auf eine spätere Untersuchung, in der kognitive Reife und motivationale Reife verglichen werden sollen, hielten wir es für notwendig, eine Vermischung dieser beiden Kriterien für Reife zu vermeiden. Die Ebene der Akteurbeschreibung erfüllte diese Bedingung jedoch nicht. Außerdem wurde die kognitiv einfachste Kategorie aus der Erwachsenenstudie, »einfache Refokussierung«, in der vorliegenden Untersuchung in zwei Kategorien aufgeteilt, um eine feinere Diskriminierung auf den unteren kognitiven Stufen zu erreichen. Die übrigen Kategorien wurden im wesentlichen beibehalten.[2]

Folgende Kategorien wurden benutzt, um Perspektivenübernahme nach dem Grad der gleichgewichtigen Dezentrierung zu ordnen.[a)]

1. Einfache Refokussierung I [simple refocusing I]
Diese Kategorie wurde benutzt, wenn eine inkonsistente Abänderung in der Beschreibung des Akteurs zwischen der ursprünglichen Geschichte und der Darstellung in der eigenen Rolle vorlag. Wie aus Tabelle 2 zu ersehen, zeigt der Proband, der den Vater in der ursprünglichen Geschichte mit »er hatte einen schlechten Tag im Büro« beschreibt, in der Rolle des Vaters jedoch nur als »hungrig«, zwar Refokussierung, jedoch eine ungleichgewichtige.

2. Einfache Refokussierung II [simple refocusing II]
Dieser Typ von Dezentrierung zeigt, wie wir annehmen, mehr Gleichgewicht an als die erste Kategorie. Hier wurden Fälle eingeordnet, bei denen eine Kontinuität zwischen dem Akteur, so wie er in der ursprünglichen Geschichte und wie er in der eigenen Rolle beschrieben wurde, ersichtlich war. So ist die Beschreibung des Vaters in der eigenen Rolle als »er war unglücklich« konsistent mit der Beschreibung in der ursprünglichen Geschichte »er hatte einen schlechten Tag im Büro« (vgl. Tabelle 2).

3. Konsistente Ausarbeitung I [consistent elaboration I]
Bei diesem Typ von Dezentrierung nehmen wir wiederum ein höheres Maß an Gleichgewicht als bei den beiden Typen von Refokussierung an. Diese Kategorie wurde benutzt, wenn ein roter Faden zwischen aufeinanderfolgenden Beschreibungen eines Akteurs, d. h. ein Wechsel zwischen einer Rolle und der anderen, aber Konsistenz in diesem Wechsel ersichtlich war. So ist anzunehmen, daß ein Proband, der gemäß Tabelle 2 in der Vaterrolle den Vater als »er war unglücklich«, in der Mutterrolle dagegen als »er fühlte sich lausig« beschreibt, den Vater je nach dem Standpunkt nicht nur unterschiedlich sieht, sondern gleichzeitig zwischen den verschiedenen Zentrierungen von den verschiedenen Standpunkten aus eine gewisse Kontinuität festhält.
4. Konsistente Ausarbeitung II [consistent elaboration II]
Diese Kategorie wurde verwendet, wenn zum ersten die Bedingungen für konsistente Ausarbeitung I, d. h. Konsistenz trotz Wechsel zwischen den verschiedenen Beschreibungen eines bestimmten Akteurs aus verschiedenen Rollen, erfüllt waren. Zusätzlich mußten sich diese Beschreibungen noch in charakteristischer Weise von Rolle zu Rolle in dem Sinne unterscheiden, daß die Beschreibung eines Akteurs von seiner eigenen Rolle aus eine »innere« Orientierung im Unterschied zu einer Beschreibung dieses Akteurs »von außen« bei einem anderen Standpunkt zeigte. So gibt der Proband in Tabelle 2 als Vater Gründe für sein Befinden an, die er als Vater eher kennen muß, während er von der Mutterrolle aus den Vater in äußeren, oberflächlichen Begriffen beschreibt.
5. Wechsel der Perspektive [change of perspective]
In diese Kategorie wurde role-taking-Verhalten dann eingeordnet, wenn die Beschreibungen mindestens zweier Akteure den Bedingungen für konsistente Ausarbeitung II entsprachen. Zusätzlich mußten die beiden gegebenen Rollen in der Weise konsistent sein, daß die innere Orientierung der einen Rolle sich in der äußeren Orientierung der anderen angemessen widerspiegelt und umgekehrt. So wird in Tabelle 3 von der Vaterrolle aus der Vater mit einer inneren Orientierung beschrieben (»er ist unglücklich, weil . . .«). Diese Beschreibung findet ihre Entsprechung von außen in der Beschreibung des Vaters durch die Mutter (»sein Gesicht sah traurig aus«). Ähnlich wird in der Mutterrolle die Mutter von einer inneren Orientierung aus

Tab. 2. Beispiele für die Kategorien von Perspektivenübernahme [role-taking]

Kategorie von Perspektiven-übernahme	Beschreibung des Vaters in der Ausgangs-version	aus der Sicht des Vaters	aus der Sicht der Mutter
Einfache Refokussierung I	»hatte einen schlechten Tag im Büro«	»war hungrig«	
Einfache Refokussierung II	»hatte einen schlechten Tag im Büro«	»war unglücklich«	
Konsistente Ausarbeitung I	»hatte einen schlechten Tag im Büro«	»war unglücklich«	»fühlte sich lausig«
Konsistente Ausarbeitung II	»hatte einen schlechten Tag im Büro«	»war unglücklich, weil er gedacht hatte, er würde eine Gehaltserhöhung bekommen. Es hat aber nicht geklappt.«	»sein Gesicht sah traurig aus«

Tab. 3. Beispiele für Wechsel der Perspektive [change of perspective]

Figur	Beschreibung der Figur in der Ausgangsversion	aus der Sicht des Vaters	aus der Sicht der Mutter
Vater	»hatte einen schlechten Tag im Büro«	»war unglücklich, weil er gedacht hatte, er würde eine Gehaltserhöhung bekommen. Es hat aber nicht geklappt.«	»sein Gesicht sah traurig aus«
Mutter	»machte den ganzen Tag Hausputz«	»schien nicht sehr erfreut zu sein, ihn zu sehen«	»war abgespannt, weil sie die Böden geschrubbt hatte«

beschrieben (»sie ist müde, weil . . .«), was sich wieder konsistent in der Beschreibung der Mutter von außen durch den Vater widerspiegelt (»sie scheint nicht sehr erfreut zu sein, ihn zu sehen«). Wir nehmen an, daß Wechsel der Perspektive in diesem Sinne ein größeres Maß gleichgewichtiger Dezentrierung anzeigt als sowohl konsistente Ausarbeitung I wie auch konsistente Ausarbeitung II, da Wechsel und Kontinuität sowohl innerhalb einer Rolle wie zwischen den verschiedenen Rollen erforderlich sind.

Die Aussagen der Probanden wurden für jede Geschichte getrennt bewertet, wobei jeder Proband in die höchste in seinen Aussagen ersichtliche Kategorie eingeordnet wurde. Jeder Proband wurde für jede der beiden Geschichten in eine Rangordnung gebracht, aus diesen wurde für jeden Probanden das Mittel berechnet. Jede Geschichte ging also mit gleichem Gewicht in den Gesamt-Score ein. Wir nehmen an, daß dieser, im folgenden als »RTT Dezentrierungs-Score« bezeichnete Wert ein Maß gleichgewichtiger Dezentrierung darstellt. Mittelwerte und Spannweiten der Dezentrierungs-Scores für die verschiedenen Altersgruppen sind in Tabelle 4 wiedergegeben. Hinweise auf die Übereinstimmung der Beurteiler in bezug auf die Dezentrierungskategorien finden sich bei Feffer (1959). Was die Testreliabilität betrifft, so bieten der χ^2-Test auf Unabhängigkeit und der abgeleitete Kontingenzkoeffizient (C) einen rohen Korrelationsindex. Die auf der ersten Geschichte basierenden Schätzungen der gleichgewichtigen Dezentrierung wurden mit denen aus der zweiten Geschichte verglichen. Die Hypothese der Unabhängigkeit wurde auf dem .001-Niveau zurückgewiesen ($\chi^2 = 15.3$, $df = 1$, $C = .42$).

Gleichgewichtige Dezentrierung nach den Piaget-Aufgaben

Piaget und seine Mitarbeiter haben in ihren Untersuchungen darüber, wie Kinder ihre Erfahrungen von der physischen Welt organisieren, eine Reihe einfallsreicher Aufgaben entworfen. Für die vorliegende Untersuchung wurden 4 dieser Aufgaben, das »Problem mit der Wiese«, das »Problem mit den Kindern«, das »Perlenproblem« und das »Kneteproblem« ausgewählt, da diese

Tab. 4. Arithmetisches Mittel und Spannweite der Scores beim RTT, bei den Piaget-Aufgaben und beim WISC nach Altersgruppen

	RTT		Piaget-Aufgaben		WISC	
Altersgruppe	Mittel	Spannw.	Mittel	Spannw.	Mittel	Spannw.
6- 7	20,7	8,5-57,5	5,27	4-7	12,1	7-16
8- 9	27,4	8,5-57,5	5,92	4-8	11,5	4-16
10-11	46,9	17,8-63,5	6,62	4-8	11,4	7-16
12-13	37,2	8,5-57,2	6,84	5-8	9,8	5-17

direkt in Kategorien gleichgewichtiger Dezentrierung interpretierbar sind. Ausführliche Angaben über die Erhebungsmethode und die Beurteilerübereinstimmung für die drei ersten Aufgaben gibt Bibace (1956). Die vierte Aufgabe wird von Piaget (1953) beschrieben.

Die spezifischen Kriterien für die Beurteilung des Verhaltens bei den Piaget-Aufgaben fußen auf denselben Annahmen, die auch der Struktur und den Scoring-Kriterien des RTT zugrunde liegen, nämlich daß mit zunehmender kognitiver Reife beim Organisieren der Erfahrung die Vorherrschaft unmittelbarer Sinneseindrücke abnimmt und entsprechend größeres Gewicht auf begriffliches Denken gelegt wird. In Abhängigkeit von diesem Rückgang der Vorherrschaft der Sinne tritt ein größeres Maß gleichgewichtiger Dezentrierung zutage. Wir finden also ein Zunehmen der Fähigkeit, gleichzeitig mehr als nur einen Aspekt einer Situation in den Blick zu nehmen, und ein Abnehmen der Tendenz, nacheinander erst einen und dann einen anderen Aspekt eines Problems – mit nur geringer Kontinuität zwischen diesen aufeinanderfolgenden Fokussierungen – in den Blick zu nehmen. Das Verhalten beim Kneteproblem interpretieren wir in diesem Rahmen; diese Interpretation dient dann als Muster für die Analyse der anderen drei Piaget-Aufgaben.

Dem Probanden werden zwei Kugeln aus Knete von gleicher Größe gezeigt. Nachdem er festgestellt hat, daß beide Kugeln die gleiche Menge Knete enthalten, wird die eine Kugel zu einer langen und dünnen Wurst gerollt, während die andere Kugel unverändert im Blickfeld bleibt und als Vergleichsmaß dient. Bekanntlich pflegen Kinder bis zu einem gewissen Alter typischerweise zu sagen, daß die neue Form nicht mehr die gleiche Menge Knete enthalte wie die frühere Form. Wenn die Knetewurst noch länger und dünner gewalzt wird, können diese Kinder auch ihr Urteil umkehren und sagen, daß die Menge der Knete nun kleiner geworden sei. Dieses Verhalten läßt sich dem eines älteren Kindes gegenüberstellen, das in der Lage ist festzustellen, daß die Menge der Knete bei jeder neuen Form gleichbleibt. Anstatt sich entweder nur auf die Länge oder nur auf die Dicke der Form zu zentrieren, ist es imstande, sowohl Länge als auch Dicke gleichzeitig zu betrachten und dabei den Begriff der Erhaltung der Menge zu erreichen. Nach Piaget hat es nun ein Gleichgewicht zwischen diesen beiden Zentrierungen erreicht, was nur möglich ist, wenn sein Verhalten nicht mehr durch die Sinneseindrücke von der Situation beherrscht wird.

Es folgt eine Beschreibung der Aufgaben in der Reihenfolge, in der sie den Probanden vorgelegt wurden; auch die Kategorisierung der Antworten wird angegeben.

Das Problem mit der Wiese. Dem Probanden wird folgendes gesagt: »Auf einer Wiese stehen einige Kühe, einige Schafe und einige Hühner. Sind mehr Kühe oder mehr Hühner da?«

Kategorie I. Dem Probanden entgeht, daß für das Urteil keine Grundlage vorliegt, und er gibt auf Grund wahrnehmungsmäßiger oder konkreter Anhaltspunkte an, daß die Zahl der Kühe und Hühner gleich oder auch verschieden ist. Beispiel: »Es sind mehr Kühe da, weil sie größer sind.«

Kategorie II. Der Proband benutzt zwar keine wahrnehmungsmäßigen Anhaltspunkte als Grundlage seines Urteils, stellt aber auch nicht klar fest, daß keine Grundlage für das Urteil gegeben ist. Beispiel: »Es sind die gleichen Mengen. Es ist eine Anzahl von Kühen, Schafen und Hühnern.«

Kategorie III. Der Proband stellt klar fest, daß keine Grundlage für das verlangte Urteil vorliegt, da in der Frage keine genauen Mengen angegeben sind. Beispiel: »Sie haben nichts darüber gesagt, wieviel es waren, daher kann ich nicht sagen, wieviel von jeder Art es waren.«

Das Problem mit den Kindern. Dem Probanden wird folgendes erzählt: »In einer Schule sind 58 Kinder; 53 sind Jungen und 5 sind Mädchen. Sind mehr Kinder oder mehr Jungen in der Schule?«

Kategorie I. Für den Probanden ist ein gegebener Teil so

dominant, daß dieser die Antwort bestimmt. Beispiel: »Es sind mehr Jungen als Kinder in der Schule, weil es so wenige Mädchen sind.«

Kategorie II. Die Antworten berücksichtigen zwar beide Teile in ihrem Verhältnis zum Ganzen, weisen aber noch nicht explizit darauf hin, daß das Ganze größer ist als jedes seiner Teile. Vielmehr wird die Lösung durch konkrete Vergleiche gefunden. Beispiel: »Es sind mehr Kinder, weil 58 größer als 53 ist.«

Kategorie III. Die Antworten berücksichtigen beide Teile in ihrer Beziehung zum Ganzen, und es wird explizit festgestellt, daß das Ganze größer als jeder seiner Teile ist. Beispiel: »Mehr Kinder, egal, ob es Jungen oder Mädchen sind.«

Das Problem mit den Perlen. Dem Probanden wird eine Schachtel gegeben, die 22 Holzperlen enthält. 20 von diesen sind rot, 2 sind blau. Nachdem sich der Proband vergewissert hat, daß alle Perlen aus Holz sind, wird er gefragt: »Sind es mehr Holzperlen oder mehr rote Perlen?«

Die drei Kategorien für die Antworten wurden hier durch die gleichen Kriterien definiert wie beim Problem mit den Kindern.

Das Problem mit der Knete. Dem Probanden werden zwei Knetekugeln gleicher Größe und Form gezeigt. Nachdem er festgestellt hat, daß beide Kugeln die gleiche Menge Knete enthalten, wird die eine zu einer längeren und dünneren Gestalt verformt, während die andere als Vergleichsmaßstab im Gesichtsfeld bleibt. Dann wird der Proband gefragt, (a) ob in der neuen Gestalt die gleiche Menge Knete enthalten ist, (b) ob die neue Gestalt das gleiche Gewicht hat und (c) ob die neue Gestalt im Wasser die gleiche Raumverdrängung hat.

Kategorie I. Aussage, daß der neuen Gestalt eine andere Menge entspreche.

Kategorie II. Aussage, daß die Menge die gleiche, das Gewicht aber verschieden sei.

Kategorie III. Aussage, daß Menge und Gewicht gleich geblieben sind, aber das Volumen verschieden sei.

Kategorie IV. Aussage, daß Menge, Gewicht und Volumen der neuen Gestalt gleichgeblieben sind.

Die Aussagen des Probanden zu jeder Aufgabe wurden entsprechend den genannten Kriterien kategorisiert. Dann wurde bei jeder Aufgabe die Verteilung der Antworten beim Median geteilt und den Antworten unterhalb des Medians ein Score von 1, denen oberhalb des Medians ein Score von 2 zugeteilt. Schließlich wurden die jedem Probanden entsprechenden 4 Scores addiert, womit wir einen Index erhielten, der Werte von 4-8 annehmen konnte. Das arithmetische Mittel und die Spannweite dieser Scores für die verschiedenen Altersgruppen sind in Tabelle 4 angegeben.

Ergebnisse

Es war ein positiver Zusammenhang vorausgesagt worden zwischen (a) dem RTT-Dezentrierungs-Score und dem Alter, (b) dem Dezentrierungs-Score gemäß den Piaget-Aufgaben und dem Alter und (c) dem RTT-Score und den Piaget-Aufgaben. Was die ersten beiden Voraussagen betrifft, so zeigen die in Tabelle 4 zusammengefaßten Daten, daß der RTT-Score und der Dezentrierungs-Score nach den Piaget-Aufgaben bei den höheren Altersgruppen im allgemeinen höher liegt als bei den jüngeren Gruppen. Obwohl beim Dezentrierungs-Score zwischen der Gruppe der 10-11jährigen und der Gruppe der 12-13jährigen eine Umkehrung der Rangfolge zu beobachten ist, haben doch beide Gruppen einen höheren RTT-Dezentrierungs-Score als die Gruppen der 6-7- und der 8-9jährigen. Es wurde mittels des χ^2-Tests auf Unabhängigkeit eine statistische Überprüfung dieser Vergleiche vorgenommen, deren Ergebnisse aus Tabelle 5 ersichtlich sind. Aus diesen Daten kann geschlossen werden, daß sowohl der RTT-Dezentrierungs-Score wie der Dezentrierungs-Score nach den Piaget-Aufgaben positiv mit dem Alter zusammenhängen, daß also die ersten beiden Voraussagen bestätigt werden.

Tab. 5. χ^2-Test zwischen dem Alter und den Dezentrierungs-Scores

Altersgruppe	RTT Dezentrierungs-Score		Piaget-Aufgaben Dezentrierungs-Score	
	unter Median	über Median	unter Median	über Median
6- 7	12	4	13	2
8- 9	14	6	8	9
10-11	2	18	7	12
12-13	4	8	3	7
χ^2	20,85		11,2	
df	3		3	

Diese Ergebnisse wurden dann auf den Einfluß anderer Faktoren hin untersucht. Da in der oben erwähnten Untersuchung an Erwachsenen ein positiver Zusammenhang zwischen RTT-Dezentrierungs-Score und dem Umfang der verbalen Antworten beim RTT (Probanden, die mehr sprachen, erreichten höhere Dezentrierungs-Scores) festgestellt wurde, wurden die Scores in der vorliegenden Untersuchung an Kindern auf einen ähnlichen Einfluß hin geprüft. Bei den Kindern schien jedoch der Einfluß des verbalen Umfangs beim RTT (Zahl der verwendeten Wörter) auf den Dezentrierungs-Score vernachlässigbar ($\chi^2 = .84$, $df = 1$). Daher wurde dieser Faktor nicht weiter berücksichtigt. Außerdem schien es nicht notwendig, bei dem Zusammenhang zwischen den Dezentrierungs-Scores und dem Alter die verbale Intelligenz zu kontrollieren, da sich aus Tabelle 4 ergibt, daß die Standard-Scores für Wortschatz gemäß dem WISC, die man als verbale Intelligenz interpretieren kann, bei den höheren Altersstufen niedriger waren.

Bei der Betrachtung der dritten Vorhersage, die sich auf den Zusammenhang zwischen Dezentrierung gemäß dem RTT und nach den Piaget-Aufgaben bezieht, schien es dagegen notwendig, den Einfluß von Alter und verbaler Intelligenz zu kontrollieren. Da erstens sowohl die RTT-Scores als auch die Scores bei den Piaget-Aufgaben positiv mit dem Alter korrelieren, könnte der Zusammenhang zwischen beiden Scores über die Abhängigkeit beider Variablen vom Alter vermittelt sein. Es stellte sich zweitens heraus, daß die Standard-Scores beim WISC-Wortschatztest sowohl mit den RTT-Scores ($\chi^2 = 4.23$, $p = .02$) wie auch mit den Scores bei den Piaget-Aufgaben ($\chi^2 = 1.07$, $p = .30$) positiv korrelieren. Daher erforderte eine angemessene Prüfung der dritten Vorhersage, daß Alter und verbale Intelligenz kontrolliert wurden.

Zur Kontrolle dieser Variablen wurde die von Cronbach (1949) vorgeschlagene Methode des wandernden Medians [roving median] angewendet, die der partiellen Korrelation analog ist. Was die Kontrolle des Alters betrifft, so wurden die Probanden zunächst in Jahresgruppen, z. B. alle 6jährigen und alle 7jährigen usw. eingeteilt. Für jede Altersgruppe wurden der Median der RTT-Scores und der Median der Scores bei den Piaget-Aufgaben bestimmt. Darauf wurde jeder Proband je nach Lage seines Scores innerhalb der Verteilung seines Altersjahrgangs in jeder der beiden Variablen als entweder »über« oder »unter« dem Median liegend eingestuft. Die über dem Median ihres Jahrgangs liegenden Probanden wurden dann zur Gruppe der bei dieser Variablen hoch scorenden, die unterhalb des Medians liegenden entsprechend zur Gruppe der niedrig scorenden Individuen zusammengefaßt. Auf diese Weise erhielten wir neue, vom Alter unabhängige Verteilungen der beiden Dezentrierungs-Scores. Zur Kontrolle der verbalen Intelligenz wurde entsprechend verfahren.

Nunmehr wurde die dritte Vorhersage, Dezentrierungs-Scores nach den Piaget-Aufgaben, an den neuen Verteilungen mit der Kontrolle von Alter und verbaler Intelligenz überprüft. Die in Tabelle 6 dargestellten Ergebnisse stützen die Hypothese. Ein positiver Zusammenhang zwischen den beiden Variablen ist auch bei Kontrolle von Alter und verbaler Intelligenz offensichtlich.

Diskussion

Die Ergebnisse der vorliegenden Untersuchung bestätigen die Vorhersagen, (a) daß ältere Kinder beim Strukturieren sowohl von unpersönlichen kognitiven Aufgaben als auch bei sozialer Perspektivenübernahme ein höheres Maß gleichgewichtiger Dezentrierung zeigen als jüngere Kinder und (b) daß das Maß gleichgewichtiger Dezentrierung beim Strukturieren nichtpersönlicher Aufgaben und das Maß gleichgewichtiger Dezentrie-

Tab. 6. χ^2-Test zwischen den Dezentrierungs-Scores

RTT Dezentrierungs-Score*	Piaget-Aufgaben Dezentrierungs-Score		Piaget-Aufgaben Dezentrierungs-Score (Alter kontr.)		Piaget-Aufgaben Dez.-Score (verb. Intell.kontr.)	
	unter Median	über Median	unter Median	über Median	unter Median	über Median
über Median	9	19	8	15	7	20
unter Median	21	12	19	9	19	6
χ^2	6,01		5,54		13,0	
df	1		1		1	

* Bei jedem Vergleich wurden die jeweils anderen Variablen kontrolliert

rung beim Einnehmen verschiedener sozialer Perspektiven gleichsinnig verlaufen. So ergänzt diese Untersuchung die frühere Analyse der Perspektivenübernahme bei Erwachsenen als eine Konstrukt-Validierung des RTT-Index für kognitive Reife. Dieser Index könnte, zusammen mit einem Schema zur Erfassung der motivationalen Dynamik im RTT (Gourevitch u. Feffer 1960) die Grundlage einer späteren Untersuchung bilden, in der sowohl kognitive als auch motivationale Aspekte der Perspektivenübernahme im Sinne des RTT innerhalb eines entwicklungstheoretischen Rahmens interpretiert und miteinander verknüpft werden.

Abgesehen von den genannten methodischen Implikationen ist die Untersuchung auch für bestimmte theoretische Probleme von Bedeutung. Eine dieser Fragen bezieht sich auf die Art des Zusammenhangs zwischen logischem Denken und der Fähigkeit, verschiedene soziale Perspektiven einzunehmen. Die klassische Auffassung ist die von Mead (1934), der annahm, daß Denken ein inneres Gespräch des Individuums mit sich selbst ist, bei dem es sich an die Stelle anderer versetzt. Er betonte, daß genau dieses Einnehmen der Rolle anderer der Ursprung formalen logischen Denkens ist. Eine ähnliche Auffassung scheint Piaget mit seiner Feststellung zu vertreten, daß nichtpersönliches kognitives Strukturieren und die Übernahme der Perspektiven anderer ». . . zwei komplementäre Aspekte ein und desselben Ganzen sind, da das Gleichgewicht des einen vom anderen abhängt« (1950, S. 166). Jedoch könnte eine andere Auffassung davon ausgehen, daß zuerst eine gewisse Entwicklungsstufe in der Strukturierung der physikalischen Welt erreicht sein muß, der dann und erst dann ein Fortschritt im Bereich sozialer Objekte folgt. Auf Grund des Untersuchungsplanes wie auch des Meßniveaus der vorliegenden Untersuchung können unsere Ergebnisse freilich kaum als Beleg für einen der beiden Ansätze herangezogen werden. Vielmehr sind weitere Untersuchungen erforderlich, deren Methoden dieser Fragestellung angemessen sind, z. B. Längsschnittuntersuchungen, in denen beide Arten von Dezentrierung auf dem Niveau einer Intervallskala statt auf dem einer Ordinalskala erfaßt werden.

Ein zweiter Zusammenhang, in dem die Implikationen der vorliegenden Ergebnisse betrachtet werden können, ist die adaptive Funktion der kognitiven oder intellektuellen Tätigkeit. Im

Hinblick darauf hat Piaget hervorgehoben, daß Intelligenz wesentlich ein System von Operationen ist, in denen sich bestimmte invariante Merkmale biologischer Anpassung manifestieren, nämlich ein Gleichgewicht zwischen Assimilation (Konsistenz) und Akkomodation (Wandel). Piagets Sicht der adaptiven Natur der Intelligenz hat dazu geführt, daß er in der kognitiven Strukturierung der Umwelt durch das Kind nichtpersönliche Kategorien wie Raum, Zeit und Zahl besonders hervorgehoben hat. Entsprechend hat er nur relativ wenig Gewicht auf eine Analyse der Anpassung im Sozialen gelegt. In der vorliegenden Studie sind Piagets formale Betrachtungen im Hinblick auf die Beurteilung der Perspektivenübernahme als gleichgewichtige Dezentrierung aus der Assimilations-Akkomodations-Theorie der Anpassung abgeleitet. Bei einer erfolgreichen Perspektivenübernahme muß das Subjekt eine Änderung d. h. Dezentrierung vollziehen und gleichzeitig die Strukturen, die in jeder früheren Änderung impliziert sind, also Gleichgewicht, im Auge behalten. Das heißt es muß die neue Rolle an die Perspektiven, die es früher eingenommen hat, assimilieren und sich gleichzeitig an die Implikationen jeder neuen Perspektive akkomodieren. Auf diese Weise wurden in der vorliegenden Studie die formalen Betrachtungen, durch die Piaget einen Zusammenhang zwischen biologischer Anpassung und nichtpersönlicher kognitiver Strukturierung aufgewiesen hat, auf eine Analyse der sozialen Perspektivenübernahme und damit indirekt auf die Anpassung im Sozialen ausgeweitet.

Es ist wichtig anzumerken, daß ein paralleler Zusammenhang zwischen nichtpersönlicher kognitiver Strukturierung und sozialer Anpassung auch in einem ganz anderen Forschungsbereich, nämlich der Psychopathologie, breit dokumentiert ist (Arieti 1958, Cameron 1951, Goldstein 1943, Hanfmann u. Kasanin 1942, Wegrocki 1940). Tatsächlich haben sowohl Arieti wie Cameron darauf hingewiesen, daß Perspektivenübernahme als ein Bindeglied zwischen Denken und sozialer Anpassung aufgefaßt werden könnte. Arieti (1958) hat bei der Diskussion des kindlichen Autismus auf das gleichzeitige Auftreten von Rückzug in sozialem Verhalten, primitivem Denken und gestörter Perspektivenübernahme, wie er sich in bestimmten Eigentümlichkeiten der Sprache widerspiegelt, aufmerksam gemacht. Den letztgenannten Punkt illustriert er am Falle eines Kindes, das sich beim Essen selber mit den Worten beschreibt: »Du, George, essen.« Arieti nimmt an, daß diese Eigenart der Sprache Ausdruck einer problematischen Beziehung zwischen Mutter und Kind ist, bei der das Kind den Standpunkt der Mutter nicht einnehmen kann oder will, so daß dieser für das Kind äußerlich bleibt. Ähnlich behauptet Cameron (1951), daß eine angemessene Sozialisation sowie reifes Denken eine Organisation der Wahrnehmung erfordern, in der nicht nur das eigene Verhalten, sondern auch das implizierte reziproke Verhalten repräsentiert ist. Zum Beispiel erwähnt er, daß beim Verfolgungswahn Schizophrener der Wunsch, zu verfolgen und das reziproke Verhalten – die Furcht, verfolgt zu werden – in der Organisation der Wahrnehmung des Patienten nicht in gleicher Weise vertreten sind, sondern daß eines davon verleugnet und nach außen verlegt wird.

Es scheint daher sinnvoll, anzunehmen, daß nichtpersönliches kognitives Strukturieren mit sozialer Perspektivenübernahme verknüpft ist, die ihrerseits mit sozialer Anpassung zusammenhängt, auch wenn die Art des ganzen Zusammenhangs sicher noch problematisch ist. Jedoch ergibt sich daraus, daß eine Behandlung von Problemen sozialer Anpassung, wie Arieti und Cameron sie gestellt haben, mit der Kategorie der gleichgewichtigen Dezentrierung im Sinne der Perspektivenübernahme beim RTT ergiebig sein könnte. Zum Beispiel könnte man erwarten, daß mangelhafte Perspektivenübernahme, wie sie symptomatisch im Verfolgungswahn des Schizophrenen zum Ausdruck kommt, ihr formales Gegenstück beim RTT in der mangelnden Fähigkeit findet, die Rolle einzunehmen, die man verleugnet.

In diesem Zusammenhang sollte betont werden, daß der RTT ein Instrument für Perspektivenübernahme ist, wie sie sich aus Phantasiematerial ergibt. Sein Zusammenhang mit sozial angepaßtem bzw. nicht angepaßtem Verhalten ist bisher nicht gesichert. Doch gibt es einige Untersuchungen am Worcester State Hospital, die in diese Richtung zielen. So hat Kaden (1958) sich mit Interviewmaterial über die Rollenbeziehungen von Ehepartnern in den Kategorien der Piagetschen formalen Betrachtung beschäftigt. Auf dem Gebiet der Psychopathologie haben Phillips und Rabinowitch (1958) Verhaltenssymptome nach den in ihnen enthaltenen Rollenstörungen klassifiziert und solche Kategorien entwicklungstheoretisch geordnet. Vermutlich wird Perspektivenübernahme gemäß dem RTT in Zukunft im Hinblick auf sozial angepaßtes bzw. nicht angepaßtes Verhalten beurteilt werden.

Übersetzt von Dieter Geulen

Anmerkungen

1 Diese Untersuchung wurde unterstützt durch das Dementia Praecox Research Project am Worcester State Hospital und durch Forschungsmittel des National Institute of Mental Health, Public Health Service. Die Autoren sind einer Reihe von Personen für ihre Mitarbeit verpflichtet. Dr. D. Broverman und Madeleine Blair haben das Manuskript gelesen und viele hilfreiche Hinweise gegeben. Die Tests wurden von Dr. Sybil Speier und B. D'Agostino durchgeführt. Die Versuchspersonen erhielten wir durch die Vermittlung des Worcester Boys Club und H. Blaukopf vom Worcester Jewish Community Center.

2 Die Antworten der normalen Erwachsenenstichprobe wurden nach diesen Kriterien reevaluiert. Auch danach zeigte sich ein signifikanter Zusammenhang mit dem kognitiven Niveau nach dem Rorschach-Test.

a) Vgl. hierzu auch die Studie von Feffer u. Suchotliff in diesem Band.

Robert L. Selman

Sozial-kognitives Verständnis

Ein Weg zu pädagogischer und klinischer Praxis[1]

Einleitung

Die Ansicht ist nicht neu, daß die menschliche Fähigkeit, über moralische Fragen zu urteilen, nach einer vorhersagbaren Abfolge universeller Stufen fortschreitet. Bereits 1909 wies John Dewey auf die Bedeutung einer solchen Auffassung hin. Freilich sehen erst wenige Praktiker, die direkt mit der Sozialentwicklung, sozialen Anpassung oder sozialen Intervention bei Kindern zu tun haben, Möglichkeiten, diese Auffassung von kognitiv-moralischen Stufen im alltäglichen psychologischen Umgehen mit dem sozialen und emotionalen Verhalten von Kindern anzuwenden.

Ein Beispiel für diese Einstellung kann in der neueren Bewegung zur affektiven Erziehung in der Schule gesehen werden, die auf eine Förderung humanistischer Werte, Altruismus, Mitgefühl und soziale Sensibilität bei Kindern hinauswill. Viele Anhänger dieser Bewegung sind der Meinung, daß ein Ansatz, der von Stufen des moralischen Urteils ausgeht und sich mit rationalen Fragen wie Gerechtigkeit und Fairneß befaßt, sich in einem humanistisch bzw. affektiv getönten Rahmen vergleichsweise kalt und berechnend ausnimmt. Auch Praktikern, die dem in Kliniken für emotional oder verhaltensgestörte Kinder herrschenden psychodynamischen Ansatz verpflichtet sind, scheint es oft, daß im Konzept kognitiver Entwicklungsstufen irrationale bzw. nicht urteilsmäßige Faktoren wie Fantasie, interpersonale Dynamik und unbewußte Antriebe im interpersonalen Verhalten vernachlässigt werden.

Meine Forschungen haben indessen gezeigt, daß Beschreibungen sozial-kognitiver Stufen im Rahmen einer Theorie der Ich-Entwicklung sinnvoll bei pädagogischer und klinischer Intervention angewendet werden können. Die Grundlage dieser Stufen ist breit genug, um sowohl bei der Diagnose kindlichen Verhaltens als auch bei der Planung und Evaluierung von Versuchen, Sozialverhalten von Kindern zu verbessern, wertvolle Dienste zu leisten.

Betrachten wir einen kleinen Ausschnitt aus dem klinischen Alltag: Ein achtjähriger Junge wird an eine Beratungsstelle oder einen Schulpsychologen überwiesen, weil er sich ständig mit seinen Klassenkameraden rauft. Seine Lehrerin ist besonders beunruhigt, weil sie beobachtet, daß, wenn Klassenkameraden ihn zufällig auf dem Flur oder während der Pause anstoßen, er wütend wird, zu schlagen anfängt und seine Kameraden beschuldigt, angefangen zu haben. Der Lehrerin geht es dabei nicht nur um die Entwicklung des einzelnen Kindes, sondern um die ganze Klasse.

In einem solchen Fall würden verschiedene theoretische Ansätze zum Verständnis der menschlichen Entwicklung, insbesondere des Sozialverhaltens, verschiedene Phasen dieses Ablaufs hervorheben; z. B. würde man sich von einem psychodynamischen Standpunkt aus zunächst der Wut und Aggression des Kindes zuwenden und ihre Ursachen zu analysieren versuchen. Ein solcher Ansatz könnte etwa annehmen, daß das Kind seine eigenen aggressiven Gefühle und seine Feindseligkeit auf seine Kameraden projiziert und dann entsprechend reagiert oder daß es seine Gefühle, die in Wirklichkeit auf seinen Vater oder eine andere ödipale Figur gerichtet sind, verschoben hat.

Ein Vertreter der kognitiven Entwicklungstheorie jedoch würde einen anderen Weg zum Verständnis dieses Kindes einschlagen. Er wird zunächst versuchen, die Dinge aus der Sicht des Kindes selbst zu sehen. Er könnte fragen, ob dieses gestörte achtjährige Kind kognitiv überhaupt zwischen absichtlichem und nicht absichtlichem Verhalten unterscheidet. Im Alter von 6 bis 7 Jahren verstehen die meisten Kinder, daß andere Menschen im allgemeinen Gründe für ihre Handlungen haben und daß letztere teilweise durch diese Gründe erklärt oder gerechtfertigt werden können. Auf dieser Stufe können Kinder zwischen willentlichem, absichtsvollem Handeln (psychologische Kausalität) und streng mechanischem sichtbarem Verhalten (physische Kausalität) unterscheiden. Bevor sie jedoch diese Stufe des Verständnisses erreicht haben, beurteilen Kinder häufig die Richtigkeit oder Falschheit einer Handlung mehr auf der Basis der beobachtbaren Folgen als nach den Absichten des Handelnden. Sie sind noch nicht in der Lage, den einen Gesichtspunkt vom anderen oder gar die Gründe für das Handeln anderer von ihren Handlungen selber zu unterscheiden.

Erst eine Bestimmung der Stufe der kognitiven oder sozialen Entwicklung eines bestimmten Kindes führt den Erzieher zu einem Verständnis davon, wie das Kind selbst die Welt sieht, und bewahrt ihn davor, kognitiv-begriffliche und emotionale Fähigkeiten zu erwarten, die das Kind noch gar nicht entwickelt hat. Ohne den Wert des Verständnisses der interpersonalen Dynamik des Kindes zu schmälern, erweitert unser Ansatz dieses Verständnis noch dadurch, daß er die dem Verhalten zugrunde liegende Entwicklungsstufe erforscht und die nächste Stufe angibt, auf die die weitere Entwicklung hingelenkt werden kann.

In den vergangenen Jahren habe ich die strukturelle Entwicklungstheorie Jean Piagets herangezogen, um meine Forschung auf die Beschreibung aufeinanderfolgender Stufen in der Entwicklung der Fähigkeit, die Perspektive eines anderen einzunehmen, und auf den Zusammenhang dieser Fähigkeit mit – theoretisch gesehen – parallelen Stufen in der Entwicklung des moralischen Denkens zu konzentrieren. Der vorliegende Aufsatz beginnt mit der Darstellung einer Entwicklungssequenz in der Fähigkeit zur Perspektivenübernahme (im inhaltlichen Kontext einer Reflexion über moralische Dilemmata), wobei ich hoffe, die logischen Strukturen weiter klären zu können, die wichtigen Momenten dieses großen Bereichs der Sozialentwicklung zugrunde liegen. Es folgen Überlegungen darüber, wie Stufen der Perspektivenübernahme und des moralischen Urteilens in den Rahmen einer kognitiven Theorie der Ich-Entwicklung eingeordnet werden könnten, und schließlich werden verschiedene Konsequenzen des kognitiv-entwicklungstheoretischen Ansatzes für soziale Intervention diskutiert.

Stufen der sozialen Perspektivenübernahme und ihr Verhältnis zur Entwicklung des moralischen Urteils

Einige theoretische Bemerkungen

In der Vergangenheit ist soziale Perspektivenübernahme von einer Vielzahl theoretischer Orientierungen aus untersucht worden. Die Ergebnisse haben gezeigt, daß die Fähigkeit zur Perspektivenübernahme und die Angemessenheit sozialer Wahrnehmung mit dem Alter zunimmt (Ausubel 1952; Feffer u. Gourevitch 1960*; Flavell 1968) und daß die Entwicklung auf diesem Gebiet bis in die Adoleszenz anhält (Flavell 1968; O. K. Moore 1958; Taft 1955). Andere Untersuchungen haben die Fähigkeit zur Perspektivenübernahme mit psychometrischen Intelligenzmaßen (De Vries 1970*; Neale 1966; Selman 1971 a, 1971 b) und mit emotionaler Ausgeglichenheit korreliert (Chandler 1971; Solomon 1963; Taft 1955).

Diese Ergebnisse haben klar gezeigt, daß Perspektivenübernahme eine Fähigkeit ist, die sich erst entwickelt; keines jedoch hat die qualitative Eigenart dieser Entwicklung deutlich gemacht. In den von mir durchgeführten Untersuchungen wurde eine strukturelle Analyse zur Bestimmung von Transformationen (bzw. Stufen) in der Entwicklung angewendet, um die Entwicklung der Fähigkeit zur Perspektivenübernahme zu beschreiben. Anstatt also diese Entwicklung bloß als quantitative Zunahme im sozialen Wissen anzusehen, fasse ich sie in Kategorien qualitativen Wandels der Art und Weise, wie das Kind sein Verständnis der Beziehung zwischen den eigenen Perspektiven und denen der anderen strukturiert, auf.

Bei der Bestimmung des strukturellen Aspekts einer bestimmten Stufe von Perspektivenübernahme wurden folgende Fragen gestellt: Wie differenziert das Kind zwischen der eigenen Perspektive und den Perspektiven der anderen? Wie koordiniert das Kind bzw. bezieht es seine eigene Perspektive auf die eines anderen? In welcher Weise beruhen die neuen Differenzierungen und Koordinationen einer bestimmten Stufe, wenn auch in fortgeschrittener Weise, auf denen der vorangehenden Stufe? Die Antworten auf diese Fragen stellen jeweils die Struktur der aufeinanderfolgenden Stufen von Perspektivenübernahme dar.

Meine Analyse der Perspektivenübernahme bezieht auch den Inhalt im Sinne folgender Fragen mit ein: Welche Vorstellungen hat das Kind von der eigenen subjektiven Ansicht bzw. der des anderen? Was ist sein Verständnis von den Fähigkeiten, persönlichen Eigenschaften, Erwartungen und Wünschen, Gedanken und Gefühlen, Motiven, möglichen Reaktionen und sozialen Urteilen eines anderen? Wir betrachten diese Kategorien des Inhalts von Perspektivenübernahme als Begriffe, die sich um grundlegende Kategorien sozialer Erfahrung herum entwickeln. Sie hängen eng mit der Struktur der Perspektivenübernahme zusammen, da ihre

Form teilweise durch die Struktur der jeweiligen Entwicklungsstufe dieser bestimmt wird.

Mit anderen Worten läuft die Entwicklung eines Kindes von einer Strukturstufe, in der es zur gleichen Zeit nur einen Gesichtspunkt einnehmen kann, zu einer Stufe, in der es den Gesichtspunkt eines anderen im Zusammenhang mit seinem eigenen sehen kann, parallel mit einem Wandel in seinen Vorstellungen von Persönlichkeitsentwicklung, Motivation und anderen Aspekten sozialer Beziehungen.

Die Entwicklung der Perspektivenübernahme spielt in weiten Bereichen des menschlichen Sozialverhaltens eine wichtige Rolle. In unseren Forschungen haben wir besonders ihre Bedeutung für vier solcher Bereiche untersucht:

(1) Die allgemeine Fähigkeit zur Lösung von sozialen Interaktions-Problemen bei Kindern (z. B. die Fähigkeit zu Kooperations- oder Wettbewerbsspielen, etwa Versteckspiel);
(2) Die Fähigkeit der Kinder zu kommunizieren oder zu überzeugen;
(3) das Verständnis der Kinder von den Gefühlen anderer (Sympathie, Empathie); und
(4) das Verständnis der Kinder von Fairneß und Gerechtigkeit sowie die Entwicklung moralischen Argumentierens.

Der letztgenannte Aspekt steht im Mittelpunkt des vorliegenden Aufsatzes.

Kurze Beschreibung der Stufen der Perspektivenübernahme im Zusammenhang mit moralischem Argumentieren

Eine strukturelle Analyse von Entwicklungsstufen muß versuchen, die jeweils dem Denken und Verhalten zugrunde liegende Organisation herauszufinden und diese Ordnung gemäß mathematischen oder logischen Modellen zu formalisieren (Gardner 1973). Die Brauchbarkeit einer solchen Analyse hängt davon ab, daß auch andere die Logik der Stufenfolge einsehen und so die dargestellte Ordnung erkennen. Die Anwendung von Stufentheorien des sozialen und moralischen Urteilens in sozialer Intervention und Erziehung muß dadurch gerechtfertigt sein, daß Lehrer, Therapeuten und Erzieher sie ohne Schwierigkeiten verstehen können. (Wir wären von einer fruchtbaren Anwendung weit entfernt, wenn nur die Stufentheoretiker die Stufen im Alltagsleben erkennen könnten.) Daher scheint es notwendig zu sein, jede der aufeinanderfolgenden Stufen der Perspektivenübernahme im Detail so zu beschreiben, wie es ihrer Bedeutung in Argumentationen über moralische Probleme entspricht.

In der Untersuchung über die Entwicklung der Perspektivenübernahme und bei der Planung dieser Analyse folgte ich der offenen klinischen Methode, wie sie zuerst von Piaget (1929) in seiner Studie über das Verständnis physikalischer Begriffe beim Kinde und später von Kohlberg (1969 b) in seiner Studie über das moralische Denken angewendet worden ist. Diese Methode beruht darauf, daß dem Kind Dilemmata vorgelegt werden, um es zum Nachdenken über soziale oder moralische Sachverhalte zu bringen. Obwohl die Dilemmata standardisiert sind, ist die daraus folgende Diskussion offen (daher klinisch). Im folgenden geben wir einige Beispiele solcher sozio-moralischer Dilemmata und entsprechender Sondierungsfragen zur Bestimmung der Stufe von Perspektivenübernahme. Die beiden ersten sind Kohlbergs Originaluntersuchungen entnommen (1969 b).

Heinzens todkranke Frau braucht ein bestimmtes Medikament. Heinz hat dem Apotheker, der das Medikament entdeckt hat, angeboten, die Hälfte jetzt (er hat nicht mehr Geld) und den Rest später zu bezahlen. Der Apotheker hat dies abgelehnt. Heinz muß entscheiden, ob er das Medikament stiehlt oder nicht.

Fragen zur Perspektivenübernahme:

1. Würde ein guter Ehemann das Medikament für seine Frau stehlen?
2. Was würde der Ehemann deiner Meinung nach tun, wenn er seine Frau nicht liebte?
3. Was würde seine Frau denken, wenn er das Medikament nicht stehlen würde? Was wünschte sie, daß er tue?
4. Würdest du das Medikament stehlen, um dein eigenes Leben zu retten?
5. Was würdest du tun, wenn du der Ehemann wärst?

Das zweite Dilemma stammt ebenfalls von Kohlberg (1969 b): Zwei junge Brüder sind in ernsthaften Schwierigkeiten und brauchen Geld, um schnell die Stadt verlassen zu können. Karl, der Ältere, bricht in ein Geschäft ein und stiehlt 500 Dollar. Bob, der Jüngere, geht zu einem alten Rentner, der als hilfsbereit bekannt ist. Bob erzählt ihm, daß er sehr krank sei und 500 Dollar für eine Operation benötige. Tatsächlich war er keineswegs krank und hatte auch nicht die Absicht, das Geld zurückzuzahlen. Der Mann leiht ihm das Geld, obwohl er Bob nicht besonders gut kannte. So können Bob und Karl, jeder mit 500 Dollar in der Tasche, die Stadt verlassen.

Fragen zur Perspektivenübernahme:

1. Wer wird sich wohl schlechter fühlen, der Mann, der sein Geld verliehen hat, es aber nicht zurückbekommt, oder der Mann, in dessen Geschäft eingebrochen wurde?
2. Wie würdest du dich in der Situation fühlen, daß du Geld verliehen hast, es aber nicht zurückbekommst?
3. Warum ist Vertrauen für die Menschen so wichtig?
4. Was wird derjenige, der das Geld verliehen hat, tun, wenn er herausbekommt, daß er es wohl nicht zurückbekommt?

Das nächste Beispiel eines offenen sozio-moralischen Dilemmas ist für jüngere Kinder (im Alter von 4-10 Jahren) gedacht und erfaßt die niedrigeren Stufen von Perspektivenübernahme:

Holly, ein achtjähriges Mädchen, klettert gern auf Bäume. Sie ist der beste Kletterer in der Nachbarschaft. Eines Tages fällt sie beim Herunterklettern auf den niedrigsten Ast, tut sich aber nicht weh. Ihr Vater, der sie fallen gesehen hat, ist bestürzt und verlangt von ihr das Versprechen, nie mehr auf einen Baum zu klettern. Holly verspricht es.

Später am gleichen Tag treffen Holly und ihre Freunde Shawn. Ihr Kätzchen ist auf einen Baum geklettert und kann nicht mehr herunter. Es muß etwas unternommen werden, sonst könnte das Kätzchen herunterfallen. Holly ist die einzige, die gut genug klettert, um das Kätzchen zu erreichen und herunterzubringen; sie denkt jedoch an das Versprechen, das sie ihrem Vater gegeben hat.

Fragen zur Perspektivenübernahme:

1. Weiß Holly, wie Shawn wegen ihres Kätzchens zumute ist?
2. Wie wird sich Hollys Vater fühlen, wenn er herausbekommt, daß sie auf den Baum geklettert ist?
3. Was wird Hollys Vater deiner Meinung nach tun, wenn er herausbekommt, daß sie auf den Baum geklettert ist?
4. Was würdest du in dieser Situation tun?

Die Stufen von Perspektivenübernahme im Rahmen moralischen Argumentierens wurden auf der Grundlage der Antworten sowohl auf die standardisierten wie auf die offenen Sondierungsfragen gescort, wobei drei strukturelle Aspekte von Perspektivenübernahme im Vordergrund standen:

(1) Der eigene Standpunkt des Befragten,

(2) die verschiedenen Standpunkte der einzelnen Personen in dem Dilemma und

(3) die Beziehungen zwischen diesen verschiedenen Perspektiven.

Außerdem wurde eine Analyse der Vorstellungen des Befragten von Personen und vom sozialen Charakter menschlichen Verhaltens, insbesondere der in sein ethisches Urteil eingehenden Vorstellungen von Motiven und Gefühlen anderer, vorgenommen.

Stufe 0: Egozentrische Perspektivenübernahme [egocentric role taking] (ungefähr 4-6 Jahre)[2]

Strukturelle Aspekte. Unterscheidung von Perspektiven. Stufe 0 ist dadurch charakterisiert, daß das Kind nicht in der Lage ist, zwischen der persönlichen Interpretation (entweder seiner eigenen oder der eines anderen) einer sozialen Handlung und der Perspektive, die es selbst für die richtige hält, zu unterscheiden. Obwohl also das Kind zwischen Selbst und Anderen als Entitäten unterscheiden kann, unterscheidet es nicht die entsprechenden Standpunkte.

Beziehungen zwischen den Perspektiven. Da das Kind zwischen verschiedenen Standpunkten nicht unterscheidet, setzt es sie auch nicht zueinander in Beziehung. So kann es z. B. seiner Mutter zum Geburtstag einen Beutel Geleefrüchte schenken, nicht unbedingt, weil es selber sie mag oder denkt, daß seine Mutter sie mag, sondern, weil »man« Geleefrüchte mag. Auf dieser egozentrischen Stufe reflektiert das Kind noch nicht über seine eigenen Gedanken oder die anderer. Zum Beispiel:

Frage: Was denkst du, wird Holly machen, das Kätzchen retten oder ihr Versprechen halten?

Antwort: Sie wird das Kätzchen retten, weil sie nicht will, daß es stirbt.

F: Wie wird sich ihr Vater fühlen, wenn er es erfährt?

A: Froh, weil er das Kätzchen mag.

F: Was würdest du machen, wenn du Holly wärst?

A: Das Kätzchen retten, damit es nicht verletzt wird.

F: Was ist, wenn Holly keine Kätzchen mag?
Was wird sie dann tun?
A: Sie würde es nicht holen.
F: Was ist, wenn ihr Vater sie bestraft, nachdem sie das Kätzchen heruntergeholt hat?
A: Dann wird sie es oben lassen.
F: Warum?
A: Weil sie keine Schwierigkeiten haben möchte.
F: Wie wird sie sich fühlen?
A: Gut, weil sie auf ihren Vater gehört hat.

Analyse. Auf Stufe o ist ein Kind nicht in der Lage, Unterschiede zwischen der Perspektive einer Person von der Situation (Holly) und der einer anderen Person (Hollys Vater) zu erfassen. Das Kind sieht nur den Vorgang der Rettung der Katze und denkt, daß alle Beteiligten es ebenso sehen. Wenn der Interviewer die Aufmerksamkeit des Kindes darauf lenkt, daß beim Bruch des dem Vater gegebenen Versprechens ja eine Strafe folgen könnte, orientiert sich das Kind am Standpunkt des Vaters und unterstellt weiterhin, daß ein Konsens zwischen den Personen besteht, ohne eine Inkonsistenz wahrzunehmen.

Vorstellungen von Personen. Auf Stufe o ist das Kind imstande, die Gefühle eines anderen (z. B. traurig, ärgerlich, froh) in solchen Situationen abzulesen bzw. »vorherzusagen«, in denen das Kind seine eigene Reaktion kennt. Es gründet sein Urteil über andere auf wahrnehmbares Verhalten, nicht auf verdeckte psychologische Daten. Ihm fehlt die sozial-kognitive Fähigkeit, in das Innere einer anderen Person zu dringen und den Kausalzusammenhang zwischen den Gründen und den Handlungen eines anderen zu sehen. Zum Beispiel:

Frage: Würdest du auf den Baum klettern, um das Kätzchen herunterzuholen?
Antwort: Ja, es könnte verletzt werden.
F: Wie wird sich Holly wohl fühlen, wenn ihr Vater sie dafür bestraft, daß sie auf den Baum geklettert ist?
A: Traurig.
F: Warum?
A: Weil ihr Vater sie geschlagen hat.
F: Woher weißt du, wie sie sich fühlen wird?
A: Sie wird schreien.
F: Warum hat ihr Vater sie geschlagen?

A: Weil sie auf den Baum geklettert ist.
F: Hatte Holly einen wichtigen Grund, auf den Baum zu klettern?
A: Ich weiß nicht.
F: Würdest du auf den Baum klettern?
A: Nein, denn ich möchte nicht geschlagen werden.

Analyse. Das Kind auf Stufe 0 bezieht sich an keiner Stelle auf eine mögliche Erklärung des Handelns auf einem verdeckten psychologischen Niveau, z. B. auf der Ebene von Intentionen (was erst auf der nächsten Stufe auftaucht). Der psychische Zustand der Traurigkeit wird einfach vom offenen Verhalten des Schreiens abgelesen.

Stufe 1: Sozial-informationsbezogene Perspektivenübernahme [social-informational role taking] (ungefähr 6-8 Jahre)

Strukturelle Aspekte. Unterscheidung von Perspektiven. Auf Stufe 1 sieht das Kind sich und die anderen als Akteure mit potentiell unterschiedlichen Interpretationen derselben sozialen Situation, hauptsächlich auf Grund der Daten, über die jeder verfügt. Es erkennt, daß Menschen unterschiedlich empfinden oder denken, weil sie sich in unterschiedlichen Situationen befinden oder unterschiedliche Informationen haben.

Beziehungen zwischen den Perspektiven. Das Kind ist noch nicht in der Lage, gleichzeitig seine eigene Perspektive festzuhalten und sich an die Stelle anderer zu versetzen, um ihre Handlungen zu beurteilen. Es kann auch nicht seine eigenen Handlungen vom Standpunkt anderer beurteilen. Die Reziprozität zwischen Perspektiven – d. h. daß die Art und Weise, wie es den anderen sieht, davon abhängt, wie es das Verständnis des anderen von *ihm* versteht – muß es erst noch sehen lernen (Stufe 2). Es begreift den Subjektcharakter von Personen, aber noch nicht, daß Personen sich gegenseitig als Subjekte betrachten. Wenn es sich zu moralischen Fragen äußert, nimmt es noch an, daß nur eine Perspektive »richtig« oder »wahr« ist – die der Autorität oder seine eigenen Gedanken –, obwohl es die Existenz verschiedener Gesichtspunkte erkennt. Zum Beispiel:

F: Wem wird wohl schlechter zumute sein, jemandem, der Geld verliehen hat und es nicht mehr zurückbekommt, oder der

Geschäftsmann, dem der gleiche Betrag gestohlen worden ist?

A: Dem Geschäftsmann, bei dem eingebrochen wurde. Weil der Geschäftsmann genau weiß, daß es jemand gestohlen hat, während der Mann, der 500 Dollar verliehen hat, nicht sicher wußte, daß er es nicht zurückbekommen würde.

Analyse. Das Kind zieht aus der sozialen Tatsache, daß der Geschäftsmann unmittelbar wußte, daß er bestohlen worden war, den »objektiven« Schluß, daß dem Geschäftsmann »subjektiv« schlecht zumute ist, während der Mann, der das Geld ausgeliehen hat, sich nicht so schlecht fühlt, weil er sich nicht bewußt ist, daß er sein Geld verlieren wird. Auf höheren als der ersten Stufe von Perspektivenübernahme liegt der Schwerpunkt weniger darauf, wer was weiß, sondern mehr auf den jeweiligen Gesichtspunkten der Beteiligten, im Falle des Geschäftsmannes ein unpersönlicher Einbruch, im Falle des alten Mannes mißbrauchtes Vertrauen.

Vorstellungen von Personen. Während das Kind auf Stufe 0 andere Personen als Informationssammler, die gegebene soziale Daten aufnehmen, ansieht, betrachtet es sie auf Stufe 1 als Informationsverarbeiter, die soziale Situationen interpretieren. Das Kind begreift nun, daß zu einer Person auch wertende Fähigkeiten gehören. Entsprechend erkennt es, daß sowohl es selbst wie auch andere als Personen zwischen absichtlichen und unabsichtlichen Handlungen unterscheiden können. Dieses Verständnis von Intentionalität ist ein deutlicher Wandel gegenüber Stufe 0 und führt weiter zum Verständnis des Begriffs der persönlichen Gründe als Ursache für Entscheidungen oder Handlungen. Zum Beispiel:

F: Glaubst du, daß Hollys Vater ärgerlich werden würde, wenn er herausbekäme, daß sie auf den Baum geklettert ist?

A: Er würde wohl ärgerlich werden, wenn er nicht wüßte, warum sie auf den Baum geklettert ist. Wenn Holly es ihm aber erklären würde, würde er wohl einsehen, daß sie einen wichtigen Grund hatte.[3]

Stufe 2: Selbstreflexive Perspektivenübernahme [self-reflective role taking] (ungefähr 8-10 Jahre)

Strukturelle Aspekte. Unterscheidung von Perspektiven. Auf Stufe 2 erkennt das Kind, daß Menschen unterschiedlich denken und fühlen, weil jeder seine eigenen, einzigartigen Wertvorstellungen und Absichten verfolgt. In moralischer Hinsicht führt diese Entwicklung der Perspektivenübernahme zu der relativistischen Ansicht, daß kein Mensch eine absolut richtige bzw. gültige Perspektive hat.

Beziehungen zwischen den Perspektiven. Ein wesentlicher Fortschritt auf Stufe 2 ist die Fähigkeit, das eigene Verhalten und die eigene Motivation von außerhalb, vom Standpunkt eines anderen aus zu reflektieren. Außerdem erkennt das Kind, daß der andere sich ebensogut an die Stelle des Kindes versetzen kann, so daß es nun imstande ist, die Reaktionen des anderen auf seine eigenen Motive und Absichten zu antizipieren. Freilich kommen diese Reflexionen nicht gleichzeitig bzw. wechselseitig vor, sondern nur nacheinander. Daher kann sich das Kind auch nicht außerhalb der Zwei-Personen-Situation stellen und sie aus der Perspektive einer dritten Person betrachten. Zum Beispiel:

F: Welche Strafe hält Holly wohl für angemessen, wenn sie auf den Baum klettert?

A: Keine.

F: Warum nicht?

A: Sie weiß, daß ihr Vater verstehen wird, warum sie auf den Baum geklettert ist. Daher weiß sie, daß er sie gar nicht bestrafen würde.

Analyse. Das Kind nimmt hier die Perspektive der Tochter ein, die annimmt, daß der Vater seinerseits die Gründe der Tochter verstehen wird. Auf Stufe 2 erkennt also das Kind, daß die Art und Weise, wie es die Perspektive eines anderen einnimmt, direkt von seinen eigenen Annahmen darüber abhängt, wie der andere seine Perspektive einnehmen wird.

Vorstellungen von Personen. Auf Stufe 2 versteht das Kind, daß die Motive eines Menschen in Konflikt miteinander stehen und von ihm zu einer Hierarchie geordnet werden können. Da es andere nun nicht mehr als nur einfach, sondern als mehrfach motiviert ansieht, beginnt es einzusehen, daß altruistische (auf andere gerichtete) und instrumentelle (am eigenen Wohl ausgerichtete) Motive sowohl bei ihm selbst wie auch bei anderen in Konflikt stehen können. Das Kind kann sich nun vorstellen, daß Menschen Dinge tun, die sie eigentlich nicht wollen, und umgekehrt. Zum Beispiel:

F: Glaubst du, daß Holly auf den Baum klettern würde?

A: Ja, denn sie weiß, daß ihr Vater versteht, warum.
F: Was meinst du, was möchte der Vater, das Holly tun soll? Möchte er in dieser Situation, daß sie hochklettert und das Kätzchen holt, oder nicht?
A: Nein.
F: Warum nicht?
A: Weil er dann ja sein Verbot zurücknehmen müßte und er ein schlechter Vater wäre, wenn er seine Meinung ändert. Der Vater mag ruhig denken, daß es schlecht ist, ein Versprechen zu brechen, aber er würde auch verstehen, daß es für Holly wichtiger ist, das Kätzchen zu retten.
F: Würden alle Väter so denken?
A: Nein, es hängt alles davon ab, was sie für wichtiger halten.

Stufe 3: Wechselseitige Perspektivenübernahme [mutual role taking] (ungefähr 10-12 Jahre)

Strukturelle Aspekte. Unterscheidung von Perspektiven. Auf Stufe 3 kann das Kind zwischen der eigenen Perspektive und der generalisierten Perspektive, d. h. dem Standpunkt, den ein durchschnittliches Gruppenmitglied einnimmt, unterscheiden. In einer Zweier-Situation unterscheidet das Kind den Standpunkt jeder der beiden Parteien von dem einer dritten Person. Es kann nun ein unparteiischer Zuschauer sein und einen interesselosen Standpunkt einnehmen.

Beziehungen zwischen den Perspektiven. Das Kind entdeckt auf Stufe 3, daß sowohl es selbst wie auch andere den Standpunkt jeder Partei gleichzeitig und wechselseitig einnehmen können. Jeder kann sich an den Platz des anderen versetzen und sich selbst von dort aus betrachten, bevor er sich für ein bestimmtes Verhalten entscheidet (die goldene Regel). Zusätzlich kann jeder die Situation vom Standpunkt einer dritten Partei aus betrachten, die wiederum den Standpunkt jedes der beiden Individuen einnehmen und die Beziehungen zwischen ihnen betrachten kann. Auf moralischem Gebiet führt eine solche unendliche Kette von Perspektivenübernahmen zur Entwicklung konventioneller Regeln, nach denen zwischen den Ansprüchen der beteiligten Individuen entschieden werden kann. Zum Beispiel:
F: Würde der Richter denken, daß Heinz recht hatte, das Medikament zu stehlen?

A: Ich meine, der Richter wird denken, daß Heinz nicht recht hatte. Nachdem er es nun einmal getan hat und der Richter die Sache von seiner Seite gehört hat, wird er finden, daß Heinz das getan hat, was er für richtig hielt. Heinz wird merken, daß der Richter seine Überlegungen berücksichtigen wird.

Analyse. In diesem Beispiel verweisen zwei Details auf ein Denken gemäß Stufe 3. Erstens schreibt der Proband jeder Partei die Fähigkeit zu, den Standpunkt jedes Beteiligten einzunehmen. Zweitens hat er verstanden, daß der Richter die Selbsreflexion Heinz' mit einbezieht (»Der Richter wird finden, daß Heinz getan hat, was er für richtig hielt«). Es ist charakteristisch für die dritte Stufe des Perspektivenwechsels, daß jedem der Beteiligten in einer Zweiergruppe bewußt ist, daß bei dem anderen ein selbstreflexiver Prozeß abläuft.

Vorstellungen von Personen. Auf Stufe 3 weiß ein Kind, daß alle Menschen einen Begriff von der allgemein geteilten Auffassung sozialer Tatsachen und zwischenmenschlicher Beziehungen haben. Vertrauen, Freundschaft und gegenseitige Rücksicht und Erwartungen werden als gegenseitig angesehen. Während auf Stufe 2 z. B. »Freund« nur von einer Perspektive her bestimmt wird (ein Freund ist jemand, der mir einen Gefallen tut und aus meiner Sicht freundlich ist), wird auf Stufe 3 der Begriff des Freundes im Sinne einer wechselseitigen Beziehung definiert, die über einfache Reziprozität hinausgeht. Außerdem kommt eine zeitliche Komponente hinzu, insofern das Kind einzusehen beginnt, daß die Konsistenz der Handlungen jedes in der Beziehung Beteiligten über die Zeit notwendig für den Begriff der wechselseitigen Beziehungen ist. Zum Beispiel:

F: Angenommen, der Sterbende war nicht Heinz' Frau, sondern sein bester Freund; er hatte nicht genug Geld, und aus seiner Familie war niemand bereit, das Medikament zu stehlen. Meinst du, daß Heinz in diesem Fall das Medikament für seinen Freund stehlen sollte?

A: Um das zu tun, müßte er schon der allerbeste Freund sein. Ich stelle mir vor, man versetzt sich in die Lage des Freundes und fragt sich: »Würde er das für mich tun?« Ich meine, das hängt davon ab, welcher Art ihre Freundschaft ist. Wenn sie sich beide ihre Freundschaft schon gegenseitig bewiesen haben, dann könnte er es vielleicht tun. Es hängt alles davon ab, wie stark eine Beziehung ist, wie lange sie schon Freunde sind.

Analyse. Auf Stufe 3 sieht das Kind, daß soziale Beziehungen eine gewisse Tiefe, Konsistenz und eine zeitliche Dimension haben. Freundschaft wird nicht als unmittelbares, wechselseitiges Erwidern von Freundlichkeiten angesehen, sondern als das Ergebnis eines mehrfachen Austausches in der Zeit, durch den die Gegenseitigkeit erst bestätigt wird. Das Kind nimmt nun auch wahr, daß bestimmte Handlungen für verschiedene Personen verschiedene Bedeutungen haben, je nach ihren vorangehenden sozialen Erfahrungen. Die Subjektivität einer Person zu verstehen ist viel komplizierter als z. B. die – der Stufe 1 entsprechende – Wahrnehmung verschiedener Perspektiven, die sich nur durch unterschiedliche soziale Informationen unterscheiden. So tritt die Wechselseitigkeit auf Stufe 3 sowohl in der Struktur (eine gleichzeitige Koordinierung von Perspektiven) wie auch im Begriff der Person (die Einsicht, daß sowohl ich wie auch der andere gegenseitige Erwartungen hegen) zutage.

Stufe 4: Perspektivenübernahme mit dem sozialen und konventionellen System [social and conventional system role taking] (12-15 Jahre und höher)

Strukturelle Aspekte. Perspektivenübernahme. Bei Stufe 4 wird die Perspektivenübernahme von der Ebene der Zweiergruppe auf die eines allgemeineren sozialen Systems etwa einer Gruppe gehoben. Der Jugendliche sieht das soziale System, in dem er operiert, als eine von allen Mitgliedern geteilte Konstruktion konventioneller Perspektiven in wechselseitiger Beziehung mit seiner eigenen Perspektive. Während für ein Subjekt auf Stufe 3 die Tätigkeit des unparteiischen Beobachters darin besteht, die Perspektive sowohl des einen wie auch des anderen einzunehmen, erkennt es auf Stufe 4, daß jeder der Beteiligten sich auf den gemeinsamen Gesichtspunkt des generalisierten Anderen (das soziale System) einstellt, um ein angemessenes Kommunizieren und Verstehen anderer zu erleichtern. Zum Beispiel:

F: Was würde deiner Meinung nach der Richter in dem Fall Heinz' tun?

A: Ich fürchte, er würde ihn schuldig sprechen. Als Heinz das Medikament stahl, wußte er ja, daß es vom Standpunkt der

Gesellschaft aus falsch war. Er wußte auch, daß er verurteilt werden würde, wenn er geschnappt wird, weil der Richter ja das Gesetz anwenden muß.

F: Warum?

A: Der Richter muß die Sache so sehen, wie jeder sie sehen würde. Wenn Heinz nicht bestraft würde, würden alle denken, daß sie mit Stehlen durchkommen. Heinz muß das sehen und irgendeine Bestrafung in Kauf nehmen.

F: Was würde der Richter denken:
War es richtig oder falsch, was Heinz getan hat?

A: Man erwartet von einem Richter nicht, daß er ein Philosoph ist. Selbst wenn er denkt, daß Heinz moralisch richtig gehandelt hat, muß er vom Rechtsstandpunkt aus das für alle verbindliche Gesetz anwenden.

Analyse. Vorstellungen von Gesetz und Moralität basieren auf der Idee einer einverständlichen Gruppenperspektive. Die Wechselseitigkeit, die zuerst auf Stufe 3 entwickelt ist, wird auf Stufe 4 ausgedehnt zu einer Unterordnung der Zweierbeziehung unter die Gruppenperspektive.

Vorstellungen von Personen. Auf Stufe 4 wird der Zusammenhang zwischen Urteil und Handlung bei den im Individuum ablaufenden sozialen Entscheidungsprozessen als ein komplexes intrapersonales System angesehen, das im Wesen analog zu einem interpersonalen sozialen System ist. Die jetzt entwickelte Vorstellung von Persönlichkeit (bzw. Charakter) spiegelt das Verständnis wider, daß die Gedanken und Handlungen des anderen von einer innerpsychischen Organisation sich entwickelnder Ansichten, Werte und Einstellungen abhängig sind und daß dies sowohl die Vorhersage zukünftiger Handlungen wie auch das Verstehen vergangener Handlungen des anderen ermöglicht. Menschen können von inneren Werthaltungen ebenso verschiedene Perspektiven haben wie von äußeren sozialen Handlungen. Zum Beispiel:

F: Wer wird sich wohl schlechter fühlen, der Geschäftsmann, bei dem eingebrochen wurde, oder der Mann, der um sein verliehenes Geld betrogen wurde?

A: Ja, das ist wirklich schwer zu sagen. Man müßte wissen, was das jeweils für Leute sind. Es könnte ja sein, daß der Mann, der das Geld verliehen hat, jemand ist, der schon damit rechnet, daß er es vielleicht nicht zurückbekommt. Vielleicht erwartet er noch nicht einmal Dank oder etwas Ähnliches. In einem solchen Fall ist er vielleicht überhaupt nicht sauer oder höchstens etwas traurig über die Unehrlichkeit der Menschen. Wenn er jedoch jemand ist, der von den Menschen viel erwartet, könnte er ernsthaft verletzt sein oder seinen Glauben an den Menschen verlieren. Allgemein würde ich sagen, daß der Mann, der das Geld verliehen hatte, die Sache als persönlichen Vertrauensbruch empfindet. Aber sicher kann man so etwas nur sagen, wenn man den Menschen kennt.

Einige empirische Befunde

Neuere Untersuchungen (Colby u. Kohlberg, in Vorb.) deuten auf eine allgemeine Übereinstimmung zwischen moralischen Stufen und kognitiven Entwicklungsstufen im Sinne Piagets hin. Die kognitiven Stufen erscheinen als notwendige, aber nicht hinreichende Bedingung für die parallelen moralischen Stufen. Die gleiche Beziehung – notwendige, aber nicht hinreichende Bedingung – scheint zwischen den Stufen der Perspektivenübernahme und moralischen Entwicklungsstufen zu bestehen (Selman 1971a; Selman 1972). Begrifflich kann Perspektivenübernahme beschrieben werden als eine Form sozialer Kognition, die zwischen logischem und moralischem Denken steht.

Bei dieser Sicht gibt die kognitive Stufe des Kindes das Niveau an, auf dem es physikalische und logische Probleme versteht, während die Stufe der Perspektivenübernahme sein Niveau des Verständnisses vom Wesen sozialer Beziehungen, und seine Stufe des moralischen Urteils die Art und Weise angibt, wie es sich bei der Frage der Lösung sozialer Konflikte zwischen Personen mit verschiedenen Standpunkten entscheiden würde. Beim moralischen Urteil geht es darum, wie Menschen im Hinblick auf einander denken und handeln *sollten*, bei der sozialen Perspektivenübernahme dagegen geht es darum, wie und warum Menschen *tatsächlich* gegenüber anderen denken und handeln. Die Stufe, auf der eigene moralische Ansprüche und die anderer betrachtet werden, baut auf der strukturell parallelen Stufe von Perspektivenübernahme, dem Verständnis der Beziehung zwischen der eigenen Perspektive und der der anderen auf. Wer eine bestimmte Stufe von Perspektivenübernahme noch nicht erreicht hat, kann die entsprechende Weise der sozialen Kognition noch nicht auf dem Gebiet der Moral anwenden. Tabelle 1 zeigt die parallelen Stufenfolgen bei der Perspektivenübernahme und beim moralischen Urteil.

Tab. 1. Parallelisierung der Entwicklungsstufen der sozialen Perspektivenübernahme und des moralischen Urteilens

Stufe der sozialen Perspektivenübernahme	Stufe des moralischen Urteilens
Stufe 0: Egozentrische Perspektive (Alter 3-6 Jahre)[1]	Stufe 0: Vormoralische Stufe
Das Kind nimmt zwar den Unterschied zwischen sich und anderen wahr, unterscheidet aber noch nicht zwischen seiner sozialen Perspektive (Gedanken, Gefühle) und der der anderen. Es kann von anderen offen gezeigte Gefühle benennen, aber sieht noch nicht den kausalen Zusammenhang zwischen Handlungsgründen und Handlungen.	Aussagen über Recht und Unrecht werden aus guten bzw. schlechten Auswirkungen und nicht aus Absichten begründet. Moralische Entscheidungen werden aus dem Wunsch nach eigenem Wohlergehen hergeleitet. Vom Kind angegebene Handlungsgründe bestätigen lediglich die getroffene Entscheidung, aber versuchen sie nicht zu rechtfertigen.
Stufe 1: Sozial-informationsbezogene Perspektivenübernahme (6-8 Jahre)	Stufe 1: Orientierung an Strafe und Gehorsam
Das Kind nimmt wahr, daß der andere eine eigene, in seinem Denken begründete Perspektive hat und daß diese seiner eigenen Perspektive ähnlich oder auch nicht ähnlich sein kann. Jedoch kann sich das Kind nur auf jeweils eine Perspektive konzentrieren und nicht verschiedene Gesichtspunkte koordinieren.	Das Kind sieht nur eine Perspektive, die des Mächtigeren bzw. der Autorität. Jedoch versteht es bereits, daß gute Handlungen in guten Absichten gründen. Anfänge des Bewußtseins von Fairneß als Äquivalenz von Handlungen.
Stufe 2: Selbstreflexive Perspektivenübernahme (8-10 Jahre)	Stufe 2: Instrumentelle Orientierung
Dem Kind ist bewußt, daß jedes Individuum der Perspektive des anderen gewärtig ist und daß dies	Moralische Gegenseitigkeit wird als gleichrangiger Austausch der gegenseitigen Absichten zweier

jeweils die Sicht seiner selbst wie die vom anderen beeinflußt. Eine Möglichkeit, die Intentionen, Absichten und Handlungen eines anderen zu beurteilen, besteht darin, sich an seine Stelle zu versetzen. Das Kind kann eine koordinierte Kette von Perspektiven bilden, aber noch nicht von diesem Prozeß auf die Ebene simultaner Gegenseitigkeit abstrahieren.	Personen begriffen. Hat jemand eine geringschätzige Einstellung zu sich selbst, so ist es richtig, wenn er entsprechend handelt. Moralisch richtig wird definiert als das, was von mir selbst hochgeschätzt wird.
Stufe 3: Wechselseitige Perspektivenübernahme (10-12 Jahre)	Stufe 3: Orientierung an der Aufrechterhaltung wechselseitiger Erwartungen
Das Kind nimmt wahr, daß sowohl es selbst wie auch der andere den jeweils anderen Teil wechselseitig und gleichzeitig als Subjekt sehen kann. Es kann aus der Zwei-Personen-Interaktion heraustreten und diese aus der Perspektive einer dritten Person betrachten.	Moralisch richtig wird definiert als die goldene Regel: »Sei zu anderen so, wie du willst, daß sie zu dir seien«. Das Kind betrachtet alle Gesichtspunkte und reflektiert die Motive aller Beteiligten in dem Versuch, Übereinstimmung zwischen ihnen herzustellen.
Stufe 4: Perspektivenübernahme mit dem sozialen und konventionellen System[2] (12-15 Jahre und älter)	Stufe 4: Orientierung an der Perspektive der Gesellschaft
Die Person sieht, daß wechselseitige Perspektivenübernahme nicht immer zu völligem Verstehen führt. Soziale Konventionen werden als notwendig angesehen, weil sie von allen Mitgliedern der Gruppe (dem generalisierten Anderen) unabhängig von ihrer Position, Rolle oder Erfahrung verstanden werden.	Moralisch richtig wird definiert im Sinne der Perspektive des generalisierten Anderen bzw. der Mehrheit. Es werden die Folgen von Handlungen für die Gruppe bzw. Gesellschaft in Betracht gezogen. Orientierung an der Aufrechterhaltung der sozialen Moral und Ordnung.

[1] Die Altersangaben bei den Stufen stellen nur eine ungefähre Annäherung auf der Grundlage unserer Untersuchungen dar.

[2] Höhere Stufen von Perspektivenübernahme und ihr Zusammenhang mit Kohlbergs Stufen 5 und 6 wurden von Byrne (1975) angegeben.

Diese Analyse des Zusammenhangs zwischen Perspektivenübernahme und moralischem Urteil wird durch meine eigenen empirischen Befunde wie auch durch die anderer gestützt (Giraldo 1973; Hickey 1972; Kun 1973; Moir 1972*; Thrower 1972). Zum Beispiel zeigen diese Studien, die eine ganze Reihe verschiedener Instrumente für Perspektivenübernahme benutzten, daß es Individuen gibt, deren Fähigkeit zur Perspektivenübernahme über die strukturell parallele Stufe moralischen Urteils hinaus geht, während das Umgekehrte bezeichnenderweise nicht zutraf. Die Ergebnisse zeigen, daß in einer normalen Population die Stufe der Perspektivenübernahme im allgemeinen zur entsprechenden moralischen Stufe parallel liegt oder sie höchstens um eine Stufe übersteigt. Bei jugendlichen Deliquenten zeigte sich dagegen in einer Untersuchung, daß bei vielen Probanden die Fähigkeit zur Perspektivenübernahme weit (2 oder mehr Stufen) über dem Stand ihres moralischen Bewußtseins lag. Diese Probanden hatten relativ reife Vorstellungen darüber, wie die soziale Welt funktioniert, aber ein zurückgebliebenes Verständnis davon, wie sie sein sollte (Hickey 1972).

Bei Kindern von 10-18 Jahren aus einem Waisenhaus lag nach einer Untersuchung (Thrower 1972) der Entwicklungsstand sowohl der Moral wie auch der Perspektivenübernahme weit unter dem Niveau normaler Kontrollgruppen. Auch hier, ebenso wie in der Studie an Deliquenten, erwies sich jede Stufe der Perspektivenübernahme als eine notwendige, aber nicht als zureichende Bedingung für die entsprechende moralische Stufe.

Von der Theorie zur Praxis: Die Anwendung sozial-kognitiver Analysen auf Intervention

Die Entwicklungstheorie Piagets ist von vielen bisher nur in bezug auf die kognitive Entwicklung für relevant gehalten worden, daher hat man noch nicht erkannt, daß sie auch auf klinischen und sozialpädagogischen Gebieten anwendbar ist. Wir wenden uns nun der folgenden Frage zu: Wie kann die Feststellung universeller Stufen der Sozialentwicklung (Perspektivenübernahme und moralisches Urteil) praktizierenden Erziehern und klinischen Psychologen, die es direkt mit der Förderung der sozialen und kognitiven Entwicklung von Kindern zu tun haben, dienlich sein?

Vom Standpunkt der kognitiven Entwicklungstheorie her suchen sowohl Erziehung wie Psychotherapie den optimalen Entwicklungsgang von Kindern durch die sozialkognitiven und kognitiven Stufen hindurch. Die Sicht von Entwicklungsstufen wird zu einem unschätzbaren und einzigartigen Hilfsmittel, zu einem gemeinsamen Konzept, das die verschiedenen Sichtweisen und Terminologien des Therapeuten, Erziehers und Entwicklungspsychologen koordinieren könnte.

Implikationen für soziale und affektive Erziehung

Die am häufigsten geäußerte Kritik am Ansatz der kognitiven Entwicklung besagt, daß die sozialen oder moralischen Urteile eines Individuums nicht notwendig sein tatsächliches Verhalten bestimmen. Häufig wird dem Ansatz angekreidet, daß er die Rolle des Affektiven, »die aus dem Bauch« stammenden Reaktionen eines Menschen bei der Gestaltung seines sozialen Verhaltens, vernachlässige. Wird jemand wirklich das tun, was er tun zu sollen oder zu wollen behauptet? Könnte es nicht sein, daß er dazu zu ängstlich, zu egoistisch oder zu sehr um seine Familie besorgt ist? Wo kommen Gefühle ins Spiel?

Die Angemessenheit des Ansatzes der kognitiven Entwicklung zur Behandlung dieser Fragen kann auf einer theoretischen Ebene diskutiert werden, die Antwort auf die obengenannte Kritik ist jedoch teilweise empirisch. Eine ganze Reihe neuerer Untersuchungen mit einer Vielzahl verschiedener Populationen verschiedener Altersstufen haben gezeigt, daß vom Ansatz der kognitiven Entwicklung aus in Gruppen, die über moralische Probleme diskutieren, eine Weiterentwicklung zu höheren moralischen Stufen erzielt werden kann (Blatt u. Kohlberg, in Vorb.; Colby, Fritz u. Kohlberg 1974; Hickey 1972). Wie diese Weiterentwicklung mit Verhalten und Gefühlen gegenüber sich selbst zusammenhängt, ist ebenfalls untersucht worden (Kohlberg u. Selman 1972; Scharf, Hickey u. Kohlberg 1973). Aus einer Zusammenfassung dieser Studien ergibt sich, daß der Zusammenhang zwischen Urteil und Handeln zwar nie einfach ist, daß aber ein höher liegendes Urteil zu konsistenterem sozialen Verhalten und zu realistischeren Gefühlen gegenüber sich selbst führen *kann.*

Ich selber habe Interventionserfahrungen mit Kindern, die sich in der Latenzzeit befinden (ungefähr 6-12 Jahre) gesammelt (Selman u. Lieberman, in Druck). Während die späte Adoleszenz eine kritische Periode für die Entwicklung prinzipien-orientierten moralischen Denkens zu sein scheint (Kohlbergs Stufen 5 und 6), kann die Altersphase von 8 oder 9 bis 12 Jahren als eine wichtige Zeit für die Entwicklung verallgemeinerten sozialen Denkens und interpersonaler Erfahrung angesehen werden. Meine Zielsetzung unterscheidet sich daher von der bisherigen Arbeit mit Jugendlichen (Blatt u. Kohlberg, in Vorb.), obwohl die Weiterentwicklung in der sozial-kognitiven Stufenfolge ein gemeinsames Merkmal aller Intervention bleibt.

Während sich Jugendliche und Erwachsene häufig dazu entscheiden können, nicht den Standpunkt eines anderen einzunehmen, ist das jüngere Kind dazu nicht in der Lage. Aufgrund unserer Annahme, daß moralisches Denken auf der Fähigkeit, die Perspektive eines anderen einzunehmen, beruht, konzentrierte sich unser Interventionsprogramm für Kinder im Grundschulalter darauf, den Kindern dabei behilflich zu sein, soziales Argumentieren anderer zu verstehen und deren soziale Standpunkte mit ihrem eigenen in Verbindung zu bringen. Zu diesem Zweck wurde eine Reihe kurzer Filme hergestellt, die Dilemmata moralischer Werte enthalten – es geht dabei um Regeln, um Vertrauen, um Eigentum und Fairneß –, um Kindern von 6-12 Jahren die Entwicklung durch die niedrigeren sozial-kognitiven Stufen bis zur 3. Stufe zu erleichtern.[4] Der Lehrer benutzt die Dilemmata als Einstieg in eine Diskussion über Werte in verschiedenen Arrangements von der Gruppe der Tischnachbarn bis zum Klassengespräch.

Der Schwerpunkt dieser Filme liegt hauptsächlich auf sozialer Kognition – Kinder sollen die wechselseitigen Ansichten sozialer Beziehungen besser verstehen und vernünftiger über sie reden. Die Erziehung dazu, die Argumente anderer in bezug auf meine eigenen zu verstehen und zu bewerten, hängt zum großen Teil von der Perspektivenübernahme ab; in diesem Sinne ist unser Programm sehr kognitiv ausgerichtet. Jedoch kommen die Gefühle der Kinder unausweichlich ins Spiel, wenn sie über ihre eigenen Reaktionen und Beziehungen zu anderen nachzudenken beginnen. Was würden Sie z. B. tun, wenn Sie sich zu entscheiden hätten, ob Sie die Katze retten oder ein Versprechen, nicht auf den Baum zu klettern, halten sollen? Wie die Lehrer, die in der zweiten und dritten Klasse mit den Filmen gearbeitet hatten, feststellen konnten, bieten die tatsächlichen sozialen und moralischen Konflikte in der Schulklasse das natürlichste Material, um Kinder sowohl affektiv als auch kognitiv in moralische Fragen zu involvieren. Unsere Evaluierung dieses Ansatzes (Selman u. Lieberman, in Druck) zeigt denn auch, daß die soziale Erziehung in den Klassen – sogar nach Beendigung des Programms – am erfolgreichsten war, in denen der Lehrer nach den Methoden unseres Programms der kognitiven Entwicklung gearbeitet hatte.

Für den Lehrer ist es aus verschiedenen Gründen wichtig, den sozial-kognitiven Entwicklungsstand jedes Kindes zu kennen. Zum ersten kann er das Verhalten seiner Schüler besser verstehen, wenn er weiß, wie sie soziale Beziehungen, Rechte und Pflichten sehen. Außerdem hilft diese Art Diagnose dem Lehrer, seine eigenen Erwartungen in bezug auf die Entwicklungsziele bei den Schülern näher zu bestimmen. Vor allem jedoch kann es ihn davor bewahren, die affektive und kognitive Aufnahmefähigkeit der Kinder zu überschätzen. Zum Beispiel haben Kinder unterhalb der 3. Stufe von Perspektivenübernahme und moralischem Urteil noch kein angemessenes Verständnis von zentralen interpersonalen Begriffen wie Vertrauen, Liebe, Freundschaft und ihren entsprechenden affektiven Haltungen. Das Bewußtsein der affektiven Seite stellt sich erst mit dem Erreichen der parallelen sozial-kognitiven Stufe ein. Damit soll nicht gesagt sein, daß Vertrauen oder Liebe im Verhalten von Kindern vor Erreichen einer bestimmten sozial-kognitiven Stufe keine Rolle spielten. Es bedeutet vielmehr, daß Kinder ihr Handeln in einer reifen Weise erst dann reflektieren und seine Bedeutung und Gründe verstehen können, wenn sie diese Stufen erreicht haben.

Daß Kognition und Affekt im Grunde zusammenhängen, ist vielleicht am besten von Hirst and Peters (1970) zusammengefaßt worden:

> In den meisten Standardwerken der Entwicklungspsychologie werden Untersuchungen nach Titeln wie physische, intellektuelle, soziale und emotionale Entwicklung klassifiziert. Aber was ist der Unterschied z. B. zwischen emotionaler und sozialer Entwicklung? Und wie soll man wiederum intellektuelle Entwicklung von diesen unterscheiden? ... Gefühle wie Eifersucht, Schuld, Mitleid und Neid können nicht beschrie-

ben werden ohne Bezug auf moralische und soziale Begriffe wie Regeln, Eigentum und Rechte ... Die Neigung, die Bedeutung der Kognition auf diesem Gebiet außer acht zu lassen, hat dazu geführt, daß die besonderen Merkmale interpersonalen Verstehens als eine Erfahrungsweise, die von offensichtlicher Bedeutung für die Wahrnehmung von Emotionen und Motiven bei einem selbst und bei anderen ist, vernachlässigt worden sind ... Das Ergebnis ist, daß die genaue Entwicklung von Stufen interpersonalen Verstehens unbekannt bleibt, so wie die Entwicklung von Gefühlen und Motiven« (a.a.O. S. 49 f.).

Ich glaube, daß die zusammenfassende Konzeption von Stufen der Perspektivenübernahme und des moralischen Urteils einen ersten Schritt in der Richtung dessen darstellt, was Hirst und Peters »Stufen interpersonalen Verstehens« nennen, und daß Perspektivenübernahme die kognitive sowohl mit der emotionalen wie auch mit der moralischen Seite verknüpft. Die Perspektive anderer einzunehmen ist der Beginn des Verständnisses ihrer Gefühle und Emotionen ebenso wie ihrer Motive und Handlungsgründe.

Zum Verständnis der sozialen Entwicklung verhaltensauffälliger Kinder im klinischen Kontext kann dieser Ansatz ebenso nützlich sein wie bei der Erziehung normaler Kinder in der Schule.

Anwendung des Ansatzes der kognitiven Entwicklung bei der klinischen Diagnose

Kindertherapeuten sehen im allgemeinen die sozial-emotionalen Defizite von Kindern nicht als Retardierung im moralischen Denken, und als Ziel therapeutischer Intervention nicht die Steigerung der Fähigkeit zur Perspektivenübernahme an. Die meisten Therapeuten würden jedoch »Ich-Entwicklung« als ein sinnvolles Ziel der Therapie akzeptieren. Tatsächlich stimmen Therapeuten und Vertreter der pädagogischen Psychologie und der Entwicklungspsychologie im allgemeinen darin überein, daß der Begriff der Ich-Entwicklung eine grundlegende Definition der Person, ihrer innersten Vorstellungen über sich selbst und ihrer Beziehung zur sozialen und physischen Welt darstellt.

Vom Ansatz der kognitiven Entwicklung aus sucht die Forschung zur Ich-Entwicklung nach Strukturniveaus in der Entwicklung des kindlichen Verständnisses, und zwar in folgenden grundlegenden Gegenstandsbereichen:

1. der physische Bereich: Vorstellungen von physischen Objekten und meiner Beziehung zu ihnen (z. B. meine Beziehung zu Zeit, Raum und zur Bewegung dieser Objekte);
2. der logische Bereich: Die Vorstellungen von Klassen und Unterklassen, Beziehungen und der Ordnung der Beziehungen zwischen Klassen;
3. der soziale Bereich: Vorstellungen von mir selbst, meiner Beziehung zu anderen (Perspektivenübernahme) und der Mittel, um Konflikte zwischen verschiedenen Subjekten zu lösen (moralisches Argumentieren).

Die Ich-Entwicklung läßt sich in einem Strukturgitter darstellen. Auf der horizontalen Achse liegen die inhaltlichen Kategorien (s.o. S. 227), die das Kind verstehen soll und nach denen es sich richtet. Auf der vertikalen Achse liegt eine entwicklungsmäßige Stufenabfolge für jeden der inhaltlichen Bereiche. Theoretisch gesehen gibt es auf jeder Stufe ein gemeinsames strukturelles Element quer durch die verschiedenen Inhaltsbereiche hindurch.

Eine klinische Analyse in der horizontalen Dimension der Entwicklung kann auf zwei Ebenen von Bedeutung sein. Auf einer übergeordneten Ebene kann der Entwicklungsstand eines Kindes zwischen den verschiedenen grundlegenden Bereichen der Ich-Entwicklung verglichen werden, z. B. zwischen dem logischen, dem sozialen und dem moralischen. In meinen Forschungen gehe ich zur Zeit der Frage nach, ob eine große Diskrepanz zwischen der Stufe des moralischen Urteilens und der Stufe der Perspektivenübernahme bei dem Kind (und zwar Fälle, bei denen die Stufe der Perspektivenübernahme zwei oder mehr Ebenen über der des moralischen Urteilens liegt) mit Verhaltensproblemen (z. B. Interesselosigkeit in der Schule, sich Prügeln und anderes antisoziales Verhalten) sowie mit fehlendem strukturellen Gleichgewicht zusammenhängt. In ähnlicher Weise können der kognitive und der sozial-kognitive Entwicklungsstand miteinander verglichen werden.

Auf der untergeordneten Ebene kann eine Analyse der Streuung [scatter analysis] von Teilproblemen innerhalb einer gegebenen Kategorie vorgenommen werden. Auf dieser Ebene ist das Zusammenspielen von Inhalt und Struktur besonders deutlich. Zum Beispiel haben wir bei unseren Untersuchungen zur Perspektivenübernahme (Selman, in Druck) den Inhalt der Perspektivenübernahme nach verschiedenen Begriffen aufgeteilt und den Entwicklungsstand für jeden von ihnen bestimmt. Unsere Begriffe kreisen um die beiden grundlegenden Kategorien sozialer Erfahrung, die George Herbert Mead in seinem Buch ›Mind, Self, and Society‹ (1934 [deutsch 1968]) aufgestellt und ausgearbeitet hat: (1) Vorstellungen über das Wesen meiner selbst (Vorstellungen über die Persönlichkeit, Motive und die Selbstreflexion) sowie (2) Vorstellungen über das Wesen der Gesellschaft (Vorstellungen über Rollen und Beziehungen, das Wesen der »sozialen Realität«).

Eine Analyse des Entwicklungsstandes in bezug auf die verschiedenen Begriffe kann ein individualspezifisches klinisches Profil liefern, aus dem sich ablesen läßt, in welchen Bereichen das Kind zurückliegt und in welchen es auf einem alterstypischen Entwicklungsstand ist. Noch wichtiger ist, daß eine solche Analyse zeigen kann, in welchen sozialen und emotionalen Bereichen das Kind Schwierigkeiten hat; diese Ergebnisse können das Bild ergänzen, das mit anderen klinischen Methoden, die nicht auf die sozialen und physikalischen Vorstellungen des Kindes abstellen, gewonnen worden ist.

Zwei Einzelfallstudien: Ein Fenster zur Welt des Kindes

In den letzten paar Jahren habe ich den befriedigenden Versuch gemacht, die tatsächliche Substanz kognitiver Entwicklungsstufen nachzuweisen. Existieren sie wirklich in den Köpfen der Kinder ebenso wie in denen der Entwicklungspsychologen? Lassen sich die gleichen konsistenten Denkmuster im alltäglichen Handeln der Kinder ebenso nachweisen wie in ihren verbalen Antworten auf standardisierten Forschungsfragebogen?

Da mein Interesse auf die Anwendung entwicklungspsychologischer Ansätze durch Lehrer und Therapeuten, die ja direkt mit Kindern zu tun haben, geht, entschloß ich mich zum Einzelfallansatz und zur Verwendung des Gesprächs mit Kindern als Mittel zur Analyse von Stufen, wie sie im wirklichen Leben vorfindbar sein mögen. Ich arbeitete am Judge Baker Child Guidance Center in Boston mit Kindern, die verschiedene soziale und emotionale Probleme hatten, und versuchte, sie sowohl vom Standpunkt der kognitiven Entwicklung wie von einem psychodynamischen Gesichtspunkt aus zu verstehen.

Der Versuch, eine Lieblingstheorie mittels des klinischen Ansatzes zu belegen, erweist sich als ernüchternde Erfahrung. Kinder haben in ihrer Komplexität eine Art, den Therapeuten mit Daten derart zu überschütten, daß ihm die Theorie immer weniger mit der gesamten »Verhaltensvarianz« des Kindes zu tun zu haben scheint. Oft scheint die Entwicklungsstufe, auf der ein Kind argumentiert, nur wenig Erklärungswert für die Verursachung abweichenden Verhaltens (und wahrscheinlich ebenso normalen Verhaltens) zu haben. Dennoch hat mich meine klinische Erfahrung zu der Ansicht geführt, daß die Beschreibung der Entwicklungsstufe eines Kindes durchaus eine Art darstellt, das Kind zu verstehen. Außerdem bieten Entwicklungsstufen Kriterien für die Evaluation von Interventionen und therapeutischen Bemühungen, indem man beobachtet, ob sich das Kind zu einer höheren Stufe hin entwickelt hat oder nicht (Kohlberg u. Mayer 1972).

Als Illustration für die Analyse nach Entwicklungsstufen in klinischer Methode seien die Fälle zweier Kinder betrachtet, deren Verhalten sich bei Anwendung des Konzepts sozial-kognitiver Entwicklungsstufen teilweise besser verstehen läßt. Ich hatte Gelegenheit, die Kinder mehrere Wochen lang an der Judge Baker Klinik diagnostisch zu beobachten.

Fall 1: Tommy B.

Tommy war ein extrem hyperaktiver und aggressiver 8jähriger Junge mit chaotischen Familienverhältnissen. In einer traditionellen öffentlichen Schule kam er nicht zurecht. Da es so aussah, daß er möglicherweise bei Einzelbetreuung lernen würde, wurde er in eine Sonderklasse mit vier oder fünf anderen Kindern seiner Altersstufe versetzt. Obwohl er in dieser Sonderklasse gute Schulleistungen brachte, zeigte er gegenüber seinem Lehrer und seinem Therapeuten soziale Verhaltensweisen, die auf einen Stillstand seiner sozial-kognitiven Entwicklung hindeuteten.

Während unserer diagnostischen Sitzungen kam es vor, daß Tommy in mein Büro kam und darauf bestand, daß ich ihm etwas kaufe oder ihm eines der Spielzeuge, die ich im Büro hatte, gebe. Wenn ich das ablehnte oder mich nicht dazu in der Lage sah, wurde er wütend. Zuerst versuchte er sein Ziel dadurch zu erreichen, daß er sagte, er wäre nicht mehr mein Freund. Wenn ich ihn auf verschiedene Weisen befragte, was er unter »Freund« verstehe oder wie sonst ich noch sein Freund sein könnte, war er nicht imstande, etwas anderes als die unmittelbar gegebene Situation zu betrachten.

Wenn ich Tommys Wunsch erfüllte, verschwand sein Ärger recht schnell, und er spielte eine Zeitlang mit dem Spielzeug. Sobald ich ihm aber erneut eine Bitte abschlug, behauptete er wieder, daß ich ihn hasse und daß er nicht mein Freund sei. Eine kontinuierliche Beziehung schien unmöglich; vielmehr schienen Tommys soziale Beziehungen aus einer Reihe individueller Begegnungen mit je eigener sozialer Bedeutung zu bestehen. Wenn ich ihn befragte oder auf andere Weise herauszubekommen versuchte, was seine Auffassung von unserer oder irgendeiner anderen Beziehung war, bezog er sich immer auf einen von ihm gewünschten konkreten Gegenstand und sagte, daß er nicht mein Freund sei, wenn ich ihm diesen nicht gäbe. Fragte ich ihn, ob er schon einmal daran gedacht habe, etwas zu tun, was ich mir wünschte, damit ich sein Freund sei (reziproker Perspektivenwechsel), verstand er offensichtlich die Frage nicht. Versuchte ich, ihm beim Verständnis seiner eigenen Handlungsgründe behilflich zu sein, war kein sichtbarer Fortschritt zu bemerken.

Ähnlich ging es mit der Lehrerin in Tommys Sonderklasse. Wenn sie sich nicht besonders um ihn kümmerte, schmollte er und behauptete, sie hasse ihn. Als er ihre private Telefonnummer herausbekommen hatte, rief er sie werktags und sonntags um 6 Uhr früh an, ein kläglicher Versuch, mehr Aufmerksamkeit auf sich zu ziehen. Als die Lehrerin darauf nicht eingehen konnte und ihm erklärte, daß sie solche Anrufe nicht gut fände, behauptete Tommy wütend, daß sie ihn hasse, und war nicht imstande, ihren Standpunkt zu verstehen.

Offensichtlich empfand der Junge eine starke affektive Deprivation und benahm sich, psychodynamisch gesprochen, wie ein narzißtisches Kleinkind. Abgesehen jedoch von seinen mächtigen affektiven Bedürfnissen und der tragischen Hoffnungslosigkeit kann vom Standpunkt der kognitiven Entwicklung aus gesagt werden, daß Tommy in einem Alter auf Stufe 0 der sozialen Logik zurückgeblieben war, in dem sich die meisten Kinder bereits im Übergang zwischen Stufe 1 und 2 von Perspektivenübernahme und moralischem Urteil befinden. Auf moralischem Gebiet war Tommys Rechtfertigung für sein Ansinnen, etwas haben zu wollen: »weil ich es möchte«. Tommy zeigte mit anderen Worten keine Vorstellung von Gründen im Sinne von Rechtfertigungen oder Ursachen von Handlungen oder Wünschen. Gut war, was er wollte; schlecht, was er nicht wollte (moralische Stufe 0).

Auf dem Gebiet der Perspektivenübernahme verfügte Tommy nur über eine Perspektive: Nicht seine oder die eines anderen, sondern *die* Perspektive. Seine Anschuldigung, daß Lehrerin und Therapeut ihn haßten, kann interpretiert werden als Unfähigkeit seinerseits, unsere sozialen Perspektiven einzunehmen, d. h. die Situation so zu sehen, wie wir sie sehen (z. B. sich in die Lage der Lehrerin zu versetzen, wenn sie frühmorgens angerufen wird). Nach seiner präkausalen Logik bedeutete es, ihn zu hassen, wenn man seinen Bedürfnissen nicht entgegenkam. So läßt sich sagen, daß Tommys sozial-kognitive Entwicklung wenigstens für eine gewisse Zeit auf Stufe 0 stehengeblieben war. Bemerkenswert ist jedoch, daß seine kognitive Entwicklung (Vorstellungen im physischen und logischen Gegenstandsbereich), wie sie durch Piaget-Aufgaben erhoben wurde, bis zu einer operationalen Übergangsstufe jenseits des vorkausalen Niveaus fortgeschritten war. Zwar zeigte sich bei den genannten Aufgaben ebenfalls eine leichte Retardierung der Entwicklung, doch bot sich insgesamt das Bild dar, daß Tommy durchaus die Voraussetzungen für eine weitere sozial-kognitive Entwicklung hatte.

In dem Maße, in dem Tommys soziale Welt immer chaotischer wurde, wurde für ihn die sinnhafte Interaktion mit anderen immer schwieriger – eine Schwierigkeit, die vermutlich alle Bereiche der Ich-Entwicklung einschließlich des Kognitiven tangiert. Je mehr er sich abkapselte, desto stärker hielt er sich an sein eigenes, primitives logisches System, das nicht mehr an den Gedanken anderer, Gleichaltriger oder der Eltern, überprüft und durch sie herausgefordert wurde.

Obwohl Tommy Beziehungen zu den Kindern in seiner Klasse aufnehmen wollte, wußte er buchstäblich nicht, wie (hauptsächlich, weil Freundschaft für ihn nur bedeutete, daß andere Kinder für ihn etwas tun oder nett zu ihm sind). Wenn die anderen Kinder irgendeinen elementaren Hinweis auf interpersonale Reziprozität von ihm erwarteten – z. B. daß er Materialien mit den anderen teilt (Stufe 1 des moralischen Urteils) –, so verstand er dies nicht und konnte deshalb auch nicht darauf eingehen. Reziprozität bedeutete ihm, daß andere etwas für ihn tun (Stufe 0 der Perspektivenübernahme); sie bedeutete nicht, die Bedürfnisse anderer als Bedürfnisse zu verstehen, die von seinen eigenen verschieden sind.

Tommys Entwicklungsstand entsprach einer Stufe, die die meisten Kinder im Alter von 4-5 Jahren durchlaufen. Durch engen Kontakt – Beobachtung seines Spielens, Beobachtungen seiner Interaktionen mit anderen, Anhören seiner Wünsche und Beachten der Art und Weise, wie er seine Handlungen begründete – wurde die Eigenart seiner Stufe des sozialen und logischen Denkens sichtbar und einiges von der seinem Verhalten zugrunde liegenden Logik verständlich. Daher konnte seine therapeutische Behandlung evaluiert werden am Fortschritt zu höheren Stufen des moralischen Urteilens und der Perspektivenübernahme.

Da Tommys kognitiver Entwicklungsstand über den sozialen hinausging, war anzunehmen, daß er sozial-kognitive Fortschritte in einem Milieu machen würde, in dem man ihm leichter helfen konnte, soziale Situationen mit ihren impliziten Regeln und den Erwartungen anderer zu verstehen. Daher kam er den Sommer über in ein therapeutisches Ferienlager, in dem der Berater bei Tommy die Strategie verfolgte, ständig die Gründe für die verschiedenen sozialen Handlungen herauszuheben und ihm die Struktur der sozialen Interaktionen im Lager so durchsichtig wie möglich zu machen. Der Sinn und die Regeln sozialer Spiele wurden ihm ebenso sorgfältig erklärt wie die Motive der Berater und der anderen Teilnehmer.

Die Strategie war offensichtlich erfolgreich. Während Tommy zu Beginn des Lagers gemäß soziometrischer Beurteilung durch die Gleichaltrigen eines der am wenigsten beliebten Kinder war, hatte er am Ende nach acht Wochen nicht nur eine weiterentwickelte Vorstellung von Freundschaft, sondern es war ihm auch gelungen, die Freundschaft vieler seiner Zimmergenossen zu gewinnen. Eine neue Analyse seines sozialen Denkens zeigte, daß er eine wirksame Vorstellung von sozialer und moralischer Intentionalität entwickelt hatte, die nicht mehr der Stufe 0, sondern der Stufe 1 entsprach.

Unsere strukturelle Analyse der Entwicklung gibt keine »Erklärung« für Tommys Verhalten, aber sie erlaubt, sein Verhalten so zu bestimmen, daß ein Therapieplan aufgestellt werden kann. Außerdem bietet sie einen Leitfaden für die Evaluierung der Behandlung.

Fall 2: Marty S.

Marty ist ein Junge von 14 Jahren, der von seiner Mutter zur Therapie gebracht wurde, weil sie den Eindruck hatte, daß er kontaktarm und isoliert sei. Im vorangegangenen Jahr hatte er eine Schulphobie entwickelt, auf Grund der er ein halbes Jahr aussetzte, die Klasse wiederholen mußte und nahezu keine Beziehungen zu Gleichaltrigen mehr hatte. Martys Phobie schien damit zusammenzuhängen, daß er ein sehr geringes Selbstwertgefühl und damit zusammenhängend Angst vor der natürlichen sozialen Umwelt einschließlich der Gleichaltrigen und der Lehrer entwickelt hatte. Die ganze Welt war für ihn angsterregend. Wir legten Marty das Kohlbergsche Standarddilemma von Heinz und seiner todkranken Frau vor. Er antwortete wie folgt:

F: Sollte Heinz die Medizin stehlen, um seine Frau zu retten?

A: Wenn er sie liebt, so sollte er es tun. Wenn er sie nicht liebt, dann nicht. Er will ja nicht in Schwierigkeiten kommen und im Gefängnis enden.

F: Warum ist es wichtig, daß er sie liebt?

A: Nun, wenn er sie braucht, so sollte er die Medizin stehlen. Wenn nicht, warum sollte er es dann nicht darauf ankommen lassen?

F: Sollte Heinz die Medizin stehlen, wenn er selber krank wäre? Sollte er sie stehlen, um sein eigenes Leben zu retten?

A: Nein.

F: Warum nicht?

A: Ich würde es nicht tun ..., ich würde sie nicht stehlen, um mich selbst zu retten.

F: Warum nicht?

A: Für mich lohnt sich das nicht. Ich wäre krank und hätte keine Lust mehr, zu leben.

F: Was meinst du damit, daß es sich für dich nicht lohne?

A: Nun, ich bin nicht bedeutend, ich habe z. B. nicht viel Geld.

F: Würdest du die Medizin stehlen, um ein Haustier zu retten?

A: Sicher, denn ein Haustier möchte genauso leben wie die Frau. Ein Haustier ist ein Freund, daher würde ich sie für es stehlen.

F: Wie wäre es im Fall eines Freundes?

A: Ich habe keine Freunde.

Zu einem späteren Zeitpunkt der Behandlung erläutert Marty seine Vorstellungen über die Todesstrafe bei Mord.

A: Ich verstehe nicht, warum man sie lebenslänglich einsperrt, man sollte sie gleich töten. Wenn sie mich das ganze Leben lang einsperren würden, würde ich nicht mehr leben wollen. Nebenbei würde die Regierung eine Menge Geld sparen. Lebenslange Strafe ist ein blödes Gesetz.

F: Wie sieht das vom Standpunkt der Gefangenen aus? Was würden sie von dem Gesetz halten?

A: Sie möchten nicht ihr ganzes Leben im Gefängnis verbringen. Wahrscheinlich wollen sie sterben.

Obwohl sich die meisten 14jährigen bis zur Stufe 3 oder 4 von Perspektivenübernahme und zur Stufe 3 im moralischen Urteil entwickelt haben, scheint Marty in beiden Bereichen auf Stufe 1 und 2 zu stehen. Obwohl er sieht, daß andere einen anderen Standpunkt haben können, ist sein Versuch, im Falle der lebenslangen Strafe den Standpunkt der Betroffenen einzunehmen, nicht eindeutig von seinem eigenen Standpunkt verschieden und zu diesem in Beziehung gesetzt; dies ist ein Charakteristikum der Stufe 1. Es war nicht ersichtlich, daß er die Reziprozität der Perspektiven sieht, die darin liegt, daß einige Betroffene die lebenslange Strafe vorziehen können, auch wenn er selbst dies nicht tut. Er schien auch nicht in der Lage zu sein, die eigene Perspektive und die der anderen zu gewichten (Stufe 2).

Sein moralisches Urteil scheint eine Mischung aus Stufe 1 und 2 zu sein. In bezug darauf, welche Einstellung Heinz zu seiner Frau haben sollte, hatte er eine sehr instrumentelle Orientierung (Stufe 2). Vom klinischen Standpunkt aus ist jedoch bedeutsamer, daß seine Vorstellungen vom Wert seines eigenen Lebens der Stufe 1 entsprechen: Die Gleichsetzung des moralischen mit dem materiellen Wert (»ich bin nicht bedeutend, ich habe nicht viel Geld«). Diese, der Stufe 1 entsprechende materialistische Auffassung vom Wert des eigenen Lebens entspricht der kognitiven Grundlage für Martys extrem niedriges Selbstwertgefühl und führt uns zu seinem Verständnis. Damit implizieren wir nicht, daß Kognition die Ursache und Gefühle die Wirkung seien, sondern daß Kognition und Gefühle über sich selbst und über andere nicht zu trennen sind.

Als besonders interessant erwiesen sich die Unterschiede zwischen dem Niveau, auf dem Marty die soziale Welt sieht, und dem Niveau seiner Vorstellungen über die physische Welt. Er zeigte eine gute Fähigkeit zum wissenschaftlichen Denken. In Physiktests für kognitive Operationen ähnlich den von Piaget und Inhelder (1958) verwendeten erwies sich, daß Marty in der Lage war, sich auf mindestens einem niedrigen Niveau formaler Operationen (der höchsten von Piaget angenommenen Stufe) zu bewegen. Im sozialen Bereich dagegen war er auf dem Stand konkreter Operationen, offensichtlich deshalb, weil er aufgrund seiner völligen sozialen Isolierung wenig Gelegenheit hatte, seine eigenen sozial-kognitiven Theorien an denen der Gleichaltrigen zu überprüfen.

Martys unzureichende soziale Entwicklung zeigte sich deutlich sowohl im Inhalt als auch in der Struktur seines Denkens. Er glaubte z. B., daß die Armee vom Präsidenten überwacht wird und wenn Marty einberufen worden sei und die Armee ihre Verpflichtungen ihm gegenüber nicht einhalten würde, der Präsident sie seinetwegen verklagen würde. Solch eine übervereinfachende Vorstellung vom sozialen System ist häufig bei Kindern anzutreffen, die halb so alt sind wie Marty. Sie ist ein weiterer Beleg für seine sozial-kognitive Retardierung.

Martys Scores für moralisches Urteil waren nicht bei allen moralischen Problemen gleich niedrig. In bezug auf innerfamiliäre Beziehungen zeigte er einige Vorstellungen, die der Stufe 3 entsprechen. Seine Vorstellung vom Wert des Lebens (seines eigenen) jedoch, die der Stufe 1 entspricht, stellt ein zutreffendes strukturelles Abbild der Inhalte seiner Persönlichkeit dar, die ziemlich labil und unreif ist.

Mit der Darstellung dieser Fälle soll nicht behauptet werden, daß Instrumente zur Erfassung der kognitiven und sozial-kognitiven Entwicklung an die Stelle anderer klinischer Methoden oder Vorstellungen treten sollten, sondern daß der Ansatz der kognitiven Entwicklung durchaus seinen Platz bei der Diagnose und Behandlung von Kindern hat.

Schlußfolgerungen

Die Theorie der kognitiven Entwicklung kann das klinische Verständnis der sozialen und emotionalen Entwicklung von Individuen bereichern oder Leitlinien für eine soziale oder moralische Intervention aufzeigen, wenn sie z. B. die Richtung, die Loevinger (1973) als eine Verflechtungstheorie [strand theory] der Ich-Entwicklung bezeichnet hat, einschlägt. Nach der Auffassung dieses theoretischen Ansatzes besteht Ich-Entwicklung in verschiedenen Gegenstandsbereichen, denen jeweils ein eigener Satz zusammenhängender Stufen entspricht, so daß sie insgesamt ein Strukturgitter der Ich-Entwicklung bilden, wie wir es oben angesprochen haben. Die Annahme unterschiedlicher Gegenstandsbereiche bedeutet nicht, daß nicht auch eine integrierende, verbindende Kraft wirksam sei. Eine Vielzahl von Untersuchungen hat vielmehr gezeigt, daß enge Zusammenhänge sowohl in einem theoretischen wie im empirischen Sinne zwischen verschiedenen Stufenkonzepten der Ich-Entwicklung der moralischen und sozialen Entwicklung bestehen.

Die Anwendung der Theorie kognitiver Entwicklung auf soziale Probleme erfordert auch eine Klärung des Zusammenhangs zwischen Urteilen und Handeln. Ein struktureller entwicklungstheoretischer Ansatz sagt nicht bestimmte Handlungen voraus, sondern beschreibt die allgemeine Form des Denkens, die voraussichtlich einer großen Bandbreite von Urteilen dieses Individuums in einem bestimmten Gegenstandsbereich oder über mehrere Bereiche hinweg zugrunde liegt. Es mag schon sein, daß sowohl Erwachsene wie Kinder anders reden (wobei dies vielleicht die höchste Stufe ihres Urteilens wiederspiegelt), als sie tatsächlich handeln. Aber das heißt nicht, daß sie für ihr Handeln keine Gründe hätten oder daß diesen Gründen keine Struktur zugrunde läge. Obwohl zwischen Handeln und Struktur keine simple Eins-zu-eins-Entsprechung besteht, macht der Ansatz der kognitiven Entwicklung deutlich, daß die Analyse des Urteilens eine notwendige Bedingung für das vollständige Verständnis sozialen Verhaltens ist.

Kurz gesagt können Analysen der kognitiven Entwicklung und sozial-kognitive Analysen die Ursachen des Verhaltens nicht »erklären«; eher bieten sie eine Möglichkeit, Verhalten zu ordnen und zu »beschreiben«, und diese Beschreibung unter der Annahme einer invarianten und hierarchischen Stufenfolge ist dann hilfreich für eine Intervention. Aus den Stufen ergeben sich Kriterien, die uns erlauben, Aussagen über die Angemessenheit struktureller Veränderungen des Urteilens zu treffen.

Klar ist auch, daß die Anwendung der sozial-kognitiven Stufentheorie in der pädagogischen und therapeutischen Praxis eine

Schwerpunktverschiebung von der Entwicklung bestimmter Begriffe bei vielen Personen zur Untersuchung der besonderen Eigenart des Denkens beim einzelnen Individuum, erforderlich macht. Das ist keine leichte, aber eine entscheidende Aufgabe. Freilich können die Konzepte der kognitiven und der sozialkognitiven Entwicklung ebenso steril und wahrscheinlich ebenso mißbraucht werden wie die IQ-Werte, wenn das Strukturniveau eines Individuums als fertiges Produkt verstanden wird und nicht als ein Prozeß sozialen Denkens, der in einem weiteren Kontext sozialer Erfahrungen eines bestimmten, individuellen Kindes steht. Die Analyse von Entwicklungsstufen dient Lehrern und Therapeuten, die sich mit der kindlichen Entwicklung befassen, am besten, wenn sie sich weniger auf standardisierte Erhebungsmethoden verlassen, sondern stärker die Notwendigkeit hervorheben, die Lebenserfahrung des Kindes aus seiner Sicht zu verstehen und mit ihm einen unabgeschlossenen und wechselseitigen Dialog zu unterhalten.

Übersetzt von Dieter Geulen

Anmerkungen

1 Der vorliegende Beitrag entstand mit Unterstützung der Spencer Foundation, Chicago, Illinois.

2 In allen Fällen stellen die Altersangaben nur eine grobe Annäherung auf der Grundlage unserer Daten dar.

3 Es ist immer gefährlich, aus offenen Interviews einzelne Sätze als Beispiele für bestimmte Stufen der Perspektivenübernahme herauszuziehen. In gewisser Weise widerspricht dies dem Sinn einer strukturellen Analyse selbst, die ja auf die Organisation des Denkens in einem weiten Bereich gerichtet ist, nicht nur auf einzelne Fälle. Da höhere Stufen die niedrigeren einschließen, ist es eher möglich, daß beim Scoren die kindliche Entwicklungsstufe zu niedrig eingeschätzt wird. Im vorliegenden Fall deutet die Aussage mindestens auf Stufe 1 hin; daß nicht eine noch höhere Stufe der Perspektivenübernahme vorliegt, kann nur nach Durchsicht des ganzen Protokolls sicher beurteilt werden.

4 Die Filme mit den Titeln ›First Things: Social Reasoning‹ (1974) und ›First Things: Values‹ (1971) wurden von Guidance Associates in New York veröffentlicht.

2.3 Theoretische und methodische Probleme

Kenneth H. Rubin
Perspektivenübernahme im Kindesalter: Einige methodische Überlegungen

Das Ziel der vorliegenden Studie war es, die konvergente und diskriminante Validität von sechs häufig benutzten Verfahren zur Messung der Fähigkeit zur Perspektivenübernahme zu prüfen. Kindern aus der Vorschule sowie aus der ersten, dritten und fünften Schulklasse wurden die Aufgaben vorgelegt, die in den Untersuchungen von Borke, Rothenberg, Miller, Kessel und Flavell sowie Chandler, DeVries und Glucksberg und Krauss verwendet wurden. Als Kontrollvariablen dienten die Leistungen in einem Intelligenztest (Peabody Picture Vocabulary Test) und im »Matching Familiar Figures Test« sowie der berufliche Status der Eltern. Wie die Ergebnisse insgesamt zeigen, fehlt es den Meßverfahren zur Perspektivenübernahme an konvergenter und diskriminanter Validität. Darüber hinaus erwies sich die interne Konsistenz der Chandler- und der Rothenberg-Aufgaben als relativ niedrig.

Immer mehr Forscher haben sich in den letzten zehn Jahren mit den interpersonellen Aspekten der Kognition befaßt, d. h. mit der Frage, wie Kinder über ihre soziale Umwelt denken. Neuere Untersuchungen haben allgemein gezeigt, daß bei Kindern mit steigendem Alter die Fähigkeit zunimmt, die Gedanken, Absichten und räumlichen Perspektiven anderer Menschen zu berücksichtigen. Die Schwierigkeiten jüngerer Kinder bei der Bewältigung von Aufgaben der bisher vorhandenen sozial-kognitiven Meßverfahren wurden gewöhnlich auf ihr egozentrisches Denken oder ihre Unfähigkeit zum »Dezentrieren« zurückgeführt (z. B. Rubin 1973). Unter der Annahme, daß solche sozial-kognitiven Fähigkeiten in einem theoretischen Zusammenhang miteinander stehen, hat eine Reihe von Forschern den empirischen Gehalt eines auf Egozentrismus abstellenden einheitlichen Konstrukts untersucht. Die Ergebnisse dieser Konstruktvalidierungen sind jedoch widersprüchlich (z. B. Rubin 1973 gegenüber Kurdek u. Rodgon 1975). Dies kann auf verschiedene Gründe zurückgeführt werden, zum Beispiel darauf, daß die Reliabilität und

Validität der verwendeten sozial-kognitiven Meßverfahren unzureichend ist.

Daher war es ein Ziel dieser Untersuchung, die konvergente und diskriminante Validität [convergent and discriminant validity] (Campbell u. Fiske 1959) verschiedener Aufgaben zu bestimmen, die angeblich die Fähigkeit von Kindern messen, zu verstehen, »wie andere Menschen sich fühlen« (affektive Perspektivenübernahme) und »was andere denken« (kognitive Perspektivenübernahme). Die konvergente Validität von Aufgaben zur affektiven und kognitiven Perspektivenübernahme wurde durch Interkorrelation einiger oft benutzter Meßverfahren für diese Fähigkeiten bestimmt. Die diskriminante Validität wurde bestimmt, indem die Leistungen der Kinder in den genannten Aufgaben mit ihren Leistungen in zwei Meßverfahren, die theoretisch nicht mit Perspektivenwechsel zusammenhängen, sowie mit einem Maß des beruflichen Status der Eltern korreliert wurden. Es wurde angenommen, daß die Meßverfahren zur Perspektivenübernahme untereinander höher korrelieren als mit den Kontrollvariablen. Da die Stichprobe Kinder aus vier Altersgruppen enthielt, konnte die konvergente und diskriminante Validität sowohl für jede Altersgruppe getrennt als auch für die gesamte Stichprobe bestimmt werden.

Als zweites Ziel der Untersuchung sollte die interne Konsistenz zweier oft benutzter Meßverfahren zur Perspektivenübernahme geprüft werden. Sowohl die von Rothenberg (1970)* als auch die von Chandler (1973)* entwickelten Aufgaben fordern von den Kindern, in einer Serie von mehreren Geschichten die Perspektiven anderer Personen einzunehmen. Die Leistungen jedes Kindes bei jeder Geschichte werden dann nach objektiv abgeleiteten Kriterien beurteilt und zu einem Score zusammengefaßt; schließlich werden entweder alle Scores summiert oder für jedes Kind ein durchschnittlicher Egozentrismus-Score berechnet. Solchen Summen- und Mittelwertberechnungen liegt die Annahme zugrunde, daß die einzelnen Testkomponenten im großen und ganzen gleichwertig seien. Leider liegen bisher jedoch kaum Daten vor, die diese Annahme stützen könnten. Daher sollte in dieser Untersuchung die interne Konsistenz der von Rothenberg und von Chandler entwickelten Meßverfahren geprüft werden, und zwar sowohl getrennt für drei Altersgruppen als auch für alle zusammen.

Methode

Probanden

Die Stichprobe umfaßte 26 Vorschulkinder (10 Jungen, 16 Mädchen) mit einem durchschnittlichen Alter von 53,93 Monaten (s = 6,21 Monate). Außerdem waren in der Stichprobe 41 Kinder der ersten Schulklasse (18 Jungen, 23 Mädchen) mit einem Durchschnittsalter von 78,93 Monaten (s = 3,59 Monate), 36 Kinder der dritten Klasse (15 Jungen, 21 Mädchen) mit einem Durchschnittsalter von 106,64 Monaten (s = 5,59 Monate) und 40 Kinder der fünften Klasse (14 Jungen, 26 Mädchen) mit einem Durchschnittsalter von 129,85 Monaten (s = 4,15 Monate). Alle Kinder besuchten Schulen einer städtischen Gemeinde im Südwesten Ontarios (Kanada). Da nicht alle Kinder an allen Untersuchungsphasen teilnehmen konnten, stellen die obengenannten Zahlen den maximalen Umfang der einzelnen Altersgruppen dar.

Meßverfahren

Die Fähigkeit, den emotionalen Zustand einer anderen Person zu erfassen, d. h. die Fähigkeit zur affektiven Perspektivenübernahme (Shantz 1975), wurde mit den Aufgaben von Borke (1971)* und von Rothenberg (1970)* gemessen. Bei der Borke-Aufgabe werden jedem Kind acht Bildergeschichten erzählt und bildliche Darstellungen der Gesichtsausdrücke »glücklich«, »traurig«, »ängstlich« und »wütend« vorgelegt. Die Geschichten handeln z. B. von einem verlorenen Gegenstand oder vom Besuch einer Geburtstagsfeier. Das Kind soll jeweils die Darstellung mit dem Gesichtsausdruck angeben, der zum emotionalen Zustand der Hauptperson der Geschichte paßt. Der höchste erreichbare Score ist 8 (für jede richtige Antwort 1 Punkt).

Bei der Rothenberg-Aufgabe hörte jedes Kind vom Tonband vier kurze Dialoge, die als zentrale Themen »Glück«, »Ärger«, »Traurigkeit« und »Kummer« haben. Nach jeder Geschichte soll das Kind jeweils sagen, wie sich die Hauptperson fühle und warum sie sich so fühle. Eine ausführliche Beschreibung des Auswertungsverfahrens findet sich bei Rothenberg (1970)*. Für die Zwecke unserer Untersuchung wurden sowohl ein Gesamt-

Score über alle Geschichten als auch für jede Geschichte ein Einzelwert berechnet.

Die Fähigkeit zur kognitiven Perspektivenübernahme wurde durch vier Aufgaben gemessen, die nach Shantz (1975) als Indikatoren dafür gelten können, wieweit jemand den Informationsstand einer anderen Person richtig einschätzen kann.

Bei der Chandler-Aufgabe wird dem Kind eine Sequenz von acht Cartoonbildern vorgelegt, und es soll die abgebildete Geschichte erzählen. Anschließend wird es aufgefordert, die Geschichte aus der Sicht eines unbeteiligten Zuschauers neu zu erzählen, der erst später in die Cartoongeschichte eingeführt wird und die vorhergehenden Ereignisse nicht kennt. Wir benutzten vier der von Chandler entwickelten Cartoongeschichten, und zwar die Geschichten vom Schneemann, von der Münze, vom Drachen und von der Sandburg. Das Auswertungsverfahren wurde unverändert von Chandler (1973)* übernommen. Es wurden ein Score für alle Geschichten zusammen und für jede Geschichte ein Einzel-Score berechnet. Ein niedriger Wert stand für eine hohe Fähigkeit zur Perspektivenübernahme.

Die zweite Aufgabe zur kognitiven Perspektivenübernahme war das von DeVries (1970)* entwickelte »Pfennig-Versteckspiel«. Hierbei verstecken abwechselnd Kind und Versuchsleiter in der rechten oder linken Hand eine Münze. Das Ausmaß des vom Kind dabei gezeigten rekursiven Denkens wurde nach Kriterien beurteilt, die ausführlich bei DeVries (1970)* beschrieben sind. Der höchste erreichbare Score war 10.

Bei der Miller-Kessel-Flavell-Aufgabe werden jedem Kind 12 Cartoonbilder gezeigt, und es soll beschreiben, was der dort abgebildete kleine Junge alles denkt. Die Bilder und das Auswertungsverfahren wurden unverändert von Miller et al. (1970)* übernommen. Der höchste erreichbare Score war 12.

Bei der Glucksberg-Krauss-Aufgabe (1967)* schließlich werden dem Kind sechs vorher unbekannte und schwer beschreibbare Strichzeichnungen vorgelegt, die es dem Versuchsleiter beschreiben soll. Dieser Zuhörer, der für das Kind nicht zu sehen ist, soll anhand der Beschreibung das vom Kind jeweils gemeinte Bild auswählen. Nach der ersten Beschreibung stellt der Versuchsleiter dem Kind zusätzliche Fragen, um weitere Informationen über das gemeinte Bild zu bekommen; die daraufhin vom Kind gemachten Angaben sind die Indikatoren. Folgte auf die Fragen des Versuchsleiters nur Schweigen, so wurde dies mit einer 0 bewertet; eine 1 wurde für die Wiederholung der ersten Beschreibung gegeben, eine 2 für eine Veränderung der ersten Beschreibung und eine 3 für eine völlig neue Beschreibung.

Die diskriminante Validität der bisher beschriebenen Verfahren wurde an drei Kontrollverfahren untersucht, die theoretisch nicht mit Perspektivenübernahme zusammenhängen. Es handelt sich um den mit dem Peabody Picture Vocabulary Test (PPVT) erhobenen Intelligenzquotienten, um die durchschnittliche Latenzzeit jedes Kindes bis zur ersten Reaktion zu den Aufgaben des »Matching Familiar Figures Test« (MFF) und den nach Blishen (1967) bestimmten sozialen Status der Kinder. Dazu wurde der jeweils höher bewertete Beruf der beiden Elternteile des Kindes nach Blishen skaliert.

Vorgehensweise

Jedem Kind wurden einzeln drei Testbatterien in je drei Sitzungen und von drei graduierten Studentinnen vorgelegt. In der ersten Sitzung wurden die Aufgaben von Rothenberg und von Miller et al., in der zweiten die Chandler-, DeVries- und die MFF-Aufgaben und in der dritten Sitzung die Aufgaben von Borke, von Glucksberg und Krauss sowie der PPVT gestellt. Zur Bestimmung der Beurteiler-Übereinstimmung wertete der Verfasser alle Leistungen von 12 zufällig ausgewählten Kindern der Stichprobe in den sechs Aufgaben zum Perspektivenwechsel noch einmal aus. Die Übereinstimmung bei den Verfahren von Borke (96 Geschichten), von Miller et al. (114 Cartoons) und von DeVries betrug 100%. Beim Rothenberg-Verfahren (48 Geschichten) betrug die Übereinstimmung 81,2%, beim Chandler-Verfahren (48 Geschichten) 84,1% und beim Glucksberg-Krauss-Verfahren (72 Aufgaben) 90,7%.

Ergebnisse

Die Mittelwerte und Standardabweichungen der verschiedenen Altersgruppen (Schuljahrgänge) bei allen Meßverfahren sind Tabelle 1 zu entnehmen. Bereits die Kinder des ersten Schuljahres lösten die Borke-Aufgaben vollständig, so daß dieses Verfahren bei den Kindern des dritten und fünften Schuljahrs nicht mehr eingesetzt wurde. Die Chandler- und MFF-Aufgaben stellten sich als zu schwierig für die Vorschulkinder heraus; daher wurden die entsprechenden Daten in dieser Altersgruppe nicht erhoben. Ebenso fehlen die Daten zum sozialen Status der Vorschulkinder. Für alle Variablen wurden varianzanalytisch die Wechselwirkungen von »Altersgruppe« mit »Geschlecht« berechnet; Tabelle 1 bringt die signifikanten Ergebnisse.

Bei allen Variablen außer dem IQ und dem beruflichen Status zeigten sich signifikante Haupteffekte der Altersstufe. Nach der Newman-Keuls-Analyse unterschieden sich die meisten Mittelwerte der Altersstufen signifikant voneinander ($p < .05$). Die DeVries-Aufgabe trennte nicht zwischen Dritt- und Fünftkläßlern, die Chandler-Aufgabe nicht zwischen Erst- und Drittkläßlern. Bei der Glucksberg-Krauss-Aufgabe schnitten die Erstkläßler signifikant schlechter als alle höheren Altersgruppen ab.

Nach Altersgruppen getrennt wurden für alle Maße Produkt-Moment-Korrelationen nach Pearson berechnet. Tabelle 2 bringt die durchschnittlichen Interkorrelationen (a) zwischen allen Maßen für Perspektivenübernahme; (b) nur zwischen den Maßen zu affektiver Perspektivenübernahme; (c) nur zwischen den Maßen zur kognitiven Perspektivenübernahme und (d) zwischen den Maßen zur Perspektivenübernahme und Kontrollvariablen. So zeigen sich z. B. die Zahlen für die erste Schulklasse, daß die durchschnittliche Interkorrelation aller Meßverfahren zur Perspektivenübernahme .09 beträgt; die durchschnittliche Interkorrelation der Maße zur affektiven Perspektivenübernahme beträgt .17 und zur kognitiven Perspektivenübernahme .16. Die durchschnittliche Korrelation aller Maße zur Perspektivenübernahme mit dem Intelligenzquotienten (IQ) ist .27; der IQ korreliert mit den Verfahren zur affektiven Perspektivenübernahme zu .34, mit den Verfahren zur kognitiven Perspektivenübernahme zu .22. Insgesamt gesehen zeigen die Daten für keine Altersgruppe einen nennenswerten Hinweis auf eine konvergente und diskriminante Validität der Meßverfahren zur Perspektivenübernahme. Die durchschnittlichen Interkorrelationen der Meßverfahren waren niedrig und unterschieden sich kaum von ihren Korrelationen mit den Kontrollvariablen. Bei erneuter Durchsicht der Daten stellte sich heraus, daß innerhalb der Altersgruppen die Streubreite der

Tab. 1. Arithmetische Mittelwerte, Standardabweichungen und Ergebnisse der Varianzanalyse für alle Meßverfahren

Meßverfahren	Schuljahrgänge				Varianzanalyse[1]	
	Vorschule	1.	3.	5.	*df*	*F*
Borke						
x̄	5,00	6,49	...	...	1;62	15,68*
s	1,94	1,12	...	...	...	...
Rothenberg						
x̄	1,26	5,15	9,83	15,60	3;136	78,37*
s	2,01	3,16	4,38	5,42	...	...
Chandler						
x̄	...	10,36	8,90	2,05	2;109	57,59*
s	...	4,24	4,19	2,82	...	...
DeVries						
x̄	6,46	7,61	8,39	8,63	3;135	16,26*
s	2,01	1,24	1,08	1,08	...	...
Miller						
x̄	...	2,85	6,81	9,30	2;111	140,71*
s	...	1,13	1,78	2,27	...	...
Glucksberg						
x̄	1,65	0,82	1,50	1,93	3;135	10,86*
s	0,76	0,73	0,80	0,84	...	...
IQ						
x̄	111,00	108,21	109,00	109,58	...	n. s.
s	13,18	12,02	14,23	15,39	...	...
MFF						
x̄	...	6,72	11,20	15,86	2;111	17,35*
s	...	3,24	4,12	11,00	...	...
Status						
x̄	...	39,22	43,24	38,69	...	n. s.
s	...	13,70	15,57	12,64	...	...

1 Der einzige geschlechtsspezifische Einfluß wurde beim Chandler-Verfahren gefunden, $F(1;109) = 7{,}97$; $p < .006$. Es gab keine signifikanten Wechselwirkungen.

* $p < .001$.

Tab. 2. Durchschnittliche Korrelationen zwischen Perspektivenübernahme-Maßen und Kontrollvariablen nach Schuljahrgängen

	durchschnittl. Korrelation		
Schuljahrgänge[1]	alle PÜ-Maße	affektive PÜ-Maße	kognitive PÜ-Maße
Vorschule			
PÜ allein	.22	.52	.06
PÜ-IQ	.39	.48	.30
1. Klasse			
PÜ allein	.39	.17	.16
PÜ-IQ	.27	.34	.22
PÜ-MFF	.08	.04	.09
PÜ-Status	.14	.15	.16
3. Klasse			
PÜ allein	.17	...	.22
PÜ-IQ	.30	...	.31
PÜ-MFF	.12	...	.06
PÜ-Status	.11	...	.06
5. Klasse			
PÜ allein	.12	...	.06
PÜ-IQ	.10	...	.10
PÜ-MFF	.01	...	.01
PÜ-Status	.06	...	.05

1 Bei den Vorschulkindern waren Chandler-, Miller-, MFF- und Status-Daten nicht erhältlich. Das Borke-Verfahren wurde in der 3. und 5. Klasse nicht angewendet, daher gibt es dort keine Korrelationen der affektiven PÜ-Maße.

Werte in den Aufgaben nach Miller et al., Borke, DeVries und Chandler nur gering war. Das könnte zum Mißlingen der konvergenten und diskriminanten Validierung der Meßverfahren erheblich beigetragen haben. Da diese Einschränkung der Streubreite nach Zusammenfassung der Daten aller Altersgruppen wegfiel, wurde eine weitere Korrelationsanalyse durchgeführt, wobei der Alterseinfluß herauspartialisiert wurde. Die Ergebnisse zeigt Tabelle 3.

Nach herauspartialisiertem Alterseinfluß waren die durchschnittlichen Interkorrelationen der Meßverfahren zur affektiven

Tab. 3. Korrelationsmatrix für alle Meßverfahren; Alterseinfluß herauspartialisiert

Meßverfahren	Borke	Rothenberg	Chandler	DeVries	Miller	Glucksberg	IQ	MFF
Rothenberg	.15 (65)	...						
Chandler	.00 (38)	−.23* (114)	...					
DeVries	.07 (63)	.06 (142)	−.03 (114)	...				
Miller	.10 (40)	.20* (46)	−.18* (114)	.22* (114)	...			
Glucksberg	.06 (63)	.25* (142)	−.25* (114)	.05 (142)	.46** (116)	...		
IQ	.29* (63)	.15 (139)	−.34* (112)	.13 (140)	.21* (114)	.04 (140)	...	
MFF	−.21 (40)	.04 (116)	−.12 (114)	.05 (116)	−.13 (116)	.27* (116)	.05 (116)	...
Status	.05 (40)	.03 (111)	−.01 (109)	.15 (111)	.17 (111)	.08 (111)	.14 (109)	.02 (111)

* $p < .05$
** $p < .001$
(in Klammern: *df*)

Perspektivenübernahme .15, der Verfahren zur kognitiven Perspektivenübernahme .20 und aller Verfahren zusammen .16. Die Meßverfahren zur affektiven Perspektivenübernahme korrelierten mit dem IQ zu .22, mit den MFF-Werten zu –.09 und mit dem sozialen Status zu .04. Die durchschnittliche Korrelation der kognitiven Perspektivenübernahme mit dem IQ betrug .18, mit dem MFF .08, mit dem sozialen Status .10. Die durchschnittliche Korrelation aller Meßverfahren mit dem IQ betrug .19, mit dem MFF .02 und mit dem sozialen Status .08.

Zur Bestimmung der internen Konsistenz des Chandler-Verfahrens wurden die Leistungen der Kinder in den vier Geschichten dieses Verfahrens untereinander korreliert, sowohl nach Altersgruppen getrennt als auch für alle zusammen. Die durchschnittliche Korrelation zwischen den Aufgaben betrug in der ersten Schulklasse .26, in der dritten .33 und in der fünften .32. Wurden die Altersgruppen zusammengefaßt, war die Korrelation .52.

Ähnliche Berechnungen wurden für die vier Rothenberg-Geschichten durchgeführt. Die Korrelation betrug hier für die erste Klasse .18, für die dritte .20, für die fünfte .39 und für alle zusammen .50. Nach Altersgruppen getrennt berechnet weisen sowohl die Korrelationen der Chandler-Aufgaben als auch die der Rothenberg-Aufgaben auf einen recht niedrigen Grad interner Konsistenz hin.

Diskussion

Die vorliegende Untersuchung befaßte sich mit der psychometrischen Stärke von Verfahren, die angeblich die Fähigkeit von Kindern zur affektiven und kognitiven Perspektivenübernahme erfassen. Die Daten zeigen zum ersten kaum Hinweise auf eine konvergente Validität der Meßverfahren, weder innerhalb der Altersklassen noch bei Zusammenfassung der Altersklassen. Die durchschnittliche Korrelation aller Meßverfahren war (bei herauspartialisiertem Alterseinfluß) .16 und damit fast gleich dem früher von Rubin (1973) berichteten Wert von .17. Ein so kleiner Koeffizient kann nicht als überzeugender Beleg für konvergente Validität der Meßverfahren zur Perspektivenübernahme angesehen werden. Darüber hinaus waren bei herauspartialisiertem Alterseinfluß die Interkorrelationen zwischen den Meßverfahren zur Perspektivenübernahme (affektive und kognitive Verfahren getrennt oder zusammengefaßt) nicht signifikant zu unterscheiden von Korrelationen mit den Kontrollvariablen. Tatsächlich war die Korrelation aller Meßverfahren zur Perspektivenübernahme mit dem IQ sogar etwas höher (mittlere Korrelation .19) als die durchschnittliche Interkorrelation der Meßverfahren untereinander. Unsere Ergebnisse bestätigen also auch nicht die diskriminante Validität der vorliegenden Meßverfahren.

Für den Mangel an konvergenter und diskriminanter Validität der hier interessierenden Meßverfahren gibt es eine Reihe von möglichen Erklärungen. Erstens könnte die niedrige Reliabilität einiger Verfahren dafür verantwortlich sein. Einen entsprechenden Hinweis liefert die relativ geringe interne Konsistenz der Verfahren von Chandler und von Rothenberg. Die niedrige interne Konsistenz des Chandler-Verfahrens in unserer Untersuchung stimmt mit einem ähnlich enttäuschenden Ergebnis überein, das kürzlich von Kurdek (1977) berichtet wurde.

Zweitens wäre möglich, daß der Mangel an signifikanten Interkorrelationen zwischen den Meßverfahren ein Hinweis darauf ist, daß für die Bewältigung der verschiedenen Aufgaben unterschiedliche Niveaus von Perspektivenübernahme erforderlich sind. In Anlehnung an Selman und Byrne (1974) sowie Urberg und Docherty (1976)* ließe sich vermuten, daß zur Bewältigung der Borke-Aufgaben ein erstes Niveau sequenzieller [also noch nicht gleichzeitiger] Dezentrierung erforderlich ist. Ein Kind ist auf diesem Niveau in der Lage, Gedanken, Gefühle und Absichten anderer zutreffend zu erschließen, wenn es sich nacheinander auf verschiedene Aspekte der Situation konzentrieren kann. Die Borke-Aufgabe, die bereits von Erstkläßlern vollständig gelöst wurde, erforderte lediglich die Erschließung einer einzigen Perspektive, also nicht die simultane Berücksichtigung zweier oder mehrerer Perspektiven.

Die übrigen Verfahren scheinen Fähigkeiten zur simultanen Perspektivenübernahme des nächsthöheren Niveaus zu erfordern. Kinder, die sich auf diesem Niveau befinden, können auch dann eine andere Perspektive erschließen, wenn dazu zwei oder mehrere Aspekte einer Situation gleichzeitig koordiniert werden müssen. Wie die Ergebnisse der Varianzanalyse andeuten, verbesserten sich die Fähigkeiten der Kinder zur simultanen Perspektivenübernahme mit zunehmender Altersstufe. So fanden wir altersabhängige Leistungsunterschiede für die Rothenberg-, Miller- und Chandler-Verfahren. Allerdings scheinen die Leistungen in der Pfennig-Versteckspiel-Aufgabe von DeVries bereits in der dritten Klassenstufe einen Grenzwert zu erreichen. Das wichtigste Unterscheidungsmerkmal zwischen diesen vier Meßverfahren besteht darin, daß das letzte ohne Verbalisierung auskommt, während bei den anderen drei erzählt werden muß. Wie neuere Berichte zur sozialen Kognition (z. B. Rubin u. Trotter 1977) gezeigt haben, dürften verbale Meßverfahren (a) die sozial-kognitive Kompetenz der Kinder unterschätzen und (b) die Streubreite der Leistungswerte innerhalb der Altersgruppen einschränken, während bei nicht-verbalen Verfahren diese Probleme keine Rolle spielen. Davon ausgehend läßt sich vermuten, daß simultane Perspektivenübernahme auch bei Drittkläßlern bereits möglich ist, bei Verwendung verbaler Meßverfahren jedoch verborgen bleibt. Daraus ergibt sich ein weiterer möglicher Erklärungshinweis für die Beziehungen zwischen den Meßverfahren. Die vier Verfahren forderten von den Kindern Reaktionen in zwei verschiedenen Modalitäten. Es ist bemerkenswert, daß die drei verbalen Meßverfahren bei herauspartialisiertem Alterseinfluß untereinander signifikant korrelierten, während das nicht-verbale Verfahren (DeVries) nicht zu diesem Faktor simultaner Dezentrierung zu gehören schien.

Zusammenfassend liefert diese Untersuchung dem sozial-kognitiv interessierten Forscher eine Vielzahl möglicher Erklärungen für die nicht signifikanten bzw. niedrigen Korrelationen zwischen den in der Literatur oft erwähnten Meßverfahren zur Perspektivenübernahme. Aus unseren Erfahrungen kann sicher geschlossen werden, daß Meßverfahren, die verschiedene Niveaus der Fähigkeit zur Perspektivenübernahme ansprechen oder verschiedene Reaktionsmodalitäten betreffen, in der Forschungspraxis nicht austauschbar sind.

Übersetzt von Hans-Josef Küting

Anmerkung

Diese Arbeit wurde teilweise im März 1977 auf dem Kongreß der Society for Research in Child Development in New Orleans vorgetragen. Der Verfasser dankt Elizabeth Levin, Janet Magwood und Barbara Psotka für die Unterstützung bei der Testanwendung und der Datenverarbeitung. Das Projekt wurde finanziell gefördert durch den Zuschuß S75-0543 des Canada Council. Sonderdrucke sind erhältlich bei Kenneth H. Rubin, Department of Psychology, University of Waterloo, Ontario N2L 3G1.

Renate Valtin

Probleme der Erfassung sozial-kognitiver Fähigkeiten – analysiert am Beispiel der Perspektivenübernahme und der verbalen Kommunikation

Wir wissen zwar nicht genau, was wir messen, aber wir messen es genau. Mit diesem Satz läßt sich etwas keß die Forschungslage zur Perspektivenübernahme charakterisieren, wobei Skeptiker sogar Grund hätten, auch die Meßgenauigkeit zu bezweifeln, denn die von Rubin (1978)* mitgeteilten Reliabilitätskoeffizienten lassen teilweise zu wünschen übrig (s. a. Kurdek 1977 b). Eine Zeitlang schienen die Forscher davon auszugehen, daß sich die Validität von Perspektivenübernahme-Tests qua sprachliche Etikettierung etablieren ließe, indem man den inhaltlichen Teilbereich adjektivisch vor den zentralen Begriff setzte, woraus dann die visuell-räumliche, affektive, kognitive bzw. konzeptuelle und kommunikative Perspektivenübernahme resultierte (s. a. Silbereisen 1977 a). Dieses Vorgehen läßt sich theoretisch dadurch legitimieren, daß Piagets globales Konzept des Egozentrismus, welches er innerhalb verschiedener Bereiche der physikalischen und sozialen Umwelt beschrieben hat, komplementär auf unterschiedliche soziale Inhalte übertragen wird. Während frühere faktorenanalytische Untersuchungen, z. T. unter gelinder Vergewaltigung der Daten (wie bei Rubin 1973), auch tatsächlich einen einheitlichen »Dezentrierungs-Faktor« erbrachten, zeigen neuere korrelationsstatistische Studien, daß verschiedene Maße der Perspektivenübernahme kaum nennenswerte Zusammenhänge aufweisen (Kurdek u. Rodgon 1975, Kurdek 1977 a, Piché et al 1975, Jennings 1975, Sullivan u. Hunt 1967, Hudson 1978) und daß Perspektivenübernahme als multidimensionales Konstrukt aufgefaßt werden muß.

Die Ausführungen der nächsten Seiten sollen zunächst folgendes verdeutlichen. 1. Die Multidimensionalität der Perspektivenübernahme, die sich nicht nur aus deren verschiedenen Strukturniveaus ergibt (Perspektivendifferenzierung, -wechsel, -koordination), sondern auch aus den aufgabenspezifischen Anforderungen an informationsverarbeitende Prozesse, lassen das von Rubin (1978)* gewählte rein empirische Vorgehen des »validity-finding« – Korrelation der Meßwerte verschiedener Verfahren zur Feststellung der konvergenten und diskriminanten Validität – von vornherein als wenig sinnvoll erscheinen.

2. Die klassischen Operationalisierungen in der Piaget-Tradition führen aufgrund ihrer aufgabenspezifischen Schwierigkeit und der Abstraktion vom Handlungskontext zur Unterschätzung der sozialen Kompetenz des Kindes. Eine Strategie der Forschungsarbeiten der letzten Jahre zielt deshalb darauf ab, durch eine Vereinfachung der Instrumente nachzuweisen, daß jüngere Kinder kompetentere Interaktionspartner sind, als die klassischen Tests erwarten lassen.

3. Obwohl das Konstrukt der Perspektivenübernahme aus zwei Theoriebereichen – dem symbolischen Interaktionismus nach Mead und der genetischen Epistemologie Piagets – abgeleitet wird, können die Operationalisierungen die fast ausschließliche Herleitung aus Piagets Dezentrierungskonzept nicht verleugnen und berücksichtigen gerade nicht den interaktiven Gehalt, d. h. den Prozeß, in dem die Interaktionspartner wechselseitig ihre Erwartungen und Motive antizipieren und koordinieren. Die im folgenden beschriebenen Testverfahren machen deutlich, daß Perspektivenübernahme eher im Sinne von Fremdverstehen erfaßt wurde, und dies wiederum unter dem Aspekt der kognitiven Fähigkeit, vom eigenen Standpunkt zu dezentrieren. Der Sachverhalt, daß die visuelle Perspektivenübernahme lange Zeit als Prototyp der Perspektivenübernahme galt – und nicht der Bereich der sozialen Interaktion – bestätigt dieses Argument.

Schauen wir also zunächst auf einige Tests der visuellen, kognitiven und affektiven Perspektivenübernahme.

Analyse von Instrumenten zur Erfassung der Perspektivenübernahme

Das klassische Untersuchungsverfahren zur visuellen Perspektivenübernahme ist Piagets 3-Berge-Experiment [in diesem Band]. Sechs- bis Achtjährige haben dabei Schwierigkeiten, den Standpunkt der Puppe einzunehmen, da sie, wie Piaget es deutet, »egozentrisch« an ihre eigene Perspektive fixiert sind. Erst 8- bis 10jährigen gelingt es, die spezifische Ansicht der Puppe zu bestimmen. Wegen der Komplexität der Aufgabenstellung und vor allem wegen der großen sprachlichen Anforderungen beim Instruktionsverständnis wurden in der Folgezeit die Versuchsanordnungen immer mehr vereinfacht, wofür mehrere Studien in diesem Band Beispiele liefern. Auch weitere Untersuchungen zeigen, daß die Fähigkeit zur visuellen (und weiteren sozialen) Perspektivenübernahme schon bei erheblich jüngeren Kindern nachgewiesen werden kann, und zwar in Abhängigkeit vom Untersuchungsinstrument. Folgende Faktoren erleichtern diese Fähigkeit:

– *die Art der verwendeten Materialien:* Anstelle der sprachlich und visuell schwer zu kodierenden drei Berge werden Gegenstände verwendet, deren Seiten sprachlich einfacher zu bestimmen sind, wie Spielzeug (Fishbein et al. 1972, Weinheimer 1972) oder Puppen (Salatas u. Flavell 1976, Flavell et al. 1978), bzw. die visuell leichter zu unterscheiden sind. Borke (1975) stellte fest, daß bei Verwendung einer Landschaft mit 3 bzw. 7 Elementen (darunter Tiere) die Leistungen von Dreijährigen um die Hälfte besser war als bei Verwendung der drei Berge. Die Anzahl der Gegenstände scheint keine wesentliche Rolle zu spielen (Fishbein et al. 1972, Borke 1975).

– *die Art der Antwort:* Die Antworten fallen offensichtlich umso besser aus, je aktiver und handlungsgebundener die Rolle des Kindes dabei ist. Hoy (1974) verwendete 3 Bauklötze unterschiedlicher Form und Farbe und fand heraus, daß das Nachbauen einer spezifischen Sicht den Kindern leichter fiel als die Auswahl eines entsprechenden Bildes (7,9% vs. 31% egozentrische Fehler bei 6- bis 8-Jährigen). Erheblich bessere Leistungen sind auch zu beobachten, wenn die Antwort durch das Drehen eines mit der Standardvorlage identischen Aufbaus erfolgt. In Borkes Untersuchung konnten sogar schon einige 3- bis 4jährige unter dieser Bedingung richtige Lösungen im 3-Berge-Experiment erreichen. Beim Auswählen der richtigen Bilder müssen die Kinder zusätzlich die Fähigkeit erbringen, von dreidimensionalen auf zweidimensionale Gebilde und Anordnungen zu schließen. Liben (1978) fand heraus, daß 3- bis 5jährige Kinder Schwierigkeiten haben, aus 5 Bildern dasjenige herauszusuchen, das die eigene Sicht auf 2-3 Bauklötze unterschiedlicher Form, Farbe und Anordnung darstellt. Wenn jüngere Kinder schon Probleme haben, die eigene Sicht zu bestimmen – so argumentiert sie –, dann kann auch die Unfähigkeit, die Sicht eines anderen zu erschließen, nicht auf »Egozentrismus« bzw. die Unfähigkeit zum Dezentrieren zurückgeführt werden, denn dies setzt voraus, daß die Kinder ihre eigene Perspektive identifizieren können und daran fixiert bleiben. Wegen der unterschiedlichen Dimensionalität der Materialien (Bauklotzanordnung vs. Bild) ist diese Schlußfolgerung nicht abgesichert. Liben verweist jedoch auf den wichtigen Gesichtspunkt, daß diese Art von Aufgaben neben der Perspektivenübernahme noch die aktive Analyse des eigenen visuellen Wahrnehmungsfeldes miterfassen und somit das Vermögen von jüngeren Kindern übersteigen können.

– *die Anzahl der Bilder bzw. Fotografien,* aus denen die richtige Ansicht herausgesucht werden muß. Mit der Anzahl der Distraktoren erhöht sich auch die Fehlerzahl (Salatas u. Flavell 1976, Fishbein et al. 1972).

– *affektiv-motivationale Komponenten:* Offensichtlich spielt auch die affektive Beziehung zu der Person, deren Perspektive eingenommen werden soll, eine Rolle. In neueren Untersuchungen werden deshalb anstelle der unpersönlichen Puppe bekannte Figuren aus der Sesamstraße (Borke 1975) bzw. aus Mickey-Mouse-Heften (Salatas u. Flavell 1976, Flavell et al. 1978) verwendet. Auch die Ersetzung der Puppe durch eine lebende Person führt zu signifikant besseren Leistungen (Cox 1975). Mit der Komplexität der Aufgabe wächst die Anzahl der egozentrischen Fehler, deshalb wird von vielen Autoren auch der Egozentrismus Piagets als Anzeichen einer Regression auf ein simpleres Antwortniveau im Sinne einer »Ersatz-Lösung« angesehen (Aebli 1967).

Es erscheint sinnvoll, bei den Untersuchungsverfahren zwei Aspekte zu trennen: einen i. e. S. *kognitiven Aspekt der Analyse und Rekonstruktion räumlicher Dimensionen* und einen eher sozialen Aspekt des allgemeinen *Verständnisses der Beziehungen zwischen unterschiedlichen visuellen Perspektiven,* eine Unterscheidung, die auch Fishbein et al. (1972) und Flavell et al. (1978) vornehmen.

Die Prozesse, die beim räumlichen Vorstellungsvermögen eine Rolle spielen, sind von Coie et al. (1973) und auch von Pufall u. Shaw (1973) und Pufall (1975) untersucht worden. Diese Arbeiten geben Aufschluß darüber, in welcher Entwicklungssequenz Kinder ein Verständnis bestimmter räumlicher Dimensionen erwerben. Eine andere methodische Vorgehensweise sei noch erwähnt. Einige Forscher (Brodzinsky et al. 1972, Huttenlocher u. Presson 1973) untersuchen den Einfluß der Wahrnehmungsdominanz (das Kind hat bei der Lösung den Aufbau vor

Augen bzw. dieser wird verdeckt) und die Bedeutung der vorgestellten bzw. tatsächlichen Bewegung des Kindes (die Kinder bleiben sitzen bzw. gehen um die verdeckte Landschaft herum). Diese Variationen ermöglichen es, Aufschluß über die Lösungsstrategien der Kinder bei der Rekonstruktion räumlicher Beziehungen zu gewinnen: Versetzen sie sich virtuell in die Position des anderen – oder drehen sie in der Vorstellung den Aufbau zu sich herum, so daß sie dann die gleiche Position wie der andere einnehmen – oder verwenden sie das Verfahren der logischen Inferenz, indem sie systematisch die räumlichen Beziehungen wie rechts-links, vorn-hinten umkehren?

Da diese Befunde vor allem das räumliche Vorstellungsvermögen betreffen und wenig über die eigentliche Perspektivenübernahme aussagen, sollen sie hier vernachlässigt werden. Das Erfassen der sozialen Komponente, des Verständnisses des Kindes von der Beziehung zwischen seinen visuellen Wahrnehmungen und den Wahrnehmungen von anderen, ist schwieriger und auf den unteren Stufen nur indirekt zu erfassen. Fishbein et al. (1972) vermuten, daß die Kinder dieses Verständnis in Form von impliziten Regeln erwerben, die sich wie folgt beschreiben lassen:

1. Regel: »Du siehst, was ich sehe«.

2. Regel: »Wenn du nicht an meinem Platz bist, siehst du auch nicht, was ich sehe« und umgekehrt.

3. Regel: »Wenn ich an deinem Platz wäre, würde ich sehen, was du siehst« und umgekehrt.

Ein Beispiel für die psychologische Realität der 1. Regel sind die egozentrischen Antworten in der Untersuchung von Masangkay et al. (1974) und die Ergebnisse einer einfallsreichen Vorgehensweise von Liben (1978).

Kinder und Versuchsleiter sahen auf ein weißes Blatt Papier, und zwar einmal ohne und einmal mit Brille, wobei die Brille des Kindes gelbe und die des Versuchsleiters grüne Gläser hatte. Das Kind hatte jeweils zu beantworten, in welcher Farbe es selbst bzw. der Versuchsleiter das Blatt sähe. Fast alle 3jährigen und nicht ganz die Hälfte der 4jährigen gaben egozentrische Antworten, wenn nach der Sichtweise des Versuchsleiters gefragt wurde. Die Frage, welche Farbe die Augengläser hätten, konnte von allen Kindern dieses Alters beantwortet werden.

Regel 2 ist von Salatas u. Flavell umformuliert worden in: Ein Beobachter kann nur eine spezifische Sicht haben. Sie untersuchten das Verständnis dieser Regel, indem sie 6-9jährige Kinder aus verschiedenen Bildern die Ansichten von Personen mit unterschiedlichen Positionen auswählen ließen. Wenn Kinder für eine Person mehr als eine Sicht und Bilder auswählten, deren Sichtweisen sich unterschieden, wurde dies als Indikator für mangelndes Regelverständnis angesehen. In dieses Verfahren gehen jedoch weitere aufgabenspezifische Faktoren ein (Übergang von drei auf zwei Dimensionen, Analyse des Wahrnehmungsfeldes), die es ungeeignet erscheinen lassen. Auf ein implizites Verständnis von Regel 2 läßt sich jedoch schließen, wenn Kinder fähig sind zu begreifen, daß der andere etwas sieht, das es selbst nicht sehen kann, wie z. B. in der schon erwähnten Untersuchung von Masangkay (1974) oder in dem Brillen-Verfahren von Liben (1978). Schon einige begabte Dreijährige scheinen dies zu leisten. Die Altersangaben in den genannten Arbeiten sind jedoch mit Vorsicht zu betrachten, da einerseits (wie in fast allen Untersuchungen zur Perspektivenübernahme) nur Mittelschichtkinder untersucht wurden und andererseits schon vorher einige Kinder wegen mangelnden Instruktionsverständnisses ausscheiden mußten.

Salatas u. Flavell (1976) und Flavell und Mitarbeiter (1978) haben eine weitere Regel untersucht, die mit Fishbeins 3. Regel korrespondieren dürfte[1]: Unterschiedliche Standpunkte führen zu verschiedenen Sichtweisen, bzw. denselben Standpunkten entsprechen dieselben Sichtweisen. Während die Forscher in einem ersten Experiment die Regel noch gemeinsam mit der Fähigkeit der Rekonstruktion räumlicher Beziehungen erhoben (Salatas u. Flavell 1976), ist das spätere Experiment (Flavell u. a. 1978) so konzipiert, daß die Unabhängigkeit der Erhebung dieser beiden Bereiche gewährleistet ist. In diesem äußerst komplizierten Versuchsaufbau, der auch sprachlich hohe Anforderungen stellt, ergab sich, daß etwa die Hälfte der Erstkläßler und drei Viertel der Drittkläßler diese Regel anwendeten und auch bewußt verbalisieren konnten. Die Kenntis dieser Regel garantiert jedoch nicht, daß das Kind auch richtig erkennen kann, wie die anderen Personen verschiedene Gegenstände visuell wahrnehmen. Dazu sind Fähigkeiten der Repräsentation und Rekonstruktion räumlicher Dimensionen notwendig. In dem 3-Berge-Experiment von Aebli (1967) konnten drei Viertel der 6- bis 7jährigen Kinder auf Befragung die Regel »unterschiedliche Position – unterschiedliche Sicht« angeben und begründen, aber nur 43% lösten die Aufgabe tatsächlich richtig.

Zusammenfassend läßt sich konstatieren, daß es notwendig ist, in weiteren Untersuchungen zur visuellen Perspektivenübernahme zwei Komponenten zu unterscheiden und zu erfassen:

- die visuell-kognitiven Leistungen (Analyse des Wahrnehmungsfeldes und Rekonstruktion der räumlichen Beziehungen)
- das Verständnis des Kindes von der Beziehung zwischen seiner Wahrnehmung und den Wahrnehmungen anderer – was sich in Form von Regeln konzeptualisieren läßt. Das Regelverständnis läßt sich einerseits durch Befragen feststellen (Unterscheiden sich die Sichtweisen von 2 Beobachtern mit unterschiedlichen Standpunkten? Und warum?) und andererseits noch einfacher durch nichtverbale Techniken überprüfen, z. B. Herstellen einer Trickperspektive und Beobachten der Überraschungsreaktion der Kinder (expectancy violation, Shantz u. Watson 1970, Miller 1976).

Bei der Struktur dieser Perspektivenübernahme sind 3 Ebenen zu unterscheiden und auch mit jeweils anderen Methoden zu erfassen: Sieht der andere etwas (was ich nicht sehe)? –Was sieht er? – Und wie ist sein visuelles Wahrnehmungsfeld organisiert? Je nach Komplexität der Aufgaben wird man unterschiedliche Altersangaben erhalten. Abschließend sei noch bemerkt, daß sich die überwiegende Anzahl der Arbeiten auf die visuelle Perspektive des anderen bezieht, während andere Wahrnehmungsmodalitäten kaum untersucht wurden.

Die starke Abhängigkeit der Ergebnisse von der Erhebungssituation und von aufgabenspezifischen Anforderungen hinsichtlich informationsverarbeitender Prozesse soll ferner am Beispiel der informationsbezogenen (conceptual) Perspektivenübernahme dargestellt werden, also der Fähigkeit zu erschließen, was der Interaktionspartner denkt bzw. über eine spezifische Situation weiß. Die Altersangaben verschiedener Untersuchungen sind in der folgenden Tabelle zusammengestellt.

Aus den Zahlenangaben ist zu entnehmen, daß bei *konkrethandlungsbezogenen Methoden*, bei denen das Kind eine *aktive Rolle als Teilnehmer der sozialen Interaktion* spielt, auch schon 3- bis 4jährige den Standpunkt des anderen berücksichtigen. Bei diesen Methoden handelt es sich einmal um Beobachtungen des Spielverhaltens in einer Wettbewerbssituation wie dem Pfennig-Verstecken, das von De Vries (1970)* analysiert wurde. (Wird die

Tab. 1. Prozentsatz der Kinder verschiedener Altersstufen mit richtig gelösten Aufgaben in Tests zur informationsbezogenen (conceptual) Perspektivenübernahme

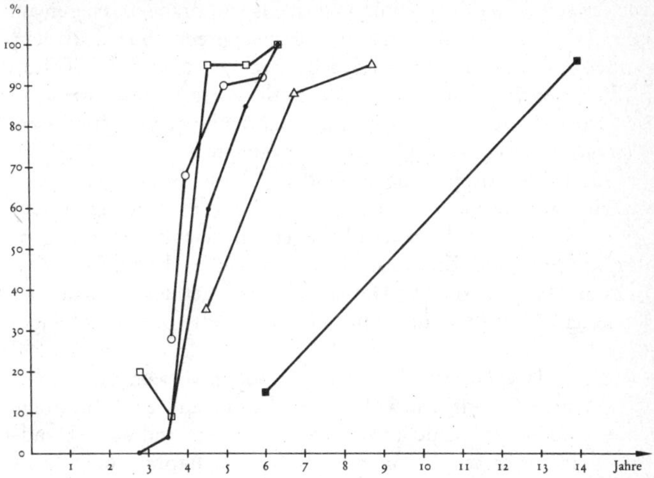

△—△ Brandt 1978, ○—○ De Vries 1970*, •—• Mossler et al. 1976*, ▪—▪ Marvin et al. 1976. ▪—▪ Chandler/Greenspan 1972

Spielstrategie des Kindes allerdings durch Befragung festgestellt, wie es Flavell, 1966, und Selman, 1971, beim »Nickel-Dime-Spiel« machen, liegen die Altersangaben beträchtlich höher.) Andererseits geht es um Situationen, in denen das Kind eine person- und situationsangemessene Wahl unter (meist zwei) Objekten treffen soll, z. B. Auswahl eines Geburtstagsgeschenks für die Mutter, Heranholen eines Stuhls für den Versuchsleiter und das Kind selbst – wobei große und kleine Stühle zur Auswahl stehen –, ein Spiel für ein anwesendes Kind aussuchen, das in seinem vorangehenden Verhalten seine Vorliebe bzw. Abneigung für ein Spielzeug gezeigt hatte. Zahn-Waxler et al. (1977) beobachteten, daß schon etwa ein Viertel der 3jährigen und fast alle 6jährigen unter diesen Bedingungen adäquate Leistungen erbrachten. Zeichnet sich also die Erhebungssituation durch Konkretheit, Einbindung in einfache Handlungsvollzüge, affektive Vertrautheit und aktive Teilnahme des Kindes aus, so scheinen schon 3jährige den Standpunkt des anderen erkennen und berücksichtigen zu können, wenngleich zu bedenken ist, daß hier sehr stereotype Erkenntnisse eingeschlossen sind.

Die Ergebnisse der anderen in der Tabelle aufgeführten Untersuchungen (Marvin, Chandler u. Greenspan, Brandt) basieren auf dem Paradigma des Informationsvorsprungs eines Sozialpartners, wobei das Kind den Status des Beobachters und nicht den des Teilnehmers hat. Auch hier variieren die Altersangaben stark mit der Komplexität und Vertrautheit der Untersuchungssituation. Marvin et al. (1976) führten die Erhebung in der affektiv-vertrauten Atmosphäre beim Kind zu Hause durch. Beim »Geheimnisspielen« spielen Mutter, Kind und Versuchsleiter zusammen, wobei zwei sich flüsternd einigen, an welches der vorliegenden Spielzeuge des Kindes sie denken wollen, während der Dritte sich die Augen zuhält. Das Kind wird gefragt, welche der Personen das Geheimnis kennt (Ja/Nein-Antwort mit 50%iger Ratechance!).

Werden dagegen visuell-verbale Methoden verwendet, wie bei Chandler u. Greenspan, wobei zunächst anhand einer Bildfolge vom Kind eine Geschichte zu konstruieren ist und diese Handlungsfolge dann aus der Sicht eines Neuhinzukommenden reininterpretiert werden muß, liegen die Altersangaben deutlich höher.

Eine einfallsreiche methodische Variante des Paradigmas der privilegierten Information ist von Brandt (1978) verwendet worden. Sie legte Kindern zunächst nicht eindeutig zu interpretierende Drudel vor, z. B. 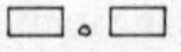, und dann das Gesamtbild (zwei Elefanten, die eine Erdnuß beschnüffeln). Die Versuchsperson soll dann angeben, wie ein neu hinzukommendes Kind das Drudel deutet. Ein Vergleich der auf Bildern basierenden Methoden (s. Tabelle) zeigt, daß diese Aufgabe, die keine Handlungsabfolge beinhaltet, leichter zu lösen ist.

Veranschaulicht man sich noch einmal die verschiedenen Anforderungen, die bei den diversen Tests zur Erfassung der informationsbezogenen Perspektivenübernahme gestellt werden, so ergibt sich die *Multidimensionalität des Konstrukts* mit unterschiedlichen kognitiven und sozial-kognitiven Teilkomponenten:

1. Wahrnehmung der Situation: Dies gelingt Kindern leichter, wenn es um die Vergegenwärtigung einer konkret handlungsgebundenen Situation geht, als wenn es sich um die symbolischrepräsentative (Re)konstruktion der Situation handelt. Bei den Geschichten nach Chandler u. Greenspan wird zusätzlich gemessen, wie gut Kinder Handlungselemente zeitlich und kausal integrieren können und ob sie über Konzepte der psychologischen Kausalität verfügen (s. dazu Oppenheimer in diesem Band).

Bei der Analyse und Verarbeitung der Situation sind nicht nur kognitive, sondern auch affektive und motivationale Komponenten bedeutsam, die die Interpretation der Interaktionssituation erleichtern oder auch erschweren können. Wird das Kind selbst motivational einbezogen (bei Aufgabe 4 von Urberg u. Docherty* muß sich das Kind in die Rolle des Neuhinzukommenden versetzen), so gelingt ihm die Perspektivenübernahme, d. h. die Vergegenwärtigung des Informationsstandes, offensichtlich besser, als wenn dies einen fremden Passanten betrifft (Aufgabe 5 von Urberg u. Docherty*). Dieses Ergebnis verweist darauf, daß die Notwendigkeit bzw. die Motivation, sich die intrapsychischen Prozesse des Interaktionspartners zu vergegenwärtigen, bei der Perspektivenübernahme einen wichtigen Aspekt darstellt. Schon Flavell hat dies mit seiner »need«-Komponente betont.

Daß die affektive Vertrautheit mit der Situation, die durch die Bilderfolge repräsentiert wird, eine Rolle spielt, zeigen die geringen Korrelationen, die zwischen den verschiedenen Bildern desselben Tests (also bei gleicher Erhebungssituation und analoger Aufgabenstellung) errechnet wurden. Keller (1976, 1978 b) fand zwischen verschiedenen Bildern des Role-Taking-Tests von Feffer (Familie, Schulsituation, Gleichaltrige) nur Korrelationen mittlerer Höhe. Silbereisen (1977) berichtet ebenfalls nur mäßige Korrelationen zwischen den Bildern eines in Anlehnung an Chandler gestalteten Tests, wobei er die Vertrautheit mit den Figuren und den (geschlechtsstereotypen) Handlungen variiert hatte.

2. *Erfassen der Attribute des Sozialpartners*, die seine Perspektive bzw. seinen Informationsstand bestimmen. Dabei spielt eine Rolle, inwieweit diese äußerlich zugänglich (z. B. Augen zuhalten, das Zimmer verlassen) bzw. verdeckt sind (jemand kommt später hinzu), und inwieweit dies in der Anweisung explizit gemacht wird bzw. erschlossen werden muß.

3. *Erschließen des Informationsstandes* des Sozialpartners unter Berücksichtigung seiner spezifischen Attribute. Hierbei ist von

Bedeutung, welche Formen des rekursiven Denkens das Kind beherrscht (s. Oppenheimer in diesem Band), inwieweit es sich zwei Perspektiven unabhängig voneinander kognitiv zu vergegenwärtigen vermag, wobei die Aufmerksamkeits-Dezentrierung und die Verfügung über ein Symbolsystem eine Rolle spielen.

4. *Kodierung der Antwort.* Muß das Ergebnis dieses Prozesses sprachlich kodiert werden, so bietet dies eine zusätzliche Schwierigkeit für das Kind.

Eine weitere Methode zur Erfassung der informationsbezogenen Perspektivenübernahme haben Feffer u. Gourevitch (1960)* mit dem Role Taking Test (RTT) vorgelegt. Anhand eines Bildes mit schematisch gezeichneten Strichmännchen soll das Kind eine Geschichte erzählen und wird dann aufgefordert, diese Geschichte nacheinander aus der Perspektive der dargestellten Personen zu interpretieren. Ausgewertet wird nur nach rein *formalen* Gesichtspunkten: Schlußfolgerungen auf interne Prozesse, Konsistenz und Koordination der Perspektiven. Dieser Test wurde auch in deutschen Untersuchungen von Bertram u. Bertram (1974) und Keller (1976, 1978 b) angewendet. Keller hat den Test von Feffer als schriftliche Aufgabe übernommen, jedoch über dessen Analyse hinausgehend die entwicklungslogische Sequenz der Perspektivenübernahme in einem kognitiven Strukturmodell interpretiert. Feffer u. Gourevitch (1960)* sind bei ihrer Auswertung kompetenztheoretisch vorgegangen, indem sie nur die qualitativen Aspekte der Perspektivenübernahme bewertet haben, d. h. das Kind der höchsten Kategorie, die es erreicht hat, zugeordnet haben. Keller bildete eine kombinierte Rangreihe, die nicht nur Informationen über die Kompetenz (die höchste erreichte Kategorie) beinhaltet, sondern auch quantitative Aspekte der Testleistung erfaßt, d. h. Performanzgesichtspunkte, die angeben, in welchem Ausmaß das Kind fähig ist, Inferenzschlüsse über die beteiligten Personen zu ziehen. In diese Auswertung nach dem Kompetenz-Performanz-Paradigma geht also die Annahme ein, daß das Kind die Regelkompetenz besitzt, wenn es mindestens einmal die Performanz dieser Regel nachgewiesen hat. Weitere Leistungsunterschiede deuten dann auf das Ausmaß der Stabilisierung dieser Fähigkeit in unterschiedlichen Kontexten. Wie Keller deutlich macht (1976, S. 184), besteht bei diesem Vorgehen die Schwierigkeit, daß zwar von einer beobachteten Performanz auf die Kompetenz gefolgert werden kann, nicht aber umgekehrt von einer fehlenden Performanz auf das Nichtvorhandensein der Kompetenz. Grundsätzlich besteht die Möglichkeit, daß die vorhandene Kompetenz aufgrund aufgabenspezifischer, motivationaler oder affektiver Komponenten nicht aktualisiert wurde (z. B. durch Niederschrift). Larsen (1977) hat darauf aufmerksam gemacht, daß dieses Argument im Prinzip nicht zu falsifizieren ist.

Unabhängig von der Schwierigkeit der Auswertung dieses Verfahrens besteht ein viel gravierenderes Problem:

Da es sich um weitgehend inhaltlich gereinigte und »neutrale« Situationsvorgaben handelt (Strichfiguren ohne Individualität und Biographie), fordert das projektive Verfahren geradezu heraus, daß sich das Kind bei seinen Interpretationen von sozialen oder persönlichen Stereotypen leiten läßt. An diesem Instrument wird also besonders deutlich, daß der interaktionistische Aspekt der Perspektivenübernahme – nämlich die kontinuierliche wechselseitige Interpretation von Erwartungen in einer dynamischen Interaktion völlig fehlt. Die hier geforderte Art von Perspektivenübernahme kann als positionsorientierte Rollenwahrnehmung (Waller 1971) bezeichnet werden. Das Testinstrument ist nicht geeignet, situations- und personenorientierte PÜ-Fähigkeiten festzustellen, welche die Voraussetzung kompetenten interpersonalen Handelns bilden. Der Vorwurf der sozialen Stereotypisierung ließe sich nun insofern als nicht stichhaltig zurückweisen, als nur die formalen Fähigkeiten des Perspektiv-Wechsels und der Perspektiv-Koordination und nicht die inhaltliche Verarbeitung ausgewertet werden. Aber der situative Gehalt der Bildvorlagen hat offensichtlich doch einen Einfluß auf diese formalen Fähigkeiten: In Kellers Untersuchungen erreichten die Kinder jeweils das höchste Niveau der Perspektivkoordination bei dem Familienbild, wobei Zugänglichkeit der Erfahrung, affektive Nähe und Vertrautheit eine Rolle spielen. Die Perspektive des Kindes wurde stärker elaboriert als die der Erwachsenen, und die Mutter wurde differenzierter dargestellt (Keller 1976).

Ein weiterer Einwand gegen dieses Verfahren: Es wird nicht nach der *Angemessenheit* der Interpretation der Motive, Intentionen und Erwartungen der anderen gefragt, sondern nur, ob die beschriebenen Personen überhaupt mit innerpsychischen Prozessen ausgestattet werden. Döbert u. Nunner-Winkler (1977) weisen darauf hin, daß die genannten Motive im Prinzip als gleichrangig gelten können, während die Versuchspersonen sich durchaus in der Komplexität der implizit verwendeten Motivationstheorie unterscheiden können, eine Differenzierung, die im Feffer-Test nicht erfaßt wird.

Während Selman in früheren Arbeiten ebenfalls nur den formalstrukturellen Aspekt untersucht (Selman u. Byrne 1974), berücksichtigt er in seinen neueren Veröffentlichungen (Selman 1976 a*, 1976 b; Selman u. Jaquette 1978) bei der Auswertung des Verfahrens – klinisches Interview im Anschluß an einen kurzen Film über ein soziales Dilemma – auch inhaltliche Bereiche: das Konzept des Kindes von Personen und interpersonalen Beziehungen[2]. Zum Abschluß unserer Analyse der PÜ-Tests sei noch darauf hingewiesen, daß es sinnvoll und notwendig ist, *verschiedene strukturelle Niveaus des globalen Konzepts »Perspektivenübernahme«* zu trennen und auch in der Erhebung zu berücksichtigen. Daß dies nicht immer beachtet wird, belegen die Vorgehensweisen von Rubin und die Diskussion zwischen Borke (1972) und Chandler u. Greenspan (1972) im Anschluß an die Untersuchung von Borke (1971)*. Borke prüfte die Fähigkeit der (nichtverbalen) Zuordnung von spezifischen erfahrungsnahen Situationen und bestimmten Gefühlsreaktionen bzw. bildlich dargestellten Gesichtsausdrücken und folgerte aus ihren Ergebnissen, Kinder seien schon frühzeitig zu der Erkenntnis fähig, daß andere Personen Gefühle haben und daß bestimmte Situationen bestimmte Gefühle hervorrufen. Chandler u. Greenspan (1972) argumentieren demgegenüber, daß Borke Stereotypie mit Einsicht und Projektion mit Empathie verwechsele, da die Kinder bei dieser Anordnung nur ihre eigenen Erlebnismuster auf andere Personen übertragen. Bei der Perspektivenübernahme komme es aber darauf an, Gefühle anderer zu antizipieren, wenn sie sich aufgrund verschiedenartiger situationaler Bedingungen von den eigenen Gefühlen unterscheiden. Chandler u. Greenspan führen in Borkes Anordnung den später hinzu kommenden Dritten ein (»bystander«), der die gefühlsmäßige Reaktion aus seiner Sicht – ohne Vermischung mit der Vorgeschichte – interpretieren muß. 85% der untersuchten 6jährigen zeigten dabei egozentrische Antworten. Borke (1972) weist in ihrer Entgegnung zurecht darauf hin, daß diese Vorgehensweise in kognitiver und sprachlicher Hinsicht sehr hohe Anforderungen stellt, die von jüngeren Kindern kaum bewältigt werden können. Hinzuzufügen ist, daß von Chandler u. Greenspan Inhaltsbereiche (Ärger, Furcht, Traurigkeit) erfaßt wurden, die laut Borkes Untersuchung schwieriger zu erkennen sind als das von ihr untersuchte Gefühl des Glücks. Diese Diskussion verweist jedoch auf die Notwendigkeit der Unterscheidung zwischen Perspektiven*differenzierung* (Bewußtsein, daß der Sozialpartner Gefühle, Gedanken, Absichten, Wahrnehmungen hat) und Perspektiven*übernahme* (Fähigkeit, die Gefühle des anderen auch bei jeweils unterschiedlichen Standpunkten zu bestimmen).

Die in Borkes Untersuchung demonstrierte Fähigkeit ist eine sehr primitive Form der Perspektivenübernahme, nämlich eine einfache Projektion eigener, an bestimmte Situationen geknüpfter gefühlsmäßiger Reaktionen auf andere. Kinder sind erst auf einer höheren Altersstufe dazu in der Lage, auf die Gefühle des anderen zu schließen, wenn sie sich aus ihrem eigenen Bezugssystem lösen müssen, wie es bei den auf Bildmaterialien beruhenden Chandler/Greenspan-Aufgaben der Fall ist. Eine andere Methode verwendet Rothenberg (1970)*, wobei die Situation in einem anderen Medium präsentiert ist (auf Tonband gesprochene Dialoge). Eine zusätzliche Schwierigkeit resultiert aus dem Sachverhalt, daß die Gefühle aus dem Erfahrungsbereich von Erwachsenen zu erschließen sind.

Zwei Anmerkungen noch zur Erfassung der affektiven Perspektivenübernahme:

– Die hier geschilderten Verfahren messen den kognitiven Aspekt der Antizipation der Gefühle anderer. Durch eine methodische Variante wird der affektive Aspekt, die gefühlsmäßige Anteilnahme am anderen (Empathie) erfaßt. Den Kindern werden Dias oder Bildserien vorgelegt, in denen der Hauptakteur ein bestimmtes Gefühl zeigt. Gefragt wird nicht nach dem Gefühl des Akteurs, sondern danach, wie sich das Kind selbst fühlt (Feshbach u. Feshbach 1969, Levine u. Hoffman 1975). Feshbach u. Roe (1968) untersuchten die Beziehungen zwischen dem Verständnis für die Gefühle anderer und dem tatsächlichen Empfinden dieser Gefühle, indem sie in derselben Stichprobe die Verfahren von Borke und Feshbach anwendeten. Mehr Kinder beantworteten die Frage nach den Gefühlen der anderen situationsadäquat, woraus die triviale Folgerung zu ziehen ist, daß das Erkennen der Gefühle des anderen nicht immer auch mit einer gefühlsmäßigen Anteilnahme einhergeht.

– Während in Borkes Untersuchung das Gesicht des Akteurs, dessen Gefühl erkannt werden muß, ausgespart bleibt, verwenden andere Autoren Vorlagen, in denen der Gesichtsausdruck der Akteure nicht mit der Situation übereinstimmt. Kurdek u. Rodgon (1976) haben gezeigt, daß bei Inkongruenz zwischen Situation und dargestelltem Gesichtsausdruck Kinder die Tendenz aufweisen (und zwar mit zunehmendem Alter ansteigend), den Gesichtsausdruck zu ignorieren (sie scheinen also gerade nicht auf den dargestellten Anderen einzugehen), und Gefühlsreaktionen zu nennen, die der sprachlich dargestellten Situation entsprechen. Mir scheint jedoch zweifelhaft, ob es sich hierbei um eine Tendenz zur Projektion der eigenen Gefühle handelt, wie Kurdek und Rodgon anzunehmen scheinen. Es kann sich auch um eine andere Aufmerksamkeitsstrategie handeln, die durch Abnahme der Dominanz des visuell Vorgegebenen und größere Beachtung der verbalen Hinweise gekennzeichnet ist. Auf jeden Fall zeigen diese Ergebnisse, daß bei diesem Verfahren eher eine projektive Form der Perspektivenübernahme gemessen wird, die von der schlußfolgernden bei unterschiedlichen Standpunkten zu unterscheiden ist.

Auf einen weiteren strukturellen Unterschied verweist Kurdek (1977) mit einer Untersuchung von vier Verfahren zur Erfassung der informationsbezogenen Perspektivenübernahme. Aufgrund einer Schwierigkeitsanalyse[3] ließ sich klar zwischen Feffers Role-Taking-Test und Selmans sozialen Dilemmata auf der einen Seite und den Chandler/Greenspan-Geschichten sowie dem Nickel-Dime-Spiel auf der anderen Seite differenzieren, was auch durch eine Faktorenanalyse bestätigt wurde. Die Leistungen der beiden erstgenannten Verfahren lassen sich als *sukzessive* Perspektivenübernahme interpretieren, wobei das Kind nicht seine eigene Sicht der sozialen Situation von der Sicht anderer Personen trennen muß. Das Kind kann das Verhalten der anderen aufgrund seiner eigenen sozialen Wahrnehmungen vorhersehen, d. h. nacheinander eine Attribuierung der eigenen sozialen Kognitionen auf das Verhalten anderer vornehmen. Bei den letztgenannten Verfahren (Chandler u. Greenspans »bystander«-Cartoon und dem Nickel-Dime-Spiel) muß das Kind explizit den eigenen und den fremden Standpunkt unterscheiden und diese beiden Perspektiven *simultan* koordinieren.

Interessanterweise luden diese beiden Tests auf einem Faktor, der ebenfalls Ladungen in Ravens Progressive Matrices und im Test zur auditiv-visuellen Integration von Birch aufwies, Verfahren also, bei denen es um die Analyse einer visuellen Struktur in verschiedene Elemente und Vergleich und Integration dieser Elemente in eine andere Struktur ging. Leistungen der simultanen Koordination im sozialen und im kognitiven Bereich zeigten hier also einen engen Zusammenhang.

Anhand des Leistungsvergleichs in beiden Testbereichen zur Perspektivenübernahme zeigt Kurdek auf, daß es sich hierbei um eine hierarchische Abhängigkeit handelt: es findet sich in der Stichprobe kein Kind, das bei der sukzessiven Perspektivenübernahme versagt und Aufgaben zur simultanen Koordinierung nicht bewältigt.

Analyse von Verfahren zur referentiellen Kommunikation

Die kognitive Perspektivenübernahme wird üblicherweise außer mit den soeben geschilderten Verfahren (Beobachtungen des Spielverhaltens, Deutung und Reinterpretation von Bildgeschichten) noch mit Tests gemessen, welche die objektbezogene Kommunikation (referential communication skill) in dyadischen Situationen prüfen und die Kommunikationseffektivität oder -genauigkeit feststellen. Obwohl einige Autoren geneigt scheinen, diese Leistung mit Perspektivenübernahme gleichzusetzen (z. B. Rubin u. Schneider 1974*), muß betont werden, daß es sich um eine komplexere Fähigkeit handelt, deren einzelne Komponenten hier analysiert werden sollen.

Bei den Aufgaben handelt es sich um das Weitererzählen einer Geschichte, wobei der Informationsgehalt der Äußerungen sowie das Bemühen um eine vereinfachte und besonders verständliche Darstellung gemessen werden (Piaget 1972, Flavell 1966). Bei anderen Versuchsanordnungen, bei denen die Sprecher-Hörer-Paare wegen einer Sichtblende keinen oder nur eingeschränkten visuellen Kontakt haben, geht es um das Enkodieren visuell vorgegebenen Materials bzw. von Regeln zur Verwendung dieses Materials (der Gebrauch eines Werkzeugs muß verbal erklärt werden, aus einer Reihe von Spielmaterialien oder graphischen Figuren muß ein bestimmtes Objekt herausgefunden werden, die Regeln eines Spiels sind zu erklären). Die Auswertungskriterien sind u. a. adäquate Bezeichnung des gemeinten Objekts und Eingehen auf den Zuhörer (z. B. durch aufmerksamkeits- und verständnissichernde Floskeln). Die meisten dieser Untersuchungen beruhen auf dem theoretischen Ansatz von Glucksberg und Krauss, die verschiedene *Komponenten der objektbezogenen Kommunikation* identifiziert haben (Glucksberg, Krauss, Higgins 1975, s. a. Glucksberg u. Krauss 1967*). Ihre Komponentenanalyse verweist auf 4 Aspekte, die allerdings gerade für jüngere Altersstufen noch mehr auszudifferenzieren wären:

a) Sensitivität für die Materialanordnung, Unterscheidung zwischen wesentlichen und unwesentlichen Informationen und Fähigkeit der Auswahl von stimulusrelevanten Informationen. In kognitiver Hinsicht geht es hier darum, die kritischen unterscheidenden Merkmale herauszufinden, wobei Piagets Konzept der Klassifikation und Seriation von Bedeutung ist. Bei jüngeren Kindern ist offenbar schon diese Vergleichsarbeit herabgesetzt (Asher 1976; Robinson u. Robinson 1978).

Rubin u. Schneider (1973)* verwendeten die Anzahl der beschriebenen distinktiven Merkmale als Maß für kommunikative PÜ. Dieses Maß scheint deswegen nicht unbedingt sinnvoll, weil es einerseits nichts darüber aussagt, ob der Gesprächspartner tatsächlich aufgrund der Beschreibungen erfolgreich das entsprechende graphische Muster auswählen kann (dieses Kriterium haben Glucksberg u. Krauss 1967* verwendet), und andererseits ein hoher Score auch einfach Informationsredundanz bedeuten kann, die der Situation kommunikativ nicht angemessen ist. Ebenfalls nicht berücksichtigt wird bei dieser Auswertung, ob die Versuchsperson durch die Verwendung kontextunabhängiger Sprache auf die Situation des Gesprächspartners, der die auszuwählende Figur nicht sehen kann, eingeht. Das Eingehen auf die Bedürfnisse des Hörers (s. nächsten Aspekt) und die Beachtung der Situationsangemessenheit wird durch das Maß gerade nicht erfaßt. Eine Perspektivenübernahme ist bei Aufgaben der referentiellen Kommunikation zumindest in zweifacher Hinsicht nötig: 1. um festzustellen, mit welchen anderen Vorlagen der Hörer die auszuwählende Vorlage verwechseln kann, und 2. um die angemessene sprachliche Kodierung zu wählen.

b) Sensitivität für Merkmale und Bedürfnisse des Hörers in einer bestimmten Kommunikationssituation und Fähigkeit, die Botschaft darauf abzustimmen. Klassische Beispiele: Das unterschiedliche Verhalten eines Sprechers gegenüber einem sehenden Zuhörer und einem, dem man die Augen verbunden hat (Maratsos 1973), bzw. das Sprachverhalten von Kindern jüngeren gegenüber (to talk down). Die Fähigkeit der Sprachanpassung in natürlichen Situationen ist offenbar eher gegeben als die Fähigkeit, in klassischen Egozentrismustests gut abzuschneiden (Gelman u. Shatz 1972), was darauf verweist, daß diese Prozesse handlungsnäher als bislang erfaßt werden müssen.

c) Sensitivität für das Verhalten des Hörers und Fähigkeit, auf dessen Feedback einzugehen (Karabenick u. Miller 1977). Kinder können offenbar noch nicht auf negatives oder implizites Feedback des Hörers (Schweigen, Gesichtsausdruck oder verbale Äußerungen, die Nichtverstehen signalisieren) eingehen, sie brauchen die explizite Bitte nach weiteren und spezifischeren Informationen (Peterson et al. 1972; Spilton u. Lee 1977). Jüngere Kinder sind aber selbst nach spezifischer Aufforderung nicht in der Lage, ihre ursprüngliche sprachliche Äußerung so zu modifizieren, daß sie den Bedürfnissen des Hörers angemessen ist (Alvy 1968, s. a. in diesem Band Glucksberg u. Krauss).

d) Fähigkeit des Zuhörers, zweideutige, nutzlose, widersprüchliche oder unvollständige Information zu erkennen. Verschiedene Untersuchungsansätze (Markman 1977, Bearison u. Levey 1977, Wimmer et al. 1978) belegen, daß Kinder durch Schwierigkeiten in diesem Bereich in ihrem kommunikativen Verhalten beeinträchtigt sind.

e) Als zusätzliche Komponenten wären der *analytische Sprachgebrauch* und die Befähigung zu kontextunabhängiger Sprache zu nennen, was gerade für jüngere Kinder relevant ist. Roeders (1977) beschreibt ein Experiment, in dem der Zusammenhang zwischen Perspektivenübernahme und verbaler Kodierfähigkeit geprüft wird.

Aus der Vieldimensionalität dieser objektbezogenen Kommunikation ergibt sich jedenfalls, daß die Maße für die kommunikative Genauigkeit von Untersuchung zu Untersuchung stark schwanken, da sie von folgenden aufgabenspezifischen Bedingungen abhängen:

- Komplexität der Referenten und der Vertrautheit des Sprechers/Zuhörers mit ihnen (Goldstein u. Kose 1978),
- Übertragungsmodalitäten, wie volle Sicht, nur Gesicht sichtbar, Übertragung auf Tonband (Hoy 1975),
- verschiedenartige Feedback-Bedingungen von seiten des Zuhörers (Fishbein u. Osborne 1971),
- Bekanntheit der Paare und Ausmaß ihrer gemeinsamen Vorerfahrungen (Higgins 1973).

Die bisherigen Untersuchungen geben wenig Aufschluß über die funktionalen Beziehungen der hier genannten Komponenten und über ihre Entwicklung, abgesehen von dem eher trivialen Befund der Altersabhängigkeit.

Auf eine gewisse Weiterführung des Ansatzes von Glucksberg durch Robinson u. Robinson (1977; 1978) sei noch hingewiesen. Sie befragten Kinder, die in einem objektbezogenen Kommunikationsspiel Donald Duck und Mickey Mouse beobachtet hatten, nach den Gründen für das Mißlingen der Kommunikation. Je jünger die Kinder waren, um so stärker war ihre Tendenz, den Hörer und nicht die unangemessene Botschaft für den Mißerfolg verantwortlich zu machen. Diese Vorgehensweise verdeutlicht, daß es sinnvoll sein kann, durch Vorgaben von Mißverständnissen (auch auf interpersoneller Ebene) und anschließender Befragung des Kindes dessen Verständnis von Kommunikation zu erfassen.

Die nach Glucksberg und Krauss hergestellte Aufgabensituation unterliegt – verglichen mit der Alltagskommunikation – vielfältigen Begrenztheiten (vgl. auch Zébergs 1980). Es handelt sich nur um die Funktion der Informationsvermittlung, und auch dies eingeschränkt auf anwesende Objekte (also nicht auf vorgestellte Sachverhalte, auf Personen oder soziale Beziehungen), und dies in einer fremdgestellten Laboraufgabe, wo weder die Motivation zur Verständigung, die Handlungsbereitschaft des anderen oder emotionale Aspekte berücksichtigt werden. Auch die nichtverbale Kommunikation wird ausgeklammert. Wie bei den Verfahren zur Perspektivenübernahme wird eher ein statischer Aspekt gemessen: das punktuelle Eingehen auf die spezifische Situation des Hörers. Der kontinuierliche Prozeß der kommunikativen Situation mit wechselseitigem Austausch und Handlungsrelevanz ist bislang zu wenig untersucht worden, wie überhaupt ein Defizit in der Erforschung der interpersonalen Kommunikation festzustellen ist.

Als Beispiel für den in der Forschung bislang noch unterrepräsentierten Ansatz der Analyse von Interaktionssequenzen sei hier auf einige Arbeiten verwiesen. Mueller et al. (1977) haben ein einfaches Kategorienschema für die Beschreibung des kommunkativen Verhaltens von 2- und 3jährigen Kindern entwickelt (Sprachinhalt, Verhalten der Sprecher, visuelle Aufmerksamkeit, Distanz). Noch mehr Aspekte der kommunikativen Situation erfassen Wellmann u. Lampers (1977). Garvey u. Hogan (1973) untersuchten Interaktionssequenzen unter dem Aspekt von einfachen Konversationsstrategien (summons-answer-routines). Elementare Äußerungseinheiten von Kindern wurden in ihrer Konsequenz für die Interaktion des Partners untersucht (keinerlei Reaktion, unzusammenhängendes Sprechen des Zuhörers, Aufmerksamkeitszuwendung, angemessene verbale bzw. nichtverbale Reaktion des Zuhörers). Dieses Vorgehen erlaubt erste Aussagen darüber, wie Kinder Sprache zum Aufnehmen bzw. Aufrechterhalten der Kommunikation einsetzen, und zeigte, daß 3½- bis 5jährige Kinder im hohen Maße wechselseitig aufeinander eingehen. Auch Keenan (1974) untersuchte die Abfolge von Sprecherbeiträgen und die Art, wie (zwei!) Kinder eine Dialogkohärenz über mehrere Sprecherwechsel herstellen[4].

Bei der Untersuchung von Interaktionssequenzen geht es nicht nur um objektbezogenen Informationsaustausch (wie bei der referentiellen Kommunikation), sondern auch um die Intentionen der Beteiligten. Um diese Intentionen erfassen zu können, ist es notwendig, Kataloge interpersonaler Sinnkategorien sprachlicher Äußerungen zu erstellen. Erst wenige Untersuchungen berücksichtigen die Motive des Sprechers, wobei diese aus Aufzeichnungen der Sprache in alltäglichen Situationen erschlossen werden.

Schachter et al. (1974) haben die spontanen Äußerungen von Kindern erfaßt und nach verschiedenen Kategorien ausgewertet, wobei sich die Dimensionierung aus Piagets Konzept der Unterscheidung zwischen Ich und Umwelt bzw. anderen herleitet. Als Funktionen der Sprache werden identifiziert: Expressiv-emotiv, Bedürfnisse ausdrücken, Besitzansprüche geltend machen, Ich-Erhöhung, auf sich hinweisen, sich anderen anschließen, zusammen spielen mit Rollenverteilung, Erklärungen verlangen und berichten. Bei diesem methodischen Ansatz ist zu bedenken, daß es sich um eine Interpretationsleistung des Auswerters handelt, die nicht nach den Kriterien wahr/falsch, sondern nur nach dem Prinzip der Angemessenheit zu beurteilen ist. Ferner handelt es sich um die Deutung von Erwachsenen in bezug auf kindliches Verhalten, das möglicherweise anderen Regelhaftigkeiten folgt. Fraglich bleibt bei Schachters Vorgehen, ob bei der Analyse isolierter Äußerungen der situative Kontext richtig erfaßt wird. Bei diesem Verfahren können außerdem nur Mittelwerte in den Kategorien angegeben werden. Eine Verlaufsanalyse der Kommunikation ist nicht möglich, deshalb auch nicht eine Beurteilung der Adäquatheit kommunikativen Handelns. Ein weiterer Ansatz in dieser Richtung von Prillwitz u. a. (1976) ist mehr auf Erwachsene als auf Kinder abgestimmt. Sie unterscheiden in Modifikation des Schemas von Halliday: Handlungs- und Verhaltensregulierung, Interaktionsfunktion, Informationsvermittlung, personale Sprachverwendung und imaginativer Sprachgebrauch. Für Vorschulkinder wäre sicherlich noch die Kategorie des handlungsbegleitenden Sprechens (Wygotski 1971, Kohlberg 1974) zu ergänzen. Ein weiterer Versuch einer Dimensionsanalyse interpersonaler Sinnkategorien, die als Kategorien des Vorverständnisses sozialer Akte interpretiert werden, findet sich bei Geulen (1977, S. 377 ff.).

Zwar besitzen die vorliegenden Kataloge interpersonaler Intentionen nur den Status eines taxonomischen Systems, und eine stringente theoretische Ableitung ist noch nicht vorhanden, doch scheint für weitere Untersuchungen im Bereich der verbalen Kommunikation eine Verbindung dieses Ansatzes mit der Analyse von Interaktionssequenzen vielversprechend.

Für eine »personale Wende« in der Erforschung der Kommunikationsfähigkeit und für sozial-interpretative, hermeneutische Verfahren der Erkenntnisgewinnung plädiert auch Zébergs (1980).

Kritik des kognitiv-strukturtheoretischen Ansatzes und alternative Konzeptualisierungen

Bislang wurden die Instrumente noch innerhalb des kognitiv-strukturtheoretischen Ansatzes analysiert und immanent kritisiert. Betrachten wir nun die Untersuchungsergebnisse unter dem Aspekt ihrer explikativen Funktion für die Persönlichkeitsgenese im Bereich der sozialen Kompetenz, so muß konstatiert werden, daß die Dominanz dieses Ansatzes zu einer Verengung der Forschungsperspektive geführt hat (s. auch Keller 1978 a und Waller 1977). Vor allem drei Aspekte sind zu nennen:

1. Da auf der Ebene der Konstruktfassung Perspektivenübernahme als Rekonstruktion internaler Zustände des Interaktionspartners (also als Fremdverstehen) gefaßt wurde, ging der *Zusammenhang mit dem Handlungsplan und dem aktuellen Verhalten* verloren. Innerhalb dieser Forschungstradition besteht kein gemeinsamer theoretischer Bezugsrahmen, der die gefundenen Zusammenhänge sinnvoll integrieren würde. Entsprechendes gilt für die Forschungen zum Bereich moralisches Urteil – moralisches Verhalten. Die Fähigkeiten der Perspektivenübernahme wurden eher im Sinne von »traits« (d. h. Eigenschaften) konzeptualisiert und das Handeln zu einem bloßen Epiphänomen sozial-kognitiver Prozesse degradiert. Die klassische Vorgehensweise zum Feststellen von Zusammenhängen von sozialer Kognition und sozialem Verhalten sieht auf der Ebene des Designs so aus, daß in einem ersten Schritt vom Handlungskontext isolierte PÜ-Fähigkeiten gemessen werden und in einem zweiten Schritt

durch verschiedene Beobachtungsverfahren diverse Aspekte des Sozialverhaltens erhoben werden, z. B. Aggressivität (Feshbach u. Feshbach 1969). Nicht selten wird das Sozialverhalten ebenfalls in künstlichen Laborsituationen erhoben, so kooperatives Verhalten von Johnson (1975), Levine u. Hoffmann (1975), altruistisches Verhalten von Rubin u. Schneider (1973)*. Daß diese Korrelationen völlig uneinheitlich ausfallen, darf nicht verwundern. Eine umfassende Zusammenstellung vorliegender Daten zum Zusammenhang zwischen Perspektivenübernahme und moralischem Verhalten sowie eine gute Analyse der Gründe für die uneinheitlichen Ergebnisse finden sich bei Kurdek (1978).

2. Die *sozialisatorischen Bedingungen der Genese* sozial-kognitiver Prozesse blieben ebenfalls konzeptuell und in der Erhebungssituation weitgehend unberücksichtigt, was auf zwei Gründe zurückzuführen ist: Erstens ist das erkenntnisleitende Interesse der genetischen Epistomologie Piagets auf die entwicklungslogische Abfolge dieser Fähigkeiten gerichtet. Zweitens wird die Entwicklung dieser Prozesse ontogenetisch im Sinne des Äquilibrationsmodells als Funktion selbstregulierender Mechanismen gesehen.

Das Postulat, die sozialisatorischen Bedingungen zu berücksichtigen, ist deshalb schwer zu erfüllen, weil das Problem der Konzeptualisierung von Sozialisationsprozessen bislang nicht gelöst ist (die bisherigen Indikatoren wie Schichtzugehörigkeit, perzipiertes Erzieherverhalten sind zu grob bzw. wenig geeignet). Eine stringente Theorie der Dimensionierung und Erfassung von sozialisatorischen Situationen steht noch aus.

3. Auch die *situations- und personenspezifischen Bedingungen der Aktualisierung sozial-kognitiver Prozesse* (d. h. der performanztheoretische Aspekt) blieben weitgehend unberücksichtigt bzw. wurden erst durch die Arbeit von Keller (1976) auch empirisch zu erfassen versucht. Es wird zu Recht gefordert, sowohl bei der Aktualisierung als auch bei der Entwicklung der PÜ-Fähigkeiten mehr als bisher affektiv-emotionale Komponenten zu beachten.

Als Alternative zu der bisherigen Dominanz kognitiv-strukturtheoretischer Ansätze vor allem im angloamerikanischen Bereich werden neuerdings *handlungstheoretische Bezugsrahmen* diskutiert, die auf der Konstruktebene eine Erweiterung des Konzepts der sozialen Kognition als *Denkprozesse über Handlungsentwür-*

fe und Handlungen vorschlagen (vgl. die Beiträge in Silbereisen 1977, z. B. Eckensberger).

Soziale Kognition umfaßt danach:

- Erkennen von Intentionen und Zielen bzw. Antizipation der Handlungsorientierung anderer (goal-taking)
- Analyse von Handlungssituationen (Situationsdefinition)
- kognitive Repräsentation von Handlungsentwürfen
- Ausdenken von Strategien zur Erreichung von Zielen und deren Konsequenzen (Ziel-Mittel-Effekt-Relation)
- Koordinierung eigener und fremder Perspektiven
- Erkennen und Aushandeln konfligierender Handlungsentwürfe
- Beurteilung und Bewertung von Handlungsentwürfen.

Mit den beiden letztgenannten Aspekten, die bislang meist gesondert erfaßt wurden, ließe sich eine Integration der bisherigen PÜ-Forschung mit den Untersuchungen im Bereich des moralischen Urteils erreichen.

Auf der Ebene der Theoriebildung liegen solche Versuche, die Fähigkeiten der Perspektivenübernahme mit dem übergeordneten Konstrukt der sozialen Kompetenz analytisch zu verknüpfen und in eine Theorie des Handelns einzubetten, schon vor (Keller 1976, 1978 a). Geulen (1977) hat eine Theorie der sozialen Handlungsfähigkeit vorgelegt, in der sich die Kategorie des »virtuellen Positionswechsels« als eine durchgängige und wesentliche Qualifikation nicht nur auf der Ebene des Rollenhandelns, sondern auch in Verstehen, sprachlicher Kommunikation und taktischem sozialem Handeln erweist. [Vgl. auch Geulen in diesem Band.]

Diese Neufassung des Konstrukts der sozialen Kognition hätte auch auf der Ebene der Operationalisierung und der Erhebungssituation entscheidende Konsequenzen:

1. Die Erfassung muß eingebettet sein in einen zielgerichteten Handlungszusammenhang.

2. Nicht nur die kognitive, auch die affektive Verarbeitung interpersonaler Handlungssituationen muß erfaßt werden.

Zwei Beispiele für die Einbettung der Fähigkeit zur Perspektivenübernahme in finale Handlungsbezüge finden sich in diesem Band: De Vries (1970)* hat Spielstrategien in einer Wettbewerbssituation beim Pfennigverstecken untersucht, und Clark u. Delia (1976)* erfassen Strategien des Überzeugens in einer allerdings eher monologischen Kommunikationssituation, in der die Versuchspersonen so argumentieren sollen, daß sie andere zu einer bestimmten Handlung veranlassen. Ausgewertet wird anhand eines Kategorienschemas, das die Argumente nach dem Kriterium ordnet, inwieweit die Perspektive des Gegenübers berücksichtigt wird. Bei dieser Methode hat der Versuchsleiter eine eher passive Zuhörerrolle. Zum einen ist also bei diesem Verfahren nicht gewährleistet, daß die Kinder tatsächlich ihre komplexeste Überredungsstrategie zeigen. Diese Aktualisierung hängt auch davon ab, wie sie die Situation definieren, ein Aspekt, der bei diesem Verfahren nicht kontrolliert wird. (Die größten Überredungskünste verwendeten die Kinder gegenüber dem Fremden; Eltern gegenüber gebrauchten sie vielfach ein simpleres Argumentationsniveau, da sie aufgrund ihrer Kenntnis der wahrscheinlichen elterlichen Reaktion auf ihre Wünsche deren Verhalten schon antizipierten.) Zum anderen geht der dialogisch-dynamische Gehalt der Interaktion verloren, denn es werden nur isolierte Argumente erfaßt, nicht aber der vollständige Verlauf einer durch flexibles Reagieren auf Gegenargumente ausbalancierten Argumentationskette.

Ein weiteres Beispiel dafür, wie die üblicherweise getrennte Erhebung von sozialer Kognition und sozialem Verhalten modifiziert werden kann, liefert Buis (1978), der das prosoziale Verhalten untersucht, wobei er Cartoon-Materialien und eine verbale Situationsschilderung verwendet. Den Kindern werden bildlich dargestellte Verhaltenswahlen vorgegeben. Die Möglichkeiten des Verhaltens waren zuvor auf einer Perspektiv-Koordinationsskala angeordnet, und zwar nach dem Ausmaß der Berücksichtigung des subjektiven Zustands des anderen im Verhältnis zum eigenen subjektiven Zustand. Diese Methode erlaubt auch die Variierung von Situationsaspekten (Stärke der Absicht von ego und alter, Grad der Sympathie zwischen beiden).

Allerdings hat dieses nonverbale Verfahren einen gravierenden Nachteil, auf den auch Nunner-Winkler (1978) bei ihrer Kritik an standardisierten Verfahren zur Messung des moralischen Urteils aufmerksam gemacht hat: Man kann weder davon ausgehen, daß die Situationsvorgabe von allen Versuchspersonen gleichartig interpretiert wird, noch daß gleiche Antworten auch tatsächlich eine Deutungsgleichheit der Reaktionen garantieren. Diese Mehrdeutigkeit und Interpretationsbedürftigkeit der Stimulusvorlagen und der Antworten kann nur durch eine Befragung gelöst werden, in der die Definition der Situation und die Begründung der Verhaltenswahl thematisiert werden.

Was die zweite Konsequenz der Neufassung des Konstrukts der sozialen Kognition, die stärkere Berücksichtigung psychodynamischer Aspekte, betrifft, so ist dafür allerdings zunächst als Voraussetzung zu nennen, daß auf der theoretischen Ebene ein Bezugsrahmen entwickelt wird, in dem Ansätze der kognitiven Entwicklungstheorie, der Persönlichkeitstheorie und der Sozialpsychologie integriert werden. Keller (1978 a) und Döbert u. Nunner-Winkler (1978) haben neuerdings die Ich-Entwicklung als performanzsteuernde Bedingung der Aktualisierung der Perspektivenübernahme bzw. des moralischen Urteils thematisiert und Bewältigungs- und Abwehrstrategien als unterschiedliche Ich-Prozesse bestimmt. Die bisherigen Versuche der Erfassung der situationsspezifischen Aktualisierung der Perspektivenübernahme aufgrund unterschiedlicher Erfahrungs- und Motivationsgehalte der Bildvorlagen (Keller 1976, 1978 b) bzw. aufgrund unterschiedlicher Bedrohungsintensität (Wienskowski-Engelhardt 1977) basieren allerdings auf dem RTT von Feffer, und in diesem Test werden die Ich-Prozesse und die Situationsdefinition gerade nicht erfaßt. Zudem sind diese Vorlagen schon aufgrund ihres statischen und stereotypen Charakters wenig geeignet. Es erscheint sinnvoller, diese Komponenten in einem offenen Interview zu erfassen, z. B. zu einer Auseinandersetzung mit Alltagskonflikten, wie dies in einem Projekt von Edelstein, Keller u. Siegert (vgl. Keller 1978 a) vorgesehen ist bzw. durch die projektive Ergänzung einer Konfliktgeschichte (Döbert u. Nunner-Winkler 1978). Die Befragung erlaubt es nicht nur, die bewußte Repräsentation der eigenen Motive und Bedürfnisse sowie der Definition der Situation zu erfassen, sondern ebenfalls interpretativ festzustellen, wie das Kind im Problemlösungsprozeß den Konflikt affektiv und kognitiv verarbeitet und eventuell durch Umdeutungsprozesse die Situation verzerrt (Beispiele s. Döbert u. Nunner-Winkler 1978). Darüber hinaus können in der Befragung das Verstehen der Handlungsorientierung des anderen (also der traditionelle Aspekt der PÜ) und auch die Konzeption von Handlungsentwürfen thematisiert werden. Die Schwierigkeiten bei der Befragung und der Auswertung dürfen allerdings nicht unterschätzt werden.

Als Beispiel für eine aufwendige Untersuchung, in der klinische Interviews mit Beobachtungen in quasinatürlichen Situationen verbunden werden, sei auf das noch nicht gänzlich abgeschlossene Projekt von Selman und Jaquette (1978) verwiesen, in dem lern- und emotional gestörte Kinder und Jugendliche einer therapeutischen Institution untersucht werden. In der zweijährigen Studie werden einerseits mehrmalig klinische Interviews zur Erfassung interpersonaler Konzepte durchgeführt und andererseits fortlaufend Gespräche in kleinen Diskussionsgruppen, wo aktuelle und fiktive Konfliktsituationen besprochen werden, aufgezeichnet bzw. die für aktuelles Verhalten gelieferten Begründungen protokolliert. In diesem Projekt sollen folgende Fragen geklärt werden: Zusammenhang zwischen den Leistungen im klinischen Interview und denjenigen in lebensnahen Situationen, Stabilität bzw. Fluktuation dieser Konzepte über den Erhebungszeitraum hinweg, sowie die Reichweite dieser Konzepte über verschiedene Inhalte und Kontexte, z. B. in Streß- und Angstsituationen.

Abschließend seien die Konsequenzen für die zukünftige Erforschung der sozial-kognitiven Entwicklung noch einmal präzisiert:

Auf der *Ebene der Theoriebildung* steht eine theoretische Dimensionierung der sozial-kognitiven Prozesse noch aus. Uns erscheint vor allem eine Einbeziehung der relevanten Konstrukte in eine Theorie sozialen Handelns erforderlich, wobei zwei Ebenen zu unterscheiden wären: Analyse molarer Handlungseinheiten (handlungsnaher Konzepte) bzw. Identifizierung idealtypischer Handlungssituationen sowie die Bestimmung der zugrundeliegenden Dimensionen der psychologischen Bedingungen von Handlungsfähigkeit, wobei die systematische Differenz zwischen der Welt realer Objekte (Dinge) und anderen Subjekten stärker als bisher zu berücksichtigen ist.

Ein logisches Modell zur Klärung der funktionalen Beziehungen zwischen logisch-mathematischem, physikalischem und sozialem Bereich und erste Arbeiten zu dessen empirischer Validierung haben Selman (1976 a) und Oppenheimer (in diesem Band) vorgelegt. Gerris (1978) und Silbereisen (1978) beschreiben Versuchspläne zur Erfassung der Abfolge struktureller Niveaus sozial-kognitiver Leistungen, wobei Längs- und Querschnittsdaten mit gezielten Trainingsprogrammen kombiniert werden. Die bisher überwiegende Mehrzahl der Arbeiten hat die Abfolge struktureller Niveaus sozial-kognitiver Prozesse in Abhängigkeit vom Alter dargestellt, d. h. eine Beschreibung geleistet. Benötigt werden jetzt sowohl Untersuchungen, die auf die Identifikation entwicklungserklärender Faktoren gerichtet sind (z. B. durch Interventionsprogramme, Kuhn 1972) als auch empirische Arbeiten, welche die performanzsteuernden Bedingungen der Aktualisierung sozial-kognitiver Prozesse erforschen.

Auf der *Ebene der Konstruktfassung* ist eine Neukonzeption der sozialen Kognition im Rahmen handlungstheoretischer Ansätze als Denken über Handlungsentwürfe zu leisten, wobei neben dem Aspekt der Erschließung innerpsychischer Prozesse des anderen (role- und goal-taking) stärker als bisher die affektive und kognitive Repräsentation des Selbst, interpersonale Konzepte, die Situationsdefinition und die Planung von Handlungen einzubeziehen sind.

Auf der *Ebene der empirischen Erfassung und der Erhebungsmethoden* sollten mehr als bisher ökologisch validere Verfahren eingesetzt werden. Zwei Methoden bieten sich dazu an: die systematische Verhaltensbeobachtung in natürlichen oder zumindest lebensnahen Situationen und – als Ergänzung oder Ersatz standardisierter Verfahren – das klinische Interview.

Durch Verhaltensbeobachtungen wäre zu klären, in welchen Handlungssituationen sozial-kognitive Prozesse aktualisiert werden und welche Funktion sie jeweils erfüllen. Sowohl Silbereisen (1977 b) als auch Keller (1978 b) haben auf die Notwendigkeit verwiesen, verschiedene Stile der Perspektivenübernahme zu unterscheiden: Die strategische Perspektivenübernahme zur Maximierung des eigenen Vorteils, die defensive zur Vermeidung negativer Verhaltenskonsequenzen und die explorative als Mittel des aufgeschlossenen und prosozialen Interaktionsverhaltens. Um Bedingungen und Formen der Realisierung sozial-kognitiver Prozesse in verschiedenen Handlungskontexten erfassen zu können, erscheint der öko-psychologische Ansatz (Caesar 1976) geeignet. Auf dem Hintergrund der Analyse des räumlich-materiellen und personellen Milieus (z. B. in vorschulischen Einrichtungen) und den hierin eingebetteten regelhaft ablaufenden Aktivitäten können molare Handlungen des Kindes, mit denen es auf seine Umwelt reagiert bzw. aktiv einwirkt, beschrieben werden. Berk (1971) hat auf diese Weise konfliktauslösende

Umweltkräfte und Verhaltensstrategien des Kindes untersucht.
Hermeneutische Verfahren erlangen somit (erneut) Dignität in der Entwicklungspsychologie.

Anmerkungen

1 Salatas und Flavell betrachten nur die invariante Beziehung zwischen Beobachter und Sichtweise und nicht, wie Fishbein, die Beziehung zwischen den eigenen und den visuellen Wahrnehmungen anderer, so daß bei ihnen die soziale Komponente nicht berücksichtigt wird.

2 Die Trennung zwischen Struktur und Inhalt ist ganz deutlich bei den traditionellen Verfahren zur Messung des moralischen Bewußtseins. Gewertet wird nur die formale Struktur der Begründung eines Verhaltens, unabhängig von der inhaltlichen Verhaltensentscheidung.

3 Kurdek verwendet erstmals ein qualitatives Maß: Anzahl der Kinder, die das Kriterium der PÜ erreichen, während die übrigen Untersuchungen quantitative Maße wie den Mittelwert verwenden. Auch Hudson (1978), die eine Alternative zu den Korrelationsstudien vorlegen will, geht bei der Analyse individueller Leistungsunterschiede in verschiedenen PÜ-Tests rein formal nach den stichprobenbezogenen Kriterien Mittelwert und Standardabweichung vor.

4 Auwärter u. Kirsch (1978) haben die PÜ im Zusammenhang mit noch komplexeren kommunikativen Fähigkeiten thematisiert, wie strategische Verwendung von Sprecherwechsel-Regeln zur Beeinflussung der Verteilung von Sprecherrechten oder die reflexive Verwendung sprachlicher Varianten zur Herstellung einer spezifischen Situationsdefinition. Allerdings fehlen bislang bei Kindern Untersuchungen zu diesem Bereich.

Louis Oppenheimer
Die Mehrdimensionalität der Fähigkeit zur sozialen Perspektivenübernahme

1. Einleitung

Die Beiträge in diesem Buch enthalten eine umfassende Darstellung der Forschung zur Entwicklung der Fähigkeit zur Perspektivenübernahme. Die Mehrzahl dieser Studien zeigt, daß es verschiedene Entwicklungsstufen gibt, auf denen Kinder mit sozialen Perspektiven operieren. Solche Stufen werden sehr klar von Selman und Byrne (1974; [s. a. Selman in diesem Band]) beschrieben, die zumindest sechs Hauptstadien bzw. entwicklungsmäßig aufsteigende Stadien in der Konzeptualisierung der Gedanken anderer Menschen unterscheiden. Es stellte sich heraus, daß diese Stadien in einer festgelegten Reihenfolge zwischen ungefähr vier Jahren und der sozial-kognitiven Reife auftauchen. Im vorliegenden Zusammenhang sollen nur die drei ersten ausführlicher besprochen werden.

Die erste Stufe, egozentrische Perspektivenübernahme (Stufe 0), ist dadurch charakterisiert, daß das Kind noch nicht gewahr ist, daß es subjektive Perspektiven gibt. Seine Anschauungen über die Außenwelt sind »allgemeine Anschauungen« ohne die Einsicht, daß dies nur seine subjektiven Anschauungen sind. Obwohl das Kind die Existenz anderer Menschen als von ihm verschiedene Wesen erkennt, schreibt es ihnen bzw. sich selbst noch keine eigene Art zu denken und zu urteilen zu und erkennt daher auch nicht, daß Menschen auf der Grundlage dieser Urteile handeln. »In seinem Bewußtsein gibt es nur *die* Realität, es gibt keine Realität der persönlichen Konstruktionen oder Interpretationen« (Flavell 1977, S. 132). Mit anderen Worten: Das Kind ist noch nicht imstande, zwischen verschiedenen Perspektiven zu unterscheiden.

Auf der nächsten Stufe, subjektive Perspektivenübernahme (Stufe 1), kann das Kind zwischen verschiedenen Perspektiven unterscheiden. Es versteht nun, daß Menschen individuelle soziale Perspektiven haben, »es erkennt, daß verschiedene Menschen unterschiedliche Gedanken und Einstellungen über Dinge –

selbst über genau die gleichen Dinge – aufgrund der ihnen verfügbaren Informationen, ihrer individuellen Motive und Ziele usw. haben können (Flavell 1977, S. 132). Jedoch ist dem Kind noch nicht bewußt, daß es die Gedanken, Gefühle und Intentionen einer anderen Person erschließen und bei seinem eigenen Verhalten berücksichtigen kann und daß dies auch die andere Person in bezug auf die Gedanken, Gefühle und Intentionen des Kindes kann.

Die Einsicht, daß Menschen wechselseitig ihre jeweiligen Perspektiven erschließen können, kennzeichnet die nächste Stufe der selbst-reflexiven Perspektivenübernahme (Stufe 2). Zunächst geschieht dies zwar noch nicht wechselseitig, sondern nacheinander; das Kind stellt sich vor, daß eine Person die Perspektive einer anderen erschließt oder daß es selber die Perspektive, d. h. Gedanken, Intentionen, Wahrnehmungen und Emotionen einer anderen Person erschließen kann. Später wird das Kind auf dieser Stufe gewahr, daß seine eigene Perspektive von anderen Personen als Gegenstand erschlossen werden kann und daß dies wiederum seine eigenen Schlüsse im Hinblick auf die andere Person beeinflußt. Diese Art von Perspektivenübernahme ist am besten durch die sprachliche Form »ich denke, daß er denkt, daß ich denke . . .« (DeVries 1970*; Miller, Kessel und Flavell 1970*) charakterisiert. Ist dem Kind dann die Wechselseitigkeit der Perspektiven bewußt, so ist es in der Lage, die Perspektive eines anderen in diesem Sinne wechselseitig einzunehmen (simultane Perspektivenübernahme). Die folgenden Stufen drei, vier und fünf in der Entwicklung der Kognition sozialer Perspektiven beschreiben zunehmend abstraktere und allgemeinere Auffassungen von sozialen Perspektiven (i. S. des »generalisierten Anderen« bei Mead, 1934). Diese Stufen treten erst ab ungefähr 10 bis 12 Jahren zutage und liegen daher jenseits der Altersspanne, mit der sich der vorliegende Aufsatz beschäftigt.

Die obige Darstellung von Entwicklungsstufen der Konzeptualisierung sozialer Perspektiven beschreibt Stufen des Erkennens im Hinblick auf die Existenz von und das Verhältnis zwischen sozialen Perspektiven. Die Fortschritte von einer Stufe (n) zu der nächsthöheren Stufe (n + 1) beruhen auf den klassischen, von Piaget angegebenen kognitiven Tätigkeiten der Assimilation und Akkomodation, die durch Konflikte zwischen den Erwartungen des Kindes und den wirklichen Ereignissen in seiner Umgebung in Gang gesetzt werden. Der Begriff der Assimilation bezieht sich darauf, daß neue Ereignisse innerhalb der bestehenden kognitiven Struktur erfaßt werden, ohne daß letztere verändert wird, während Akkomodation die Rekonstruktion der bestehenden Struktur auf einer höheren Stufe kognitiver Komplexität bezeichnet, um Ereignisse zu verarbeiten, die durch Assimilation alleine nicht angemessen erfaßt werden können. Eine in dieser Art beschreibende Analyse der Entwicklung der sozialen Kognition vermittelt uns jedoch noch keinen Einblick in die wirklichen Prozesse der Differenzierung von Perspektiven und der Perspektivenübernahme sowie die kognitiven Variablen und Operationen, die damit zusammenhängen. Die Begriffe der Perspektivendifferenzierung und der Perspektivenübernahme lassen sich zunächst nur zur Beschreibung der Entwicklung der entsprechenden Fähigkeiten anwenden, die Frage ist jedoch, welche weiteren Fähigkeiten oder kognitiven Entwicklungsschritte diese Fähigkeiten ermöglichen bzw. verhindern.

Die Entwicklung der Perspektivendifferenzierung und der Perspektivenübernahme, d. h. die Mechanismen der Verarbeitung sozialer Perspektiven ([processing abilities] Oppenheimer 1978 a), ist bisher an einer Reihe von Inhalten untersucht worden, z. B. an visuellen, emotionalen, informationsbezogenen und intentionalen Perspektiven. Aus dieser Forschung ergibt sich jedoch kein klares Bild der Beziehungen zwischen den Fähigkeiten zur Verarbeitung bei verschiedenen Inhalten. In einer Reihe von Studien wird die Frage aufgeworfen, ob die Fähigkeit zur Perspektivenübernahme für visuelle, emotionale, informationsbezogene und intentionale Perspektiven sich gleichzeitig in identischer Weise entwickelt. Aus mehreren Untersuchungen werden signifikante Zusammenhänge berichtet (Feffer und Gourevitch 1960*; Kurdek und Rodgon 1975; Rubin 1973; Swinson 1966), in anderen Studien wurden dagegen keine Zusammenhänge dieser Art festgestellt (Johnson 1975 a, 1975 b; Rubin 1978*; Sullivan und Hunt 1967). Das Fehlen eines eindeutigen Zusammenhangs zwischen den inhaltsspezifischen Fähigkeiten der Perspektivendifferenzierung und der Perspektivenübernahme wurde von Sullivan und Hunt (1967, S. 209) als »Ergebnis fehlender Vergleichbarkeit der Instrumente und unterschiedlicher Schwierigkeitsgrade« der entsprechenden Aufgaben erklärt (vgl. auch Rubin 1978*). Kurdek und Rodgon (1975) haben die Zusammenhänge zwischen den Fähigkeiten, visuelle, kognitive und affektive Perspektiven zu erschließen, untersucht. Ihre Daten sind insofern verwirrend, als zwar eine positive Korrelation zwischen visueller und kognitiver Perspektivenübernahme, aber kein konsistenter Zusammenhang zwischen den anderen Fähigkeiten zur Perspektivenübernahme gefunden wurde. Die Verfasser zogen den Schluß, daß »ein erfolgreiches Abschneiden bei jeder Aufgabe die Fähigkeit zur Perspektivenübernahme erforderte, zusätzlich aber weitere kognitiv-wahrnehmungsmäßige Fähigkeiten, die für visuelle, kognitive und affektive Perspektivenübernahme spezifisch sind« (a.a.O. S. 649). Kurz gesagt: Während es allgemeine Fähigkeiten der Verarbeitung sozialer Perspektiven zu geben scheint, hängt der Gebrauch dieser Fähigkeiten von zusätzlichen Fähigkeiten ab, die für den Inhalt spezifisch sind, an dem die Perspektivenübernahme vollzogen werden soll. Die Fähigkeit zur Verarbeitung sozialer Perspektiven ist daher als ein Komplex mehrerer Einzelfähigkeiten anzusehen, die sich unterschiedlich entwickeln (vgl. Piché, Michlin, Rubin und Johnson 1975, S. 968).

Die obigen Ergebnisse und daraus folgenden Annahmen führten Urberg und Docherty (1976)* zu dem Schluß: »Statt Perspektivenübernahme als eine umfassende, eindimensionale Fähigkeit anzusehen, sollten die verschiedenen Variablen, von denen bekannt oder zu vermuten ist, daß sie den Prozeß der Perspektivenübernahme beeinflussen, nach ihrem jeweiligen Entwicklungsverlauf und nach ihren wechselseitigen Zusammenhängen untersucht werden.« (a.a.O. S. 203, in diesem Band S. 180).

2. *Das kognitive Modell*

In Übereinstimmung mit den obengenannten Autoren, insbesondere mit Urberg und Docherty (1976)*, schlug Oppenheimer (1977, 1978 a) ein kognitives Modell vor, in dem die Prozesse der Perspektivendifferenzierung und der Perspektivenübernahme nicht mehr nur in bloß deskriptiven Begriffen gefaßt werden. Vielmehr wurde von der Frage ausgegangen, welche (sozial) kognitiven Variablen den Übergang von einer Stufe sozialkognitiver Entwicklung zur nächsthöheren Stufe beeinflussen.

Die in das hypothetische Modell aufgenommenen Variablen wurden verschiedenen empirischen Untersuchungen entnommen.

Rekursives Denken. Die erste Variable, von der anzunehmen ist, daß sie ein Bestandteil in den Prozessen der Perspektivenübernahme (Flavell 1977; Miller, Kessel und Flavell 1970*) und folglich in sozialer Interaktion (DeVries 1970)* ist oder eine wichtige Rolle dabei spielt, ist rekursives Denken. Sie bezieht sich auf die Fähigkeit, die Gedanken anderer zu vollziehen und zu begreifen, daß dieser Vorgang iterativ ist, d. h. wiederum von dem anderen, darauf wieder von mir usw. vollzogen werden kann.

Interpersonale Kausalität. Diese zweite Variable wurde aus den zahlreichen Untersuchungen über Zuschreibung von Ursachen für spezifische Verhaltensweisen abgeleitet (vgl. Kun 1978; Shultz, Butkowsky, Pearce und Shanfield 1975). Es wird angenommen, daß der Begriff der interpersonalen Kausalität, d. h. des Verständnisses der kausalen Zusammenhänge zwischen den Handlungen von Menschen in einer sozialen Situation (Interaktionen), zum Verständnis der Beziehungen zwischen Menschen gehört und den Prozeß der Perspektivenübernahme beeinflußt. Eine zweite Art von Kausalität, nämlich physische Kausalität, bezieht sich auf die Beziehungen zwischen Objekten.

Mit der interpersonalen Kausalität hängt die Fähigkeit zusammen, soziale Ereignisse in der Zeitdimension zu ordnen, also das Wissen, daß Ursachen ihren Wirkungen vorhergehen und Wirkungen ihren Ursachen folgen (Brown und French 1976). Oppenheimer (1978 a) argumentiert, daß die Entwicklung der Fähigkeit, soziale Ereignisse zeitlich zu ordnen, d. h. Handlung bzw. Reaktion einer anderen Person als Resultat einer von mir selbst ausgeführten Handlung zu antizipieren oder auch die Ursachen zu erschließen, die zu der jeweils gegenwärtigen Situation geführt haben, die Prozesse der Perspektivendifferenzierung und der Perspektivenübernahme wesentlich erleichtern.

Vorstellungen über Menschen. Als dritte Variable schließlich wurden Vorstellungen über andere Menschen in das Modell aufgenommen. Diese Vorstellungen enthalten Annahmen darüber, wie bestimmte Arten von Menschen in bestimmten Situationen, d. h. Interaktionen, mutmaßlich innerlich und äußerlich reagieren werden (Flavell 1974). Dieses Wissen ist nach Flavell

(1974) nach Inhalt und Ursprung spezifisch interpersonell. Es beeinflußt offensichtlich die Fähigkeit zur Perspektivenübernahme, insofern es die Fähigkeit, über interagierende Menschen zu reflektieren, erhöht und eine Zunahme von Wissen über Menschen und interpersonelle Beziehungen den Stereotyp-Charakter solcher Überlegungen abbaut (vgl. Urberg u. Docherty 1976)*.

Das kognitive Modell, in dem die Zusammenhänge zwischen den obengenannten drei Variablen und mit den Fähigkeiten zur Verarbeitung sozialer Perspektiven, d. h. Perspektivendifferenzierung und Perspektivenübernahme, dargestellt sind, ist aus Abb. 1 ersichtlich. Nach der gegenwärtigen Forschungslage sind die Pfeile zwischen den Komponenten des Modells weniger als konditionale, sondern eher als gegenseitige Einfluß-Beziehungen zu interpretieren. Das Modell stellt also weniger ein Entwicklungsmodell als vielmehr ein heuristisches Arbeitsmodell dar, in dem jeder angenommene Zusammenhang zwischen Komponenten bzw. Variablen als eine prüfbare Hypothese angesehen wird. Wie in Abb. 1 zu sehen ist, hängen die Entwicklung rekursiven Denkens bzw. die verschiedenen Typen des Denkens mit verschiedenen Arten von Perspektivendifferenzierung und Perspektivenübernahme zusammen. Kontiguitäts-Denken, d. h. das Vorstellen einer, zweier oder dreier gleichzeitig gegebener, aber nicht interagierender Personen, bezieht sich besonders auf eine Art von Perspektivendifferenzierung, durch die intuitive, nicht-kognitive Perspektiven anderer Menschen gewonnen werden. Handlungs-Denken, das Vorstellen zweier in »sozial nicht-rekursiver Handlung« interagierender Personen, hängt vermutlich mit Vorstellungen über andere Menschen zusammen. Die Fähigkeit, über Beziehungen zwischen Menschen zu reflektieren, setzt die Fähigkeit, über Aktionen und Interaktionen zwischen Menschen zu reflektieren, voraus. Die daraus resultierenden Perspektiven sind anfangs stereotyp, später situations- und personenspezifisch. Auch das rekursive Denken in ein oder zwei Schleifen – Denkstrukturen, die den iterativen Charakter von Gedanken darstellen – hängt mit dem Prozeß der Perspektivenübernahme zusammen, und zwar das einschleifige Denken mit nicht-wechselseitiger, also mit nacheinander folgender Perspektivenübernahme, das zweischleifige Denken mit wechselseitiger, gleichzeitiger Perspektivenübernahme.

Es ist ferner zu sehen, daß der Kausalitätsbegriff aus einer Anzahl zusammenhängender Fähigkeiten besteht, so aus dem Verständnis

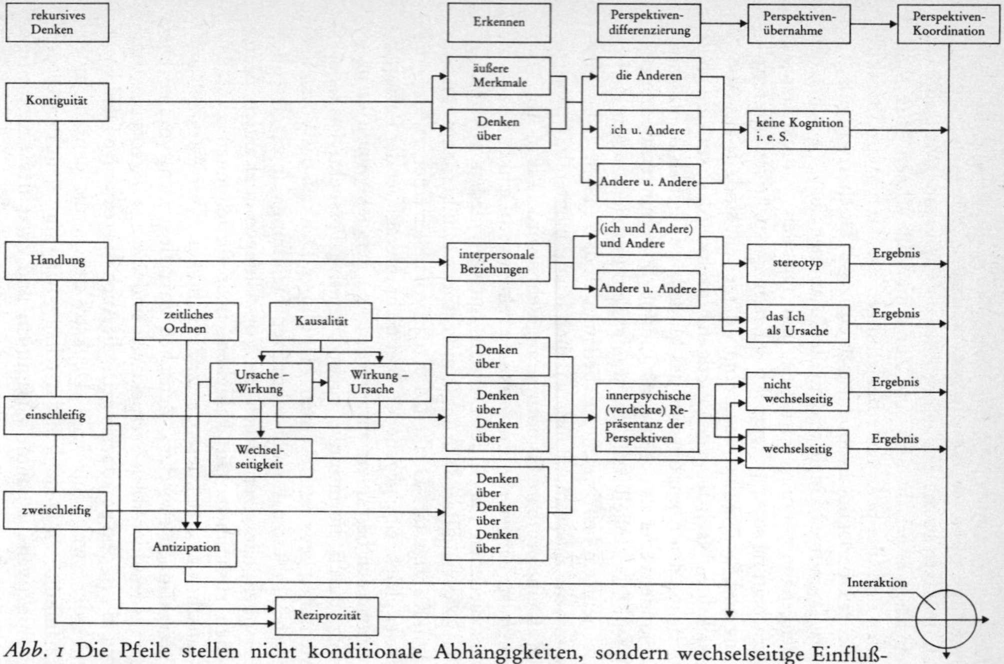

Abb. 1 Die Pfeile stellen nicht konditionale Abhängigkeiten, sondern wechselseitige Einfluß-Beziehungen dar.

der Beziehung einer Ursache zu ihrer Wirkung und der einer Wirkung zu ihrer Ursache, der Fähigkeit zum zeitlichen Ordnen sozialer Ereignisse sowie den Begriffen der Wechselseitigkeit, Reziprozität und Antizipation. Es wird angenommen, daß jeder dieser Bestandteile und ihre Kombinationen besonders mit den Prozessen der Perspektivenübernahme zusammenhängen (vgl. Oppenheimer 1977, 1978 a). Vorstellungen über Menschen, in Abb. 1 durch »interpersonelle Beziehungen« dargestellt, hängen mit dem Übergang von stereotypen zu mehr personen- und situationsspezifischen Formen von Perspektivenübernahme zusammen.

3. *Neuere empirische Befunde*

Wir haben mehrere empirische Untersuchungen durchgeführt, um einige der oben hypothetisch behaupteten Zusammenhänge zu prüfen.

3.1 Die Entwicklung des rekursiven Denkens

In der ersten Studie, die aus fünf Experimenten bestand (Oppenheimer und Helsma, vgl. Oppenheimer 1978 b), wurde die Entwicklung rekursiven Denkens detaillierter an Kindern dreier verschiedener Altersstufen (mittleres Alter 5;8, 7;2 und 9;3) untersucht. Zwei Experimente sind von besonderem Interesse.

Im ersten Experiment wurde das Maß der Selbstbeteiligung des Kindes in der Aufgabe erhöht. Anstatt das Kind zu fragen, was eine andere Person wohl denke, wurde das Kind gefragt, was es selber denkt, wenn es sich vorstellt, daß es das Kind sei, das auf den vorgelegten Bildern dargestellt ist. Die unter dieser Bedingung abgegebenen Antworten wurden mit denen einer Kontrollgruppe von Kindern verglichen, die sagen sollte, was die andere Person denkt (entsprechend der von Miller u. a., 1970*, benutzten Methode).

Entgegen der Erwartung, daß höhere Selbstbeteiligung zu einer höheren Fähigkeit führt, diese gedankliche Struktur begrifflich zu fassen und zu verbalisieren, war ein deutlicher Abfall im Vergleich zur Kontrollgruppe festzustellen, und zwar zunehmend mit dem Alter. Der Interaktionseffekt von Methode × Alter, der in einer Zunahme der Differenz zwischen den beiden Gruppen zum Ausdruck kommt, war signifikant. Nun könnte man argumentieren, daß die Fähigkeit, die Gedanken anderer zu vollziehen, für ein Kind mit zunehmendem Alter komplexer und daher schwieriger wird, daß also mehr und komplexere Aspekte des anderen und der Situation mit einbezogen werden. Dies erklärt jedoch nicht den Unterschied zwischen den beiden Methoden. Eher stimmen die Daten mit der Annahme überein, daß Erfahrung und Fähigkeit im Vollzug der Gedanken anderer der Fähigkeit, die eigenen Gedanken zu reflektieren, vorhergehen (vgl. Mead 1934; Meltzer 1967).

Das zweite Experiment befaßte sich mit der Entwicklung des Handlungsdenkens [action thinking], eine Fähigkeit, die Miller u. a. (1970)* mit Hilfe von Abbildungen erfaßte, auf denen ein Kind zu sehen ist, das über zwei nicht rekursiv interagierende, d. h. sprechende Personen nachdenkt. Der Begriff des Handlungsdenkens bezieht sich auf die Fähigkeit, Gedanken über Interaktionen begrifflich zu fassen und zu verbalisieren; in der Studie von Miller u. a. beispielsweise ging es um die nichtrekursive Handlung des Sprechens. Oppenheimer und Helsma (vgl. Oppenheimer 1978 b) erweiterten den Begriff des Handlungsdenkens, indem sie auch Personen einschlossen, die nicht nur sprachlich miteinander, sondern die auch mit Objekten interagierten (z. B. ein Junge, der mit einem Ball spielt), sowie Wechselwirkungen zwischen Objekten (z. B. der Wind, der die Flügel einer Windmühle antreibt). Die Darbietung dieser Materialien vor Kindern zwischen 5 und 10 Jahren führte zu dem Ergebnis, daß sich in dieser Altersspanne vorwiegend die Fähigkeit entwickelt, sich Interaktionen vorzustellen. Zuerst sind Kinder in der Lage, sich Gedanken über Interaktionen zwischen Personen vorzustellen, dann über Interaktionen zwischen Personen und Objekten; erst zum Schluß entwickeln sich Gedanken über Wechselwirkungen zwischen Objekten. Obwohl gewisse Zweifel angebracht sind, ob die Darstellung einer Objekt-Objekt Interaktion durch Abbildungen wie z. B. eine durch Wind angetriebene Windmühle korrekt ist, legen die Ergebnisse nahe, daß Kinder sich zuerst und vorrangig mit der Interaktion zwischen Menschen, d. h. mit interpersonellen Beziehungen beschäftigen. Handlungsdenken sollte daher bezogen werden auf die Entwicklung von Vorstellungen über Menschen, während Denktypen höherer Ordnung wie einschleifiges oder zweischleifiges rekursives Denken zu beziehen sind auf Vorstellungen über Gedanken, die sich wiederum auf Gedanken richten.

3.2 Der Zusammenhang zwischen rekursivem Denken und Perspektivenübernahme

Die genannten Vermutungen waren Gegenstand einer zweiten Studie (Oppenheimer, in Druck), in der zuerst der Zusammenhang zwischen der Entwicklung rekursiven Denkens und affektiver Perspektivenübernahme untersucht wurde und dann rekursives Denken bis zu einem Kriterium eingeübt und seine Auswirkungen auf affektive und informationsbezogene Perspektivenübernahme erfaßt wurden.

Beim ersten Experiment wurden 120, in drei Altersgruppen (mittleres Alter 5;7, 7;5 und 9;5) unterteilten Kindern eine Aufgabe zum rekursiven Denken und eine Aufgabe zur emotionalen Perspektivenübernahme vorgelegt (vgl. Urberg u. Docherty 1976*; Oppenheimer 1978b). Bei der Aufgabe zum rekursiven Denken handelt es sich um eine abgewandelte und erweiterte Form der von Miller u. a. (1970)* verwendeten Aufgabe; sie enthielt Items für Kontiguitäts-, Handlungs-, einschleifig rekursives und zweischleifig rekursives Denken. Die Inhalte beim Kontiguitätsdenken bezogen sich außer auf Menschen auch auf Sachen, die Karten zum Handlungsdenken bezogen sich auf verschiedene Arten von Interaktion (vgl. 3.1 sowie Oppenheimer u. Helsma 1978 b). Die Aufgabe zur emotionalen Perspektivenübernahme bestand aus Items zur Perspektivendifferenzierung und zur nicht-wechselseitigen und wechselseitigen Perspektivenübernahme (vgl. Urberg u. Docherty 1976*, Aufgaben 2, 4 und 5).

Die Korrelation (Pearsonsche Produkt-Moment-Korrelation) von $r = .43$; ($p < .001$) zeigt, daß die Entwicklung des rekursiven Denkens mit einer gleichzeitig verlaufenden Entwicklung der emotionalen Perspektivenübernahme korrespondiert. Für jede Altersgruppe getrennt berechnete Korrelationskoeffizienten ergaben jedoch, daß der genannte Zusammenhang nur für die jüngste Altersgruppe signifikant war ($r = .34$; $p < .01$), während für die 7- und 9jährigen kein Zusammenhang in der Entwicklung der beiden Fähigkeiten festgestellt werden konnte. Da das ein-

und zweischleifige rekursive Denken sich erst ab ungefähr 9 Jahren (Miller u. a. 1970*; Oppenheimer u. Helsma, in: Oppenheimer 1978 b), Perspektivenübernahme sich aber schon ab etwa 7 Jahren entwickelt (vgl. Oppenheimer, in Druck; Selman u. Byrne 1974), legen unsere Daten die Vermutung nahe, daß der Zusammenhang zwischen beiden Fähigkeiten in hohem Maße auf die Entwicklung von Kontiguitäts- und Handlungsdenken einerseits und Differenzierung emotionaler Perspektiven andererseits zurückzuführen ist. Bei einer Betrachtung der Entwicklungsgeschwindigkeit beider Fähigkeiten, der Denktypen höherer Ordnung, d. i. des rekursiven Denkens und der emotionalen Perspektivenübernahme, dürfte sich kein Zusammenhang zeigen.

Beim zweiten Experiment wurden 72, ebenfalls nach drei Altersgruppen (mittleres Alter 5;7, 6;9 und 8;7) unterteilte Kinder zuerst einem Training für rekursives Denken unterzogen, dem die Aufgabe zu elaboriertem rekursiven Denken ([elaborated recursive thinking task] Oppenheimer u. Helsma, in Oppenheimer 1978 b) sowie eine Aufgabe zur emotionalen und zur informationsbezogenen Perspektivenübernahme folgten. Das Training bestand darin, daß den Kindern 16 Karten gezeigt wurden, auf denen verschiedene Denktypen dargestellt waren (Kontiguitätsdenken, Handlungsdenken und einschleifiges rekursives Denken); anhand der Karten wurden die Kinder mit der Struktur rekursiven Denkens bekannt gemacht, und ihnen wurde erklärt, wie eine solche Struktur korrekt verbalisiert wird. Als Trainingskriterium wurden 10 korrekte Verbalisierungen bei 16 Karten festgelegt. Nach dem Training wurde die Aufgabe zu elaboriertem rekursiven Denken gegeben, um festzustellen, in welchem Ausmaß tatsächlich das Verständnis rekursiver Reproduktion der den Trainingskarten entsprechenden Verbalisierungen stattgefunden hatte.

Die Ergebnisse zeigen, daß die beiden jüngeren Altersgruppen (die 5- und 7jährigen) noch nicht in der Lage waren, die Struktur einschleifigen rekursiven Denkens zu erfassen; dies stimmt mit früheren Befunden überein. Was das Training für rekursives Denken betrifft, so war keine Wirkung auf Perspektiven*differenzierung* festzustellen, wohl aber ein signifikanter Effekt auf emotionale und informationsbezogene Perspektiven*übernahme*. Nur die 9jährigen waren imstande, die Struktur einschleifigen rekursiven Denkens zu erfassen und zu verstehen; daher waren auch Auswirkungen des Trainings nur bei dieser Gruppe zu beobachten. Da Aufgabe und Scoring-Verfahren für informationsbezogene Perspektivenübernahme analog zu denen für emotionale Perspektivenübernahme entwickelt worden waren, sind die Ergebnisse beider vergleichbar. Es scheint, daß das Training rekursiven Denkens einen größeren Einfluß auf informationsbezogene als auf emotionale Perspektivenübernahme hat. Die bei den jüngeren Altersgruppen fehlende Wirkung des Trainings von Kontiguitäts- und Handlungsdenken auf Perspektivendifferenzierung könnte darauf zurückzuführen sein, daß schon bei den jüngsten Altersgruppen auch unter der Kontrollbedingung ein Ceiling-Effekt für Perspektivendifferenzierung eingetreten ist.

Der größere Einfluß des Trainings für rekursives Denken auf informationsbezogene – und nicht auf emotionale – Perspektivenübernahme könnte seinen Grund in der Ähnlichkeit der für rekursives Denken und für informationsbezogene Perspektivenübernahme verwendeten Aufgaben haben. Wie wir jedoch schon an anderer Stelle bemerkt haben (Oppenheimer 1978 b), »ist die Fähigkeit, die Gedanken anderer Personen nachzuvollziehen, nicht mit dem Vorgang informationsbezogener Perspektivenübernahme identisch. In dem Prozeß, der am Ende zur Erschließung der Gedanken eines anderen Individuums führt, werden gewisse Arten von Informationen benutzt, die durch Beobachtungen des Verhaltens oder verbal in der Interaktion gewonnen wurden. Die Integration dieser Informationen führt dann zur Konstruktion einer Vorstellung von den Gedanken des anderen. Welche Prozesse aber eine Rolle bei der Extraktion relevanter Informationen, bei der Integration und bei der Konstruktion der Gedanken des anderen spielen, ist gegenwärtig noch ungeklärt. Der abschließende Prozeß, also der Nachvollzug (und die Verbalisierung) der gewonnenen Vorstellung der Gedanken eines anderen Individuums, wird als Fähigkeit zu rekursivem Denken bezeichnet. Rekursives Denken kann als solches nicht mit informationsbezogener Perspektivenübernahme identisch sein, sondern ist nur eine der Variablen – oder die letzte Phase in diesem Prozeß –, die seine Entwicklung beeinflußt« (a.a.O. S. 115).

Die signifikante Korrelation zwischen der Entwicklung von rekursivem Denken und emotionaler Perspektivenübernahme bei der jüngsten Altersgruppe läßt vermuten, daß Kontiguität und

Handlungsdenken mit der Differenzierung der Perspektiven zusammenhängen. Diese Annahme wird auch dadurch gestützt, daß sich zwischen 5 und 9 Jahren hauptsächlich die Fähigkeit, Interaktionen vorzustellen, zu entwickeln scheint (s. o.).

3.3 Vorstellungen über Menschen

In der folgenden Studie (Oppenheimer u. De Groot 1979) wurde die Entwicklung des Wissens über Menschen in sozialen Situationen, d. h. in Interaktionen, erforscht.

Die folgenden vier Aspekte wurden unterschieden: (1) Vorstellungen über Menschen, d. h. Personenbeschreibungen, (2) Vorstellungen darüber, wie Menschen in verschiedenen sozialen Situationen handeln bzw. reagieren werden, (3) wie sie denken werden, (4) Vorstellungen über den unmittelbaren Grund bestimmter Verhaltensweisen von Menschen. Die Zusammenhänge zwischen diesen vier Aspekten waren ebenfalls Gegenstand der Untersuchung.

48 Kindern aus einem Kindergarten und einer Grundschule (Altersspanne von 4;10 bis 11;7 Jahre) wurden verbal und mit Hilfe von Abbildungen sechs kurze soziale Episoden vorgestellt und die Kinder über die Figuren darin im Hinblick auf die obengenannten Aspekte befragt. Ein Beispiel für eine solche Episode ist das folgende: Frank und Marjalein sollen zu Bett gehen. Sie wollen aber noch nicht schlafen, sondern noch etwas spielen. Zunächst geht das auch gut, aber dann fangen sie an, sich um einen Beutel mit Murmeln zu zanken. Schließlich liegen sie sich in den Haaren, der Beutel fällt hin, und die Murmeln rollen über den Boden. Auch ein Stuhl fällt um. Der Vater, der unten die Zeitung liest, hört den Lärm und ruft Frank und Marjalein zu sich.

Die den vier Aspekten entsprechenden Fragen lauteten:

(1. Vorstellungen über Menschen): Was denkst du über den Vater? Was denkst du über Frank und Marjalein?
(2. Vorstellungen darüber, wie Menschen handeln bzw. reagieren): Was wird der Vater tun?
(3. Vorstellungen darüber, was sie denken): Was denkt der Vater wohl, als er Marjalein und Frank miteinander zanken hört?
(4. Vorstellungen über den unmittelbaren Handlungsgrund):

Was meinst du, warum Frank und Marjalein noch nicht schlafen wollen?

Die Ergebnisse zeigen, daß die Kinder mit zunehmendem Alter in ihren Vorstellungen über Menschen von konkreten, situationsspezifischen Beschreibungen, Beschreibungen auf der Basis des emotionalen und des Informations-Zustandes einer Person überwechseln zu Beschreibungen, die auf allgemeingültigeren Persönlichkeitsmerkmalen basieren. Teilweise stimmt dieses Ergebnis mit früheren Befunden überein (Bigner 1974; Livesley u. Bromley 1973; Scarlett, Press u. Crockett 1971). Daß jedoch vor der Verwendung allgemeinerer Persönlichkeitsmerkmale in die Beschreibungen auch Informations- und emotionale Zustände einbezogen wurden, ist ein neuer Gesichtspunkt. In den früheren Untersuchungen waren diese beiden Aspekte ununterschieden unter verdeckte Personenbeschreibungen subsumiert worden. Allgemein zeigen die Ergebnisse, daß jüngere Kinder bei Beschreibungen anderer Menschen auf konkrete Situationen beschränkt bleiben, während ältere Kinder über die konkreten Situationen hinausgehen, indem sie allgemeinere Rückschlüsse aus der Gesamtheit der bekannten und vorliegenden Informationen ziehen.

Die Entwicklung der Vorstellungen über die Gedanken anderer Menschen scheint ähnlich, wenn nicht identisch, mit der Entwicklung der informationsbezogenen Perspektivenübernahme zu verlaufen. Die den Kindern vorgelegten Episoden lassen sich unterteilen in solche,

1. bei denen die beteiligten Figuren genau wußten, was geschah,
2. bei denen sie es erschließen konnten und
3. bei denen sie es in keiner Weise wußten oder erschließen konnten. Der angegebene Entwicklungseffekt war bei der letztgenannten Art von Situationen am ausgeprägtesten, d. h. die älteren Kinder gaben an, daß die Figuren in der Geschichte überrascht waren, also nicht wissen konnten, was geschah. Die jüngeren Kinder gaben andererseits mehr »egozentrische«, keine Perspektivenübernahme enthaltende Antworten (vgl. auch Chandler u. Greenspan 1972; Flavell 1968). Die Antworten auf die Fragen nach den Handlungen bzw. Reaktionen der Figuren zeigen, daß die Vorstellungen der Kinder über die Handlungen anderer in unterschiedlicher Weise von der Art der interpersonellen Bezie-

hung abhängen. Entsprechend fanden wir, daß unterschiedliche Reaktionen erwartet wurden, je nachdem ein Kind einem Erwachsenen oder einem Gleichaltrigen gegenübergestellt wurde. So gaben z. B. jüngere Kinder an, daß Erwachsene negativ reagieren würden, wenn sie erfahren, daß das Kind etwas Verbotenes getan hat, während ältere Kinder häufiger angaben, daß die Erwachsenen zuerst eine Erklärung verlangen würden. Dieses Ergebnis zeigt, daß kleine Kinder auf verbotene Handlungen direkte, impulsive Reaktionen, die mit Strafe verbunden sind, erwarten, während ältere Kinder eher durchdachte, reflektierte Reaktionen von Erwachsenen erwarten. Ein weiteres Ergebnis ist, daß jüngere Kinder die Reaktionen Gleichaltriger allein als vom angerichteten Schaden abhängig sehen, während ältere Kinder erwarten, daß die der Handlung zugrunde liegende Absicht berücksichtigt wird und daß die Reaktion entsprechend weniger oder gar nicht aggressiv ausfällt. Diese Befunde stimmen erstens mit Piagets (1950) Annahme überein, daß das Denken kleiner Kinder durch eine eindimensionale Logik begrenzt ist, was dazu führt, daß das Kind seine Aufmerksamkeit nur auf einen Aspekt bzw. eine Dimension der Situation richtet. Zweitens zeigen die Befunde, daß Kinder, die jünger als 8 bis 9 Jahre sind, bei ihrem moralischen Urteil von den Handlungskonsequenzen, weniger von den zugrunde liegenden Handlungsintentionen ausgehen (vgl. Imamoglu 1976). Allerdings liegen auch Untersuchungen vor, nach denen Kinder bei einfacheren Aufgabenstellungen durchaus in der Lage sind, bei ihrem Urteil Intentionen anderer zu berücksichtigen (vgl. Keasey 1978).

Fragt man die jüngeren Kinder nach den unmittelbaren Gründen für ein Verhalten, so scheinen sie vor allem den offensichtlichsten, in der Situation selbst direkt gegebenen Grund anzugeben. Mit zunehmendem Alter geben sie dann Gründe an, die in der Beschreibung der Situation nicht enthalten waren, sondern aus den vorgegebenen Ereignissen erst erschlossen werden. Auch diese Befunde fallen mit denen früherer Untersuchungen zusammen. So berichtet Piaget, daß kleine Kinder nicht eher in der Lage sind, von Folgen auf Ursachen zurückzuschließen, als sie über die Operation der Reversibilität verfügen. Auch Brown u. French (1976) und Oppenheimer u. Van der Lee (1979) stellten fest, daß die Fähigkeit, von Folgen auf Ursachen zurückzuschließen, bis zum Alter von ungefähr 7 Jahren beträchtlich hinter der Fähigkeit, die Folgen aus gegebenen Ursachen abzuleiten, nachhinkt. Mit zunehmendem Alter wird dieser Unterschied kleiner, und die Kinder sind immer besser im Stande, von einer gegebenen Konsequenz richtig auf die Ursache zurückzuschließen.

Die vier Arten von Vorstellungen – über Menschen, über ihre Gedanken, über ihre Handlungen bzw. Reaktionen und über die unmittelbaren Gründe ihres Verhaltens – korrelieren hoch miteinander. Das ist insofern nicht überraschend, als jede dieser Dimensionen signifikant mit dem Alter korreliert. Partialisiert man den Alterseffekt aus, so ergibt sich ein sehr interessantes Interkorrelationsmuster (vgl. Tab. 1).

Wie zu sehen ist, korrelieren Vorstellungen über Menschen hoch mit Vorstellungen über ihre Handlungen bzw. Reaktionen sowie mit Vorstellungen über die unmittelbaren Gründe des Verhaltens. Ebenso korrelieren die Vorstellungen über die Handlungen anderer mit denen über die unmittelbaren Gründe. Jedoch verschwindet der Zusammenhang zwischen Vorstellungen über die Handlungen bzw. Reaktionen anderer und denen über ihre Gedanken. Dies entspricht unseren früheren Ergebnissen (Oppenheimer u. Helsma, in: Oppenheimer 1978 b), nach denen Nachdenken über Handlungen bzw. Interaktionen zwischen anderen nicht zusammenhängt mit Rückschlüssen auf ihre Gedanken im Sinne von informationsbezogener Perspektivenübernahme. Das heißt, daß Handlungsdenken und rekursives Denken zwei verschiedene Typen des Denkens sind und anscheinend nicht auf derselben Dimension liegen, wie es Miller u. a. (1970)* annehmen. Der Grund für die negative Korrelation zwischen Vorstellungen über die unmittelbaren Gründe des Verhaltens und denen über die Gedanken anderer im Sinne von informationsbezogener Perspektivenübernahme kann zum ersten darin liegen, daß die informationsbezogene Perspektivenübernahme sich erst später entwickelt, zum zweiten darin, daß kleinere Kinder die auffallendsten Ereignisse oder Folgen als die unmittelbare Ursache des Verhaltens ansehen.

Der Wechsel von einem signifikanten positiven zu einem signifikanten negativen Zusammenhang zwischen Vorstellungen über unmittelbare Handlungsgründe und Vorstellungen über Gedanken anderer wäre also dadurch zu erklären, daß wir es hier mit konsistent unrichtigen Antworten zu tun haben.

Tab. 1. Interkorrelation der vier Arten von Vorstellungen
(I) über Menschen,
(II) über ihre Gedanken,
(III) über ihre Handlungen bzw. Reaktionen und
(IV) über die unmittelbaren Gründe ihres Verhaltens;
Korrelationen zwischen den vier Arten von Vorstellungen, zwischen diesen und Alter sowie Interkorrelation zwischen den vier Arten von Vorstellungen bei kontrolliertem Alter

		I	II	III	IV	Alter	I	II (Alter kontrolliert)	III	IV
I	(Menschen)	–	.94*	.97*	.92*	.93*	–	.54*	.80*	.43*
II	(Gedanken)		–	.91*	.97*	.94*		–	–.14	–.52*
III	(Handlungen)			–	.97*	.98*			–	.91*
IV	(Gründe)				–	.92*				–

* $p<.001$

3.4 Zeitliches Ordnen sozialer Ereignisse

Um das obengenannte Problem ausführlicher zu klären, wurde eine weitere Untersuchung durchgeführt (Oppenheimer u. Van der Lee 1979), in der das zeitliche Ordnen sozialer Ereignisse, d. h. die Fähigkeit, eine Abfolge sachlogisch zusammenhängender Ereignisse auf der Zeitdimension zu rekonstruieren (rückwärtsschreitendes Ordnen) bzw. zu antizipieren (vorwärtsschreitendes Ordnen), erforscht wurde. Hierzu wurden sechs Serien von je 5 Bildern zusammengestellt. Jede Serie stellte ein soziales Ereignis in einer Abfolge dar, das dazu erzählt wurde. Anschließend wurde dem Kind entweder das erste Bild (vorwärtsschreitendes Ordnen) oder das letzte Bild (rückwärtsschreitendes Ordnen) vorgelegt. Die restlichen Karten wurden durchgemischt. Das Kind sollte sie dann in der richtigen »zeitlichen«Reihenfolge (d. h. der Geschichte entsprechend und mit der richtigen Karte beginnend und aufhörend) auf den Tisch legen.

Außerdem untersuchten wir die Zusammenhänge zwischen diesen beiden Arten von zeitlichem Ordnen, emotionaler und informationsbezogener Perspektivenübernahme und Invarianzbegriffen. Es wurde angenommen, daß die Fähigkeit zum zeitlichen Ordnen von Ereignissen das Verständnis des Kausalzusammenhanges zwischen Ursache und Wirkung *und umgekehrt* widerspiegelt. Wie schon bei der Diskussion des kognitiven Modells angemerkt, gehen wir davon aus, daß die Entwicklung der Fähigkeit zum zeitlichen Ordnen, d. h. zur Antizipation zukünftiger Handlungen bzw. zur Rekonstruktion der Ereigniskette, die zu einer bestimmten Perspektive eines anderen geführt hat, die Entwicklung der Fähigkeit zur Perspektivenübernahme beeinflußt.

Zeitlich rückwärtsschreitendes Ordnen scheint sich mit dem Beginn der konkret-operationalen Stufe, also mit ungefähr 7 Jahren, und als eine Folge der Entwicklung der Operation der Reversibilität zu entwickeln (Brown u. French 1976; Bullock u. Gelman 1979; Piaget 1969). Wir erwarten außerdem, daß die Entwicklung der Invarianz der Menge und der Länge, die ebenfalls die Reversibilitäts-Operation voraussetzen, mit der Entwicklung der Fähigkeit zum zeitlich rückwärtsschreitenden Ordnen zusammenhängt, ja eine Vorbedingung dieser ist.

Aufgaben zur Erfassung des Niveaus zeitlichen Ordnens, der

Perspektivenübernahme und des Invarianzbegriffs wurden 48 Kindern aus einem Kindergarten und einer Grundschule, die in drei Altersstufen unterteilt waren (mittleres Alter 5;5, 6;8 und 8;7 Jahre) vorgelegt. Die Ergebnisse zeigen, daß die Entwicklung der Fähigkeit zum zeitlichen Ordnen sozialer Ereignisse den gleichen Verlauf hat wie die der Fähigkeit zum zeitlichen Ordnen nichtsozialer Ereignisse (vgl. Brown 1976; Brown u. French 1976). Es zeigte sich, daß die Fähigkeit zum vorwärtsschreitenden Ordnen, also zur Antizipation, sich *vor* der Fähigkeit zum rückwärtsschreitenden Ordnen bzw. zur Rekonstruktion von Ereignisfolgen entwickelt. In unserer Untersuchung waren Kinder von 6 bis 7 Jahren gut imstande, vorausschauend zu ordnen, während im Falle des zurückgehenden Ordnens das gleiche Leistungsniveau erst mit ungefähr 8 bis 9 Jahren erreicht wurde.

Eine Berechnung von Korrelationskoeffizienten ergab hohe Korrelationen zwischen den Variablen Invarianzbegriff, vorwärts- und zurückschreitendes zeitliches Ordnen und emotionaler und informationsbezogener Perspektivenübernahme, auch wenn die Alterseffekte herauspartialisiert waren. Eine sukzessive Analyse der partiellen Korrelationen ergab drei Gruppen von stabilen Zusammenhängen. Der erste Zusammenhang scheint zwischen Invarianzbegriff, rückwärtsschreitendem zeitlichen Ordnen und informationsbezogener Perspektivenübernahme zu bestehen. Der zweite Zusammenhang besteht zwischen vorwärts und rückwärts gerichtetem zeitlichen Ordnen. Der dritte Zusammenhang besteht zwischen vorwärts gerichtetem zeitlichen Ordnen und informationsbezogener Perspektivenübernahme. Nur die Lokalisierung der emotionalen Perspektivenübernahme ist nicht eindeutig; sie kann zum zweiten oder zum dritten oder auch zu beiden Zusammenhängen gehören. Eine Hauptkomponenten-Faktorenanalyse mit drei verlangten Faktoren bestätigte die drei genannten Gruppen von Zusammenhängen (vgl. Tab. 2).

Invarianzbegriffe, rückwärtsschreitendes zeitliches Ordnen und informationsbezogene Perspektivenübernahme zeigten signifikante Ladungen auf dem ersten Faktor, der als Reversibilitätsdimension interpretiert wurde. Der zweite Faktor, als Kausalitätsdimension interpretiert, besteht aus vorwärts- und rückwärtsschreitendem zeitlichen Ordnen und aus emotionaler Perspektivenübernahme. Vorwärtsschreitendes zeitliches Ordnen und

Tab. 2. Ladungen der Variablen auf drei verlangten Faktoren (Varimax-Verfahren der Hauptkomponenten-Analyse)

	Faktor I	Faktor II	Faktor III
Invarianz	.57*	.18	.21
vorwärtsschreit. Ordnen	.33	.46*	.50*
rückwärtsschreit. Ordnen	.60*	.54*	.22
emotionale Perspektivenübernahme	.17	.61*	.17
informationsbez. Perspektivenübernahme	.49*	.21	.47*

* $p<.05$

informationsbezogene Perspektivenübernahme laden auf dem dritten Faktor, der vermutlich eine Dimension der Antizipation darstellt.

Um genauere Informationen über die Beziehung zwischen den Variablen zu erhalten, wurde eine Item-Baum-Analyse ([Item tree analysis] Van Leeuwe 1974) durchgeführt. Sie kann Aufschluß über konditionale Zusammenhänge zwischen den Variablen geben, wobei wir mit Flavell (1977) und Wohlwill (1973) den Ausdruck »konditional« hier im Sinne von »beeinflussend« – eine Variable hat Einfluß auf eine andere – auffassen, es jedoch offenbleibt, ob dies eine notwendige oder zureichende Bedingung oder beides ist.

Die Ergebnisse der Item-Baum-Analyse sind in Abb. 2 dargestellt. Entgegen unserer Erwartung scheint die Fähigkeit zum rückwärtsschreitenden zeitlichen Ordnen sozialer Ereignisse, die die Reversibilität des Denkens (Piaget 1969) voraussetzt, die Entwicklung der Invarianzbegriffe von Mengen und Längen zu beeinflussen. Das legt die Vermutung nahe, daß die Reversibilitäts-Operation, wie sie beim zeitlichen Ordnen sozialer Ereignisse in der Vergangenheit und in die Zukunft auftritt, eine Grundlage für die Entwicklung oder für die Anwendung dieser Operation bei physikalischen Ereignissen ist.

Außerdem zeigt die Analyse, daß sowohl die Fähigkeit zum rückwärtsschreitenden wie die zum vorwärtsschreitenden zeitlichen Ordnen die Fähigkeit zur Perspektivenübernahme beeinflußt, und zwar in unterschiedlicher Weise: Informationsbezoge-

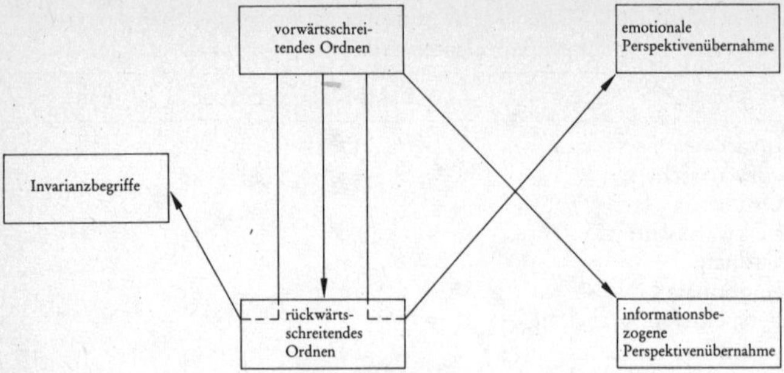

Abb. 2

ne Perspektivenübernahme wird nur durch vorwärtsschreitendes zeitliches Ordnen beeinflußt, emotionale Perspektivenübernahme dagegen durch beide Arten zeitlichen Ordnens. Vorwärtsschreitendes Ordnen, d. h. das Verständnis der Ursache – Wirkung Beziehung, scheint die Entwicklung der Fähigkeit zum rückwärtsschreitenden Ordnen, also des Verständnisses der Wirkung – Ursache Beziehung, zu beeinflussen. Ein weiteres Ergebnis der Studie von Oppenheimer u. Van der Lee (1979) ist, daß zwischen emotionaler und informationsbezogener Perspektivenübernahme kein Zusammenhang festgestellt wurde. Dies bestätigt frühere Untersuchungen (Kurdek u. Rodgon 1975; Sullivan u. Hunt 1967), die hier ebenfalls keinen Zusammenhang fanden. Emotionale und informationsbezogene Perspektivenübernahme sind also nicht identisch, sondern sind mit Kurdek u. Rodgon (1975) als Fälle einer Gruppe von Fähigkeiten anzusehen, die alle Perspektivenübernahme erfordern.

In einer anderen Studie (Van Belle 1979) wurde der Zusammenhang zwischen den Fähigkeiten, die Absichten anderer und die Folgen einzelner Handlungen zu erschließen, sowie zur Lösung von Problemen, die in sozialen Interaktionen auftreten (soziales Problemlösen), an 150 Kindern untersucht, die in drei Alterstufen unterteilt waren (mittleres Alter 6;7, 8;7 und 10;7 Jahre). Für unsere gegenwärtige Diskussion ist die Faktorenstruktur dieser drei Fähigkeiten von Interesse. Entsprechend früheren Ergebnissen laden die Fähigkeiten, Ursachen bzw. Wirkungen zu erschließen, auf einem Faktor, der als Kausaldimension interpretiert wird und den Kausalitätsbegriff repräsentiert. Ein zweiter Faktor besteht aus den Fähigkeiten, Wirkungen (aus gegebenen Ursachen) abzuleiten, und der zum sozialen Problemlösen und stellt so eine Dimension der sozialen Erfahrung dar: Um Probleme in sozialen Situationen lösen zu können, muß man die Folgen möglicher Handlungen absehen können.

4. Diskussion und Schluß

Obwohl die obengenannten Studien erst den Beginn der Erforschung des vorgeschlagenen kognitiven Modells (s. o. S. 304, Oppenheimer 1978b) darstellen, zeigen sie bereits, daß die sozialen bzw. sozial-kognitiven Fähigkeiten eine komplexe Struktur bilden. Die verschiedenen Fähigkeiten, seien sie nun sozialkognitiv (wie z. B. Perspektivendifferenzierung oder Perspektivenübernahme) oder kognitiv (z. B. rekursives Denken, zeitliches Ordnen, Begriff der Kausalität, Begriff der Invarianz) scheinen miteinander zusammenzuhängen und sich in bestimmter Weise zu beeinflussen. Die wichtigsten Ergebnisse der genannten Studien sind in Tab. 3 zusammengestellt. Sie lassen vermuten, daß Perspektivenübernahme ein mehrdimensionales Konstrukt ist, bei dem verschiedene inhaltsspezifische, z. B. auf Emotionen oder Gedanken bezogene Arten von Perspektivenübernahme zum Teil auf gemeinsame Variablen, zum Teil aber auch auf inhaltsspezifische Variablen zurückführen (vgl. Piché u. a. 1975; Urberg u. Docherty 1976*).

Die empirisch festgestellten Zusammenhänge zwischen den Variablen sind schematisch in Abb. 3 dargestellt. Obwohl die angeführten Untersuchungen nur einen Teil des hypothetischen Modells (vgl. Abb. 1) abdecken, zeigt das auf den empirischen Daten basierende Modell (vgl. Abb. 3), daß der Begriff der Perspektivenübernahme viel komplexer ist, als in Abb. 1 angenommen wurde.

Um die Komplexität des empirischen Modells zu reduzieren, wurden einige Vereinfachungen vorgenommen. Erstens wurden Gedanken über andere Menschen im Modell durch informationsbezogene Perspektivenübernahme dargestellt. Zweitens wurden die kausalen Beziehungen zwischen Ursache und Wirkung bzw.

Tab. 3. Zusammenfassung der Hauptergebnisse aus den zitierten Untersuchungen

Untersuchung	Ergebnisse
Oppenheimer u. Helsma (vgl. Oppenheimer 1978 b)	Gedankliche Vorstellungen über Interaktionen entwickeln sich hauptsächlich zwischen 5 und 10 Jahren.
Oppenheimer (in Druck)	1. Zwischen der Entwicklung rekursiven Denkens (bes. Kontiguität und Handlungsdenken) und Differenzierung emotionaler Perspektiven besteht eine signifikante positive Korrelation. 2. Training einschleifigen rekursiven Denkens wirkt sich signifikant sowohl auf emotionale wie auf informationsbezogene Perspektivenübernahme aus, und zwar auf letztere signifikant stärker.
Oppenheimer u. De Groot (1979)	1. Vorstellungen über Menschen korrelieren hoch mit Vorstellungen über ihr Denken (i. S. von informationsbezogener Perspektivenübernahme), ihre Handlungen und die unmittelbaren Ursachen ihres Verhaltens. 2. Informationsbezogene Perspektivenübernahme steht in keinem Zusammenhang mit Vorstellungen über die Handlungen von Menschen und in einem negativen Zusammenhang mit den Vorstellungen über die unmittelbaren Ursachen des Verhaltens. 3. Vorstellungen über Handlungen bzw. Reaktionen korrelieren hoch mit solchen über unmittelbare Ursachen von Verhalten.
Oppenheimer u. Van der Lee (1979)	1. Emotionale und informationsbezogene Perspektivenübernahme hängen nicht miteinander zusammen. Erstere wird sowohl durch vorwärts- wie rückwärtsschreitendes zeitliches Ordnen beeinflußt, während informationsbezogene Perspektivenübernahme nur durch vorwärtsschreitendes Ordnen beeinflußt wird. 2. Während sich emotionale Perspektivenübernahme anscheinend hauptsächlich auf kausale Beziehungen stützt, scheint informationsbezogene Perspektivenübernahme nur auf der Ursache-Wirkung Beziehung und auf der Reversibilitäts-Operation zu beruhen.

Untersuchung	Ergebnisse
	3. Beide Richtungen zeitlichen Ordnens stellen je eine Dimension der Kausalität dar. Vorwärtsschreitendes Ordnen entwickelt sich gegenüber dem rückwärtsschreitenden eher und beeinflußt dieses. Beide Dimensionen beeinflussen die Entwicklung der Invarianzbegriffe.
Van Belle (1979)	1. Die Fähigkeit, Ursachen zu erschließen, und die Fähigkeit, Handlungskonsequenzen abzuleiten, enthalten einen gemeinsamen Faktor, die Kausal-Dimension.
	2. Die Fähigkeit, Handlungskonsequenzen abzuleiten, und die Fähigkeit, Probleme in Interaktionssituationen zu lösen, laden auf einem Faktor, einer Dimension der sozialen Erfahrung.

zwischen Wirkung und Ursache mit rückwärts- bzw. vorwärtsschreitendem zeitlichen Ordnen gleichgesetzt. Drittens schließlich wurden aus Gründen der Klarheit Vorstellungen über die unmittelbaren Ursachen von Verhalten als wenigstens teilweise äquivalent mit der Fähigkeit angenommen, Ursachen aus Wirkungen zu erschließen bzw. Ereignisse rückwärtsschreitend zu ordnen. Außerdem wurde die Reversibilitäts-Operation, die in den Studien nicht direkt erfaßt worden war, in eine assoziative Beziehung mit rückwärtsschreitendem zeitlichen Ordnen und in eine Einfluß-Beziehung mit informationsbezogener Perspektivenübernahme und mit Invarianzbegriffen für physikalische Größen (Menge und Länge) gesetzt.

Abschließend ist festzuhalten, daß die in diesem Kapitel vorgestellten Untersuchungen empirische Hinweise für die Annahme enthalten, daß die verschiedenen Arten von Perspektivenübernahme – hier: emotionale und informationsbezogene Perspektivenübernahme – teilweise auf inhaltsspezifischen Fähigkeiten und teilweise auf gemeinsamen spezifischen Fähigkeiten zur Perspektivenübernahme beruhen. Je nach dem Gewicht inhaltsspezifischer Fähigkeiten in den zur Erhebung verwendeten Aufgaben treten daher möglicherweise nur schwache oder keine Korrelationen zwischen ihnen auf. Außerdem kann die Annahme in Frage gestellt werden, daß die Fähigkeit zur Perspektivenübernahme der zentrale Mechanismus in der Entwicklung der sozialen

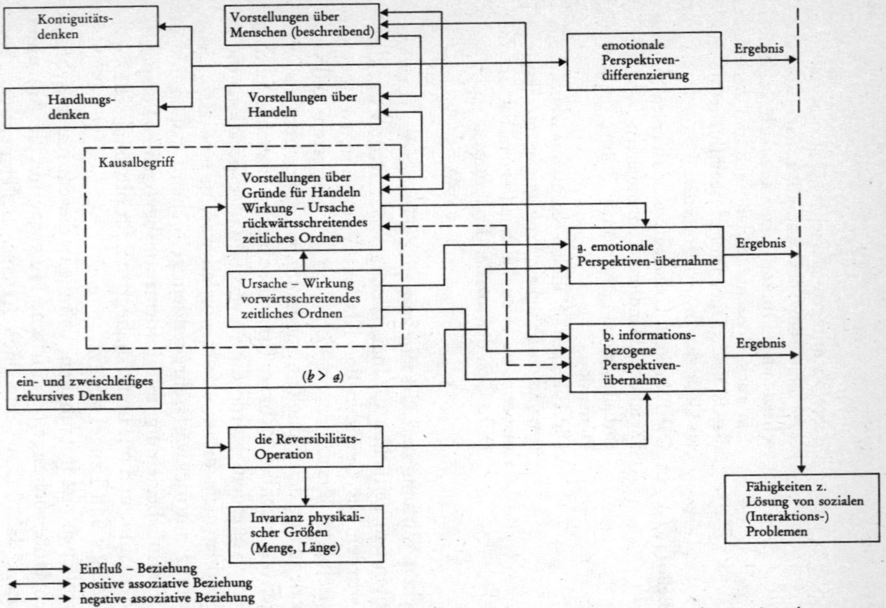

Abb. 3 $\underline{b} > \underline{a}$ gibt an, daß der Einfluß des rekursiven Denkens auf informationsbezogene Perspektivenübernahme signifikant größer ist als auf emotionale Perspektivenübernahme.

Kognition sei: Die Fähigkeit zur Perspektivenübernahme ist einerseits anzusehen als Ergebnis fundamentalerer kognitiver bzw. sozial-kognitiver Fähigkeiten, andererseits gehen in aktuelle soziale Perspektivenübernahme mit gleichem Gewicht auch andere soziale und sozial-kognitive Fähigkeiten (z. B. Vorstellungen über Menschen) ein. Damit stellt sich das Problem, ob die Fähigkeit zur Perspektivenübernahme als eine angemessene bzw. zureichende Variable zur Erfassung der Stufen sozial-kognitiver Entwicklung angesehen werden kann. Diese Frage ließe sich methodisch klären, indem man neben den üblichen Aufgaben zur Perspektivenübernahme eine Reihe verschiedener Aufgaben für kognitive und sozial-kognitive Fähigkeiten – ähnlich den in den oben beschriebenen Untersuchungen enthaltenen – verwendet und so die sozial-kognitive Entwicklung auch auf konkretes soziales Verhalten bezieht.

Vom Verfasser autorisierte Übertragung aus dem Englischen von Dieter Geulen

Anmerkung

1 Das vorliegende Kapitel stützt sich zu einem großen Teil auf Diplom-Arbeiten von Studenten. Der Verfasser dankt ihnen für die oft sehr gründliche Arbeit, die sie geleistet haben, und für die vielen Diskussionen bei unserer Zusammenarbeit. Ebenso sei Larry Kurdek, Dieter Geulen und Renate Valtin für ihre Bemerkungen zu einer früheren Fassung des Papiers gedankt. Alle Untersuchungen fanden im Rahmen eines Projekts über »Stimulation of social development in school« statt, das von der Dutch Foundation for Educational Research unterstützt wird (S.V.O.-projekt 0360).

3. Psychologische Korrelate der Perspektivenübernahme

3.1 Kommunikationsfähigkeit

Sam Glucksberg und Robert M. Krauss
Was sagen die Menschen, nachdem sie sprechen gelernt haben? Untersuchungen zur Entwicklung gegenstandsbezogener Kommunikation[1]

Was sagen Menschen, wenn sie miteinander reden, und was bestimmt die Wahl ihrer Worte? Wenn Sprache ein Code wäre, so daß jeder Gegenstand, jedes Ereignis oder jede Beziehung, auf die Bezug genommen wird, nur einen einzigen »Namen« hätte, dann beschränkte sich das Problem der Wort- oder Ausdruckswahl auf die Feststellung der jeweiligen Verbindung zwischen den Bezugsobjekten (referents) und ihren Namen. Das ist jedoch nicht so. Zwischen Bezugsobjekten (z. B. Gegenständen und Ereignissen oder Beziehungen) und ihren Namen besteht nicht einfach eine 1:1 Verbindung. Es kann sein, daß man sich auf ein bestimmtes Objekt mit verschiedenen Namen oder mit einem bestimmten Namen auf verschiedene Bezugsobjekte bezieht. Rosenberg und Cohen (1966) haben darauf hingewiesen, daß der in einem bestimmten Kontext »richtige« Name für ein Bezugsobjekt in einem anderen Kontext »falsch« sein kann. Daher verwenden wir die Bezeichnung »richtig« [correct] in dem Sinne, daß ein bestimmter Name nützlich [useful] ist, wenn man über ein bestimmtes Bezugsobjekt spricht; in einem gegebenen Kontext macht er es dem Zuhörer möglich, den Sprecher zu verstehen.

Im allgemeinen sagt man, daß ein Zuhörer einen Sprecher dann verstanden hat, wenn er aufgrund der Mitteilung des Sprechers das Bezugsobjekt aus einer Reihe von Objekten unterscheiden kann. Wenn das Bezugsobjekt z. B. ein bestimmter Vogel ist, dann kann er »Taube«, »Ringeltaube«, »streptopelia risoria«, »der Vogel mit dem Ring am Hals«, »der purpur-graue Vogel« oder, falls es sich um ein Haustier handelt, »Charlie« heißen. Sicher kann jeder dieser Namen in manchen Kontexten »richtig«, in anderen »falsch« sein; dies hängt von den nicht interessierenden Objekten, dem allgemeinen Zusammenhang des Gesprächs und dem jeweiligen Zuhörer ab. Was ist aber das Kennzeichnende der Kommunikationsfähigkeit, und wie verläuft ihre Entwicklung?

Ein Weg, sich diesem Problem zu nähern, besteht darin, extreme Formen sprachlicher Enkodierung zu betrachten, nämlich nichtsoziale (oder unbearbeitete) [unedited] und soziale (oder aufbereitete) [edited] Kommunikation. Nichtsoziale Enkodierung, die unseres Erachtens das Sprachverhalten kleiner Kinder kennzeichnet (Glucksberg, Krauss u. Weisberg 1966), hat starke Ähnlichkeit mit freier Wortassoziation. Das Bezugsobjekt scheint einfach eine Reaktion sprachlicher Repräsentation hervorzurufen, die zufällig aus der Hierarchie sprachlicher Reaktionen für das Bezugsobjekt oder bestimmte Aspekte seiner Gesichtspunkte genommen wird. Ihr Informationswert wird nicht abgeschätzt, sie wird einfach so geäußert. Ein solcher Kommunikationsakt ist noch in einem anderen Sinne nichtsozial. Er geht nicht auf die Äußerungen des Zuhörers ein, die für einen weiter entwickelten Sprecher wichtige Anhaltspunkte bezüglich der Wirksamkeit der Mitteilungen bieten (Krauss u. Weinheimer 1966; Krauss u. Bricker 1967).

Im Gegensatz zur nichtsozialen Sprache kann soziale Sprache in Begriffen eines Aufbereitungsprozesses [editing process] betrachtet werden. Bevor etwas geäußert wird, wird der Informationswert der potentiellen Äußerung vom Sprecher eingeschätzt. Der Sprecher nimmt, in George Herbert Meads Begriffen, die »Rolle des anderen« ein. Zu den Variablen, die die sprachliche Enkodierung eines Erwachsenen beeinflussen, gehören seine Ziele, der unmittelbare soziale, physische und sprachliche Kontext, seine Wahrnehmung des Zuhörers sowie die Objekte, von denen das Bezugsobjekt unterschieden werden soll. Die Äußerungen des Hörers auf eine Mitteilung des Sprechers hin beeinflussen die nachfolgenden Mitteilungen des Sprechers über das jeweilige Bezugsobjekt. Diese Variablen spielen unseres Erachtens in der Sprache von Kindern keine so große Rolle wie bei Erwachsenen. Sie werden, zusammen mit anderen Variablen, mit zunehmendem Alter wichtiger.

Die experimentelle Anordnung, die wir entwickelt haben, um die Aneignung und Entwicklung gegenstandsbezogener Kommunikation zu untersuchen, besteht aus einem einfachen Kommunikations-Spiel mit zwei Personen. Da diese Technik schon an anderer Stelle ausführlich beschrieben worden ist (Glucksberg et al. 1966), stellen wir sie hier nur kurz vor. In der Anordnung kommunizieren zwei Personen, die einander nicht sehen können, über vorher noch nicht bekannte Strichzeichnungen, die sprachlich schwer zu enkodieren sind (vgl. Abb. 1).

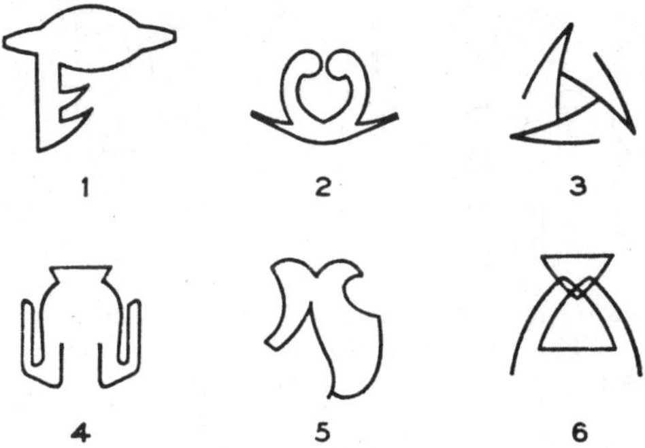

Abb. 1. Die verwendeten Strichzeichnungen

Diese Figuren wurden aus einer größeren Reihe ähnlicher Figuren ausgewählt, weil sie bei einer Stichprobe erwachsener Versuchspersonen eine große Vielfalt an Reaktionen hervorriefen, so daß man davon ausgehen kann, daß es sich um Reizmaterial handelt, für das keine geläufigen Bezeichnungen vorhanden sind (Krauss u. Weinheimer 1964). Die Aufgabe macht es erforderlich, daß eine Versuchsperson (der Zuhörer) eine der Figuren (das Bezugsobjekt) aus der Menge der anderen Figuren (die Nicht-Bezugsobjekte) aufgrund der sprachlichen Mitteilungen des anderen Probanden (des Sprechers) herausfindet. Die experimentelle Situation, die wir sowohl für 36 Monate alte Kinder als auch für Erwachsene verwandten, zeigt Abb. 2.

Sprecher und Zuhörer haben je sechs Klötze; bei jedem ist auf den vier vertikalen Seitenflächen jeweils eine bestimmte Figur aufgedruckt. Jeder Klotz ist vertikal durchbohrt, so daß er auf einen Stab gesteckt werden kann. Der Sprecher erhält seine Klötze nacheinander in zufälliger Reihenfolge aus einer Geber-Vorrichtung. Die Klötze des Zuhörers liegen in zufälliger Anord-

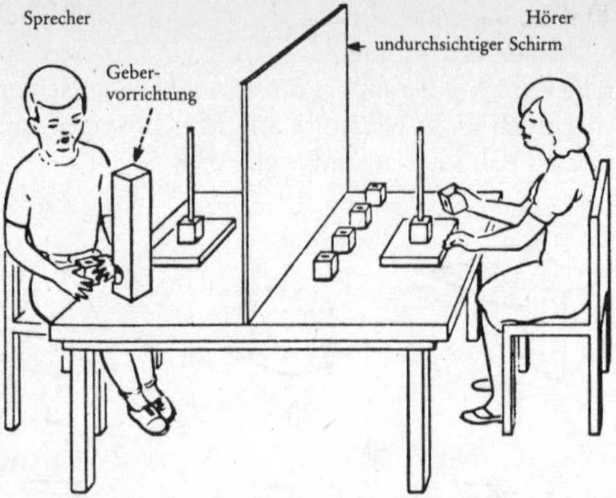

Abb. 2. Die experimentelle Situation (Im Unterschied zu unserer Abbildung waren bei den meisten Versuchen die Partner vom gleichen Geschlecht.)

nung vor ihm. Die gemeinsame Aufgabe besteht nun darin, übereinstimmende Reihen aus sechs Klötzen auf die Stäbe zu stecken. Der Sprecher nimmt den von der Vorrichtung ausgegebenen Klotz, steckt ihn auf seinen Stab und sagt gleichzeitig dem Zuhörer, welchen seiner Klötze dieser auf seinen Stab stecken soll. Jede Sechs-Klotz-Reihe bildet einen Versuch. Dem Sprecher und dem Zuhörer wird gesagt, daß sie die gleichen Klötze haben und daß sie uneingeschränkt miteinander reden können.

Bevor wir uns dem kindlichen Verhalten in einer solchen Situation zuwenden, könnte es nützlich sein, das Verhalten von Erwachsenen bei dieser Aufgabe zu betrachten. Denn in unserer Gesellschaft ist die Leistung Erwachsener der Maßstab für die Fähigkeit, die Kinder einmal erreichen müssen. Erwachsene mit normalem IQ machen schon beim ersten Versuch im wesentlichen keinen Fehler. Am anderen Ende der Fähigkeitsskala zeigen Vorschulkinder, die die Aufgabe mit leicht beschreibbarem Reizmaterial (z. B. mit Farben oder Tierbildern) fehlerfrei bewältigen, nur zufällige Zusammenstellungen, wenn ihnen die neuartigen Figuren vorgelegt werden (Glucksberg et al. 1966). Die Namen, die sie den Figuren geben, sind im allgemeinen kurz, subjektiv und bleiben trotz Kenntnis der Ergebnisse von Versuch zu Versuch gleich.

Unsere Aufgabe unterscheidet fließend zwischen diesen Extremen innerhalb der Altersspanne. So werden z. B. Genauigkeitsveränderungen als Funktion des Sprecher-Alters und des Zuhörer-Alters ermittelt. Abb. 3 zeigt die Art der Daten, die wir bei altershomogenen Paaren erhielten.

Abb. 4 zeigt Genauigkeits-Daten aus einer Untersuchung mit altersheterogenen und -homogenen Paaren, und zwar Sprecher im Kindergartenalter gepaart mit Zuhörern im Kindergartenalter, mit Drittkläßlern und mit Fünftkläßlern.

Ein Gesichtspunkt des Verhaltens jüngerer Kinder, den wir in diesen früheren Untersuchungen beobachtet hatten, betraf die

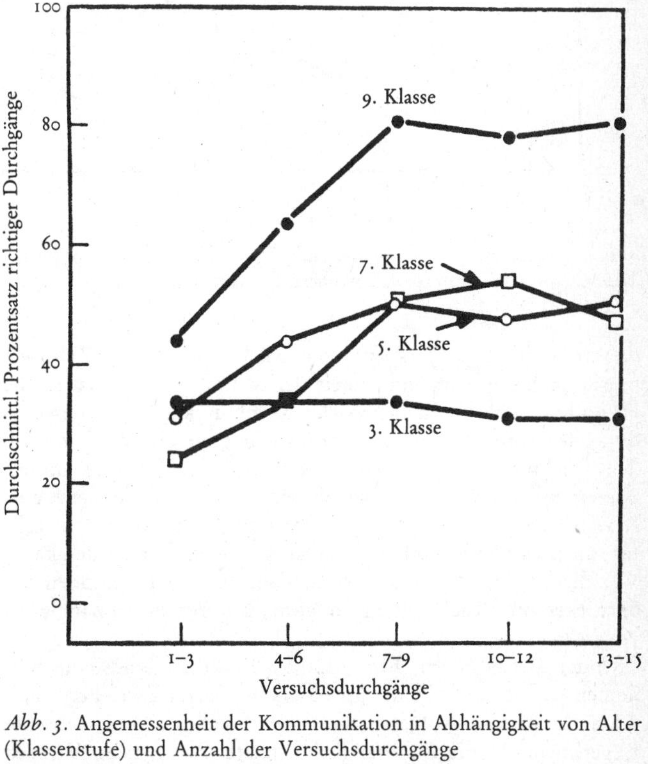

Abb. 3. Angemessenheit der Kommunikation in Abhängigkeit von Alter (Klassenstufe) und Anzahl der Versuchsdurchgänge

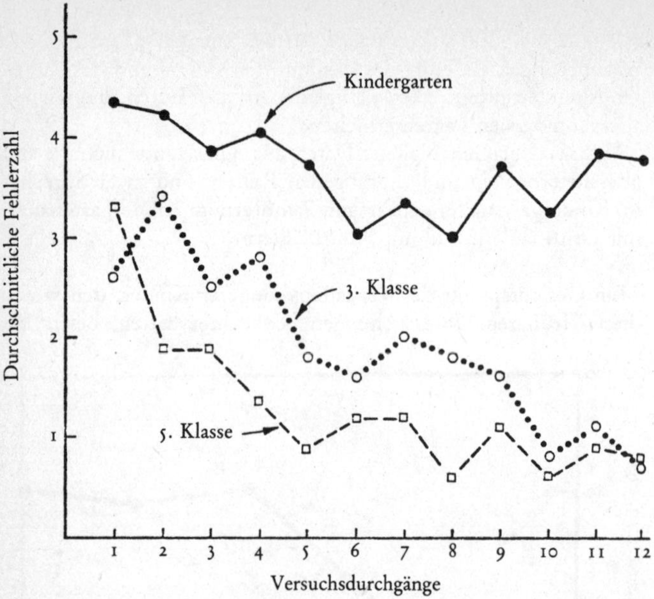

Abb. 4. Angemessenheit der Kommunikation in Abhängigkeit vom Alter (Klassenstufe) des Hörers bei Sprechern im Kindergartenalter

Reaktion des Sprechers auf eine Rückmeldung des Zuhörers hinsichtlich der Verständlichkeit der Mitteilung. Wir hatten die Hypothese, daß bei nicht-sozialer Kommunikation die Bezeichnung des Sprechers für ein Bezugsobjekt unberührt bleibt von den Rückmeldungen des Zuhörers. Diese Auffassung stimmt überein mit Piagets Begriff des Nominalismus – die Tendenz, eine Bezeichnung als integrale Eigenschaft eines Objekts zu betrachten, die invariant ist und nicht willentlich verändert werden kann. Vor diesem Hintergrund untersuchten wir die Reaktionen des Sprechers auf Rückmeldungen vom Zuhörer in Abhängigkeit vom Alter.

Kindergartenkindern, Erst-, Dritt-, Fünftkläßlern sowie Studenten wurde die Rolle des Sprechers in unserer Zwei-Personen-Kommunikations-Aufgabe übertragen, wobei ein erwachsener Experimentator die Zuhörer-Rolle spielte. Beim ersten Versuch mit den neuartigen Figuren sagte der Experimentator nach der Beschreibung des ersten, dritten und sechsten Klotzes »OK«, um Verständnis anzuzeigen. Nach der Beschreibung des zweiten, vierten und fünften Klotzes sagte der Experimentator zu zwölf Probanden in jeder Altersgruppe: »Ich verstehe nicht, welchen du meinst.« Zu anderen Probanden sagte er: »Sag mir noch mehr über den Klotz.« Und zu einer dritten Gruppe von 12 Probanden sagte er: »Ich verstehe nicht, welchen du meinst. Sag mir mehr über den Klotz!« Weil diese drei verschiedenen Mitteilungen keinen Unterschied im Verhalten der Probanden hervorriefen, wurden diese nach Altersgruppen zusammengefaßt.

Die Ergebnisse zeigen, daß jüngere Kinder – abgesehen von ihrem beschränkten Antwort-Repertoire – ihre Mitteilungen nicht in sozial angemessener Weise aufarbeiten d. h. modifizieren. Einige dieser Daten sind aus Abb. 5 ersichtlich.

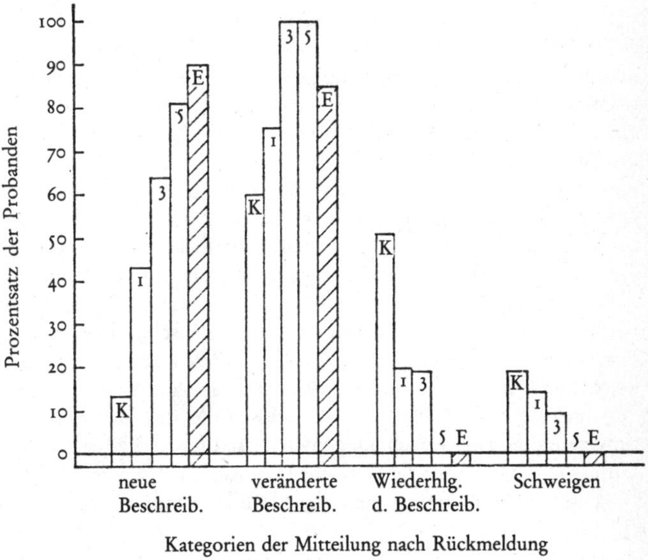

Abb. 5. Rückmeldung in Abhängigkeit vom Alter

Jede Säule in dieser Abbildung stellt den Prozentsatz an Probanden jeder Altersgruppe dar, die wenigstens einmal das der Kategorie entsprechende Verhalten gezeigt hatten. Die erste Kategorie, *neue Beschreibung*, meint eine nach einer Rückmeldung folgende Beschreibung, die das Bezugsobjekt mit einem anderen Objekt vergleicht. Das heißt, wenn die ursprüngliche Beschreibung vor der Rückmeldung »Es sieht wie ein Boot aus« war, könnte die neue Beschreibung z. B. »Es sieht wie ein Hut aus« lauten. Eine *veränderte Beschreibung* wäre dagegen bei dem ebengenannten Beispiel »Ein Boot mit einem Motor hinten dran«. Die beiden übrigen Kategorien erklären sich von selbst. Sozial angemessenes Verhalten, wie wir es gemessen haben, nimmt eindeutig mit dem Alter zu. Die Ergebnisse zum Fingerzeige-Verhalten (die hier nicht aufgeführt wurden) sind besonders aufschlußreich. Nur Kindergartenkinder und Erstkläßler zeigen mit dem Finger, das heißt sagten Dinge wie: »Es geht so und so«, während sie die Figur mit dem Finger nachzeichneten. Die Unangemessenheit eines solchen Verhaltens leuchtet ein, da Sprecher und Zuhörer einander ja nicht sehen konnten.

Andere Ergebnisse dieser Untersuchung, die statistisch-linguistische Merkmale wie das Verhältnis von verschiedenen Wörtern zu allen Wörtern und unabhängige Einschätzungen des Informationswertes der Mitteilungen vor und nach der Rückmeldung mit einschlossen, stützen die allgemeine Schlußfolgerung, daß sich – unabhängig von Beschränkungen des Antwort-Repertoires – mit zunehmendem Alter eine oder mehrere Formen der sozialen Aufbereitung von Mitteilungen [social editing] entwickeln. Dieser behauptete Aufbereitungsprozeß ist natürlich nicht unabhängig von anderen kognitiven Prozessen, die sich mit dem Alter und zunehmender Erfahrung verändern. Wir planen weitere Untersuchungen unter anderem der Beziehungen zwischen bestimmten Formen der Aufbereitung und ausgewählten kognitiven Fähigkeiten. Von unmittelbarem Interesse ist die genauere Bestimmung der spezifischen Aufbereitungsprozesse, die das Kommunikationsverhalten in verschiedenen Altersstufen erklären, sowie Untersuchungen über die Wirkungen bestimmter experimenteller Eingriffe auf das Vorkommen dieser Aufbereitungsprozesse.

Übersetzt von Klaus Mucha

Anmerkung

1 Dieser Beitrag ist eine leicht überarbeitete Fassung einer Rede im Symposium zur Sprachentwicklung der Society für Research in Child Development im März 1967 in New York. Die Untersuchung wurde durch den Public Health Service Grant HDMH-01910 unterstützt.

Wir danken Frau Nora Kim für ihre Mitarbeit bei der Datensammlung und -bearbeitung und den Kollegen folgender Einrichtungen für ihre freundliche Zusammenarbeit: University League Nursery School, Cherry Hill Nursery School, Nassau Street School und John Witherspoon School – alle in Princeton, New Jersey.

Stanley C. Ratner und F. Edward Rice

Der Einfluß des Hörers auf die verbale Interaktion

Aufgrund einer Analyse verbaler Interaktion wurde festgestellt, daß das Verhalten eines Sprechers davon abhängig ist, wieviel Informationen (wenig, mittel, viel) der Hörer über den Gegenstand hat. Sprecher mit wenig informierten Hörern verwendeten mehr verschiedene Wörter und gaben vollständigere Beschreibungen des Gegenstandes mit mehr Wiederholungen als Sprecher mit mittel- oder gutinformierten Hörern. Das Sprechtempo erwies sich als unabhängig von der Information des Hörers. Außerdem wurde ein komplexer Zusammenhang zwischen dem Ausmaß der Hörerinformation und der Erinnerung des Sprechers an den Gegenstand festgestellt.

Kantor (1926) hat in seiner Analyse des Sprachverhaltens festgestellt, daß Sprechen eine Interaktion zwischen einem Sprecher, einem Hörer und einem Gegenstand beinhaltet. Ratner (1957) legte eine ausführlichere Beschreibung dieser Variablen vor mit dem Ziel, die Analyse der Sprecherseite in eine empirisch überprüfbare Form zu überführen. Zum Beispiel wies er darauf hin, daß sowohl Sprecher- wie Gegenstandsvariablen konstant gehalten und bestimmte Hörerdimensionen manipuliert werden müssen, um den Einfluß dieser Variablen auf die verbale Interaktion zu bestimmen.

Das Ziel der vorliegenden Untersuchung war es, den Einfluß der Menge an Informationen über den Gegenstand, die dem Hörer unterstellt wird, auf die verbale Interaktion zu untersuchen. Das heißt wir vermuten, daß das Sprecherverhalten abhängig ist von der Zahl der Aspekte des Gegenstandes, die Sprecher und Hörer teilen. Insbesondere vermuten wir, daß mit zunehmender dem Hörer unterstellter Informationsmenge der Sprecher (1) weniger vollständige Äußerungen abgibt, (2) weniger Wörter verwendet, (3) weniger Wiederholungen bringt, (4) sein Sprechtempo schneller wählt und daß außerdem seine Erinnerung an den Gegenstand schwächer sein wird.

Methode

Probanden

Probanden waren 66 männliche Studenten aus einem Einführungskurs in Psychologie an der Michigan State University, die freiwillig teilnahmen. Sie wurden zufällig auf 3 gleich große Gruppen verteilt.

Versuchsanordnung

Auf einem senkrecht stehenden Brett war eine 35×55 cm große Landkarte eines fiktiven Gebietes befestigt, die von einer abnehmbaren Hülle verdeckt war. Vor dem Probanden und neben der Landkarte befand sich ein Telefonapparat nach französischer Art mit einem eingebauten kleinen Kristallmikrofon, das an ein Tonbandgerät an der anderen Seite des Raumes angeschlossen war.

Vorgehen

Jeder Proband wurde gebeten, vor der Landkarte Platz zu nehmen. Dann wurde diese aufgedeckt, und folgende Anweisungen wurden vorgelesen:

»Dies ist eine einfache Sprechaufgabe. Machen Sie sich keine Gedanken darüber, ob Sie die Einzelheiten der Landkarte behalten. Sie werden sie während des Sprechens immer vor sich sehen. Bitte schauen Sie sich die Karte eine Weile an und überlegen Sie, wie jemand von der Werkstatt am Punkt A hier (der VL zeigt die Werkstatt auf der Karte) zu Ihrem Wagen fahren würde, der am Punkt X (der VL zeigt den Punkt X auf der Karte) liegengeblieben ist. Sie haben ungefähr 1 Minute Zeit, um die Karte zu studieren.«

Nach dem Ende der Anweisungen wurden allen Probanden 40 Sekunden Zeit zum Studium der Landkarte gegeben.

Darauf wurde den Probanden der Gruppe 1 gesagt, sie möchten das Telefon nehmen und einen Mechaniker aus der Werkstatt am Punkt A, »der sich in der Gegend nicht gut auskennt« ([»who does not know much about this area«] wenig informierter Hörer) zu ihrem Wagen dirigieren. Der Gruppe 2 wurde gesagt, sie solle einen Mechaniker zum Wagen dirigieren, der »diese Gegend einigermaßen gut kennt« ([»who knows this area fairly well«] halbwegs informierter Hörer). Gruppe 3 wurde gebeten, einen Mechaniker zu leiten, der »diese Gegend sehr gut kennt« ([»who knows this area very well«] gut informierter Hörer). Die Anweisungen, die der Proband darauf an den Hörer gab, wurden auf Tonband aufgenommen.

Nachdem der Proband sein »Telefongespräch« beendet hatte, wurde die Landkarte wieder verdeckt. Ihm wurde nun eine Reproduktion der Landkarte vorgelegt, die lediglich Straßen ohne Namen enthielt, und er wurde gebeten, so viele Einzelheiten der Karte einzutragen und zu benennen wie möglich.

Ergebnisse und Diskussion

Die wichtigsten Ergebnisse der Untersuchung sind in Tabelle 1 zusammengefaßt.

Die Varianzanalyse für die Zahl der verwendeten Wörter wie auch für die Zahl der Wiederholungen (Verhältnis der Zahl der verschiedenen Wörter zur Gesamtzahl der Wörter) ergab signifikante F-Werte. Ein paarweiser Vergleich der Mittelwerte für jede Variable und ein t-Test zeigen, daß sich Gruppe 1 von Gruppe 2 und Gruppe 3 signifikant in der Gesamtzahl der verwendeten Wörter sowie im Verhältnis der Zahl verschiedener Wörter zur Gesamtzahl der Wörter unterscheidet.

Das Sprechtempo ist dagegen eine Variable, die anscheinend nicht vom Maß der dem Hörer zugeschriebenen Information abhängig ist. Wir stellten weder die vermutete Rangfolge der Gruppen noch überhaupt einen Unterschied zwischen den Gruppen fest.

Die Vollständigkeit der Aussagen des Sprechers wurde durch Einstufen der entsprechenden Tonbandprotokolle als entweder vollständige oder unvollständige Anweisung definiert. Als vollständig galt eine Anweisung, bei der der Proband den ganzen Weg zwischen der Werkstatt und dem Auto beschrieb, d. h. jede notwendige Richtungsänderung angab. Vollständige Anweisungen wurden von 91% der Gruppe 1 und von ungefähr 50% der Gruppen 2 und 3 gegeben. Da die Gruppen 2 und 3 in keiner anderen Variablen der verbalen Interaktion einen Unterschied zeigten, wurden ihre Daten zusammengefaßt. Ein 2×2 χ^2-Test auf Unabhängigkeit zeigte einen signifikanten Unterschied hinsichtlich der Zahl vollständiger Anweisungen zwischen Sprechern mit wenig informierten Hörern einerseits und Sprechern mit mäßig und gut informierten Hörern andererseits in der vermuteten Richtung.

Die den 3 Gruppen entsprechenden Mittelwerte der Erinnerungs-Scores sind aus der letzten Zeile der Tab. 1 ersichtlich. Der Score jedes Probanden kam dadurch zustande, daß die Zahl der nach dem Telefongespräch auf dem Testblatt richtig angegebenen Einzelheiten (Straßennamen und Wegezeichen) zusammengezählt wurde. Nach dem Ergebnis eines *t*-Tests gab Gruppe 2 mehr Einzelheiten der Karte richtig wieder als Gruppe 1 und 3. Dieses Ergebnis steht im Gegensatz zu unseren Erwartungen, es ist der einzige Fall, bei dem sich Gruppe 2 und 3 in einer Variablen dieser Untersuchung unterscheiden.

Aus der vorangehenden Analyse kann geschlossen werden, daß bestimmte Merkmale des Hörers das Verhalten des Sprechers beeinflussen. Insbesondere ist folgendes zu sagen: Je mehr Informationen über den Gegenstand von Sprecher und Hörer geteilt werden, (1) desto weniger vollständig sind die Aussagen des Sprechers, (2) desto weniger Wörter verwendet er und (3) desto weniger Wiederholungen macht er. Dagegen stellten wir fest, daß das Maß der dem Hörer zugeschriebenen Information keinen Einfluß auf das Sprechtempo hat.

Die Ergebnisse anderer Untersuchungen können in dem Sinne interpretiert werden, daß auch Alter und Geschlecht des Hörers einen Einfluß auf die verbale Interaktion haben. Benney, Riesman und Star (1956) stellten fest, daß die auf Darstellung gerichtete Aktivität bei einem männlichen Sprecher gegenüber einem männlichen Hörer am geringsten, und bei einem weiblichen Sprecher gegenüber einem weiblichen Hörer am höchsten war, wobei es um die Themen »psychische Gesundheit« und »Sexualverhalten« ging. Die darstellende Aktivität war ebenfalls niedrig, wenn der Sprecher ein junger Mann und der Hörer eine junge Frau war. Der Hörer spielte dabei immer die Rolle eines Interviewers für eine Umfrage.

Grace (1952) stellte fest, daß die verbale Gedächtniswiedergabe des Sprechers von Gegenständen, die sich auf Sex bezogen bzw. nicht bezogen, nur leicht durch seine Kenntnis des Geschlechts des Hörers beeinflußt wird. Jedoch beeinflußte sie die Reihenfolge, in der diese Gegenstände erinnert wurden.

Übersetzt von Dieter Geulen

Tab. 1. Mittelwerte der Teilgruppen und Analyse der Ergebnisse aus der verbalen Interaktion und der Gedächtnisaufgabe

Variable	Gruppe 1	Gruppe 2	Gruppe 3	Statistischer Zusammenhang	*p*
Zahl der Wörter	71.73	44.50	43.77	$F=10.38$	$<.01$
Verhältnis verschiedener Wörter zur Gesamtzahl der Wörter	0.605	0.712	0.697	$F= 6.33$	$<.05$
Sprechtempo (Wörter pro sec.)	2.51	2.18	2.87	$F= 2.83$	$>.10$
Zahl der vollständigen Anweisungen	20	11	12		
Zahl der unvollständigen Anweisungen	2	11	10	$\chi^2= 8.10$	$<.01$
Gedächtnis-Score	25.77	29.81	24.21	$F= 6.39$	$<.05$

Anmerkung

Teile des vorliegenden Artikels wurden auf einem Treffen der American Psychological Association vorgetragen. Mary Darling und Carol Jackman waren bei der Datenanalyse behilflich.

Melvin Feffer und Leonard Suchotliff
In sozialer Interaktion implizierte Dezentrierungen[1]

Eine Interpretation sozialer Interaktion im Sinne von Piagets Begriff der Dezentrierung führt zu folgender Hypothese: Erfolgreiche soziale Interaktion hängt von der Fähigkeit jedes der beteiligten Individuen ab, sein Verhalten gleichzeitig von mehr als einer Perspektive aus zu betrachten. Um diese Hypothese zu überprüfen, wurde eine Aufgabe zur Perspektivenübernahme (role taking task – RTT) benutzt, um die Fähigkeit der Probanden, im Hinblick auf ihr Verhalten gleichzeitig verschiedene Perspektiven zu betrachten, zu messen. 36 Probanden wurden auf der Grundlage ähnlichen Verhaltens bei der Perspektivenübernahme paarweise aufgeteilt. Anschließend wurden die Zweiergruppen nach der Effektivität ihrer sozialen Interaktion beurteilt; jedes Mitglied einer Zweiergruppe sollte seinem Partner bestimmte Testwörter, die dieser nicht kannte, mittels eines aus einem Wort bestehenden Assoziationshinweises kommunizieren. Wie vorausgesagt, kommunizierten die Zweiergruppen mit einem höheren RTT-Score die Testwörter schneller und mit weniger Hinweisen als die Zweiergruppen mit einem niedrigen RTT-Score. Verbale Intelligenz, Wortflüssigkeit und Gemeinsamkeit der Assoziationen waren kontrolliert worden.

Obwohl Piaget (1948; 1962) im Rahmen der kognitiven Entwicklungstheorie auch interpersonelles Verhalten betrachtet hat, richtete sich sein Interesse in erster Linie auf die Analyse von nichtpersönlichen kognitiven Kategorien der Erfahrung wie z. B. Raum, Zeit und Zahl. Die vorliegende Untersuchung stellt einen Versuch dar, diese »kalten Aspekte der Kognition« (Flavell 1963) mit dem interpersonellen Bereich zusammenzubringen. In diesem Sinne führt sie frühere empirische Studien weiter (Feffer 1959; Feffer u. Gourevitch 1960*), die in ähnlicher Weise auf das Ziel ausgerichtet waren, die Implikationen der Piagetschen Theorie auf den interpersonalen Bereich auszuweiten. Unsere Untersuchung konzentriert sich zu diesem Zweck auf einige Merkmale sozialer Interaktion, die im Sinne von Piagets Begriff der Dezentrierung interpretiert werden.

Vom Ansatz Piagets (1950) aus spiegeln kognitive Prozesse umso größere Reife und Anpassungsfähigkeit wider, je stärker beim Organisieren der Erfahrung unmittelbare Sinneseindrücke dem Denken untergeordnet werden. Insbesondere unterscheidet Piaget scharf zwischen Wahrnehmung und Denken im Sinne von

Dezentrierung. Er entwickelt die Auffassung, daß im Akt der Fokussierung oder Zentrierung auf einen bestimmten Aspekt im Wahrnehmungsfeld eine Verzerrung enthalten ist. Obwohl die mit dem Dezentrieren (Verlagern der Wahrnehmungseinstellung von einem Teil des Wahrnehmungsfeldes auf einen anderen) gekoppelte Abfolge der Verzerrungen dazu dienen kann, daß sich die Verzerrungen gegenseitig korrigieren oder ausgleichen, läßt sich eine solche Korrektur nur teilweise auf den sequenziellen Charakter der Zentrierungen zurückführen. Vielmehr erlaubt das reife Denken eine weit gründlichere Korrektur der in jeder einzelnen Einstellung enthaltenen Verzerrungen, indem es das Individuum befähigt, zur gleichen Zeit eine Vielzahl von Aspekten einer Situation in ihrem gegenseitigen Zusammenhang, d. h. in gleichzeitiger Dezentrierung, zu betrachten.

Obwohl der Begriff der Dezentrierung innerhalb der Theorie Piagets auf die Interpretation nicht-persönlicher kognitiver Prozesse wie z. B. die Entwicklung des Mengenbegriffs beim Kind (Piaget 1950) beschränkt bleibt, kann er im Sinne der folgenden Formulierung auf interpersonales Verhalten ausgedehnt werden: Die Verschränkung der Antworten in funktionierender sozialer Interaktion erfordert, daß jedes der beteiligten Individuen sein beabsichtigtes Verhalten gemäß seiner Antizipation der Reaktionen des anderen auf dieses Verhalten abwandelt. Um die Reaktion des anderen richtig zu antizipieren, muß man imstande sein, das eigene beabsichtigte Verhalten aus der Perspektive des anderen zu sehen. Die Abwandlung des eigenen Verhaltens gemäß dieser Antizipation erfordert jedoch außerdem, daß man die beabsichtigte Handlung zur gleichen Zeit auch aus der eigenen Perspektive im Auge behält. Daher kann die kognitive Organisation eines Individuums, das effektiv sozial interagieren kann, als eine solche verstanden werden, in der verschiedene Standpunkte gleichzeitig in ihrem Verhältnis zueinander in Betracht gezogen werden, so daß die Verzerrung, die mit einer gegebenen Perspektive oder Zentrierung jeweils verbunden ist, durch eine andere Perspektive ausgeglichen bzw. korrigiert wird. Im Gegensatz dazu müßten Individuen, die ihr Verhalten nur von einzelnen Standpunkten aus nacheinander reflektieren können, Schwierigkeiten haben, ihr Verhalten in einer solchen Situation angemessen abzuwandeln. Diese Formulierung ist grundlegend für die die vorliegende Untersuchung leitende Hypothese, daß funktionierende soziale Interaktion davon abhängig ist, daß jedes der beteiligten Individuen in der Lage ist, sein Verhalten gleichzeitig von verschiedenen Standpunkten aus zu betrachten.

Eine erste Erweiterung des Begriffs der Dezentrierung auf die kognitive Strukturierung von interpersonalen Inhalten wurde durch eine Studie von Feffer und Gourevitch (1960)* gestützt. Kindern verschiedener Altersstufen wurde eine projektive Aufgabe zur Perspektivenübernahme (role taking task, RTT), die interpersonale Inhalte aktiviert, sowie eine Reihe nicht-persönlicher kognitiver Aufgaben, wie sie von Piaget und seinen Mitarbeitern entwickelt worden sind, vorgelegt. In dieser wie auch in der Nachfolgeuntersuchung von Candell (1965) wurde festgestellt, daß, wie vorausgesagt, die Perspektivenübernahme im Sinne des Begriffs der Dezentrierung mit zunehmendem Alter einen Fortschritt zeigt und daß Zusammenhänge zwischen den unabhängigen Maßen für Dezentrierung bei nicht-persönlichen kognitiven Aufgaben bestehen. Auch Wolfe (1963) und Buchsbaum (1965) berichten ein zunehmendes Übergewicht reifer Dezentrierung beim Strukturieren nicht-persönlicher Inhalte mit zunehmendem Alter. Jedoch ist anzumerken, daß sich in allen diesen Untersuchungen die Erhebung der interpersonalen Dezentrierung auf den RTT beschränkte, d. h. auf projektives Material einzelner Probanden. Die vorliegende Untersuchung stellt insofern eine direktere Ausweitung des Dezentrierungsbegriffs auf interpersonales Verhalten dar, als sie auf die in der Interaktion zwischen zwei Individuen implizierten Dezentrierungen abstellt.

Methode

Das Sample bestand aus 36 männlichen und weiblichen Studenten aus einem Psychologiekurs für junge Semester. Den Probanden wurde zuerst eine Gruppenform des RTT vorgelegt, um ihre Fähigkeit zur Dezentrierung beim Strukturieren interpersonaler Inhalte zu bestimmen. Dann wurden sie nach ihrer Ähnlichkeit in der Fähigkeit zur Dezentrierung paarweise in 18 Zweiergruppen aufgeteilt. Später wurden diese Zweiergruppen im Hinblick auf ihre Effektivität beim Lösen einer Aufgabe, die kooperative soziale Interaktion erfordert (Stichwort) beurteilt. Schließlich wurden jedem Probanden noch der WAIS Wortschatztest, ein Test für Wortassoziationen und ein Test für Wortflüssigkeit vorgelegt.

RTT

Der RTT [role taking task = Aufgabe zur sozialen Perspektivenübernahme][a] diente in früheren Untersuchungen als Grundlage dafür, um im Sinne von Dezentrierung das Strukturieren interpersonaler Inhalte durch ein Individuum zu beurteilen. Der RTT verlangt, daß der Proband für eine Reihe mehrdeutiger Szenen je eine Geschichte erfindet. Nach Vervollständigung der Geschichten wird jede Szene erneut vorgeführt, und der Proband soll nun die Ausgangsgeschichte vom Standpunkt jeder der in ihr vorkommenden Figuren wiedererzählen.

Bei der Gruppenform wurden drei dem TAT ähnliche Bilder auf eine Leinwand projiziert und folgende Anweisungen zum Erfinden der Ausgangsgeschichte gegeben:

»Es handelt sich hier um einen Test für Einbildungskraft, eine Form der Intelligenz. Ich werde Ihnen jetzt der Reihe nach einige Bilder zeigen. Ihre Aufgabe ist es, zu jedem Bild eine möglichst dramatische Geschichte zu erfinden. Schildern Sie, was zu dem Ereignis, das in dem Bild dargestellt ist, geführt hat, beschreiben Sie, was in diesem Augenblick geschieht, was die Beteiligten denken und empfinden, und schildern Sie dann den Ausgang. Schreiben Sie Ihre Gedanken hin, so wie sie Ihnen kommen. Sie haben für jede Geschichte ungefähr 4 Minuten Zeit. Bitte numerieren Sie die Geschichten fortlaufend und achten Sie darauf, daß Ihre Schrift lesbar ist. Wenn Sie noch Fragen haben, heben Sie bitte die Hand.«

Nach der Darbietung der drei Bilder wurden folgende Anweisungen gegeben:

Sie werden jetzt dieselben Bilder noch einmal sehen, aber diesmal sollen Sie so tun, als ob Sie selbst eine der Figuren aus Ihrer Geschichte seien. Hier ist das erste Bild. (Das erste Bild wird projiziert). Ich möchte, daß Sie diese Person seien (der Versuchsleiter zeigt auf eine vorher festgelegte Figur). Sie sind genau in der Situation. Erzählen Sie die Geschichte noch einmal vom Standpunkt dieser Person aus! Das heißt, erzählen Sie die Geschichte noch einmal, aber so, als ob Sie selbst wirklich diese Person seien. Sie haben drei Minuten Zeit. Benutzen Sie für jede Figur ein neues Blatt Papier. (Nach drei Minuten zeigt der Versuchsleiter auf eine zweite, vorher festgelegte Figur.) Jetzt tun Sie so, als seien Sie diese Person. Erzählen Sie die Geschichte so, als seien Sie wirklich diese Person. (Nach weiteren drei Minuten zeigt der Versuchsleiter auf die dritte Figur.) Dieses Mal erzählen Sie die Geschichte, als seien Sie diese Person!

Der RTT wird nach dem Ausmaß beurteilt, in dem der Proband in der Lage ist, sich von den Perspektiven der verschiedenen Figuren aus auf die Ausgangsgeschichte zu beziehen und dabei gleichzeitig die Kontinuität zwischen den verschiedenen Versionen dieser Geschichte aufrechtzuerhalten. Wir nehmen an, daß Abwandlung und Kontinuität – die erfolgreiche Perspektivenübernahme definieren – als Indikatoren für die Fähigkeit der Probanden genommen werden können, ihr Verhalten gleichzeitig von verschiedenen Standpunkten aus zu betrachten.

So wurde eine sinngemäße Koordination zwischen den Versionen der Geschichte als eine Art von Dezentrierung interpretiert, die gleichzeitig durch frühere und durch antizipierte Zentrierungen geformt ist, während im Unterschied dazu Inkonsistenz oder Diskontinuität zwischen den Standpunkten der Figuren als eine Form nacheinander folgender Dezentrierungen aufgefaßt wurde, d. h. als ein Wandel der Blickrichtung, der nicht durch parallele andere Zentrierungen begleitet ist.

Diese allgemeinen Betrachtungen sind die Grundlage der speziellen Kategorien[2], nach denen das Dezentrierungsverhalten beim RTT beurteilt wurde. Diese Kategorien wurden nach der Zahl und Komplexität der Merkmale, die von verschiedenen Standpunkten aus koordiniert wurden, geordnet. Es handelt sich um folgende Kategorien:[a)]

Einfache Refokussierung [simple refocusing]. Hierzu ist erforderlich, daß die Beschreibung einer bestimmten Figur vom Standpunkt dieser Figur selber gegenüber der Beschreibung in der Ausgangsgeschichte abgeändert wurde. Wenn z. B. der Vater in der Ausgangsgeschichte beschrieben wird als »Er hatte einen schlechten Tag im Büro« und in der Vaterrolle als »hungrig«, so wurde dies als Anzeichen einer inkonsistenten Refokussierung genommen. Eine konsistentere bzw. koordinierte Fokussierung zeigt sich darin, daß der Vater von der Vaterrolle aus als »unglücklich« beschrieben wird.

Erweiterung der Rollenbeschreibung [character elaboration]. Diese Kategorie wurde benutzt, wenn einige Anzeichen dafür sprachen, daß die Refokussierung auf eine bestimmte Figur von mehr als einem Standpunkt aus vorgenommen worden war. Wie bei der vorigen Kategorie kann diese Abänderung verschiedene Grade thematischer Konsistenz aufweisen. Wenn der Proband z. B. den Vater in der Vaterrolle als »unglücklich«, von der Mutterrolle aus dagegen als »er streichelte den Hund« beschrieben hat, liegt eine inkonsistente Rollenerweiterung vor. Das heißt, es liegt hier zwar eine Refokussierung auf den Vater von jedem der beiden Standpunkte aus vor, aber die beiden Gesichtspunkte sind nicht koordiniert. Andererseits haben wir es mit einer Koordination, also einer konsistenten Erweiterung der Rollenbeschreibung zu tun, wenn der Vater von der Vaterrolle aus als »unglücklich«, von der Mutterrolle aus als »er fühlte sich lausig« beschrieben wird.

Erweiterung der Perspektiven [perspective elaboration]. Hier mußten zunächst die Voraussetzungen für eine konsistente Erweiterung der Rollenbeschreibung, d. h. Abänderung und zusätzlich Konsistenz der Beschreibung einer bestimmten Figur von verschiedenen Gesichtspunkten aus, erfüllt sein. Außerdem mußten sich diese Beschreibungen angemessen in dem Sinne unterscheiden, daß die Beschreibung einer Figur von ihrer eigenen Rolle aus eine »innere« Orientierung enthalten mußte, im Unterschied zu einer Beschreibung »von außen« vom Standpunkt einer der anderen Rollen aus. Dies ist zum Beispiel der Fall, wenn der Proband den Vater in der Vaterrolle so beschreibt: »Er war unglücklich, weil er gedacht hatte, er würde eine Gehaltserhöhung bekommen; aber es hat nicht geklappt«. Das heißt, er gibt als »Vater« solche Gründe für die Gemütslage des Vaters an, die am ehesten tatsächlich der Vater wissen muß. In der Rolle der Mutter dagegen beschreibt der Proband den Vater in auf die äußerlich sichtbare Fassade bezogenen Begriffen: »Er sah traurig aus«. Im Unterschied dazu ist die Rollenerweiterung, wie sie der vorigen Kategorie entspricht, zwar konsistent, erfüllt aber nicht die Voraussetzung der Perspektiven-Erweiterung, insofern sich die Mutter ohne Bezug auf den Vater unangemessen auf die innere Orientierung bezieht, indem sie sagt: »Er fühlte sich lausig«. Innerhalb der Kategorie der Perspektiven-Erweiterung lassen sich je nach Subtilität und Feinheit der Koordinierung zwischen inneren und äußerlichen Beschreibungen verschiedene Abstufungen unterscheiden.

Wechsel der Perspektive [change of perspective]. Diese Kategorie erfordert eine Gesamtsynthese zwischen zwei Perspektiven-Erweiterungen, d. h. es muß die spezifische Beziehung zwischen den beiden Rollen in der Weise zum Ausdruck kommen, daß sich die innere Orientierung der einen angemessen in der äußeren Orientierung der anderen Rolle widerspiegelt und umgekehrt. Zum Beispiel beschreibt der Proband den Vater in der Vaterrolle von einer inneren Orientierung her: »Er ist unglücklich, weil er dachte, daß er heute eine Gehaltserhöhung bekommen würde, aber es hat nicht geklappt«. Die Beschreibung findet ihr äußeres Gegenstück in der Beschreibung aus der Sicht der Mutter: »Er sah traurig aus«. Gleichzeitig beschreibt der Proband die Mutter in der Rolle der Mutter von einer inneren Orientierung aus, etwa so: »Sie war müde, weil sie heute die Fußböden geschrubbt hatte«, was sich wiederum konsistent spiegelt in der äußeren Beschreibung der Mutter aus der Sicht des Vaters: »Sie schien nicht allzu erfreut zu sein, ihn zu sehen«. Aus der Subtilität der Koordination von inneren und äußeren Beschreibungen ergeben sich wiederum verschiedene Abstufungen des Wechsels der Perspektiven.

Da die Testungen vor Semesterende abgeschlossen werden mußten, nahm der hauptverantwortliche Autor die Beurteilung der Ergebnisse der Probanden beim RTT anhand eines der drei Bilder aus der Reihe vor. Es zeigt eine Szene in einem Lokal, bei der eine sitzende weibliche Figur einen stehenden Mann und eine Frau beobachtet, die miteinander zu diskutieren scheinen. Dieses Bild wurde ausgewählt, weil es bei einer Voruntersuchung die größte Bandbreite und differenziertesten Beurteilungsergebnisse gebracht hatte. Jedem Probanden wurde nach Maßgabe der höchsten RTT-Kategorie, die er erreicht hatte, ein Score zugeordnet. Probanden des gleichen Geschlechts, die einen ähnlichen Score erreicht hatten, wurden zu Zweiergruppen zusammengestellt und später (ein bis zwei Monate nach dem RTT) durch den zweiten Autoren, dem ihr RTT-Niveau nicht bekannt war, in der Stichwortsituation untersucht.

Soziale Interaktionssituation (Stichwortaufgabe)

In der Stichwortsituation hatte jedes Mitglied der Zweiergruppe einen Stapel von 18 Karteikarten (7,5 × 12,5 cm) vor sich. Auf jeder Karte stand ein gedrucktes Wort. Ein Mitglied der Zweiergruppe (der Geber) hatte nun seinem Partner (dem Empfänger) sein Testwort mittels eines aus jeweils einem Wort bestehenden Assoziationshinweises zu kommunizieren. Der Empfänger wiederum sollte das nach jedem Assoziationshinweis vermutete Testwort in Form einer Ein-Wort-Antwort äußern. Diese Art Interaktion wurde solange fortgesetzt, bis das Testwort erfolgreich kommuniziert bzw. eine Zeitgrenze von 90 Sekunden erreicht war, nach der der Versuch mit der nächsten Karte fortgesetzt wurde. Die Effektivität der sozialen Interaktion wurde in der vorliegenden Untersuchung definiert durch die Zeitdauer und die Zahl der Hinweise, die die Zweiergruppe zur Lösung ihres Problems, nämlich die Übermittlung der 36 Testwörter, benötigte.

Wir haben die Stichwortaufgabe aus verschiedenen Gründen als Grundlage für die Beurteilung der Effektivität der sozialen Interaktion ausgewählt. Auf einer deskriptiven Ebene stellt die Stichwortaufgabe eine Form von Interaktion dar, die standardisierbar und experimentell handhabbar ist und quantitative Schätzwerte für die Effektivität liefert. Noch wichtiger war freilich die Überlegung, daß die Stichwortaufgabe besonders im Hinblick auf die Rolle des Gebers ein Analogon zu dem Typ sozialer Interaktion darstellt, der oben in Begriffen von Dezentrierung charakterisiert wurde. Man kann als Bedingung der relativen Angemessenheit der vom Geber mitgeteilten Testwörter seine Fähigkeit ansehen, aus der großen Zahl der ihm zur Verfügung stehenden Assoziationsmöglichkeiten genau den Hinweis auszuwählen, der für den Empfänger den höchsten Informationswert hat. Es wurde angenommen, daß diese Auswahl von der Fähigkeit des Gebers abhängig ist, sein intendiertes Verhalten abzuwandeln, und zwar nicht nur gemäß einigen allgemeinen Anweisungen (hier: ein Testwort mitzuteilen), sondern auch gemäß den vorangehenden Antworten des Empfängers sowie einer Antizipation seiner möglichen Antwort. Für den Empfänger andererseits war es notwendig, gemäß vorangehenden Hinweisen, seiner letzten Antwort und den allgemeinen Anweisungen, ein Testwort zu erraten, eine mögliche Antwort zu bilden. Die fortschreitende Abwandlung und Verschränkung von Antworten, die so zur Mitteilung und Aufnahme des Testwortes erforderlich ist, scheint wesentlich auf der relativen Fähigkeit jedes der Teilnehmer zu beruhen, auf bestimmte Aspekte seiner Erfahrung gleichzeitig von mehreren Aspekten aus zu achten.

Da es das Ziel der Untersuchung war, den Begriff der Dezentrierung direkt auf soziale Interaktion auszuweiten, ergab sich die wichtige Frage, ob bei der Stichwortaufgabe die Ursache der experimentellen Variation der Charakter der Interaktion als solcher ist. Um dies zu klären, wurden zwei nach dem Grad der Interaktion verschiedene Formen der Stichwortaufgabe verwendet. Die erste, »laute« Bedingung bestand darin, daß der Empfänger, der dem Geber unmittelbar gegenüber saß, mündlich auf den verbalen Hinweis des Gebers antwortete. Es stand im Belieben des Gebers, einen zusätzlichen verbalen Hinweis zu geben, wenn die Antwort des Empfängers nicht richtig war. Die Anweisung für die laute Bedingung war wie folgt:

Das Ziel dieser Aufgabe ist es, daß Sie versuchen, ihrem Partner die Wörter auf den Karten vor ihnen zu kommunizieren. Das soll so geschehen, daß sie jeweils ein Wort als Hinweis geben. Nehmen wir zum Beispiel an, ich soll Ihnen das Wort »Hut« kommunizieren. Ich sage »Kappe« (cap), Sie sagen »Flasche«; dann könnte ich »chapeau« sagen und hoffen, daß Sie das Wort erraten. Nachdem der Geber (d. h. derjenige, der das Wort kennt) einen Hinweis gegeben hat, darf er den nächsten Hinweis erst geben, nachdem sein Partner ihm geantwortet hat. Alle Hinweise und alle Antworten müssen aus einem Wort bestehen, und auf jeden Hinweis ist nur ein Wort als Antwort erlaubt. Eine neue Vermutung darf erst nach einem neuen Hinweis geäußert werden. Fällt dem Empfänger kein Wort ein, so kann er »weiter« sagen; der Geber darf ihm dann einen weiteren Hinweis geben. Es darf kein Teil und keine Form des Wortes selbst als Hinweis benutzt werden; z. B. darf »Chemiker« nicht für »Chemie« benutzt werden, »stehlen« nicht für »gestohlen«, und »monk« (Mönch) nicht für »monkey« (Affe). Ein schon gegebenes Wort darf von beiden Spielern wieder verwendet werden. Es muß die genaue Form des Wortes getroffen werden, z. B. wäre »muddy« für »mud« nicht richtig, und das Spiel müßte fortgesetzt werden, bis »mud« erreicht ist. Sie haben für jedes Wort eineinhalb Minuten Zeit. Wir stoppen die Zeit, und nach eineinhalb Minuten werde ich Sie bitten, aufzuhören!

Bei der zweiten Form der Stichwortaufgabe, der »stillen« Bedingung, wurde sowohl für den Geber wie für den Empfänger die Größe der Rückmeldung eingeschränkt. Obwohl der Geber auch hier verbale Assoziationshinweise gab, kehrte er dem Empfänger den Rücken zu, und dieser hatte die Antwort aufzuschreiben. Die Anweisungen lauteten wie folgt:

Tab. 1. In der Stichwortaufgabe verwendete Begriffe

Testwort[1]	Richtung der Kommunikation[2]	Interaktionsbedingung und Verteilung auf die Teilgruppen[3]
earth Erde	A B	L L
infection Ansteckung	B A	L L
relax entspannen	B A	S L
ivory Elfenbein	A B	L S
stingy geizig	A B	L L
guilty schuldig	B A	L S
gloom düster	B A	L L
selfish egoistisch	A B	S L
Bible Bibel	A B	L S
breast Brust	B A	L L
carve schneiden	B A	L S
suck saugen	A B	L L
butcher Fleischer	A B	L L
kite Papierdrache	B A	S L
spaghetti Spaghetti	B A	S L
smash zertrümmern	A B	L S
skate Schlittschuh, gleiten	A B	S L
burden Last	B A	L S
moss Moos	B A	L L
take nehmen	A B	S L
sob schluchzen	A B	L S
pure rein	B A	S L
argue erörtern, beweisen	B A	L S
slang Jargon	A B	L L
confess eingestehen	A B	S L
label Etikett, etikettieren	B A	L S
reliable zuverlässig	B A	S L
sloppy matschig	A B	L S
suicide Selbstmord	A B	S L
street Straße	B A	S L
juicy saftig	B A	L L
fail verfehlen, mißlingen	A B	L L
butterfly Schmetterling	A B	L S
compass Umkreis	B A	L L
chalk Kreide	B A	L S
bush Strauch	A B	S L

Nach einiger Zeit werde ich den Geber bitten, sich umzudrehen, während er die Hinweise gibt, und den Empfänger, seine Antworten niederzuschreiben, anstatt sie zu sagen (die Anweisungen wurden wiederholt, wenn nötig). Ich werde ›fahren Sie fort‹ sagen, wenn der Empfänger nicht das richtige Wort hinschreibt. Sie müssen mit dem nächsten Hinweis also warten, bis ich gesagt habe ›fahren Sie fort‹. Ich werde Sie anhalten, wenn die Zeit abgelaufen ist. Falls dem Empfänger kein Wort einfällt, kann er das Wort ›weiter‹ hinschreiben. Der Geber kann dann fortfahren.

Wie in Tabelle 1 zu sehen ist, war jeder Proband einmal unter der lauten und unter der stillen Bedingung Empfänger und Geber. Jede Zweiergruppe kommunizierte 36 Wörter, und zwar 24 unter der lauten und 12 unter der stillen Bedingung. Um eine mögliche Vermischung zwischen Wortinhalt und Form der Stichwortaufgabe (entweder laut oder still) zu vermeiden, wurden aus den 18 Zweiergruppen zwei Teilgruppen gebildet.[a] Sowohl die erste dieser Gruppen ($n = 8$) wie auch die zweite ($n = 10$) hatte die gleiche Wortliste, jedoch wurde eine Reihe von 12 Wörtern, die der ersten Gruppe unter der lauten Bedingung gegeben wurde, der zweiten Gruppe unter der stillen Bedingung gegeben, eine zweite Reihe von 12 Wörtern lief in der ersten Gruppe unter der stillen, in der zweiten unter der lauten Bedingung. Außerdem wurden die beiden Wortreihen hinsichtlich Bekanntheit nach der Thorndike-Lorge (1944) Wortzählung und der Schwierigkeit nach den Ergebnissen einer Pilotuntersuchung angeglichen. Die laute bzw. stille Bedingung, unter der diese Wortreihen durchliefen, werden im folgenden »angeglichen-laut« und »angeglichen-still« genannt. Die angeglichen-lauten und die angeglichen-stillen Bedingungen waren also, abgesehen vom Maß der Interaktion bzw. der Informationsrückmeldung, in jeder Hinsicht ähnlich.

1 Die Testwörter wurden in der angegebenen Reihenfolge dargeboten.
2 Der erste Buchstabe gibt jeweils den Geber, der zweite den Empfänger an; B A bedeutet also, daß B dem A ein Stichwort übermittelte.
3 L bedeutet die »laute«, S die »stille« Bedingung [vgl. Text], an erster Stelle ist jeweils die Bedingung für die erste, an zweiter Stelle die für die zweite Teilgruppe genannt. S L bedeutet also, daß das betreffende Stichwort in der ersten Teilgruppe unter der stillen, in der zweiten unter der lauten Bedingung übermittelt wurde.

Kontrollgruppe

Es besteht die Möglichkeit, daß der vorausgesagte Zusammenhang zwischen Verhalten beim RTT und in der Stichwortaufgabe – unabhängig von der Qualität der Interaktion bei der Stichwortaufgabe – auf einer Variablen beruht, die nur eine geringe oder indirekte theoretische Bedeutung für die Zentrierung hat. Drei Variablen, die hier in Frage kommen, wurden überprüft. Die erste, verbale Intelligenz, wurde mit dem WAIS Wortschatztest unter den entsprechenden Standardbedingungen erhoben. Die zweite Variable, Wortflüssigkeit, wurde durch die Zahl der Wörter mit dem Anfangsbuchstaben P erfaßt, die der Proband innerhalb einer Minute produzierte. Die dritte Variable, das Maß der Ähnlichkeit zwischen den beiden Probanden, wird des öfteren dadurch gemessen, wieweit Probanden auf die Fragen eines Persönlichkeitstests ähnliche Antworten geben. Uns erschien es im Hinblick auf die Stichwortaufgabe jedoch angemessener, die Ähnlichkeit der Probanden durch die Ähnlichkeit ihrer Assoziationen zu bestimmen. Entsprechend wurde jedem Probanden unter Standardbedingungen ein Wortassoziationstest gegeben. Jede Zweiergruppe erhielt entsprechend dem Maß der Gemeinsamkeit bzw. der Überschneidung ihrer Assoziationen, d. h. der Zahl gleicher Antworten auf die Assoziationswörter, einen Punktwert. Eine vierte Variable, Geschlechtsunterschiede, hatten wir zunächst als einen möglichen Einflußfaktor angesehen, sie jedoch ausgeschlossen, als sich herausstellte, daß Männer und Frauen sich in den RTT-Ergebnissen nicht signifikant unterschieden.

Vorhersagen

Es sei daran erinnert, daß der vorliegenden Studie die Hypothese zugrunde liegt, daß erfolgreiche soziale Interaktion von der Fähigkeit jedes der beteiligten Individuen abhängt, sein Verhalten gleichzeitig von verschiedenen Standpunkten aus zu betrachten. Bei dem dargestellten Vorgehen der Studie wurde die Voraussage getroffen, daß solche Zweiergruppen, die aus Individuen mit höheren RTT-Scores zusammengesetzt sind, bei der Stichwortaufgabe unter der angeglichen-lauten Bedingung besser als niedrig scorende Zweiergruppen abschneiden werden und daß ein

Tab. 2. Der Zusammenhang zwischen den RTT-Dezentrierungsscores und dem Erfolg bei der Stichwortaufgabe

Bedingung in der Stichwortaufgabe	Teilgruppe I [hoher RTT-Score] (n = 8)		Teilgruppe II [niedriger RTT-Score] (n = 10)		kombinierte Fehler-wahrscheinlichkeit	
	Zeitdauer	Versuche	Zeitdauer	Versuche	Zeitdauer	Versuche
insgesamt laut	.65[1]	.50	.28	.50	<.05 >.02	<.02 >.01
angeglichen laut	.55	.38	.40	.35	<.05 >.02	<.10 >.05
angeglichen still	–.12	–.04	.12	–.02	>.50	>.50

1 Die angegebenen Werte sind Kendalls tau, das genauere Fehlerschätzungen erlaubt, die dann nach Fisher miteinander kombiniert werden können. Fehlerschätzungen einseitig.

Zusammenhang zwischen Stichwortaufgabe und RTT eher unter der angeglichen-lauten als unter der angeglichen-stillen Bedingung auftreten wird.

Ergebnisse

Tabelle 2 zeigt, daß der vorhergesagte Zusammenhang zwischen den RTT-Dezentrierungsscores und dem Erfolg bei der Stichwortaufgabe insofern bestätigt wurde, als die Zweiergruppen mit den höheren RRT-Scores Wörter schneller und mit weniger Hinweisen [b)] kommunizierten als die niedriger scorenden Zweiergruppen. Dieser Zusammenhang zeigte sich außerdem nur unter der angeglichen lauten Bedingung, nicht unter der angeglichen stillen. Daher scheinen Unterschiede zwischen den Zweiergruppen, die im interaktiven Charakter der Stichwortaufgabe begründet sind, tatsächlich systematisch mit Unterschieden im RTT zusammenzuhängen; dieses Ergebnis entspricht also der Hypothese der Untersuchung.

Außerdem wurden die Daten daraufhin analysiert, ob möglicherweise der Zusammenhang zwischen RTT und Stichwortaufgaben-Score auf andere Variablen als Dezentrierung zurückzuführen ist. Hierzu wurde bei der Stichwortaufgabe die Effektivität, gemessen durch die Zeitdauer, herangezogen, da sich bei dieser Variablen die deutlichsten Unterschiede beim Vergleich zwischen der angeglichen lauten und der angeglichen stillen Bedingung gezeigt hatten. Wie in Tabelle 3 zu sehen ist, standen von drei Kontrollvariablen weder die Scores für Wortflüssigkeit noch die im WAIS Wortschatztest in einem signifikanten Zusammenhang mit dem RTT und der Stichwortaufgabe. Daraus schlossen wir, daß keine dieser Variablen wesentlich für den Zusammenhang zwischen Stichwortaufgabe und RTT verantwortlich ist. Dagegen korrelierte die dritte Variable, das Ausmaß der Überlappung bei den Wortassoziationen, signifikant mit dem Score der Stichwortaufgabe und tendenziell mit dem RTT-Maß. Bei der näheren Analyse der Überlappung bei den Assoziationen stellte sich heraus, daß bei den 53 Wörtern, bei denen gemeinsame Assoziationen vorkamen, 94% der Überlappung auf die am weitesten verbreitete Antwort zu dem jeweiligen Wort entfielen. Die restlichen 6% entsprachen der zweithäufigsten Antwort.

Tab. 3. Der Zusammenhang zwischen Kontrollvariablen, Dezentrierung gemäß RTT und Erfolg bei der Stichwortaufgabe

Kontrollvariablen	RTT			Stichwortaufgabe (Zeitdauer)					
				angeglichen laut			angeglichen still		
	Teilgruppe I (n = 8)	Teilgruppe II (n = 10)	kombinierte Fehlerwahrscheinlichkeit	Teilgruppe I (n = 8)	Teilgruppe II (n = 10)	kombinierte Fehlerwahrscheinlichkeit	Teilgruppe I (n = 8)	Teilgruppe II (n = 10)	kombinierte Fehlerwahrscheinlichkeit
Wortflüssigkeit WAIS	–.12[1]	.30	>.50	.44	.04	<.20 >.10	–.48	.40	>.50
Wortschatztest	.21	–.08	>.50	–.38	–.02	<.30 >.20	.07	.21	<.50 >.30
Überlappung der Assoziationen	.35	.34	<.20 >.10	.66	.44	<.02 >.01	.15	.24	<.30 >.20

1 Die angegebenen Werte sind Kendalls tau, das genauere Fehlerschätzungen erlaubt, die dann nach Fisher miteinander kombiniert werden können. Fehlerschätzung einseitig. Im Falle negativer Korrelationen wurde die kombinierte Fehlerwahrscheinlichkeit durch Tranformation in z-Werte nach Fisher ermittelt.

Hinsichtlich anderer als der beiden am häufigsten verbreiteten Assoziationen zu einem Testwort lag also keine Überlappung vor. Daher ist es denkbar, daß die dem Zusammenhang zwischen der Überlappung und der Stichwortaufgabe zugrunde liegende Variable in dem Ausmaß besteht, in dem der Proband mit verbreiteten Assoziationen beim Assoziationstest antwortet. Diese Möglichkeit entspricht den Ergebnissen, die in Tabelle 4 dargestellt sind. Für jede Antwort beim Assoziationstest wurde auf der Grundlage der Häufigkeit, mit der diese Assoziationen in der gesamten Gruppe vorkam, ein Popularitäts-Score bestimmt. Jeder Zweiergruppe wurde der durchschnittliche Popularitäts-Score aus den Antworten ihrer beiden Mitglieder zugeteilt. Wie in Tabelle 4 zu sehen ist, korrelierte die Popularität der Antworten signifikant mit dem RTT und der Effektivität bei der Stichwortaufgabe unter der angeglichen lauten, aber nicht unter der angeglichen stillen Bedingung. Dieses Ergebnis ist ähnlich, aber etwas ausgeprägter, als das über den Zusammenhang zwischen Überlappung, RTT und der Effektivität bei der Stichwortaufgabe unter der angeglichen lauten, aber nicht unter der angeglichen stillen Bedingung.

Diskussion

Der Zusammenhang zwischen Verbreitung einer Assoziation und der Effektivität in der Stichwortaufgabe kann unterschiedlich interpretiert werden. Eine Möglichkeit wäre, daß der Erfolg bei der Stichwortaufgabe, wie er hier verstanden wird, darauf beruht oder zumindest dadurch erleichtert wird, daß die beteiligten Individuen die gleichen (verbreiteten) Assoziationen zu den Stichwörtern teilen. Eine solche Interpretation würde mehr Gewicht auf eine Art automatischer Übereinstimmung von Assoziationen als auf die aktive Veränderung und Verschränkung der Antworten, wie sie im Begriff der Dezentrierung impliziert ist, legen[3]. Sie führt jedoch zu gewissen Schwierigkeiten; z. B. korreliert der Popularitäts-Score mit dem Erfolg bei der Stichwortaufgabe unter der lauten, aber nicht unter der stillen Bedingung. Würde der Erfolg nur einfach davon abhängen, daß beide Individuen die gleichen Assoziationen zu den Testwörtern teilen, dann müßte auch unter der stillen Bedingung eine gewisse

Tab. 4. Der Zusammenhang zwischen Popularität der Antwort, Dezentrierung gemäß RTT und Erfolg bei der Stichwortaufgabe

Kontrollvariable	RTT			Stichwortaufgabe (Zeitdauer)					
				angeglichen laut			angeglichen still		
	Teilgruppe I (n=8)	Teilgruppe II (n=10)	kombinierte Fehlerwahrscheinlichkeit	Teilgruppe I (n=8)	Teilgruppe II (n=10)	kombinierte Fehlerwahrscheinlichkeit	Teilgruppe I (n=8)	Teilgruppe II (n=10)	kombinierte Fehlerwahrscheinlichkeit
Popularität der Antwort	.31[1]	.51	$<.05$ $>.02$	.66	.54	$<.01$ $>.001$	−.37	.23	$>.50$

1 Die angegebenen Werte sind Kendalls tau, das genauere Fehlerschätzungen erlaubt, die dann nach Fisher miteinander kombiniert werden können. Fehlerschätzung einseitig. Im Falle negativer Korrelation wurde die kombinierte Fehlerwahrscheinlichkeit durch Transformation in z-Werte nach Fisher ermittelt.

Verbesserung festzustellen sein. Eine weitere Schwierigkeit dieser Auffassung ist, daß sie die Frage nach der Deutung der Befunde über die Verbreitung der Assoziationen und RTT-Verhalten offen läßt. Das heißt, bei dieser Interpretation bleibt unklar, wie die Verfügung über verbreitete Assoziationen mit der Fähigkeit, verschiedene Standpunkte zu koordinieren, zusammenhängt.

Eine andere Interpretation vom Zusammenhang zwischen dem Popularitätsmaß und dem Erfolg bei der Stichwortaufgabe läßt sich aus Rapaports (1946) Erklärung der Prozesse beim Wortassoziationstest ableiten. Er nimmt an, daß die Anweisungen beim Wortassoziationstest eine Antizipation bzw. aufgabenspezifische Haltung erzeugen, die einerseits durch die vielfältigen Assoziationsmöglichkeiten, die das Testwort auslöst, beeinflußt wird, andererseits aber auch die Auswahl aus diesen bestimmt. Dieser wechselseitige Einfluß zwischen aufgabenspezifischer Haltung und dem Netz möglicher Assoziationen wird als die Grundlage einer verbreiteten Antwort angesehen, die einem Testwort begrifflich zugeordnet sein soll. Rapaport nimmt weiter an, daß bei geringerer Stärke der aufgabenspezifischen Haltung, wie sie bei bestimmten Formen fehlangepaßten Verhaltens vorkommt, Teilreaktionen, die normalerweise im Hinblick auf die aufgabenspezifische Haltung modifiziert werden, einen mißlungenen Ausdruck als individuell-idiosynkratische Antwort finden. Rapaports Formulierung zeigt in ihrer Betonung der wechselseitigen Modifikation zwischen aufgabenspezifischer Haltung und Assoziationsnetz eine große Ähnlichkeit zum Begriff der Dezentrierung, besonders im Zusammenhang mit der Stichwortaufgabe. Entsprechend ergibt sich eine andere Interpretation, die mit der Formulierung der vorliegenden Untersuchung übereinstimmt, nämlich, daß die empirischen Zusammenhänge zwischen Verbreitung einer Assoziation, Effektivität bei der Stichwortaufgabe unter der lauten Bedingung und dem RTT-Niveau auf einer gemeinsamen Dezentrierungsdimension beruhen.

Die Ergebnisse der vorliegenden Untersuchung können also als Bestätigung für die Ausweitung des Dezentrierungsbegriffs auf soziale Interaktion interpretiert werden. Damit unterstreichen sie eine in der sozialpsychologischen Forschung häufige stillschweigende Annahme, daß nämlich die grundlegende Einheit einer Analyse sozialer Interaktion die psychologische Organisation des Individuums ist. Im Hinblick darauf ist der Hinweis wichtig, daß der RTT, der in unserer Untersuchung sozialer Interaktion als Instrument zur Erfassung individueller Prozesse benutzt wurde, eine einzigartige Kombination von projektivem Gehalt und formaler Erfassung der Dezentrierungstätigkeit ist. Wenn man in bezug auf das projektive Moment annimmt, daß die von der Versuchsperson beim RTT geschaffenen Charaktere Aspekte der Ich-Organisation [self organization] darstellen, dann können Mängel in der Dezentrierung, wie sie sich in der Diskontinuität zwischen verschiedenen Perspektiven zeigen, gleichzeitig als Anzeichen einer gewissen Isolierung zwischen verschiedenen Aspekten des Ich angesehen werden. Deshalb könnte der RTT gut zur Analyse der Merkmale der Ich-Organisation geeignet sein, die bestimmten Arten symptombehafteter sozialer Interaktion zugrunde liegen. Als Beispiel kann das Symptom der Gewalttätigkeit angeführt werden. Die fehlangepaßte Form sozialer Interaktion kann in den Kategorien von Dezentrierung als Störung einer interpersonalen Beziehung angesehen werden, bei der eine Dominanz-Rolle deshalb einen unbeherrschten, brutalen Ausdruck annimmt, weil das Individuum unfähig ist, gleichzeitig die reziproke Rolle der Unterordnung einzunehmen. Es ist anzunehmen, daß Individuen, die in ihrem sozialen Verhalten eine solche Art primitiver sequenzieller Dezentrierung zeigen, im RTT besondere Schwierigkeiten beim Koordinieren der Perspektiven übergeordneter und untergeordneter Rollen haben werden. Die Auffassung von symptombehaftetem Verhalten ist an anderer Stelle näher ausgeführt (vgl. Feffer 1970) und wird zur Zeit an geeigneten klinischen Gruppen empirisch überprüft. Wir hoffen, daß die Ergebnisse dieser Studien weiteren Aufschluß über den Zusammenhang zwischen individuellen Prozessen und sozialer Interaktion im Sinne des Begriffs der Dezentrierung geben werden.

Übersetzt von Dieter Geulen

Anmerkungen

1 Die vorliegende Untersuchung wurde durch den Public Health Service Grant MH-07506 vom National Institute of Mental Health unterstützt.

2 Eine ausführliche Beschreibung des RTT-Verfahrens und der Krite-

rien beim Scoren kann beim American Documentation Institute angefordert werden (Document No. 9010, ADI, Auxiliary Publications Project, Photoduplication Service, Library of Congress, Washington D.C. 20540. Voreinsendung von $ 2.50 für Mikrofilm oder $ 6.25 für Fotokopien, Scheck zahlbar auf Chief, Photoduplication Service, Library of Congress).

3 Daß diese Interpretation Implikationen für die Sicht von sozialer Anpassung hat, zeigt sich etwa bei Dokecki, Polidoro u. Cromwell (1965), nach deren Ansicht eine günstige Prognose nach einer Behandlung Schizophrener vom Maß der Übereinstimmung zwischen dem Sprachsystem des Patienten und dem des für die Entlassung verantwortlichen Personals abhängt.

a) Vgl. hierzu auch die Studie von Feffer u. Gourevitch in diesem Band.

b) Wie sich aus der Beschreibung der Methode (s. o.) und aus der von den Autoren gegebenen Interpretation der Tabelle 2 ergibt, wurden die Gruppen nach der Leistung im RTT eingeteilt, wobei Teilgruppe I aus den höher scorenden, Teilgruppe II aus den niedriger scorenden Probanden bzw. Zweiergruppen bestand.

c) Wenn in der Tabelle mit »Versuche« (trials) die Zahl der übermittelten Hinweise gemeint ist, was nach der Anlage der Untersuchung anzunehmen ist, wird dieser Teil der Interpretation durch die Daten in der Tabelle nicht gestützt.

3.2 Moralität

D. John Moir
Egozentrismus und die Entstehung konventioneller Moral bei Mädchen in der Voradoleszenz

Die moralische Entwicklung kann teilweise als eine stetige Entfaltung [gradual evolution] von Fähigkeiten zur Perspektivenübernahme charakterisiert werden. In der vorliegenden Untersuchung wurden die Scores 11jähriger Mädchen im Interview zum moralischen Urteil nach Kohlberg mit Scores in Tests zur Perspektivenübernahme in nicht-moralischen Kontexten, wie sie von Flavell, Selman und Rothenberg vorgeschlagen wurden, korreliert. Die Ergebnisse zeigen, daß ein wesentlicher Varianzanteil der Scores für moralische Reife durch Variablen nicht-moralischer Perspektivenübernahme erklärt werden kann. Diese Ergebnisse und weitere Probleme werden im Zusammenhang des Piaget'schen Begriffs der structure d'ensemble diskutiert.

Gegenstand der vorliegenden Untersuchung ist die weitere Aufhellung der Zusammenhänge zwischen nicht-moralischen und moralischen Aspekten der Perspektivenübernahme. Hierzu wurde eine Altersgruppe ausgewählt, von der anzunehmen war, daß sie sich gerade im Übergang zwischen egozentrischem, selbstzentriertem Verhalten und dezentriertem Verhalten befindet, wie es durch die Fähigkeit, die Perspektive eines anderen einzunehmen, charakterisiert ist.

Die kognitive Entwicklungstheorie der Moral ist von Kohlberg und seinen Mitarbeitern mehrfach dargestellt worden und kann gegenwärtig als bekannt gelten. Kohlberg (1969) behauptet, daß die moralische Entwicklung eine Abfolge aufeinanderfolgender Übergänge in der Fähigkeit zur Perspektivenübernahme widerspiegelt und daß diese Fähigkeit in der Voradoleszenz von besonderer Bedeutung ist. In dieser Altersstufe taucht die konventionelle Moral auf. Hervorzuheben ist, daß Kohlberg den Zusammenhang zwischen der Perspektivenübernahme und der Stufe der moralischen Entwicklung nicht als einen kontingenten auffaßt, sondern als eine logische Verknüpfung, die in Begriffen der Stufentheorie der Moralentwicklung definiert ist. Aus diesem Argument folgt, daß die Stufen der Moralentwicklung eine geordnete Reihe immer differenzierterer Modi der Perspektivenübernahme darstellen. Ausgehend von den Aspekten der Reziprozität und Gleichheit beim moralischen Urteil formuliert Kohlberg (1969) die Entwicklung der Perspektivenübernahme für die ersten vier Stufen wie folgt. Stufe 1: Reziprozität im Gehorsam und Freiheit von Bestrafung; Stufe 2: Wortgetreuer Austausch; Stufe 3: Soziale Beziehungen beruhen darauf, daß zwei Partner reziproke Erwartungen unterhalten; Stufe 4: Die Erwartungen werden durch Arbeit erworben und beruhen auf der Erhaltung der sozialen Ordnung.

Auf dem vorkonventionellen Niveau (Stufen 1 und 2) des moralischen Urteilens ist die Komponente der Perspektivenübernahme, wenn überhaupt, sicher nur minimal vorhanden. Ein grundlegender Wandel tritt erst zwischen Stufe 2 und 3 ein, wenn sich das moralische Urteil von einer egozentrischen Haltung zum konventionellen Niveau hin bewegt. An diesem Punkt wird zum ersten Mal erkannt, daß andere ebenfalls Perspektiven unterhalten, die zu berücksichtigen sind, und diese Erkenntnis ist ein definierendes Merkmal der Moralität auf dem konventionellen Niveau. Die Fähigkeit, die Rolle eines anderen einzunehmen, ist auch auf dem höchsten Niveau der Moralentwicklung eine notwendige, jedoch nicht zureichende Bedingung, denn in diesem Fall wird das moralische Urteil durch Prinzipien und nicht durch Perspektivenübernahme per se bestimmt.

Schon die Untersuchungen von Dilling (1967), Hardeman (1967), Selman (1969, 1971) und Stuart (1967) haben sich mit den Zusammenhängen zwischen nicht-moralischen Maßen für Perspektivenübernahme im weitesten Sinne und dem Grad der moralischen Entwicklung befaßt, wobei nur Selman den Kohlberg'schen Interviewleitfaden als Indikator für moralische Perspektivenübernahme benutzt hat. Wir haben oben festgestellt, daß der Zusammenhang zwischen Perspektivenübernahme und moralischem Urteilen logischer Art ist. Es ist jedoch keineswegs klar, daß Selman dies so sieht, wie das folgende Zitat zeigt:

»Auf der dritten Stufe der Moralentwicklung legt das Kind ›natürlicherweise‹ besonderes Gewicht auf die interpersonalen Aspekte der moralischen Situation ... Die Einsicht, daß andere auf Grund seiner eigenen Handlungen und Absichten urteilen, so wie es selbst von der Wahrnehmung der Absichten und Handlungen anderer ausgeht, ist hier eindeutig von Bedeutung« (Selman 1971, S. 90).

Es ist jedoch keineswegs so, daß das Kind »natürlicherweise« Gewicht darauf legt, sondern daß es dies tun *muß*, bevor es überhaupt der Stufe 3 zugeordnet werden kann. Der Begriff der Notwendigkeit an dieser Stelle folgt aus Kohlbergs Definition der Stufen der Moralentwicklung. Eine genaue Formulierung der Hypothese kann daher nicht bloß einen Zusammenhang zwischen Perspektivenübernahme (x) und moralischem Entwicklungsstand (y) behaupten. Denn da reifere moralische Urteile teilweise durch die Formen von Perspektivenübernahme definiert sind, also y – was immer es sonst auch sei – zum Teil durch x definiert ist, wäre die genannte, einfache Formel irreführend. Eine genauere Formulierung der Hypothese wäre, daß es einen Zusammenhang zwischen x_1 und x_2 gibt (wobei x_1 = nichtmoralische Perspektivenübernahme und x_2 = moralische Perspektivenübernahme, d. h. moralisches Urteilen wäre). Unter der Annahme, daß x_1 und x_2 spezifische und unterschiedliche Größen haben, wird das Problem zu einer Frage der Vorhersage: Wie gut kann der Wert von x_2 vorausgesagt werden auf Grund des Wertes von x_1 und umgekehrt?

Abgesehen von begrifflichen Klärungen wollte die hier vorgelegte Untersuchung über frühere Arbeiten in zweifacher Weise hinausgehen. Zum ersten hofften wir, mittels Verwendung einer größeren Vielfalt von Tests eine vollständigere Analyse der Möglichkeit von Vorhersagen auf das moralische Urteilen von Daten über nichtmoralische Perspektivenübernahme aus zu erreichen. Zweitens hat die bisherige Forschung nur grobe Schätzungen des moralischen Bewußtseins verwendet; wir hofften, durch Verwendung eines Index, der alles berücksichtigt, was das Kind sagt, zu einer angemesseneren Analyse zu gelangen.

Methode

Probanden

Die Probanden waren 40 11jährige neuseeländische Mädchen, die zufällig aus Form I-Klassen (Grundschule im 7. Jahr) ausgewählt worden waren. Die Stichprobe war nach verbaler Intelligenz (gemessen durch den ACER Intermediate D Test) normal verteilt und hatte homogenen Mittelschichtcharakter (gemessen am Beruf des Vaters mittels der Skala von Congalton und Havighurst (1954).

Instrumente

Interview zum moralischen Urteilen.

Um eine angemessene Auswahl moralischer Urteile studieren zu können, entschlossen wir uns dazu, alle in dem Kohlberg'schen Interview (1958) enthaltenen 9 moralischen Dilemmata einzubeziehen. Es wurde die von Kohlberg entwickelte Methode der Satzvercodung verwendet, weil sie die Variationen sowohl innerhalb wie zwischen den verschiedenen moralischen Situationen berücksichtigt und so ein relativ vollständiges Bild vom moralischen Urteilen eines Probanden liefert. Die dieser Methode zugeordneten Testwerte heißen Scores der moralischen Reife ([moral maturity scores] MMS). Die Protokolle wurden vor der Vercodung durch eine unbeteiligte Person unkenntlich gemacht, um Anonymität zu gewährleisten.

Die Zuverlässigkeit der Scores wurde bei 10 Interviews überprüft. Die Übereinstimmung zwischen dem Versuchsleiter und einem zweiten Scorer hinsichtlich der Stufenzuweisung (Stufen 1 bis 6) für 477 Aussagen betrug 72,53%, hinsichtlich der Niveauzuweisung (d. h. vorkonventionelles, konventionelles oder prinzipienorientiertes Niveau) 84,77%. Die Produkt-Moment-Korrelation für beide Zuweisungen betrug .817 ($p < .01$).

Tests für nicht-moralische Perspektivenübernahme.

Es wurde eine Reihe von Tests eingesetzt, um möglichst eine breite Vielfalt von Fähigkeiten zur Perspektivenübernahme gemäß folgender Klassifikation zu erfassen.

Typ 1: Visuelle Perspektivenübernahme, bei der der Proband sich physische Gegenstände aus verschiedenen Perspektiven vorstellen soll;

Typ 2: Quasi-interpersonale Perspektivenübernahme, bei der der Proband die Motive und/oder Perspektiven eines anderen im Hinblick auf die Manipulation physischer Gegenstände wahrnehmen soll;

Typ 3: Interpersonale Perspektivenübernahme, bei der der Proband die Gefühle und Motive anderer in bezug auf interpersonale Beziehungen wahrnehmen soll.

Diese Typen schließen einander nicht aus, sondern liegen eher auf einem Kontinuum, das von der Wahrnehmung von Gegenständen als solchen zur Wahrnehmung der Gefühle anderer reicht. Das Material, um das es beim Typ 3 geht, ist von Typ 1 nicht nur qualitativ verschieden, sondern es ist auch in sich komplexer und flüchtiger. Daher ist es durchaus möglich, daß ein Proband bei einer Aufgabe zum Typ 1 erfolgreich ist, jedoch nicht notwendig auch bei einer Aufgabe zum Typ 3 von Perspektivenübernahme. Wir haben jeweils 2 Tests zu den beiden ersten Typen und einen Test zum dritten Typ eingesetzt.

Die Tests zum Typ 1, hier als RTT IC und RTT IIE bezeichnet [RTT = role taking task, Aufgabe zur Perspektivenübernahme] konzentrieren sich auf den Set zur Perspektivenübernahme; sie wurden von Flavell (1968 [1975, S. 95-111; 200-206]) übernommen, wo sie unter entsprechenden Bezeichnungen dargestellt sind. Beide Aufgaben erfordern, daß das Kind einen Wahrnehmungsset überwindet, um egozentrische Antworten zu vermeiden. Perspektivenübernahme des Typs 2 wurde mittels Flavells Aufgabe IB ([1975, S. 84-95]), hier als RTT IB bezeichnet, sowie Selmans (1969) Spiel der stillschweigenden Koordination, hier als RTT TC bezeichnet, gemessen. Der letztgenannte Test wurde nach den Spielen der stillschweigenden Koordination konstruiert, die Schelling (1960) dargestellt hat, und die schon von Fry (1967) benutzt wurden. Dabei handelt es sich darum, daß der Proband die Strategie des anderen Spielers erkennen und mit ihm kooperieren muß, wenn er gewinnen will. Perspektivenübernahme des Typs 3 wurde mittels eines von Rothenberg (1970)* adaptierten und hier als RTT SS bezeichneten Instruments gemessen. Es besteht aus vier auf Tonband aufgenommenen Gesprächen zwischen einem Mann und einer Frau, wobei jedes Gespräch vorwiegend eine bestimmte Emotion (Fröhlichkeit, Ärger, Angst und Traurigkeit) und bei der Hauptperson einen Wandel der Emotion im Laufe des Gesprächs darstellt. Es stellte sich heraus, daß die Rothenberg'schen Originalgespräche zumindest von unseren neuseeländischen Mädchen als zu künstlich und nicht als realistischer Ausdruck der jeweiligen Emotion aufgefaßt wurden; deshalb haben wir die Dialoge neu geschrieben, um eine dem Alter, der Kultur und der sozialen Schicht unserer Stichprobe angemessene sprachliche Interaktion zu erhalten. Jedes Gespräch wurde zweimal vorgespielt. Nach dem ersten Anhören wurde der Proband gefragt, wie der Hauptperson vom Angang bis zum Ende der Szene zumute gewesen sei. Nach dem zweiten Anhören wurde gefragt, warum der Hauptperson so zumute gewesen sei. Die sehr detaillierte Scoring-Anweisung wird bei Rothenberg (1970)* beschrieben; sie stellt die Treffsicherheit [accuracy] des Probanden bei der Beschreibung von Emotionen und der Erschließung von Motiven in den Mittelpunkt.

Die Zuverlässigkeit des Scoring-Verfahrens wurde an 5 zufällig herausgegriffenen Protokollen überprüft, wobei wegen der Komplexität der Kriterien für den RTT IC und den RTT SS verschiedene Scorer herangezogen wurden. Die Ergebnisse, 95% Übereinstimmung beim RTT IC und 85% Übereinstimmung beim RTT SS, waren befriedigend.

Ergebnisse

Die Ergebnisse sind als Korrelationen (Pearsons *r*) dargestellt. Bei Verwendung von η-Koeffizienten zeigte ein RTT SS Subtest (Band 4) einen signifikanten nichtlinearen Zusammenhang mit Intelligenz und dem MMS; er wurde daher nicht in den RTT SS Gesamtscore einbezogen.

Sowohl nicht-moralische Perspektivenübernahme wie moralisches Urteil (MMS) korrelierten mit Alter, sozialer Schicht und Intelligenz, doch waren die Korrelationen mit Alter und sozialer Schicht wegen der Homogenität unserer Stichprobe nicht signifikant. Es war erforderlich, vorab festzustellen, wie stark Intelligenz im konventionellen Sinne mit den Variablen der moralischen und der nicht-moralischen Perspektivenübernahme assoziiert ist. Wie in Tabelle 1 zu sehen ist, korreliert jeder einzelne Score für Perspektivenübernahme erwartungsgemäß signifikant mit dem hier verwendeten Maß für allgemeine verbale Intelligenz. Zwar muß aus diesem Resultat nicht der Schluß gezogen werden, daß die verschiedenen Instrumente für Perspektivenübernahme mehr oder weniger Einzelitems der Intelligenz erfassen, doch wird andererseits klar, daß Intelligenz hier eine Rolle spielt und kontrolliert werden muß.

Tab. 1. Korrelationen aller Variablen mit Intelligenz in der gesamten Stichprobe

korrelierte Variablen	r
MMS	.432**
RTT IC	.439**
RTT IIE	.677**
RTT IB	.333*
RTT TC	.443**
RTT SS	.512**
RTT TOTAL[1]	.678**

[1] Summierung aller Scores zum nicht-moralischen Perspektivenwechsel
* $p<.025$ (einseitig)
** $p<.005$ (einseitig)

Bevor wir uns den Ergebnissen zu dem größeren Zusammenhang zwischen nicht-moralischer Perspektivenübernahme und moralischem Entwicklungsstand (MMS) zuwandten, untersuchten wir die Zusammenhänge zwischen den Instrumenten zur nicht-moralischen Perspektivenübernahme. Wie aus Tabelle 2 zu ersehen ist, hat die Partialisierung der Intelligenz einen deutlichen Einfluß, was vermuten läßt, daß eine zwischen den Tests bestehende Kommunalität großenteils durch ihre jeweiligen Zusammenhänge mit allgemeiner Intelligenz bestimmt ist.

Die Scores zum moralischen Urteilen zeigen einige interessante Einzelheiten. Der gesamte Durchschnitt über 40 Scores (d. h.

Tab. 2. Korrelationen zwischen den Aufgaben zum nicht-moralischen Perspektivenwechsel in der gesamten Stichprobe[1]

	RTT IC	RTT IIE	RTT IB	RTT TC	RTT SS
RTT IC	....	.350*	.343*	.310	.241
RTT IIE	.080	....	.409**	.581**	.355*
RTT IB	.232	.265	....	.473**	.251
RTT TC	.148	.434**	.385*	....	.493**
RTT SS	.021	.013	.099	.350*	....

[1] Oberhalb der Diagonalen sind die Korrelationen o-ter Ordnung, unterhalb die partiellen Korrelationen bei kontrollierter Intelligenz angegeben.
* $p<.025$ (einseitig)
** $p<.005$ (einseitig)

über alle Antworten aller Probanden) betrug 233,40 ($s = 29.89$). Da die Scores zum moralischen Entwicklungsstand theoretisch von 100 (entsprechend 100% Stufe 1) bis 600 (d. h. 100% Stufe 6) reichen konnten, zeigen unsere Zahlen, daß in der vorliegenden Stichprobe ein Denken gemäß Stufe 2 überwog. Die prozentuale Verteilung aller Aussagen aus den 40 Interviews nach Entwicklungsstufen ist wie folgt: Stufe *1* 24%, Stufe *2* 33%, Stufe *3* 27%, Stufe *4* 12,5%, Stufe *5* 3%, Stufe *6* 0,5%. Wie man sieht, taucht das Niveau der konventionellen Moral gerade erst auf.

Tabelle 3 stellt die Ergebnisse dar, die für die zentrale Vorhersage unserer Untersuchung zum Zusammenhang zwischen den beiden Typen von Perspektivenübernahme relevant sind. Die Koeffizienten beziehen sich nicht nur auf die gesamte Stichprobe, sondern auch auf 2 Teilgruppen von je 20, die wir durch Dichotomisierung der Intelligenz in hoch und niedrig gebildet haben.

Betrachtet man die Korrelationen 0-ter Ordnung, so wird ein enger Zusammenhang zwischen den Scores für nicht-moralische und denen für moralische Perspektivenübernahme in der gesamten Stichprobe deutlich. Auch bei kontrollierter Intelligenz (d. h. bei Betrachtung von partiellen Korrelationen) ergaben sich inhaltliche Zusammenhänge zwischen den Scores für nicht-moralische Perspektivenübernahme und moralischem Entwicklungsstand, die allerdings nicht immer eindeutig unserer Hypothese entsprachen. So erreichte der RTT IIE und der RTT IB unabhängig von dem oben genannten Zusammenhang mit Intelligenz nicht das erforderliche Signifikanzniveau. Wie bei relativ homogenen Gruppen zu erwarten ist, lagen die Korrelationen in den beiden Teilgruppen etwas niedriger. Jedoch blieb der Zusammenhang zwischen dem gesamten Score für nicht-moralische Perspektivenübernahme und dem moralischen Entwicklungsstand in beiden Gruppen und unabhängig von der Intelligenz hochsignifikant. Die Daten zeigen, daß schon kleinste Unterschiede im moralischen Urteilen durch kleine Differenzen der Scores in nicht-moralischer Perspektivenübernahme erklärt werden können.

Obwohl die Intelligenz im niedrigeren Intelligenzbereich (durchschnittlicher IQ = 104, durchschnittlicher MMS = 223, $r = .444$) ein besserer Indikator des moralischen Entwicklungsstandes ist als in dem höheren Bereich (durchschnittl. IQ = 121,

Tab. 3. Korrelationen 0-ter Ordnung und partielle Korrelationen[1] zwischen allen Aufgaben zur nicht-moralischen Perspektivenübernahme und dem MMS bei der gesamten Stichprobe sowie bei den Teilgruppen mit niedrigerer bzw. höherer Intelligenz

	gesamte Stichprobe (n = 40)		Teilgruppe mit niedrigerer Intelligenz (n = 20)		Teilgruppe mit höherer Intelligenz (n = 20)	
korrelierte Variablen	r 0-ter Ordnung	partielles r	r 0-ter Ordnung	partielles r	r 0-ter Ordnung	partielles r
RTT IC	.630**	.543**	.636**	.563*	.565**	.544*
RTT IIE	.464**	.258	.320	.263	.396	.351
RTT IB	.350*	.242	.436	.334	.170	.134
RTT TC	.552**	.446**	.542*	.449	.452*	.428
RTT SS	.544**	.417**	.549*	.504*	.454*	.418
RTT TOTAL[2]	.717**	.639**	.686**	.615**	.681**	.703**

[1] bei kontrollierter Intelligenz
[2] Summierung aller Scores zur nicht-moralischen Perspektivenübernahme
* $p < .025$ (einseitig)
** $p < .005$ (einseitig)

durchschnittl. MMS=243, r=.196), ist die nicht-moralische Perspektivenübernahme mit dem moralischen Entwicklungsstand bei Mädchen sowohl von etwas geringerer wie von höherer Intelligenz mittelstark korreliert.

Die Analyse wurde auf eine multiple Regression ausgedehnt, da multiple Korrelationen einen maximalen Koeffizienten zwischen einer unabhängigen Variablen und einem Satz zusammengefaßter und unterschiedlich gewichteter Prädiktoren ergeben. Im vorliegenden Fall wurden die Scores zur nicht-moralischen Perspektivenübernahme als Prädiktoren und der MMS als Kriterium angesetzt. Im Unterschied zum RTT-Gesamtscore stellt eine multiple Korrelation nicht bloß einen Zusammenhang zwischen summierten unabhängigen Scores und einem Kriterium dar. Tabelle 4 zeigt die multiplen Korrelationen (R) und die korrigierten Korrelationen (R'). Die R-Koeffizienten stellen nur den Anteil der jeweiligen Stichprobe an der Lösung der Regressionsgleichungen dar. Bei anderen Stichproben liegt, wie hier an den R'-Koeffizienten zu sehen ist, das Maß der erklärten Variabilität immer etwas niedriger. Die Regressionsanalyse bietet eine sehr strenge Schätzung für einen statistischen Zusammenhang. Obwohl keine direkten Vergleiche durchgeführt werden konnten, zeigen unsere oben dargestellten Ergebnisse, daß die bisherige Forschung die Stärke des Zusammenhangs zwischen nicht-moralischen und moralischen Aspekten von Perspektivenübernahme während der Entstehung der konventionellen Moral wohl unterschätzt hat.

Diskussion

Sowohl für die gesamte Stichprobe wie für die nach Intelligenz dichotomisierten Teilgruppen wurde unsere Haupthypothese, die einen Zusammenhang zwischen nicht-moralischer und moralischer Perspektivenübernahme behauptet, bestätigt. Dieser Zusammenhang bestand unabhängig von der verbalen Intelligenz im üblichen Sinne. Die Prüfung war auch insofern streng, als der Einfluß von Alter und sozialer Schicht durch Homogenisierung unserer Stichprobe hinsichtlich dieser beiden Variablen reduziert wurde. Außerdem zeigte sich an der oben wiedergegebenen Verteilung der Scores zum moralischen Entwicklungsstand

Tab. 4. Vergleich zwischen multiplen Korrelationen und korrigierten multiplen Korrelationen in der gesamten Stichprobe und in den Teilgruppen mit niedrigerer bzw. höherer Intelligenz[1]

	R	R' (korrigiert)
gesamte Stichprobe	.651	.501
Teilgruppe mit niedrigerer Intelligenz	.779	.503
Teilgruppe mit höherer Intelligenz	.795	.548

[1] Prädiktoren sind die Scores zur nicht-moralischen Perspektivenübernahme, Kriterium ist der MMS.

(MMS), daß unsere Stichprobe auch in bezug auf diese Variable homogen war. Offenbar gelten die gefundenen Zusammenhänge für relativ schmale Bereiche von Scores.

Aus diesen Gründen und aufgrund der Verwendung des Scores der moralischen Reife (MMS) als Indikator der moralischen Entwicklung verliert die Vorstellung, daß zwischen dem präkonventionellen und dem konventionellen Denken ein scharfer Einschnitt bestehe, erheblich an Bedeutung. Dies zeigt sich auch bei einer Betrachtung der individuellen Score-Profile. Das tatsächliche moralische Urteilen einer Person, also die Daten, würden verfälscht, wenn man einen Probanden nur in eine Stufe zwischen 1 und 6 einordnen würde, wie es bei einem pauschalen Scoring-Verfahren der Fall wäre. Obwohl wir unsere Stichprobe nicht nach präkonventionellem bzw. konventionellem Niveau unterteilen konnten, befand sie sich als ganze offensichtlich gerade im Übergang zwischen diesen beiden Niveaus. Es kann daher gesagt werden, daß unsere Untersuchung den Zusammenhang zwischen nicht-moralischer und moralischer Perspektivenübernahme an einem entscheidenden Punkt der moralischen Entwicklung trifft. Wie weit dieser entscheidende Bereich – ausgedrückt durch den MMS-Index – reicht, muß jedoch im Augenblick offen bleiben. Wie immer die Antwort darauf sein mag, scheint es sich nach den dargestellten Ergebnissen so zu verhalten, daß das Auftauchen der konventionellen Moral nicht ein »Alles-oder-nichts«-Schritt ist, sondern eher eine Folge von kleinen und vermutlich zahlreichen Übergangen.

Ein interessantes Ergebnis ist der signifikante Zusammenhang zwischen nicht-moralischer und moralischer Perspektivenübernahme sowohl am oberen wie am unteren Ende der Intelligenzverteilung. Zwar ist ein strenger Vergleich nicht möglich, doch scheint dieses Ergebnis nicht mit dem Selmans (1971) übereinzustimmen, der den vermuteten Zusammenhang nur für den mittleren Bereich trichotomisierter Scores des Intelligenzalters bestätigen konnte. Seine Befunde sprechen nicht dafür, daß der Zusammenhang zwischen nicht-moralischer und moralischer Perspektivenübernahme allein durch das Intelligenzalter vermittelt ist, da innerhalb des normalen Bereichs der Intelligenzverteilung die Zusammenhänge auch bei Kontrolle des Faktors allgemeine Fähigkeiten zutage traten.

Bisher sind wir von der Unterscheidung zwischen nicht-moralischer und moralischer Perspektivenübernahme ausgegangen. Völlig zutreffend ist diese Unterscheidung auf der Ebene der operationalen Definition, jedoch müssen die genannten Fähigkeiten zur Perspektivenübernahme in einem größeren Zusammenhang gesehen werden. Es erhebt sich die Frage, ob die Fähigkeiten zur Perspektivenübernahme im Rahmen einer *structure-d'ensemble*-Interpretation auf der innerbegrifflichen Ebene, wie Pinard und Laurendeau (1969) es nennen, eingeordnet werden können; der Begriff wäre in diesem Falle Perspektivenübernahme. Vom Begriff der *structure d'ensemble* aus würden die Daten als Belege für ein angebbares Ganzes gesehen, das durch immanente strukturelle Verknüpfungen unabhängig von irgendwelchen Zusammenhängen mit allgemeiner Intelligenz, Alter, sozialer Schicht und Geschlecht bestimmt wäre.

Unsere Ergebnisse scheinen eine vorsichtige Interpretation in dieser Richtung zu rechtfertigen. In diesem Falle verknüpft die *structure d'ensemble* die Fähigkeit zur nicht-moralischen mit der zur moralischen Perspektivenübernahme, und dies wurde bei Kontrolle der allgemeinen Intelligenz demonstriert. Die strukturellen Verknüpfungen, auf die dieses Ergebnis hinweist, müßten durch die weitere Forschung aufgedeckt werden.

Eine Untersuchung, die wie die unsere keine Längsschnittstudie ist, hat die erhebliche Schwäche, daß sie nicht die Entstehung und das Aufbauen einer *structure d'ensemble* bei einem bestimmten Subjekt zu beobachten erlaubt. Die hier berichteten Daten können dazu nur annäherungsweise herangezogen werden. Freilich ist offenkundig, welche weiteren Schritte zur Vervollständigung des theoretischen Verständnisses unternommen werden müssen. Die Frage der Kausalität wurde umgangen, doch sind wir der Meinung, daß sie nicht einfach auf die Frage reduziert werden kann, ob Perspektivenübernahme ursächlich einem reiferen moralischen Urteil vorangeht – ein in bisher vorliegenden Untersuchungen offensichtlicher kategorialer Fehler. Sinnvoll ist vielleicht die Frage, ob nicht-moralische Perspektivenübernahme der moralischen Perspektivenübernahme vorausgeht oder ob sich beide gleichzeitig entwickeln. Eine Interpretation im Sinne der *structure d'ensemble* neigt zu der Ansicht, daß die Entwicklung in diesen beiden Bereichen gleichzeitig oder fast gleichzeitig verläuft und daß die Frage nach der Kausalität hier eine Frage nach den wechselseitigen Zusammenhängen zwischen den Gliedern der Struktur ist.

Man kann mit der Kausalitätsfrage auch noch einen Schritt zurückgehen und nach den Bedingungen für die Entwicklung von Perspektivenübernahme als solcher fragen. Holstein (1968) hat dieser Frage im Bereich der Entwicklung des moralischen Urteilens einige Aufmerksamkeit gewidmet. Das Problem, welche speziellen Kausalfaktoren die Entwicklung von Verhaltensweisen, denen Perspektivenübernahme zugrunde liegt, bestimmen, verlangt wesentlich mehr Aufmerksamkeit, als es bisher der Fall war. Noch bedeutsamer ist das Problem, wie Perspektivenübernahme auf einem bestimmten Gebiet auf andere Gebiete generalisiert wird. Ergiebige Fragen für die weitere Forschung sind auch, ob ein spezielles Training von Fähigkeiten zur Perspektivenübernahme möglich ist und welche Wirkung es auf die moralische Entwicklung hat.

Übersetzt von Dieter Geulen

Anmerkung

Der Artikel beruht auf einer Arbeit, die zur Erlangung des Grades eines M. A. in Erziehungswissenschaft an der Universität von Canterbury, Neuseeland, eingereicht wurde. Der Verfasser dankt den Professoren P. J. Lawrence und G. A. Nuthall sowie B. A. Tuck für Unterstützung und Kritik.

Kenneth H. Rubin und Frank W. Schneider
Die Beziehung zwischen moralischem Urteil, Egozentrismus und altruistischem Verhalten

Bei 55 7jährigen Kindern wurden kognitive Variablen des Egozentrismus und moralischen Urteils erhoben, und sie wurden in zwei Situationen gebracht, in denen sie altruistisches Verhalten zeigen konnten, nämlich a) armen Kindern Süßigkeiten schenken und b) einem jüngeren Kind beim Bewältigen einer Aufgabe helfen. Hohe Werte in den beiden kognitiven Variablen korrelierten positiv mit dem Auftreten altruistischen Verhaltens in den beiden Situationen. Bei auspartialisierter Intelligenz war die Korrelation zwischen den kognitiven Variablen und dem Verschenken von Süßigkeiten signifikant schwächer als die zwischen den kognitiven Variablen und dem Helfen. Der Unterschied zwischen den Korrelationen wurde mit der Tatsache erklärt, daß nur in der Süßigkeiten-Situation Hinweise enthalten waren, die dem Probanden halfen, auf die Möglichkeit, altruistisches Verhalten zu zeigen, zu achten. Egozentrismus und moralisches Urteil korrelierten signifikant.

In zahlreichen Untersuchungen über Altruismus bei Kindern wurde nachgewiesen, daß Helfen und Mit-anderen-Teilen mit dem Alter ansteigt, zumindest bis zum Alter von 10 Jahren (z. B. Handlon u. Gross 1959, Midlarsky u. Bryan 1967, Ugurel-Semin 1952). Wenig Aufmerksamkeit wurde jedoch der Frage gewidmet, warum denn jüngere Kinder sich weniger altruistisch verhalten als ältere. Eine mögliche Erklärung wird durch Piagets Auffassung über Egozentrismus (Piaget 1926) und moralisches Urteil (Piaget 1932) nahegelegt.

Nach Piaget (1950) ist das kleine Kind nicht in der Lage zu dezentrieren, d. h. seine Aufmerksamkeit von einem Aspekt eines Gegenstandes oder einer Situation auf einen anderen zu verschieben. Diese Unfähigkeit scheint dem egozentrischen Denken und dem unreifen moralischen Urteil des präoperationalen Kindes zugrunde zu liegen. Zum Beispiel kann das egozentrische Kind in einem Gespräch nicht die Perspektive des Zuhörers übernehmen. Es konzentriert sich ausschließlich auf seinen eigenen Standpunkt (vgl. z. B. Rubin 1973). Und wenn es versucht, moralische Konflikte in Geschichten zu lösen, berücksichtigt es nicht die wechselseitigen, interpersonalen Aspekte der moralischen Situation (vgl. z. B. Lee 1971). Die Überlegung, daß Dezentrierung sowohl der moralischen Entwicklung wie auch dem soziozentrischen Denken zugrunde liegt, wird empirisch durch Untersuchungen gestützt, in denen eine signifikante Beziehung zwischen räumlicher Perspektivenübernahme (Lee 1971, Stuart 1967) sowie Rollenübernahme [role taking] (Selman 1971) mit moralischer Entwicklung festgestellt wurde. Piaget glaubt, daß ein Kind nicht vor einem Alter von 7-12 Jahren in der Lage ist, wechselseitige Beziehungen und den Standpunkt anderer zu berücksichtigen. Als Beleg für Piaget sind die Ergebnisse der bisherigen Forschung anzusehen, daß Kinder mit zunehmendem Alter weniger egozentrisch (Flavell 1968), dafür aber fähiger werden, reife moralische Urteile abzugeben (Lee 1971).

Es scheint logisch, eine direkte Verbindung zwischen der Dezentrierungsfähigkeit eines Kindes und dem Ausmaß des von ihm gezeigten altruistischen Verhaltens anzunehmen. Mit zunehmender Fähigkeit des Kindes a) zu erkennen, daß jemand Hilfe benötigt, (also seinen Standpunkt einzunehmen) und b) wechselseitige Beziehungen zu verstehen, müßte die Wahrscheinlichkeit zunehmen, daß das Kind anderen hilft. Die Tatsache, daß die Zunahme altruistischen Verhaltens mit dem Alter parallel läuft mit einer Abnahme des Egozentrismus und mit der Entwicklung moralischer Urteile höheren Niveaus, stimmt mit dieser Interpretation überein. Da außerdem altruistisches Verhalten moralisches Verhalten ist, scheint es wahrscheinlich, daß ein enger Zusammenhang zwischen moralischem Urteil und moralischem Verhalten besteht. Daher sollte in dieser Untersuchung die Hypothese geprüft werden, daß bei 7jährigen Kindern eine positive Beziehung zwischen Kommunikationsfähigkeit (fehlendem Egozentrismus), moralischem Urteil und altruistischem Verhalten besteht. Als Altruismus-Maße wurden a) Freigebigkeit und b) Helfen gewählt; letzteres wurde einbezogen, weil sich fast alle Untersuchungen altruistischen Verhaltens bei Kindern auf Freigebigkeitsmaße beschränkt haben (Bryan u. London 1970).

Methode

Probanden

Unsere Probanden waren 55 7jährige Kinder (28 Mädchen und 27 Jungen) aus zwei Schulen der unteren Mittelschicht in Windsor,

Ontario. Das Durchschnittsalter der Stichprobe betrug 89,7 Monate. Die Intelligenzquotienten nach dem Peabody Picture Vocabulary Test (PPVT) lagen zwischen 78 und 127 mit einem Durchschnittswert von 100,89 und einer Standardabweichung von 18,70.

Vorgehen

Die Untersuchung wurde in zwei Sitzungen durchgeführt. Während der ersten Sitzung wurde jede Versuchsperson einzeln durch den ersten Versuchsleiter, eine graduierte Assistentin, mit dem PPVT getestet. Danach wurde eine Aufgabe zum Egozentrismus in der Kommunikation, ähnlich der von Glucksberg und Krauss (1967)*, durchgeführt. Die Aufgabe sieht vor, daß zwei Personen miteinander über neuartige, schwer beschreibbare, gezeichnete Figuren kommunizieren. Der erste Versuchsleiter und der Proband hatten je einen gleichen Satz von zehn 13×20 cm großen Karten mit Phantasie-Figuren (Glucksberg u. Krauss 1967)*. Ein Schirm in der Mitte des Tisches sorgte dafür, daß Experimentator und Versuchsperson sich nicht in die Karten sehen konnten. Die Karten des Probanden lagen zugedeckt auf einem Stapel vor ihm. Die Karten des Versuchsleiters lagen in zufälliger Anordnung offen vor ihm auf dem Tisch. Der Versuchsleiter instruierte die Versuchsperson folgendermaßen:

»Der Sinn des Spiels ist, daß wir so viele zusammenpassende Karten wie möglich zusammenstellen. Aber da du ja meine Karten nicht sehen kannst und ich nicht deine, bleibt uns als einziger Weg, sie zusammenzustellen, daß du mir alles über jede einzelne deiner Karten mitteilst, soweit du kannst.«

Der Proband beschrieb dann eine Karte nach der anderen. Das ganze Gespräch wurde auf Tonband aufgenommen und transkribiert, so daß aus den Beschreibungen der Versuchspersonen die durchschnittliche Anzahl der angegebenen entscheidenden Merkmale [distinctive features] pro Karte berechnet werden konnte. Ein Beispiel für ein solches Merkmal wäre »Der obere Teil (einer Figur) ist wie eine Zitrone geformt.« Ein niedriger Wert in dieser Kategorie bedeutet ein hohes Maß an Egozentrizität.

Nach der Kommunikationsaufgabe führte der Versuchsleiter den Probanden hinter eine Trennwand im Experimentalraum.

Auf einem Tisch standen acht Metalldosen mit Smarties und eine bunte Dose mit einem Schlitz oben. Der Versuchsleiter teilte dem Probenden folgendes mit:

»Du kannst alle Dosen mit Bonbons haben, weil du mir heute hilfst. Wenn du möchtest, kannst du aber auch einige Bonbons für eine Gruppe armer Kinder aus Windsor abgeben.« Dann zeigte der Versuchsleiter dem Probanden vier Bilder von armen Kindern. Danach sagte er, daß er nun auf die andere Seite der Trennwand gehen werde, so daß er nicht sehen könne, was der Proband mache. Der Versuchsleiter sagte: »Wenn du den armen Kindern von deinen Süßigkeiten abgeben willst, lege sie in die bunte Dose. Und lege alle Bonbons, die du selbst behalten möchtest, in diese Tüte, auf die ich deinen Namen geschrieben habe. Keiner kann herausfinden, was du machst, weil ich die Tüte für dich versiegeln werde, wenn du sie mir bringst. Etwa eine Woche später werde ich sie dir zurückgeben.«

Der Versuchsleiter ging dann weg und wartete, bis der Proband mit der Tüte Süßigkeiten zu ihm kam. Die Zahl der Packungen mit Smarties, die den armen Kindern geschenkt wurden, diente als erstes Altruismus-Maß.

In der zweiten Sitzung wurden der Proband und ein sechsjähriges Kind gleichen Geschlechts vom zweiten Versuchsleiter, einer weiteren Assistentin, in einen anderen Experimentalraum gebracht. Die Kinder wurden einander mit Namen und Alter vorgestellt. Der Proband war also darüber unterrichtet, daß das zweite Kind jünger als er war. Der zweite Versuchsleiter zeigte den Kindern im Experimentalraum eine Reihe neuer Spielsachen. Den Kindern wurde gesagt, daß sie nach Lösen einer einfachen Aufgabe mit dem Spielzeug spielen dürften. Daraufhin wurden der Proband und das jüngere Kind an gegenüberliegende Seiten eines kleinen Tisches gesetzt, auf dem zwei Stapel Eintrittskarten und eine flache Schachtel lagen. Dann sagte der Versuchsleiter:

»Siehst du die Eintrittskarten? Wir wollen sie Leuten für eine Show verkaufen, die wir veranstalten wollen. Wir müssen die Karten zu kleinen 5er-Haufen ordnen (der Versuchsleiter macht es vor). Das hier ist dein Stapel (zum Probanden) und das ist deiner (zum jüngeren Kind). Bevor ihr mit dem Spielzeug spielt, nehmt eure Karten und ordnet sie zu 5er-Haufen. Dann macht ein Gummiband herum und legt sie in diese Schachtel. Wenn ihr mit den Karten fertig seid, könnt ihr mit den Spielsachen spielen.«

Die Kartenmenge des Probanden (n=25) war genau die Hälfte derjenigen des jüngeren Kindes (n=50). Interessanterweise sagte kein Kind etwas zu diesem Unterschied. Der Versuchsleiter ging dann in einen Beobachtungsraum, von wo er das Verhalten der Kinder durch einen Ein-Weg-Spiegel beobachten konnte. Da der Proband weniger Karten hatte, war er vor dem jüngeren Kind fertig. Er konnte nun wählen, ob er dem jüngeren Kind half oder mit dem Spielzeug spielte. Der Versuchsleiter zählte vom Beobachtungsraum aus die Kartenhaufen, die der Proband für das jüngere Kind fertig machte. Die Zahl dieser Kartenhaufen diente als zweites Altruismus-Maß.

Zehn Minuten später kam der Versuchsleiter zurück in den Experimentalraum, und das jüngere Kind wurde in die Klasse zurückgeschickt. Anschließend legte der Versuchsleiter beiden Kindern das Instrument zur Erfassung des moralischen Urteils vor, hierzu wurde Lees (1971) Version der Kohlberg'schen (1964) Stufen und Geschichten zum moralischen Urteil benutzt. Wir entschieden uns für Lees Version, weil sich Kohlbergs Konflikt-Geschichten für die 7jährigen Kinder dieser Untersuchung als zu komplex erwiesen. Es wurden also jedem Probanden Lees (1971) drei »Autorität-vs.-Altruismus«-Situationen und drei »Spielgefährte-vs.-Altruismus«-Situationen vorgelesen. Alle sechs Geschichten enthalten einen Konflikt zwischen zwei legitimen Alternativen. Am Ende jeder Geschichte wurde der Proband gefragt, was die Hauptperson der Geschichte machen sollte, um den Konflikt zu lösen, und warum. Jede Begründung für die Lösung eines Konflikts wurde in einen Score zwischen 1 und 5 übertragen; die Scores entsprechen Lees fünf Stufen des moralischen Urteils. Diese Stufen sind, kurz gesagt: (1) Orientierung an Autorität [authority orientation], (2) Autoritätsgebundenheit, aber aufkommendes Bewußtsein der Gegenseitigkeit [authority bound, but emergence of reciprocity awareness], (3) Gegenseitigkeit [reciprocity], (4) Normen dienen der gesellschaftlichen Ordnung [rules for societal order] und (5) eher weltanschauliche Begründung in Prinzipien als in Normen [ideological, based upon principles rather than rules].

Die Summe der Scores, die von der Versuchsperson in den sechs Geschichten erreicht wurden, diente als Maß für das moralische Urteil. Die Spannweite der möglichen Scores reichte also von 6-30.

Eine Reihe von *t*-Tests zeigt, daß es keine signifikanten geschlechtsspezifischen Unterschiede hinsichtlich des Egozentrismus, moralischen Urteils, Altruismus und der Intelligenz gab. Deshalb wurden die Daten der Jungen und Mädchen zusammengefaßt. Die Ergebnisse wurden mit Pearsons Produkt-Moment Korrelationen analysiert; eine Korrelationsmatrix für alle interessierenden Variablen zeigt Tab. 1.

Tab. 1. Interkorrelationen zwischen moralischem Urteil, Egozentrismus, Altruismus und Intelligenz (n=55)

Maß	1	2	3	4	5
1. Moralisches Urteil	...	.59**	.31*	.40**	.42**
2. Egozentrismus[1]	...	...	.31*	.44**	.43**
3. Verschenkte Süßigkeiten	...	...	...	.40**	.18
4. Fertiggemachte Kartenhaufen	...	...	...	...	–.14
5. Intelligenz	...	...	...	...	...

[1] Ein hoher Score bedeutet hier geringen Egozentrismus und umgekehrt.

* $p<.05$
** $p<.01$

Die Ergebnisse unterstützen die Hypothese, daß zwischen Egozentrismus, moralischem Urteil und altruistischem Verhalten der Kinder eine positive Beziehung besteht. Die Zahl der den armen Kindern geschenkten Packungen mit Süßigkeiten verhielt sich sowohl zum Egozentrismus ($r=.31$) als auch zum moralischen Urteil ($r=.31$) signifikant. Die Zahl der für das jüngere Kind fertiggemachten Kartenhaufen verhielt sich ebenfalls signifikant zum Egozentrismus ($r=.44$) und zum moralischen Urteil ($r=.40$). Weitere Belege für diese Ergebnisse liefert die Tatsache, daß bei herauspartialisierten Intelligenz-Effekten a) das Ausmaß verschenkter Süßigkeiten weiterhin signifikant mit Egozentrismus ($r=.29$) und moralischem Urteil ($r=.29$) und b) die Zahl der fertiggemachten Kartenhaufen mit Egozentrismus ($r=.64$) und mit moralischem Urteil ($r=.57$) korrelierte. Darüberhinaus waren die Korrelationen zwischen Egozentrismus und den beiden Altruismus-Maßen bei herauspartialisierter Intelligenz signifikant voneinander verschieden ($t=3.08$; $p<.01$). Ein ähnliches Ergebnis wurde für die Beziehung zwischen moralischem Urteil und den beiden Altruismus-Bedingungen gefunden ($t=2.29$; $p<.05$).

Außerdem halfen 21 der 29 Probanden, deren Egozentrismus-Score kleiner oder gleich dem Median (=1.10) war[a], dem jüngeren Kind nicht bei der Kartenausgabe; andererseits halfen 17 von den 26 Probanden, deren Egozentrismus-Score größer als der Median war ($\chi^2(1)=6.44$, $p<.02$). In gleicher Weise halfen 22 von 30 Probanden, die einen Moralischen-Urteils-Score kleiner oder gleich dem Median (=12) hatten, dem jüngeren Kind nicht bei der Kartenaufgabe; und von den 25, die einen größeren Wert als den Median hatten, halfen 17 ($\chi^2(1)=7.80$, $p<.01$). Nur fünf von 55 Versuchspersonen gaben den armen Kindern keine Süßigkeiten. Schließlich bestand zwischen dem Egozentrismus-Score und moralischem Urteil eine signifikante positive Beziehung ($r=.59$).

Diskussion

Die Ergebnisse dieser Untersuchung liefern klare Belege für die Hypothese, daß bei 7jährigen Kindern eine positive Beziehung zwischen Dezentrierung, gemessen durch Egozentrismus in der Kommunikation, moralischem Urteil und altruistischem Verhalten besteht. Es ist besonders hervorzuheben, daß bei herauspartialisierter Intelligenz die Korrelationen zwischen den beiden Dezentrierungsmaßen und dem Maß des Helfens signifikant größer waren als die Korrelationen zwischen den Dezentrierungsmaßen und dem Freigebigkeitsmaß. Das könnte damit erklärt werden, daß die Aufgabe, durch die Freigebigkeit erfragt wurde, für die Kinder einen Dezentrierungshinweis enthielt, denn der Versuchsleiter richtete die Aufmerksamkeit der Versuchsperson ja auf zwei Alternativen, a) alle Süßigkeiten selbst zu behalten und b) armen Kindern Süßigkeiten abzugeben. Vielleicht half dieser Hinweis manchen Kindern, die sonst nur an sich gedacht hätten, gleichzeitig an sich und an die armen Kinder zu denken. Wenn dem so ist, so könnte der Hinweis dazu beigetragen haben, daß die Korrelation in der Freigebigkeits-Situation niedriger war als in der Hilfe-Situation, in der ein solcher Hinweis nicht gegeben wurde. Es ist auch möglich, daß die Anweisungen in der Freigebigkeits-Situation die Korrelation zwischen Dezentrierung und Freigebigkeit noch auf andere Art und Weise abgeschwächt haben. Als dem Kind die Anregung zur Möglichkeit, freigebiges Verhalten zu zeigen, gegeben wurde, könnten die Instruktionen das Kind daran erinnert haben, daß es in der Vergangenheit für solche Verhaltensweisen belohnt worden ist. Also könnten Kinder, die für Abgeben früher schon einmal belohnt wurden, Süßigkeiten wegen der zu erwartenden möglichen Belohnungen abgegeben haben.

Anscheinend wurde bisher nur in der klassischen Untersuchung von Hartshorne und May (1930) ein Zusammenhang zwischen moralischem Denken und altruistischem Verhalten hergestellt. Die Korrelationen zwischen ihren acht Subskalen zu moralischem Bewußtsein und Hilfe-Verhalten (Hartshorne und May 1930, S. 203) waren allerdings durchweg niedriger als die in unserer Untersuchung. Wir glauben, daß unsere höheren Korrelationen teilweise wegen der unterschiedlichen Instrumente zum moralischen Urteil zustande gekommen sind. In unserer Untersuchung wurden den Kindern lediglich Lees (1971) drei »Autoritäts-vs.-Altruismus« und ihre drei »Spielgefährte-vs.-Altruismus«-Situationen vorgelesen. Unser Maß für moralisches Urteil war also altruismusspezifisch. Hartshorne und Mays Maße des moralischen Denkens waren dagegen allgemein und berührten viele Aspekte moralischen Denkens (z. B. Ehrlichkeit, gute Umgangsformen, Rechtschaffenheit, Voreingenommenheit). Unsere Ergebnisse stimmen mit neueren Untersuchungen überein, die eine positive Beziehung zwischen moralischem Urteil und moralischen Verhaltensweisen, z. B. Widerstand gegen Verlokkungen (Krebs 1967) und Befolgung von Regeln bei Abwesenheit einer Autorität (Kohlberg 1964), aufzeigen.

Abschließend bleibt zu sagen, daß die Annahme, die Dezentrierungsfähigkeit sei der Faktor, der Egozentrismus und moralischem Urteil zugrunde liegt, durch die signifikante Beziehung zwischen diesen beiden Variablen gestützt wird. Dieses Ergebnis bestätigt frühere Untersuchungen (Lee 1971; Selman 1971; Stuart 1967). Schließlich deuten unsere Ergebnisse in die Richtung, daß der mit dem Alter zunehmende Altruismus teilweise auf die zunehmende Dezentrierfähigkeit des Kindes zurückzuführen ist.

Übersetzt von Klaus Mucha

Anmerkung

Die Autoren danken der Schulbehörde von Windsor für ihre Zusammenarbeit während der Untersuchung, Patricia H. Haggith und Mary C. Tierney, die als Experimentatoren fungierten und Dr. Akira Kobasigawa für seine hilfreichen Anregungen beim Abfassen dieses Artikels.

a) Ein niedriger Wert bedeutet hier ein hohes Maß an Egozentrismus und umgekehrt. [Anm. d. Hrsg.]

3.3 Weitere Forschungsbereiche

Ruth Anne Clark und Jesse G. Delia
Die Entwicklung von Überzeugungsstrategien in der Kindheit und frühen Adoleszenz

Zur Klassifizierung von Überzeugungs- und Begründungsstrategien in Kategorien der Fähigkeit zur Perspektivenübernahme wurde ein Codierungssystem aufgestellt, durch das die Überzeugungsversuche von Kindern der 2. bis 9. Klassenstufe in drei hypothetischen, aber geläufigen Situationen erfaßt wurden. Ältere Kinder benutzten nicht nur eine größere Zahl und Vielfalt solcher Strategien, sondern in ihren Strategien spiegelten sich auch zunehmend höhere Formen von Perspektivenübernahme wider. In Übereinstimmung mit anderen Forschungsergebnissen aus dem sozial-kognitiven Bereich treten größere Entwicklungsfortschritte zwischen der 2. und 3. bzw. 3. und 4. sowie zwischen der 8. und 9. Klassenstufe auf.

Das Einnehmen der Perspektive eines anderen, auch als role-taking bezeichnet, hat sich als eine entscheidende sozial-kognitive Voraussetzung für erfolgreiche soziale Kommunikation herausgestellt (Feffer 1970; Flavell et al. 1968; Mead 1934). Erfolgreiches Kommunizieren setzt demnach ein Verständnis davon voraus, wie der andere die gegebene Situation interpretiert, so daß Mitteilungen an diesen Bezugsrahmen angepaßt werden können. Es gibt zahlreiche Belege dafür, daß die Fähigkeit zur Perspektivenübernahme mit dem Alter zunimmt (z. B. Feffer u. Gourevitch 1960*; Flavell et al. 1968; Selman 1971; Selman u. Byrne 1974).

Wenn die Fähigkeit zur Perspektivenübernahme grundlegend für erfolgreiches Kommunizieren und diese Fähigkeit altersabhängig ist, dann kann gefolgert werden, daß auch die kommunikative Effizienz mit dem Alter ansteigt. Tatsächlich konnte eine Reihe von Autoren (z. B. Flavell et al. 1968; Krauss u. Glucksberg 1970) eine altersabhängige Zunahme erfolgreichen Kommunizierens – genaue Übermittlung von Informationen an einen anderen – aufzeigen. In einigen dieser Untersuchungen wird eine direkte Kovariation zwischen der Fähigkeit zur Perspektivenübernahme und dem Kommunikationsverhalten berichtet, wenn auch der Zusammenhang häufig schwächer war als erwartet (z. B. Chandler, Greenspan u. Barenboim 1974; Piché, Michlin, Rubin u. Johnson 1975; Rubin 1973; Nicholson[1]).

Empirische Belege für die Beziehung zwischen Perspektivenübernahme und der Fähigkeit, überzeugend zu argumentieren, sind weniger eindeutig. Globale Einschätzungen und der allgemeine Eindruck von Argumentationsstrategien laufen sicher auf das Ergebnis einer mit fortschreitender Reife zunehmenden Kultivierung der Überzeugungsfähigkeit hinaus (Alvy 1973; Finley u. Humphreys 1974; Flavell et al. 1968; Wood, Weinstein u. Parker 1967; Nicholson[1]). Wie eng allerdings eine Kultivierung der Überzeugungsfähigkeit an die Fähigkeit zur Perspektivenübernahme gebunden ist, bleibt eher dunkel. Das liegt vor allem an den verwendeten Analyseschemata, die keine Überzeugungsstrategien erfaßten, in denen unterschiedliche Fähigkeiten zur Perspektivenübernahme zum Ausdruck kommen könnten. Statt dessen enthalten die vorliegenden Codierungssysteme willkürlich zusammengestellte Kategorien, die so unterschiedliche Merkmale abbilden wie strukturelle Form (Forderungen, starker Druck), den funktionalen Inhalt (z. B. daß der andere auch einen Vorteil hat, daß das Ansehen erhalten bleibt), und zusätzlich oder auch ausschließlich den spezifischen Inhalt (z. B. ökonomische Einwände). (Vgl. die verschiedenen Codierungssysteme bei Bragg, Ostrowski u. Finley 1973; Finley u. Humphreys 1974; Flavell et al. 1968; Sutton-Smith u. Rosenberg 1970; Wood et al. 1967; Nicholson[1]). Als einziger hat Alvy (1973) den Versuch unternommen, Überzeugungsstrategien direkt mit der Fähigkeit zur Perspektivenübernahme in Beziehung zu setzen. Alvys System ist jedoch beschränkt auf den Vergleich von Variationen zwischen zwei Überzeugungsversuchen mit gleicher Zielsetzung bei unterschiedlichen Adressaten. Mit diesem System können keine allgemeinen Strategien, in denen sich eine Zunahme der Fähigkeit zur Perspektivenübernahme widerspiegelt, erkannt werden, sondern es werden lediglich im Rahmen einer gegebenen Mitteilung Anpassungsstrategien spezifiziert, von denen auf verbesserte Fähigkeiten zur Perspektivenübernahme geschlossen wird.

Im Gegensatz dazu geht es in der vorliegenden Untersuchung gerade um die Frage, ob der Gebrauch von Überzeugungsstrategien, die ein höheres Niveau von Perspektivenübernahme widerspiegeln, mit dem Alter zunimmt. Der Untersuchungsplan erforderte daher, daß wir eine Hierarchie funktionaler Überzeugungsstrategien derart entwickelten, daß die höheren Strategien jeweils eine größere Fähigkeit zur Perspektivenübernahme widerspiegeln. In der Untersuchung wurden die Kinder gebeten, überzeugende Aussagen zu erfinden; diese wurden dann nach den Kategorien der Hierarchie codiert. Wenn die Fähigkeit, jemanden zu überzeugen, tatsächlich entwicklungsabhängig ist, dann müßten ältere Kinder Strategien höheren Niveaus verwenden als jüngere Kinder. Zusätzlich zu dieser Haupthypothese prüfte die Untersuchung noch zwei untergeordnete Hypothesen: (1) ältere Kinder verwenden eine größere Zahl von Argumenten als jüngere Kinder, und (2) ältere Kinder benutzen mehr verschiedenartige Strategien als jüngere Kinder.

Methode

Probanden

Die Kinder, 29 Mädchen und 29 Jungen, die während des normalen Schuljahres eine öffentliche Schule besuchten, nahmen zur Zeit der Untersuchung an einem dreiwöchigen Sommerkurs in Religion teil. Fast alle Kinder stammten aus Arbeiterfamilien, sie hatten durchschnittlich 4,3 Geschwister. Alle waren Weiße. An der Untersuchung nahmen Kinder jeder Klassenstufe von der 2. bis 9. Klasse teil. Da die Interviews im August stattfanden, bezieht sich die Angabe der Klassenstufe jeweils auf die nächste Klasse, in die die Kinder versetzt wurden. Die Anzahl der Kinder in den Klassen und der Altersmedian sind aus Tabelle 1 ersichtlich.

Interview

Nachdem die Kinder in einem ruhigen Raum an einem Tisch Platz genommen hatten, wurden sie gefragt, ob sie schon einmal ein Tonbandgerät benutzt hätten. Alle bejahten dies. Nach Einschalten des Gerätes nannten die Kinder ihren Namen und ihren Geburtstag, den Beruf der Eltern und die Anzahl der Geschwister. Dann wurden sie aufgefordert, drei Überzeugungsaufgaben auszuführen.

Aufgaben

Aufgabe 1 (Geschenk): Das Kind wurde gebeten, irgend etwas zu benennen, das seine Eltern ihm kaufen sollten, und zu versuchen, sie zum Kauf zu überreden. Drei Kindern fiel kein Geschenk ein; sie wurden aufgefordert, einen Ort zu benennen, den sie gerne mit ihren Eltern besuchen würden.

Aufgabe 2 (Geburtstagsfeier): Jedes Kind sollte sich vorstellen, daß es bald Geburtstag hätte und daß sein größter Wunsch eine große Geburtstagsparty sei, die bis in die Nacht hinein dauert. Es sollte versuchen, seine Mutter dazu zu überreden, eine solche Party zu veranstalten.

Aufgabe 3 (Hund): Die Kinder sollten sich vorstellen, sie hätten einen kleinen Hund gefunden, der sich offenbar verlaufen hatte. Dann seien sie zu einem nahestehenden Haus gegangen und hätten eine Frau, die dort wohnt, darum gebeten, den Hund zu behalten.

Bei jeder Aufgabe wurde das Kind aufgefordert, so zu tun, als ob der Interviewer derjenige sei, den es zu überzeugen gilt. Das Kind sollte zunächst alles sagen, von dem es glaubte, daß es zum Ziel führen würde. Als das Kind fertig war, wurde es von dem Interviewer gebeten, sich nun vorzustellen, daß die Person, zu der es gerade gesprochen hatte, die jeweilige Bitte wahrscheinlich ablehnen würde. Das Kind sollte dann zur Unterstützung seiner Bitte noch etwas sagen, das verhindern könnte, daß der Gebetene »nein« sagt. Anschließend beschäftigte sich das Kind mit Dingen, die nichts mit der Untersuchung zu tun hatten. Die Interviews dauerten insgesamt 12 bis 20 Minuten; zum Schluß durften die Kinder sich selber auf dem Tonbandgerät hören.

Codierungssystem

Das System zur Analyse der Äußerungen besteht aus zwei Gruppen von Kategorien, die beide nach dem erforderlichen Niveau von Perspektivenübernahme von der tiefsten bis zur höchsten Stufe hierarchisch geordnet sind. Mit der ersten Gruppe wird die Strategie codiert, mit der im Überzeugungsversuch die Bitte selbst vorgetragen wurde. Die zweite Gruppe bezieht sich auf die funktionale Strategie, die zur Unterstützung der Bitte eingeschlagen wurde. Das System sollte sowohl Äußerungen von Vorschulkindern als auch von Jugendlichen zu codieren erlauben. Für jedes Hauptniveau werden im folgenden einige kennzeichnende Substrategien zusammen mit Beispielen für Äußerungen gegeben.

I. Form der Bitte

0. Keine explizite Bitte.
1. Bitte oder Wunsch wird vorgetragen.
   a) Nichtelaborierter Wunsch (»Ich möchte eine Party haben.« »Ich brauche eine neue Stereoanlage.«)
   b) Die Intensität bzw. das lange Bestehen eines Wunsches wird betont. (»Ich habe mir schon so lange ein Pony gewünscht.« »Wenn ich kein Pony haben kann, laufe ich von zu Hause weg.«)
   c) Flehen. (»Oh, bitte, sag doch nicht nein.« »Bitte, laß mich doch die Feier machen.«)
   d) Nichtelaborierte Bitte. (»Darf ich eine Geburtstagsfeier machen?« »Können Sie diesen Hund aufnehmen?«)
2. Die Bitte wird so formuliert, daß möglichen Gegenargumenten zuvorgekommen wird.
   a) Die Bitte wird eingeschränkt oder verändert, um sie akzeptabler zu machen. (»Können Sie diesen Hund nehmen, nur bis morgen, dann kann ich versuchen, den Besitzer zu finden?« »Wenn ich diese Woche keine Geburtstagsfeier machen kann, dann vielleicht, wenn du einmal nicht so viel zu tun hast?«)
   b) Es werden detaillierte Vorschläge gemacht, um zu zeigen, daß die Bitte für den anderen mit wenig Aufwand verbunden ist. (»Wenn ich heute die Geburtstagsfeier machen darf, dann könnten wir Popcorn machen, das geht schnell und ist billig.«)
   c) Es wird darauf hingewiesen, daß der Bittende auf Hilfe angewiesen ist. (»Ich frage Sie, ob Sie den Hund nehmen können, weil meine Mutter mir nicht erlauben würde, ihn mitzubringen.«)
3. Die Bitte ist so formuliert, daß darin den Wünschen des anderen Rechnung getragen wird.
   a) Nichtelaborierte Bitte, in der Wünsche des anderen angesprochen sind. Statt einer direkten Bitte, etwas Bestimmtes zu tun, wird der andere gefragt, ob er dies

gern tun würde. (»Möchten Sie diesen Hund haben?« »Ich überlege gerade, ob Sie diesen kleinen Hund nicht vielleicht haben möchten.«)

b) Die Bitte ist so formuliert, als täte man dem anderen einen Gefallen. (»Ich überlasse Ihnen den Hund.« »Möchtest du nicht eigentlich hier zu Hause ein neues Pferd haben?«)

c) Die Erfüllung der Bitte stellt die Erreichung eines gemeinsamen Ziels dar, das beide verfolgen. (»Wir wollten doch mein Zimmer neu einrichten. Möchtest du nicht auch vielleicht ein Kasperltheater dafür?«)

II. Unterstützung der Bitte.

0. Keine Unterstützung.

1. Weist auf die Notwendigkeit der Bitte hin.

a) Die Bitte wird mit Hinweis auf ein Recht begründet. (»Alle anderen Kinder haben ein Fahrrad mit Gangschaltung.«)

b) Die Bitte bezieht sich darauf, wie notwendig, erstrebenswert oder nützlich das gewünschte Objekt sei. (»Wenn ich ein Fahrrad hätte, könnte ich schneller zur Schule kommen.« »Ich würde mich über eine Party freuen.«)

c) Die Begründung erfolgt durch eine Betonung dieser Vorteile für Dritte. (»Wenn ich ein Fahrrad hätte, so könnten es meine Brüder und Schwestern auch benutzen.« »Der Hund sieht so mager aus.«)

2. Umgehen mit Gegenargumenten.

a) Wissen um Gegenargumente. (»Es kostet sehr wenig, einen Hund zu füttern.«)

b) Widerlegen von Gegenargumenten. (»Wenn Sie große Futterpackungen kaufen, kostet es überhaupt nicht viel.«)

c) Aufhebung der Wirkung von Gegenargumenten. (»Ich bringe Ihnen auch das Futter, wenn Sie den Hund behalten.« »Auf meiner Geburtstagsfeier werden wir nur in meinem Zimmer spielen.«)

3. Hinweis auf Vorteile für den anderen.

a) Bestechungen. (»Wenn ich eine Geburtstagsfeier machen darf, dann werde ich dir auch dein Auto waschen.«)

b) Der allgemeine Nutzen für jeden, der der Bitte nachkommt, wird betont. (»Dieser Hund wäre sicher ein guter Wachhund.« »Ein Hund kann ein guter Freund sein.«)

c) Ausgehend von der spezifischen Situation des anderen wird der Vorteil direkt auf ihn zugeschnitten. (»Einen guten Wachhund wie diesen könnten Sie gut gebrauchen, weil Sie alleine leben.« »Wenn ich die Geburtstagsfeier machen darf, kannst du auch meine Freunde besser kennenlernen.«)

d) Verdeutlichen der Vorteile für den anderen aufgrund des Einnehmens seiner Perspektive. (»Wenn ich Sie wäre, und alleine lebte, würde ich mir einen solch guten Wachhund wie diesen wünschen.« »Das würde ich mir nicht entgehen lassen, einen guten Hund umsonst zu bekommen.«)

Die vier Hauptniveaus der Überzeugungsstrategien, sowohl für die Art der Bitte als auch für die Unterstützung, sind so formuliert, daß sie zunehmend höhere Stufen der Perspektivenübernahme abbilden. Auf der niedrigsten Stufe, mit 0 codiert, wird kein spezifischer Wunsch geäußert bzw. werden keine unterstützenden Argumente angeboten. Wenn noch nicht einmal ein Wunsch ausgedrückt oder ausgesprochen wird, läßt dies darauf schließen, daß das Kind einfach unterstellt, das Gegenüber kenne bereits seine Wünsche. Eine solche Annahme zeigt, daß dem Kind noch nicht gewärtig ist, daß sein Gegenüber eine andere Perspektive hat.

Die nächste Stufe, Niveau 1, umfaßt einfache, nichtelaborierte Bitten sowie stützende Argumente, die sich inhaltlich jedoch nur auf das Bedürfnis des Kindes beziehen. Versucht ein Kind, den anderen auf diese Weise zu überreden, so erkennt es offenbar zumindest, daß der andere nicht weiß, was es sich wünscht. Das Kind bewegt sich also bereits auf einem – wenn auch niedrigen – Niveau von Perspektivenübernahme. Allerdings ist es noch in der eigenen Sichtweise so verfangen, daß bei den Überzeugungsversuchen das eigene Bedürfnis im Vordergrund steht.

Niveau 2 ist durch Strategien definiert, die Gegenargumente beim Vortragen oder bei der Unterstützung der Bitte berücksichtigen. Das Mitbedenken von Gegenargumenten ist Ausdruck eines höheren Niveaus von Perspektivenübernahme, da das Kind hierbei die Sichtweise des Gegenübers gut genug erkennen muß, um sich mögliche Einwände vorstellen und darüber hinaus

Entgegnungen finden zu können, die aus der Sicht des anderen vernünftig sind.

Das Herausstellen von Vorteilen für den anderen wird schließlich als Niveau 3 codiert. Hier wird die Überzeugungsstrategie von dem Versuch beherrscht, sich auf die Interessen und Wertmaßstäbe des anderen einzustellen.

Die eben beschriebene hierarchische Interpretation ist natürlich nicht vollkommen eindeutig. Ein Kind mit der Fähigkeit, Strategien höheren Niveaus zu verwenden, mag ganz gezielt zu einer niedrigen Stufe zurückkehren. Wenn ein Kind z. B. merkt, daß die Mutter das Wohlergehen des Kindes über ihr eigenes stellen wird, wird es sich mehr auf die Äußerung seiner Bedürfnisse und Wünsche verlegen als die Vorteile für den anderen herauszustellen. Das Zurückgreifen auf niedrigere Niveaus ist möglich, allerdings nicht der umgekehrte Fall. Es ist schwer vorstellbar, daß ein Kind mit begrenzter Fähigkeit zur Perspektivenübernahme in der Lage sein könnte, seine Äußerungen so zu formulieren, daß sie Entgegnungen auf mögliche Einwände oder Hinweise auf Vorteile für den anderen beinhalten. Demnach kann die Verwendung von Überzeugungsstrategien höheren Niveaus als Anzeichen einer höheren Fähigkeit zur Perspektivenübernahme betrachtet werden, umgekehrt kann das Fehlen solcher Strategien jedoch eindeutig als Beweis für ein niedrigeres Niveau der Perspektivenübernahme gedeutet werden.

Ergebnisse

Codierungen

Die transkribierten Äußerungen wurden in einzelne Argumente bzw. Behauptungen zerlegt. Wiederholt benutzte gleiche Argumente wurden nur einmal gezählt. Konditionalsätze (z. B. »Wenn du mir ein Pferd kaufst, mache ich die Garage sauber«) und schlußfolgernde Äußerungen (z. B. »Für die Party könnten wir Popcorn machen, das kostet nicht viel«), wurden jeweils als eine Einheit betrachtet. Es wurde die Reliabilität zwischen zwei Beurteilern hinsichtlich der Anzahl der Einheiten für jeweils zwei Kinder einer Altersstufe berechnet; die Korrelation zwischen den Ergebnissen der beiden Beurteiler betrug .99.

Eine Einheit wurde als »Bitte« codiert, wenn in ihr vorrangig das Ziel des Überzeugungsversuchs genannt wurde. In der Regel, aber nicht immer, war dies die erste Einheit der ganzen Äußerung.

Die Reliabilität der Klassifikation von Äußerungen wurde an einer anderen Teilstichprobe, bestehend aus je zwei weiteren Kindern einer Altersgruppe, überprüft. Zwei Beurteiler stimmten in ihren Zuordnungen der Äußerungen zu den Kategorien des Codiersystems in 95% der Fälle überein. (Unstimmigkeiten traten vorwiegend dann auf, wenn eine Äußerung keine Funktion für den Überzeugungsversuch zu erfüllen schien, z. B. »vielleicht komme ich vorbei und sehe mir den Hund mal an«, bzw. wenn eine Äußerung sinnvoll mehrere Funktionen hätte erfüllen können; z. B. könnte der Satz »ich habe den Hund auf der Straße gefunden« einmal auf die Bedürftigkeit des Hundes hinweisen, andererseits aber auch der Versuch sein, dem Gegenargument zuvorzukommen, daß der Hund jemandem gehöre.)

Haupthypothese

Zur Überprüfung der Haupthypothese wurde jedem Kind entsprechend der höchsten von ihm benutzten Strategie ein Score zugeteilt. Für jede Aufgabe wurden dann jeweils die Scores für die Bitte und die unterstützenden Argumente addiert; es ergab sich so ein Bereich von 0 bis 6 möglichen Punkten.

Die Daten wurden dann mit einer dreifaktoriellen Varianzanalyse analysiert, wobei die Alterstufen als erste, die drei Aufgaben als zweite und das Geschlecht als dritte unabhängige Variable angenommen wurden. Hinsichtlich des Geschlechts erwarteten wir keine Unterschiede; diese Variable wurde lediglich erhoben, um die Generalisierbarkeit der Ergebnisse für Jungen und Mädchen zu überprüfen. Die Mittelwerte aus dieser Analyse sind in Tabelle 1 dargestellt. Der signifikante Alterseffekt zeigt deutlich, daß die Benutzung von Strategien höherer Ordnung mit dem Alter ansteigt (F [7,41] = 8.79, $p < .01$.). Der erste größere Zuwachs tritt zwischen den Klassenstufen 3 und 4, der nächste zwischen den Klassenstufen 8 und 9 auf.

Der Prozentsatz der Kinder jeder Altersstufe, die jede Hauptstrategie mindestens einmal benutzten, ist in Tabelle 2 dargestellt.

Tab. 1. Mittelwerte der höchsten verwendeten Strategie, der Gesamtzahl der Argumente sowie der Anzahl verschiedenartiger Argumente nach Klassenstufe und Aufgabe

		Aufgabe											
		Geschenk			Party			Hund			Mittelwert über die Aufgaben		
Klassenstufe	Altersmedian	höchste Strategie	Gesamtzahl d. Argum.	Anzahl versch. Argum.	höchste Strategie	Gesamtzahl d. Argum.	Anzahl versch. Argum.	höchste Strategie	Gesamtzahl d. Argum.	Anzahl versch. Argum.	höchste Strategie	Gesamtzahl d. Argum.	Anzahl versch. Argum.
2	7;0 (n=6)	1,0	1,25	1,25	1,08	2,58	1,50	2,33	1,50	1,83	1,47	1,78	1,53
3	8;3 (n=6)	1,38	3,00	2,25	1,50	3,38	2,21	1,88	2,25	3,12	1,58	2,88	2,50
4	9;4 (n=9)	2,75	2,83	2,42	2,33	4,25	2,33	3,58	2,33	2,58	2,89	3,14	2,44
5	10;5 (n=7)	2,55	3,75	2,80	3,15	5,40	3,45	3,55	4,95	3,50	3,08	4,70	3,25
6	11;5 (n=12)	2,67	3,33	2,50	2,67	4,75	2,50	4,08	3,67	2,58	3,14	3,91	2,53
7	12;1 (n=5)	2,42	2,25	1,58	2,00	4,50	1,75	4,42	1,92	3,58	2,94	2,89	2,30
8	13;1 (n=9)	2,82	4,54	2,89	3,00	4,64	2,39	3,00	3,93	2,38	2,94	4,37	2,54
9	14;11 (n=4)	4,75	5,25	3,75	4,50	7,50	3,75	4,75	5,50	4,25	4,67	6,08	3,92
Mittelwerte über die Klassenstufen		2,54	3,28	2,43	2,53	4,62	2,48	3,45	3,26	2,98	2,84	3,72	2,63

Da sich aufgrund der kleinen Stichprobengrößen innerhalb einer Altersstufe deutliche Verschiebungen in den Prozentwerten ergaben, wurden die Altersstufen zu drei Kategorien zusammengefaßt. Das Muster in Tabelle 2 läßt klar erkennen, daß ältere Kinder höherrangige Strategien verwenden. Wenn beispielsweise die jüngeren Kinder überhaupt irgendwelche unterstützenden Argumente äußerten, so war dies typischer Weise die Behauptung ihres eigenen Bedürfnisses. Im Gegensatz hierzu verwendeten ältere Kinder vorwiegend Überzeugungsstrategien, in denen mögliche Gegenargumente berücksichtigt wurden, und über die Hälfte der Kinder wies zur Unterstützung auf Vorteile für den anderen hin.

Die Varianzanalyse ergab des weiteren einen signifikanten Haupteffekt der Aufgabenart ($F[2,82]=10.49$, $p<.01$), wobei für die »Hundeaufgabe« generell höherrangige Strategien benutzt

Tab. 2. Anteil der Kinder der verschiedenen Klassenstufen, die die verschiedenen Strategien benutzten

Strategie		Klassenstufe	
	2., 3. ($n=12$)	4., 5., 6. ($n=28$)	7., 8., 9. ($n=18$)
I. Form der Bitte:			
0. Keine explizierte Bitte	0	0	0
1. Bitte oder Wunsch wird geäußert und nicht elaborierter Wunsch	1.00	.96	.94
2. Bitte wird so vorgetragen, daß Gegenargumenten zuvorgekommen wird	.33	.71	.72
3. Bitte ist so formuliert, daß darin den Wünschen des anderen Rechnung getragen wird	.16	.43	.50
II. Unterstützung der Bitte:			
0. Keine Unterstützung	.42	.04	.00
1. Weist auf Notwendigkeit der Bitte hin	.58	1.00	.83
2. Umgehen mit Gegenargumenten	.25	.54	.94
3. Hinweis auf Vorteile für den anderen	.25	.32	.61

wurden als bei den beiden anderen. Weder der Faktor Geschlecht noch irgendeine der Interaktionen sind signifikant.

Nebenhypothese 1

Die erste Nebenhypothese bezog sich auf den Vergleich der Altersstufen hinsichtlich der Gesamtzahl der benutzten Argumente. Hierbei wurde jedes Argument gezählt, das sich nicht dem Inhalt nach wiederholte, unabhängig davon, ob sich die darin enthaltene Strategie wiederholte. Da den Kindern keine Begrenzung ihrer Argumente vorgegeben war, konnten keine Ceiling-Effekte auftreten. Wieder wurde eine dreifaktorielle Varianzanalyse durchgeführt. Die Faktoren waren dieselben wie bei der ersten Auswertung.

Wie Tabelle 1 zu entnehmen ist, steigt die Gesamtzahl der benutzten Argumente mit dem Alter ($F\,[7,41]=2.97$, $p<.01$). Schülerinnen und Schüler der 9. Klassenstufe produzieren mehr als dreimal soviel Argumente als Kinder aus der 2. Klassenstufe. Der größte Anstieg tritt zwischen den Klassenstufen 2 und 3, 3 und 4 sowie 8 und 9 auf. Bei den Kindern der mittleren Klassenstufe ist ein Plateau-Effekt zu beobachten, wobei die Kinder der Klassenstufe 5 bis 8 in drei Aufgaben insgesamt je etwa 12 Argumente produzierten. Die einzige Ausnahme bildet die Klassenstufe 7; im Vergleich mit anderen Kindern mittlerer Altersstufe benutzen Kinder der 7. Klasse weniger Argumente bei den Aufgaben 1 und 2[a], schneiden allerdings bei Aufgabe 3 gleich gut ab. Dies legt nahe, daß die Schüler der 7. Klasse prinzipiell in der Lage sind, auf gleichem Niveau wie ihre Altersgenossen zu argumentieren, daß sie aber aus irgendeinem Grunde nicht motiviert waren, dies auch bei den Aufgaben 1 und 2 zu tun.

Die einzige weitere signifikante Differenz der Anzahl der Argumente ergab sich bei der Art der Aufgabe; in der »Hundeaufgabe« wurden mehr Argumente genannt als bei den anderen Aufgaben ($F\,[2,82]=10.19$, $p<.01$).

Nebenhypothese 2

Die zweite Nebenhypothese wurde durch den Vergleich der Anzahl verschiedenartiger Strategien, die ein Kind benutzte, überprüft. Als unterschiedlich wurden Argumente auch dann angesehen, wenn in derselben Aufgabe verschiedene Unterkategorien des Codierungssystems bei der Argumentation benutzt wurden. Wiederum wurde eine dreifaktorielle Varianzanalyse mit den bereits genannten unabhängigen Variablen durchgeführt.

Ältere Kinder benutzten ein größeres Spektrum von Argumenten als jüngere. Wie in Tabelle 1 dargestellt, verwendeten Schülerinnen und Schüler der 9. Klasse mehr als doppelt so viele verschiedene Arten von Argumenten als Kinder der 2. Klassenstufe ($F[7,41]=5.42$, $p<.01$). Wieder treten die größten Anstiege zwischen der 2. und 3., der 3. und 4. sowie der 8. und 9. Klassenstufe auf. Zwischen der 4. und 8. Klasse bleibt die Anzahl unterschiedlicher Argumente im Durchschnitt relativ stabil.

Auch in dieser dritten Varianzanalyse wird der Aufgabeneffekt im wesentlichen durch eine erhöhte Anzahl unterschiedlicher Argumentationsstrategien bei der »Hundeaufgabe« signifikant ($F[2,82]=3.77$, $p<.05$).

Wie in der vorangegangenen Analyse spielt das Geschlecht keine Rolle.

Diskussion

Entwicklungsmäßige Zusammenhänge beim Einsatz von Überzeugungsstrategien

Insgesamt betrachtet bieten die Resultate der vorliegenden Untersuchung einen starken Beleg für den entwicklungsbezogenen Charakter unseres Codierungssystems von Überzeugungsstrategien auf der Grundlage der Fähigkeit zur Perspektivenübernahme. Im Vergleich zu jüngeren Kindern benützen ältere mehr Strategien höheren und weniger Strategien niedrigeren Niveaus. Weiterhin unterscheiden sie sich von jüngeren Kindern sowohl durch die höhere Gesamtzahl von Argumenten als auch durch die höhere Zahl unterschiedlicher Argumentationstypen. Das bedeutet, daß Kinder im Verlauf ihrer Entwicklung einen Satz von Überzeugungsstrategien benutzen, in denen sich die zunehmend verfeinerte Fähigkeit ausdrückt, die Perspektive des anderen zu verstehen und sich auf sie einzustellen.

Es ist von einiger Bedeutung, auf den Punkt hinzuweisen, an

dem eine größere Steigerung zu beobachten war, nämlich zwischen den Klassenstufen 2 und 3 sowie 3 und 4. Danach bleiben die Leistungen bis zur 8. Klasse relativ gleich, steigen dann aber in der 9. Klasse noch einmal deutlich an. Dieses Ergebnis steht im Einklang mit anderen Untersuchungen über verschiedene Fähigkeiten, die mit kommunikativer Effizienz in Beziehung stehen: Soziale Perspektivenübernahme (Flavell et al. 1968; Selman u. Byrne 1974), Komplexität des der Wahrnehmung anderer zugrunde liegenden Begriffssystems (Bigner 1974; Livesley u. Bromley 1973; Scarlett, Press u. Crockett 1971) und kommunikative Anpassungsfähigkeit (Flavell et al. 1968; Glucksberg u. Krauss 1967*). Dies gilt jedoch offenbar nicht für Entwicklungsverläufe der wahrnehmungsbezogenen Perspektivenübernahme [ability to assume the physical perspective of another]; bei diesen treten die Entwicklungssprünge schon früher auf (z. B. Flavell et al. 1968).

Individuelle Unterschiede beim Gebrauch von Überzeugungsstrategien

Obwohl der Gebrauch von Überzeugungsstrategien klar entwicklungsabhängig ist, treten auch deutliche individuelle Unterschiede innerhalb derselben Klassenstufe auf. So benutzen sogar viele Kinder der 8. Klassenstufe noch ähnliche Argumentationsweisen wie im Durchschnitt die Kinder der 2. und 3. Klassenstufen. Zum Beispiel benutzten 4 der 9 Kinder der 8. Klassenstufe nicht mehr und auch nicht mehr verschiedene Argumente bzw. Strategien als der Durchschnitt der Zweit- und Drittkläßler. Dies zeigt, daß unter Kindern der 8. Klassenstufe recht große individuelle Unterschiede der Überzeugungsfähigkeit vorhanden sind. Ein Proband dieser Klassenstufe brachte es auf insgesamt 33 verschiedene Argumente, ein anderer nur auf 5.

Ein weiteres bemerkenswertes Ergebnis neben diesen intraindividuellen Unterschieden ist die Konsistenz der einzelnen Individuen in der Verwendung bestimmter Strategietypen. Benutzt ein Kind als Strategie in einer Situation z. B. »Bestechung«, so wird es sie wahrscheinlich auch in einer anderen Situation anwenden. Oder setzte sich ein Individuum in einem Fall mit Gegenargumenten auseinander, so wird es dies auch in einer anderen Situation wahrscheinlich ebenfalls tun. Als einfache Maßzahl zur

Quantifizierung der intraindividuellen Konsistenz wurde die Summe aller Argumente, die ein Kind in den drei Situationen vorbrachte, durch die Anzahl der von ihm benutzten Unterkategorien geteilt. Würden die Kinder ständig andere Strategien verwenden, so müßte dieser Quotient nahe bei 1 liegen. Tatsächlich wurde jedoch ein Mittelwert von 2,02 gefunden, im Durchschnitt verwendeten die Kinder also jede von ihnen gewählte Unterkategorie zweimal. Dabei gibt diese Zahl noch nicht die Wiederholung von Unterkategorien innerhalb der Hauptkategorien wieder.

Unterschiede in den Überzeugungsstrategien in Abhängigkeit von der Rolle des anderen

Es ist bemerkenswert, daß die Art der Aufgabe auf allen drei abhängigen Variablen – Strategie mit dem höchsten Niveau, Gesamtzahl der Argumente und Anzahl der unterschiedlichen Strategien – signifikante Effekte zeigte. Die Kinder produzierten bei der »Hundeaufgabe« durchgängig die elaboriertesten und anspruchsvollsten Äußerungen. Dies könnte möglicherweise durch bloße Reihenfolgeeffekte erklärt werden, denn alle Kinder bearbeiteten die »Hundeaufgabe« als letzte; mit weitergehenden inhaltlichen Interpretationen sollte man deshalb vorsichtig sein. Zwei Überlegungen lassen jedoch eine theoretisch relevante Erklärung der Befunde plausibel erscheinen. Erstens müßte eine Leistungssteigerung, die durch Übungseffekte verursacht wurde, schon zwischen der ersten und zweiten Aufgabe auftreten; das war aber nicht der Fall. Zweitens – und dies scheint wesentlicher – stehen die hier berichteten Resultate im Einklang mit früheren Forschungsergebnissen, die als bedeutsamen Faktor für den Grad an Elaboriertheit der Argumentation die Vertrautheit mit der zu überzeugenden Person ausweisen (Finley u. Humphreys 1974; Wood et al. 1967). Ein entscheidender Unterschied zwischen der »Hundeaufgabe« und den beiden anderen Aufgaben (Geschenk, Geburtstagsfeier) besteht darin, daß hier ein Fremder – und nicht die Eltern – überzeugt werden sollte. So fanden Wood u. a., daß Kinder dazu neigen, ihre Wünsche einfach auszusprechen, wenn es gilt, einen Freund oder die Mutter zu überreden. Handelte es sich dagegen um einen Lehrer, so setzten sie eine größere Bandbreite von Überzeugungsstrategien ein. Um einen Freund zu überzeugen, wird eine größere Vielfalt von Strategien benutzt als bei der Mutter, wie Finley und Humphreys berichten. Zur Erklärung ihrer Ergebnisse weisen Wood u. a. auf die häufig geäußerte Bemerkung der von ihnen untersuchten Kinder hin, daß sie von Freunden und der Mutter von vornherein Aufgeschlossenheit für ihre Wünsche erwarten, während man dies bei Lehrern nicht unbedingt annehmen kann, sondern sie erst überzeugen muß. Spontane Äußerungen von Kindern aus der vorliegenden Untersuchung legen eine etwas andere Erklärung für die kürzeren Überzeugungsversuche bei Eltern nahe, daß nämlich die Reaktion der Eltern besser vorhersehbar ist. Häufig meinten die Kinder, es sei überflüssig, ihren Eltern einen Wunsch weiter zu verdeutlichen, da diese wahrscheinlich ohnehin nein sagen würden, oder umgekehrt, daß sie auch ohne zusätzliche Argumente zustimmen würden. Wahrscheinlich war also die Vorhersehbarkeit der Reaktion des anderen in unserer Untersuchung eine wesentliche Determinante für das Ausmaß, in dem Wünsche elaboriert wurden, wobei die Vorhersehbarkeit mehr von der Vertrautheit mit dem anderen als von der Erwartung einer günstigen Reaktion oder von Übungseffekten herrührt.

Übersetzt von Petra Schuhler

Anmerkungen

1 Nicholson, J. L., III. The development of role-taking abilities and sociolinguistic competence in three interpersonal communication domains among Caucasian, black, and Spanish-American fourth, fifth, and sixth-grade children. Unpublished doctoral dissertation, University of Illinois at Urbana-Champaign, 1975.

a) Dies stimmt nicht mit der Tabelle überein. Möglicherweise sind die entsprechenden Mittelwerte für Klasse 7 im Originalartikel irrtümlich vertauscht worden. [Anm. der Übersetzerin]

Rheta DeVries

Die Entwicklung der Perspektivenübernahme am Verhalten von überdurchschnittlich intelligenten, durchschnittlichen und retardierten Kindern bei einem sozialen Rate-Spiel

In drei empirischen Arbeiten wurde die Leistung von hochintelligenten, durchschnittlich intelligenten und retardierten Kindern in einem sozialen Ratespiel mit zwei Lösungsmöglichkeiten untersucht (raten, in welcher Hand ein Pfennig versteckt ist). Die Ergebnisse deuten auf eine fünfstufige Entwicklungssequenz von vollständigem Fehlen der Einsicht, daß dieses Spiel Heimlichkeit und Täuschung verlangt, im ersten Stadium bis zum fünften Stadium, in welchem das Kind eine Wettbewerbshaltung zeigt und versucht, den Spielgegner durch eine Strategie des unregelmäßigen Wechsels der Hand zu überlisten. Die Stadienabfolge wird im Sinne zunehmender Fähigkeit zur Perspektivenübernahme interpretiert. Daß beim Verstecken eher Konkurrenzverhalten und Täuschungsabsicht zu beobachten sind als beim Raten, deutet darauf hin, daß das Kind früher in der Lage ist, die Perspektive des anderen zu berücksichtigen, als zu berücksichtigen, daß auch der andere die Perspektive des Kindes berücksichtigt. In der niedrigsten Intelligenzgruppe ist offenbar die Intelligenzleistung ausschlaggebender für die Entwicklung der Perspektivenübernahme, während in der mittleren und oberen Intelligenzgruppe das Lebensalter eine entscheidendere Rolle als die Testintelligenz spielt.

Sowohl Piaget (1951) als auch Mead (1934) sprechen von der Notwendigkeit, die egozentrische Perspektive zu überwinden, um eine reife Orientierung gegenüber Gegenständen und Personen zu entwickeln. Die nicht-egozentrische Perspektive erfordert die Einsicht, daß andere Perspektiven als die eigene existieren, und die Fähigkeit, einen anderen Standpunkt gleichzeitig mit dem eigenen zu berücksichtigen.

Die drei hier vorgelegten Untersuchungen befassen sich mit der Entwicklung der Perspektivenübernahme als Ausdruck des Nicht-Egozentrismus, wobei als Indikatoren das Verfolgen einer Täuschungsstrategie und das Vorhandensein einer Wettbewerbshaltung in einer sozialen Ratespiel-Situation mit zwei Lösungsmöglichkeiten (Pfennigsuchen) benutzt werden.

Bisherige Untersuchungen von Kindern in Rate-Situationen, in

denen mehrmals nacheinander zwischen zwei Lösungsmöglichkeiten zu wählen war (Cohen u. Hansel 1955; Gratch 1959; 1964; Kessen u. Kessen 1964; Stevenson u. Weir 1961) haben ergeben, daß mit zunehmendem Alter eine Änderung ihrer Strategie zu beobachten ist: Von der Wahl immer derselben Lösungsmöglichkeit (Perseveration) zur abwechselnden Wahl der Alternativen bis hin zum Wählen der beiden Lösungen in einem unregelmäßigen Muster. Die hier vorgelegten Untersuchungen verfolgen mehrere Ziele:
(1) Es sollte versucht werden, die von Gratch beobachtete Entwicklungssequenz zu bestätigen, bei der angenommen wird, daß die altersabhängigen Verhaltensänderungen der Kinder in diesem Ratespiel den Übergang von einem Verhalten, das die Rolle des Spielpartners nicht berücksichtigt, hin zu einem Verhalten, das die Reaktionen des anderen antizipiert, widerspiegeln. (2) Diese Entwicklungssequenz war detaillierter zu beschreiben, indem die entwicklungsabhängige Beziehung zwischen den Perspektiven der beiden Spielteilnehmer (des Versteckenden und des Suchenden) erfaßt wurde. (3) Es sollte der Einfluß der Testintelligenz und der allgemeinen Erfahrung (hier gemessen durch das Lebensalter) auf die Entwicklung der Fähigkeit zur Perspektivenübernahme untersucht werden. (4) Auf der Grundlage dieser Ergebnisse sollten weitere Aussagen über den zugrunde liegenden Entwicklungsprozeß getroffen werden.

Untersuchung I

Methode

Wir verwendeten dasselbe Verfahren wie Gratch (1964). Das Kind wird dabei aufgefordert »zu raten, in welcher Hand der Pfennig ist«, wobei der Versuchsleiter zunächst beide Hände hinter seinem Rücken versteckt und dann dem Kind die Fäuste vorzeigt. Das Spiel besteht aus einer Serie von 7 Rateversuchen. Anschließend darf das Kind sechsmal den Pfennig verstecken, und der Versuchsleiter muß raten, wo der Pfennig ist. Bei den drei ersten Rateversuchen erhielt das Kind immer eine positive Rückmeldung, da der Versuchsleiter in jeder Hand einen Pfennig versteckt hielt, das Kind also jedesmal erfolgreich war. Bei den folgenden drei Rateversuchen erhielt das Kind jeweils eine negative Rückmeldung, da der Versuchsleiter diesmal in keiner Hand einen Pfennig versteckt hatte. Bei seinem letzten Rateversuch erhielt das Kind wieder eine positive Rückmeldung. Wenn das Kind die Aufgabe hatte, den Pfennig zu verstecken, bemühte der Versuchsleiter sich, absichtlich falsch zu raten.

An der ersten Untersuchung waren 64 hochintelligente Jungen (durchschnittlicher IQ von 125 im Stanford-Binet-Test) aus der Mittelschicht beteiligt, je 16 in jeder Altersgruppe von 3 bis 6 Jahren. Eine nähere Beschreibung der Stichprobe findet sich bei DeVries (1969). Die Abfolge der Lösungen beim Suchen und Verstecken wurde erfaßt, indem (entsprechend dem Vorgehen von Gratch) für jedes Kind die Anzahl der Wechsel von links nach rechts gezählt wurde. Es wurden nur die ersten 4 Rateversuche ausgewertet, da anzunehmen war, daß diese im Kontext der positiven Rückmeldung stehenden Versuche eher die spontane Konzeption des Kindes von der Spielstrategie zum Ausdruck bringen und nicht durch die späteren Mißerfolge irritiert sind.

Die Testwerte der Probanden ergeben sich aus dem Vorliegen bzw. Nichtvorliegen folgender Kriterien:

(1) Das Kind geht auf das Spiel ein, wenn es den Pfennig verstecken soll,
(2) es versteckt ihn nicht immer in derselben Hand,
(3) es wechselt beim Verstecken mehr als einmal die Hand, in der es den Pfennig versteckt,
(4) es versteckt bei mindestens einem Versuch richtig, d. h. es ahmt die Vorgehensweise des Versuchsleiters richtig nach,
(5) es nennt beim Raten nicht immer dieselbe Hand,
(6) es wechselt beim Raten mindestens zweimal die Hand,
(7) es versteckt fast immer richtig,
(8) es zeigt beim Verstecken eine Wettbewerbshaltung, wobei folgendes als Anzeichen gelten kann: zeigt Ärger oder Enttäuschung, wenn der Versuchsleiter richtig rät, bzw. zeigt Freude, wenn der Versuchsleiter sich geirrt hat; sagt dem Versuchsleiter, er solle die Hand ohne Pfennig wählen oder streckt diese mit suggestiver Absicht weiter vor; sagt, der Versuchsleiter habe sich geirrt, auch wenn dieser richtig geraten hat (d. h. versucht zu betrügen); streckt beim Versteckspiel zwei leere Fäuste aus; sagt, es wünsche nicht, daß

der Versuchsleiter den Pfennig findet, oder es versuche, den Versuchsleiter zu überlisten; läßt den Versuchsleiter den Pfennig unbeabsichtigt sehen und versteckt ihn dann erneut bzw. ärgert sich darüber,

(9) es verwendet beim Verstecken die Strategie des unregelmäßigen Wechsels der Hand,

(10) es verwendet diese Strategie auch beim Suchen.

Ergebnisse

Die Ergebnisse der Skalogramm-Analyse (nach Green 1956) zeigen, daß die oben beschriebenen Items eine Guttman-Skala bilden (Reproduzierbarkeit = .95; Zufallsreproduzierbarkeit = .85; Konsistenz-Index = .66) Diese Abfolge der Items entspricht den Ergebnissen von Gratch. Seine fünf Items (entsprechend unseren Items 1, 6, 7, 8 und 10) erscheinen in derselben Reihenfolge in dieser Skala. Tab. 1 zeigt, daß ein Alterszuwachs in den durchschnittlichen Skalenwerten und bei jedem einzelnen Item im Prozentsatz der zutreffenden Fälle vorliegt.

Aus Tabelle 2 ist zu entnehmen, daß mit zunehmendem Alter sowohl bei der Rate- als auch bei der Versteckspielstrategie eine Abnahme der Perseveration (Beibehalten der ersten, erfolgreichen Lösung) und eine Zunahme der Strategie des unregelmäßigen Wechsels zu verzeichnen ist. Ferner ist in jeder Altersgruppe der Prozentsatz der Kinder, die beim Verstecken eine Strategie des Wechsels aufweisen, höher als beim Raten. Die Interpretation, daß das Täuschen beim Verstecken früher erworben wird als beim Suchen, wird gestützt durch die Auswertung der individuellen Antwortmuster. Von den Versuchspersonen, die sich sowohl am Rate- als auch beim Versteckspiel beteiligten, zeigten nur 10% (6 Kinder) beim Raten, jedoch nicht beim Verstecken die Strategie des unregelmäßigen Wechsels, während 35% (20 Kinder) beim Verstecken, nicht jedoch beim Raten diese Strategie verfolgten. Der Unterschied ist zwar statistisch nicht signifikant, wir hielten jedoch eine weitere Untersuchung dieser Entwicklungssequenz von Versteck- und Ratestrategie für angebracht, da für die Ratestrategie eine zu geringe Anzahl von Versuchen erfaßt worden war.

Tab. 1. Mittelwerte der Skalenwerte im Ratespiel bei Jungen verschiedener Altersstufen und Prozentsatz der zutreffenden Items der Skala.

Alter	Item der Skala 1	2	3	4	5	6	7	8	9	10	Mittelwert
3 (n=16)	88	50	25	38	56	31	00	19	12	06	3.19
4 (n=16)	93	73	73	87	87	87	47	47	33	13	6.40
5 (n=16)	100	100	94	100	94	88	94	69	44	19	7.31
6 (n=16)	100	100	94	100	100	81	88	81	56	25	8.31

Tab. 2. Prozentsatz der Jungen verschiedener Altersstufen, die beim Raten und Verstecken das Mitspielen verweigern, perseverieren, alternieren und unregelmäßig wechseln

	Verstecken				Raten		
Alter	verweig.	persev.	altern.	wechs.	persev.	altern.	wechs.
3 (n=16)	25	50	06	19	69	25	06
4 (n=16)	12	19	38	31	19	69	12
5 (n=16)	00	06	44	50	12	69	19
6 (n=16)	00	06	38	56	19	56	25

Untersuchung II

In der zweiten Untersuchung wurde das gleiche Verfahren angewandt wie in der ersten Untersuchung, nur mit dem Unterschied, daß zunächst 6 Rateversuche mit positiver Rückmeldung stattfanden, dann 4 Rateversuche mit negativer Rückmeldung und schließlich ein letzter erfolgreicher Rateversuch. Außerdem wurde versucht, die Wettkampfhaltung direkter zu erfassen, indem jedes Kind gefragt wurde, ob es wünsche, daß der Versuchsleiter den versteckten Pfennig finden solle, oder ob es glaube, der Versuchsleiter wünsche, daß es den Pfennig findet.

Bei den Probanden, die aus einer Schule in Champaign (Illinois) stammten, handelte es sich um 143 weiße Kinder aus der Mittelschicht mit überdurchschnittlicher, durchschnittlicher und sehr niedriger Intelligenz (gemessen mit dem Stanford-Binet-Test). Die überdurchschnittlich und die durchschnittlich intelligenten Kinder waren 5 bis 7 Jahre alt. Die unterdurchschnittlich intelligenten bzw. retardierten Kinder (einige von ihnen stammten aus Urbana und Saint Joseph, Ill.) hatten ein Intelligenzalter von 5 bis 7 Jahren und ein Lebensalter von 6 bis 12 Jahren. Tabelle 3 zeigt die Zusammensetzung und die Merkmale dieser Stichprobe.

Ergebnisse

Die Testwerte für die Versuchspersonen wurden auf dieselbe Weise wie in Untersuchung I berechnet. Die Ergebnisse bestätigen insgesamt die Resultate der ersten Untersuchung: Mit zunehmendem Alter steigen die durchschnittlichen Skalenwerte und bei jedem Item der Prozentanteil der zutreffenden Fälle an (s. Tabellen 4 und 5).

Mit zunehmendem Alter der Kinder wird auch die Strategie des unregelmäßigen Wechsels der Hand häufiger verfolgt, während das Beibehalten der ersten, erfolgreichen Lösung (Perseveration) abnimmt. Beim Verstecken ist die Strategie des unregelmäßigen Wechsels wiederum häufiger anzutreffen als beim Raten. Wie aus der Kreuztabulierung der Rate- und der Versteckstrategie in Tabelle 6 zu ersehen ist, bestätigt sich die Vermutung der ersten Untersuchung, daß das Täuschen beim Verstecken früher entwikkelt wird als beim Raten. Von den 40 Probanden, die entweder beim Raten oder beim Verstecken (jedoch nicht in beiden Fällen) die Strategie des unregelmäßigen Wechsels verfolgten, tun dies 35 beim Verstecken und 5 beim Raten. Die Anzahl der Versuchspersonen mit einer Täuschungsstrategie ist beim Verstecken also siebenmal größer als beim Suchen ($\chi^2 = 36.18$; $df = 1$; $p < .0001$). Einen noch überzeugenderen Beweis für das entwicklungsmäßig frühere Auftreten des Täuschens beim Verstecken liefern die Ergebnisse einer Nachuntersuchung an 19 Versuchspersonen, die ein Jahr später noch einmal getestet wurden. Bei allen war die Strategie des unregelmäßigen Wechsels früher beim Verstecken als beim Raten zu beobachten. Da allerdings die Probanden der ersten und zweiten Untersuchung zuerst raten und dann verstekken mußten, wurde eine dritte Untersuchung durchgeführt, um sicherzustellen, daß kein künstlicher Übungseffekt aufgrund dieser Reihenfolge für die Ergebnisse verantwortlich war.

Tab. 3. Mittelwerte von Lebensalter (LA), Intelligenzalter (IA) und IQ bei überdurchschnittlich, durchschnittlich und unterdurchschnittlich intelligenten Kindern in Studie II (N = 143)

Altersgruppe	Merkmale	überdurchschn.			durchschn.			unterdurchschn.[a]		
		Ju	Mä	alle	Ju	Mä	alle	Ju	Mä	alle
5	n	8	8	16	9	8	17	8	5	13
	LA[b]	5-5	5-8	5-7	5-6	5-6	5-6	7-10	7-4	7-8
	IA[b]	6-10	7-5	7-2	5-10	5-9	5-9	5-6	5-3	5-5
	IQ	130	133	132	108	105	106	69	67	68
6	n	8	8	16	8	9	17	8	8	16
	LA[b]	6-6	6-6	6-6	6-7	6-5	6-6	8-6	8-9	8-7
	IA[b]	8-2	8-2	8-2	6-10	6-11	6-10	6-4	6-5	6-5
	IQ	129	129	129	104	107	105	74	72	73
7	n	8	8	16	8	8	16	8	8	16
	LA[b]	7-7	7-7	7-7	7-9	7-7	7-8	9-11	10-1	10-0
	IA[b]	9-8	9-9	9-9	7-11	7-11	7-11	7-5	7-6	7-6
	IQ	130	130	130	101	105	103	75	74	75
Mittelwert über alle Altersgruppen	n	24	24	48	25	25	50	24	21	45
	LA[b]	6-6	6-7	6-7	6-7	6-6	6-6	8-9	8-11	8-10
	IA[b]	8-3	8-5	8-4	6-10	6-10	6-10	6-5	6-7	6-6
	IQ	130	131	130	104	105	105	72	72	72

[a] Die Klassifikation dieser Gruppe erfolgt nach dem Intelligenz- und nicht nach dem Lebensalter
[b] Jahre und Monate

Tab. 4. Mittelwerte der Skalenwerte im Ratespiel für überdurchschnittlich, durchschnittlich und unterdurchschnittlich intelligente Kinder (N = 143)

	überdurchschn.			durchschn.			unterdurchschn.		
Alter	Ju	Mä	alle	Ju	Mä	alle	Ju	Mä	alle
5	8.12	8.88	8.50	7.22	8.12	7.65	7.12	7.20	7.15
6	9.38	9.50	9.44	8.38	9.56	9.00	8.50	8.25	8.38
7	10.00	8.62	9.31	9.50	9.25	9.38	8.00	8.12	8.06
Mittelwert	9.16	9.00	9.10	8.32	9.00	8.66	7.88	7.95	7.91

Untersuchung III

Die Vorgehensweise der dritten Untersuchung bestand im Unterschied zu den beiden ersten Studien darin, daß die Hälfte der Probanden zuerst die Rolle des Pfennig-Versteckers und dann die des Suchenden übernahm. Jede Testsitzung begann damit, daß der Versuchsleiter und ein Helfer das Spiel demonstrierten. Der Helfer notierte dann die Antwortenfolge der Kinder, so daß diese nicht durch Pausen, die durch das Protokollieren entstanden wären, beeinflußt wurde. In den vorhergehenden Untersuchungen hatten die Kinder sehr unterschiedliche Rückmeldungen erhalten, wenn das Kind den Pfennig versteckt hatte und der Versuchsleiter unbeabsichtigt Erfolg beim Raten hatte. Diese unterschiedlichen Rückmeldungen wurden in dieser Untersuchung dadurch vermieden, daß ein zweiter Helfer hinter dem Kind saß der – augenscheinlich mit einer anderen Arbeit beschäftigt – dem Versuchsleiter heimlich signalisierte, in welcher Hand das Kind den Pfennig versteckt hatte. Der Versuchsleiter konnte dann die Hand *ohne* den Pfennig wählen, wenn das Kind bei seinem Versteckversuch erfolgreich sein sollte (*Erfolgs*versuch), bzw. die Hand *mit* dem Pfennig wählen, wenn das Kind nicht erfolgreich sein sollte (*Mißerfolgs*versuch).

Die Probanden waren 16 Vierjährige und 21 Fünfjährige aus Schulen, die mit der Universität von Chicago zusammenarbeiteten. Eine Gruppe von 19 Kindern, nach Alter und Geschlecht ausgewogen, übernahm zuerst bei 20 Rateversuchen die Rolle des Versteckenden und dann bei weiteren 20 Durchgängen die Rolle des Suchenden (10 Erfolgsversuche, 9 Mißerfolgsversuche und

Tab. 5. Prozentsatz der überdurchschnittlich, durchschnittlich und unterdurchschnittlich intelligenten Kinder aus drei Altersgruppen, bei denen die einzelnen Items der Skala beim Ratespiel zutreffen

Intelligenz-gruppe	Alters-gruppe	Items der Skala									
		1	2	3	4	5	6	7	8	9	10
überdurchschn.	5 (n=16)	100	100	100	100	100	100	69	75	75	51
	6 (n=16)	100	100	100	100	100	94	94	100	88	69
	7 (n=16)	100	100	100	100	100	94	100	88	81	75
durchschn.	5 (n=17)	100	100	100	100	94	88	65	71	35	18
	6 (n=17)	100	100	100	94	94	94	88	94	82	59
	7 (n=16)	100	100	100	100	100	100	94	100	94	62
unterdurchschn.	5[a] (n=13)	100	100	100	84	84	84	61	46	30	20
	6[a] (n=16)	100	100	100	100	100	94	81	69	62	38
	7[a] (n=16)	100	100	100	100	94	94	88	69	38	40

a Intelligenzalter

Tab. 6. Die Beziehung zwischen den Antwortmustern beim Raten und Verstecken: Prozentsatz der überdurchschnittlich, durchschnittlich und unterdurchschnittlich intelligenten Kinder, die perseverieren, alternieren und unregelmäßig wechseln (N = 143)

	Raten											
	überdurchschn. (n = 48)			durchschn. (n = 50)			unterdurchschn. (n = 45)			insgesamt		
Verstecken	persev.	altern.	wechs.	persev.	altern.	wechs.	persev.	altern.	wechs.	persev.	altern.	wechs.
persev.	0	4	2	0	2	0	0	0	0	0	2	1
altern.	0	11	2	4	24	2	4	49	4	3	27	3
wechs.	4	25	52	0	22	46	5	16	22	3	20	41

zuletzt ein Erfolgsversuch). Die andere Gruppe von 17 Kindern spielte zuerst das Rate- und dann das Versteckspiel.

Ergebnisse

Die Auswertung wurde wie in Untersuchung I und II vorgenommen. Es zeigte sich, daß – wenn die Kinder zuerst die Rolle des Versteckenden spielten – fast die Hälfte von ihnen (47%) eine beim Verstecken höher entwickelte Strategie als beim Raten benutzten, während nur 11% eine bessere Strategie beim Suchen als beim Verstecken aufwiesen (dabei wird das Perseverieren als die unreifste, das Alternieren als mittlere und der unregelmäßige Wechsel als die entwickeltste Strategie angenommen). Wenn die Kinder zuerst den Pfennig-Sucher spielten, war dieser Effekt geringer, wies jedoch in dieselbe Richtung: beim Verstecken verwendeten 24% eine entwickeltere Strategie und beim Suchen 12% ($\chi^2 = .81$, n. s.). Das bedeutet, daß der Unterschied in der Verfolgung der Strategie des unregelmäßigen Wechsels, der beim Verstecken und Raten in den beiden ersten Untersuchungen beobachtet wurde, nicht durch die Reihenfolge der Spielrollen bedingt ist. Aufgrund dieser Ergebnisse kann gefolgert werden, daß das *Täuschen beim Verstecken leichter ist als beim Suchen und eher in der Entwicklung auftritt.* Diese Ergebnisse können dazu beitragen, ein von Gratch festgestelltes Dilemma zu klären, der einen Unterschied in bezug auf die Wettkampfhaltung und das Täuschen beim Raten und Verstecken beobachtet hatte. Gratch nahm ein Übergangsstadium an, in dem das Kind beim Verstecken zum Wettkampf fähig sei, aber diesen nicht ausführte, weil es sich fürchtete, mit dem mächtigeren Erwachsenen »zu kämpfen«. Die hier vorgelegten Untersuchungen deuten dagegen auf eine andere Erklärung, daß nämlich die Wettkampfhaltung eher erworben wird als das täuschende Verhalten. Die mögliche Struktur der zunehmenden Fähigkeit zur Perspektivenübernahme, wie sie in der altersabhängigen Zunahme der Testwerte zum Ausdruck kommt, soll unten noch an einer qualitativen Analyse der Entwicklungssequenz expliziert werden.

Die Wirkung der negativen Rückmeldung

Während eine beträchtliche Anzahl der Versuchspersonen nach einem Mißerfolg ihre Vorgehensweise nicht änderte (44% der Ratenden und 78% der Versteckenden), reagierten die übrigen mit einem Wechsel der Lösungsstrategie in einer Richtung: Diejenigen, die zunächst bei ihrer ersten Lösung geblieben waren, gingen zum Abwechseln oder zum unregelmäßigen Wechsel über, und diejenigen, die zunächst die Strategie des Abwechselns gewählt hatten, gingen nun zum unregelmäßigen Wechsel über. Eine interessante Erklärungsmöglichkeit dafür wäre, daß die Mißerfolgserfahrung einen Konflikt auslöst, der dazu führt, daß die Notwendigkeit des Strategiewechsels und der Berücksichtigung der Überlegungen des anderen erkannt wird.

Einfluß der Testintelligenz und des Lebensalters

Die zweite Untersuchung zeigt, daß sowohl die Testintelligenz als auch das Lebensalter die Leistung in dem Ratespiel beeinflussen. Die Varianzanalysen ergaben bei den hoch und durchschnittlich intelligenten Schülern einen signifikanten Unterschied im Ratespiel zwischen den Altersgruppen ($F = 10.05$; $df = 2/86$; $p < .0002$) sowie zwischen den Gruppen unterschiedlicher Intelligenz ($F = 10.73$; $df = 2/125$; $p < .0001$), jedoch keine signifikanten Geschlechtsunterschiede oder Wechselwirkungen. Nachträglich durchgeführte Vergleiche von Gruppen mit gleichem IQ-Mittelwert ergaben, daß sich die überdurchschnittlich- und die durchschnittlich intelligenten Kinder nicht signifikant in ihren Ratespielwerten voneinander unterschieden, die Leistungen der retardierten Kinder jedoch signifikant niedriger als die der hochintelligenten ($p < .01$) und der durchschnittlich intelligenten Kinder ($p < .025$) lagen. Die Überlegenheit der hochintelligenten Kinder gegenüber den durchschnittlichen im Sinne des Tests scheint ihnen also keine Überlegenheit in bezug auf die Fähigkeiten beim Ratespiel zu geben, es sei denn, daß gemäß Tab. 5 ein früherer Erwerb dieser Fähigkeiten angenommen wird. Die Testintelligenz spielt also bei der Entwicklung der Fähigkeiten zum Ratespiel am unteren Ende der Intelligenzverteilung eine entscheidendere Rolle als in der Mitte und am oberen Ende, während dort das Lebensalter eine entscheidendere Rolle spielt.

In einer früheren Untersuchung von DeVries (1969) waren die in die Untersuchung I einbezogenen Kinder mit zahlreichen weiteren Testaufgaben zur Erfassung kognitiver Strukturen geprüft worden, und es hatte sich herausgestellt, daß bei diesen hochintelligenten Kindern die Testintelligenz nicht vollständig die Leistung in den übrigen kognitiven Tests erklärte, da niedrige positive Korrelationen zwischen den kognitiven Aufgaben (einschließlich des Ratespiels) übrig blieben, wenn der Einfluß des Intelligenzalters herauspartialisiert wurde.

Eine weitere Frage im Hinblick auf den Einfluß der Testintelligenz ist, ob die Reihenfolge des Erwerbs der Fähigkeiten zum Ratespiel bei Kindern unterschiedlichen Intelligenzniveaus verschieden ist. Da in jeder der drei Intelligenzgruppen die Items in derselben Reihenfolge eine Skala bildeten, läßt sich folgern, daß unterschiedliche Intelligenzniveaus nicht die natürliche Entwicklungsreihenfolge ändern.

Entwicklungsstadien der Perspektivenübernahme

Die oben durchgeführte quantitative Analyse deutet auf einige qualitative Entwicklungsstadien hin. Im unreifsten Stadium, wenn das Kind keinem oder nur einem Item unserer Skala entspricht, wird das Spiel so aufgefaßt, als wenn keinerlei Ungewißheit existierte. Das Kind glaubt, daß der Pfennig immer am selben Ort zu finden sei, und der Gegenstand des Ratens besteht für Kinder dieses Stadiums nur darin, den Pfennig zu finden. Beim Verstecken, sofern dies überhaupt vom Kind versucht wird, fehlt vollständig die Einsicht, daß für das Spiel Heimlichkeit und Überlisten notwendig sind. Das Kind zeigt einfach den Pfennig vor, wenn es ihn verstecken soll, oder streckt nur die Faust vor, in der der Pfennig versteckt ist. Im Sinne der Fähigkeiten, die Flavell (1968) als notwendig für effektive Perspektivenübernahme ansieht, fehlt den Kindern dieses Stadiums die grundlegende Einsicht, daß es so etwas wie individuelle Perspektiven gibt.

Das zweite Stadium kann dadurch definiert werden, daß die Kinder zusätzlich die in den Items 2-6 angesprochenen Fähigkeiten aufweisen, die ein verbessertes overtes Such- und Versteckverhalten erfassen, ein Fortschritt, der allerdings eher auf ein besseres Nachahmungsvermögen und auf Respekt vor den »Spielregeln« zurückzuführen ist, da bei den Kindern noch keine Täuschungsabsicht gegeben ist. Das Spiel wird so aufgefaßt, als gäbe es keine oder nur geringe Ungewißheit, weil das Kind annimmt, daß die Spieler sich an bestimmte Regeln über den Wechsel der Lösungsalternativen halten. Bis zum Ende dieses Stadiums werden beim Verstecken noch Fehler gemacht, z. B. wird die Hand mit dem Pfennig suggestiv vorgestreckt oder die leere Hand wird nicht zur Faust geballt. Daß das Kind noch nicht den Wettbewerbscharakter dieses Spiels erkannt hat, läßt sich auch daraus entnehmen, daß es den Wunsch äußert, der Spielgegner möge den Pfennig finden. Wenn z. B. der Ratende die leere Hand wählt, kann das Kind dieses Stadiums ihn berichtigen und sagen: »Nein, nimm diese« (mit dem Pfennig), oder es will den anderen davon abhalten, einen Fehler zu machen, indem es ihm schon vorher sagt, welche Hand er wählen soll. Auch zeigt das Kind weder beim Raten noch beim Verstecken positive oder negative Gefühlsäußerungen, außer einer gewissen Enttäuschung, wenn der Pfennig nicht gefunden wurde. Das Kind hat zwar das Bewußtsein von der Unterschiedlichkeit der Perspektiven in diesem Spiel, aber dies gilt nur für die unterschiedlichen *Verhaltensrollen* der Spielpartner, nicht für deren unterschiedliche *motivationale Perspektiven.* Die Ziele der Spielpartner werden nicht als entgegengesetzt, sondern als identisch angesehen, als der gemeinsame Wunsch, daß der Ratende erfolgreich sei.

Richtiges Verstecken, auf das sich Item 7 bezieht, erfordert, daß das Kind sein Wissen von seiner eigenen Strategie getrennt hält von seiner Funktion in der Rolle des Versteckenden. Der Versteckende ist gleichzeitig parteiischer Spieler, der den anderen überlisten möchte, und derjenige, der neutral die Lösungsmöglichkeiten darzubieten hat. Der Versteckende weiß, wo der Pfennig ist, gibt aber dem anderen keinerlei Hinweis auf das Versteck oder verhält sich absichtlich so, daß der Ratende einen falschen Hinweis bekommt. Dauerndes richtiges Verstecken tritt in diesem Stadium nur als Folge der richtigen Nachahmung der Spieldemonstration des Versuchsleiters auf; erst im nächsten Stadium ist es das Ergebnis einer sorgfältigen Spielausführung mit dem Ziel, den Ratenden in völliger Ungewißheit über das Versteck zu lassen.

Das dritte Stadium läßt sich deuten als ausgereifte Konzeption vom Wettbewerbscharakter dieses Spiels. In diesem Stadium erkennt das Kind die entgegengesetzten Ziele der Spieler. Es drückt sichtbar Ärger aus, wenn der Spielgegner richtig geraten hat, oder Frohlocken, wenn der andere sich geirrt hat. (Z. B.: »Haha, ich habe dich ausgetrickst«. »Ich bin zu gewitzt für dich, nicht wahr?« »Wie konntest du nur wissen, wo er diesmal war?« »Ich gewinne sehr häufig«.) In diesem Stadium kann sogar Betrügen auftreten, allerdings gewöhnlich mehr spaßeshalber und ohne ernsthafte Täuschungsabsicht. So kann das Kind dem Ratenden sagen, er habe falsch geraten, wenn er tatsächlich recht hatte, jedoch wird das Kind dann lachen und den Pfennig zeigen. Oder es kann den Pfennig hinter sich auf dem Stuhl liegen lassen, dem Ratenden dann zeigen, daß seine beiden Fäuste leer sind, und über diesen »Trick« lachen.

Der wichtigste Fortschritt dieses Stadiums besteht darin, daß das Kind die entgegengesetzten Ziele der Spieler erkennt, wenn es selbst den Pfennig versteckt. Jedoch ist das Kind noch nicht in der Lage zu erkennen, daß der Spielgegner sich gleichfalls eine Strategie ausdenkt, um das Kind zu überlisten. Da das Kind dieses Stadiums noch eine durchsichtige und leicht vorhersagbare Strategie des regelmäßigen Wechsels der Hand verwendet, scheint es unwahrscheinlich, daß es tatsächlich den Standpunkt des anderen einnimmt, denkt, was der andere wohl denken mag, und dann den Pfennig überlegt in der anderen Hand versteckt. Dies wird durch die Beobachtung belegt, daß die meisten Kinder dieses Stadiums den Wechsel der Hand sehr schnell vornehmen – ganz anders als viele Kinder, die eine Strategie des unregelmäßigen Wechsels verfolgen und den Spielgegner erst gedankenvoll schief anblicken, augenscheinlich in einen langwierigen Entscheidungsprozeß vertieft, bevor sie ihre Fäuste vorzeigen.

Die Wettbewerbshaltung des Ratenden konnte nicht zuverlässig genug erfaßt werden und deshalb nicht in die Skala aufgenommen werden, weil es schwierig ist, Rateverhalten zu definieren, das eindeutig konkurrenzmotiviert ist. Es verdient aber festgehalten zu werden, daß in zahlreichen Fällen die Kinder eine Wettbewerbshaltung beim Verstecken, nicht jedoch beim Raten zeigten. Das Vorhandensein eines Übergangsstadiums, in dem das Kind in der Rolle des Versteckenden den Gegner übertreffen möchte, in der Rolle des Ratenden dagegen die Einstellung des Spielgegners als freundlich und hilfreich einschätzt, wäre im Einklang mit Flavells Beobachtung, daß Kinder häufig nur teilweise in der Lage sind, sich die unterschiedliche Perspektive des anderen zu vergegenwärtigen, ohne sie mit der eigenen Perspektive zu vermischen. Es ist allerdings auch möglich, daß das Kind den Erwachsenen, wenn dieser den Pfennig versteckt, deshalb nicht als Konkurrenten ansieht, weil es keine Erfahrungen mit Erwachsenen hat, die mit ihm Wettkampfspiele durchgeführt haben. Es wäre interessant zu untersuchen, wie diese Kinder mit anderen Kindern das Pfennigverstecken spielen, um herauszufinden, ob diese Rollendifferenzierung in dem Wettbewerbsspiel auf einen nicht gänzlich überwundenen Egozentrismus zurückzuführen ist.

Die Wettbewerbseinstellung könnte der motivierende Faktor sein, der zu einem vierten Stadium führt, in dem die Kinder dann fähig sind, die Strategie des unregelmäßigen Wechsels der Hand beim Verstecken zu verfolgen. Die Täuschungsabsicht der Kinder, die diese Wechselstrategie verfolgen, ist häufig deutlich aus ihrem Verhalten abzulesen. Diese Strategie beruht auf der Einsicht, daß man unvorhersagbar sein muß, um den Ratenden dahingehend zu überlisten, daß er die leere Faust wählt. Um erfolgreich zu sein, muß der Versteckende den Pfennig gerade in der anderen Hand halten als in derjenigen, die der Suchende seiner Ansicht nach wählen wird; dazu muß er die Rolle des Ratenden einnehmen. Das Bemühen, unvorhersagbar zu sein, setzt also voraus, daß man überlegt, was das Vorhersagbare sein könnte.

Das Verhalten des Kindes in diesem Stadium weist allerdings noch ein letztes Defizit auf. Es verwendet diese Wechselstrategie nicht beim Raten. Die Tatsache, daß das Wettbewerbsverhalten und die Täuschungsabsicht beim Verstecken früher als beim Raten erworben werden, deutet darauf hin, daß das Kind früher die Perspektive des anderen berücksichtigen kann, als daß es berücksichtigen kann, daß *der andere seinerseits die Perspektive des Kindes berücksichtigt*. Im letzten des in dieser Untersuchung gefundenen Stadiums verwendet das Kind die Wechselstrategie sowohl beim Raten als auch beim Verstecken. Es ist fähig, die mutmaßliche Strategie des anderen zu berücksichtigen und sein Rateverhalten darauf abzustimmen. Man kann deutlich beobachten, daß viele Kinder, die dieser Wechselstrategie folgen, bewußt damit beschäftigt sind, den Plan des Spielgegners zu ergründen. Sie brauchen mehr Zeit bis zu ihrer Entscheidung, und manche erforschen beim Überlegen aufmerksam das Gesicht ihres Spielgegners. Häufig läßt sich an ihren Kommentaren ablesen, daß sie die Absicht des anderen berücksichtigen: »Diesmal hast du mich reingelegt«. »Du kannst mich nicht überlisten«. »Ich *dachte*, du hättest ihn in dieser Hand, weil *du* dachtest, ich würde die andere Hand wählen«. In diesem Stadium erkennt das Kind nicht nur die Rolle des anderen, sondern weiß auch, daß der andere seine Perspektive mitbedenkt. Es verändert sein Verhalten gemäß seiner Vorhersage des Verhaltens des anderen, das sich seinerseits auf die Vorhersage der Vorhersage des Kindes gründet. Mit dieser Einsicht in die Vielschichtigkeit der Situation wird der Charakter der andauernden Ungewißheit anerkannt, der in einem sozialen Ratespiel niemals ganz aufzulösen ist.

Übersetzt von Renate Valtin

Robert L. Leahy und Carolyn Huard

Perspektivenübernahme und Disparität der Selbstbilder bei Kindern

Die Entwicklung des Selbstbildes wurde mit Kohlbergs und Meads Theorien über die Bedeutung von Perspektivenübernahme, Sprache und dem generalisierten Anderen in Beziehung gesetzt. Die in der Entwicklung zunehmende Disparität zwischen dem realen und idealen Selbstbild wurde mit zwei Folgen der Perspektivenübernahme und der Differenzierung des Selbstbildes in der Kommunikation sowie der Internalisierung der Werte anderer in Zusammenhang gebracht. Nichtegozentrische Kinder zeigten positivere ideale Selbstbilder und eine größere Disparität zwischen realem und idealem Selbstbild als egozentrische Kinder. Es bestand kein Zusammenhang zwischen gegenstandsbezogener Kommunikation und Selbstbild oder Perspektivenübernahme. Die Ergebnisse wurden im Sinne einer kognitiven Entwicklungstheorie des Selbstbildes interpretiert als die Elaborierung eines idealen Selbstbildes und die Differenzierung des Selbstbildes durch einen Prozeß, in dem die Rolle anderer zum Selbst eingenommen wird.

Nach der Theorie Rogers' spielt eine Disparität zwischen dem realen und dem idealen Selbstbild eine grundlegende Rolle in psychopathologischen Erscheinungsbildern (Rogers u. Dymond 1954). Das Ziel der Therapie – implizit auch der normalen Entwicklung – ist es, die Disparität zwischen realem und idealem Selbstbild zu verringern. Im Gegensatz zu diesem psychodynamischen Modell, in dem eine hohe Disparität der Selbstbilder als verhängnisvoll angesehen wird, behaupten Vertreter einer kognitiven Entwicklungstheorie, daß eine höhere Disparität der Selbstbilder einem höheren Entwicklungsniveau entspricht. Dem liegt die Annahme zugrunde, daß mit höherem Entwicklungsniveau eine zunehmende Differenzierung der Kognition und eine zunehmende Verinnerlichung gesellschaftlicher Normen einhergeht (Achenbach u. Zigler 1963; Katz u. Zigler 1967; Katz, Zigler u. Zalk 1975).

Viele Forscher haben während der vergangenen Jahre Belege für die kognitive Entwicklungstheorie geliefert. So gibt es hinsichtlich der Disparität der Selbstbilder keinen Unterschied zwischen psychiatrischen und nichtpsychiatrischen erwachsenen Patienten (Achenbach und Zigler 1963) oder zwischen normalen und emotional gestörten Kindern (Katz u. Zigler 1967; Katz u. a.

1975). Umgekehrt ist die Disparität der Selbstbilder höher bei Erwachsenen mit höherer sozialer Kompetenz (Achenbach und Zigler 1963) und bei Kindern, die älter sind (Katz u. Zigler 1967; Katz u. a. 1975; Zigler, Balla u. Watson 1972) und einen höheren IQ aufweisen (Katz und Zigler 1967).

Meads (1934) sozial-interaktionistische Theorie des Selbstbildes könnte einen geeigneten theoretischen Rahmen für Annahmen darüber bilden, welche kognitiven Fähigkeiten mit der Differenzierung des Selbstbildes und mit der Verinnerlichung gesellschaftlicher Werte zusammenhängen. Mead stellte fest, daß das Selbstbild Ergebnis eines Prozesses von Perspektivenübernahme [role taking] ist, in dem die Person die Werte anderer (generalisierter Anderer) verinnerlicht und sich selbst vom Standpunkt dieses generalisierten Anderen einschätzt. Nach Mead wird der Prozeß der Perspektivenübernahme durch die Sprache erleichtert, insofern die Sprache dem Individuum dabei hilft, an gemeinsamen sozialen Bedeutungen und Interpretationen von Verhalten teilzuhaben. Die Differenzierung des Selbstbildes wird nach Mead erst möglich durch die Perspektivenübernahme, da das Selbst erst über das Einnehmen der Rolle, die ein anderer ihm gegenüber einnimmt, zu einem Gegenstand der Erfahrung werden kann.

Feffer (1970) und Kohlberg (1969) haben festgestellt, daß Meads (1934) Theorie entwicklungspsychologische Implikationen für die Untersuchung des Selbstbildes hat, da sich Egozentrismus einerseits und kommunikative Fähigkeiten andererseits mit der Entwicklung verändern[a]. In Kohlbergs (1969) kognitiver Theorie der Entwicklung des moralischen Urteils wird die Konstruktion eines Ich-Ideals (bzw. idealen Selbstbildes) als wesentlich für die Entstehung eines konventionellen moralischen Urteils (Berücksichtigung, wie andere einen einschätzen) angesehen. Nach Kohlberg ist das Ich-Ideal das Resultat einer Verinnerlichung der Werte anderer, wobei diese Verinnerlichung durch soziale Interaktionen, Perspektivenübernahme und kommunikative Fähigkeiten erleichtert wird. Mit der Verinnerlichung der Werte anderer geht das Kind von der vormoralischen Stufe, auf der die Vermeidung von Strafe bzw. hedonistische Befriedigung ausschlaggebend sind, zur konventionalistischen Stufe des moralischen Urteilens über. Der Aufbau eines verinnerlichten Ich-Ideals durch Perspektivenübernahme und kommunikative Fähigkeiten wird dabei als grundlegend für diesen Übergang angesehen. Selman (1971) hat gezeigt, daß konventionelles moralisches Urteilen mit Fähigkeiten zur Perspektivenübernahme zusammenhängt, doch gibt es bisher keine Studien, die den kognitiv–entwicklungspsychologischen Implikationen von Kohlbergs Theorie des Ich–Ideals nachgegangen sind. Die kognitive Entwicklungstheorie von Katz, Zigler und ihren Mitarbeitern behauptet, daß die Entwicklung (gemessen z. B. durch den IQ, das Intelligenzalter oder das chronologische Alter) zu einem höheren idealen Selbstbild führt (Katz u. Zigler 1967; Katz u. a. 1975; Ziegler u. a. 1972). Egozentrismus einerseits und kommunikative Fähigkeiten andererseits können als Indikatoren des Entwicklungsniveaus aufgefaßt werden. Die genannten Theorien der Entwicklung des Selbstbildes entsprechen daher der Mead'schen Theorie, indem sie behaupten, daß das Niveau des idealen Selbstbildes mit zunehmender Fähigkeit zur Perspektivenübernahme und zur Kommunikation steigt.

Bei der empirischen Überprüfung der Mead'schen Theorie des Selbstbildes stand bisher die Bedeutung sozialer Interaktionen für die Entwicklung von Selbstachtung im Vordergrund. Kinch (1968) stellte fest, daß Selbsteinschätzungen im Experiment durch die Einschätzung anderer verändert werden können, und zwar in Richtung auf höhere Übereinstimmung mit diesen. Quarantelli und Cooper (1966) fanden eine enge Übereinstimmung zwischen dem Selbstbild und dem vermuteten Bild, das andere von mir haben. Diese Untersuchungen beschränkten sich freilich auf Probanden im College- oder Erwachsenenalter, die wohl schon über die Fähigkeiten zur Perspektivenübernahme verfügen. Meads interaktionistische Theorie hebt ebenso die Entwicklung des Selbstbildes als Ergebnis von Perspektivenübernahme hervor wie die der sozialen Interaktion; sie hat daher Implikationen für die kognitive Entwicklung, die bisher noch nicht erforscht worden sind.

In der vorliegenden Untersuchung wird der Ansatz der kognitiven Entwicklung zum Selbstbild und Ich–Ideal erweitert, indem die Auswirkungen der Perspektivenübernahme und der kommunikativen Fähigkeiten auf das reale und das ideale Selbstbild sowie auf die Disparität zwischen beiden betrachtet werden. Nach den Arbeiten von Katz, Zigler und ihren Mitarbeitern ist anzunehmen, daß mit zunehmender kognitiver Entwicklung die Disparität zwischen den Selbstbildern zunimmt. Ausgehend von Meads interaktionistischer Theorie einer Differenzierung zwischen dem Selbst als Gegenstand der Erfahrung und der Verinnerlichung der Werte des generalisierten Anderen nehmen wir an, daß die besonderen kognitiven und der Entwicklung unterliegenden Fähigkeiten, die zu einer zunehmenden Disparität zwischen den Selbstbildern beitragen, Perspektivenübernahme und gegenstandsbezogene Kommunikation [referential communication] sind. Außerdem kann aus der Theorie der kognitiven Entwicklung und der Mead'schen Theorie abgeleitet werden, daß das ideale Selbstbild eine Folge von Perspektivenübernahme und kommunikativen Fähigkeiten ist.

Wir legten Kindern zwischen 10 und 12 Jahren eine Aufgabe zur Perspektivenübernahme (Chandler 1973)*, eine Kommunikationsaufgabe (Glucksberg und Krauss 1967)*, einen Fragebogen zum Selbstbild (Katz u. Zigler 1967) sowie den Peabody Picture Vocabulary Test vor, um den Zusammenhang zwischen Perspektivenübernahme, gegenstandsbezogener Kommunikation und Selbstbild festzustellen.

Methode

Probanden

Die Probanden waren 68 Kinder aus 3 Klassenstufen, der vierten ($n = 20$), der fünften ($n = 16$) und der sechsten ($n = 32$). Das jeweilige Durchschnittsalter betrug 10,08, 11,16 und 12,08 Jahre. Alle Probanden kamen von einer Schule aus einem Großstadtvorort mit überwiegend weißer Mittelschichtbevölkerung.

Instrumente und Vorgehen

Jedem Kind wurden zwei Aufgaben zur Perspektivenübernahme vorgelegt. Die erste bestand aus einer Geschichte mit 9 Cartoon-Karten von Chandler (1973)*. Dem Probanden werden nacheinander die Karten gezeigt, und er wird gebeten, die darin dargestellte Geschichte zu erzählen. Danach soll er die Geschichte vom Standpunkt eines Zuschauers erzählen, der erst im Laufe der Geschichte auftaucht und daher nicht die gleiche Information über die Handlungsabfolge hat wie das Kind. Männliche und weibliche Probanden wurden so unterteilt, daß jeweils die Hälfte der Probanden eine Geschichte mit einer Person des gleichen Geschlechts erhielt. Jeder Proband wurde individuell mit jeweils einer Geschichte getestet.

Gemäß den Chandler'schen (1973) Scoring-Kriterien wurde ein Proband als nichtegozentrisch eingestuft, wenn sich kein Hinweis auf das Eindringen von Informationen ergab, die nur dem Probanden zur Verfügung standen, als egozentrisch wurde er eingestuft, wenn ein solcher Hinweis vorlag. Auf der Chandler'schen Skala entsprach 0 einer nichtegozentrischen und 1 bis 4 einer egozentrischen Antwort. Für dieses Scoring-Verfahren ergab sichbei zwei Beurteilern, die alle transkribierten Protokolle blind einstuften, eine Zuverlässigkeit von $r = .84$.

Die zweite Aufgabe wurde von Glucksbergs und Krauss' (1967)* Test der gegenstandsbezogenen Kommunikation [referential communication] adaptiert übernommen. Ähnlich wie in Rubins (1973) Fassung dieser Aufgabe wurden den Probanden sechs graphische Zeichnungen, die schwer codierbar waren, vorgelegt, von denen sie zwei so beschreiben sollten, daß ein anderes, nicht anwesendes Kind sie nach dieser Beschreibung herausfinden könnte. Das Maß für kommunikativen Egozentrismus war hier die Zahl der entscheidenden Merkmale [distinctive features], die das Kind nennt, wobei eine niedrige Zahl einem hohen Egozentrismus entspricht. Die Zuverlässigkeit dieser Scores bei zwei Beurteilern, die alle Protokolle blind einstufen, betrug $r = .96$. Die Probanden wurden einzeln in einer Sitzung nach gegenstandsbezogener Kommunikation und Perspektivenübernahme getestet, wobei der Einfluß der Reihenfolge der Aufgabenstellung ausgeglichen wurde.

Das Selbstbild der Probanden wurde mittels der von Katz und Zigler (1967) verwendeten Skala gemessen. Es handelt sich dabei um einen Fragebogen, der aus zwei verschiedenen Teilskalen besteht, eine für das reale Selbstbild (»Wie weit trifft dieser Satz auf dich zu?«) und eine für das ideale Selbstbild (»Wie weit möchtest du, daß dieser Satz auf dich zuträfe?«). Jede Teilskala besteht aus 20 Items (10 positive und 10 negative). Bei jedem Item kreuzte der Proband einen von 6 Sätzen zwischen »sehr zutreffend für mich« und »sehr unzutreffend für mich« an. Für jedes Item wurde ein Score aufgestellt, der Werte von 1 bis 6 annehmen konnte. Negative Items wurden sinngemäß umgekehrt vercodet. Die Summe dieser Scores war das Niveau des realen bzw. idealen Selbstbildes, wobei den niedrigeren Scores ein positiveres Selbstbild entsprach. Die Disparität der Selbstbilder wurde errechnet, indem der Gesamtscore für das ideale Selbstbild vom Gesamtscore für das reale Selbstbild abgezogen wurde. Die Erhebung des Selbstbildes fand in Gruppen von ungefähr 10 Probanden etwa 3 Wochen nach der Erhebung der gegenstandsbezogenen Kommunikation und der Perspektivenübernahme statt.

Zuletzt wurde allen Probanden jeweils einzeln eine Form des Peabody Picture Vocabulary Test vorgelegt; dies fand etwa 2 Wochen nach der Erhebung des Selbstbildes statt. Die Hälfte der Probanden wurde von einem männlichen Versuchsleiter, die andere Hälfte von einem weiblichen Versuchsleiter getestet. Die Probanden, die nach der Chandler-Aufgabe als nicht-egozentrisch eingestuft worden waren, hatten einen mittleren IQ von 115,9, während als egozentrisch eingestufte Probanden einen mittleren IQ von 110,3 aufwiesen. Eine Altersstufe × Egozentrismus Varianzanalyse der IQ-Scores dieser Gruppen zeigte keinen signifikanten IQ-Unterschied zwischen egozentrischen und nicht-egozentrischen Kindern. Eine Korrelation zwischen IQ und der Zahl der angegebenen entscheidenden Merkmale bei der Aufgabe zum Egozentrismus in der Kommunikation war nicht signifikant ($r = .09$).

Ergebnisse

Eine vorläufige Geschlecht × Altersstufe Varianzanalyse zeigte keine signifikanten Effekte des Geschlechts auf die beiden Selbstbilder, auf Egozentrismus und auf gegenstandsbezogene Kommunikation. Daher wurde bei der weiteren Analyse Geschlecht als Faktor außer Betracht gelassen.

Die Probanden wurden nach ihren Scores bei der Chandler-Aufgabe (1973) in eine egozentrische und eine nichtegozentrische Gruppe dichotomisiert. Bei unserem Sample ergab sich dabei zufällig eine Teilung beim Median und 2 gleich große Gruppen von je 34 Probanden. Es wurde eine Altersgruppe × Egozentrismus Varianzanalyse durchgeführt, um den Effekt der Perspektivenübernahme auf die Disparität der Selbstbilder festzustellen.

Egozentrische Kinder zeigten eine niedrigere Disparität der Selbstbilder als nichtegozentrische Kinder.

Eine nach realem Selbstbild und idealem Selbstbild aufgeschlüsselte Varianzanalyse ergab, daß egozentrische Kinder ein niedrigeres ideales Selbstbild haben als nichtegozentrische Kinder.

Bei keiner der Variablen zum Selbstbild zeigte sich ein Effekt der Altersstufe, und keine Interaktion erreichte Signifikanz. Die Werte für die durchschnittliche Disparität der Selbstbilder, für das reale Selbstbild sowie das ideale Selbstbild bei egozentrischen und nichtegozentrischen Kindern sind aus Tabelle 1 zu ersehen.

Tab. 1. Mittlere Scores für Selbstbild bei egozentrischen und nichtegozentrischen Kindern

	Selbstbild		
Egozentrismus	real	ideal	Disparität
egozentrisch	53.37	35.73	17.64
nichtegozentrisch	55.41	30.55	24.86

Die Scores für die Glucksberg/Krauss-Aufgabe (1967)* wurden beim arithmetischen Mittel aller in den Antworten zu den Karten angegebenen entscheidenden Merkmale dichotomisiert; wir erhielten so 29 egozentrische Kinder mit einem Durchschnittsscore von 3,2 und 39 nichtegozentrische Kinder mit einem Durchschnittsscore von 6,7. Eine Varianzanalyse ergab für keine Variable des Selbstbildes einen signifikanten Haupt- oder Interaktionseffekt. Die Korrelation zwischen gegenstandsbezogener Kommunikation und Perspektivenübernahme betrug $r = .05$; dies zeigt, daß diese Aufgaben unabhängige Fähigkeiten erfaßten.

Diskussion

Die festgestellte positive Beziehung zwischen der Fähigkeit zur Perspektivenübernahme und einer Disparität der Selbstbilder belegt, daß die Differenzierung des realen Selbstbildes vom idealen Selbstbild eine wichtige Folge von Perspektivenübernahme ist; dies stützt die Theorie Meads (1934), daß das Selbst [self] erst durch den Prozeß der Perspektivenübernahme [role taking] zu einem Objekt der Erfahrung wird. Darüber hinaus stützt es das von Katz und Zigler (1967) aufgestellte allgemeine Modell der kognitiven Entwicklung, insofern Perspektivenübernahme als ein weiterer Indikator des Entwicklungsstandes interpretiert werden kann.

Feffer (1970) und Kohlberg (1969) haben die Mead'sche Theorie in dem Sinne interpretiert, daß das Ich-Ideal bzw. ideale Selbstbild das Ergebnis einer Antizipation der Reaktionen anderer gegenüber dem Selbst und einer Verinnerlichung dieser Werte sei. Unser Befund einer positiven Beziehung zwischen der Fähigkeit zur Perspektivenübernahme und dem idealen Selbstbild stützt diese kognitive Theorie des idealen Selbstbildes. Ebenso stützt er den Ansatz zur kognitiven Entwicklung von Katz, Zigler und ihren Mitarbeitern, nach dem mit zunehmender Entwicklung gesellschaftliche Werte verinnerlicht werden und Verständnis und Berücksichtigung ihrer zunehmen (Achenbach u. Zigler 1963; Katz u. Zigler 1967; Katz u. a. 1975). Die Fähigkeit zur Perspektivenübernahme kann, ähnlich wie IQ, Alter und soziale Kompetenz, als ein weiterer Indikator des Entwicklungsstandes angesehen werden. Die besondere Bedeutung der Betonung der Perspektivenübernahme bei Kohlberg und Mead liegt darin, daß sie eine Spezifizierung der sozial-kognitiven Fähigkeit darstellt, die die Verinnerlichung gesellschaftlicher Werte fördert.

Nach Kohlberg (1969) beurteilt das präkonventionelle, egozentrische Kind Handlungen nach den pragmatischen und unmittelbaren Konsequenzen für es selbst, während das nichtegozentrische Kind auf der Stufe der konventionellen Moral beim Urteil über Handlungen die Mißbilligung anderer antizipiert. Das Kind muß, um von auf es selbst bezogenen Kriterien für Handlungen zu sozial bezogenen Kriterien fortzuschreiten, in seinem Ich-Ideal die Werte anderer antizipieren und verinnerlichen. Zwar wurde in unserer Untersuchung die Stufe des moralischen Urteils nicht als Faktor einbezogen, jedoch könnte ein nächster Schritt die Untersuchung der möglichen Beziehung zwischen Stufen des moralischen Urteils und Aspekten des Selbstbildes sein, wie es der Ansatz der kognitiven Entwicklung annimmt.

Wir fanden keinen Einfluß von Perspektivenübernahme auf das reale Selbstbild, doch zeigt der Einfluß auf die Disparität der Selbstbilder, daß die Bewertung des realen Selbstbildes negativer wird. So unterschieden sich die nichtegozentrischen Kinder in unserer Untersuchung von den egozentrischen nicht signifikant darin, wie sie sich selbst sahen, aber sie unterschieden sich in ihrem idealen Selbstbild, nach dem sie ihr reales Selbstbild bewerten.

Das soziale Selbstbild (»Wie sehen andere mich?«) wurde zwar in unserer Studie nicht erfaßt, doch würde man gemäß der Theorie Meads (1934) annehmen, daß Perspektivenübernahme für den Aufbau des sozialen Selbstbildes wesentlich ist. Die entwicklungspsychologische Forschung zum sozialen Selbstbild hat zu unterschiedlichen Ergebnissen geführt. Es zeigte sich kein Haupteffekt des IQ oder des Alters auf die Höhe des sozialen Selbstbildes (Katz und Zigler 1967); für Disparitäten zwischen dem realen und dem sozialen Selbstbild zeigte sich ein Einfluß des Alters und der sozialen Kompetenz, nicht jedoch des IQ (Achenbach u. Zigler 1963; Katz u. Zigler 1967). Es ist zu vermuten, daß mit zunehmender Fähigkeit zur Perspektivenübernahme eine zunehmende Kongruenz zwischen dem sozialen Selbstbild einer Person und ihrer tatsächlichen Beurteilung durch andere einhergeht, daß die Person also mit zunehmender Fähigkeit zur Perspektivenübernahme immer besser gewahr wird, wie andere sie tatsächlich sehen.

Es bestand kein Zusammenhang zwischen kommunikativem Egozentrismus und einer der Skalen zu Selbstbild oder zur Perspektivenübernahme im Sinne der Chandler'schen (1973) Aufgabe. Mead (1934) nahm an, daß sowohl der Gebrauch der Sprache wie die Perspektivenübernahme wesentlich für den Aufbau des Selbstbildes sind. Daß in unserer Untersuchung kein Zusammenhang zwischen diesen beiden Variablen für Egozentrismus, Kommunikation und Perspektivenübernahme gefunden wurde, entspricht neueren Befunden von Shantz (vgl. Anm. 1) und läßt Rubins (1973) Behauptung eines einheitlichen Merkmals von Egozentrismus fragwürdig erscheinen. Unsere Ergebnisse für die beiden unabhängigen Fähigkeiten legen nahe, daß in der hier vorliegenden Altersspanne Perspektivenübernahme für den Aufbau des Selbstbildes wichtiger ist als der Gebrauch der Sprache. Allerdings wäre denkbar, daß die verwendete Aufgabe zur gegenstandsbezogenen Kommunikation für die Altersstufe von 10 Jahren kein Instrument für den Entwicklungsstand darstellt und kommunikative Effizienz nicht angemessen erfaßt. In Rubins Untersuchung wurde, wie in der unsrigen, bei dieser Aufgabe keine Verbesserung mehr nach dem Alter von 10 Jahren festgestellt. Obwohl wir keinen Zusammenhang der Chandler'schen Aufgabe zur Perspektivenübernahme mit dem Alter feststellten, scheint diese Aufgabe Egozentrismus angemessener zu erfassen, da das Kind das spezifische Informationsdefizit erkennen muß. Die weitere Forschung zum Einfluß der gegenstandsbezogenen Kommunikation und des Selbstbildes könnte einen direkteren Test der kommunikativen Wirksamkeit verwenden, indem Kinder Informationen an einen Hörer übermitteln, der seinerseits den gemeinten Gegenstand aus mehreren Figuren heraussucht. Jedenfalls scheint es richtig zu sein, mit Shantz (Anm. 1) die Vorstellung eines einheitlichen Merkmals von Egozentrismus in Frage zu stellen. Das würde bedeuten, daß eine qualitative Analyse der verschiedenen Instrumente für Egozentrismus notwendig ist.

Übersetzt von Dieter Geulen

Anmerkungen

Die vorliegende Untersuchung wurde durch vom Boys Town Center bereitgestellte Mittel ermöglicht. Carolyn Huard erhielt Unterstützung durch die U. S. Public Health Service Fellowship 5 F04-NU-27. Diana Martinez half beim Scoren der Daten.

1 Shantz, C., Generality and correlates of egocentrism in childhood. Paper für die Tagung der Society for Research in Child Development, Denver, 1975.

a) Der Originalsatz lautet: ». . . since egocentrism and communication skills show development progression.« Er ist jedoch offensichtlich falsch, da im Sinne der zitierten Theorien der Egozentrismus selbstverständlich *abnimmt*. [Anm. d. Übers.]

4. Bedingungen der Genese und Förderung

Marida Hollos und Philip A. Cowan

Soziale Isolierung und kognitive Entwicklung: Logische Operationen und Fähigkeiten zur Perspektivenübernahme in drei sozialen Milieus in Norwegen

Kindern aus drei verschiedenen Milieus einer ländlichen Gegend Norwegens – einer Gemeinde isolierter Bauernhöfe, einem Dorf und einer Kleinstadt – wurden 9 Aufgaben zu Invarianz, Klassifikation und Perspektivenübernahme vorgelegt. Der Unterschied zwischen den Stichproben bestand hauptsächlich im Ausmaß verbaler Interaktion der Kinder mit ihren Eltern und mit Gleichaltrigen. Aus jedem Milieu wurden 48 Jungen und Mädchen von 7-9 Jahren getestet, wobei die Siebenjährigen noch nicht eingeschult waren. Eine Faktorenanalyse ergab zwei Hauptfaktoren – einen Faktor für logische Operationen, der alle Aufgaben zur Invarianz und Klassifikation umfaßte, und einen Faktor für Perspektivenübernahme, der alle Aufgaben hierzu und zur Kommunikation umfaßte. Bei den Aufgaben zu logischen Operationen überwogen Alterseffekte, während bei der Perspektivenübernahme Milieueffekte stärker hervortraten. Die Bauernhofkinder, die sozial am meisten isoliert waren, erreichten nur relativ niedrige Scores für Perspektivenübernahme, schnitten aber bei den logischen Operationen gleich gut oder sogar besser ab als die Kinder vom Dorf und aus der Stadt. Sprachliche Stimulierung und Beschulung scheinen entgegen der Hypothese Bruners für die Entwicklung der logischen Operationen keine größere Rolle zu spielen.

Piagets Theorie vertritt ausdrücklich einen interaktionistischen Standpunkt der Entwicklung mit der Annahme, daß kognitives Wachstum im Wechselspiel der bestehenden Strukturen des Kindes und zwischen diesen und den Merkmalen der physischen und sozialen Welt stattfindet. Trotz des großen Umfanges der Theorie und der empirischen Forschung gibt es bisher nur wenig Anhaltspunkte dafür, wie spezifische Einflüsse der Umgebung auf spezifische Momente der kognitiven Entwicklung zu beschreiben sind.

Es gibt eine wachsende Anzahl von Forschungsarbeiten über Laborbedingungen, die das kognitive Wachstum fördern sollen, vor allem – wenn auch nicht ausschließlich – im Bereich der Invarianzbegriffe. Diese Untersuchungen haben bislang keine klaren und einheitlichen Ergebnisse erbracht (Sigel u. Hooper

1968). Bestenfalls haben diese Experimente bei einer Minderheit von Probanden zu einer Entwicklungsbeschleunigung geführt. Dieser Zuwachs wurde jedoch entweder nicht auf andere, logisch verwandte Konzepte generalisiert, oder dies wurde erst gar nicht überprüft. Ein Zuwachs ist eher bei Kindern in einem Übergangsstadium der Entwicklung zu beobachten als bei solchen, die sich fest in einem Entwicklungsstadium befinden (Strauss u. Langer 1970). Viele, wenn auch nicht alle dieser Effekte sind nur von kurzer Dauer und spiegeln eher sozialen Zwang und mechanisches Lernen wider als eine Neuorganisierung der Strukturen (Cowan, Langer, Heavenrich u. Nathanson 1969; Kohlberg 1968). Bei physikalischen Objektbegriffen haben sich verbale Lernmethoden ohne gleichzeitiges Manipulieren der Gegenstände im allgemeinen als ineffektiv erwiesen. Im Sinne von Piagets Theorie des Ungleichgewichts, das zu Entwicklungsveränderungen führt, nimmt Langer (1969) an, daß solche Stimulusbedingungen die kognitive Entwicklung fördern, die einen internen strukturellen Konflikt auslösen; jedoch gibt es noch keine Klarheit darüber, welches diese Bedingungen sind.

Ein anderer Ansatz zur Untersuchung von Umwelteinflüssen auf die kognitive Entwicklung besteht darin, Kinder zu untersuchen, die in unterschiedlichen sozialen Milieus leben oder die unterschiedlichen Erfahrungen ausgesetzt waren. Nimmt man Kinder der Mittelschicht aus der westlichen Welt als Bezugsgruppe, so scheint bei Kindern der nichtwestlichen Welt mit Analphabetentum bzw. niedrigem schulischen Standard eine Entwicklungsverzögerung charakteristisch zu sein (Kohlberg 1968; Price-Williams 1961). Obwohl es eine enorme Anzahl von Arbeiten gibt, die einen Einfluß der sozialen Schicht auf die kognitive Entwicklung festgestellt haben, sind bislang keine Untersuchungen veröffentlicht worden, die konsistente Entwicklungsunterschiede zwischen Kindern der Mittel- und Unterschicht in Piaget-Aufgaben zeigen[1]. Die Befunde zum Einfluß des Schulbesuchs auf die Leistung bei Piaget-Aufgaben sind nicht einheitlich. Mermelstein und Shulman (1967) beobachteten, daß Negerkinder von Prince Edward County, die drei Jahre lang keinen Schulunterricht hatten, in Invarianzaufgaben ebensogut abschnitten wie schwarze Kinder aus städtischen Gebieten des Nordens, die die Schule besucht hatten. Goodnow und Bethon (1966) fanden bei Kindern in Hongkong keine Einflüsse des

Schulbesuchs. Greenfield (1966) berichtet jedoch deutliche Unterschiede zwischen beschulten und unbeschulten Kindern in ländlichen und städtischen Gebieten im Senegal und deutet diese Ergebnisse als Bestätigung der Hypothese von Greenfield und Bruner (1971), daß es eine Umwelt von gesprochener und geschriebener Sprache ist, die jenseits des präoperationalen Stadiums die Begriffsentwicklung stimuliert und die für sie erforderlichen Mittel anbietet. Diese Hypothese steht in direktem Widerspruch zu Piagets Annahme, daß logische Operationen die der Sprachentwicklung vorangehenden und zugrundeliegenden Strukturen bilden und nicht umgekehrt. In einer Literaturübersicht weist Goodnow (1969) auf eine Hauptschwierigkeit bei der Interpretation von Ergebnissen aus Milieuvergleichen hin: Gewöhnlich gibt es so viele unterschiedliche und miteinander verwobene Milieuvariablen, daß es unmöglich ist zu klären, welche Variable oder Variablen für die Leistungsunterschiede verantwortlich zu machen sind. Ein gutes Beispiel für diese Schwierigkeit findet sich in der umfassenden Forschungsarbeit von Vernon (1965a, 1965b), der die Entwicklung zahlreicher physikalischer Begriffe nach Piaget bei westindischen und englischen Kindern untersuchte. Er fand große Unterschiede zugunsten der englischen Kinder beim Zahlbegriff und bei der Invarianz der Flüssigkeit (Wasser), der Fläche und der Länge, geringe Unterschiede beim Zeitbegriff und bildlichen Vorstellungsvermögen und keine bei der Invarianz der Menge (Plastilin) und bei der Klasseninklusion. Obwohl es offensichtlich ist, daß der Einfluß der Kultur auf unterschiedliche kognitive Aufgaben unterschiedlich ist, wurde kein Versuch unternommen, diese Ergebnisse mit besonderen Merkmalen der jeweiligen Kultur in Zusammenhang zu bringen.

Wir glauben, daß sowohl theoretische Gesichtspunkte als auch praktische Probleme (z. B. die Bedeutung der »Deprivation«) eine genauere Erforschung des soziokulturellen Einflusses auf die kognitive Entwicklung erforderlich machen. Die allgemeine Vorgehensweise der vorliegenden Untersuchung bestand darin, zunächst drei soziale Milieus auszusuchen, die sich hauptsächlich in einer Variablen unterscheiden – dem Ausmaß der sprachlichen Interaktion, die Kinder mit Gleichaltrigen und ihren Eltern erfahren –, und dann die Leistungen der Kinder in zwei Arten von kognitiven Aufgaben zu untersuchen, die vermutlich in unterschiedlicher Weise durch diese Variable beeinflußt werden.

Die Kinder unserer Untersuchung wurden aus drei sozialen Milieus in einem ländlichen Gebiet im Osten Norwegens ausgesucht. Diese Milieus – eine Gemeinde aus weitverstreuten Bauernhöfen, ein Dorf und eine Stadt – unterschieden sich vorwiegend im Ausmaß der relativen räumlichen Entfernung der Wohngebäude und des daraus resultierenden unterschiedlichen Ausmaßes der verbalen Kommunikation mit Gleichaltrigen und mit den Eltern. Hinsichtlich einer Reihe anderer wichtiger Merkmale waren die Stichproben gleichartig (s. u. »Methoden«).

Es wurden zwei Arten von kognitiven Aufgaben verwendet. Piaget beschreibt die Abnahme des kindlichen Egozentrismus (bzw. die Zunahme des Perspektivismus) im Sinne einer Zunahme der Fähigkeit, den eigenen Standpunkt mit demjenigen einer anderen Person zu koordinieren. Diese Fähigkeit läßt sich in nichtsprachlichen Aufgaben feststellen wie z. B. in dem »Drei-Berge-Experiment« (Piaget und Inhelder 1956)*, bei dem sich das Kind einem dreidimensionalen Aufbau von Bergen gegenüber befindet und Bilder heraussuchen soll, die die Sicht darstellen, die ein anderer von einem anderen Standpunkt aus hat. Diese Fähigkeit läßt sich auch in dem zunehmenden Vermögen erkennen, die Perspektive eines anderen bei der sprachlichen Kommunikation einzunehmen (Flavell 1968). Kohlberg (1969) stellt ausdrücklich fest, daß die Fähigkeit zur Perspektivenübernahme (role-taking ability) direkt mit dem Ausmaß der sozialen Beteiligung und der Erfahrungen in sozialen Interaktionen zusammenhängen muß. Wenn dies zutrifft, müßten unsere Untersuchungen ergeben, daß die Kinder vom Bauernhof ein niedrigeres Entwicklungsniveau in der Fähigkeit zur Perspektivenübernahme aufweisen als die Dorfkinder und diese wiederum ein niedrigeres Niveau als die Stadtkinder. Die Einflüsse des Alters und der Beschulung müßten vergleichsweise weniger bedeutsam sein als die spezifischen Erfahrungen in sozialen Interaktionen.

Es gibt widersprüchliche theoretisch und empirisch begründete Voraussagen in bezug darauf, was von diesen Kindern im Bereich logischer Operationen und physikalischer Objektbegriffe (z. B. Klassifikation und Invarianz) zu erwarten ist. Furths Untersuchung von gehörlosen Kindern (1966) deutet darauf hin, daß die *gesprochene* Sprache für die Entwicklung der konkreten Operationen nicht notwendig ist, wenn auch die kognitive Entwicklung gehörloser Kinder etwas verzögert ist. Die Literatur über »Deprivation« würde zu der Hypothese führen, daß die isoliert lebenden Kinder vom Bauernhof nicht so gute Leistungen wie die Dorf- und Stadtkinder aufweisen. Bruners Hypothese, daß Sprache ein Anreiz und Vehikel der Entwicklung ist, würde zur selben Vorhersage führen. Einige Untersuchungen zur Beschulung sowie die Arbeit von Price-Williams (1961) würden jedoch vermuten lassen, daß zumindest einige Milieus angemessene Anregungen bieten, die das Kind befähigen, sich ebenso schnell wie städtische amerikanische oder europäische Kinder der Mittelschicht zu entwickeln. Eine vorsichtige Fassung unserer Hypothese würde lauten, daß der Einfluß des sozialen Milieus auf die Fähigkeiten zur Perspektivenübernahme stärker ist als auf die logischen Operationen, während der Einfluß von Alter und Beschulung zusammen stärker für die logischen Operationen als für Perspektivenübernahme ist. Wenn wir keine Milieuunterschiede in bezug auf die logischen Operationen finden, müssen wir einige globale Aussagen über die soziale Deprivation revidieren und Bruners Argument hinsichtlich der zentralen Rolle der Spracherfahrung bei der Begriffsentwicklung kritischer betrachten.

Vorgehen

Milieus

Die drei Stichproben stammen aus drei Gemeinden der ländlichen Østerdal-Region in Ostnorwegen: von weitverstreuten Bauernhöfen, von einem kleinen Dorf und von einer mittelgroßen Stadt. Ostnorwegen ist kulturell ziemlich homogen; zwischen den Stichproben bestehen keine systematischen religiösen, sprachlichen oder weltanschaulichen Unterschiede. Alle untersuchten Kinder leben in intakten Kernfamilien (beide Elternteile und durchschnittlich drei Kinder). Alle Familien gehören zur Arbeiterschicht mit vergleichsweise niedrigem Einkommen, und Art und Länge des Schulbesuchs von Eltern und Kindern sind praktisch identisch in allen drei Stichproben.

In bezug auf Methoden und Ziele der Kindererziehung gibt es

keine herausragenden Unterschiede zwischen den Gruppen. Die Beschreibung der sozialen Umgebung jeder Stichprobe gründet sich auf eine 16monatige Feldforschung des erstgenannten Autors. Die Methoden der Feldarbeit (Hollos 1970) bestehen aus der teilnehmenden Beobachtung der Gemeinden und der familialen Interaktion, der Beschreibung und Aufzeichnung der sprachlichen und nichtsprachlichen Kommunikation innerhalb und außerhalb der Familie, der Beobachtung und Aufzeichnung des Verhaltens der Kinder und ihrer Aktivitäten zu Hause und in der Schule mit Erwachsenen und Gleichaltrigen, aus Interviews mit den Müttern und aus der standardisierten Erhebung von kognitiven Entwicklungsmaßen nach Piaget.

(1) Die *Bauernhof-Gemeinde Slettås* ist ein weitverstreutes Gebiet mit einer Bevölkerung von fast 300 Menschen. Das Gebiet dieser Gemeinde umfaßt ungefähr 150 Quadratkilometer und besteht hauptsächlich aus Fichtenwäldern, Tundra, Sümpfen und Bergwiesen. Die Bauerngehöfte liegen in den bewaldeten Gebieten. Die meisten Familien wohnen in diesen Bauernhäusern, sie sind daher räumlich so weit voneinander getrennt, daß es sehr wenig tägliche Interaktion zwischen den Familien gibt. Die Hauptbeschäftigung ist die Milchwirtschaft mit zusätzlicher Arbeit im Wald oder in kleinen örtlichen Werkstätten. Die Frauen arbeiten nicht außerhalb des Hauses, aber sie tragen den Hauptteil der Arbeit mit dem Vieh.

Außer an wichtigen Festtagen und bei Familienfeiern verlassen die Kinder vor dem Schulalter selten den Bauernhof. Die meisten frühen Lernerfahrungen finden im Zusammenhang mit den isoliert gelegenen Bauernhöfen statt, wobei die Interaktion auf die Familienmitglieder begrenzt ist. Da die durchschnittliche Anzahl der Kinder pro Familie 3 und der durchschnittliche Altersunterschied zwischen den Geschwistern 2-3 Jahre betragen, ist Interaktion nur mit Älteren oder Jüngeren möglich, praktisch nie mit Gleichaltrigen. Die Kinder verbringen die meiste Zeit damit, allein zu spielen oder andere zu beobachten. Da es nur wenig vorgefertigtes Spielzeug oder Spiele gibt, spielen die Kinder mit Gegenständen, die sie in ihrer natürlichen Umgebung vorfinden. Geschwister interagieren selten miteinander, und wenn sie es tun, ist ihre Interaktion sehr häufig nichtverbal. Sie spielen dann meist nebeneinander und kaum kooperativ, vermutlich auf Grund des Altersunterschieds. Am häufigsten sind Interaktionen mit der Mutter; der Vater verbringt den Großteil des Tages außer Haus. Die Interaktion mit der Mutter besteht typischerweise darin, daß die Mutter etwas für das Kind tut oder irgendeine Hausarbeit ausführt, die das Kind beobachtet oder bei der es hilft. Das Ausmaß sprachlicher Interaktion zwischen Mutter und Kind ist begrenzt. Die Mütter drängen oder ermutigen das Kind nicht, zu sprechen oder Fragen zu stellen, und schlagen ihm auch keine Beschäftigung vor. Es gibt keine Zeiten, in denen Geschichten erzählt oder Gespräche geführt werden. Den Kindern steht es frei, ihre eigenen Beschäftigungen anzufangen und zu beenden, zu kommen und zu gehen, wie es ihnen gefällt, ohne Anweisungen der Mutter. Es ist jedoch festzuhalten, daß sich die Mutter fast immer in der Nähe des Kindes aufhält und dauernd für Hilfe, Anteilnahme und Reagieren auf die kindlichen Aktivitäten zur Verfügung steht. Diese Reaktion ist sehr häufig eine nichtverbale Geste oder Handlung wie z. B. Hilfe beim Eingießen, Bauen, Anziehen oder Zeichnen. Die anderen Erwachsenen schenken dem Kind im allgemeinen wenig Aufmerksamkeit im Verlauf ihrer täglichen Arbeit. Dem Kind steht es frei, sie zu beobachten oder sie nachzuahmen, doch wird es von ihnen höchst selten angesprochen oder ermutigt. Die Interaktion und Kommunikation zwischen den erwachsenen Familienmitgliedern beschränkt sich auf die Mahlzeiten und die Abende. Der Hauptteil des Abends besteht aus Fernsehen oder Nachrichten- und Wetterbericht-Hören. Die Kinder dürfen dabei sein, doch wird ihnen keine besondere Aufmerksamkeit geschenkt. Die sprachliche Kommunikation ist dabei ziemlich gering und beschränkt sich auf Bemerkungen oder allgemeine Beobachtungen. Die Sätze sind kurz, einfach und relativ unbestimmt. Diesen Stil der sprachlichen Interaktion bzw. diese Kommunikationsart bezeichnet Bernstein als »restringiert« und charakterisiert ihn als »nicht-spezifische Klischees, Feststellungen oder Bemerkungen über Ereignisse, die allgemein gehalten sind und sofort verstanden werden. Die grundlegende Qualität dieser Kommunikationsart besteht darin, Umfang und Inhalt der implizierten Begriffe und Information zu begrenzen« (Bernstein 1961, S. 191).[a]

Sobald die Bauernhofkinder die Schule besuchen, werden sie mit einem Bus zu einer benachbarten Gemeinde gefahren, und zwar dreimal wöchentlich während der ersten drei Schuljahre. Der Schulbus verläßt die Gemeinde früh am Morgen und kommt sofort nach Schulschluß zurück, wobei jedes Kind an der nächstgelegenen Kreuzung abgesetzt wird. Diese weit auseinander wohnenden Kinder haben also nach der Schule keine Gelegenheit zum Spiel oder zur freien Interaktion miteinander.

(2) Das *Dorf Innbygda* ist eine Gemeinde mit etwa 1400 Einwohnern. Innbygda ist Sitz der Kreisverwaltung und ein Geschäfts-, Industrie- und Touristenzentrum. Etwa die Hälfte der Erwachsenen ist in der Milchwirtschaft tätig, die andere Hälfte in der Industrie oder in der Verwaltung. Frauen arbeiten im allgemeinen nicht, sie sind aber nicht ganztägig ans Haus gebunden wie die Frauen auf den Bauernhöfen und haben mehr Zeit und Gelegenheit, sich anderen Beschäftigungen zu widmen.

Alle Familien in Innbygda leben in Einfamilienhäusern, die von einem Hof umgeben sind. Die Häuser liegen dicht beieinander an Asphalt- oder

Schotterstraßen. Das Dorf liegt langgestreckt an der Hauptdurchgangsstraße des Kreises. Obwohl besondere Spielplätze im Dorf fehlen, gibt es viel freien Raum zum Spielen.

Die durchschnittliche Kinderzahl pro Familie beträgt drei, wie in der Bauernhofgemeinde. Normalerweise spielen die Vorschulkinder fast den ganzen Tag und die Schulkinder am Nachmittag mit anderen Kindern. Von einem relativ frühen Alter an dürfen die Kinder das Haus allein verlassen und frei mit anderen Kindern interagieren. Die Kinder fahren außerhalb des Dorfes Rad, gehen zum Fluß, spielen im Haus von Freunden, fahren im Winter Ski oder spielen zu jeder Jahreszeit auf der Straße. Die Interaktion ist nicht auf Gleichaltrige begrenzt; die Kinder begegnen vielen bekannten und fremden Erwachsenen in einer Vielzahl sozialer Umgebungen (im Haus der Freunde, in Geschäften usw.) Die mit der Mutter verbrachte Zeit ist ziemlich kurz. Am Abend trifft sich die ganze Familie, und die Interaktion findet wiederum, so wie tagsüber mit den Gleichaltrigen, in einer Gruppe statt.

Im allgemeinen scheinen diese Familien sprachorientierter zu sein als die isoliert lebenden Bauern, vielleicht, weil das Dorfleben ständig Gelegenheit zur sozialen Interaktion mit anderen bietet und deshalb diese Fähigkeiten stärker fördert. Die Familienmitglieder verbringen den größten Teil des Tages außer Haus und in verschiedenartigen sozialen Umgebungen. Da sie unterschiedliche Erfahrungen machen, versucht man, die Ereignisse des Tages zu besprechen, und das Kind wird angeregt, sich am Gespräch zu beteiligen. Jedoch hört man den Kindern eher höflich zu, als daß man nachfragt, wenn ihre Berichte unklar sind. Der Hauptteil des Abends wird wie auf den Bauernhöfen mit Fernsehen verbracht. Am Wochenende kommen häufig Besucher und Verwandte ins Haus.

Trotz der vergleichsweise größeren Häufigkeit der sprachlichen Interaktion zwischen Kindern untereinander und Kindern und Erwachsenen ist der Kommunikationsstil bzw. »Kommunikationskode« im wesentlichen der gleiche wie in der Bauerngemeinde.

(3) Die *Stadt Elverum* hat etwa 6000 Einwohner. Sie liegt an einem wichtigen Kreuzungspunkt mehrerer bedeutender Schnellstraßen und verdankt einen großen Teil ihres Wachstums und ihrer regionalen Bedeutung diesem Faktor. Die Stadt ist Sitz der Kreisverwaltung und regionales Wirtschafts- und Touristikzentrum. Sie weist einige kleinere Betriebe und Werkstätten auf, aber bislang noch keine größere Industrie. Doch beherbergt sie Dienststellen des Distriktgerichts, das für mehrere Kreise zuständig ist, und das Distriktkrankenhaus. Außer einigen Grundschulen besitzt die Stadt eine Sekundarschule, ein Gymnasium, eine Lehrerbildungsanstalt sowie auch ein Erwachsenenbildungszentrum. Das Vorhandensein der Bildungs- und Ausbildungsstätten hat zu einer Ausweitung der kulturellen Einrichtungen geführt. Elverum besitzt mehrere

Kinos und Theater, und es finden häufig Konzerte im Gemeindehaus statt. Wirtschaftlich ist die Stadt für ein großes Gebiet bedeutsam. Die Bewohner verschiedener Bezirke betrachten Elverum als Zentrum für Einkäufe und alle möglichen Dienstleistungen. Abgesehen vom Stadtkern zeigt die Stadt jedoch den Charakter eines ländlichen Dorfes. Beiderseits des Flusses liegen in guter Verteilung Einfamilienhäuser mit großen Gärten; sie sind durch kurvenreiche Schotterstraßen miteinander verbunden.

Die Familienstruktur gleicht ebenfalls sehr stark derjenigen des Dorfes. Die durchschnittliche Kinderzahl ist wiederum drei, und es gibt keine erweiterten Familien. Der einzige Unterschied besteht darin, daß auf Grund der besseren Beschäftigungslage einige Mütter berufstätig sind und dann die Großeltern tagsüber auf die Kinder aufpassen. Die Aktivitäten der Kinder unterscheiden sich nicht grundsätzlich von denen der Dorfkinder. Es gibt große Gruppen von Gleichaltrigen, mit denen die Kinder den größten Teil ihrer Zeit verbringen. Im allgemeinen verlangt man keine Mithilfe bei der Hausarbeit von ihnen, und von einem frühen Alter an können sie innerhalb und außerhalb der Stadt frei umherstreifen, ohne Kontrolle oder Einmischung der Erwachsenen. Der Unterschied zwischen Dorf- und Stadtkindern im Hinblick auf das soziale Milieu liegt darin, daß die Stadtkinder eine größere Vielfalt unterschiedlicher Erwachsener treffen; sie sind an Fremde verschiedenster Art und jeden Alters gewöhnt, und ihre Aktivitäten finden in unterschiedlicheren Milieus statt. Die Interaktion und die Aktivitäten der Familie sowie die Art der sprachlichen Kommunikation sind im wesentlichen dieselben wie auf dem Dorfe. Die größere Komplexität der sozialen Situationen mag zu einem komplexeren Kommunikationssystem führen, aber Umfang und Inhalt der implizierten Begriffe sind eher charakteristisch für den restringierten Kode.

Zusammenfassend läßt sich festhalten, daß sich die Gemeinden zwar in Größe und Struktur unterscheiden, daß aber im Hinblick auf die Kinder der wichtigste Unterschied in den Möglichkeiten für soziale und sprachliche Interaktionen besteht. Die Bauernhofkinder verbringen einen Großteil ihrer Zeit bei ihrer Mutter, sie imitieren sie ohne viele Worte und erforschen die physische Umwelt. Die Dorf- und Stadtkinder verbringen viel Zeit damit, mit Gleichaltrigen zu spielen und kommen am Abend in ein gesprächsfreudiges Familienmilieu. In anderen wichtigen Punkten sind die Gemeinschaften und besonders die Stichproben der von uns untersuchten Kinder sehr ähnlich.

Probanden

Aus jedem Milieu wurden 48 Kinder untersucht, jeweils 16 aus drei Altersgruppen: Vorschule (Siebenjährige von 6;5 bis 7;4 Jahre), erstes Schuljahr (Achtjährige) und zweites Schuljahr (Neunjährige). Aus jeder Altersgruppe wurden etwa gleich viele Jungen und Mädchen ausgesucht, außer bei den Zweitkläßlern der Bauernhofkinder, unter denen sich nur drei Mädchen befanden.

In der Gruppe der Bauernhofkinder wurden alle Kinder der entsprechenden Altersgruppen getestet. Da ihre Anzahl für die Stichprobengröße von 16 nicht ausreichte, wurden zusätzlich Kinder der Nachbargemeinde Eltedalen ausgesucht. Die Häuser lagen geographisch am nächsten zu Slettås, das Hauptkriterium der Isolierung traf auf sie zu, und die Kinder besuchten dieselbe Grundschule. 5 Kinder von Eltedalen wurden in die Stichprobe der Vorschüler aufgenommen, 3 in die Stichprobe der Erstkläßler und 6 in die der Zweitkläßler.

Im Dorf wurden zunächst alle 7-9jährigen, die ständig im Kern des Dorfes gelebt hatten und deren Väter Handarbeit betrieben, herausgesucht. Auf Grund dieser Kriterien war die Stichprobe vergleichbar mit der der Bauernhofkinder, und es ergab sich ungefähr die gewünschte Stichprobengröße; die wenigen überzähligen Kinder wurden nach einer Zufallsauswahl aus der Stichprobe herausgenommen.

Die Kriterien zur Auswahl der Stadtkinder waren dieselben wie beim Dorf. Da beträchtlich mehr Kinder zur Verfügung standen, wurde die Stichprobe hier durch eine Zufallsauswahl gewonnen.

Instrumente

Die Untersuchung umfaßte neun Aufgaben zur Erfassung verschiedener Aspekte der konkreten logischen Operationen. Die ersten sechs beziehen sich vorwiegend auf logische Operationen bei Objekten (Klassifizieren, Invarianz), die übrigen drei auf die Fähigkeit des Kindes, einen anderen als den eigenen Standpunkt einzunehmen – was von Piaget als »Perspektivismus« und von Flavell (1968) als Perspektivenübernahme (»role taking«) beschrieben wird. Nach Piaget beinhalten alle diese Aufgaben ein koordiniertes System reversibler Operationen, welche das Kind befähigen, gleichzeitig mindestens zwei Aspekte von Transformationen bei vergangenen oder gegenwärtigen Gegebenheiten zu berücksichtigen.

Die Leistungen in jedem Test wurden an Hand einer 4-Punkte-Skala beurteilt, wobei 4 Punkte bei einer Antwort gegeben wurden, die eindeutig auf das Entwicklungsstadium der konkreten Operationen hindeutete. Da die genaue Bestimmung der logischen Fertigkeiten, die für die erfolgreiche Lösung einer Aufgabe notwendig sind, noch umstritten ist, können wir nicht behaupten, daß ein Testwert von 4 bei verschiedenen Aufgaben exakt denselben Entwicklungsstand ausdrückt. Daher sind wir mit Vergleichen zwischen den relativen Niveaus der logischen Operationen und der Perspektivenübernahme zurückhaltend und richten unsere Aufmerksamkeit statt dessen auf die möglichen Wechselwirkungen jeder dieser Variablen mit dem Alter und dem sozialen Milieu.

A. Klassifikation

Alle 3 Klassifikationsaufgaben wurden nach der Standardisierung von Smedslund (1964) durchgeführt.

1) *Klasseninklusion* – Nach einigen vorbereitenden Fragen über Form, Farbe und Menge von Linoleumfliesen werden dem Kind 13 rote Fliesen gezeigt, von denen 10 quadratisch und 3 rund sind. Es wird gefragt, ob es mehr rote oder mehr quadratische Stücke gibt, und soll seine Antwort begründen.

2) *Multiplikation von Klassen* (Matrizen) – Das Kind wird hierbei aufgefordert, Gegenstände gleichzeitig nach zwei Kriterien zu klassifizieren. Ihm wird eine 2×2 Matrix vorgelegt, in der jeweils drei der vier Kästchen Gegenstände unterschiedlicher Form und Farbe enthalten, und es muß einen Gegenstand aussuchen, der in das vierte leere Kästchen »paßt« (z. B. ein grüner Stern).

3) *Multiplikation von Beziehungen* – Die dritte Aufgabe gleicht der zweiten, außer daß das Auswahlkriterium die Beziehung zwischen den Gegenständen ist. Dem Kind wird eine Reihe mit drei Kästchen gezeigt. Das erste Kästchen enthält ein großes hellgrünes Quadrat, das zweite ein etwas kleineres grünes Quadrat. Dann werden Quadrate aus allen möglichen Kombinationen

von Farbe (hell, normal, dunkel) und Größe (groß, mittel, klein) daneben gelegt, und das Kind muß dasjenige heraussuchen, welches am besten in das leere dritte Kästchen paßt.

Bei allen drei Aufgaben wurden 4 Punkte vergeben für eine richtige Antwort mit zutreffender Erklärung, 3 Punkte für eine richtige Antwort mit zunächst unzutreffender, nach einer Rückfrage jedoch zutreffender Erklärung, 2 Punkte für eine teilweise richtige Antwort und ein Punkt für eine willkürliche Erklärung und falsche Antworten.

B. Erhaltungsbegriffe

4) *Erhaltung der kontinuierlichen Menge* (Wasser) – Es handelt sich um die bekannte Wasser-Umfüll-Aufgabe, bei der zwei gleiche Becher mit der gleichen Wassermenge gefüllt sind. Das Wasser wird aus dem ersten Gefäß in ein höheres, schmaleres Gefäß umgefüllt, und das Kind wird gefragt, ob dieses nun mehr, weniger oder die gleiche Wassermenge enthalte wie das zweite (Standard-)Gefäß. Die Aufgabe wurde wiederholt, wobei das Wasser in zwei kleinere, gleich große Gefäße umgeschüttet wird. Schließlich wird das Wasser aus einem dieser Gefäße in ein schmaleres Gefäß umgeschüttet. Jedesmal beurteilt das Kind die Menge des Wassers in dem neuen Behälter verglichen mit dem Standardgefäß.

5) *Erhaltung des Volumens* (Innenraum) (Piaget, Inhelder, Szeminska 1960) – Dem Kind wird ein »Haus« aus Bauklötzen gezeigt, das auf einer »Insel« gebaut ist. Der Versuchsleiter holt einen Stapel von Klötzen hervor und fordert das Kind auf, ein Haus mit dem gleichen Innenraum zu bauen, und zwar auf einer Insel anderer Größe. Dieses Vorgehen wird sechsmal wiederholt, mit jedesmal unterschiedlicher Größe der Insel.

6) *Erhaltung des verdrängten Volumens* (Piaget et al. 1960) – Dem Kind werden zwei identische Gefäße mit gleich hohem Wasserstand gezeigt. Aus einem Haufen von 12 Plastilinbällchen formt der Versuchsleiter eine Kette und taucht sie in ein Gefäß ein. Nachdem das Kind bemerkt hat, daß der Wasserspiegel steigt, formt der Versuchsleiter aus weiteren 12 Plastilinbällchen ein andersartiges Gebilde. Das Kind wird gefragt, ob der Wasserspiegel steigen, fallen oder in gleicher Höhe bleiben wird wie bei dem zweiten Gefäß, wenn das neue Gebilde eingetaucht wird.

Bei den Wasser-Invarianz-Aufgaben wurden 4 Punkte vergeben für richtige Antworten und zutreffende Erklärungen bei den drei Umschüttversuchen. 3 Punkte erhielt das Kind, wenn es beim ersten Umschütten eine richtige Antwort und Erklärung gab, bei den weiteren Versuchen jedoch falsche. Eine richtige Antwort ohne zutreffende Erklärung erhielt 2 Punkte.

Nur im Stadium der formalen Operationen [also etwa ab 11 Jahren, Anm. d. Ü.] können Aufgaben zur Erhaltung des Volumens durchgängig richtig gelöst werden. Bei beiden Volumenaufgaben wurden 4 Punkte vergeben für Antworten, die darauf hindeuteten, daß das Kind die Notwendigkeit erkannt hatte, die Dimensionen des Hauses in Abhängigkeit von der Grundfläche zu verändern, bzw. zu Antworten, bei denen die Kinder die Vorhersage des gleichen Wasserspiegels mit dem Sachverhalt begründeten, daß die gleiche Anzahl von Bällen eingetaucht wurde. Beide Antworten werden von Piaget als typisch für konkrete Operationen bezeichnet (Piaget et al. 1960).

C. Perspektivenübernahme [role taking]

7) *Visuelle Perspektive* – Dieser Test basiert auf dem ähnlichen (3-Berge-)Test von Piaget und Inhelder (1956)* und mißt den Wahrnehmungsegozentrismus des Kindes. Das Material besteht aus einem dreidimensionalen Aufbau von Gebäuden, die auf einem quadratischen Brett angebracht sind. Dem Kind werden Fotografien von jeder der 4 Seiten dieses Aufbaus vorgelegt. Das Kind sitzt an einer Seite, und eine Puppe mit einer Kamera wird jeweils nacheinander vor die anderen drei Seiten gesetzt. Dem Kind wird gesagt, die Puppe habe Fotos gemacht, und es solle dasjenige auswählen, das die Puppe jeweils von ihrem Standpunkt aus gemacht hat. Eine Antwort ist völlig egozentrisch, wenn das Kind das Foto aussucht, das anstelle einer der Perspektiven der Puppe seine eigene Perspektive darstellt. Drei egozentrische Antworten erhielten einen Score von 1, zwei egozentrische Antworten einen Score von 2 usw.

8) *Angemessenheit der Kommunikation* – Um richtig kommunizieren zu können, muß man fähig sein, den eigenen Standpunkt als Sprecher mit dem des Hörers zu koordinieren und so stellvertretend dessen Rolle einzunehmen. Ein Versuchsleiter verläßt den Raum, während der andere dem Kind die Geschichte

von Niobe erzählt, die 12 Söhne und 12 Töchter hat und eine Fee trifft (s. Piaget 1959). Der Versuchsleiter wiederholt die Geschichte und fragt das Kind, ob es sie verstanden hat. Der zweite Versuchsleiter kommt zurück, und das Kind wird aufgefordert, ihm die Geschichte, die er zuvor nicht gehört hat, zu erzählen. Vier Punkte wurden vergeben, wenn das Kind Eigennamen anstelle von unbestimmten Pronomina verwendete, eine vollständige Geschichte erzählte und Verständnis für die Schwierigkeit des Zuhörers beim Verstehen der Geschichte zeigte. Drei Punkte wurden vergeben, wenn die Hälfte der Antworten egozentrisch war. Zwei Punkte gab es in dem Fall, daß die Geschichte stark individuell gefärbt war, und einen Punkt, wenn das Kind unfähig war, die Geschichte zu wiederholen und nur unzusammenhängende Äußerungen wiedergab.

9) *Perspektivenübernahme* – Dieser Test wurde von Flavell (1968) entwickelt. Dem Kind wird eine Abfolge von 7 Bildern vorgelegt, die eine Geschichte darstellen; das Kind soll diese Geschichte erzählen. Dann werden drei Bilder entfernt, so daß jetzt eine andere Geschichte entsteht. Nun kommt der zweite Versuchsleiter herein, und es wird gesagt, daß dieser die Bilder noch nie gesehen habe. Das Kind soll sich in seine Rolle versetzen und die Geschichte so erzählen, wie dieser sie erzählen würde.

Vier Punkte wurden für die richtige Vier-Bilder-Geschichte vergeben, drei Punkte dafür, daß das Kind auf Rückfragen hin einige Informationen der fehlenden Bilder verwendet hat. Zwei Punkte wurden vergeben für eine Vermischung der Sieben- und Vier-Bilder-Geschichten. Erzählte das Kind eindeutig die Originalgeschichte, gab es einen Punkt.

Nachdem der erstgenannte Autor die Tests ausgewertet hatte, wurde die Zuverlässigkeit geprüft, indem zufällig ausgewählte Testprotokolle noch einmal ausgewertet und mit den ursprünglichen Auswertungen verglichen wurden. Dabei wurden keine nennenswerten Diskrepanzen gefunden. Die Beurteiler-Übereinstimmung wurde festgestellt, indem eine weitere Person mit den Auswertungskriterien vertraut gemacht wurde und zufällig ausgewählte Testprotokolle auswertete. Auch hier waren Diskrepanzen zu den ursprünglichen Auswertungen so selten, daß die Berechnung eines Zuverlässigkeitskoeffizienten unnötig erschien.

Durchführung

Die Tests wurden von dem erstgenannten Autor, der fließend Norwegisch spricht, und von Stein Møller, einem Psychologiestudenten der Universität Oslo, durchgeführt. Møller, dessen Muttersprache Norwegisch ist und der Kenntnisse in Kinderpsychologie aufweist, war eine große Hilfe bei der Überprüfung der Test-Übersetzungen und der Zuverlässigkeit der Testauswertung.

Jedes Kind wurde einmal in einer ein- bis eineinhalbstündigen Sitzung untersucht. Ein Versuchsleiter saß dem Kind gegenüber am Tisch, und das Kind konnte die gerade nicht benötigten Materialien nicht sehen. Ein Tonbandgerät war ebenfalls versteckt, nur ein kleines Mikrofon war sichtbar. Der zweite Versuchsleiter machte Notizen bei den Aufgaben, bei denen die Antwort nicht aus der Tonbandaufzeichnung hervorging (z. B. bei der Haus- und Inselaufgabe). Er war es auch, der den Raum verließ und dem dann beim Wiederkommen die Geschichte erzählt wurde. Die Aufgaben wurden in der oben beschriebenen Reihenfolge durchgeführt.

Alle Vorschulkinder wurden zu Hause getestet. Bei der Bauernhofgemeinde ergab sich der Kontakt mit den Eltern ganz natürlich während des Aufenthalts des erstgenannten Autors in der Gemeinde. Die Dorf- und Stadtfamilien wurden angeschrieben, und das Kind wurde vor der Testsitzung einmal besucht. Die Erst- und Zweitkläßler der Bauernhofgemeinde und des Dorfes wurden in einem leeren Klassenzimmer in der Schule untersucht. Die Stadtkinder dieses Alters wurden zu Hause getestet, weil Sommerferien waren. Wie bei den Vorschülern war der Kontakt brieflich hergestellt worden, aber zur Zeit der Testdurchführung waren die beiden Versuchsleiter den meisten Kindern bekannt.

Ergebnisse

Tabelle 1 enthält die Mittelwerte der Tests zu den logischen Operationen und der Aufgaben zur Perspektivenübernahme getrennt nach Alters- und Milieugruppen. Die Mittelwerte streuen von 1.97 bis 3.44 auf der 4-Punkte-Skala; d. h. die 7-9jährigen dieser Studie befinden sich im späten Stadium der Präoperationen und auf einem nicht durchgängig entwickelten Niveau der konkreten Operationen.

Es wurde eine Faktorenanalyse (nach der Hauptachsenmethode) durchgeführt, um zu prüfen, ob die empirisch ermittelten Zusammenhänge zwischen den Tests unsere a-priori-Unterscheidung zwischen logischen Operationen und Perspektivenübernahme bestätigt. Bei dem Kriterium eines Eigenwertes von größer oder gleich 1.00 für die Faktorenextraktion ergaben sich drei orthogonale Faktoren. Von diesen drei Faktoren scheinen nur Faktor 1 und 2 direkt interpretierbar zu sein. Faktor 3 besteht hauptsächlich aus Residuen mit Ausnahme einer einzigen hohen Ladung im visuellen Perspektivtest (3-Berge).

Die Faktoren 1 und 2 sind in Tabelle 2 dargestellt. Faktor 1 bezieht sich ganz klar auf logische Operationen mit Objekten und beinhaltet alle 6 Aufgaben der Klassifikation und Erhaltung. Auf diesem Faktor ergab sich eine relativ hohe Ladung im Kommunikationstest, aber eine Betrachtung der Rohwerte ergab, daß diese Korrelation ein Artefakt ist und vernachlässigt werden kann (s. Fußnote Tabelle 2). Faktor 2 hat ausschließlich hohe positive Ladungen in den drei Tests zur Perspektivenübernahme

Tab. 1. Mittelwerte der logischen Operationen und der Perspektivenübernahme in Abhängigkeit von Milieu und Alter (Schuljahr)

	Faktor 1	Faktor 2
7jährige (Vorschule):		
Bauernhof	2.67	2.47
Dorf	1.97	3.01
Stadt	2.48	3.22
8jährige (Erstkläßler):		
Bauernhof	2.72	2.60
Dorf	2.56	3.26
Stadt	2.40	3.26
9jährige (Zweitkläßler:		
Bauernhof	3.02	2.82
Dorf	2.60	3.44
Stadt	2.83	3.44

und signifikante negative Ladungen in den Aufgaben zur Erhaltung des Innenraums und des verdrängten Volumens. Interessanterweise sind dies die beiden Tests, die auch formale Operationen erfassen, aber es ist nicht klar, wieso dieser Sachverhalt zu negativen Korrelationen mit der Perspektivenübernahme führt.

Als Teil der ursprünglichen Faktorenanalyse erhielten wir für jedes Kind Faktorenwerte für die Faktoren der logischen Operationen und der Perspektivenübernahme.[2] Der Einfluß von Alter und sozialem Milieu wurde in einer zweifachen Varianzanalyse, getrennt für jeden Faktor, berechnet.

Abbildung 1a zeigt die statistisch signifikante Wechselwirkung von Alter (Schuljahr) und Milieu bei den logischen Operationen, $F(4, 128) = 3.57; p < .01$. Wie erwartet, nimmt die Leistung mit dem Alter zu, $F(2, 128) = 20.16; p < .001$. Das soziale Milieu erbrachte keine durchgängigen Unterschiede, aber die 7jährigen Dorfkinder hatten signifikant niedrigere Werte als die anderen beiden Milieugruppen, daher die Wechselwirkung. Es ist klar ersichtlich, daß die Bauernhofkinder ebenso gut oder besser als ihre Altersgenossen aus Dorf- und Stadt abschneiden.

Tab. 2. Faktorenstruktur und Ladungen in den 9 Aufgaben (Hauptachsenmethode)

Aufgabe	Faktor 1	Faktor 2
Klasseninklusion	.647	.006
Multiplikation von Klassen	.633	.127
Multiplikation von Beziehungen	.537	.185
Erhaltung von Wasser	.664	.024
Erhaltung des Innenraums	.421	-.552
Erhaltung des verdrängten Volumens	.541	-.512
Visuelle Perspektive	-.043	.491
Angemessenheit der Kommunikation	.523[1]	.357
Perspektivenübernahme	.186	.595

1 Stadtkinder hatten eher hohe Werte bei diesem Maß, während Bauern- und Dorfkinder niedrigere Werte hatten. Daraus resultiert eine U-förmige Verteilung mit fehlenden Werten im mittleren Bereich. Da Korrelationen nach Pearson bei diskontinuierlichen Verteilungen nicht gültig sind, wurde dieses Maß bei der Interpretation des ersten Faktors nicht berücksichtigt.

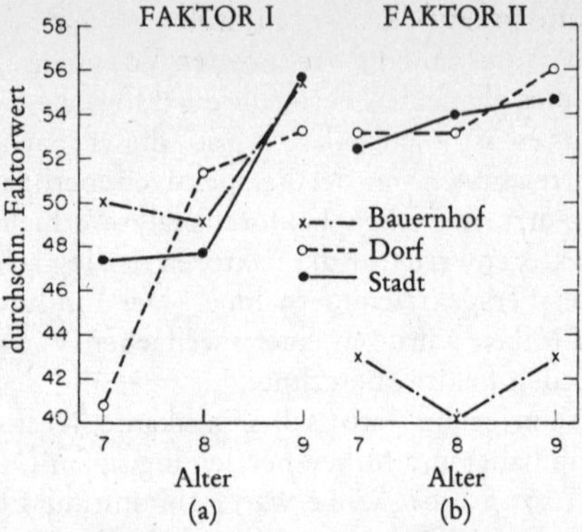

Abb. 1 (a) Logische Operationen in Abhängigkeit von Alter und Milieu. *(b)* Perspektivenübernahme in Abhängigkeit von Alter und Milieu.

Die Werte zur Perspektivenübernahme in Abhängigkeit von Alter und Milieu sind aus Schaubild 1b zu ersehen. Eine Varianzanalyse ergab einen statistisch signifikanten Einfluß des Milieus, $F(2, 128) = 30.62$; $p < .001$, jedoch keinen signifikanten Alters- oder Wechselwirkungs-Effekt. Wie erwartet, schnitten Bauernhofkinder bei den Aufgaben zur Perspektivenübernahme nicht so gut ab wie die Dorf- und Stadkinder. Allerdings war Perspektivenübernahme nicht, wie Kohlberg (1969) annahm, eine lineare Funktion des Ausmaßes an sozialer Interaktion: Die Stadtkinder hatten mehr Erfahrungen bezüglich der sozialen Interaktion als Dorfkinder, aber ihre Werte zur Perspektivenübernahme waren fast gleich.

Ein Vergleich der Abbildungen 1a und 1b ergibt, daß Alter und Schuljahr die logischen Operationen sehr stark, die Perspektivenübernahme aber kaum beeinflussen. Demgegenüber hat das soziale Milieu einen größeren Einfluß auf die Perspektivenübernahme als auf die logischen Operationen. Die Richtung dieser Ergebnisse war vorhergesagt worden, aber wir hatten keine spezifische Vorhersage über das Abschneiden der Bauernhofkinder machen können. Eine allgemeine Deprivationshypothese, die sich auf die relativ starke soziale Isolierung der Bauernhofkinder gründet, hätte zur Annahme niedriger Werte sowohl bei den logischen

Operationen als auch bei der Perspektivenübernahme geführt. Die Ergebnisse zeigen jedoch, daß die niedrigen Werte der Bauernhofkinder in der Perspektivenübernahme einhergehen mit Werten in den logischen Operationen, die gleich oder höher sind als diejenigen der Dorf- und Stadtkinder.

Diskussion

Die Beziehung zwischen logischen Operationen und Perspektivenübernahme

Piagets Theorie impliziert eine sehr enge Beziehung zwischen der Entwicklung der logischen Operationen und der der Perspektivenübernahme. Es wird angenommen, daß die logischen Operationen den notwendigen strukturellen Unterbau für die Leistungen der Perspektivenübernahme liefern. Die vorliegenden Ergebnisse zeigen mehr Unterschiede als Gemeinsamkeiten zwischen den beiden Faktoren, aber möglicherweise wird ihr Zusammenhang in dieser Studie unterschätzt. Die orthogonale Faktorenanalyse wählt systematisch unkorrelierte oder nur wenig korrelierte Aspekte der beiden Aufgabenreihen aus. Bei Durchsicht der Interkorrelationen zwischen allen Aufgaben zeigt sich, daß trotz dieses methodischen Effekts einige signifikante, wenn auch niedrige Korrelationen zwischen den Faktoren bestehen.

Der Grund für diese niedrigen Korrelationen mag darin bestehen, daß die Entwicklung in diesen beiden Faktorenbereichen eher in aufeinanderfolgenden Phasen als gleichzeitig verläuft. Einer der auffälligsten Befunde dieser Studie war der große Alterszuwachs bei den Aufgaben des 1. Faktors und der kleine, nichtsignifikante Alterszuwachs bei den Aufgaben des 2. Faktors. Es wäre möglich, daß wir bei Kindern, die jünger sind als die unserer Stichprobe, eine relativ langsame Entwicklung der konkreten Operationen und eine schnellere Entwicklung der Perspektivenübernahme finden.

Es gibt deutlichere Hinweise für einen großen Zuwachs in der Entwicklung der Perspektivenübernahme bei Altersstufen, die älter sind als die Kinder unserer Stichprobe. Piaget nennt als ungefähren Beginn der konkreten Operationen etwa 7 Jahre, während er eine qualitative Änderung des Egozentrismus mit etwa 9 bis 10 Jahren beobachtete. Auch einige nichtveröffentlichte Daten (Cowan 1971) deuten auf einen zeitlichen Unterschied zwischen der Entwicklung der logischen Operationen bei Objekten und dem Gebrauch dieser logischen Strukturen in kommunikativen Fertigkeiten hin. So umfaßt der Altersbereich unserer Stichprobe eine breite Altersspanne, in der dem Faktor 1 entsprechende Fähigkeiten entstehen. Aber deutliche Entwicklungsänderungen in Faktor-2-Leistungen können diesem Altersabschnitt vorausgehen oder auch nachfolgen. Zugegeben, diese Überlegungen sind spekulativ und gründen sich teilweise auf den Vergleich der Rohwerte von Faktor-1- und Faktor-2-Aufgaben. Wegen der schon erörterten Meßprobleme kann eine Interpretation nur mit aller Vorsicht versucht werden. Was immer das Ausmaß des Zusammenhangs zwischen diesen beiden Faktoren sein mag, fest steht, daß sie unterschiedlich durch das soziale Milieu beeinflußbar sind.

Die Deprivationshypothese

In der ursprünglichen Beschreibung unseres Vorhabens neigten wir dazu, die Bauernhofstichprobe nach ihren Unzulänglichkeiten zu beschreiben. Wir betonten die Tatsache, daß die Kinder der Bauernhofgemeinde weniger in soziale Interaktionen mit Gleichaltrigen eintreten und weniger sprachliche Interaktionen aufweisen als die Dorf- und Stadtkinder. Wir waren versucht, geringe soziale Interaktion mit »kultureller Deprivation« gleichzusetzen.

In ähnlicher Weise beginnt eine Studie von Haggard (1970) die psychologische Analyse von isolierten Familien in den Bergen von Norwegen wie folgt: »Angesichts der nur geringen sozialen und intellektuellen Anregung fragt man sich, welche Art von psychischer Struktur die Kinder entwickeln, um mit Impulsen, Frustration und Konflikt umzugehen? Wie verhalten sie sich gegenüber der regressiven Tendenz der durchdringenden Monotonie und mangelnden Anregung ihres sozialen Mikrokosmos?« In den Vereinigten Staaten herrscht diese Sichtweise, die die allgemeine Deprivation der Umgebung betont, in den Forschungsberichten über Arme, Schwarze oder sonstwie »kulturell benachteiligte« Jugendliche auf dem Lande oder in Ghettos.

Eine ausführliche anthropologische Studie der Bauernhofgemeinde in unserer Untersuchung ergab, daß in vieler Hinsicht die Deprivation der Kinder eher scheinbar als wirklich war. Die Lernumgebung dieser Kinder ist weit davon entfernt, verarmt zu sein. Sie erhalten sehr viel soziale Anregung und Unterstützung von ihrer Mutter, einschließlich zahlloser Gelegenheiten zum Beobachten und Nachahmen. Darüber hinaus, und das ist vielleicht noch wichtiger, haben sie die Freiheit zu selbstinitiiertem Spiel – hauptsächlich beim Spielen mit Gegenständen und Beobachten ihrer Merkmale und Beziehungen. In den Testaufgaben, die logische Operationen bei Objekten erfaßten, schnitten die Bauernhofkinder ebenso gut oder besser ab als ihre Altersgenossen aus dem Dorf oder aus der Stadt. Obwohl ihre soziale Umwelt nur wenig durch Sprache geprägt ist, wurden sie gut mit Aufgaben fertig, die sprachliche oder begriffliche Anforderungen stellten. Da die Stichproben in den meisten sozialen Variablen vergleichbar sind, zeigen die Ergebnisse, daß die relative sozialverbale Isolation als solche die Entwicklung der logischen Operationen nicht beeinträchtigt. Tatsächlich führen die Daten der 7jährigen Vorschüler (Abbildung 1a) eher zu der Annahme, daß eine Umgebung, die viele Gelegenheiten zu Interaktionen mit Gleichaltrigen bietet, sogar zeitweilig die Entwicklung der logischen Operationen verlangsamen kann.

Besser würde der Einfluß des sozialen Milieus auf die Perspektivenübernahme mit der Deprivationshypothese zusammenpassen. Die Bauernhofkinder, die kaum mit ihren Altersgenossen spielen, erreichen offensichtlich niedrigere Werte in den Aufgaben zur Perspektivenübernahme. Eine Interpretation im Sinne der Deprivation impliziert, daß die Kinder irgendwie besser abschneiden würden, wenn wir nur ihre Lebensbedingungen ändern könnten. Dabei ist wieder darauf hinzuweisen, daß solch eine Veränderung bei der Gruppe der Siebenjährigen möglicherweise die Werte in den logischen Operationen absinken läßt. Eine solche Interpretation würde auch die Möglichkeit außer acht lassen, daß die Fähigkeiten der Bauernhofkinder zur Perspektivenübernahme völlig angemessen entwickelt sind, um die Umgebung, in der sie leben, zu bewältigen.

Wir haben unsere Daten von zwei verschiedenen Gesichtspunkten aus untersucht. Im Sinne der Einflüsse der sozialen Variablen auf die Testleistung kann gefolgert werden, daß die Gelegenheit zur sprachlichen Interaktion und zur Interaktion mit Gleichaltrigen einen Einfluß auf die Perspektivenübernahme hat. Im Hinblick auf die sozialpolitische Dimension des höchst umstrittenen Bereichs der kulturellen Deprivation ist es zu vereinfacht, den Entwicklungsstand von Gruppen aus unterschiedlichen Milieus in nur einer Art von kognitiver Leistung zu vergleichen. Unterschiedliche Umgebungen können unterschiedliche Muster »hoher« und »niedriger« Leistung erzeugen. Die Angemessenheit der Leistung jeder Gruppe muß in bezug auf die kulturellen Erfordernisse bewertet werden. Eine Veränderung, die zu einem Zuwachs in einem Bereich führen soll, könnte das Wachstum in einem anderen Bereich behindern. Letztlich muß der Deprivationsansatz bei der Interpretation von Kulturvergleichen neben Tatsachen auch Werte berücksichtigen. Er muß sich außerdem differenzierter auf das konzentrieren, was die Deprivation eigentlich ausmacht.

Sprachliche Anregung: Eine Schwellenhypothese

Bruner und seine Mitarbeiter (1966) haben Daten, die auf einen Leistungsunterschied in Piaget-Aufgaben zwischen beschulten und unbeschulten Kindern in Senegal hindeuten, als Beweis für ihre Auffassung verwendet, daß Sprache den Hauptanreiz und das Hauptmittel der Entwicklungsreorganisation im Grundschulalter liefert. In unserer Studie ist der Einfluß von Alter und Beschulung konfundiert, aber der Einfluß von Beschulung und sozialer Interaktion kann getrennt betrachtet werden. Die Ergebnisse deuten darauf hin, daß Alter und Beschulung die logischen Operationen sehr stark beeinflussen. Die Bauernhof-*Vor*schulkinder waren jedoch den Dorf- und Stadtkindern überlegen. Folglich war weder Beschulung noch eine häufige Beteiligung an sprachlicher Interaktion notwendig für ein hohes Entwicklungsniveau logischer Operationen.

Vor nicht so langer Zeit haben Greenfield und Bruner (1971) den Einfluß der geschriebenen Sprache betont, wobei sie auf die erzwungene Loslösung von Wort und Gegenstand als wichtigem Disäquilibrationsaspekt der Schule hinweisen. Die gleichen Autoren vermuten aber auch, daß bei den von Greenfield (1966) untersuchten senegalesischen Kindern die Entwicklung der logischen Operationen durch eine Betonung der sprachlichen Interaktion in dem gegebenen sozialen Milieu beeinträchtigt werden könnte. Die spezifischen Einflüsse von Schule und Spracherfahrung auf die kognitive Entwicklung müssen eingehender untersucht werden. Die vorliegenden Daten stützen jedoch nicht Bruners Annahme, daß Sprache ein wesentlicher Anreiz für die Entwicklung der logischen Operationen sei.

Wir bestreiten nicht, daß Sprechen und Spracherfahrung für die kognitive Entwicklung nicht notwendig seien. Ohne Kommunikation wird das Kind keine normale kognitive Entwicklung zeigen. Unsere Daten verweisen jedoch auf eine Schwellenhypothese: Ein gewisses minimales Ausmaß an Erfahrung in sprachlich-sozialer Interaktion scheint ausreichend zu sein für die Entwicklung des logisch-operativen Denkens. Die niedrigeren Perspektivenübernahme-Werte der Bauernhofkinder lassen vermuten, daß die Schwelle in diesem Bereich höher liegt als diejenige, die für die Entwicklung der logischen Operationen erforderlich ist. Jenseits dieser Schwelle beeinflußt das absolute Ausmaß der Interaktion die Entwicklung der Fähigkeiten zur Perspektivenübernahme nicht weiter.

Diese Formulierung der Schwellenhypothese stellt eine erste Annäherung an einen gewiß viel komplexeren theoretischen Endpunkt dar. Trotz der sorgfältigen Parallelisierung unserer Stichproben ist offensichtlich, daß sich die drei sozialen Milieus in mehr Aspekten unterscheiden als im bloßen Ausmaß an Gelegenheit zu sprachlicher oder sozialer Interaktion für die Kinder. Bauernhofkinder erfuhren weniger sprachliche Interaktion und weniger Interaktion mit Gleichaltrigen, aber sie hatten ein großes Ausmaß an nichtverbaler Interaktion mit ihren Müttern und zahllose Gelegenheiten und Anreize zur Auseinandersetzung mit der physischen Umwelt. Es bestanden also sowohl qualitative als auch quantitative Unterschiede im Milieu, vor allem zwischen den Bauernkindern und den anderen beiden Stichproben.

Folgerungen

Wir haben die Implikationen unserer Studie für theoretische Fragen der kindlichen Entwicklung und für praktische und ethische Aspekte, die mit der gegenwärtigen Flut von Forschungen über die Auswirkungen kultureller Deprivation zusammenhängen, erörtert. Übrig bleibt die allgemeine Schlußfolgerung, daß das soziale Milieu zweifellos die Geschwindigkeit der kognitiven Entwicklung beeinflußt. Der differenzierteren Frage, welche sprachlichen, sozialen und physischen Bedingungen der Umwelt welche spezifischen Aspekte der kognitiven Entwicklung beeinflussen, beginnt man jedoch erst jetzt ernsthafte Aufmerksamkeit zu schenken. Forschungen zu dieser Frage müssen mehr Aufmerksamkeit den spezifischen psychologischen Variablen schenken, welche die kognitive Entwicklung beeinflussen, anstatt sich auf soziologische Kategorien (soziale Schicht, ärmliche Wohnverhältnisse) als unabhängige Variablen zu verlassen. Wenn einmal solche Variablen gefunden worden sind, ist es wichtig, zu untersuchen, wie sie in der jeweiligen Kultur und Umgebung wirken, wenn sie in irgendeiner Weise dazu benutzt werden sollen, um Maßnahmen zur Förderung des kognitiven Wachstums zu planen. Weitere Forschung über die Wirkungen des sozialen Milieus auf spezifische kognitive Fertigkeiten wird hoffentlich dazu beitragen, einige wichtige Fragen zu Ethik und Werten zu stellen. Gegenwärtige Vergleiche verschiedener Kulturen und Schichten scheinen darauf gerichtet zu sein, eher »primitive« Kulturen zu erfassen mit dem Endziel, die Kinder auf westliche Mittelschicht-Standards »zu heben«. Die Art der Forschung, die wir vorschlagen, könnte erweisen, daß jede Umgebung ein »hohes« Leistungsniveau in unterschiedlichen Bereichen erzeugen kann. Dies wirft allerdings die Frage auf, auf welches kognitive Verhalten man Wert legt und ob es immer richtig ist, die Leistungen anderer kultureller Gruppen irgendeinem einzelnen Standard anzupassen.

Übersetzt von Renate Valtin

Anmerkungen

Die Untersuchung ist Teil der Dissertation von Philip Cowan in Anthropologie an der University of California, Berkeley.

1 Kohlberg (1971) zitiert einige noch unveröffentlichte Forschungsarbeiten mit Piaget-Aufgaben, die die traditionellen Leistungsunterschiede zwischen Unter- und Mittelschichtkindern zu bestätigen scheinen.

2 Ursprünglich sind es 144 Versuchspersonen (neun Gruppen × 16). Die Daten von 7 Versuchspersonen sind unvollständig, wobei die fehlenden Daten auf 5 der 9 Zellen verteilt sind.

a) Die Angabe der Fundstelle kann nicht stimmen, da der angegebene Artikel Bernsteins a.a.O. 288-314 abgedruckt ist; auch bei Durchsicht des ganzen Artikels konnte das Zitat nicht aufgefunden werden. [Anm. d. Hrsg.]

David J. Bearison und Thomas Z. Cassel

Kognitive Dezentrierung und soziale Codes: Kommunikative Effizienz bei Kindern aus verschiedenen familialen Kontexten

Es wurde die Effizienz sprachlicher Kommunikation [effectiveness of verbal communication] bei 6 Jahre alten Mittelschichtkindern aus Familien mit einem person-orientierten bzw. positions-orientierten sozialen Code untersucht. Der soziale Code der Familien wurde nach dem Prozentsatz person-orientierter steuernder Äußerungen bestimmt, die von den Müttern als Antwort auf Fragen gegeben wurde, wie sie versuchen würden, das Verhalten ihrer Kinder zu steuern. Kinder aus person-orientierten Familien zeigten in fünf Variablen, nach denen Form und Inhalt von Mitteilungen an sehende und an eine Augenbinde tragende Zuhörer verglichen wurden, eine bessere Anpassungsfähigkeit ihrer Kommunikation an die Perspektive des Zuhörers als Kinder aus positions-orientierten Familien.

Um wirkungsvoll zu kommunizieren, muß ein Sprecher den Informationsbedürfnissen seines Zuhörers entgegenkommen, indem er seine Perspektive vom Gegenstand der Kommunikation mit der des Zuhörers koordiniert. Piaget (1926) war der Auffassung, daß präoperationale Kinder ineffektiv kommunizieren, weil sie andere Perspektiven außer ihrer eigenen nicht erkennen. Daher kommunizieren sie mit anderen so, als hätten diese die gleiche intuitiv entstandene Sichtweise. Daß mangelnde Perspektivenübernahme und ineffektive Kommunikation zusammenhängen, ist von Flavell (1968), Krauss und Rotter (1968), Krauss und Glucksberg (1969), Heider (1971) und Rubin (1972) bestätigt worden.

Die Fähigkeit, verschiedene Perspektiven zu koordinieren, fällt für Piaget zusammen mit der Entwicklung logischer Denkstrukturen, die dem Kind die »Dezentrierung« von einem unmittelbar ins Auge springenden Merkmal des Wahrnehmungsfeldes auf andere Merkmale erlaubt. Die Fähigkeit zur Dezentrierung ist eine kognitive Operation, durch die nicht nur Wissen über nicht-personale Objekte und Ereignisse, sondern auch über interpersonale Beziehungen strukturiert wird. Die Frage der Entwicklung kommunikativer Fähigkeiten ist für Piaget daher in die allgemeine Frage nach der Entwicklung operationaler Strukturen, die kognitive Dezentrierung ermöglichen, eingebettet.

Eine inzwischen allgemein vorgebrachte und unseres Erachtens zutreffende Kritik an Piagets Entwicklungsmodell ist, daß es dazu neigt, die Bedeutung sowohl physischer als auch sozialer Umwelteinflüsse zu vernachlässigen. Zu Piagets Erklärung der Entwicklung wird im Bereich interpersonaler Kommunikation der Sozialisationsprozeß selber der Entfaltung innerorganismischer Strukturen untergeordnet. Wir wollen nicht den Vorwurf des Nativismus erheben, aber bei Piaget wird in der Wechselwirkung zwischen inneren und äußeren Kräften das Vorhandensein einer sozialen Umwelt im wesentlichen als gegeben vorausgesetzt. Für das sich entwickelnde Individuum bringt die soziale Interaktion bestimmte Arten kognitiver Konflikte hervor, die dann durch den Aufbau von Operationen höherer Ordnung gelöst werden. Die Qualität und/oder strukturelle Komplexität der sozialen Umwelt eines Individuums und die Frage, wie sie seine Entwicklung beeinflußt, wird jedoch von Piaget nie genauer bestimmt.

Ein anderer Forschungsansatz zur Kommunikation besteht darin, die kognitiven Prozesse von dem sozialen Kontext her zu untersuchen, in dem sich das Individuum entwickelt. Die Arbeiten von Mead und Wygotski zeigen die zentrale Bedeutung des sozialen Kontextes für die kognitive Entwicklung. Für Mead ist die soziale Organisation vorgeordnet und bestimmend für die Komplexität, Stabilität und Anpassungsfähigkeit des Individuums. »Der soziale Prozeß existiert zeitlich und logisch vor dem sich selbst bewußten Individuum, das in ihm entsteht« (Mead 1934, S. 186 [vgl. 1973, S. 230]). Wygotski stellt, sich von Piaget abgrenzend, fest: »Die Entwicklungsrichtung des Denkens verläuft tatsächlich nicht vom Individuellen zum Sozialen, sondern vom Sozialen zum Individuellen« (Wygotski 1962, S. 29 [vgl. 1964, S. 44]). Aus diesen Auffassungen folgt, daß Unterschieden in der Art der sozialen Organisation Unterschiede in der Art individueller Fähigkeiten entsprechen.

Bernstein, der diesen Standpunkt teilt, hat versucht, unterschiedliche Arten sozialer Organisationen in Begriffen soziolinguistischer Codes zu formalisieren, die gemeinsame Relevanzstrukturen und Standards sozialen Verhaltens der Mitglieder eines sozialen Systems widerspiegeln. Nach Bernstein besteht ein soziales System aus »einer Konstellation gemeinsamer, gelernter Bedeutungen, aufgrund derer Individuen stabile, konsistente und öffentlich anerkannte Formen der Interaktion mit anderen aufnehmen können« (Bernstein 1972, S. 474 [vgl. dtsch. 1972, S. 202]).

Eine Dimension, auf der die Struktur sozialer Systeme verglichen werden kann, ist die Art der Organisation interpersonaler Beziehungen. An einem Pol dieser Dimension finden sich Systeme, in denen Beziehungen unter Mitgliedern hauptsächlich auf individuierenden psychologischen Gesichtspunkten basieren (z. B. Bedürfnisse, Absichten, Motive usw.); diese Systeme heißen *person-orientierte*. Am anderen Pol liegen Systeme, in denen Beziehungen hauptsächlich auf dem sozial zugeschriebenen Status oder der sozial zugeschriebenen Position der Mitglieder basieren (z. B. Alter, Geschlecht, Altersbeziehungen, Status usw.); diese Systeme heißen *positions-orientierte*.

»In person-orientierten Familien wird das sich entwickelnde Ich [self] des Kindes durch die ständige Anpassung an die verbal vermittelten und elaborierten Absichten, Bestimmungen und Motive anderer differenziert. In positions-orientierten Familien übernimmt das Kind Statusforderungen und entspricht ihnen. Hier lernt es, was man eine gemeinschaftliche Rolle [communalized role] nennen kann, im Unterschied zur individualisierten Rolle person-orientierter Familien. In positionalen Familien lassen sich individuelle Besonderheiten weniger leicht sprachlich zum Ausdruck bringen, es ermutigt nicht zu sprachlicher Erkundung individueller Absichten und Motive« (Bernstein 1972, S. 484 [vgl. dtsch. 1972, S. 216]).

Bei Person-Orientierung wird im Unterschied zur Positions-Orientierung die soziale Umwelt stärker informationsmäßig aufgefächert, besonders in bezug auf eine differenziertere Wahrnehmung von Personen. Als Entscheidungsgrundlage im interpersonalen Verhalten werden die eigenen und die erschließbaren Merkmale des anderen berücksichtigt. Im Bereich der Kommunikation ist die Fähigkeit, die Perspektiven von Zuhörer und Sprecher zu koordinieren – wenn zwischen ihnen ein Unterschied besteht – ein besonderes Beispiel von Personenwahrnehmung. Der Sprecher muß in der Lage sein, die von seiner eigenen Perspektive eines bestimmten Ereignisses abweichende Sichtweise des Zuhörers wahrzunehmen und festzuhalten. Nehmen wir an, daß die Koordination der Perspektiven notwendig ist zu effizienter Kommunikation, so läßt sich die Hypothese aufstellen, daß Kinder aus person-orientierten Familien in Situationen, in denen ein deutlicher Unterschied zwischen den Perspektiven von Zuhörer und Sprecher besteht, effizienter kommunizieren als Kinder aus positions-orientierten Familien.

Methode

Probanden

Allen Eltern der Schulanfänger einer Schule der Hauptstadt wurden Briefe geschrieben, in denen um Erlaubnis für ein Treffen des Versuchsleiters mit ihrem Kind in der Schule und mit seiner Mutter gebeten wurde, 40 von 67 Eltern, die Briefe bekommen hatten, willigten ein. Bei der Datenerhebung fielen 3 Probanden weg, 2 wollten nicht mehr teilnehmen, und in einem Fall wurden die sprachlichen Äußerungen versehentlich nicht aufgezeichnet. Von den verbliebenen 37 Versuchspersonen waren 20 Jungen und 17 Mädchen. Das Durchschnittsalter betrug 6,7 Jahre, und es handelte sich um Weiße, deren Väter vorwiegend der Gruppe der Freiberuflichen und der höheren Angestellten zugehörten. Zuerst wurden die Daten der Kinder, 6-8 Wochen später die der Mütter erhoben.

Vorgehensweisen

Kommunikative Effizienz. Die Effizienz der Kommunikation wurde in Anlehnung an Flavell (1968) bestimmt, indem die Versuchspersonen zwei Zuhörern Spielregeln und Verfahren eines Spiels, das sie gelernt hatten, mitteilen mußten, wobei der eine normal sehen konnte, während der andere eine Augenbinde trug. Es handelte sich um ein einfaches Brettspiel für Kinder, das einem Kind leicht und *nonverbal* (durch Gesten) beigebracht werden konnte.

Das Spielmaterial bestand aus a) einem grauen Brett in der Größe 51 × 38 cm mit acht querlaufenden farbigen Bahnen in der Reihenfolge rot-blau-weiß-rot-blau-weiß-rot-blau; b) einem hölzernen Würfel mit $2^1/_2$ cm Kantenlänge, mit je zwei roten, blauen und schwarzen Flächen, wobei gegenüberliegende Seiten die gleiche Farbe hatten; c) einem viereckigen Holzbecher und d) zwei Gummifiguren, einem Hund und einem Schwein.

Das Spiel ging so: Eine Figur mußte durch Würfeln von einem Ende der Farbbahn zum anderen und wieder zurück gebracht werden, wobei man jeweils zu der nächsten Farbe auf der Bahn gehen mußte, die der Würfel anzeigte. Eine der Würfelfarben (schwarz) stimmte nicht mit den Farben auf den Bahnen überein; wenn sie gewürfelt wurde, war der Zug verloren. Auch auf den Bahnen gab es eine Farbe (weiß), die nicht auf dem Würfel vorkam.

Der Versuchsleiter konnte dem Probanden das Spiel durch bestimmte standardisierte Gesten, also nichtverbal erklären. Kein Proband hatte dabei Schwierigkeiten, es zu begreifen. Nach Beendigung des Spiels wurde dem Probanden mitgeteilt, daß ihm jemand vorgestellt werde, der das Spiel nicht kenne, und daß er es ihm erklären solle. Dann kam der erste Zuhörer herein, setzte sich an die andere Seite des Tisches und sah die Versuchsperson an (der Versuchsleiter saß abseits an einer Seite). Zusätzlich wurde dem Probanden gesagt, daß er bei der Beschreibung des Spiels zwei Regeln beachten müsse: 1. Er darf kein Spielmaterial anfassen. 2. Der Zuhörer darf ihm keine Fragen stellen; er muß dem Zuhörer also »alles« sagen.

In der Situation mit dem zweiten Zuhörer wurde diesem eine Augenbinde angelegt. Zusätzlich erhielt auch der Proband für einen Augenblick eine Augenbinde, damit er diese Erfahrung machen konnte.

Unmittelbar nach der Beendigung seiner Mitteilungen an den ersten Zuhörer informierte der Proband den zweiten Zuhörer. In beiden Situationen bekam er für die erste und zweite 10-Sekunden-Unterbrechung seiner Ausführungen oder für ein Zeichen, daß er fertig sei, eine standardisierte, nondirektive Anregung. Ansonsten wurden keinerlei Anregungen oder Rückmeldungen zur Angemessenheit seiner Äußerungen gegeben.

Die Äußerungen des Probanden wurden auf Tonband aufgenommen und dann transkribiert. Während der Kommunikation hielt der Versuchsleiter anhand einer Check-Liste jede unangemessene Information seitens des Probanden fest, die allein beim Anhören der Tonbänder nicht aufgefallen wäre. Dazu gehörte vor allem der Gebrauch eines Hinweises wie »dieses«, »jenes«, »hier«, »da« oder »das« ohne entsprechende begleitende Geste zum Bezugsobjekt. Fälle dieser Art kamen jedoch nur selten vor.

Eine Hälfte der Probanden sprach mit zwei Studentinnen, die andere Hälfte mit zwei Studenten. Die Zuhörer-Paare wurden den Probanden zufällig zugeordnet. Innerhalb der beiden Gruppen wurde die Reihenfolge der Bedingungen (sehender bzw. »blinder« Zuhörer) kontrolliert. Jeder Zuhörer spielte abwechselnd beide Rollen.

Wortschatz. Da unser Maß für effiziente Kommunikation neben der Koordination der Sprecher-Hörer-Perspektiven auch allgemeine sprachliche Fähigkeiten widerspiegelt, wurde zusätzlich ein Wortschatz-Score erhoben, um Gruppen verschiedener sozialer Codes vergleichen zu können. Signifikante Gruppenunterschiede wurden im letzteren, nicht aber im ersteren Maß erwartet. Der Wortschatz wurde mit dem Wortbedeutungs-Untertest des Metropolitan Readiness Test (Hildreth, Griffiths, McGaurvan 1964) gemessen. Den Versuchspersonen wird dabei ein Wort vorgelesen, und darauf müssen sie aus drei Bildern dasjenige herausfinden, das mit der Wortbedeutung übereinstimmt. Die Scores in diesem Test wurden den Schulzeugnissen der Probanden entnommen.

Soziale Codes. Unser Indikator für die Orientierung der Familie an einem sozialen Code war, auf welcher Grundlage die Mutter das Verhalten ihres Kindes zu steuern versucht (Lenkungsstrategie [regulatory appeal strategy]). Das folgt aus Bernsteins Standpunkt, daß Leistungsverhalten eine universale Komponente zwischenmenschlicher Beziehungen darstellt, das der Aufrechterhaltung des Zusammenhanges der Familienfunktionen und der Gruppengrenzen dient. Eine Mutter bringt beispielsweise eine Person-Orientierung zum Ausdruck, wenn sie bei ihrem Lenkungsverhalten die jeweiligen individuellen psychologischen Merkmale ihres Kindes, ihrer selbst oder anderer Personen, die das Verhalten des Kindes tangieren, berücksichtigt. Dagegen handelt es sich um eine Positions-Orientierung, wenn die psychologische Eigenart eines Individuums allgemeinen Regeln untergeordnet wird, die das Verhalten auf der Grundlage eines dem betreffenden formal zugeschriebenen Status in der Familie oder in einem größeren sozialen System festlegen.

Die Mütter wurden gebeten, zu berichten, was sie ihrem Kind in verschiedenen Alltagssituationen sagen würden, in denen es für eine Mutter offenkundig notwendig ist, das Verhalten des Kindes zu steuern. Der Versuchsleiter besuchte die Mütter in ihren Wohnungen. Folgende Situationen wurden in der angegebenen Reihenfolge vorgestellt:

1. Stellen Sie sich vor, es sei für ... Zeit, zu Bett zu gehen; er/sie fängt aber zu weinen an, weil er/sie noch fernsehen möchte. Was würden Sie zu ... sagen?
2. Was würden Sie zu ... sagen, wenn er/sie Ihnen Blumen mitgebracht hätte, Sie aber erfuhren, daß er/sie aus Nachbars Garten hatte?
3. Angenommen, Ihr Mann hatte vergessen, ... ein versprochenes Geschenk mitzubringen, und er/sie spräche den ganzen Tag nicht mit seinem/ihrem Vater. Was würden Sie zu ... sagen?
4. Stellen Sie sich vor, eines Tages sagt ..., er/sie wolle nicht zur Schule gehen. Aber er/sie ist nicht krank oder so, sondern hat bloß keine Lust. Was würden Sie zu ... sagen, damit er/sie doch noch zur Schule geht?
5. Stellen Sie sich vor, ... war mit Ihnen einkaufen, und als Sie zu Hause sind, merken Sie, daß er/sie eine kleinere Sache mitgenommen hat, ohne daß Sie es bemerkt hatten. Was würden Sie zu ... sagen?

Die Antworten der Mütter wurden vom Versuchsleiter wörtlich notiert.

Ergebnisse

Scores zum Kommunikationsverhalten

Die Transkription der Probandenäußerungen wurden auf zwei Arten analysiert und hieraus fünf Scores zum Kommunikationsverhalten gewonnen. Die erste Art bezog sich auf den Inhalt der Äußerungen (Inhaltsanalyse), die zweite auf die Form, in der der Inhalt ausgedrückt wurde (formale Analyse).

Der erste aus der Inhaltsanalyse abgeleitete Score, die Spiel-Information [game information], war ein Indikator für das Ausmaß nützlicher Information eines Sprechers an einen Zuhörer. Flavells (1968) Vorgehen folgend, mußten die Beurteiler vom Standpunkt des Zuhörers dieses Maß bestimmen. Für einen »blinden« Zuhörer ist das im wesentlichen gleichbedeutend mit der Frage, wieviel Spiel-Information ein Proband mit rein verbalen Mitteln erzielt, während der sehende Zuhörer über einige Komponenten des Spieles schon dadurch angemessen informiert werden kann, daß der Sprecher auf etwas zeigt, ohne es zu beschreiben.

Die Spiel-Informations-Scores wurden anhand einer Check-Liste der entscheidenden Informationen über Spielmaterial und -methode bestimmt. Die Liste bestand aus 16 verschiedenen Komponenten des Spiels, die jemand kennen mußte, um das Spiel richtig spielen zu können. Durch Addieren der in einer Mitteilung enthaltenen entscheidenden Komponenten erhielten wir einen Score, der angab, wie vollständig und angemessen ein Proband den Zuhörer über das Spiel informiert hatte. Die Übereinstimmung (Korrelation) der von zwei Beurteilern gegebenen Spiel-Informations-Scores über 74 Transkriptionen betrug .93. Der nächste Score, unangemessene Hinweise [inadequate referents] wurde aus der Summe derjenigen Kommunikationseinheiten (Wörter oder Sätze) gebildet, aus denen vom Zuhörer aufgrund seines Informationsstandes nicht erwartet werden konnte, eine auch nur halbwegs bestimmte Vorstellung des gemeinten Sachverhalts zu bekommen. Wie beim Spiel-Informations-Score wurden ergänzende visuelle Hinweise in den Mitteilungen an einen sehenden Zuhörer vom Beurteiler mitberücksichtigt.

In gewisser Weise stellt der Score für unangemessene Hinweise das Gegenteil des Spiel-Informations-Scores dar, er gibt die Zahl erfolgloser Kommunikationsversuche wieder. Hier einige Beispiele von Kommunikationseinheiten, die unangemessene Hinweise beinhalten: »Du mußt eines *hiervon* nehmen« (erster Satz zu einem »blinden« Zuhörer); »*dies* tust du *hier* rein und schüttelst *es*« (keine frühere Erwähnung der Spielmaterialien einem »blinden« Zuhörer gegenüber); »dann stellst du deine Figur auf eines der *Dinger*« (zu einem sehenden Zuhörer ohne begleitende Gesten, aus der das gemeinte »Ding« ersichtlich wäre). Die Übereinstimmung zwischen den Unangemessenen -Hinweis-Scores zweier Beurteiler über 74 Transkriptionen betrug .83.

Der dritte Score, Wortzahl, war einfach die Gesamtzahl an Wörtern einer Mitteilung. Für diese Werte wurde die Interbeurteiler-Übereinstimmung nicht bestimmt, da lediglich die Zahl der geschriebenen Wörter pro Abschrift auszuzählen war.

Die formale Analyse der Abschriften bezieht sich auf die Art und Weise, wie die Informationen über das Spielmaterial mitgeteilt wurden, sprachlich-gestisches Hinweisen oder verbale Beschreibung. Als sprachlich-gestisches Hinweisen [verbal gestural reference] wurde gewertet, wenn Information durch eine hinweisende Äußerung wie z. B. »dieses«, »jenes«, »dort« oder durch ein »es«, das von einer verdeutlichenden Geste begleitet wurde, übermittelt wurde. Da wir jeden Gebrauch eines Hinweises ohne begleitende Geste anhand einer Checkliste erfaßt hatten (s. o.), konnten die Beurteiler die Art der Verwendung von Gesten aus den Transkriptionen entnehmen. Als verbale Beschreibung [verbal description] wurde jede verbal gegebene Information des Probanden über das Spielmaterial gewertet.

Anders als bei der Inhaltsanalyse wurde die formale Analyse ohne Berücksichtigung der Perspektive des Zuhörers durchgeführt. Auf sprachlich-gestische Hinweise als Kommunikationsmittel einem »blinden« Zuhörer gegenüber zu vertrauen, bedeutet ja, den Zuhörer als sehend bzw. so zu behandeln, als teile er dieselbe visuelle Perspektive wie der Sprecher. Die Übereinstimmung zwischen den Scores für sprachlich-gestisches Hinweisen bei beiden Beurteilern über 74 Transkriptionen betrug .89, bei den Scores für verbale Beschreibung .94.

Sozialer Code

Die Scores zum sozialen Code wurden aus einer Analyse der lenkenden Äußerungen der Mutter gewonnen. Jeder Subjekt-Prädikat-Ausdruck im Transkript der mütterlichen Äußerungen, der einen Versuch zur Lenkung des Verhaltens ihres Kindes bedeutete, wurde als gesonderte lenkende Äußerung gewertet und einer von 15 Kategorien entweder person- oder positionsorientierter Appelle zugeordnet.

Person-orientierte Appelle waren operationalisiert als lenkende Äußerungen, die die Gefühle, Gedanken, Bedürfnisse und/oder Absichten entweder des Lenkenden (der Mutter), des Kindes und/oder einer dritten Person, die das Verhalten des Kindes in einer bestimmten Weise tangiert, ausdrückten. Person-orientierte Appelle wurden unterschieden, je nachdem auf wessen Gefühle, Gedanken, Bedürfnisse oder Absichten sie Bezug nahmen (die der Mutter, des Kindes oder eines anderen) und ob ein Appell ausdrücklich aussagte, daß jemand (Mutter, Kind oder ein anderer) im Hinblick auf die Gefühle, Gedanken, Bedürfnisse oder Absichten eines anderen (der Mutter, des Kindes oder eines anderen) etwas tun sollte.

Positions-orientierte Appelle waren operationalisiert als lenkende Äußerungen, die das betreffende Verhalten unmittelbar verhaltenssteuernden Regeln unterordnen. Sie wurden je nach der Art der Regel, die in der steuernden Äußerung zum Ausdruck kam, unterschieden: a) allgemeine Regeln, die innerhalb einer Kultur als selbstverständlich gelten (Beispiel: »Man darf nicht stehlen«); b) begrenzte Regeln, die nur zu einer bestimmten Zeit, an einem bestimmten Ort oder in einer bestimmten Situation gelten (Beispiel: »Deine Zeit zum Schlafengehen ist halb neun«); c) Status-Regeln, die für alle Kinder eines bestimmten Alters, Geschlechts oder für bestimmte Altersbeziehungen gelten (Beispiel: »Alle Kinder müssen zur Schule gehen«); d) Familienregeln, die in einer bestimmten Umgebung und für bestimmte Beziehungen gelten (Beispiel: »Bei uns reden Kinder mit ihren Eltern«). Wie im Falle der person-orientierten Appelle wurden auch die positions-orientierten weiter danach unterschieden, ob sie aussagten, daß jemand (Mutter, Kind oder sonst jemand) etwas tun sollte oder nicht, diesmal aber mit Bezug auf die Regeln. Schließlich gab es noch eine Kategorie positions-orientierter Appelle, die eigentlich keine Appelle, sondern Befehle waren. Dazu gehörten lenkende Äußerungen der Mutter, die vom Kind eine Handlung ohne weitere Begründung verlangte.

Bei jedem Transkript wurde die Zahl der lenkenden Äußerungen in den 15 Kategorien addiert und jeweils die Zahl der person-orientierten und der positions-orientierten Äußerungen bestimmt. Daraus ergaben sich für jede Abschrift zwei Werte: die Anzahl der person-orientierten und die Zahl der positions-orientierten Äußerungen. Für jede Versuchsperson wurde dann aus dem Prozentanteil der person-orientierten Äußerungen an den steuernden Äußerungen insgesamt ein Score des sozialen Codes gebildet. Die Übereinstimmung zwischen den Scores zum sozialen Code, die von zwei Beurteilern für 28 Abschriften bestimmt wurden, betrug .84.

Der Durchschnitt der Scores zum sozialen Code betrug 38,14. Diejenigen Versuchspersonen, deren Familien einen über diesem Wert liegenden Score erreichten, wurden zu der Gruppe mit hohem Score beim sozialen Code zusammengefaßt, die unter dem Durchschnittswert liegenden zur Gruppe mit niedrigem Score beim sozialen Code.

Kommunikative Effizienz und soziale Codes

Bei der statistischen Auswertung wurden Kommunikations-Scores des Probanden mit der Zugehörigkeit zu einer der beiden Gruppen zum sozialen Code verglichen. Durch diese Analyse wurde die Haupthypothese geprüft. In allen fünf Kommunikationsmaßen wurde ein signifikanter Wechselwirkungseffekt zwischen sozialem Code und Zuhörer-Bedingung vorausgesagt.

Diese Voraussagen wurden mit fünf Vier-Faktor ($2 \times 2 \times 2 \times 2$)-Varianzanalysen mit wiederholten Messungen auf dem vierten Faktor geprüft. Die Faktoren waren sozialer Code, Geschlecht, Reihenfolge der Zuhörer-Bedingungen und Zuhörer-Bedingung. Die Zuhörer-Bedingung hatte einen signifikanten Haupteffekt ($p<.01$) bei jeder Analyse. Das bedeutet einfach, daß es leichter ist, einem sehenden als einem »blinden« Zuhörer etwas zu sagen. Aus Platzgründen werden nur die Wechselwirkungen sozialer Code × Zuhörer-Bedingung sowie Wechselwirkungen höherer Ordnung, die die vorausgesagten Wechselwirkungen modifizieren würden, ausführlich dargestellt. Tabelle 1 zeigt die Mittelwerte für sozialen Code und Zuhörer-Bedingung.

In bezug auf die Auswertung der Scores für Information beim Spiel gab es eine signifikante Wechselwirkung sozialer Code × Zuhörer-Bedingung. Die Abnahme der Informations-Scores beim »blinden« verglichen mit dem sehenden war in der Gruppe mit hohem sozialem Code geringer als in der mit niedrigem Code. Auch bei den Scores für unangemessene Hinweise gab es ebenfalls eine signifikante Wechselwirkung sozialer Code × Zuhörer-Bedingung, und zwar war ein geringerer Anstieg der Scores beim »blinden« im Vergleich zum sehenden Zuhörer in der Gruppe mit hohem sozialen Code gegenüber der mit niedri-

Tab. 1. Mittelwerte der Wechselwirkungen sozialer Code × Zuhörer-Bedingung

Zuhörer-Bedingung	Sozialer Code niedrig	hoch
Spiel-Information		
sehend	11.21	10.56
blind	4.73	7.37
Unangemessene Hinweise		
sehend	.31	.13
blind	5.67	3.39
Wortanzahl		
sehend	71.42	66.60
blind	71.31	86.81
Sprachliche Beschreibung		
sehend	1.29	1.92
blind	2.42	5.73
Sprachlich-gestische Hinweise		
sehend	5.60	5.29
blind	4.04	1.54

gem sozialen Code zu verzeichnen. Mit anderen Worten war bei Probanden aus der Gruppe mit hohem sozialen Code ein geringerer Verlust an Spiel-Information und eine kleinere Zunahme unangemessener Hinweise zu beobachten, wenn sie vom sehenden Zuhörer zum »blinden« Zuhörer übergingen, als es bei Probanden aus der Gruppe mit niedrigem sozialen Code der Fall war.

Bei der Auswertung der Wortzahl gab es eine signifikante Wechselwirkung sozialer Code × Zuhörer-Bedingung, und zwar lag bei den Probanden aus der Gruppe mit hohem sozialen Code die Wortzahl gegenüber einem »blinden« Zuhörer signifikant über der Wortzahl gegenüber einem sehenden Zuhörer, während Probanden aus der Gruppe mit niedrigem sozialen Code keinen signifikanten Unterschied erkennen ließen. Wenn man von der Unangemessenheit von Gesten bei der Kommunikation mit einem »blinden« Zuhörer ausgeht, müßten für eine effiziente Kommunikation in dieser Situation eine größere Zahl gesprochener Wörter benutzt werden.

Für verbale Beschreibung und sprachlich-gestische Hinweise

gab es ebenfalls eine signifikante Wechselwirkung sozialer Code × Zuhörer-Bedingung für die sprachliche Beschreibung und die sprachlich-gestischen Hinweise, doch wurde diese durch eine Wechselwirkung sozialer Code × Geschlecht × Reihenfolge × Zuhörer-Bedingung modifiziert. Wie vorausgesagt, gab es in der Gruppe mit hohem sozialen Code einen größeren Anstieg sprachlicher Beschreibung und eine stärkere Abnahme sprachlich-gestischer Hinweise dem »blinden« Zuhörer gegenüber im Vergleich zum sehenden als in der Gruppe mit niedrigem sozialen Code. Das gilt für Mädchen und Jungen bei der Reihenfolge der Zuhörer-Bedingungen sehend/»blind«; bei der Reihenfolge »blind«/sehend waren jedoch für Jungen die Unterschiede der sozialen Codes entgegengesetzt.

Alles in allem gab es bei der Analyse aller fünf Kommunikations-Scores signifikante Wechselwirkungen ($p < .01$) in der vorausgesagten Richtung. Modifiziert waren diese Interaktionen jedoch im Falle der verbalen Beschreibung und sprachlich-gestischen Hinweisens bei den Jungen, und zwar bei der Reihenfolge »blind«/sehend ($p < .05$).

Wortschatz und soziale Codes

Die Soziale-Code-Gruppen wurden hinsichtlich ihrer Mittelwerte im Wortbedeutungstest mit einem *t*-Test verglichen. Die Mittelwerte betrugen 13.35 für die Gruppe mit niedrigem sozialen Code und 13.47 für die mit hohem sozialen Code. Dieser Unterschied war nicht signifikant.

Diskussion

Die Ergebnisse unserer Untersuchung stimmen allgemein mit unseren Hypothesen überein. Kinder aus vorwiegend personorientierten Familien passen ihre Kommunikation besser an die Perspektive eines Zuhörers an als Kinder aus positions-orientierten Familien.

Ein besseres Bild der gefundenen sozialcodespezifischen Unterschiede der Kommunikation läßt sich aus den Transkriptionen selbst gewinnen. Deshalb geben wir vier Transkriptionen wieder, zwei von einem Probanden aus der Gruppe mit hohem sozialen

Code (unter der Bedingung eines sehenden und eines »blinden« Zuhörers) und zwei von einem Probanden aus der Gruppe mit niedrigem sozialen Code. Diese Abschriften wurden danach ausgewählt, daß sie die Gruppenunterschiede deutlich hervorheben.

(Proband Nr. 25, hoher sozialer Code, »sehender Zuhörer«): »Also, zuerst nimmst du den Würfel, legst ihn in das Ding und schüttelst es, und dann zeigt er vielleicht rot, blau oder schwarz; wenn er rot zeigt, mußt du auf rot gehen, auf das rote Quadrat dort, und wenn er schwarz zeigt, mußt du einen Wurf aussetzen, weil es da kein schwarz gibt, und wenn er blau zeigt, gehst du auf blau. (Anregung). Du stellst die Tiere auf die Farbfelder, die der Würfel anzeigt. (Anregung). Nein«.

(Derselbe Proband, »blinder Zuhörer«): »Du hast einen Würfel mit verschiedenen Farben drauf: blau, schwarz und rot, und du hast zwei Tiere, egal welche, und du hast eine Art Schachtel, in der du den Würfel schüttelst, und du wirfst den Würfel aus, und der Würfel kommt raus, und wenn er blau zeigt, schiebst du dein Tier auf die blaue Bahn, und wenn er rot zeigt, stellst du dein Tier auf rot, und wenn er schwarz zeigt, hast du den Wurf verloren. Und du stellst das Tier dort hin, welche Farbe angezeigt wird. (Anregung). Du mußt den Würfel in der Schachtel schütteln. (Anregung). Nein«.

(Proband 01, niedriger sozialer Code, »sehender Zuhörer«): »Du mußt eines dieser Tiere nehmen, und du legst das hier rein und schüttelst es, und wenn es blau zeigt, gehst du zum ersten blau hier, wenn du rot bekommst, gehst du zum ersten rot, und wenn du schwarz bekommst, kannst du nicht setzen. (Anregung). Du mußt zweimal hin- und hergehen, und wer zuerst auf blau ankommt, hat gewonnen«.

(Derselbe Proband, »blinder Zuhörer«): »Du nimmst eines dieser Tiere hier und dann legst du dieses hier rein und schüttelst es, und wenn du rot bekommst, gehst du zum ersten rot, aber wenn du schwarz bekommst, kannst du nicht setzen. Und dann gehst du zweimal, und bei wem das Tier gewinnt, und welches Tier zuerst ankommt, gewinnt. (Anregung). Nein. (Anregung). Nein«.

Bei dem Probanden aus der Gruppe mit niedrigem sozialen Code sind die Mitteilungen an den sehenden und den »blinden« Zuhörer auffallend ähnlich. Es ist so, als sähe der Proband zwischen den beiden Zuhörern keinen wesentlichen Unterschied, als hätten für ihn beide Zuhörer die gleiche Perspektive von dem Spiel wie er selbst. Im Gegensatz dazu weisen die Mitteilungen des Probanden aus der Gruppe mit hohem sozialen Code deutliche Unterschiede auf, je nachdem, ob sie an den sehenden oder »blinden« Zuhörer gerichtet sind. In der Tat zeigt der Proband aus der Gruppe mit hohem sozialen Code in höherem Maße eine Koordination der Perspektiven als der Proband aus der Gruppe mit niedrigem sozialen Code.

Es war eine Prämisse für die Annahme einer Beziehung zwischen sozialen Codes und kommunikativer Effizienz, daß die Koordination der Perspektiven von Zuhörer und Sprecher eine notwendige Bedingung für wirksame Kommunikation ist. Darüber hinaus erfordert effiziente sprachliche Kommunikation ein gewisses Maß sprachlicher Fertigkeit. Wenn ein Kind nicht die entsprechenden Wörter zur Verfügung hat, um einen Gegenstand zu beschreiben, wäre es nicht in der Lage, seine Fähigkeit, Perspektiven zu koordinieren, in einem symbolisch-verbalen Medium zu zeigen. Die effizientere Kommunikation der Kinder aus der Gruppe mit hohem sozialen Code könnte daher auch auf ihrer höheren sprachlichen Fertigkeit im Vergleich zu Kindern aus der Gruppe mit niedrigem sozialen Code beruhen.

Unsere Ergebnisse liefern Hinweise darauf, daß dieses Argument nicht zutrifft. Zum einen gab es keinen signifikanten Gruppenunterschied bei den Mitteilungen an den sehenden Zuhörer. Wenn Gruppenunterschiede hinsichtlich der Kommunikation auf Unterschiede in den sprachlichen Fertigkeiten zurückzuführen wären, hätten wir diesen Unterschied sowohl in der Bedingung mit dem sehenden als auch in der mit dem »blinden« Zuhörer feststellen müssen. Es könnte noch gesagt werden, daß die sprachlichen Besonderheiten einer wirksamen Mitteilung im Falle eines »blinden« Zuhörers komplexer seien als gegenüber einem sehenden Zuhörer. Die sprachlich-beschreibenden Anforderungen an eine wirksame Mitteilung über das Spiel sind aber in unserer Untersuchung relativ einfach und müßten selbst vom sprachungewandteren Kind unserer Stichprobe beherrscht werden.

Außerdem müßten die Gruppen, wenn sie sich in ihren sprachlichen Fähigkeiten unterscheiden sollten, sich in einer entsprechenden Variablen der sprachlichen Fähigkeiten wie z. B. dem

Wortschatz unterscheiden. Es gab jedoch keinen signifikanten Unterschied zwischen den Mittelwerten der Gruppen im Wortbedeutungstest des Metropolitan Readiness Test. Deshalb kann die Schlußfolgerung gezogen werden, daß die gefundenen Kommunikationsunterschiede zwischen den Gruppen verschiedener sozialer Codes das Ergebnis ihrer Fähigkeit sind, Perspektiven zu koordinieren, und nicht ihrer sprachlichen Fertigkeiten als solche.

Unsere Ergebnisse stützen einen theoretischen Standpunkt, der eine Beziehung zwischen strukturellen Merkmalen eines sozialen Systems und dem kognitiven Verhalten der Individuen, die in diesem System sich entwickeln und darin handeln, postuliert (Cassel, Anmerkung 1). Im Gegensatz zu den verallgemeinerten [communalized] Rollen in positions-orientierten Familien, werden in person-orientierten Familien individualisierte Rollen ausgeführt. Tatsächlich bewegen sich Kinder aus person-orientierten Familien in einem differenzierteren Rollensystem oder, in Bernsteins (1972) Begriffen, mit einem höheren Grad an »Rollen-Spielraum« [role discretion].

Wenn man vom Ziel wirksamer zwischenmenschlicher Kommunikation ausgeht, so bleibt die Frage, ob Kinder aus positions-orientierten Familien die Fähigkeit, Perspektiven zu koordinieren, auf andere Weise lernen, so daß ihre relative Unterlegenheit im Vergleich mit Kindern aus person-orientierten Familien nicht andauernd ist. Wenn beispielsweise der Kommunikationsunterschied zwischen Gruppen verschiedener sozialer Codes unter Fünftkläßlern ebenso groß ist wie unter Erstkläßlern, dann gewinnt die Frage große Bedeutung, durch welche Art von Maßnahmen die Kommunikationsfähigkeit von Kindern aus positions-orientierten Familien gefördert werden kann. Neuere Versuche, Kommunikationsfähigkeit bei kleinen Kindern zu fördern, waren nicht sehr erfolgreich (Fry 1966, 1969; Shantz und Wilson 1972), was vermuten läßt, daß die Sozialisationswirkungen auf diesem Gebiet kognitiver Funktionen möglicherweise andauernd und relativ unveränderlich sind. Wir sind dabei, Daten zu erheben, die diese Fragen betreffen.

Obwohl das in unserer Untersuchung angewandte Verfahren zur Bestimmung der sozialen Orientierung der Familien speziell auf die mütterlichen Lenkungsstrategien abstellte, wäre es falsch anzunehmen, daß die kommunikative Effizienz des Kindes von bestimmten Erziehungspraktiken oder von der Art Mutter-Kind-Interaktion abhinge, die Hess und Shipman (1968) »mütterliche Erziehungsstrategien« genannt haben. Unsere Interpretation – und wir meinen, daß sie mit Bernsteins Theorie übereinstimmt – ist, daß die Antworten der Mütter die Normen sozialen Verhaltens widerspiegeln, die von allen Familienangehörigen geteilt und beachtet werden. Die impliziten Normen einer person-orientierten Familie bilden eine psychologische Realität, die sich von der in positions-orientierten Familien unterscheidet.

Die Umweltereignisse, die bei einer Person-Orientierung Bedeutung erlangen und auf die Ebene sprachlicher Artikulierung und Erkundigung gehoben werden, sind andere als bei einer Positions-Orientierung. Kindern aus person-orientierten Familien wird nicht im Sinne von bewußter Erziehung oder von Unterricht beigebracht, auf psychologische Momente bei sich selbst und bei anderen zu achten, noch werden die Kinder aus positions-orientierten Familien in den Regeln, die Rollenbeziehungen festlegen, unterrichtet. Die soziale Orientierung der Familie stellt für das Kind, das sich ja ständig dem System anpassen muß, die psychologische Wirklichkeit dar, durch die es zwischenmenschliche Beziehungen aufnimmt und aufrechterhält. Die in unserer Untersuchung gefundenen sozialcodespezifischen Kommunikationsunterschiede spiegeln diese Unterschiede in der sozialen Anpassung zwischen Kindern aus person- bzw. positions-orientierten Familien wider.

Übersetzt von Klaus Mucha

Anmerkungen

Diese Untersuchung basiert teilweise auf einer Dissertation des ersten Autors am Department of Psychology, Clark Universität. Andere Teile wurden durch eine finanzielle Förderung durch das Faculty Research Award Programm der City Universität zu New York unterstützt. Die Autoren danken Leonhard Cirillo und Neil Rankin für ihre Empfehlungen und Ratschläge.

1 Cassel, T., The linkage between the structural complexity of the individual and that of the social context: A developmental perspective. Paper presented at the Conference on Cognitive Development. Boston, August 1972.

Michael J. Chandler

Egozentrismus und antisoziales Verhalten: Erfassen und Fördern der Fähigkeiten zur sozialen Perspektivenübernahme

Die Untersuchung erfaßte Mängel in der Fähigkeit zur Perspektivenübernahme bei 45 wiederholt straffällig gewordenen Jungen und versuchte, diese Mängel zu beheben. Nachdem hinsichtlich der Fähigkeit zur Perspektivenübernahme zwischen den delinquenten und einer Gruppe von 45 nicht-delinquenten Jungen signifikante Unterschiede festgestellt worden waren, wurden die delinquenten auf drei Behandlungsgruppen verteilt: erstens eine Experimentalgruppe, die zur Förderung der Perspektivenübernahme kleine Szenen spielte und mit einer Video-Anlage aufnahm, zweitens eine Placebo-Gruppe und drittens eine unbehandelte Kontrollgruppe. Vor- und Nachtestvergleich zeigten, daß nur die Jungen der geförderten Experimentalgruppe ihre Fähigkeit zur Perspektivenübernahme signifikant verbesserten. Diese Verbesserung war mit einem signifikanten Rückgang des delinquenten Verhaltens verbunden, wie sich aus einer Nachuntersuchung 18 Monate später ergab.

Es war das Ziel der vorliegenden Untersuchung, die Rolle von anhaltendem sozialen Egozentrismus bei der Entwicklung und Aufrechterhaltung antisozialer Verhaltensmuster zu erkunden. Egozentrisches Denken soll dabei als die Unfähigkeit umschrieben werden, den besonderen Charakter der eigenen Gedanken und Gefühle zu erkennen und zu berücksichtigen. Wie Piaget und andere Autoren (Looft 1972; Piaget u. Inhelder 1956) zeigen konnten, sind die sozialen Kognitionen [social judgements] kleiner Kinder systematisch durch ihren Egozentrismus bestimmt und voreingenommen. Da sie noch kein wirkliches Wissen über die Unterschiede zwischen den Individuen besitzen, sind kleine Kinder im allgemeinen nicht in der Lage, die Informationsbedürfnisse anderer richtig zu erfassen; daher wurde des öfteren festgestellt, daß sie bei Aufgaben versagen, die echte Empathie oder Kooperation erfordern (Chandler u. Greenspan 1972). Bei normaler psychischer Entwicklung wird diese egozentrische Haltung allmählich von einem relativierenden, perspektivistischen Denkstil abgelöst, der höhere Niveaus der sozialen Kooperation und Kompetenz ermöglicht (Looft 1972).

Da der Fähigkeit zur Perspektivenübernahme eine zentrale

Rolle im normalen Sozialisationsprozeß zuzuschreiben ist, hat eine Reihe von Autoren (Anthony 1959; Chandler 1972; Feffer 1970; Gough 1948; Martin 1968; Sarbin 1954; Thompson 1968) den vermuteten Zusammenhang zwischen Verzögerungen beim Erwerb dieser Fähigkeit und der Entwicklung verschiedener Formen sozialer Abweichung untersucht. Insgesamt haben diese Untersuchungen ergeben, daß prosoziales Verhalten an die Entwicklung altersspezifischer Fähigkeiten zur Perspektivenübernahmegebunden ist und daß zahlreiche Formen sozialer Abweichung mit anhaltendem egozentrischen Denken verknüpft sind. Wer in diesen Fähigkeiten unterentwickelt ist, deutet gesellschaftliche Normen und Erwartungen falsch, mißversteht die Handlungen und Absichten anderer und verhält sich unsensibel und ohne Rücksicht auf die Rechte anderer.

Ausgehend von diesen Ergebnissen, die antisoziales Verhalten mit Entwicklungsdefiziten beim Erwerb der Fähigkeit zur Perspektivenübernahme in Verbindung bringen, ließ sich ein Zusammenhang von anhaltendem sozialen Egozentrismus mit wiederholt delinquentem Verhalten vermuten, und es wurde der Versuch unternommen, (a) die Entwicklung der Fähigkeit zur Perspektivenübernahme bei delinquenten und nicht-delinquenten Jungen zu vergleichen, (b) ein Programm zur Behebung von Mängeln in dieser Fähigkeit zu entwickeln und zu evaluieren und (c) die Auswirkungen dieses Förderprogramms auf späteres delinquentes Verhalten zu untersuchen.

Methode

Stichprobe

Die Probanden dieser vergleichenden Untersuchung waren 45 delinquente und 45 nicht-delinquente Jungen im Alter von 11 bis 13 Jahren. Sie verteilten sich gleichmäßig auf die drei Altersgruppen der 11-, 12- und 13jährigen. Die Delinquenten wurden aufgrund ihres langen Vorstrafenregisters aus einer Kartei der städtischen Polizei ausgewählt. Jeder hatte mehrfach mit der Polizei zu tun; ihre Delikte hätten bei Erwachsenen als schwere Verbrechen gegolten. Alle waren von Richtern als schwer und anhaltend delinquent beurteilt worden. Fast alle kamen aus finanziell bedürftigen Familien und wohnten in einem Innenstadtviertel mit hoher Kriminalitätsrate. Der Abstammung nach war die Gruppe typisch für dieses Viertel; von den 45 Jungen waren 24 Schwarze, 6 Puertoricaner, und der Rest verteilte sich auf verschiedene ethnische Gruppen vorwiegend westeuropäischer Herkunft.

Die 45 Jungen der beiden nicht-delinquenten Vergleichsgruppen stammten aus zwei verschiedenen Populationen. 15 Jungen – aus jeder Altersgruppe fünf – wohnten in derselben Gegend wie die Delinquenten und waren diesen auch hinsichtlich des sozioökonomischen Status ihrer Familien und der ethnischen Zugehörigkeit nach ähnlich. Die zweite nicht-delinquente Vergleichsgruppe bestand aus 30 Jungen einer vor allem von weißen Angehörigen der Mittelschicht bzw. der oberen Mittelschicht besuchten Vorstadt-Schule. Von keinem dieser 45 Jungen war etwas über eine delinquente Vergangenheit bekannt, und alle galten bei ihren Lehrern als frei von ernsthaften asozialen Verstrickungen.

Meßverfahren

Die Jungen wurden einzeln getestet; ihre Intelligenz wurde mit dem Peabody Picture Vocabulary Test (PPVT) gemessen, ihr sozialer Egozentrismus mit einem Verfahren, das sich an eine Methode von Flavell, Botkin, Fry, Wright und Jarvis (1968) anlehnte. In seiner ursprünglichen Form besteht dieses Verfahren aus einer Cartoon-Bilderserie, deren Handlungsablauf die Versuchsperson zuerst aus ihrer eigenen Perspektive, anschließend aus der Sicht eines Versuchspartners beschreiben soll, der nur eine unvollständige Fassung der Bilderserie sieht. Auf diese Weise versorgten Flavell und seine Mitarbeiter die Versuchspersonen mit einem Informationsvorsprung, der den Versuchspartnern fehlte. Jedes Einfließenlassen ihres eigenen Informationsvorsprungs in die Beschreibung aus der Sicht des weniger gut informierten Versuchspartners wurde dabei als egozentrischer Fehler in der sozialen Perspektivenübernahme gewertet.

Das in der vorliegenden Untersuchung angewendete Meßverfahren lehnte sich stark an das von Flavell et al. (1968) benutzte an; es unterschied sich von ihm jedoch in der Person des lückenhaft informierten Zeugen oder Beobachters, dessen Perspektive die Versuchsperson einnehmen soll. Während bei Flavell und seinen Mitarbeitern ein Vertrauter des Versuchsleiters diese Rolle übernahm, war in unserer Untersuchung diese Person eine Figur, die in der Cartoon-Geschichte selbst vorkam.

Nach diesem Muster wurden zehn Cartoon-Geschichten entwickelt. Jede handelt von einer Figur, die in einer Abfolge von psychologischen Ursache-Wirkungs-Zusammenhängen steht, aus der sich ihr abschließendes Verhalten ergibt und ohne deren Kenntnis letzteres nicht zu erklären ist. Eine dieser Bilderserien zeigt zum Beispiel einen Jungen, der traurig ist, weil sein Vater sich von ihm verabschiedet und ein Flugzeug besteigt. Als der Junge später ein Spielflugzeug geschenkt bekommt, das dem vom Vater benutzten großen Flugzeug ähnelt, fängt er an zu weinen. Eine andere Bilderserie zeigt einen Jungen, der mit einem Ball eine Fensterscheibe einschießt, nach Hause läuft und dort Angst bekommt, als jemand an die Tür klopft.

Mitten in den Verlauf jeder Bildergeschichte wird eine zweite Figur eingeführt, die in der Rolle des später Hinzugekommenen Zeuge des abschließenden Verhaltens der zentralen Figur wird, ohne die vorausgehenden Ereignisse zu kennen. So bemerkt zum Beispiel in der Geschichte mit der zerbrochenen Fensterscheibe der Vater die Angst seines Sohnes, als es an der Tür klopft, weiß aber nichts über die Ereignisse, die diese Reaktion seines Sohnes verständlich machen. In ähnlicher Weise wird in der ersten Geschichte das Spielflugzeug von einem Briefträger abgeliefert. Er bemerkt die Reaktion des Jungen, kann sich aber nicht erklären, warum jemand traurig ist, der ein Spielflugzeug geschenkt bekommt. Auf diese Weise erhielten die Probanden einen Informationsvorsprung gegenüber der später eingeführten Cartoon-Figur, deren Perspektive sie einnehmen sollten. Da also bekannt war, wer über welche Informationen verfügte, konnte festgestellt werden, bis zu welchem Grade ein Proband von seinem eigenen Informationsstand absehen und eine eindeutig davon verschiedene Perspektive einnehmen konnte.[a])

Zur Erfassung verschiedener Niveaus egozentrischer Einbrüche wurde eine fünfstufige Skala entwickelt. Ein Skalenwert von 4 wurde vergeben, wenn der Proband dem uninformierten Beobachter oder Zeugen explizit Informationen zuschrieb, die nur er selbst haben konnte. Der Skalenwert 3 wurde vergeben, wenn derartige Äußerungen als Vermutungen bzw. Wahrscheinlichkeitsaussagen auftraten (z. B. »Der Vater hat vielleicht gedacht, der Junge hätte eine Fensterscheibe zerbrochen«). Ein Skalenwert von 2 wurde vergeben, wenn der Proband seinen eigenen Informationsvorsprung nur als eine Alternative unter mehreren nichtegozentrischen Möglichkeiten auf die uninformierte Cartoon-Figur übertrug (z. B. »Der Vater könnte denken, daß sein Sohn von jemandem verfolgt wird oder daß er eine Fensterscheibe zerbrochen hat oder so etwas ähnliches.«) Ein Wert von 1 wurde für eine egozentrische Äußerung gegeben, die später vom Probanden spontan korrigiert wurde. Eine Null wurde schließlich für Beschreibungen gegeben, bei denen klar zwischen dem eigenen Informationsvorsprung und dem Informationsstand der Cartoon-Figur unterschieden wurde.

Der Verlauf der Untersuchung gliederte sich in vier Phasen. Die erste Phase umfaßte die Einzeltestung der insgesamt 90 Jungen (Vortest). Es folgte die zehnwöchige Interventionsphase, die nur die delinquenten Jungen betraf, und nach dieser der Nachtest. 18 Monate nach Abschluß der Interventionsphase wurden schließlich noch einmal die Polizeiakten der delinquenten Jungen durchgesehen, um die Auswirkungen der Intervention auf das Delinquenzverhalten bestimmen zu können. Die einzelnen Meß- und Förderungsverfahren werden im folgenden beschrieben.

Vortest

Anhand einer Standardisierungsstudie mit 75 normalen Schülern (Chandler 1971) ließen sich die zehn Bildergeschichten in zwei gleichwertige Gruppen zu je fünf aufteilen. Der Halbierungsreliabilitätskoeffizient (Spearman-Brown) betrug .92. Jede Versuchsperson wurde einzeln mit dem PPVT und einem der beiden Egozentrismus-Maße getestet. Die Jungen wurden gleichmäßig auf die beiden Gruppen von Bildergeschichten verteilt. Um Positionseffekte zu vermeiden, war die Reihenfolge der Bildergeschichten zufallsabhängig. Die Jungen wurden aufgefordert, zuerst die vollständige Bildergeschichte zu erzählen. Anschließend sollten sie die Geschichte so bringen, wie sie der später hinzukommende Beobachter oder Zeuge erzählen würde. Zu dieser zweiten Version der Geschichte wurden die Jungen mit folgender Standardformulierung angeregt: »Jetzt möchte ich, daß du die Geschichte so erzählst, wie diese Person sie erzählen würde. Er (sie) würde sagen ...«. Obwohl sich bei vielen Jungen die zweite Version ihrer Erzählung von der ersten nicht wesentlich unterschied, hatten offenbar alle die Aufgabe verstanden, und die meisten gaben spontan an, in welcher Rolle sie jeweils sprachen. Alle Versuchsanweisungen waren sorgfältig ausformuliert, um sicherzustellen, daß die Aufgabe tatsächlich darin bestand, den Blickwinkel des später hinzugekommenen Zuschauers einzunehmen. Jede Versuchsperson wurde durch einen von drei geschulten graduierten Assistenten getestet. Die Äußerungen der Versuchspersonen wurden schriftlich protokolliert und durch zwei unabhängige Beurteiler, die die soziale Vergangenheit der Jungen nicht kannten, nach der fünfstufigen Skala bewertet. Die Übereinstimmung der Bewertungen der beiden Beurteiler war hoch ($r = .94$), wie eine Reliabilitätsuntersuchung an einer Stichprobe von 15 Protokollen zeigte.

Intervention

Im Anschluß an den Vortest wurden die 45 jungen Delinquenten dem Zufallsprinzip folgend auf die drei Versuchsgruppen verteilt. Ein Drittel bildete die untrainierte Kontrollgruppe, die bis auf den Nachtest keinen weiteren Kontakt mit den Forschern hatte. Die übrigen 30 Jungen wurden zu einem Filmkurs eingeladen, der an einem halben Tag in der Woche in einem kleinen Laden in ihrer Nachbarschaft stattfinden und 10 Wochen laufen würde. Jeder Junge würde zum Laden hingefahren und auch wieder nach Hause gebracht werden und außerdem einen Stundenlohn von 1 Dollar erhalten. Alle 30 Jungen stimmten zu und kamen regelmäßig während des ganzen Sommers. Die durchschnittliche Abwesenheitsquote pro Teilnehmer war mit 0,5 von 10 Sitzungen äußerst niedrig.

Von diesen 30 Jungen bildeten 15 die Förderungsgruppe, die kleine Szenen spielte und mit einer Videoanlage aufnahm; dieses Mittel sollte ihnen behilflich sein, sich selbst aus der Sicht anderer sehen zu lernen, und es sollte Mängel ihrer Fähigkeit zur Perspektivenübernahme abbauen. Mit diesen beiden Trainingsaktivitäten sollte den Jungen geholfen werden, aus ihrer egozentrischen Haltung herauszukommen und Rollen oder Perspektiven anderer Personen einzunehmen. Die Jungen trafen sich in Gruppen zu je fünf. Während der Trainingseinheiten zu je drei

Stunden wurden die Jungen angeregt, kurze Szenen mit Personen ihres Alters zu entwerfen, zu spielen und aufzunehmen. Jede Gruppe arbeitete mit drei graduierten Assistenten zusammen, die bei der Entwicklung der Spielszenen und bei den Videoaufnahmen halfen. Inhalt und Ablauf der Videoproduktionen wurden zwar von den Jungen selbst bestimmt, die Betreuer achteten aber auf das Einhalten von vier Regeln: (a) Die Szenen sollten nur Personen aus der Altersgruppe der Jungen enthalten und reale Alltagssituationen behandeln (also keine Episoden aus Fernsehen oder Kino). (b) Für jeden Jungen sollte eine Rolle vorgesehen sein. (c) Jede Szene sollte so oft wiederholt werden, bis jeder Junge alle Rollen einmal gespielt hatte. (d) Die Videoaufnahmen sollten nachher abgespielt werden, wobei Verbesserungsvorschläge gesammelt werden sollten. Während alle Anstrengungen unternommen wurden, um die Fähigkeit der Jungen zur Perspektivenübernahme zu fördern, wurde alles vermieden, was zu einem direkten Einüben der Nachtestaufgaben hätte beitragen können.

Die restlichen 15 Probanden bildeten eine Art Placebo-Gruppe; hierdurch sollten die Effekte eines direkten Trainings der Perspektivenübernahme von fremden und unspezifischen Behandlungseffekten getrennt werden. Ähnlich wie die Förderungsgruppe suchte die Placebo-Gruppe regelmäßig den kleinen Laden auf, um unter Anleitung des Assistenten Filme herzustellen. Anders als die Förderungsgruppe verfügten diese Jungen jedoch nicht über eine geschlossene Videoanlage mit Monitor, hatten also keine besondere Gelegenheit, sich selbst aus der Perspektive anderer zu sehen, und erhielten auch kein besonderes Training in Perspektivenübernahme. Stattdessen hatte die Gruppe eine Ausstattung zur Herstellung von Super-8-Farbfilmen zur Verfügung und half bei der Produktion von Trick- und Dokumentarfilmen über ihre Nachbarschaft. Die einzige Bedingung dabei war, daß die Jungen selbst in den Filmen nicht vorkommen durften. Auf diese Weise sollte die Aktivität der Placebo-Gruppe der der Förderungsgruppe äußerlich möglichst angeglichen werden, ohne jedoch deren Möglichkeiten zur Rückmeldung und zum Einüben von Perspektivenübernahme zu bieten.

Nachtest

Am Ende des zehnwöchigen Sommerprogramms wurden die Jungen der Förderungs-, der Placebo- und der unbehandelten

Kontrollgruppe wieder getestet, dieses Mal mit einer anderen Serie von Bildergeschichten, deren Gleichwertigkeit mit den Vortestaufgaben sich in einer früheren Standardisierungsstudie (Chandler 1971) erwiesen hatte. Die Testanwender und -auswerter kannten die Versuchsgruppenzugehörigkeit der Jungen nicht.

Nachuntersuchung

Achtzehn Monate nach Ende der Interventionsphase wurden die Polizei- und Gerichtsakten aller delinquenten Jungen noch einmal durchgesehen. Die Anzahl ihrer Delikte in diesem Zeitraum wurde mit der Anzahl der Delikte während der 18 Monate vor der Intervention verglichen.

Ergebnisse

Im folgenden werden die Ergebnisse aus Vortest, Nachtest und Nachuntersuchung aufgeführt.

Ergebnisse des Vortests

Trotz der ethnischen und sozioökonomischen Unterschiede zwischen den nicht-delinquenten Jungen aus der Wohngegend mit hoher Kriminalität und den nicht-delinquenten Jungen aus der Wohngegend mit niedriger Kriminalität fand sich hinsichtlich des sozialen Egozentrismus zwischen den beiden Gruppen kein meßbarer Unterschied. Sie wurden daher für die folgenden Berechnungen zu einer Gruppe von Nicht-Delinquenten zusammengefaßt.

Deutliche und statistisch signifikante Unterschiede ($F=80,4$; $df=1/88$; $p<.001$) in der Höhe ihrer Fähigkeiten zur Perspektivenübernahme ergaben sich demgegenüber zwischen den delinquenten und den nicht-delinquenten Jungen (siehe Tabelle 1). Die nicht-delinquenten Jungen hatten offenbar kaum Schwierigkeiten, die Rolle oder Perspektive anderer einzunehmen; in ihren Protokollen fanden sich nur wenige eindeutige egozentrische Fehler.

Tab. 1. Durchschnittliche Egozentrismuswerte nach Alter und Delinquenz

Alter in Jahren	delinquent	nicht delinquent
11	13,8	3,9
12	10,2	3,6
13	10,6	1,7
zusammen	11,6	3,1

Bei den delinquenten Jungen hingegen zeigten sich deutliche Mängel in der Fähigkeit, zwischen der eigenen und der Sichtweise anderer Menschen zu unterscheiden. Immer wieder schrieben sie anderen Menschen Informationen zu, die tatsächlich nur sie selbst hatten. Die Egozentrismus-Werte der nicht-delinquenten und der delinquenten Jungen fielen eindeutig auseinander; letztere lagen nahe bei den Werten einer früher untersuchten Stichprobe nicht-delinquenter Kinder, die aber nur halb so alt waren (Chandler 1971).

Bei den nicht-delinquenten Jungen ergab sich mit steigendem Alter ein leichter, aber regelmäßiger Rückgang der Anzahl egozentrischer Fehler, der bei den delinquenten nicht vorhanden war. Jedoch war dieser Unterschied zwischen den Altersgruppen statistisch nicht signifikant.

Es war bekannt, daß sich die delinquenten von den nicht-delinquenten Jungen in der Regelmäßigkeit des Schulbesuchs und den Schulleistungen unterschieden. Daher wurde vermutet, daß sie sich auch hinsichtlich des Intelligenzniveaus unterschieden. Diese Annahme konnte durch einen Vergleich der durchschnittlichen PPVT-Werte der delinquenten und der nicht-delinquenten Gruppen bestätigt werden ($\bar{x}_{del}=91$; $\bar{x}_{nicht\text{-}del}=112$; $t=1{,}73$; $df=88$; $p<.05$). Innerhalb der Gruppen korrelierte das Ausmaß an Egozentrismus signifikant negativ mit dem PPVT-Intelligenzquotienten ($r_{del}=-.34$ und $r_{nicht\text{-}del}=-.30$; $p<.05$).

Wegen dieser nicht kontrollierten Gruppenunterschiede hinsichtlich der Intelligenz und wegen der festgestellten Korrelation des Intelligenzquotienten mit dem Egozentrismus-Maß wurde ein zusätzlicher statistischer Test der Unterschiede zwischen den Egozentrismus-Werten der beiden Gruppen erforderlich. Durch eine Kovarianzanalyse ließ sich der Anteil der Varianz der Egozentrismus-Werte kontrollieren, der durch die Intelligenzunterschiede aufzuklären war. Danach waren die Unterschiede der Egozentrismus-Werte der delinquenten und der nicht-delinquenten Gruppe immer noch sehr groß ($F=41,4$; $df=1/87$; $p<.001$).

Ergebnisse des Nachtests

Unterschiede zwischen Vor- und Nachtest bei den Aufgaben zur Perspektivenübernahme wurden als Anzeichen einer Veränderung der Fähigkeit zur Perspektivenübernahme interpretiert (siehe Tabelle 2). Hays (1963) folgend wurde eine Reihe systematischer Vergleiche dieser Daten vorgenommen. Die wichtigsten waren: (a) Veränderten sich die Testwerte der geförderten Jungen mehr als die der Placebo- und der Kontrollgruppe? (b) Unterschieden sich die Veränderungen bei der Placebo-Gruppe und der Kontrollgruppe signifikant voneinander?

Die erste dieser vergleichenden Analysen ergab, daß die Förderungsgruppe insgesamt ihre Fähigkeit zur Perspektivenübernahme signifikant stärker verbesserte als die zu einer Gruppe zusammengefaßten Mitglieder der Placebo- und Kontrollgruppe ($F=9,46$; $df=1/42$; $p<.01$). Der von diesem Vergleich statistisch nicht unabhängige Vergleich der Veränderungswerte von Förderungsgruppe und Placebo-Gruppe sowie von Förderungsgruppe und Kontrollgruppe ergab ebenfalls signifikante Unterschiede. Die Veränderungswerte der Placebo- und Kontrollgruppe unterschieden sich dagegen nicht signifikant voneinander ($F=1,49$; $df=1/42$; $p<.05$).

Ergebnisse der Nachuntersuchung

Wegen der hohen Mobilität der Familien der delinquenten Jungen war 18 Monate nach Beendigung der Interventionsphase der vollständige Datensatz nur noch von 33 der anfangs 45

Tab. 2. Durchschnittliche Egozentrismuswerte im Vor- und Nachtest

Behandlungsart	Vortest	Nachtest
Förderungsgruppe	12,4	5,5
Placebo-Gruppe	12,2	8,6
Kontrollgruppe	10,2	8,0

Probanden zu erhalten. Die 33 Jungen verteilten sich aber recht gleichmäßig auf die drei Gruppen, und die Jungen, deren vollständiger Datensatz nicht mehr erhältlich war, unterschieden sich nicht signifikant von den übrigen hinsichtlich der gemessenen Fähigkeit zur Perspektivenübernahme, des Intelligenzquotienten und der Anzahl der Delikte vor der Intervention.

Den polizeilichen und gerichtlichen Akten der 33 Jungen wurde die Anzahl der innerhalb der letzten 18 Monate bekanntgewordenen Delikte entnommen. Diese Zahlen wurden mit der Anzahl der Delikte während der 18 Monate vor der Intervention verglichen. Wie Tabelle 3 zu entnehmen ist, begingen die Jungen aller drei Gruppen während der zweiten 18 Monate weniger Delikte. Dieser Unterschied war aber bei der Förderungsgruppe am stärksten, bei der insgesamt nur etwa halb soviele Delikte zu verzeichnen waren wie vor der Intervention.

Die Unterschiede zwischen der Anzahl der Delikte während der ersten und der zweiten 18-Monats-Phase für die Jungen aller drei Gruppen wurden einem H-Test für Rangdaten (nach Kruskal und Wallis) unterzogen. Die Gruppenunterschiede waren statistisch hoch signifikant ($H = 17{,}9$; $df = 2$; $p = <.001$), was auf einen Zusammenhang zwischen der Art der Behandlung und der Anzahl der danach begangenen Delikte hinweist. Um die Quelle dieses allgemeinen Behandlungseffektes einkreisen zu können, wurde eine Reihe multipler Vergleiche zwischen den Versuchsbedingungen gezogen, wobei ein Rangsummenverfahren (Dunn 1964) benutzt wurde. Während die Unterschiede zwischen der Förderungsgruppe und jeder der beiden anderen Gruppen getrennt genommen keine statistische Signifikanz erreichten, begingen die Jungen der Förderungsgruppe während der zweiten 18 Monate signifikant weniger Delikte als die Jungen der kombinierten Placebo- und Kontrollgruppe ($Z = 2{,}4$; $p < .05$).

Tab. 3. Durchschnittliche Anzahl der Delikte vor und nach der Intervention

Behandlungsart	vorher	nachher
Förderungsgruppe	1,9	1,0
Placebo-Gruppe	2,5	2,1
Kontrollgruppe	2,0	1,8

Diskussion

Die Ergebnisse stützen drei allgemeine Schlußfolgerungen über die Rolle von sozialem Egozentrismus bei antisozialen Verhaltensweisen: Erstens zeigt ein beträchtlicher Anteil von wiederholt delinquenten Jungen im Vergleich zu besser sozialisierten Gleichaltrigen eine deutliche Entwicklungsverzögerung bei der Fähigkeit, erfolgreich die Rollen oder Perspektiven anderer Menschen einzunehmen. Diese Unterschiede blieben auch dann bestehen, wenn der Einfluß des sozioökonomischen Status und des Intelligenzniveaus kontrolliert wurde. Zweitens senkte eine speziell auf die Fähigkeit zur Perspektivenübernahme gerichtete Förderung merklich das hohe Maß von sozialem Egozentrismus, das bei den delinquenten Jungen vorgeherrscht hatte. Der meßbare Effekt dieser Förderung war größer als andere Veränderungen, die lediglich unspezifischen Versuchsbedingungen oder dem Zeitverlauf zuzuschreiben waren. Da sowohl die Jungen der Förderungsgruppe als auch die der Placebo-Gruppe sich regelmäßig freiwillig trafen und an ihren Projekten gleichermaßen interessiert waren, dürften die Veränderungen der Testleistungen und des Verhaltens direkt auf den spezifischen Inhalt des experimentellen Förderungsprogramms zurückzuführen sein. Drittens war der Anstieg der Fähigkeit zur Perspektivenübernahme mit einem nachweisbaren Rückgang der bekanntgewordenen Delinquenz bei der Förderungsgruppe verbunden.

Diese Ergebnisse gewähren sicher einige neue Einsichten in die Beschaffenheit antisozialen Verhaltens, doch muß eine Reihe wichtiger Einschränkungen beachtet werden. Zum ersten ist hervorzuheben, daß der Nachweis einer korrelativen Beziehung zwischen anhaltendem sozialen Egozentrismus und antisozialem Verhalten allein nicht ausreicht, um auf eine kausale Beziehung zwischen diesen beiden Variablen zu schließen. Zwar liefert der Befund, daß eine experimentell herbeigeführte Verbesserung der Fähigkeit zur Perspektivenübernahme mit einem Rückgang der Delinquenz in der folgenden Zeit verbunden war, einen stärkeren Beleg für einen sozialen Kausalzusammenhang. Trotzdem bleibt die Möglichkeit, daß sich das Förderungsprogramm von dem Placebo-Programm auf anderen Dimensionen als denen der Perspektivenübernahme unterschied und die gemessenen Unterschiede in den Testleistungen und im delinquenten Verhalten auf diese anderen Effekte zurückzuführen sind.

Zweitens sollte jeder Versuch, die Ergebnisse dieser Untersuchung auf andere Populationen delinquenter oder antisozialer Jugendlicher zu verallgemeinern, den speziellen Charakter unserer Stichprobe berücksichtigen. Wir haben nämlich nicht einfach nur delinquente Jungen ausgewählt, sondern solche, die dabei »erfolglos« waren, d. h. die wiederholt mit der Polizei und dem Richter zu tun hatten. Es ist so gut wie sicher, daß diese Jungen sich von solchen unterscheiden, die sich nicht von der Polizei fassen lassen. So wäre denkbar, daß der Egozentrismus dieser Jungen eher ein Zeichen ihrer allgemeinen Ungeschicklichkeit als ihrer antisozialen Haltung ist. Träfe dies zu, so entpuppte sich der scheinbare Rückgang der Delinquenz der geförderten Gruppe als verbesserte Fähigkeit in der Vermeidung des Entdecktwerdens; was als vielversprechende Interventionstechnik erschien, wäre am Ende lediglich eine »Schule für Gauner«.

Schließlich bietet der gegenwärtige Stand der Forschung keine Garantie dafür, daß anhaltender sozialer Egozentrismus, wie er bei den jungen Delinquenten anzutreffen war, nur auf Individuen beschränkt ist, deren Anpassungsprobleme sich in antisozialem Verhalten äußern. Wie die Untersuchungen von Anthony (1956), Looft (1972) und Feffer (1970) vielmehr zeigen, sind überdauernde Formen altersinadäquaten egozentrischen Denkens charakteristisch für eine Vielzahl von Individuen mit verschiedensten Arten abweichenden Verhaltens vom Autismus bis zur Senilität.

Trotz dieser Einschränkungen machen die Ergebnisse der vorliegenden Untersuchung deutlich, wie fruchtbar der Versuch sein kann, delinquente Jugendliche nach Maßgabe ihrer Entwicklungsfortschritte beim Erwerb formaler – zur Lösung wichtiger Probleme zwischenmenschlichen Verhaltens notwendiger – sozial-kognitiver Operationen zu verstehen. Dieser Ansatz führt nicht nur zu vielversprechenden diagnostischen und therapeutischen Verfahren, sondern bietet auch einen theoretischen Rahmen für die Beschreibung von Entwicklungsaufgaben, denen junge Gesetzesbrecher noch gegenüberstehen – ein Rahmen, der sie dann auch nicht mehr bloß als kriminelle Erwachsene im Kleinformat erscheinen läßt.

Übersetzt von Hans-Josef Küting

Anmerkungen

Das Projekt wurde finanziell gefördert vom Rochester-Monroe County Youth Board und von der Wegman Foundation.

Der Autor dankt dem Monroe County Department of Probation für die Mitarbeit an diesem Projekt. Dank gilt ebenso Pat Cavanagh, Anne Filer, Beth Kaprove, Carol Markovics und Douglas Stern, die als Versuchsleiter mitarbeiteten.

a) Der in diesem Band enthaltene Beitrag von Edelstein, Keller und Wahlen befaßt sich mit einer weitergehenden Analyse dieser Chandlerschen Aufgabe. [Anm. d. Hrsg.]

Rainer K. Silbereisen

Untersuchungen zur Frage sozial-kognitiv anregender Interaktionsbedingungen

1. Anregungsbedingungen der (sozial-) kognitiven Entwicklung

Für den strukturtheoretischen Ansatz der Entwicklungspsychologie bildet das Modell der Äquilibration, von Piaget (1976, vgl. Moessinger 1978) über Jahrzehnte zunehmend differenziert, den grundlegenden Mechanismus der Entwicklung. Erst kürzlich hat Furth (1980) in seinen Untersuchungen zum kindlichen Gesellschaftsverständnis den Geltungsbereich des Modells ausdrücklich auf die sozial-kognitive Entwicklung ausgeweitet: Was ursprünglich nur für den Aufbau der Objekt-Erkenntnis formuliert war, soll auch für das Verstehen von Personen und sozialen Beziehungen gelten.

Wie Keller (1980, S. 119) zu Recht feststellt, steht für die Forschung zur sozialen Kognition nach einer vergleichsweise langen Phase der Konstruktdifferenzierung jetzt die Aufgabe an, die Sozialisationsbedingungen allgemein, speziell die förderlichen Erfahrungen aus der sozialen Interaktion, zu untersuchen.

1.1 Zur Bedeutung kognitiver Konflikte

Wie Seiler (1980) ausführlich belegt, ist das Äquilibrations-Modell immer wieder als konflikttheoretischer Ansatz beschrieben worden: Der Ausgangspunkt ist der Widerstand, den ein Objekt, sei es aus der Welt materieller Dinge oder aus der sozialen Umwelt, seiner Assimilation an die Strukturen des Subjekts entgegensetzt. Dieser Widerstand ergibt sich erst in der Interaktion, also in der handelnden Auseinandersetzung.

Insbesondere solche Arbeiten, die im Zusammenhang mit Maßnahmen zur entwicklungspsychologisch fundierten Frühförderung standen, bestimmten die Besonderheit solcher entwicklungsanregender Interaktionen als geprägt durch Widersprüche oder Konflikte. Strauss (1972; 1974) beispielsweise beschreibt als Entwicklungsbedingung den prediction-outcome Konflikt. Die Reorganisation von Denkstrukturen wird möglich, wenn stufenspezifische Erwartungen des Subjekts über die Ergebnisse einer Transformation (im Rahmen einer Aufgabenstellung zu Erhaltungsprinzipien des Denkens) durch das tatsächliche Resultat enttäuscht werden. Einen ganz ähnlichen Weg beschreibt Turiel (1974), wenn er die Bedeutung von Gruppendiskussionen moralischer Dilemmas als Anstoß zur Entwicklung des moralischen Urteils herausstellt. Es kommt darauf an, daß in der Gruppe Personen mit verschiedenem Entwicklungsstand vertreten sind. Der gruppendynamisch forcierte Austausch von Begründungen fordert zur Bildung von Erwartungen heraus und vergrößert dabei die Chance des Erlebens erwartungswidriger Begründungen durch Interaktionspartner mit entwickelterem moralischem Urteil.

Seiler (1980) bezeichnet als kognitiven Konflikt eine die Reorganisation einleitende Phase im Integrationsprozeß konkurrierender kognitiver Strukturen. Als eine der Erscheinungsformen erwähnt er ausdrücklich den Fall, daß sich die Handlungsplanung nicht mit dem Resultat deckt, also genau das, was Strauss (1972; 1974) als prediction-outcome Konflikt beschreibt. Grundlegend für die Wirksamkeit von Interaktionserfahrungen, die kognitive Konflikte erzeugen sollen, sind offenbar zwei Gesichtspunkte:

(1) Die Struktur der Umwelt – d. h. die Aufgabenstellung bei Strauss (1972; 1974), die moralischen Urteile der Interaktionspartner bei Turiel (1974) – darf dem gegebenen Entwicklungsstand des Individuums nicht problemlos assimilierbar sein. Wir müssen dabei von einem gewissen Optimum von Überforderung ausgehen, meist verstanden als 1 Entwicklungsstufe Abstand, so auch bei Turiel (1974).

(2) Die Qualität der Interaktion muß so beschaffen sein, daß der Widerstand des Objekts auch tatsächlich problematisch erlebt wird (vgl. Flavell 1977, S. 240-244).

Diese Darstellung ist noch zuwenig differenziert, weil (vgl. Schmid-Schönbein u. Thiel 1980) der jeweilige Zustand des Äquilibrationsprozesses nicht berücksichtigt wurde. Für Einzelheiten können wir nur auf Seiler (1980) verweisen.

1.2 Die Rolle des Interaktionspartners

Seiler (1980) sieht die Möglichkeit, durch ein entsprechendes Umweltangebot und unterstützende Beeinflussungen des kommunikativen Austausches fortlaufend neue und angemessene kognitive Konflikte zu gestalten, die immer weitere Fortschritte für die kognitive bzw. sozial-kognitive Entwicklung vermitteln. Diese Erwartung wird auch durch verschiedene Untersuchungen unterstützt: Kreibich-Fischer, Vogel u. Silbereisen (1980) oder Roeders (1980) für die Förderung von Rollenübernahme, Schuhler (1980) für die Entwicklung des moralischen Urteils.

Dabei ist aber ein entscheidender Gesichtspunkt zu beachten: Die Induktion kognitiver Konflikte nach den skizzierten Maßstäben setzt voraus, daß das kognitive Instrumentarium des Individuums, der Entwicklungsstand also, bekannt ist. Das ist in Trainingsstudien oder Frühförderungsprogrammen im allgemeinen der Fall. Genauer betrachtet fällt aber auf, daß die als Beleg für die Angemessenheit der Konfliktinduktion genannten Untersuchungen stets auf Interventionen beruhen.

Wir müssen also prinzipiell die Frage stellen, ob die Induktion kognitiver Konflikte bzw. der sie auslösenden Bedingungen vielleicht nur typische Produkte von geplanter Intervention sind, spontan in der sozialen Interaktion aber gar nicht auftreten. Wir fragen also, ob der Interaktionspartner die Rolle übernimmt – bzw. unter welchen Bedingungen er sie übernehmen kann –, die für die Verwirklichung kognitiver Konflikte erforderlich ist.

Dies ist eine Problemstellung, die bezeichnenderweise kaum bearbeitet wurde. Verständlich wird dies nur, wenn man bedenkt, daß im kognitiv-strukturtheoretischen Ansatz allgemein den differenzierten Überlegungen, die zu den Strukturen des Denkens angestellt wurden, keine vergleichbare Konzeption auf der Seite der sozialen Anregungsbedingungen gegenübersteht (vgl. Eckensberger u. Silbereisen 1980).

Wir wollen für die Bedeutung des Interaktionspartners als Vermittler von Anregungsbedingungen, speziell kognitiver Konflikte, drei Möglichkeiten unterscheiden.

(1) *Einfluß auf die objektiven Erfahrungsmöglichkeiten.* Die Bedeutung des Interaktionspartners kann im absichtlichen oder beiläufigen Arrangement solcher Erfahrungsmöglichkeiten bestehen, die ein optimales Maß von Überforderung der Erkenntnismöglichkeiten bieten. Er kann Anlässe für Erfahrungen neu in den Handlungsraum einbringen oder durch sein Verhalten die Variationsbreite beobachtbarer Handlungsresultate beeinflussen. Voraussetzung dieser Funktion im Rahmen der Überlegungen zu

kognitiven Konflikten ist allerdings, daß ein handlungsleitendes Konzept über den Entwicklungsstand des Gegenübers ausgebildet ist (vgl. Seiler 1980).

(2) *Einfluß auf das subjektive Problembewußtsein und die Problembewältigung.* Der Widerstand, den ein Objekt Assimilationsversuchen entgegensetzt, kann schwach sein, oder die Person erkennt die Diskrepanz nicht als solche. Ein Interaktionspartner kann hier allgemein das Problembewußtsein stärken, indem er auf der Unangemessenheit eines ersten Assimilationsversuchs insistiert oder unbefragte Selbstverständlichkeit durch sein alternatives Handeln aufbricht. Sind die Erkenntnisstrukturen durch neue Erfahrungsmöglichkeiten und ein gesteigertes Problembewußtsein erst labilisiert, kann die Bedeutung des Interaktionspartners weiterhin in der Unterstützung bei der Bewältigung durch gesteigerte Exploration und Lösungsversuche liegen. Beispielsweise kann er die Bewußtwerdung der Koordination zwischen den eigenen Handlungen und ihren beobachtbaren Resultaten stimulieren (vgl. Piaget 1976).

(3) *Einfluß auf die epistemische Haltung.* Jede neue Erkenntnis produziert neue Erfahrungen, muß Belastungsproben bestehen und schließlich auch Revisionen über sich ergehen lassen. Auch dieser langfristigere Prozeß der sukzessiven Auswertung und schließlich Überwindung einer Erkenntnisstruktur kann durch den Partner moderiert werden. Ist seine Strategie beispielsweise die, zu früh erneut zu verunsichern, gibt er neuen Ansätzen Zeit, sich zu stabilisieren? – diese Fragen sind nur Beispiele.

1.3 Ziel der Untersuchung

Die wenigen bisherigen Arbeiten zum Einfluß von sozialen Interaktionserfahrungen auf die (sozial-) kognitive Entwicklung waren stark von den Untersuchungsparadigmen der sogenannten Trainingsstudien (vgl. Kuhn 1974) beeinflußt, in denen in einer hochgradig strukturierten Situation hypothetische Auslösungsbedingungen kognitiver Konflikte, beispielsweise durch systematisches Insistieren auf Widersprüchen, experimentell gesetzt wurden. Untersuchungen dieser Art konnten nicht klären, wie die Qualität entwicklungsfördernder Interaktionsprozesse im einzelnen aussieht und ob die Ergebnisse auf spontane Interaktionen übertragbar sind. Wir haben deshalb eine Untersuchungsserie begonnen, in der die genannten drei Ansatzpunkte entwicklungsfördernder sozialer Interaktionen genauer verfolgt werden. Dabei kommt es uns auf lange Sicht darauf an, die Tragfähigkeit der Überlegungen zur Bedeutung kognitiver Konflikte auf alltägliche Erziehungs- und Sozialisationsbedingungen zu prüfen und Möglichkeiten zur Optimierung zu bedenken. In der gegenwärtigen Phase der Untersuchungen geht es vor allem um die Erprobung geeigneter Untersuchungsparadigmen.

Im Mittelpunkt der folgenden Darstellung stehen erste Ergebnisse zu den folgenden Problemen:

(1) Adaptieren Interaktionspartner ihr Verhalten derart an den sozial-kognitiven Entwicklungsstand ihres Partners, daß potentiell entwicklungsanregende Bedingungen verwirklicht werden? Hierbei wird besonders die früher erwähnte Rolle des Partners als Arrangeur von Erfahrungsmöglichkeiten untersucht.

(2) Welches sind die besonderen Prozesse und Erfahrungen, die entwicklungsanregende soziale Interaktionen ausmachen? Hierbei ist die schon genannte Rolle des Partners für das Problembewußtsein und die Problembewältigung wichtig.

2. *Exemplarische Anregungsbedingungen in der Erzieher-Kind Interaktion*

Die Erziehungsstilforschung hat erst in den 70er Jahren eine Entwicklungsphase überwunden, in der lediglich deskriptive Taxonomien von Erziehungseinstellungen vorherrschten. Seitdem wird gefordert (vgl. Stapf, Herrmann, Stapf u. Stäcker 1972), die Taxonomien ebenso wie die behaupteten Erziehungswirkungen gemeinsam aus einer gegenstandsangemessenen Theorie herzuleiten. Für die Untersuchung des Einflusses des Erziehungsverhaltens auf die Entwicklung der sozialen Kognition von Kindern hat sich diese weithin akzeptierte Forderung bislang nicht durchgesetzt. Von wenigen Beispielen abgesehen, die wie Heymans (1976) nur skizzenhaft ausgeführt sind, wurden Folgerungen aus dem Äquilibrationsmodell (bzw. ihm nahestehenden Konzepten wie Konfliktinduktion) nicht berücksichtigt.

2.1 Untersuchung 1: Adaption des Erziehungsverhaltens an den sozial-kognitiven Entwicklungsstand?

Hoffman (1976) hat Überlegungen zu den Sozialisationsbedingungen prosozialer Handlungsbereitschaften angestellt. Eine zentrale Bedeutung kommt dabei der Perspektivenübernahme zu, einem der am meisten untersuchten sozialkognitiven Prozesse (vgl. Selman u. Byrne 1974). Zu ihrer Ausbildung wiederum scheint ihm ein Erziehungsverhalten wichtig, das er als Induktion bezeichnet: Das Verhalten des Kindes wird dadurch zu beeinflussen versucht, indem auf die Folgen seines Handelns für sich selbst oder für andere hingewiesen wird. Auf diese Weise sollen die psychischen Prozesse von Personen und der Zustand der sozialen Beziehungen zu ihnen als Folge eigenen Handelns begreifbar gemacht werden. Die Bereitschaft des Kindes zur Empathie wird mit der Erkenntnis der Handlungsfolgen verknüpft und führt dann zur Meidung bzw. Verwirklichung des entsprechenden Verhaltens (vgl. Hoffman 1975).

Fragestellung. In welchem Maße dies gelingt, hängt nach unseren Erwartungen aus dem Äquilibrationsmodell davon ab, ob die Erklärung der Handlungsfolgen überhaupt verstanden werden kann. Anders ausgedrückt: Nur wenn die Erklärungen dem Entwicklungsstand der sozialen Handlungsregulation des Kindes angemessen sind, können die gewünschten Einsichten folgen. »Angemessen« heißt auf gleichem, besser noch – will man die Chancen zur Entwicklungsförderung nutzen – auf optimal überforderndem Niveau. Induktionen durch den Erzieher als Bedingung des Aufbaus sozialer Erkenntnis- und Handlungsstrukturen muß also stufenspezifisch eingesetzt werden.

Als Stufen der Entwicklung sozialer Handlungsregulation werden in unserem Zusammenhang die Stufen der Perspektivenübernahme von Selman (1976)* verstanden. Als sozial-kognitive Voraussetzung für ein völlig problemloses Begreifen der Aussage einer Induktion ist die selbstreflexive Perspektivenübernahme (Stufe 2) erforderlich: Das Kind versteht dann nicht nur, daß Interaktionspartner situationsbedingt unterschiedlich denken oder fühlen (informationsbezogene Perspektivenübernahme, Stufe 1), es begreift und antizipiert auch die wechselseitigen Konsequenzen des eigenen Handelns in einer sozialen Beziehung. Induktion nach Hoffman (1975) verwirklicht also nur unterhalb des Entwicklungsstandes der selbstreflexiven Perspektivenübernahme einen Entwicklungsanreiz; oberhalb ist sie in *dieser* Hinsicht wirkungslos.

Wir unterscheiden deshalb drei Arten der Induktion: Individuumorientierte (wie Hoffman), gruppenorientierte und prinzipienorientierte Induktion (letztere erfordert zu ihrem Verständnis die wechselseitige Perspektivenübernahme (Stufe 3), weil erst dann überindividuell konventionalisierte Prinzipien als Maßgabe der Regulation sozialer Interaktion erschlossen werden können. Gruppenorientierte Induktion kann nur dann auf ein wirkliches Verständnis stoßen, wenn mit der wechselseitigen Perspektivenübernahme (Stufe 3) die Möglichkeit gegeben ist, eine dyadische Beziehung aus einer Gruppenperspektive zu objektivieren. In *Tabelle 2.1* ist die Zuordnung zwischen Perspektivenübernahme und Art der Induktion vorgenommen. Dabei bedeutet das Zeichen X, daß genau die entsprechende Stufe zum vollen Verständnis erforderlich ist; die mit positivem bzw. negativem Vorzeichen versehenen Zahlen symbolisieren den Grad der theoretischen Über- bzw. Unterforderung der Kompetenz.

Hypothese. Wir erwarten, daß Erzieher die Art ihrer Induktion entsprechend dem Entwicklungsstand der kindlichen Perspektivenübernahme in einer potentiell entwicklungsfördernden Weise variieren. Hierfür soll ein Bereich gelinder Über- bzw. Unterfor-

Tab. 2.1

	Erzieherverhalten		
Perspektiven-übernahme	Individuum-orientierte Induktion (II)	Gruppen-orientierte Induktion (GI)	Prinzipien-orientierte Induktion (PI)
0	+1	+2	+3
1,2	X	+1	+2
3,4	−2	−1	X

X = der kindlichen Kompetenz korrespondierendes Erzieherverhalten; ±1, 2, 3 = Grad der Über- bzw. Unterforderung der Kompetenz; eingerahmt sind die bei Gültigkeit der Hypothese systematisch überrepräsentierten Verhaltensweisen.

derung (±1) um das theoretische Optimum gelten. Für diese Bereiche – II bei Stufe 0, II/IG bei Stufe 1 und 2, IG/IP bei Stufe 3 und 4 (vgl. *Tabelle 2.1*) – werden systematisch größere Häufungen des Erzieherverhaltens erwartet als für die übrigen.

Methode. Die Untersuchung wurde von Noack (Literaturanmerkung 1) durchgeführt. Für methodische Einzelheiten, insbesondere zu Beispielen der Beobachtungskategorien, wird auf diese Arbeit verwiesen.

Untersuchungsgruppe. 3 Erzieher und 12 Kinder im Alter zwischen 5 und 13 Jahren, eine familienähnlich strukturierte Heimgruppe.

Perspektivenübernahme der Kinder. Die Durchführung und Auswertung erfolgte nach den Vorschlägen von Selman u. Byrne (1974). Die Verteilung auf den Entwicklungsstufen war wie folgt: 7 Kinder auf Stufe 0, 1 auf 1, 2 auf 2 und 2 auf Stufe 3. Viele der Kinder sind für ihr Alter nicht weit genug in der Entwicklung der Perspektivenübernahme; allein 5 der Kinder auf Stufe 0 sind 7 Jahre und älter.

Beobachtungskategorien für das Erzieherverhalten. Das Kategoriensystem enthält neben 3 Kategorien zur Erfassung der kindlichen Reaktion 13 Kategorien für das Erzieherverhalten. Wir beschränken uns hier auf jene 8 Kategorien, die in direktem Zusammenhang zu Hoffman (1975) stehen. (1) *Machtausübung* (M) – Erzieher behauptet seine Macht über das Kind durch körperliche Gewalt und seine Verfügung über materielle Dinge. (2) *Liebesentzug* (L) – Disziplinierung durch Entzug von Aufmerksamkeit und Zuwendung.

Für jede der 3 Arten der Induktion (I) wird jeweils noch in Anlehnung an Heymans (1976) und Hoffman (1975) unterschieden, ob bezüglich der sozialen Folgen des kindlichen Handelns nur ein Hinweis (H)erfolgt, oder ob Vorschläge zur Lösung und Wiedergutmachung (L) vermittelt werden: (3,4) *Individuumorientierte Induktion* (IIH/IIL) – Gegenstand sind die Folgen kindlicher Handlungen für konkrete Einzelpersonen. (5,6) *Gruppenorientierte Induktion* (GIH/GIL) – Hier geht es um die Bedeutung für die Primärgruppe. (7,8) *Prinzipienorientierte Induktion* (PIH/PIL) – Die Verletzung von Verhaltensnormen und Werten durch das Kind ist Thema.

Durchführung. Nachdem die Perspektivenübernahme der Kinder erhoben worden war, erfolgte während 34 Tagen, verteilt über 3 Monate, die Verhaltensbeobachtung im Heim selbst. Hierbei wurde der folgende Zeitstichproben-Plan eingehalten: An 5 Tagen der Woche wurden jeweils 20 Minuten, unterteilt in 5-Minuten-Intervalle dic Interaktionen eines Erziehers beobachtet. Die Lage der Beobachtungszeit im Tagesablauf und der jeweilige Erzieher wurden (im Rahmen des Dienstplans) zufällig bestimmt. Noack (Literaturanmerkung 1) entwickelte eigens ein Beobachtungsblatt und den zugehörigen Kodierschlüssel, um in jeder 5-Minuten-Einheit 50 Verhaltenssequenzen (Erzieher-Kind), also alle 6 Sekunden eine, bequem registrieren zu können. Die mit den Kategorien M, L oder I bewertete Beobachtungszeit je Kind betrug im Durchschnitt 6.9 Minuten. Die Beobachter-Objektivität konnte nicht geprüft werden, weil ein zweiter Beobachter oder Tonbandaufnahmen die weitgehend gewahrte alltägliche Ökologie der Heimgruppe zerstört hätten.

Ergebnisse. Zunächst mußte geklärt werden, ob die 3 Erzieher in ihrem Verhalten hinreichend ähnlich sind, um eine gemeinsame Auswertung zu erlauben. Die Daten sind in *Tabelle 2.2* zusammengestellt.

Nach dem Ergebnis eines 3 (Erzieher) × 3 (Erziehungsstile, M, L, I) χ^2-Tests über die Häufigkeiten im gesamten Beobachtungszeitraum ist dies nicht zulässig: Der Prüfwert von $\chi^2(_{df}=4)=114.5$ ist mit $p<.001$ hoch signifikant.

Beziehungen der Induktion zum sozial-kognitiven Entwicklungsstand. In Tabelle 2.3 sind die bei den 3 Erziehern beobachteten Kontingenzen zusammengestellt. Zur Prüfung der Hypothese wurde für die relevanten Kombinationen Stufe/Erzieherverhalten (vgl. Markierung) der Erwartungswert über die Randwahrscheinlichkeiten bestimmt und anschließend über die Normalverteilungsapproximation des Binomialtests mit dem Beobachtungswert verglichen. Hierbei zeigte sich bei den Erziehern 1

Tab. 2.2. Vergleich der Erzieher nach Machtausübung (M), Liebesentzug (L) und Induktion (I) in ihren Äußerungen.

	Erzieher		
Verhalten	1	2	3
M	152	99	124
L	76	38	27
I	48	185	84

Tab. 2.3. Kontingenzen zwischen kindlicher Perspektivenübernahme-Stufe und Art der Induktion des Erziehers

		Erzieherverhalten		
Erzieher	Perspektivenübernahme	II	IG	IP
	0	14	6	6
1	1,2	6	1	1
	3,4		7	1
	0	33	10	41
2	1,2	18	15	31
	3,4	12	20	5
	0	29	16	2
3	1,2	0	12	1
	3,4	5	16	3

Die in die Hypothesenprüfung eingehenden Werte sind fett gedruckt.

(z=.55) und 2 (z=.09) keine Abweichung von der Nullhypothese zufälliger Kontingenz. Anders bei Erzieher 3; hier wurde die Nullhypothese mit $p<.001$ (z=3.17, einseitig) verworfen.

Wie steht es mit dem Verhältnis von bloßen Hinweisen (H) auf die Bedeutung des eigenen Handelns gegenüber Lösungen bzw. Wiedergutmachungsvorschlägen (L)? Die Werte H/L betragen 42/6 (Erzieher 1), 129/56 (2) und 72/12 (3) und sind damit von der erwarteten Gleichanteiligkeit weit verschieden ($p<.001$, Binomialtest); im Durchschnitt kommt auf 3 induktive Hinweise ein Lösungsvorschlag.

Diskussion. Nur einer der 3 Erzieher zeigte eine hypothesenkonforme Variation seines Verhaltens mit dem sozial-kognitiven Entwicklungsstand. Dabei muß man noch die Liberalität des gewählten Kriteriums bedenken: Nur solche Interaktionen galten nicht mehr als entwicklungsfördernd, bei denen die im Erzieherverhalten implizierte Beanspruchung und die sozial-kognitive Kompetenz um mehr als 1 Stufe auseinanderliefen.

Auch für diesen Erzieher bedeutet das Ergebnis natürlich nicht, daß er sein Verhalten tatsächlich an seinem Eindruck von der Perspektivenübernahme-Kompetenz der Kinder ausrichtete. Die subjektiven Einschätzungen waren ja nicht erhoben worden. Weiterhin können wir noch keine Aussage wagen, ob sich die entwicklungsstimulierende Potenz seines Verhaltens auch in der zukünftigen Perspektivenübernahme-Entwicklung der Kinder niederschlägt.

Unsere eher pessimistische Einschätzung, was die spontane Verwirklichung eines im Sinne des Äquilibrationsmodells angemessenen Erzieherverhaltens anbelangt, wird durch eine Untersuchung von van Lieshout, Jansen u. de Wuffel (1980) unterstützt. Die Autoren zeigen, daß sich Erwachsene in ihrem Instruktionsverhalten kaum am Entwicklungsstand orientieren, über den sie sich kurz zuvor in einem selbst durchgeführten Test informiert hatten. Hierbei sollte Kindern zwischen 3 und 6 Jahren ein entwickelteres Niveau ihrer Perspektivenübernahme vermittelt werden. Anders als in unserer Untersuchung handelte es sich aber um ad hoc im Labor gebildete Dyaden.

2.2 Ergebnisse weiterer Arbeiten zu Induktion und sozial-kognitiver Überforderung: Untersuchung 2 und 3

Abhängigkeit der Induktion von der Interpretation des Kindverhaltens? Beobachtungen im natürlichen Milieu, wie die hier für eine familienähnlich strukturierte Heimgruppe berichteten, haben den Vorteil, tatsächliches Verhalten und nicht bloß geäußerte Einstellungen zu erfassen. Für die Bearbeitung eines spezifischen Problems haben wir uns dennoch eines Fragebogens bedient: Macht es einen Unterschied für das Verhalten gegenüber dem Kind, ob für sein Handeln eine sozial-kognitiv elaborierte Planung, beispielsweise ein Täuschungsversuch oder eine Überredungsstrategie, unterstellt wird, oder nicht? Nach unseren früheren Überlegungen wird nur dann, wenn die Elternperson auf ähnlich elaboriertem Niveau Einfluß zu nehmen versucht, neben der bloßen Verhaltenssteuerung auch die Chance zur Anregung der sozial-kognitiven Entwicklung gewahrt.

Das Erziehungsverhalten wurde dabei erneut in Anlehnung an Hoffman nach Machtausübung (M), Liebesentzug (L) und Induktion (I) unterschieden. Ähnlich wie in der Arbeit von Noack (Literaturanmerkung 1) wurde die Induktion weiter untergliedert nach dem zum Verständnis erforderlichen Niveau der Perspektivenübernahme (vgl. Silbereisen, Schuhler u. Claar 1980; Selman 1976): egozentrisch, subjektiv, selbstreflexiv.

Ein Beispiel aus dem von Michalski (Literaturanmerkung 2) entworfenen Fragebogen verdeutlicht dies. Vorgegeben wird zunächst eine für den Alltag typische erziehungsschwierige Situation:

»Ihr Kind weiß seit längerer Zeit, daß Sie abends mit Bekannten ins

Kino gehen wollen. Sie haben auch schon Karten und freuen sich auf den Abend. Sonst ist Ihr Kind auch schon allein geblieben, diesmal macht es aber plötzlich Theater, als Sie losgehen wollen.«

Die befragte Mutter erhält dann 3 Einschätzungen des Kindverhaltens vorgelegt, wobei sie sich für diejenige entscheiden soll, die für *ihr* Kind die wahrscheinlichste wäre.

(1) Das Kind ist ungezogen

(2) Das Kind hat plötzlich Angst allein

(3) Das Kind macht Theater, weil es weiß, daß ich dann nicht unbeschwert weggehe

Die Unterschiede zwischen den Alternativen sind offensichtlich: Bei (1) wird auf eine mögliche Intentionalität nicht abgehoben, lediglich auf die Bewertung des Verhaltens geachtet. Bei (2) wird auf den Anlaß Bezug genommen, der in einer vom Kind empfundenen Beeinträchtigung gesehen wird; bei (3) wird eine bewußte Handlungsstrategie unterstellt, die sich zum Durchsetzen der eigenen Bedürfnisse einer Analyse der elterlichen Verhaltensbereitschaften bedient.

Dem schließen sich insgesamt 12 denkbare Verhaltensweisen (M, L, I) der Mutter an. Ein Beispiel für eine Induktion, die auf dem Niveau der selbstreflexiven Perspektivenübernahme argumentiert (Selman 1976)*, folgt:

Ich sage: Ich freue mich sehr auf das Kino, und du weißt doch, wie sehr du dich immer freust, wenn du etwas vorhast.

Ja, bestimmt	Ja, sehr wahrscheinlich	Ja, wahrscheinlich	Eher nicht	Wahrscheinlich nicht	Bestimmt nicht
☐	☐	☐	☐	☐	☐

Mit einem Fragebogen, der in der beschriebenen Weise Vorgaben für 10 erziehungsschwierige Situationen enthält, wurden 33 Mütter mit Kindern im Vorschulalter befragt.

Unsere *Hypothese* geht davon aus, daß je nach Einschätzung des kindlichen Verhaltens verschiedene Erzieherverhaltensweisen favorisiert werden: Insbesondere erwarten wir eine Affinität zwischen Induktion und Auffassungen des kindlichen Verhaltens, die die Betroffenheit bzw. Intentionalität betonen.

In *Tabelle 2.4* sind die durchschnittlichen (AM) Bewertungen der Verhaltensweisen, differenziert nach den 3 Deutungen des kindlichen Verhaltens, zusammengestellt.

Tab. 2.4. Subjektive Wahrscheinlichkeit des Erzieherverhaltens in Abhängigkeit von verschiedenen Interpretationen des Kindverhaltens

Erzieherverhalten	Einstellung gegenüber Kindverhalten: unerwünschtes Verhalten	Ausdruck von Beeinträchtigung des Wohlbefindens	Ausdruck von bewußter Handlungsstrategie
Machtausübung	3.6	2.3	3.0
Liebesentzug	2.6	2.1	1.1
Induktion	4.0	4.0	3.7
... egozentrisch	4.3	4.2	3.8
... subjektiv	4.1	4.1	3.9
... selbstreflexiv	3.7	3.7	3.3

Beurteilungsskala von 1 (= bestimmt nicht) bis 6 (= ja, bestimmt). Konkordanz zwischen den 3 Interpretationen des Kindverhaltens: $W = .96$ ($p < .01$).

Wie man sieht, wird Induktion als am wahrscheinlichsten ($\bar{x} = 3.9$) eingeschätzt, gefolgt von Machtausübung ($\bar{x} = 3.0$) und Liebesentzug ($\bar{x} = 1.9$), wobei Liebesentzug im Durchschnitt auf die Urteilskategorie »wahrscheinlich nicht« fällt. Zur Prüfung der Hypothese wurde zunächst der Konkordanzkoeffizient zwischen den 3 Einstellungen bezüglich des Erzieherverhaltens (M, L, I) bestimmt. Er beträgt $W = .96$, zeigt also eine fast perfekte Übereinstimmung an und ist mit $p < .01$ signifikant: Die verschiedenen Arten des Erziehungsverhaltens werden von den gefragten Müttern nicht in Abhängigkeit von ihrem Verständnis des Kindverhaltens differenziert.

Damit zeigt sich auch in dieser Untersuchung, daß die Chancen zur Entwicklungsanregung, die mit einer Variation des Erzieherverhaltens entsprechend dem im Kindverhalten sich äußernden sozial-kognitiven Entwicklungsstand möglich wären, nicht wahrgenommen werden. Auch wenn man die im unteren Teil der Tabelle gesondert ausgewiesenen Varianten der Induktion betrachtet, bestätigt sich dieser Eindruck.

Die beiden Untersuchungen ergänzen einander: Die Erhebungen im Heim erlaubten es nur, die Angemessenheit des Erzieherverhaltens relativ zum testdiagnostisch erhobenen Entwicklungsstand sozialer Kognition zu bewerten. In der Befragung der

Mütter indessen wurde die subjektive Einschätzung selbst zum Bezugspunkt gemacht.

Wie reagieren Mütter auf die sichtliche Überforderung der sozialen Kognition ihrer Kinder? Zur Klärung dieser Frage bedienen wir uns eines experimentellen Paradigmas, das durch typische Versuchsanordnungen der Forschung zur *referential communication* (vgl. das Sammelreferat von Glucksberg, Krauss, Higgins 1975) angeregt wurde: Ein Kind versucht seinem Partner (der Mutter beispielsweise) einen bestimmten Gegenstand aus einer Reihe ähnlicher Gegenstände zu beschreiben. Der Partner ist zur Identifikation auf die Trennschärfe dieser Erläuterungen angewiesen, weil er die Gegenstände nicht sehen kann. Als Maß für die Kommunikationsfähigkeit des Kindes wird dann die Identifikationsrate (d. h. die relative Zahl der richtigen Feststellungen des jeweils beschriebenen Gegenstandes) des Partners genommen. Die so definierte Kommunikationsfähigkeit steht mit der sozialkognitiven Entwicklung in Beziehung: Das Kind muß in der Lage sein, die kommunikationsrelevanten Situations- und Personenmerkmale zu erkennen und angemessen zu verarbeiten. Kehrt man die Rolle von Hörer und Sprecher um, gilt das gleiche. Jetzt muß sich erweisen, inwiefern die Mutter in der Lage ist, sich auf das Kind einzustellen.

Kürzlich haben Dickson, Hess, Myake u. Azuma (1979) mit diesem Paradigma in einer interkulturellen Längsschnittuntersuchung gezeigt, daß die Kommunikationsfähigkeit der Mutter–Kind Dyade prognostisch für die kognitive Entwicklung bedeutsam ist. Untersucht wurde, als die Kinder 4 Jahre alt waren; die kognitive Entwicklung wurde 1 und 2 Jahre später gemessen.

In einer von Losch (Literaturanmerkung 3) durchgeführten Untersuchung haben wir bereits früher dieses Paradigma für unsere Fragestellung abgewandelt: In einer Kommunikations-Situation soll ein Kind dem Versuchsleiter wie üblich einen Gegenstand beschreiben. Die Schwierigkeit der Aufgabe bzw. der sozial-kognitive Entwicklungsstand des Kindes sind so gewählt, daß der Versuchsleiter aus den Beschreibungen des Kindes offensichtlich zu keiner Entscheidung unter den Alternativen fähig ist. Dies beobachtet die dabeistehende Mutter, der gesagt worden war, sie könne helfen, wenn sie wolle. Die Interaktion zwischen Mutter und Kind, die meist durch das Erleben der Überforderung in Gang kommt, wird auf Videoband aufgenommen.

In einer späteren Untersuchung von Mülle, Walper u. Silbereisen (Literaturanmerkung 4) wurde das experimentelle Paradigma weiter modifiziert, indem der Gegenstand, über den kommuniziert wird, nicht länger die üblichen sinnlosen Figuren oder Gegenstände wie Spielzeug sind. Statt dessen erläutert der Versuchsleiter eine Geschichte mit einem Dilemma in der Art von Selman u. Damon (1977). Entscheidend ist, wie die Geschichte konstruiert wurde: Kinder eines bestimmten Entwicklungsniveaus der moralischen Urteilskompetenz, sagen wir n, erhalten in der Geschichte auch all jene Vorgaben, die erst auf einem beträchtlich höheren Niveau, etwa n+2, in der Urteilsbildung integriert werden. Das Kind soll am Ende raten, wie sich der Held in der Geschichte wohl entschieden hat, und dies begründen. Die Begründung wird nur die für das gegebene moralische Urteilsniveau charakteristischen Informationen enthalten. Für die zuhörende Mutter ist es dann ganz plausibel, wenn der Versuchsleiter meint, daß die Geschichte einen anderen Ausgang genommen hat, weil ja auch nach ihren Maßstäben wesentliche Informationen aus der Geschichte in der Begründung ihres Kindes unverarbeitet geblieben waren. Auch in dieser Untersuchungsanordnung wird die Interaktion zwischen Mutter und Kind auf Videoband aufgenommen. Im Gegensatz zur Arbeit von Losch (Literaturanmerkung 3) werden hier die Auswirkungen der Mutter–Kind Interaktion auf konzeptionell verwandte Aufgaben zur sozialen Kognition über mehrere Wochen verfolgt.

Erste *Ergebnisse* (vgl. Losch, Literaturanmerkung 3) zeigen die folgende Tendenz: (1) Es ist keineswegs selbstverständlich, daß die Mütter die Problemlage des Kindes bzw. die sozial-kognitiven Anforderungen der Aufgabe überhaupt erkennen. Ihr Ziel ist es häufig, nur schnell die Lösung zu erreichen, beispielsweise durch Komplexitätsreduktion der Aufgabe oder durch direkte Instruktion. (2) Nur wenige Mütter, bei Losch nur eine unter 18, wenden bei ihrer Unterstützung Techniken an, die sich vielleicht mit Strauss (1974) als Induktion kognitiver Konflikte beschreiben lassen. Ein Beispiel soll dies verdeutlichen.

Auf 4 Kartonkarten sind Abbildungen verschiedener Spielzeuge aufgezogen, wobei sich die Karten in Details der Anordnung unterscheiden.

Das Kind soll sich »die schönste« aussuchen und der Versuchsleiterin (S.) so beschreiben, daß sie die richtige Karte aus einer identischen Serie herausfindet. Nachdem dies nicht gelingt, entspinnt sich der folgende Dialog (Ausschnitt):

M: Jetzt mußt du ihr genau sagen, worin der Unterschied ist, da und da.
K: (flüstert zu Mutter)
M: Das kannst du leicht, fang mal an.
K: Ein Kind und Hund ... Lego, Auto, das ...
M: (unterbricht) Sieh mal, hier ist auch ein Hund drauf.
K: Ja, da auch.
M: Und woher soll sie jetzt wissen, welcher Hund das ist?
K: Guckt ... rechts.
M: Mußt du richtig sagen, sonst weiß es ja die S. nicht.

.
.
.

M: Gut ... Ja, was fehlt dir denn noch, guck mal, daß die S. das findet!
K: Soll dort an den Kirchen ...
M: Vielleicht ...
K: Und hat 'ne rote Spitze ...
M: Ach, gut bist du! Der hat keine rote, der Kirchturm, aber da ist auch einer mit 'ner roten Spitze, sieh mal!
K: Ja.
M: Ja und was ist jetzt daran anders?
K: Weißt du da was?
M: Hm, ich seh was. Ich seh'n Unterschied zwischen diesem und diesem!
K: Ach so, das steht neben dem Laster und das nicht.
M: Steht auch daneben, das steht daneben und da? (Geste)
K: An der Seite, an der Seite ...
M: Von der Kirche, ja.

Die Mutter weist ihr Kind also wiederholt auf die Mehrdeutigkeit seiner Informationen hin, betont die besonderen Informationsbedürfnisse der Partnerin und läßt die entscheidenden Merkmale (relativ) frei durch das Kind entdecken. Aber wie gesagt, diese Mutter war eine Ausnahme.

Diese Ergebnisse, die in der Untersuchung von Mülle et al. (Literaturanmerkung 4) differenzierter weiter verfolgt werden, stimmen mit den Eindrücken aus der Erhebung im Kinderheim und der Befragung überein. Eine Orientierung am Entwicklungsstand der sozialen Kognition ihrer Kinder ist alles andere denn die Regel. Dies entspricht einer Einschätzung, die Steward u. Steward (1976) im Anschluß an ihren Vergleich der Instruktionsstrategien von Müttern und älteren Geschwistern treffen: Die größere konzeptuelle Distanz und mangelnde Flexibilität des Denkens Erwachsener macht es schwer, die Beschränkungen im Denken von Kindern zu bemerken und die Aufmerksamkeit durch ein Vorgehen, das dem Entwicklungsniveau angemessen ist, aufrechtzuerhalten.

Angesichts dieser Resultate lag es nahe, für die Interaktion zwischen Gleichaltrigen nachzuprüfen, welche spontanen Strategien sie in der Auseinandersetzung mit (sozial-)kognitiven Überforderungen zeigen und inwiefern ihre Beschreibung durch Konstrukte wie ›kognitiver Konflikt‹ angemessen ist. Eine hierzu durchgeführte Untersuchung wird im folgenden Abschnitt beschrieben.

3. *Exemplarische Anregungsbedingungen in der Interaktion mit Gleichaltrigen*

Experimentelle Untersuchungen zur Bedeutung der Peer-Interaktion für die kognitive Entwicklung erschienen erst ab etwa 1970. Im typischen Fall wurde dabei gezeigt, daß gemeinsame Lösungsversuche bei Piaget-Aufgaben, wenn sie in einer nach dem Entwicklungsstand heterogenen Peer-Dyade erfolgen, Fortschritte zumindest für den weniger weit entwickelten Partner vermitteln. Charakteristisch für diese Untersuchungen ist allerdings, daß entweder – wie bei Silverman u. Geiringer (1973) und Doise, Mugny u. Perret-Clermont (1975) – die Prozeßmerkmale der Interaktion erst gar nicht erhoben oder – wie bei Miller u. Brownell (1975) und Steward u. Steward (1976) – die Prozeßmerkmale nicht mit der Auswirkung auf den kognitiven Entwicklungsstand in Beziehung gebracht werden. Allen gemeinsam ist, daß die theoretische Explikation nur locker mit der Äquilibrationstheorie der kognitiven Entwicklung (Piaget 1976) verknüpft ist.

3.1 Untersuchung 4: Welche Interaktionserfahrungen sind für die kognitive Entwicklung förderlich?

Die gemeinsam mit Claar (vgl. Claar u. Silbereisen 1980) durchgeführte Untersuchung greift diese Lücken auf und fragt in Auseinandersetzung mit einer Untersuchungsserie Genfer Sozialpsychologen um Willem Doise (Doise et al. 1975; Mugny u. Doise 1978; sowie mehrere weitere Arbeiten) nach den Bedingungen entwicklungsfördernder Peer-Interaktion. Das hauptsächliche experimentelle Paradigma der Genfer Arbeiten ist eine abgewandelte Version des bekannten 3-Berge-Problems von Piaget. Drei Entwicklungsschritte werden unterschieden: Im ersten Schritt wird die eigene Perspektive verabsolutiert, die Perspektivenübernahme also ignoriert (im folgenden als *NC*=*n*o *c*ompensation bezeichnet). Der dritte Schritt mit vollständiger Kompensation der Perspektivenübernahme bezeichnet als *TC* (=*t*otal), wird erst nach dem Durchlaufen eines *PC* (=*p*artial) genannten Übergangsstadiums erreicht, in dem Elemente beider Strategien unkoordiniert nebeneinander bestehen.

Fragestellung. Mugny u. Doise konnten zeigen, daß gemeinsame Lösungsversuche in Dyaden von Kindern mit einem nicht zu großen Entwicklungsabstand, etwa *NC-PC*, geeignet sind, für beide Partner Fortschritte auch in der selbständigen Problemlösung zu vermitteln. Die Autoren interpretieren diese Reorganisation der kognitiven Struktur als Folge des durch die Interaktion besonders forcierten Erlebens von Widersprüchen, die zwischen den entwicklungsbedingt unterschiedlich adäquaten Handlungsstrategien der Partner auftreten. Gegen diese Interpretation sind zwei wichtige Einwendungen zu machen: (1) Die Wirksamkeit dieser sozial vermittelten kognitiven Konflikte (socio-cognitive conflict) soll offenbar bereits durch die Heterogenität der Gruppe gewährleistet sein, die Merkmale selbst werden nämlich nicht gemessen. Beim gegebenen Design hat diese Interpretation zirkulären Charakter.

(2) Auffassungsunterschiede über die Angemessenheit von Plänen und Ergebnissen des Handelns sind für sich allein genommen nicht entwicklungswirksam, worauf besonders Flavell (1977) in seiner Kritik des (klassischen) Äquilibrationsmodells hinweist.

Die soziale Situation des gemeinsamen Problemlösens vermehrt für alle Beteiligten die Chance, daß Lösungsstrategien des einen auf Widerstand des Partners stoßen. Uns interessiert, wie in der Interaktion, abhängig vom Grad der in der Gruppe verwirklichten entwicklungsmäßigen Heterogenität, mit diesem Widerstand umgegangen wird.

Wie schon erwähnt, lassen sich im Rahmen des Äquilibrationskonzepts, wie es von Piaget (1976, S. 57 ff.) beschrieben wurde, verschiedene Ansatzpunkte für den entwicklungsfördernden Einfluß eines Interaktionspartners unterscheiden: Variation objektiver Erfahrungsmöglichkeiten, Steigerung des subjektiven Problembewußtseins, Förderung der Problembewältigung, Einfluß auf die epistemische Haltung. Diese Annahmen stecken den Rahmen für drei Hypothesen ab.

Hypothese 1. Für Kinder im Übergangsstadium *PC* erwarten wir unterschiedliche Konsequenzen gemeinsamer Lösungsversuche, je nachdem, ob sie in entwicklungsheterogenen *(NC-PC, PC-TC)* oder entwicklungshomogenen *(PC-PC)* Dyaden erfolgen: Der Anteil von Fortschritten, d. h. Veränderungen von *PC* zu *TC*, ist in entwicklungsheterogenen Gruppen größer. Die Begründung wird in der Anreicherung des Erfahrungsfeldes mit anders strukturierten Lösungsansätzen gesehen. Die Erwartung entspricht den Ergebnissen von Mugny u. Doise (1978).

Hypothese 2. Interpersonale Meinungsunterschiede über die Angemessenheit von Problemlösungsversuchen können in heterogenen ebenso wie in homogenen Dyaden produktiv sein. Wir erwarten, unabhängig von der Gruppenzusammensetzung, einen überzufälligen Zusammenhang zwischen der Häufigkeit von problemorientierten Meinungsunterschieden und der Entwicklungsförderung. Diese Annahme kann mit dem von Strauss (1972; 1974) beschriebenen prediction-outcome-Konflikt begründet werden. Induzierte Widersprüche zwischen dem erwarteten Ergebnis einer Transformation und dem tatsächlichen Resultat erwiesen sich als bedeutsam für die Reorganisation kognitiver Strukturen. Judd u. Mervis (1974) berichten gleichfalls vom Erfolg des induzierten Erlebens von Widersprüchen, beispielsweise durch wiederholtes Hinweisen auf die Unvereinbarkeit verschiedener Lösungsansätze.

Hypothese 3. Insbesondere Flavell (1977, S. 242) hat in seiner Kritik des traditionellen Äquilibrationsmodells darauf aufmerksam gemacht, daß eine Folge affektiv-motivationaler und kognitiver Teilschritte durchlaufen werden muß, um eine Denkstruktur zu verändern. Die bloße Induktion von erwartungswidrigen Erfahrungen nach den Annahmen von Strauss genügt seiner Meinung nach nicht: Ein Meinungsunterschied zwischen den Partnern bezüglich der Angemessenheit eines Lösungsansatzes, so können wir in Übertragung der Überlegungen von Flavell formulieren, führt insbesondere dann zu Fortschritten, wenn die Interaktion (1) tatsächlich die Orientierung auf einen widersprüchlichen Sachverhalt steigert, (2) der Sachverhalt als problematisch und unvereinbar erlebt wird, wenn (3) statt den Widerspruch zu leugnen eine Klärung durch gesteigerte Lösungssuche versucht wird und wenn (4) wenigstens ansatzweise eine subjektiv befriedigende Lösung gefunden wird. Zur Prüfung dieser Annahme muß der Prozeß der gemeinsamen Auseinandersetzung angesichts eines problemorientierten Meinungsunterschiedes erfaßt werden. Hierzu dient ein Beobachtungssystem, dessen Kategorien die von Flavell formulierten Teilschritte abbilden. Unsere Hypothese ist, daß in erfolgreichen Dyaden im Gegensatz zu Dyaden ohne Förderungseffekt die Bewältigung der Meinungsunterschiede entsprechend den Aussagen von Flavell geordneter erfolgt: Wir erwarten beispielsweise zunächst ein intensives Beobachten und Nachsinnen über das Problem, statt des unreflektierten Gegeneinander von nicht weiter erläuterten Ideen. Die Untersuchung ist an dieser Stelle im wesentlichen explorativ.

Methode. Die Auswertung der Untersuchung erfolgte durch Noack (Literaturanmerkung 5).

Untersuchungsgruppe. Teilgenommen haben 35 Kinder aus 3 Berliner Vorschulgruppen im Alter zwischen 4;10 und 7;3 (Mittelwert: 6;2) Jahren.

Untersuchungsmaterial. Die Aufgabe bestand wie bei Mugny u. Doise (1978) darin, das Modell eines um einen See als Markierungspunkt gruppierten Dorfes nachzubauen. Wie in *Abbildung 3.1* ersichtlich, ist die für die Kopie vorgesehene Grundfläche um 90° relativ zum Standort des Kindes gedreht. Der See ist bezogen auf das Modell um 270° gedreht. Die Instruktion für die Kinder betonte die Bedeutung des Sees als Markierungspunkt: »... ein Mann kommt aus dem See und möchte, daß sein Dorf genauso aussieht wie vorher.«

Messung im Vor- und Nachtest. Die Aufgabe erlaubt es, drei nach der Entwicklungslogik zunehmend komplexere und realistischere Hand-

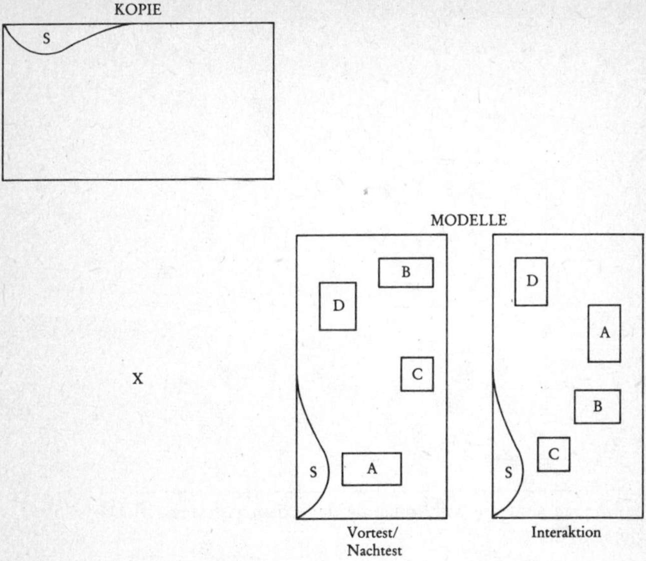

A, B, C, D: Häuser; S: See; X: Standort Kind

Abb. 3.1. Schematische Darstellung der Aufgabenstellung

lungsstrategien zu unterscheiden. *NC:* Kompensiert wird nur die 90° Drehung, der Markierungspunkt wird ignoriert. *TC:* 90° und 270° Drehung werden kompensiert, das Dorf also richtig reproduziert. *PC:* Beide Strategien werden unvollkommen und unkoordiniert angewendet. Die Zuordnung einer Reproduktion zu den 3 Lösungsstrategien erfolgte nach der Zahl der innerhalb eines Toleranzbereichs richtig gestellten Häuser, jeweils getrennt ausgezählt unter der Annahme der 90° bzw. 270° Strategie. In *Tabelle 3.1* sind die Zuordnungen und die Häufigkeiten in der Untersuchungsgruppe angegeben. Diese explizite Darstellung ist für Vergleiche mit anderen Arbeiten wichtig, weil bei den experimentellen Untersuchungen zu diesem Paradigma (bei Mugny u. Doise 1978, ebenso wie bei Carugati, de Paolis u. Mugny 1979) die tatsächliche Bestimmung der Lösungsstrategie unklar bleibt. Die Zuordnung der Fälle 1/0, 0/1 und 1/1 zur Strategie *PC* (statt einem Entwicklungsstand, der noch unter *NC* läge), scheint gerechtfertigt, weil diese Kinder überwiegend eine (hier nicht behandelte) leichtere Aufgabe beherrschten, bei der die Markierung nicht gedreht worden war.

Tab. 3.1. Definition der Lösungsstrategien und Häufigkeiten im Vortest

90° ↓ / 270° →	0	1	2	3	4	
0		2	3	2	7	
1	3	6	2	1	–	TC
2	1	2	0	–		
3	2	0	–	PC		
4	4	–				
		NC				

angegeben sind die bei Annahme der Lösungsstrategie richtig reproduzierten Häuser

Im Vergleich zu den Genfer Vorschülern von Mugny u. Doise (1978) ist die Aufgabe für unsere Kinder trotz gleichen Alters beträchtlich leichter: Nach ihren Daten hätten wir fast 3mal mehr *NC* und um die Hälfte weniger *TC* zu erwarten gehabt.

Versuchsplan. Nach den Ergebnissen des Vortests wurden die Dyaden gebildet. Zur Prüfung von Hypothese 1 stehen 7 entwicklungsheterogene (2 *NC-PC*, 5 *PC-TC*) und 4 homogene Dyaden *(PC-PC)* bereit. Für die Hypothesen 2 und 3 erweitert sich die Datenbasis um 4 Dyaden (*NC-NC, TC-TC*, und 2mal *NC-TC*) auf insgesamt 15. Eine Woche nach dem Vortest erhielt jede Dyade die gegenüber dem Vortest leicht modifizierte Aufgabe (vgl. *Abbildung 3.1*) mit der Bitte, zu einer gemeinsam akzeptierten Lösung zu kommen. Der mit dem Vortest identische Nachtest erfolgte 1 Woche später.

Analyse der Interaktion. Zur Prüfung von Hypothese 2 wurden die Videoaufnahmen in Konflikt-Episoden eingeteilt. Den Beginn einer Episode stellte ein sichtlicher Auffassungsunterschied über die richtige Stellung eines Hauses dar; das Ende war angezeigt, wenn das Einvernehmen ausdrücklich oder stillschweigend wieder hergestellt war.

Die für die Prüfung von Hypothese 3 ausschlaggebende Bewältigung der Auffassungsunterschiede wurde mit dem in *Tabelle 3.2* dargestellten

Tab. 3.2. Kategoriensystem

ORIENTIERUNG	
1 *Aufmerksamkeit:* Beachten der konfligierenden Sachverhalte	1.1 Lenkt Aufmerksamkeit des Partners 1.2 Richtet eigene Aufmerksamkeit 1.3 Ignoriert Aufforderung zur Aufmerksamkeit
2 *Widerspruch:* Auffassung der konfligierenden Sachverhalte als widersprüchlich und unvereinbar	2.1 Zeigt Widerspruch auf 2.2 Erkennt Widerspruch an 2.3 Leugnet Widerspruch
BEWÄLTIGUNG	
3 *Auseinandersetzung:* Suche nach alternativen Ansätzen zur Lösung	3.1 Betreibt Lösungsversuche 3.2 Unterstützt Lösungsversuche 3.3 Behindert Lösungsversuche
4 *Finden einer Lösung:* Behaupten, zuweilen auch Begründen eines besseren Ergebnisses	4.1 Gibt Lösung an 4.2 Stimmt Lösung zu 4.3 Lehnt Lösung ab

1, 2, 3, 4 = Inhalte der Handlung; .1, .2, .3 = Art der Initiative

Kategoriensystem zu erfassen versucht. Es enthält die vollständige Kombination von 4 Inhalten der Handlung mit 3 Arten der Initiative.

Bei den (1) Handlungsinhalten unterscheiden wir zunächst solche Verhaltensweisen, die sich auf den Auffassungsunterschied hin orientierten, von solchen, die ihn zu bewältigen trachten. Diese grobe Unterteilung wird (vgl. Flavell 1977, S. 242) weiter differenziert. Die Orientierungsbemühungen können entweder sachlich die Aufmerksamkeit (Kategorie 1) betreffen oder einen hinter den Auffassungsunterschieden stekkenden Widerspruch herausstellen (Kategorie 2). Die Bewältigungsansätze können sich in der Suche nach Lösung (Kategorie 3) ausdrücken, können aber auch im abschließenden Behaupten einer Lösung (Kategorie 4) verwirklicht werden.

Die (2) Art der Initiative der Handelnden erlaubt die Unterscheidung, ob das Ziel einer Interaktionseinheit das Ergreifen der Initiative ist (Kategorie 1.1, 2.1 usf.), die Unterstützung der Initiative des anderen betrifft (1.2, 2.2 usf.) oder der Behinderung seiner Initiative dient (1.3, 2.3 usf.).

Die Einteilung in Episoden und die Kategorisierung erfolgte durch einen mit dem theoretischen Ansatz, nicht aber mit der Gruppenzugehörigkeit einer Dyade vertrauten Beurteiler. Angaben zur Beurteiler-Objektivität liegen noch nicht vor. In *Tabelle 3.3* ist ein Beispielprotokoll wiedergegeben.

Ergebnisse. Für alle 30 Kinder, die in der Interaktionsphase teilgenommen hatten, wurden im Vergleich von Vor- und Nachtest die Erfolge (Anstieg auf der Entwicklungsskala) und Mißerfolge (Gleichstand oder Abfall – letzteres ist nur in 3 von 21 Fällen aufgetreten), ausgezählt. Weiterhin wurden die Episoden bestimmt, wobei sich zeigte, daß in 5 von 14 Fällen keine Meinungsunterschiede aufgetreten sind. In den übrigen Gruppen

Tab. 3.3. Beispielprotokoll mit Kodierung

Episode 1		
O: Nicht, Kathleen	4.3	
K: (baut weiter)		3.1
O: Kathleen, das ist nicht gleich	4.3	
K: Doch!		4.1
O: Guck!	1.1	
Der muß hier (zeigt)	4.1	
Muß hier auf See (zeigt auf Modell)	2.1	
Guck da	1.1	
K: (vergleicht)		1.2
Hm		2.2
(stellt Haus in die Nähe des Sees)		4.2
O: (rückt richtig) So	4.1	
(schiebt K das vorher am See plazierte Haus zu)		
und das muß . . .		
K: (setzt ein anderes Haus in die angewiesene Ecke)		
Episode 2		
O: Nay	4.3	
Der muß hier	4.1	
K: Hm (vergleicht)		3.2
O: und der muß hier, so	4.1	
K: (guckt auf die Bretter)		3.1
Das Haus muß so (schiebt das Haus an eine Stelle)		4.1
O: Ja!	4.2	
Bißchen hier (verschiebt zurück)	4.1	

waren durchschnittlich 2 Episoden (Mittel: 2.2) von etwa 8 Interaktionseinheiten Dauer (Mittel: 7.6). Die insgesamt erfaßten 294 Interaktionseinheiten verteilen sich übrigens, auch bei Berücksichtigung ihrer unterschiedlichen Anzahl, ganz ungleich auf *NC*, *PC* und *TC*, nämlich etwa im Verhältnis 3:1:4. Wahrscheinlich darf man den geringen Anteil der von PC-Kindern ausgehenden Interaktionseinheiten als Ausdruck der Unsicherheit werten, die das Übergangsstadium *PC* charakterisiert.

Hypothese 1. Die Erfolgs- und Mißerfolgshäufigkeiten im Vergleich der entwicklungsmäßig heterogenen Dyaden mit den homogenen sind in *Tabelle 3.4* angegeben. Wie man sieht, konnten sich die Kinder im Übergangsstadium *PC* nur in heterogenen Gruppen verbessern. Die Unterschiede sind, berechnet nach Fisher-Yates, mit $p=.03$ signifikant. Damit ist Hypothese 1 bestätigt.

Tab. 3.4. Erfolg bzw. Mißerfolg der PC bei heterogenen und homogenen Gruppen

Gruppe	Erfolg	Mißerfolg
NC-PC/PC-TC	4	3
PC-PC	0	7

1 Ausfall wegen Krankheit

Hypothese 2. Für alle Gruppen (mit Ausnahme von *TC-TC*, da dort Erfolge nicht definiert sind), wurden die Erfolge/Mißerfolge und das Auftreten/Nichtauftreten von Episoden kreuztabelliert. Die in *Tabelle 3.5* wiedergegebenen Daten wurden, weil Erfolge als abhängig vom Auftreten der in den Episoden erfaßten Auffassungsunterschiede angesehen werden, mit dem Vierfelder-Regressionskoeffizienten D (vgl. Lienert 1973, S. 536 f.) beurteilt. Der Koeffizient beträgt D=.55 und ist mit $p<.05$ signifikant ($\chi^2=5.8$, $df=1$). Dies bedeutet, daß rund die Hälfte der Erfolgsvarianz durch das Auftreten von Konflikt-Episoden bestimmt ist.

Weiterhin wurde für die 9 Dyaden, bei denen Konflikt-Episoden überhaupt aufgetreten sind, der Zusammenhang zwischen ihrer Häufigkeit in einer Dyade und dem Erfolg/Mißerfolg bestimmt. Wegen der J-artigen Verteilung der Episodenhäufigkeiten wurde zur Prüfung der biseriale Rangkorrelationskoeffi-

Tab. 3.5. Erfolg bzw. Mißerfolg in Abhängigkeit vom Auftreten von Konflikt-Episoden

	Konflikt-Episode aufgetreten ja	nein
Erfolg	6	1
Mißerfolg	3	8

Einbezogen sind die Gruppen ohne TC-TC; Werte der TC in den anderen Gruppen nicht berücksichtigt wegen Ceiling; Ein Ausfall wegen Krankheit

zient (vgl. Lienert 1973, S. 606 f.) berechnet. Die Enge des Zusammenhangs beträgt rho=.54 und ist mit $p<.05$ signifikant. Treten also Konflikt-Episoden überhaupt auf, so erklärt ihre Häufigkeit innerhalb einer Dyade ebenfalls rund die Hälfte der Erfolgsvarianz.

Hypothese 3. Ein Verfahren zur Untersuchung dieser explorativen Hypothese liegt mit der *Lag-Sequential*-Technik von Sackett (1978) vor.

Das Verfahren ist besonders geeignet, um Verkettungen aufeinanderfolgender Interaktionseinheiten in beliebig langen Verhaltenssequenzen zu bestimmen, eventuelle zyklische Verknüpfungen zu erkennen und sie zufallskritisch zu prüfen. Im Prinzip geht es um die Bildung von (individuellen oder Gruppen-) *Lag*-Profilen. Gemeint sind hiermit die bedingten Wahrscheinlichkeiten, mit denen auf ein als Kriterium bestimmtes Verhalten ein anderes Verhalten als nächstes (*Lag* 1), als übernächstes (*Lag* 2) usw. folgt.

Leider können wegen des geringen Datenumfangs nicht alle diese Möglichkeiten ausgeschöpft werden. Wir müssen uns auf Analysen von *Lag* 1 beschränken, wobei der Interaktionsverlauf innerhalb der Dyade insgesamt, nicht getrennt für die Partner, erfaßt wird. Weiterhin müssen die Anzahl der Kriterien klein gehalten und die Häufigkeit bedingter Verhaltensweisen durch Zusammenfassungen erhöht werden. Wir beschränken uns deshalb als Kriterien auf die Kategorien der Initiative zu Aufmerksamkeit (1.1), Widerspruch (2.1), Alternativensuche (3.1) und Lösungsfindung (4.1).

Für das Initiativwerden bezüglich Aufmerksamkeit, Wider-

Tab. 3.6. Lag 1 – Häufigkeiten für 4 Kriterien (1.1 bis 1.4), getrennt nach erfolgreichen (E) und nicht erfolgreichen (M) Dyaden

	Kriterium							
	1.1		2.1		3.1		4.1	
	E	M	E	M	E	M	E	M
Orientierung								
1.1	0	0	1	1	2	1	4	1
1.2	6	3	2	0	3	0	4	2
1.3	1	0	0	0	1	0	0	0
Summe 1	7	3	3	1	6	1	8	3
2.1	0	0	0	0	2	1	4	1
2.2	0	0	1	1	0	0	0	0
2.3	0	0	7	0	0	0	0	0
Summe 2	0	0	8	1	2	1	4	1
Bewältigung								
3.1	2	0	3	1	3	3	6	4
3.2	0	0	0	1	1	3	1	1
3.3	0	0	0	0	3	1	1	0
Summe 3	2	0	3	2	7	7	8	5
4.1	0	1	0	0	6	5	9	1
4.2	0	0	0	0	1	0	4	5
4.3	2	0	0	0	1	2	16	1
Summe 4	2	1	0	0	8	7	29	7

spruch und Lösungssuche können wir die Rahmenhypothese prüfen, indem die *Lag* 1-Anteile von Verhaltensweisen zur Orientierung (1.1 bis 2.3) und Bewältigung (3.1 bis 4.3) zwischen erfolgreichen und nicht erfolgreichen Dyaden verglichen werden. Die Daten sind in Tabelle 3.6 zusammengestellt.

Die Erwartung, daß sich Unterschiede zugunsten mehr Bemühungen um Orientierung für den Fall erfolgreicher Dyaden zeigen, bestätigt sich nicht: $\chi^2_{(1)} = .17$ für Aufmerksamkeit, $\chi^2_{(1)} = 1.27$ für Widerspruch und $\chi^2_{(1)} = 2.46$ für Lösungssuche. Alle Werte verfehlen deutlich die Signifikanzschranke.

Diskussion. Die Hypothese 1, wonach für Kinder im Übergangsstadium zwischen 2 Entwicklungsschritten (= *PC*) gemeinsame Lösungsversuche in einer entwicklungsmäßig heterogenen Gruppe (Partner ist *NC* oder *TC*) häufiger zu Fortschritten führt, als die Interaktion mit einem ebenfalls im Übergangsstadium befindlichen Partner wurde bestätigt. Insoweit konnten wir die Ergebnisse von Mugny u. Doise (1978) replizieren. Bei ihrer Untersuchungsgruppe zeigte allerdings, im Gegensatz zur vorliegenden Arbeit, auch die homogene Gruppe *PC-PC* in der Hälfte der Fälle Erfolge. Für die Interpretation war dies sogar ein Angelpunkt, weil hier eine Kritik an sozial-lerntheoretischen Konzeptionen der kognitiven Entwicklung möglich schien: Partner mit unvollkommenen Lösungsstrategien *(PC)* können einander nicht Modell sein, wohl aber nach Auffassung von Mugny u. Doise in produktive Widersprüche im Sinne des kognitiven Konflikts geraten.

Damit sind wir an dem Punkt, wo die Genfer Autoren glauben, mit ihrer Untersuchung einen solchen Entwicklungsmechanismus bestätigt zu haben. Nur die unzulässige Konfundierung des in einer Dyade repräsentierten Entwicklungsgefälles mit den Mechanismen der Veränderung machte dies scheinbar möglich: Mit der bei uns unabhängig von der Gruppenzusammensetzung erhobenen Häufigkeit von Auffassungsunterschieden in einer Dyade, ihrer Konfliktträchtigkeit sozusagen, konnte zwar Hypothese 2 bestätigt werden. Wie allerdings die nur rund 50% Aufklärung der Erfolgsvarianz zeigt, wurde die Bedeutung des kognitiven Konflikts als Erklärungsprinzip sicher überschätzt. Diese Bewertung erläutert Angaben, die Carugati, de Paolis u. Mugny (1979) am Rande ihrer Untersuchung des gleichen experimentellen Paradigmas mitteilen.

Die Analyse der besonders interessanten Prozeßdaten stieß leider an die Grenzen der kleinen Stichprobe. So konnten die Möglichkeiten des Verfahrens von Sackett (1978) zur Prüfung sehr differenzierter Hypothesen über Interaktionsverläufe nicht ausgeschöpft werden. Die methodisch sehr wenig befriedigende Teil-Prüfung der Hypothese führte zu einem negativen Resultat. Wir glauben angesichts dieser Ergebnisse dennoch berechtigt zu sein, an der Repräsentanz der episodischen Beobachtungen zu zweifeln, die Mugny u. Doise (1978) zur Stützung ihrer Argumentation berichten.

Noack (Literaturanmerkung 5) führt gegenwärtig die Untersuchungen fort. Es wird dann möglich sein, Hypothese 3 angemessen zu testen. Darüber hinaus wird in dieser Arbeit noch geprüft, welche Veränderungen die Interaktion erfährt, wenn eines der Kinder ausdrücklich aufgefordert wird, dem anderen zu helfen. Die Untersuchung dieses Tutoreneffekts (vgl. Allen 1976) wird vor allem auch Aufschluß geben über die Fähigkeit der Kinder, ihre Metakognitionen über den Entwicklungsstand des Partners didaktisch einzusetzen.

4. *Ausblick*

Wir können die folgende Zwischenbilanz ziehen: (1) Kognitive Konflikte, jedenfalls soweit sie sich in Meinungs- und Auffassungsunterschieden entsprechend unseren Untersuchungsparadigmen niederschlagen, werden in ihrer Bedeutung für die Vermittlung von Entwicklungsanstößen wahrscheinlich überschätzt. Selbst unter optimalen Situationsbedingungen, wie sie durch die Bildung entwicklungsheterogener Peer-Dyaden entsprechend Mugny u. Doise (1978) herzustellen versucht wurden, wird nur rund die Hälfte der beobachteten Varianz der Förderungseffekte durch kognitive Konflikte erklärt.

(2) Das in Anlehung an Formulierungen bei Flavell (1977) – die im übrigen mit vielen Autoren (vgl. Seiler 1980) übereinstimmen – entwickelte Beobachtungssystem erwies sich auf den ersten Anhieb jedenfalls nicht als geeignet, um die nach der Theorie kognitiver Konflikte zu erwartenden besonderen Prozeßcharakteristiken der Interaktion abzubilden. Ein endgültiges Urteil ist wegen der sehr schmalen Datenbasis nicht möglich.

(3) Vergißt man diese Probleme für den Moment, so ergab sich als weitere Einschränkung, daß die Auslösung kognitiver Konflikte nicht die Regel für die alltägliche Interaktion von Kind und Erziehungsperson sein dürfte. Dies scheint schon deshalb zu scheitern, weil ein handlungsleitendes Konzept über den sozialkognitiven Entwicklungsstand fehlt oder nicht wirksam wird; zumindest dann nicht, wenn die Erziehungssituation als nicht weiter problematisch erlebt wird (vgl. weitere Ergebnisse bei Silbereisen, Mülle, Noack u. Walper 1981).

(4) Die Frage, die sich damit stellt, ist die nach den situativen Auslösern oder den persönlichen Determinanten, die einen Erzieher veranlassen, kognitive Konflikte zu induzieren: In den

berichteten Untersuchungen zur Interaktion mit Erziehern im Heim, aber auch in der Situation mit der Mutter, gab es ja Fälle, die sich entsprechend den Erwartungen nach der Theorie verhielten.

(5) Die theoretische Differenzierung und Operationalisierung kognitiver Konflikte ebenso wie die Analyse der potentiellen Rolle des Interaktionspartners muß erheblich verfeinert werden. Frühere Untersuchungen hatten die theoretische Begründung in Begriffen des Äquilibrationsmodells völlig vernachlässigt. Das mag nicht weiter verwundern, wenn man bedenkt, daß erst vor wenigen Jahren eine explizite und Untersuchungen stimulierende Formulierung durch Piaget (1976) erfolgte. Moessinger (1978) beschreibt dies scherzhaft-ironisch als jahrzehntelange Stufen-Entwicklung.

Welchen Gewinn hätte man von einer systematischen Ausarbeitung der Rolle des Sozialpartners im Rahmen des Äquilibrationsmodells? Sind diesem Ansatz nicht von vornherein enge Grenzen gesetzt, weil er beispielsweise die Reflexivität als wesentliches Merkmal sozialer Beziehungen, und entwicklungsfördernde Interaktionen sind ein Teil davon, außer acht läßt? Dem gegenwärtigen Stand nach trifft dies sicherlich zu. Andererseits hat etwa Youniss (1980) gezeigt, wie fruchtbar Piaget'sches Denken für die Analyse sozialer Beziehungen sein kann. Hilfreich wäre sicherlich auch eine Einbeziehung theoretisch verwandter Ansätze. Besonders fruchtbar erscheint hierfür die Untersuchung des sogenannten *Distancing*-Verhaltens durch Sigel u. Coking (1977).

Fortschritte in der empirischen Erforschung dieser Fragen sind unbedingt nötig, will man für die Frage der Sozialisationsbedingungen sozialer Kognition nicht weiterhin bloß Behauptungen gelten lassen, wie etwa Mertens (1974): »So muß auch die Tatsache, daß Eltern zumeist nicht dazu in der Lage sind, in ihren Kindern die Fähigkeit zu einem angemessenen ›role-taking‹ zu initiieren, als Regelfall betrachtet werden.« – Untersuchungen hierzu werden nicht mitgeteilt.

Die Überlegungen und die Untersuchungsplanung nahm ihren Ausgang vom kognitiven Konflikt als Entwicklungsbedingung. Die Forschung zur Entwicklung kindlicher Kommunikation (vgl. Martens 1979) steht vor dem Problem, Kommunikationsmuster im Umgang zwischen Mutter und Kind, die im Kontext praktischen Handelns anfallen, zu bewerten, beispielsweise nach der Entwicklungsangemessenheit oder nach der Förderungspotenz für die kognitive und sozialkognitive Entwicklung. Hier wäre zu prüfen, ob eine Analyse nach dem Modell kognitiver Konflikte dies leisten könnte.

Auf die vielen praktischen Anwendungsmöglichkeiten – in der Vorschulerziehung beispielsweise –, die sich für eine ausgearbeitete Methodik der Konfliktinduktion durch soziale Interaktion ergeben, wird nur hingewiesen. Ein theoretisch ähnlich konzipiertes Dialog-Verfahren zur Betreuung lernbehinderter Kinder liegt etwa von Blank, Rose u. Berlin (1978) vor.

Literaturanmerkungen

1. Noack, M. Wie orientieren Erzieher ihr Verhalten auf den Stand der sozial-kognitiven Entwicklung der Kinder? Unveröffentlichte Diplomarbeit, Institut für Psychologie der Technischen Universität Berlin, 1980.
2. Michalski, H. Konstruktion eines Fragebogens zum mütterlichen Verhalten in Situationen, die den sozial-kognitiven Entwicklungsstand von Kindern überfordern. Unveröffentlichte Diplomarbeit, Institut für Psychologie der Technischen Universität Berlin, 1980.
3. Losch, S. Eine Untersuchung über das Verhalten von Müttern bei Aufgaben, die den sozial-kognitiven Entwicklungsstand ihres Kindes überfordern. Unveröffentlichte Diplomarbeit, Institut für Psychologie der Technischen Universität Berlin, 1980.
4. Mülle, K., Walper, S., u. Silbereisen, R. K. Bericht zum Forschungsprojektschwerpunkt »Zur Bedeutung konfliktinduzierender Verhaltensstrategien für die Förderung der Sozialentwicklung«. Berichte aus dem Institut für Psychologie der Technischen Universität Berlin, 1980.
5. Noack, P. Untersuchung zum Tutoreneffekt bei Vorschulkindern. Unveröffentlichte Diplomarbeit, Institut für Psychologie der Technischen Universität Berlin, 1980.

Literatur

Achenbach, T. u. Zigler, E., Social competence and self-image disparity in psychiatric and nonpsychiatric patients. *Journal of Abnormal and Social Psychology*, 1963, *67*, 197-205.

Aebli, H. ›Egocentrism‹ (Piaget) not a phase of mental development but a ›substitute solution‹ for an insoluble task. *Paedagogica Europaea*, 1967, 97-103.

Allen, V. L. (Ed.), *Children as teachers. Theory and research on tutoring*. New York: Academic, 1976.

Allport, G. W., *Personality: A psychological interpretation*. New York: Holt, 1937.

Alvy, K. T.: Relation of age to children's egocentric and cooperative communication. *The Journal of Genetic Psychology*, 1968, *112*, 275-286.

Alvy, K. T., The development of listener adapted communications in grade-school children from different social-class backgrounds. *Genetic Psychology Monographs*, 1973, *87*, 33-104.

Ambron, S. R. u. Irwin, D. M., Role taking and moral judgement in five- and seven-year – olds. *Developmental Psychology*, 1975, *11*, 102.

Anderson, S. u. Messick, S., Social competency in young cildren. *Developmental Psychology*, 1974, *10*, 282-293.

Anthony, E. J., An experimental approach to the psychopathology of childhood autism. *British Journal of Medical Psychology*, 1959, *32*, 18-37.

Arbuthnot, J., Modification of moral judgement, through role-playing. *Developmental Psychology*, 1975, *11*, 319-324.

Arieti, S., *Interpretation of schizophrenia*. New York: Robert Brunner, 1958.

Asher, S. R., Children's ability to appraise their own and another person's communications performance. *Developmental Psychology* 1976a, *12*, 24-32.

Asher, S. R. u. Oden, S. L., Children's failure to communicate: An assessment of comparison and egocentrism explanations. *Developmental Psychology*, 1976b, *12*, 132-139.

Auwärter, M. u. Kirsch, E., Interaktive Grundlagen komplexer kommunikativer Fähigkeiten. In: Augst, Gerhard (Hrsg.), *Spracherwerb von 6 bis 16*, Düsseldorf 1978, 235-248.

Barnett, M. A., King, L. M., Howard, J. A., Dino, G. E., Empathy in young children: Relation to parent's empathy, affection, and emphasis on feeling of others. *Developmental Psychology*, 1980, *16*, 243-244.

Barrett, D. E. u. Yarrow, M. R., Prosocial behavior, social inferential

ability, and assertiveness in children. *Child Development*, 1977, *48*, 475-481.
Bearison, D. J. u. Cassel, T. Z., Cognitive decentration and social codes. Communicative effectiveness in young children from differing family contexts. *Developmental Psychology*, 1975, *11*, 29-36.
Bearison, D. J. u. Levey, L. M., Children's comprehension of referential communication: Decoding ambiguous messages. *Child Development*, 1977, *48*, 716-720.
Beckermann, A. (Hrg.), *Analytische Handlungstheorie*, Bd. 2. Frankfurt: Suhrkamp 1977.
Bell, G. B. u. Hall, H. E., The relationship between leadership and empathy. *Journal of Abnormal and Social Psychology*, 1954, *49*, 156-157.
Benney, M., Riesman, D. u. Star, S., Age and sex in the interview, *American Journal of Sociology*, 1956, *62*, 143-152.
Berk, L. E., Effects of variation in the nursery school setting on environmental constraints and children's modes of adaption. *Child Development*, 1971, *42*, 839-896.
Bernstein, B., Social class and linguistic development. In: Halsey, A. H., Floud, J. u. Anderson, C. A. (Eds.), *Education, economy and society*. Glencoe: Free Press, 1961.
Bernstein, B., A sociolinguistic approach to socialization with some reference to educability. In: Gumperz, J. u. Hymes, D. (Eds.), *Directions in sociolinguistics*. New York: Holt, Rinehart u. Winston, 1972.
Bertram, H. u. Bertram, B., *Soziale Ungleichheit, Denkstrukturen und Rollenhandeln*, Weinheim: Beltz, 1974.
Bibace, R. R., *A comparative study of the cognition of magnitude*. Unpublished doctoral dissertation, Clark Univer., 1956.
Bigner, J. J., A Wernerian developmental analysis of children's descriptions of siblings. *Child Development*, 1974, *45*, 317-323.
Blank, M., Rose, S. A. u. Berlin, L. J. *The language of learning: The preschool years*. New York: Stratton, 1978.
Blishen, B. R., A socioeconomic index for occupations in Canada. *Canadian Review of Sociology and Anthropology*. 1967, 4, 41-53.
Bonney, M. E., Popular and unpopular children, a sociometric study. *Sociometry Monographs*, 1947, *9*.
Borke, H., Interpersonal perception of young children: Egocentrism or empathy? *Developmental Psychology*, 1971, *5*, 263-269.
Borke, H., Chandler and Greenspan's »Ersatz egocentrism«: A rejoinder. *Developmental Psychology*, 1972, 7, 107-108.
Borke, H., Piaget's mountains revisited: Changes in the egocentric landscape. *Developmental Psychology*, 1975, *11*, 240-243.
Bragg, B. W. E., Ostrowski, M. V. u. Finley, G. E., The effects of birth

order and age of target on use of persuasive techniques. *Child Development*, 1973, *44*, 351-354.
Brand, M. u. Walton, D. (Eds.), *Action theory*. Dordrecht: D. Reidel, 1976.
Brandt, M. M., Relations between cognitive role-taking performance and age, task presentation, and response requirements. *Developmental Psychology*, 1978, *14*, 206-213.
Brenner, M. (Ed.), *The structure of action*. Oxford: Basil Blackwell, 1980.
Breznitz, S. u. Kugelmass, S., Intentionality in moral judgement. *Child Development*, 1967, *38*, 469-479.
Brodzinsky, D. M., Jackson, J. P. u. Overton, W. F., Effects of perceptual shielding in the development of spatial perspectives. *Child Development*. 1972, *43*, 1041-1046.
Brodzinsky, D. M., Cognitive style differences in children's spatial perspective taking. *Developmental Psychology*, 1980, *16*, 151-152.
Bronfenbrenner, U., Harding, J. u. Gallwey, M., The measurement of skill in social perception. In: McClelland, D. C., Baldwin, A. L., Bronfenbrenner U., u. Strodtbeck, F. L. (Eds.), *Talent and society*. Princeton: Van Nostrand, 1958.
Bruner, J. S., Oliver, R. u. Greenfield, M., *Studies in cognitive growth*. New York: Wiley, 1966.
Bryan, J. H. u. London, P., Altruistic behavior by children. *Psychological Bulletin*, 1970, *73*, 200-211.
Buchsbaum, B., *The effects of frustration of interrupted play on cognitive level as a function of age*. Unpublished doctoral dissertation, Yeshiva University, 1965.
Buckley, N., Siegel, L. S. u. Ness, S., Egocentrism, empathy, and altruistic behavior in young children. *Developmental Psychology*, 1979, *15*, 329-330.
Buis, Th., Entwicklung sozialer Kognition: Beziehungen zwischen Situationsaspekten und Verhaltenswahlen in sozialen Interaktionen. In: Silbereisen, R. (Hrsg.), *Newsletter Soziale Kognition*, *2*, Berlin: TUB-Dokumentation, 1978.
Burns, N. u. Cavey, L., Age differences in empathic ability among Children. *Canadian Journal of Psychology*, 1957, *11*, 227-230.
Caesar, B., Ein neuer Ansatz zur Erforschung von Sozialisationsprozessen in vorschulischen Erziehungseinrichtungen: Der Beitrag der ökologischen Psychologie. In Baumgartner, A. u. Geulen, D. (Hrg.), *Vorschulische Erziehung, Band 2, Curriculare und methodische Ansätze*. Weinheim/Basel: Beltz, 1975.
Cameron, N., Perceptual organization and behavior pathology. In: Blake, R. R. u. Ramsey, G. V. (Eds.), *Perception, an approach to personality*. New York: Ronald, 1951, 283-306.

Campbell, D. T. u. Fiske, D. W., Convergent and discriminant validation by the multitrait-multimethod matrix. *Psychological Bulletin*, 1959, *56*, 81-105.
Candell, P., *Social egocentrism as a function of cognitive development and social withdrawal.* Unpublished honors thesis. Clark University, 1965.
Carugati, F., de Paolis, P. u. Mugny, G., A paradigm for the study of social interactions in cognitive development. *Italian Journal of Psychology*. 1979, *6*, 147-155.
Chandler, M. J., Egocentrism and childhood psychopathology: The development and application of measurement techniques. Paper presented at the biennial meeting of the society for Research in Child Development, Minneapolis, March 1971.
Chandler, M. J. u. Greenspan, S., Ersatz egocentrism: A reply to H. Borke. *Developmental Psychology*, 1972a, *7*, 104-106.
Chandler, M. J., Egocentrism in normal and pathological child development. In: Monks, F., Hartup, W. u. DeWitt, J. (Eds.), *Determinants of behavioral development*. New York: Academic Press, 1972b.
Chandler, M. J., Egocentrism and antisocial behavior: The assessment and training of social perspective-taking skills. *Developmental Psychology*, 1973, *9*, 326-332.
Chandler, M. J., Greenspan, S. u. Barenboim, C., Assessment and training of role-taking and referential communication skills in institutionalized emotionally disturbed children. *Developmental Psychology*, 1974, *10*, 546-554.
Chandler, M. J., Social cognition: A selective review of current research. In: Overton, W. F. u. McCarthey Gallaghen, J. (Eds.), *Knowledge and development. Vol. 1. Advances in research and theory*. New York: Plenum, 1977, 93-147.
Chandler, M. J., *Paget*, K. F. u. Koch, D., The child's demystification of psychological defense mechanisms: A structural and developmental analysis. *Developmental Psychology*, 1978, *14*, 197-205.
Claar, A. u. Silbereisen, R. K., Peerinteraktion und Transformation kognitiver Strukturen: Erste Ergebnisse einer Prozeßanalyse. In Silbereisen, R. K., (Hrsg.), *Bericht über die Tagung Entwicklungspsychologie in Berlin 1980*. Berlin: Technische Universität Berlin, 1980.
Clark, R. A. u. Delia, J. G., The development of functional persuasive skills in childhood and early adolescence. *Child Development*, 1976, *47*, 1008-1014.
Cohen, J. u. Hansel, C. E. M., The idea of independence. *British Journal of Psychology*, 1955, *46*, 178-190.
Coie, J. D., Costanzo, P. R. u. Farnill, D., Specific transitions in the development of spatial perspective-taking ability. *Developmental Psychology*, 1973, *9*, 167-177.

Coie, J. D. u. Dorval, B., Sex differences in the intellectual structure of social interaction skills. *Developmental Psychology*, 1973, *8*, 261-267.
Collin, E. S., Organizational characteristics of social judgement: A developmental investigation. *Journal of Personality*, 1958, *26*, 139-154.
Colvin, R. W., A study in family diagnosis and treatment for preschool retarded children and their parents. *International Copenhagen Congress on Scientific Study of Mental Retardation*, 1964, *No. 125*.
Congalton, A. A. u. Havighurst, R. J., Status ranking of occupations in New Zealand. *Australian Journal of Psychology*, 1954, *6*, 10-15.
Cowan, P. A., Langer, J., Heavenrich, J. u. Nathanson, M., Social learning and Piaget's theory of cognitive development. *Journal of Personality and Social Psychology*, 1969, *11*, 261-274.
Cox, M. V., The other observer in a perspective task. *British Journal of Educational Psychology*, 1975, *45*, 83-85.
Cox, M. V., Order of the acquisition of perspective-taking skills. *Developmental Psychology*, 1978, *14*, 421-422.
Cranach, M. v., Kalbermatten, U., Indermühle, K. u. Gugler, B., *Zielgerichtetes Handeln*. Bern: Huber, 1980.
Cronbach, L. J., Statistical methods applied to Rorschach scores: A review. *Psychological Bulletin*, 1949, *46*, 393-429.
Cunningham, R., *Understanding group behavior of boys and girls*. New York: Columbia University, Teachers College, Bureau of Publications, 1951.
Cutrona, C. E. u. Feshbach, S., Cognitive and behavioral correlates of children's differential use of social information. *Child Development*, 1979, *50*, 1036-1042.
Davidson, H. P., A study of the confusing letters B, D, P, Q. *Journal of Genetic Psychology*, 1935, *47*, 458-468.
Davis, L., *Theory of action*, Englewood Cliffs: Prentice-Hall, 1979.
Davitz, J. R., *The communication of emotional meaning*. New York: McGraw-Hill, 1964.
Devereaux, E. C., Shouval, R., Bronfenbrenner, V., Rodgers, R. R., Kav-Venaki, S., Kiely, E. u. Karson, S., Socialization practices of parents, teachers, and peers in Israel: The Kibbutz versus the city. *Child Development*, 1974, *45*, 269-281.
DeVries, R., Constancy of generic identity in the years three to six, Monographs of the Society for Research. *Child Development*, 1969, *34*, (3, Serial No. 127), 1-67.
DeVries, R., The development of role-taking as reflected by the behavior of bright, average, and retarded children in a social guessing game. *Child Development*, 1970, *41*, 759-770.
Dickson, W. P., Hess, R. D., Miyake, N. u. Azuma, H., Referential communication accuracy between mother and child as a predictor of

cognitive development in the United States and Japan. *Child Development*, 1979, *50*, 53-58.

Dilling, C., *A study of moral orientation in relation to the Piagetian concept of egocentrism.* Unpublished doctoral dissertation, Michigan State University, 1967.

Dimitrovsky, L., The ability to identify the emotional meaning of vocal expressions at successive age levels. In: J. R. Davitz (Ed.), *The communication of emotional meaning.* New York: McGraw-Hill, 1964.

Döbert, R. u. Nunner-Winkler, G., Perspektivenwechsel – soziale Kognition – moralisches Urteil. In: *Newsletter Soziale Kognition.* Berlin: TUB-Dokumentation, 1977.

Döbert, R. u. Nunner-Winkler, G., Performanzbestimmende Aspekte des moralischen Bewußtseins. In: Eckensberger, L. H. (Hrsg.), *Entwicklung des moralischen Urteilens – Theorie, Methode, Praxis.* Universität des Saarlandes, Saarbrücken 1978, 301-331, sowie in G. Portele (Hrsg.), *Sozialisation und Moral.* Weinheim: Beltz, 1978, S. 101-121.

Doise, W., Mugny, G. u. Perret-Clermont, A.-N., Social interaction and the development of cognitive operations. *European Journal of Social Psychology*, 1975, *5*, 367-383.

Dokecki, P. R., Polidoro, L. G. u. Cromwell, L., Commonality and stability of word association responses in good and poor premorbid schizophrenics. *Journal of Abnormal Psychology*, 1965, *70*, 312-316.

Dunn, O. J., Multiple comparisons using rank sums. *Technometrics*, 1964, *6*, 241-252.

Dymond, R., Personality and empathy. *Journal of Consulting Psychology*, 1950, *14*, 343-350.

Dymond, R., Hughes, A. u. Raabe, V., Measurable changes in empathy with age. *Journal of Consulting Psychology*, 1952, *16*, 202-206.

Eckensberger, L. H. u. Silbereisen, R. K. (Hrsg.), *Entwicklung Sozialer Kognitionen: Modelle, Theorien, Methoden, Anwendung.* Stuttgart: Klett-Cotta, 1980.

Edelstein, W., Keller, M. u. Wahlen, K., *Kognition und Soziale Kognition: Eine Analyse von Beziehungsmustern (Erweiterte Fassung).* Berlin: Max-Planck-Insitut für Bildungsforschung, 1980 b.

Edelstein, W., Keller, M. u. Wahlen, K., *Entwicklung sozialkognitiver Prozesse: Eine theoretische und empirische Rekonstruktion (Erweiterte Fassung).* Berlin: Max-Planck-Institut für Bildungsforschung, 1980 c.

Edelstein, W., Keller, M. u. Wahlen, K., *Zwischenbericht des Projekts »Kindliche Entwicklung und Soziale Struktur«.* Berlin: Max-Planck-Institut für Bildungsforschung, 1977.

Edelstein, W., Keller, M. u. Wahlen, K., Kognition und soziale Kognition: Eine Analyse von Beziehungsmustern. In: Keller, M., Roeders, P. u. Silbereisen, R. K. (Hrsg.), *Newsletter Soziale Kognition*, *3*. Berlin:

Technische Universität, 1980a.
Eisenberg-Berg, N. u. Lennon, R., Altruism and the assessment of empathy in the preschool years. *Child Development*, 1980, *50*, 552-557.
Feffer, M., The cognitive implications of role-taking behavior. *Journal of Personality*, 1959, *27*, 152-168.
Feffer, M. u. Gourevitch, V., Cognitive aspects of role-taking in children. *Journal of Personality*, 1960, *28*, 383-396.
Feffer, M. u. Suchotliff, L., Decentering implications of social interaction. *Journal of Personality and Social Psychology*, 1966, *4*, 415-422.
Feffer, M., A developmental analysis of interpersonal behavior. *Psychological Review*, 1970, *77*, 197-214.
Feffer, M., Symptom expression as a form of primitive decentering. *Psychological Review*, in press.
Feshbach, N. D. u. Roe, K., Empathy in and seven year olds. *Child Development*, 1968, *39*, 133-145.
Feshbach, N. D. u. Feshbach, S., The relationship between empathy and aggression in two age groups. *Developmental Psychology*, 1969, *1*, 102-107.
Finley, G. E. u. Humphreys, C. A., Naive psychology and the development of persuasive appeals in girls. *Canadian Journal of Behavioral Science*, 1974, *6*, 75-80.
Fishbein, H. D. u. Osborne, H., The effects of feedback variations on referential communication of children. *Merrill-Palmer Quarterly*, 1971, *17*, 243-250.
Fishbein, H. D., Lewis, S. u. Keiffer, K., Children's understanding of spatial relations: Coordination of perspectives. *Developmental Psychology*, 1972, *7*, 21-33.
Flapan, D., *Children's understanding of social interaction.* New York: Teachers College, Columbia University Press, 1968.
Flavell, J., *The developmental psychology of Jean Piaget*. Princeton, N. J.: Van Nostrand, 1963.
Flavell, J., The development of two related forms of cognition: role-taking and verbal communication. In: Kidd, A. H. u. Rivoire, J., (Eds.), *Perceptual development in children.* New York: 1966, 246-272.
Flavell, J., Botkin, P. T., Fry, C. L., Wright, J. W. u. Jarvis, P. E., *The development of role-taking and communication skills in children.* New York: Wiley, 1968. Dtsch. *Rollenübernahme und Kommunikation bei Kindern.* Weinheim: Beltz, 1975.
Flavell, J., Concept development. In: Mussen, P. H. (Ed.), *Carmichael's manual of child psychology (Rev. ed.).* New York: Wiley, 1970.
Flavell, J., The development of inferences about others. In: Mischel, T. (Ed.), *Understanding other persons.* Oxford, England: Basil Blackwell, 1974.

Flavell, J., *Cognitive development*. Englewood Cliffs: Prentice Hall, 1977.

Flavell, J., Omanson, R. C. u. Latham, C., Solving spatial perspective-taking problems by rule versus computation: A developmental study. *Developmental Psychology*, 1978, *14*, 462-473.

Flavell, J., Shipstead, S. G. u. Croft, K., Young children's knowledge about visual perception: Hiding objects from others. *Child Development*, 1978, *49*, 1208-1211.

Fry, C., Training children to communicate to listeners. *Child Development*, 1966, *37*, 675-685.

Fry, C., A developmental examination of performance in a tacit coordination game situation. *Journal of Personality and Social Psychology*, 1967, *5*, 277-281.

Fry, C., Training children to communicate to listeners who have varying listeners requirements. *Journal of Genetic Psychology*, 1969, *114*, 153-166.

Furth, H., *Thinking without language: Psychological implications of deafness*. New York: Free Press, 1966.

Furth, H., *The world of grown-ups: Children's conceptions of society*. New York: Elsevier, 1980.

Garvey, C. u. Hogan, R., Social speech and social interaction: Egocentrism revisited. *Child Development*, 1973, *44*, 562-568.

Gates, G. S., An experimental study of the growth of social perception. *Journal of Educational Psychology*, 1923, *14*, 449-461.

Gates, G. S., The role of the auditory element in the interpretation of emotions. *Psychological Bulletin*, 1927, *24*, 175 (Abstract).

Gelman, R. u. Shatz, M., Listener-dependent adjustments in the speech of 4-year-olds. *Paper given at meeting of the Psychonomic Society*. 1972.

Gerris, J., Towards a simultaneous test of a developmental theory and a school curriculum for social cognition. In: Silbereisen, R. K. (Hrsg.) *Newsletter Soziale Kognition*, *2*, Berlin, TUB Dokumentation: 1978, 91-111.

Geulen, D., *Das vergesellschaftete Subjekt. Zur Grundlegung der Sozialisationstheorie*. Frankfurt: Suhrkamp, 1977.

Gibson, E. J., Gibson, J. J., Pick, A. D. u. Osser, H. A., A developmental study of letter-like forms. *Journal of Comparative and Physiological Psychology*, 1962, *55*, 897-906.

Girgus, J. S. u. Wolf, J., Age changes in the ability to encode social cues. *Developmental Psychology*, 1975, *11*, 118.

Glucksberg, S., Krauss, R. M. u. Weisberg, R., Referential communication in nursery school children: Method and some preliminary findings. *Journal of Experimental Child Psychology*, 1966, *3*, 333-342.

Glucksberg, S. u. Krauss, R. M., What do people say after they have learned how to talk? Studies of the development of referential commu-

nication. *Merrill-Palmer Quarterly*, 1967, *13*, 309-316.
Glucksberg, S., Krauss, R. M. u. Higgins, T., The development of communication skills in children. In F. Horowitz (Ed.), *Review of child development research*, Vol. 4. Chicago: University Press, 1975.
Goldman, A. I., *A theory of human action*. Englewood Cliffs: Prentice-Hall, 1970.
Goldstein, D. u. Kose, G., Familiarity and children's communication. *Perceptual and Motor Skills*, 1978, 47, 19-24.
Goldstein, K., The significance of psychological research in schizophrenia. *Journal of Nervous and Mental Disorders*, 1943, 97, 261-279.
Gompertz, K., The relation of empathy to effective communication. *Journalism Quarterly*, 1960, *37*, 533-546.
Goodnow, J. u. Bethon, G., Piaget's tasks: The effects of schooling and intelligence. *Child Development*, 1966, *37*, 573-582.
Goodnow, J., Problems in research on culture and thought. In: Elkind, D. u. Flavell, J. H. (Eds.), *Studies in cognitive development*. New York: Oxford University Press, 1969.
Gough, H. G., A sociological theory of psychopathy. *American Journal of Sociology*, 1948, *53*, 359-366.
Gourevitch, V. u. Feffer, M. H., A study of motivational development. *Journal of Genetic Psychology*, in press.
Gove, F. L. u. Keating, D. P., Empathic role-taking precursors. *Developmental Psychology*, 1979, *15*, 594-600.
Grace, H. A., The effects of different degrees of knowledge about an audience on the content of communication: The comparison of male and female audiences. *Journal of Social Psychology*, 1952, *36*, 89-96.
Gratch, G., The development of the expectation of the non-independence of random events in children. *Child Development*, 1959, *30*, 217-228.
Gratch, G., Response alternation in children: A developmental study of orientations to uncertainty. *Vita Humana*, 1964, 7 *(1)*, 49-60.
Graumann, C. F., Interaktion und Kommunilkation. In: *Handbuch der Psychologie*, Bd. 7, 2. Halbband, hrsg. von C. F. Graumann, Göttingen: Hogrefe, 1972, S. 1109-1262.
Green, B. F., Method of scalogram analysis using summary statistics. *Psychometrika*, 1956, *21 (1)*, 79-88.
Green S. K., Causal attribution of emotion in Kindergarten children. *Developmental Psychology*, 1977, *13*, 533-534.
Greenfield, P. M., On culture and conservation. In: Bruner, J. S., Oliver, R. u. Greenfield, M. (Eds.), *Studies in cognitive growth*. New York: Wiley, 1966.
Greenfield, P. M. u. Bruner, J. S., Learning and language. *Psychology Today*, 1971, *5*, 40.
Greenspan, S., Barenboim, C. u. Chandler, M. J., Empathy and pseudo-empathy: The affective judgments of first- and third graders. *Journal of*

Genetic Psychology, 1976, *129*, 77-88.
Guilford, J., *Psychometric methods.* New York: McGraw-Hill, 1954.
Habermas, J., *Vorlesung über »Theorie der Sozialisation«*, Sommersemester 1968 (hektographiert).
Habermas, J., Zur Logik der Sozialwissenschaften. *Philosophische Rundschau*, Beiheft 5, Tübingen 1967.
Habermas, J., Theorie des kommunikativen Handelns, 2 Bde. Frankfurt: Suhrkamp, 1981.
Hacker, W., *Allgemeine Arbeits- und Ingenieurpsychologie.* Berlin: VEB Deutscher Verlag der Wissenschaften, 1973.
Haggard, E., Isolated families in the mountains of Norway. In: *International yearbook of child psychiatry, Vol. I.* Anthony, E. J. u. Koupernik, L. (Eds.), *The child in the family.* New York: Wiley, 1970.
Handlon, B. J. u. Gross, P., The development of sharing behavior. *Journal of Abnormal and Social Psychology*, 1959, *59*, 425-428.
Hanfmann, E. u. Kasanin, J., Conceptual thinking in schizophrenia. *Nervous and Mental Disorders Monographs*, 1942.
Hardeman, A. M., *Children's moral reasoning.* Unpublished doctoral dissertation, Columbia University, 1967.
Harré, R. u. Secord, P. F., *The explanation of social behaviour.* Oxford: Basil Blackwell, 1972.
Hartshorne, H. u. May, M. A., *Studies in the nature of character, Vol. 3.* New York: Macmillan, 1930.
Hays, W. L., *Statistics.* New York: Holt, Rinehart & Winston, 1963.
Hegel, G. W. F., *Phänomenologie des Geistes.* Hamburg: Meiner.
Heider, E., Style and accuracy of verbal communications within and between social classes. *Journal of Personality and Social Psychology*, 1971, *18*, 33-47.
Heider, F., *The psychology of interpersonal relations.* New York: Wiley, 1958; dtsch.: *Psychologie der interpersonalen Beziehungen.* Stuttgart: Klett, 1977.
Hess, R. u. Shipman, V., Cognitive elements in maternal behavior. In: Hill, J. (Ed.), *Minnesota Symposia on Child Psychology (Vol. 1).* Minneapolis: University of Minnesota Press, 1968.
Heymans, P., *Erziehungsstile als Kodeterminanten der sozialkognitiven Entwicklung.* Intern Rapport 76 ON 08, Vakgroep Ontwikkelingspsychologie, Psychologisch Laboratorium, Katholieke Universiteit Nijmegen, Nederland.
Higgins, E. T. A., *A social and developmental comparison of oral and written communication skills.* Doctoral dissertation, Columbia University, 1973.
Hildreth, G., Griffiths, N. u. McGaurvan, M., *Metropolitan readiness tests.* New York: Harcourt, Brace & World, 1964.
Hoffman, M. L., Altruistic behavior and the parent-child relationship.

Journal of Personality and Social Psychology, 1975, *31*, 937-943.
Hoffman, M. L., Empathy, role-taking, guilt and development of altruistic motives. In: Lickona, T. (Hrsg.), *Moral development and behavior*. New York: Holt, Rinehart & Winston, 1976, *S. 124-143*.
Hollingshead, A. B., *Two factor index of social position*. New Haven, Conn.: Author, 1957 (Mimeo).
Hollos, M., *Community, family, and cognitive development in rural Norway*. Unpublished doctoral dissertation, University of California, Berkeley, 1970.
Hollos, M. u. Cowan, P. A., Social isolation and cognitive development: Logical operations and role-taking abilities in three Norwegian social settings. *Child Development*, 1973, *44*, 630-641.
Holstein, C., *Parental consensus and interaction in relation to the child's moral judgement*. Unpublished doctoral dissertation, University of California, Berkeley, 1968.
Homans, G. C., Social behavior as exchange. *American Journal of Sociology*, 1958, *63*, 597-606.
Homans, G. C., *Social behavior. Its elementary forms*. New York: Harcourt, Brace & World, 1961.
Horowitz, F. D., The relationship of anxiety, self-concept, and sociometric status among fourth, fifth, and sixth grade children. *Journal of Abnormal and Social Psychology*, 1962, 65, 212-214.
Hoy, E. A., Predicting another's visual perspective: A unitary skill? *Developmental Psychology* 1974, *Vol. 10, No. 3*, 462.
Hoy, E. A., Measurement of Egocentrism in children's communication. *Developmental Psychology* 1975, 11, 392.
Hudson, L. M., On the coherence of role-taking abilities: An alternative to correlational analysis. *Child Development*, 1978, 49, 223-227.
Husserl, E., *Zur Phänomenologie der Intersubjektivität. Erster Teil: 1905-1920*. Den Haag: Martinus Nijhoff, 1973.
Huttenlocher, J. u. Presson, C. C., Mental rotation and the perspective problem. *Cognitive Psychology*, 1973, 4, 277-299.
Ironsmith, M. u. Whitehurst, G. J., The development of listener abilities in communication: How children deal with ambiguous information. *Child Development*, 1978, 49, 348-352.
Ives, W., Preschool children's ability to coordinate spatial perspectives through language and pictures. *Child Development*, 1980, *50*, 1303-1306.
Jannotti, R. J., Effect of role-taking experiences on role-taking, empathy, altruism, and aggression. *Developmental Psychology*, 1978, *14*, 119-124.
Joas, H., *Die gegenwärtige Lage der soziologischen Rollentheorie*. Frankfurt: Athenäum, 1973.
Joas, H., *Praktische Intersubjektivität. Die Entwicklung des Werkes von*

G. H. Mead. Frankfurt: Suhrkamp, 1980.
Johnson, D. W., Affective perspective taking and cooperative predisposition. *Developmental Psychology*, 1975a, *11*, 869-870.
Johnson, D. W., Cooperativeness and social perspective taking. *Journal of Personality and Social Psychology*, 1975b, *31*, 241-244.
Jones, E. E. u. Davis, K. E., From acts to dispositions: The attribution process in person perception. In: Berkowitz, L. (Ed.), *Advances in experimental social psychology*, Vol. 2, New York 1965, S. 219-266.
Jones, E. E. u. Gerard, H. B., *Foundations of social psychology*. New York: Wiley, 1967.
Jones, E. E., Kanouse, D. E., Kelley, H. H., Nisbett, R. E., Vallins, S., Weiner, B., *Attribution: Perceiving the causes of behavior*. Morristown 1971.
Judd, S. A. u. Mervis, C. B., Learning to solve class-inclusion problems: The roles of quantification and recognition of contradiction. *Child Development*, 1979, *50*, 163-169.
Kaden, S. E., *A formal-comparative analysis of the relationship between the structuring of marital interaction and Rorschach blot stimuli*. Unpublished doctoral dissertation, Clark University, 1958.
Kantor, J. R., *Principles of psychology*. New York: Alfred Knopf, 1926, Vol. II.
Karabenick, J. D. u. Miller, S. A., The effects of age, sex, and listener feedback on grade school children's referential communication. *Child Development*, 1977, *48*, 678-683.
Katz, P. u. Zigler, E., Self-image disparity: A developmental approach. *Journal of Personality and Social Psychology*, 1967, *5*, 186-195.
Katz, P., Zigler, E. u. Zalk, S., Children's self-image disparity: The effects of age, maladjustment, and action-thought orientation. *Developmental Psychology*, 1975, *11*, 546-550.
Keenan, E. O., Conversational competence in children. *Journal of Child Language*, 1974, *1 (2)*, 163-183.
Keller, M., Development of role-taking ability. Social Antecedents and Consequences for School Success. *Human Development*, 1976, *19*, 120-132.
Keller, M., *Kognitive Entwicklung und soziale Kompetenz*. Stuttgart: Klett, 1976a.
Keller, M., Development of social understanding: Effects of perceived family communication and interaction dimensions. In: Silbereisen, R. K. (Hrsg.), *Newsletter Soziale Kognition*, *2*, Berlin: TUB-Dokumentation, 1978a.
Keller, M., Entwicklung der Interaktionsfähigkeit. Versuch einer Integration und Weiterführung verschiedener Ansätze. In: Eckensberger, L. H. (Hrsg.), *Entwicklung des moralischen Urteilens*. Saarbrücken: Universitätsdruck, 1978b, 177-192.

Keller, M., Entwicklungspsychologie sozial-kognitiver Prozesse. In: Waller, M. (Hrsg.), *Jahrbuch für Entwicklungspsychologie, Bd. 2, Soziale Entwicklung im Kindesalter.* Stuttgart: Klett-Cotta, 1980, 89-126.
Kellogg, W. N. u. Eagleson, B. M., The growth of social perception in different racial groups. *Journal of Educational Psychology*, 1931, *22*, 367-375.
Kessen, W. u. Kessen, M. L., Behavior of children in a two-choice guessing problem. *Child Development*, 1961, *32*, 779-788.
Kinch, J. W., Experiments on factors related to selfconcept change. *Journal of Social Psychology*, 1968, 74, 251-258.
Kohlberg, L., *The development of modes of moral thinking and choice in the years ten to sixteen.* Unpublished doctoral dissertation, University of Chicago, 1958.
Kohlberg, L., Development of moral character and moral ideology. In: Hoffman, M. L. u. Hoffman, L. N. (Eds.), *Review of child development research. Vol. 1.* New York: Russell Sage Foundation, 1964.
Kohlberg, L., Early education: A cognitive developmental view, *Child Development*, 1968, *39*, 1013-1062.
Kohlberg, L., Stage and sequence: The cognitive developmental approach to socialization. In: Goslin, D. (Ed.), *Handbook of socialization theory and research.* New York: Rand McNally, 1969, dtsch. in Kohlberg, 1974.
Kohlberg, L., *Zur kognitiven Entwicklung des Kindes.* Frankfurt/M.: Suhrkamp, 1974.
Krauss, R. u. Rotter, G., Communication abilities of children as a function of status and age. *Merrill-Palmer Quarterly*, 1968, *14*, 161-173.
Krauss, R. u. Glucksberg, S., The development of communication: Competence as a function of age. *Child Development*, 1969, 40, 255-266.
Krauss, R. u. Glucksberg, S., Socialization of communication skills. In: Hoppe, R. A., Milton, G. A. u. Simmel, E. C. (Eds.), *Early experiences and the processes of socialization*, New York: Academic Press, 1970.
Krebs, R. L., *Some relationships between moral judgement, attention, and resistance to temptation.* Unpublished doctoral dissertation, University of Chicago, 1967.
Kuhn, D., Mechanisms of change in the development of cognitive structures. *Child Development*, 1972 *43*, 833-844.
Kuhn, D., Inducing development experimentally: Comments on a research paradigm. *Developmental Psychology*, 1974, *10*, 590-600.
Kurdek, L. u. Rodgon, M., Perceptual, cognitive, and affective perspective taking in kindergarten through sixth-grade children. *Developmental Psychology*, 1975, *11*, 643-650.

Kurdek, L., Structural components and intellectual correlates of cognitive perspective taking in first- through fourth-grade children. *Child Development*, 1977a, *48*, 1503-1511.
Kurdek, L., Convergent validation of perspective taking: A one-year follow-up. *Developmental Psychology*, 1977b, *13*, 172-173.
Kurdek, L., Perspektive taking as the cognitive basis of children's moral development: A review of the literature. *Merrill-Palmer Quarterly*, 1978, *21*, 3-28.
Kurdek, L., Generality of decentering in first through fourth grade children. *Journal of Genetic Psychology*, 1979, *134*, 89-97.
Laing, R. D., Phillipson, H. u. Lee, A. R., *Interpersonal perception*, London 1966, dtsch.: *Interpersonelle Wahrnehmung*. Frankfurt: Suhrkamp, 1971.
Laing, R. D., *Knots*. London: Tavistock, 1970, dtsch.: *Knoten*. Reinbek: Rowohlt, 1972.
Lamb, M. E., A reexamination of the infant social world. *Human Development*, 1977, *20*, 65-85.
Landry, M. O. u. Lyons-Ruth, K., Recursive structure in cognitive perspective taking. *Child Development*, 1980, *51*, 386-394.
Langer, J., *Theories of development*. New York: Holt, Rinehart & Winston, 1969.
Larsen, G. Y., Methodology in developmental psychology: An examination of research on Piagetian theory. *Child Development*, 1977, *48*, 1160-1166.
Laubengayer, N. C., *The effects of training on the spatial egocentrism of preschoolers*. Unpublished master's thesis, University of Minnesota, 1965.
Laucken, U., *Naive Verhaltenstheorie*. Stuttgart: Klett, 1973.
Laurendeau, M. u. Pinard, A., *Development of the concept of space in the child*, New York: International Universities Press, 1970.
Leahy, R. L. u. Huard, C., Role-taking and self-image disparity in children. *Developmental Psychology*, 1976, *12*, 504-508.
Lee, L. C., The concomitant development of cognitive and moral modes of thought: A test of selected deductions from Piaget's theory. *Genetic Psychology Monographs*, 1971, *83*, 93-146.
Lenk, H. (Hrg.), *Handlungstheorien interdisziplinär*, Bd. 1 1980; Bd. 2, 1. Halbband 1978; 2. Halbband 1979; Band 4 1977; München: Fink.
Levine, L. E. u. Hoffman, M. L., Empathy and cooperation in 4-year-olds. *Developmental Psychology*, 1975, *11*, 533-534.
Lewis, S. u. Fishbein, H. D., *Space perception in children: A disconfirmation of Piaget's developmental hypothesis*. Paper presented at Psychonomic Society Meetings, Saint Louis, November 1969.
Liben, L. S., Perspective-taking skills in young children: Seeing the world through rose-colored glasses. *Developmental Psychology*, 1978, *14*,

87-92.
Lienert, G. A., *Verteilungsfreie Methoden in der Biostatistik*. Meisenheim: Hain, 1973.
Lieshout, van C. F. M., Wuffel, de F. J. u. Jansen, W., Adult instructions of social cognitions at different levels of social cognitive development. In: Silbereisen, R. K. (Hrsg.) *Bericht über die Tagung Entwicklungspsychologie in Berlin 1980*. Berlin: Technische Universität Berlin, 1980, 454.
Livesley, W. J. u. Bromley, D. B., *Person perception in childhood and adolescence*. London: Wiley, 1973.
Looft, W. R., Egocentrism and social interaction across the life span. *Psychological Bulletin*. 1972, *78*, 73-92.
Manis, J. G. u. Meltzer, B. N. (Eds.), *Symbolic interaction*. Boston: Allyn & Bacon, 1967.
Maratsos, M. P., Nonegocentric communication abilities in preschool children. *Child Development*, 1973, 44, 697-700.
Marcus, R. F., Telleen, S. u. Roke, E. J., Relation between cooperation and empathy in young children. *Developmental Psychology*, 1979, *15*, 346-347.
Markman, E. M., Realizing that you don't understand: A preliminary investigation. *Child Development*, 1977, *48*, 986-992.
Marsh, D. T., Serafica, F. C. u. Barenboim, C., Effect of perspective-taking training on interpersonal problem solving. *Child Development*, 1980, *51*, 140-145.
Martens, K., Zur Herausbildung kommunikativer Handlungsmuster zwischen Kind und Bezugsperson: Unterstützung herstellen. In: Martens, K. (Hrsg.), *Kindliche Kommunikation*. Frankfurt: Suhrkamp, 1979.
Martin, M., A role-taking theory of psychopathy (Doctoral dissertation, University of Oregon). Ann Arbor, Mich., *University Microfilms*. 1968, *No. 68-11*, 957.
Marvin, R. S., *Attachment, exploratory and communicative behavior of two, three, and four year old children*. Unpublished doctoral dissertation, University of Chicago, 1972.
Marvin, R. S., Greenberg, M. T. u. Mossler, D. G., The early development of conceptual perspective taking: Distinguishing among multiple perspectives. *Child Development*, 1976, *47*, 511-514.
Marwell, G. u. Schmitt, D. R., Some notes on the concept and experimental study of cooperation. *Journal for the theory of social behavior*. 1971, *1*, 153-164.
Masangkay, Z. S., McCluskey, K. A., McIntyre, C. W., Sims-Knight, J., Vaughn, B. E. u. Flavell, J. H., The early development of inferences about the visual perception of others. *Child Development*, 1974, *45*, 357-366.

Mead, G. H., *Mind, self and society*. Chicago: University of Chicago Press, 1934, dtsch. *Geist, Identität und Gesellschaft*. Frankfurt: Suhrkamp, 1968, 1973.

Mead, G. H., *Gesammelte Aufsätze, Band 1*. Frankfurt: Suhrkamp, 1980.

Meggle, G. (Hrg.), *Analytische Handlungstheorie*, Bd. 1. Frankfurt: Suhrkamp 1977.

Mermelstein, E. u. Shulman, L. S., Lack of formal schooling and the acquisition of conservatism. *Child Development*, 1967, *38*, 39-52.

Mertens, W., *Erziehung zur Konfliktfähigkeit*. München: Ehrenwirth, 1974.

Midlarsky, E. u. Bryan, J. H., Training charity in children. *Journal of Personality and Social Psychology*, 1967, *5*, 408-415.

Miller, G. A., Galanter, E. u. Pribram, K. H., *Plans and the structure of behavior*. New York: Holt, 1960, dtsch.: *Strategien des Handelns*. Stuttgart: Klett, 1973.

Miller, P. H., Kessel, F. S. u. Flavell, J. H., Thinking about people thinking about people thinking about . . .: A study of social cognitive development. *Child Development*, 1970, *41*, 613-624.

Miller, S. A., Nonverbal assessment of Piagetian concepts. *Psychological Bulletin, Vol. 83, 3*, 1976, 405-430.

Miller, S. A. u. Brownell, C. A., Peers, persuasion, and Piaget: Dyadic interaction between conservers and nonconservers. *Child Development*, 1975, *46*, 992-997.

Mischel, Th. (Ed.), *Understanding other persons*. Oxford: Basil Blackwell, 1974.

Moessinger, P., Piaget on Equilibration. *Human Development*, 1978, *21*, 255-267.

Mossler, D. G., Marvin, R. S. u. Greenberg, M. T., Conceptual perspective taking in 2- to 6-year-old children. *Developmental Psychology*, *12*, 1976, 85-86.

Mueller, E., Bleier, M., Krakow, J., Hegedus, K. u. Cournoyer, P., The development of peer verbal interaction among two-year-old boys. *Child Development*, 1977, *48*, 284-287.

Mugny, G. u. Doise, W., Socio-cognitive conflict and structure of individual and collective performance. *European Journal of Social Psychology*, 1978, *8*, 181-192.

Neumann, J. v. u. Morgenstern, O., *Theory of games and economic behavior*. Princeton: University Press, 1944, dtsch.: *Spieltheorie und wirtschaftliches Verhalten*. Würzburg: Physika-Verlag, 1961.

Northway, M. L., Outsiders: A study of the personality patterns of children least acceptable to their age mates. *Sociometry*, 1944, *7*, 10-25.

Nunner-Winkler, G., Probleme bei der Messung des moralischen Urteils mit standardisierten Verfahren. In: Eckensberger, L. H. (Hrsg.), *Entwicklung des moralischen Urteilens – Theorie; Methode; Praxis*. Saarbrücken: Universität d. Saarlandes, 1978.

Opp, K. D., *Verhaltenstheoretische Soziologie*. Hamburg: Rowohlt, 1972.

Oppenheimer, L., Perspective-coordination development: an analysis. In: Lieshout, C. F. M. van (Ed.), *Stimulation of social development in school*. Lisse, Netherlands: Swets & Zeitlinger, 1977.

Oppenheimer, L., The development of processing of social perspectives: A cognitive model. *The International Journal for Behavioral Development*, 1978, *1*, 149-171.

Oppenheimer, L., *Social cognitive development: A theoretical and empirical elaboration*. Universiteit von Nijmegen: Centrale Reprografie Directoraat A-Faculteiten, 1978.

Oppenheimer, L. u. De Groot, W., *Development of concepts about people in interpersonal situations*. Unpublished manuscript. University of Amsterdam (submitted for publication), 1979.

Oppenheimer, L. u. Van der Lee, H., *Development of temporal ordering of social events*. Unpublished manuscript. University of Amsterdam (in preparation), 1979.

Parsons, T., *The structure of social action*. Glencoe: Free Press, 1937, [2]1949.

Parsons, T., *The social system*, Glencoe: Free Press, 1950.

Pepitone, A., Attributions of causality, social attitudes and cognitive matching processes. In: Tagiuri, R. u. Petrullo, L. (Eds.), *Person perception and interpersonal behavior*. Stanford 1958.

Peterson, C. L., Danner, F. W. u. Flavell, J. H., Developmental changes in children's responses to three indications of communication failure, *Child Development*, 1972, *43*, 1463-1468.

Phillips, L. u. Rabinovitch, M. S., Social role and patterns of symptomatic behaviors. *Journal of Abnormal and Social Psychology*, 1958, *57*, 181-186.

Phillips, L., Kaden, S. u. Waldman, M., Rorschach indices of developmental level. *Journal of Genetic Psychology*, 1959, *94*, 267-285.

Piaget, J., *The moral judgement of the child*. Glencoe Ill.: Free Press, 1948, zuerst frz. 1932, dtsch. *Das moralische Urteil beim Kinde*. Frankfurt: Suhrkamp, 1973.

Piaget, J., *The psychology of intelligence*. New York: Harcourt, Brace, 1950, zuerst frz. 1947, dtsch. *Psychologie der Intelligenz*. Zürich: Rascher, 1966.

Piaget, J., *Der Aufbau der Wirklichkeit beim Kinde*. Stuttgart: Klett, 1974, zuerst frz. 1937.

Piaget, J., *Logic and psychology*. Manchester: University Press, 1953.

Piaget, J. u. Inhelder, B., *The child's conception of space*. London:

Routledge & Kegan Paul, 1956, zuerst frz. 1947, dtsch. *Die Entwicklung des räumlichen Denkens beim Kinde.* Stuttgart: Klett, 1971.

Piaget, J., *Language and thought of the child.* London: Routledge & Kegan Paul, 1959, zuerst frz. 1923, dtsch. *Denken und Sprechen des Kindes.* Düsseldorf: Schwann, 1972.

Piaget, J., Inhelder, B. u. Szeminska, A., *The child's conception of geometry.* New York: Basic, 1960, zuerst frz. 1948, dtsch. *Die natürliche Geometrie des Kindes.* Stuttgart: Klett, 1974.

Piaget, J., *Plays, dreams, and imitation in childhood.* New York: Norton, 1962, zuerst frz. 1959, dtsch. *Nachahmung, Spiel und Traum.* Stuttgart: Klett, 1969.

Piaget, J., *Six psychological studies.* New York: Random House, 1967, dtsch. in *Theorien und Methoden der modernen Erziehung.* Frankfurt: Fischer, 1974, 153-278.

Piaget, J., *Äquilibration der kognitiven Strukturen.* Stuttgart: Klett, 1976, zuerst. frz. 1975.

Piché, G. L., Michlin, M. L., Rubin, D. L. u. Johnson, F. L., Relationships between fourth graders' performances on selected role-taking tasks and referential communication accuracy tasks. *Child Development,* 1975, *46,* 965-969.

Pinard, A. u. Laurendeau, M., »Stage« in Piaget's cognitive-developmental theory: Exegesis of a concept. In: Elkind, D. u. Flavell, J. (Eds.), *Studies in cognitive development: essays in honor of Jean Piaget,* New York: Oxford University Press, 1969.

Piontkowski, U., *Psychologie der Interaktion.* München: Juventa 1976.

Portele, G. (Hrg.), *Sozialisation und Moral.* Weinheim u. a.: Beltz, 1978.

Pratt, M. W., Scribner, S. u. Cole, M., Children as teachers: Developmental studies of instructional communication. *Child Development,* 1977, *48,* 1475-1481.

Price-Williams, D. R., A study concerning concepts of conversation of quantity among primitive children. *Acta Psychologica,* 1961, *18,* 297-305.

Prillwitz, S., Schulmeister, R. u. Wudtke, H., *Kommunikation ohne Sprache? Zur kommunikativen Funktion hörsprachgeschädigter Vorschulkinder im Familienalltag.* Weinheim: Beltz, 1976.

Pufall, B., Shaw, R. E. u. Robert, E., Analysis of the development of children's spatial reference systems. *Cognitive Psychology,* 1973, *5,* 151-175.

Pufall, P. B., Egocentrism in spatial thinking: It depends on your point of view. *Developmental Psychology,* 1975, *11,* 297-303.

Quarantelli, E. u. Cooper, J., Self-conceptions and others: A further test of Meadian hypotheses. *Sociological Quarterly* 1966, *7,* 281-297.

Rapaport, D., *Diagnostic psychological testing, Vol. 2.* Chicago: Year

Book Publishers, 1946.
Ratner, S. C., Toward a description of language behavior: I. The speaking action. *Psychological Records*, 1957, *7*, 61-64.
Ratner, S. C. u. Rice, F. E., The effect of the listener on the speaking interaction. *Psychological Records*, 1963, *13*, 265-268.
Reck, S., *Identität, Rationalität und Verantwortung*. Frankfurt: Suhrkamp, 1981.
Reese, H. W. u. Overton, W. F., Models of development and theories of development. In: Goulet, L. R. u. Baltes, P. B. (Eds.), *Life-span developmental psychology: Theory and research*. New York: Academic Press, 1970, 115-145, dtsch. in: Baltes, P. B. (Hrsg.), *Entwicklungspsychologie der Lebensspanne*. Stuttgart: Klett, 1979.
Richards, T. W. u. Simons, M. P., The Fels Child Behavior Scales. *Genetic Psychology Monographs*, 1941, *24*, 259-309.
Ritsert, J. (Hrg.), *Gründe und Ursachen gesellschaftlichen Handelns*. Frankfurt: Campus, 1975.
Robinson, E. J. u. Robinson, W. P., The young child's understanding of communication. *Developmental Psychology*, 1976, *12*, 328-333.
Robinson, E. J. u. Robinson, W. P., Development in the understanding of causes of success and failure in verbal communication. *Cognition*, 1977, *5*, 363-378.
Robinson, E. J., Robinson, W. P., The roles of egocentrism and of weakness in comparing in children's explanation of communication failure. *Journal of Experimental Child Psychology*, 1978, *26 (1)*, 147-160.
Roeders, P., Activating the development of social perspective-taking and adequate verbal coding: An experimental training. In: *Newsletter Soziale Kognition*, *1*, Berlin: TUB-Dokumentation, 1977.
Rogers, C. u. Dymond, R., *Psychotherapy and personality change*. Chicago: University of Chicago Press, 1954.
Rose, A. M. (Ed.), *Human behavior and social processes*. Cambridge/Mass.: Houghton Mifflin, 1962.
Rose, G., Frankel, N. u. Kerr, W., Empathic and sociometric status among teen-agers. *Journal of Genetic Psychology*, 1956, *89*, 277-278.
Rothenberg, B. B., *A study of children's understanding of adult social interactions*. Unpublished manuscript, Cornell University, 1965.
Rothenberg, B. B., *Children's ability to comprehend adults' feelings and motives* (Doctoral dissertation, Cornell University). Ann Arbor, Mich.: University Microfilms, 1967, No. 67-6435.
Rothenberg, B. B., Children's social sensitivity and the relationship to interpersonal competence, intrapersonal comfort, and intellectual level. *Developmental Psychology*, 1970, *2*, 335-350.
Rubin, K. H., Relationship between egocentric communication and popularity among peers. *Developmental Psychology*, 1972, *7*, 364.

Rubin, K. H., Egocentrism in childhood: A unitary construct? *Child Development*, 1973, *44*, 102-110.
Rubin, K. H. u. Schneider, F. W., The relationship between moral judgement, egocentrism, and altruistic behavior. *Child Development*, 1973, *44*, 661-665.
Rubin, K. H., The relationship between spatial and communicative egocentrism in children and young and old adults. *Journal of Genetic Psychology*, 1974, *125*, 295-301.
Rubin, K. H., Role-taking in childhood: Some methodological considerations. *Child Development*, 1978, *49*, 428-433.
Rubin, K. H. u. Trotter, K. T., Kohlberg's moral judgement scale: Some methodological considerations. *Developmental Psychology*, 1977, *13*, 535-536.
Rudel, R. G. u. Teuber, H. L., Discrimination of direction of line in children. *Journal of Comparative and Physiological Psychology*, 1963, *56*, 892-898.
Sackett, G. P., The lag sequential analysis of contingency and cyclicity in behavioral interaction research. In: Osofsky, J. D. (Ed.), *Handbook of infant development*. New York: Wiley, 1978.
Salatas, H. u. Flavell, J. H., Perspective taking: The development of two components of knowledge. *Child Development*, 1976, *47*, 103-109.
Sarason, S. B., Davidson, K. S., Ligthall, F. F., Waite, R. R. u. Ruebush, B. K., *Anxiety in elementary school children: A report of research*. New York: Wiley, 1960.
Sarason, S. B., Hill, K. T. u. Zimbardo, P. G., A longitudinal study of the relation of test anxiety to performance on intelligence and achievement tests. *Monographs of the Society for Research in Child Development*, 1964, *29* (7, Serial No. 98).
Sarbin, T. R., Role theory. In: Lindzey, G. (Ed.), *Handbook of social psychology*. Cambridge, Mass.: Addison-Wesley, 1954.
Scarlett, H. H., Press, A. N. u. Crockett, W. H., Children's descriptions of peers: a Wernerian developmental analysis. *Child Development*, 1971, *42*, 439-453.
Schachter, F. F., Kirshner, K., Klips, B., Friedricks, M. u. Sanders, K., Everyday preschool interpersonal speech usage: Methodological, developmental, and sociolinguistic studies. *Monographs of the Society for Research in Child Development*, 1974, *156*, Vol. 39, No. 3.
Schachter, F. F., Marquis, R. E., Ganger, S. A. u. McCaffery, R. M., Socialized speech: A proposed resolution of the controversy. *Journal of Genetic Psychology*, 1977, *130*, 305-321.
Schatzow, M. D., Kahane, D. C. u. Youniss, J., The effects of movement on perspective taking and the coordination of perspectives. *Developmental Psychology*, 1980, *16*, 582-587.
Schelling, T. C., *The strategy of conflict*. Cambridge, Mass.: Harvard

University Press, 1960.
Schmied, D. u. Tietze, W., Perspektivenübernahme und Sozialverhalten bei Kindergartenkindern. *Zeitschrift für Entwicklungspsychologie und Pädagogische Psychologie*, 1980, *12*, 154-166.
Schmidt-Schönbein, C. u. Thiel, T., Das Piaget'sche Entwicklungsmodell als Interaktionsmodell. In: Silbereisen, R. K. (Hrsg.), *Newsletter Soziale Kognition*, *3*, Berlin: Technische Universität, Berlin, 1979/1980.
Schütz, A., *Der sinnhafte Aufbau der sozialen Welt.* Frankfurt: Suhrkamp, 1974, zuerst 1932.
Schütz, A. u. Luckmann, Th., *Strukturen der Lebenswelt.* Neuwied u. a.: Luchterhand, 1975.
Seiler, T. B., Die Rolle des Konflikts in der kognitiven Entwicklung und im Informationsverarbeitungsprozeß. In: Silbereisen, R. K. (Hrsg.), *Newsletter Soziale Kognition 3*, Berlin: Technische Universität Berlin, 1979/1980.
Selman, R. L., *Role-taking ability and the development of moral judgement in children.* Unpublished doctoral dissertation, Boston University, 1969.
Selman, R. L., The relation of role taking to the development of moral judgement in children. *Child Development*, 1971a, *42*, 79-91.
Selman, R. L., Taking another's perspective: Role-taking development in early childhood. *Child Development*, 1971b, *42*, 1721-1734.
Selman, R. L. u. Byrne, D. F., A structural developmental analysis of levels of role taking in middle childhood. *Child Development*, 1974, *45*, 803-806, dtsch. in: Döbert, R. et al. (Hrsg.), *Entwicklung des Ichs*, Köln: Kiepenheuer u. Witsch, 1977.
Selman, R. L. u. Damon, B., The necessity (but insufficiency) of social perspective-taking for conceptions of justice at three early levels. In: De Palma, D. J. u. Foley, J. (Eds.), *Moral development: Current theory and research.* Hillsdale: Erlbaum, 1975, 57-73.
Selman, R. L., Toward a structural analysis of developing interpersonal concepts: Research with normal and disturbed preadolscent boys. In: Pick, A. D. (Ed.), *Minnesota symposia of child psychology, Vol. 10*, Minneapolis, 1976a, 156-200.
Selman, R. L., Social-cognitive understanding. A guide to educational and clinical practice. In: Lickona, T. (Ed.), *Moral development and behavior.* New York: Holt, Rinehart, & Winston, 1976b, 299-316.
Selman, R. L., Jaquette, D., Stability and oscillation in interpersonal awareness: a clinical-developmental analysis. In: Keasey, C. B. (Ed.), *Social-cognitive development. Nebraska Symposium on Motivation. 1977.* Lincoln, Nebr.: University of Nebraska Press, 1978, 261-304.
Shantz, C. U. u. Watson, J. S., Assessment of spatial egocentrism through expectancy violation. *Psychonomic Science*, 1970, *18 (2)*, 93-94.
Shantz, C. U. u. Wilson, K., Training communication skills in young

children, *Child Development*, 1972, *43*, 693-698.
Shantz, C. U., The development of social cognition. In: Hetherington, M. (Ed.), *Review of Child Development Research. Vol 5*. Chicago: University of Chicago Press, 1975.
Shatz, M. u. Gelman, R., The development of communication skills: Modifications in the speech of young children as a function of listener. *Monographs of the Society for Research in Child Development*, 1973, *38*, (5, Serial No. 152).
Sigel, I. E. u. Coking, R. R., Cognition and Communication: A dialectic paradigm for development. In: Lewis, M. u. Rosenblum, L. A. (Eds.), *Interaction, Conversation, and the development of language: The Origins of behavior*. New York: Wiley, 1977.
Sigel, I. u. Hooper, F. (Eds.), *Logical thinking in children: Research based on Piaget's theory*. New York: Holt, Rinehart & Winston, 1968.
Silbereisen, R. K., Heinrich, P. u. Trosiener, H. J., Untersuchung zur Rollenübernahme: Die Bedeutung von Erziehungsstil, Selbstverantwortlichkeit und sozioökonomischer Struktur. *Zeitschrift für Sozialpsychologie*, 1975, 6, 62-75.
Silbereisen, R. K., Einige methodische Probleme als Anlässe widersprüchlicher Ergebnisse in der Forschung zur Entwicklung sozialkognitiver Prozesse. In: Silbereisen, R. K. (Hrsg.), *Newsletter Soziale Kognition*, *1*, 1977, Berlin: TUB-Dokumentation.
Silbereisen, R. K., Prädiktoren der Rollenübernahme bei Kindern. *Psychologie in Erziehung und Unterricht*, 1977b, *24*, 86-92.
Silbereisen, R. K., Überlegungen zur Planung einer Untersuchung über Entwicklungsbedingungen des moralischen Urteils. In: Eckensberger, L. H., (Hrsg.), *Entwicklung des moralischen Urteilens – Theorie; Methode; Praxis* –. Saarbrücken: Universität des Saarlandes, 1978.
Silbereisen, R. K., Schuhler, P. u. Claar, A., Erhebungsmethoden zur Erfassung deskriptiver Sozialer Kognition. In: Eckensberger, L. H. u. Silbereisen, R. K. (Hrsg.), *Entwicklung Sozialer Kognitionen: Modelle, Theorien, Methoden, Anwendung*. Stuttgart: Klett-Cotta, 1980.
Silverman, I. W. u. Geiringer, E., Dyadic interaction and conservation induction: A test of Piaget's equilibration model. *Child Development*, 1973, *44*, 815-820.
Smedslund, J., Concrete reasoning: A study of intellectual development. *Monographs of the Society for Research in Child Development*, 1964, *29* (2, Serial No. 93).
Smither, S., A reconsideration of the development study of empathy. *Human Development*, 1977, *20*, 253-276.
Spilton, D. u. Lee, L. C., Some determinants of effective communication in four-year-olds. *Child Development*, 1977, *48*, 968-977.
Stapf, K. H., Herrmann, T., Stapf, A. u. Stäcker, K. H., *Psychologie des elterlichen Erziehungsstils*. Stuttgart: Klett, 1972.

Stevenson, H. W. u. Weir, M. W., Developmental changes in the effects of reinforcement and non-reinforcement of a single response. *Child Development*, 1961, *32*, 1-6.
Steward, M. u. Steward, D., Parents and siblings as teachers. In: Mash, E. J., Handy, L. C. u. Hamerlynck, L. A. (Eds.), *Behavior modification approaches to parenting*. New York: Brunner & Mazel, 1976.
Strauss, S. u. Langer, J., Operational thought inducement. *Child Development*, 1970, *41*, 163-176.
Strauss, S., A reply to Brainerd. *Cognition*, 1974, *3*, 155-185.
Strauss, S., Inducing cognitive development and learning: A review of shortterm training experiments I. The organismic developmental approach. *Cognition*, 1972, *1*, 239-357.
Strayer, J., Bigelow, A. u. Ames, E. W., *»I«, »you«, and point of view*. Unpublished study, Simon Fraser University, 1973.
Strayer, J., A naturalistic study of empathic behaviors and their relation to affective states and perspektive-taking skills in preschool children. *Child Development*, 1980, *51*, 815-822.
Stuart, R. B., Decentration in the development of children's concepts of moral and causal judgement. *Journal of Genetic Psychology*, 1967, *111*, 59-68.
Sullivan, E. V. u. Hunt, D. E., Interpersonal and objective decentering as a function of age and social class. *Journal of genetic Psychology*, 1967, *110*, 199-210.
Sullivan, H. S., *Conceptions of modern psychiatry*. New York: Norton, 1940.
Sullivan, H. W., *The interpersonal theory of psychiatry*. New York: Norton, 1953.
Sutton-Smith, B. u. Rosenberg, B. G., *The sibling*. New York: Holt, Rinehart & Winston, 1970.
Taft, R., The ability to judge people. *Psychological Bulletin*, 1955, *52*, 1-23.
Thalberg, I., *Enigmas of agency*. London: George Allen & Unwin, 1972.
Theunissen, M., *Der Andere . Studien zur Sozialontologie der Gegenwart*. Berlin u. a.: de Gruyter, ²1977, zuerst 1965.
Thibaut, J. W. u. Kelley, H. H., *The psychology of groups*. New York: Wiley, 1959.
Thomas, A. (Hrg.), *Psychologie der Handlung und Bewegung*. Meisenheim: Anton Hain, 1976.
Thompson, L. A., *Role playing ability and social adjustment in children*, (Doctoral dissertation, University of Southern California). Ann Arbor, Mich.: University Microfilms, 1968, No. 69-4547.
Thorndike, E. L. u. Lorge, I., *The teachers handbook of 30 000 words*. New York: Teachers College, Columbia University, Bureau of Publi-

cations, 1944.
Trabasso, T. u. Nicholas, D. W., *Memory and inferences in the comprehension of narratives.* Vortrag zur Tagung »Structure and process models in the study of dimensionality of children's judgements«, Kassel, Juli 1977.
Tuomela, R., *Human action and its explanation.* Dordrecht: D. Reidel, 1977.
Turnure, C., Cognitive development and role-taking ability in boys and girls from 7 to 12. *Developmental Psychology*, 1975, *11*, 202-209.
Turiel, E., Conflict and transition in adolescent moral development. *Child Development*, 1974, *45*, 14-29.
Ugurel-Semin, R., Moral behavior and moral judgement of children. *Journal of Abnormal and Social Psychology*, 1952, *47*, 463-474.
Urberg, K. A. u. Docherty, E. M., The development of role-taking skills in young children. *Development Psychology*, 1976, *12*, 198-203.
Van Belle, R., *De ontwikkeling van kausaal denken over social problemen.* Unpublished M. A.-thesis. Nijmegen: Universiteit van Nijmegen, 1979.
Vernon, P. E., Ability factors and environmental influences. *American Psychologist*, 1965a, *20*, 723-733.
Vernon, P. E., Environmental handicaps and intellectual development. *British Journal of Educational Psychology*, 1965b, *35*, 1-12 (Pt. 1), 13-22 (Pt. 2).
Volpert, W., *Handlungsstrukturanalyse als Beitrag zur Qualifikationsforschung.* Köln: Pahl-Rugenstein, 1974.
Volpert, W. (Hrg.), *Beiträge zur Psychologischen Handlungstheorie*, Bern: Huber, 1980.
Vygotsky, L., *Thought and language.* Cambridge, Mass.: M. I.T. Press, 1962, zuerst. russ. 1934, dtsch. Wygotski, L. S., *Denken und Sprechen.* Berlin 1964. Stuttgart: Klett, 1969.
Waern, G., Psychological understanding in 6-12 year old children. *Scandinavian Journal of Psychology*, 1977, *18*, 21-30.
Wahlen, K. u. Grund, P., *Ein Programm zur Analyse multipler implikativer Relationen.* Max-Planck-Institut für Bildungsforschung. Berlin 1980 (in Vorbereitung).
Wallach, M. A., Research on children's thinking. In: *National Society for the Study of Education, 62nd Yearbook, Child Psychology.* Chicago: University of Chicago Press, 1963, 236-276.
Waller, M., Die Entwicklung der Rollenwahrnehmung: Ihre Beziehung zur allgemeinen kognitiven Entwicklung und sozialstrukturellen Variablen. *Zeitschrift für Sozialpsychologie*, 1971, *2*, 343-357.
Waller, M., Desiderate der Theorienbildung im Bereich der Entwicklungspsychologie sozial-kognitiver Prozesse. In: Silbereisen, R. K. (Hrsg.), *Newsletter Soziale Kognition*, *1*, 1977, Berlin: TUB-Doku-

mentation.
Waller, M., *Soziales Lernen und Interaktionskompetenz*. Stuttgart: Klett-Cotta, 1978.
Waller, M. (Hrg.), *Jahrbuch für Entwicklungspsychologie 2/1980*. Stuttgart: Klett-Cotta, 1980.
Walker, L., Cognitive and perspective-taking prerequisites for moral development. *Child Development*, 1980, *51*, 131-139.
Walton, W. E., Empathic responses in children, *Psychological Monographs*, 1936, *48*, (1, Whole No. 213) 40-67.
Weatherford, D. L. u. Cohen, R., Influence of prior activity on perspective taking. *Developmental Psychology*, 1980, *16*, 239-240.
Weber, M., *Wirtschaft und Gesellschaft. Grundriß der verstehenden Soziologie*. Tübingen: Mohr, 1956, zuerst 1921.
Wechsler, D., *Wechsler Intelligence Scale for Children*. New York: Psychological Corporation, 1949.
Wegrocki, H., Generalizing ability in schizophrenia. An inquiry into the disorders of problem solving in schizophrenia. *Arch. Psychol.*, N. Y., 1940, *No. 254*.
Weinberg, P., *Handlungstheorie und Sportwissenschaft*. Köln: Pahl-Rugenstein, 1978.
Weinheimer, S., Egocentrism and social influence in children. *Child Development*, 1972, *43*, 567-578.
Wellman, H. M. u. Lempers, J. D., The naturalistic communicative abilities of two-year olds. *Child Development*, 1977, *48*, 1052-1057.
Werbik, H., Grundlagen einer Theorie sozialen Handelns, Teil I u. II. *Zeitschrift für Sozialpsychologie*, 1976, *7*, 248-261 u. 310-326.
Werbik, H. (Hrg.), *Handlungstheorien*. Stuttgart u. a.: W. Kohlhammer, 1978.
West, H., Early peer group interaction and role-taking skills: An investigation of Israeli children. *Child Development*, 1974, *45*, 1118 ff.
Whitehurst, G. J. u. Merkur, A. E., The development of communication: Modeling and contrast failure. *Child Development*, 1977, *48*, 993-1011.
Whiteman, M., Children's conception of psychological causality. *Child Development*, 1967, *38*, 143-155.
Whittemore, R. C. (Ed.), *Studies in action theory*. New Orleans: Tulane University, 1979.
Wienskowski-Engelhardt, K., Zum Zusammenhang von Affektivität und Rollenübernahme – Kurzbericht über eine empirische Untersuchung. In: *Newsletter Soziale Kognition*, *1*, Berlin: TUB-Dokumentation, 1977.
Wimmer, H., Wachter, J. u. Hampl, E., Zur Entwicklung des Verstehens von Diskursen: Das Bemerken von Inkonsistenzen. *Zeitschrift für*

Entwicklungspsychologie und Pädagogische Psychologie, 1978, *X (1)*, 49-51.
Winer, B. J., *Statistical principles in experimental design*. New York: McGraw-Hill, 1962.
Wolfe, R., The role of conceptual systems in cognitive functioning at varying levels of age and intelligence. *Journal of Personality*, 1963, *31*, 120-123.
Wood, M. E., Children's developing understanding of other people's motives for behavior. *Developmental Psychology*, 1978, *14*, 561-562.
Wood, R., Weinstein, E. A. u. Parker, T. B., Children's interpersonal tactics. *Sociological Inquiry*, 1967, *37*, 129-138.
Wrong, D., The oversocialized conception of man in modern sociology, In: *American Sociological Review*, 1961, *26*, 183-193.
Yarrow, M. R., The relation of parental authority to children's behavior and attitudes. *University of Minnesota Child Welfare Monographs*, 1946, *No. 22*.
Yarrow, M. R. u. Campbell, J. D., Person perception in children. *Merrill-Palmer Quarterly*, 1963, *9*, 57-72.
Youniss, J., Another perspective on social cognition. In: Pick, A. D. (Ed.), *Minnesota Symposium on Child Psychology. Vol. 10*. Minneapolis: The University of Minnesota Press, 1976.
Youniss, J., *My friends, my parents and me: A Sullivan-Piaget perspective*. Chicago: University Press, 1980.
Yussen, S. R., Moral reasoning from the perspective of others, *Child Development*, 1976, *47*, 551-555.
Zahn-Waxler, C., Radke-Yarrow, M. u. Brady-Smith, J., Perspective taking and prosocial behavior. *Developmental Psychology*, 1977, *13*, 87-88.
Zebergs, D., Soziale Entwicklung kommunikativer Fähigkeiten. In: Waller, M. (Hrsg.), *Jahrbuch für Entwicklungspsychologie, II*, Stuttgart: Klett-Cotta, 1980.
Zigler, E., Balla, D. u. Watson, N., Developmental and experiential determinants of self-image disparity in institutionalized and noninstitutionalized retarded and normal children. *Journal of Personality and Social Psychology*, 1972, *23*, 81-87.

Quellenverzeichnis

Geulen, D., Soziales Handeln und Perspektivenübernahme. Originalbeitrag.
Anschrift des Verfassers: Prof. Dr. Dieter Geulen, Freie Universität Berlin, Fachbereich 12 Erziehungs- und Unterrichtswissenschaften, Habelschwerdter Allee 45, 1000 Berlin 33.

Piaget, J., Das In-Beziehung-Setzen der Perspektiven. Anfang des VIII. Kapitels aus: Piaget, J. u. Inhelder, B., *Die Entwicklung des räumlichen Denkens beim Kinde*, Stuttgart (Klett) 1971, S. 249-254; zuerst frz. 1947. Die zweite Stelle wurde entnommen aus: Piaget, J., *Der Aufbau der Wirklichkeit beim Kinde*, Stuttgart: Klett, 1974, S. 351-354; zuerst frz. 1937. Der dargestellte Drei-Berge-Versuch wurde, wie Piaget angibt, auf seine Anregung hin von seiner Assistentin E. Meyer durchgeführt (Meyer, S. E., La représentation des relations spatiales chez l'enfant. Cahiers de Péd. exp et de Psych. de l'Enfant de l'Institut des Sciences de l'Education, Nr. 8, 1935).

Coie, J. D., Costanzo, Ph. R. u. Farnhill, D., Specific transitions in the development of spatial perspective-taking ability. *Developmental Psychology*, 1973, 9, 167-177.

Borke, H., Interpersonal perception of young children: Egocentrism or empathy? *Developmental Psychology*, 1971, *5*, 263-269.

Rothenberg, B., Children's sensitivity and the relationship to interpersonal competence, intrapersonal comfort, and intellectual level. *Developmental Psychology*, 1970, *2*, 335-350.

Mossler, D. G., Marvin, R. S. u. Greenberg, M. T., Conceptual perspective taking in 2- to 6-year-old children. *Developmental* Psychology, 1976, *12*, 85-86.

Miller, P. H., Kessel, F. S. u. Flavell, J. H., Thinking about people thinking about people thinking about . . .: A study of social cognitive development. *Child Development*, 1970, *41*, 613-623.

Urberg, K. A. u. Docherty, E. M., Development of role-taking skills in young children. *Developmental Psychology*, 1976, *12*, 198-203.

Edelstein, W., Keller, M. u. Wahlen, K., Entwicklung sozial-kognitiver Prozesse: Eine theoretische und empirische Rekonstruktion. Originalbeitrag.
Anschrift der Verfasser: Dr. Wolfgang Edelstein, Dr. Monika Keller, Dr. Karl Wahlen, Max-Planck-Institut für Bildungsforschung, Lentzeallee 94, 1000 Berlin 33.

Feffer, M. H. u. Gourevitch, V., Cognitive aspects of role-taking in children. *Journal of Personality*, 1960, *28*, 383-396.

Selman, R. L., Social-cognitive understanding: A guide to educational and clinical practice. In: Lickona, T. (Ed.), *Moral development and behavior: Theory, research, and social issues.* New York: Holt, Rinehart and Winston, 1976, 299-316.

Rubin, K. H., Role taking in childhood: Some methodological considerations. *Child Development*, 1978, *49*, 428-433.

Valtin, R., Probleme der Erfassung sozial-kognitiver Fähigkeiten – analysiert am Beispiel der Perspektivenübernahme und der verbalen Kommunikation. Originalbeitrag.
Anschrift der Verfasserin: Prof. Dr. Renate Valtin, Freie Universität Berlin, Fachbereich 12 Erziehungs- und Unterrichtswissenschaften, Habelschwerdter Allee 45, 1000 Berlin 33.

Oppenheimer, L., Die Mehrdimensionalität der Fähigkeit zur sozialen Perspektivenübernahme. Originalbeitrag.
Anschrift des Verfassers: Dr. Louis Oppenheimer, Universiteit van Amsterdam, Vakgroep Ontwikkelingspsychologie, Vondelstraat 103, 1054 GM Amsterdam, Niederlande.

Glucksberg, S. u. Krauss, R. M., What do people say after they have learned how to talk? Studies of the development of referential communication. *Merrill Palmer Quarterly*, 1967, *13*, 309-316.

Ratner, S. C. u. Rice, F. E., The effect of the listener on the speaking interaction. *The Psychological Record*, 1963, *13*, 265-268.

Feffer, M. u. Suchotliff, L., Decentering implications of social interactions. *Journal of Personality and Social Psychology*. 1966, *4*, 415-422.

Moir, D. J., Egocentrism and the emergence of conventional morality in preadolescent girls. *Child Development*, 1974, *45*, 299-304.

Rubin, K. H. u. Schneider, F. W., The relationship between moral judgement, egocentrism, and altruistic behavior. *Child Development*, 1973, *44*, 661-665.

Clark, R. A. u. Delia, J. G., The development of functional persuasive skills in childhood and early adolescence. *Child Development*, 1976, *47*, 1008-1014.

DeVries, R., The development of role-taking as reflected by behavior of bright, average, and retarded children in a social guessing game. *Child Development*, 1970, *41*, 759-770.

Leahy, R. L. u. Huard, C., Role taking and self-image disparity in children. *Developmental Psychology*, 1976, *12*, 504-508.

Hollos, M. u. Cowan, Ph. A., Social isolation and cognitive development: Logical operations and role-taking abilities in three Norwegian social settings. *Child Development*, 1973, *44*, 630-641.

Bearison, D. J., u. Cassel, T. Z., Cognitive decentration and social codes: Communicative effectiveness in young children from differing family contexts. *Developmental Psychology*, 1975, *11*, 29-36.

Chandler, M. J. Egocentrism and antisocial behavior: The assessment and training of social perspective-taking skills. *Developmental Psychology*, 1973, *9*, 326-332.

Silbereisen, R. K., Untersuchungen zur Frage sozial-kognitiv anregender Interaktionsbedingungen. Originalbeitrag.

Anschrift des Verfassers: Prof. Dr. Rainer K. Silbereisen, Technische Universität Berlin, Institut für Psychologie, Dovestr. 1-5, 1000 Berlin 10.